Die Rezeption der kirchlichen Trauung

Arbeiten zur Praktischen Theologie

Herausgegeben von
Wilfried Engemann, Christian Grethlein
und Jan Hermelink

Band 46

Konrad Merzyn

Die Rezeption der kirchlichen Trauung

Eine empirisch-theologische Untersuchung

EVANGELISCHE VERLAGSANSTALT
Leipzig

Konrad Merzyn, Dr. theol., Jahrgang 1974, studierte Evangelische Theologie und ist derzeit wissenschaftlicher Assistent am Lehrstuhl für Praktische Theologie der Theologischen Fakultät der Georg-August-Universität Göttingen, von der er auch mit der vorliegenden Arbeit 2010 promoviert wurde.

Die Deutsche Bibliothek verzeichnet diese Publikation in der Deutschen Nationalbibliographie; detaillierte bibliographische Daten sind im Internet über ‹http://dnb.ddb.de› abrufbar.

Printed in Germany · H 7396

Das Buch wurde auf alterungsbeständigem Papier gedruckt.

Cover: Jochen Busch, Leipzig
Satz: Konrad Merzyn, Göttingen
Druck und Binden: Hubert & Co., Göttingen

ISBN 978-3-374-02745-3
www.eva-leipzig.de

Vorwort

Die vorliegende Studie wurde im Sommersemester 2010 von der Theologischen Fakultät der Georg-August-Universität Göttingen als Dissertation angenommen und für den Druck nur unerheblich überarbeitet. Viele haben diese Arbeit in den vergangenen Jahren begleitet und gefördert, ihnen danke ich von Herzen:

Prof. Dr. Jan Hermelink betreute das Vorhaben von der ersten Idee bis hin zu den letzten Korrekturen mit einem hohen Maß an fachlicher Kompetenz und Motivationskunst. Prof. Dr. Martin Rothgangel verdanke ich wertvolle Hinweise zum methodischen Vorgehen. Er übernahm freundlicherweise auch die Erstellung des Zweitgutachtens.

Für die Aufnahme in die Reihe „Arbeiten zur Praktischen Theologie" danke ich den Herausgebern Prof. Dr. Wilfried Engemann, Prof. Dr. Christian Grethlein und Prof. Dr. Jan Hermelink.

Die Paare, die sich zur Durchführung eines Interviews bereit erklärten, ermöglichten durch ihre Offenheit erst diese Studie. Elke Schikora und Hendrikje Morawe unterstützten mich bei der Transkription der Interviewaufnahmen. Hendrikje Morawe brachte zudem das Manuskript in die für den Druck notwendige Form.

Von den Mitgliedern der praktisch-theologischen Sozietät der Georg-August-Universität Göttingen erhielt ich immer wieder Anregungen, Ermutigungen und kritische Rückmeldungen zu dem laufenden Forschungsprozess.

Das Evangelische Studienwerk Villigst e.V. und die Graduiertenschule für Geisteswissenschaften in Göttingen (GSGG) förderten die Arbeit ideell und finanziell.

Dr. Annette Weidhas und Anne Grabmann von der Evangelischen Verlagsanstalt betreuten die Entstehung der Druckvorlage kompetent und geduldig.

Die Publikation hätte nicht realisiert werden können ohne großzügige Druckkostenzuschüsse der Evangelisch-lutherischen Landeskirche Hannovers, der Evangelischen Kirche in Deutschland sowie der Georg-Strecker-Stiftung.

Meine Frau unterstützte diese Arbeit in jedweder Hinsicht und eröffnete mir durch ihr Engagement überhaupt erst die zur Fertigstellung notwendigen Freiräume.

Inhalt

I. Einleitung: Zielsetzung und Konzept

Kasualien sind ein Qualitätsmerkmal der evangelischen Kirche. Die Kirchenmitgliedschaftsuntersuchungen der vergangenen Jahrzehnte belegen stets die besondere Wertschätzung, die Kirchenmitglieder den Amtshandlungen mehrheitlich entgegen bringen.[1] Neben Staat und Kirche etablieren sich gerade im Bereich der Hochzeit zunehmend kommerzielle Ritualanbieter, die auch Funktionen der kirchlichen Trauung übernehmen. Durch massenmediale Inszenierungen von Trauungen und einen wachsenden Markt von Hochzeitsmessen, der Dienstleistungen jeder Art im Kontext der Heirat anbietet, bekommt das lange Zeit bestehende Ritenmonopol der Kirche Konkurrenz sowohl in Bezug auf die ästhetische Gestaltung als auch in Bezug auf die sinnstiftenden Interpretationen der Eheschließung. Ob es im Rahmen der Heirat zu einer kirchlichen Trauung kommt, wird gegenwärtig mehr denn je als Option bedacht. Nicht zuletzt der statistisch wahrnehmbare Rückgang kirchlicher Trauungen[2] provoziert die Frage, ob es der Kirche möglicherweise zunehmend weniger gelingt, den Erwartungen an eine Ritualisierung der Eheschließung zu ent-

---

[1] Vgl. HUBER, W./FRIEDRICH, J. U. A. (Hg.) (2006): Kirche in der Vielfalt der Lebensbezüge. Die vierte EKD-Erhebung über Kirchenmitgliedschaft, Gütersloh. 451 f. Danach wird die Lebensbegleitung in hohem Maße von Pfarrerinnen und Pfarrern erwartet. Einen sehr guten bis guten Eindruck hinterlassen 93% (West) bzw. 95% (Ost), einen weniger guten 7% (West) bzw. 5% (Ost).

[2] Vgl. KIRCHENAMT DER EKD (Hg.) (2009): Soll es künftig kirchlich geschlossene Ehen geben, die nicht zugleich Ehen im bürgerlich-rechtlichen Sinne sind? Zum evangelischen Verständnis von Ehe und Eheschließung. Eine gutachterliche Äußerung, EKD Texte 101, Hannover.
Laut EKD-Statistik handelt es sich im Bereich der evangelischen Kirche um einen Rückgang von 103627 kirchlichen Trauungen im Jahr 1990 auf 54017 im Jahr 2007.

sprechen. Entsprechend angeregt werden Fragen nach der Motivation und den Deutungen kirchlichen Handelns gegenwärtig debattiert.

Zu diesen Debatten will die vorliegende Untersuchung einen Beitrag durch einen Perspektivenwechsel leisten und die empirisch wahrnehmbaren Eigentheorien der Paare bezüglich ihrer kirchlichen Trauung rekonstruieren. Als Eigentheorien werden hier die vielfältigen Interpretationen bezeichnet, durch die verheiratete Paare ihr subjektives Erleben der eigenen Hochzeit immer schon deuten und in einen größeren lebensgeschichtlichen Zusammenhang stellen. Dabei wird vorausgesetzt, dass die Erfahrung der Trauung Sinnzuschreibungen immer wieder neu konstituiert. Die Beteiligten werden je nach zeitlichem Abstand, Problemzusammenhang und Gesprächssituation jeweils spezielle Aspekte an ihrer Trauung entdecken und rekonstruieren. Solche jeweils individuellen Rekonstruktionen sollen differenziert erhoben und vor dem Hintergrund der gegenwärtigen Lebenssituation der Traupaare nachgezeichnet werden. Auf diese Weise können die im praktisch-theologischen Diskurs debattierten Fragen bezüglich Funktion, Bedeutung und Gestaltung der kirchlichen Trauung empirisch bearbeitet werden.

Zur Realisierung dieses Perspektivenwechsels wurden qualitative Interviews mit Ehepaaren durchgeführt, die sich 12 bis 24 Monate vor dem Interview kirchlich trauen ließen. Während sich der dieser Arbeit zugrunde liegende Forschungsprozess im ständigen Dialog zwischen Datenerhebung, praktisch-theologischen Debatten und Datenauswertung ansiedelte und sich im wesentlichen als zirkuläre Bewegung beschreiben lässt, folgt die Struktur der vorliegenden Studie der besseren Lesbarkeit wegen primär einem linearen Schema: Zunächst werden die praktisch-theologischen Debatten, die gegenwärtig im Kontext der kirchlichen Trauung geführt werden, in ihren einzelnen Aspekten dargestellt (Kap. 2). Der Abschnitt zielt nicht auf normative Festlegungen oder Behauptungen, sondern soll die grundlegenden ritualtheoretischen und liturgischen Fragen im Umfeld der kirchlichen Trauung als theoretisches Vorwissen im Hinblick auf die empirische Forschung zugänglich machen. Die Darstellung mündet in die Formulierung forschungsleitender Fragestellungen, die in den Ergebnispräsentationen aufgenommen werden.

Der Entfaltung der praktisch-theologischen Debatten folgt zunächst die Reflexion der methodischen Konzeption der Untersuchung (Kap. 3). Die Verfahren der Datenerhebung und der Datenauswertung werden dargestellt und in ihren Vor- und Nachteilen hinsichtlich des Untersuchungsgegenstandes diskutiert. Die Präsentation der Ergebnisse erfolgt in zwei Schritten: Drei ausgewählte Interviews werden zunächst als Einzelfalldarstellungen präsentiert, in denen die Rekonstruktion der Trauung aus der Sicht des jeweiligen Paares im Zusammenhang nachgezeichnet werden

(Kap. 4). An dieser Stelle bleiben die Fallrekonstruktionen noch ausschließlich im Horizont des Einzelfalls. Der Vorteil dieser ausführlichen Darstellung einzelner Interviews liegt darin, dass die interviewten Paare selbst ihre Deutungen und Sinnzuschreibungen (auch in ihrer Vielfältigkeit und Ambivalenz) eindrucksvoller dokumentieren, als es die abstrahierende und verkürzende Paraphrasierung vermag. In einem zweiten Schritt werden die Ergebnisse der Untersuchung unter Berücksichtigung aller durchgeführten Interviews präsentiert (Kap. 5). Fallübergreifend werden lebensstilspezifische Fokussierungen und typologische Sinnstrukturen dargestellt. Von hier aus werden abschließend Perspektiven für die theologische Theoriebildung und die kirchliche Praxis skizziert (Kap. 6).

Im alltäglichen Sprachgebrauch wird häufig nicht deutlich, worauf sich die Begriffe „Hochzeit", „Eheschließung", „Heirat" und „Trauung" beziehen. In den durchgeführten Interviews werden die Begriffe in unterschiedlichen Kontexten durchaus mit verschiedenen Bedeutungen belegt („Hochzeit" kann beispielsweise den konkreten Traugottesdienst meinen oder aber das gesamte Geschehen von der standesamtlichen Eheschließung über die kirchliche Trauung bis hin zur anschließenden Feier integrieren). Auch in der theologischen Literatur besteht keine Einigkeit, ob der Begriff „Trauung" allein die kirchliche Handlung im Rahmen der Eheschließung bezeichnet oder ob er auch den weiteren Kontext dieser Handlung umfasst. Angesichts dieser Unklarheiten erscheint eine einheitliche Sprachregelung im Rahmen der vorliegenden Studie angeraten. Im Folgenden wird mit „Hochzeit" bzw. „Heirat" das Gesamtgeschehen von der gemeinsamen Entscheidung über die Vorbereitungen, die standesamtliche Eheschließung, die kirchliche Trauung und die diversen Feste (Polterabend, Familienfeiern etc.) bezeichnet. Als „standesamtliche Eheschließung" bzw. „standesamtliche Trauung" wird der Vollzug der Eheschließung im bürgerlichrechtlichen Sinne bezeichnet. Der Begriff „kirchliche Trauung" meint das gesamte kirchliche Handeln anlässlich einer standesamtlichen Eheschließung, bezieht sich also auf die Vorgespräche der Paare mit Pfarrerinnen bzw. Pfarrern sowie anderen am geplanten Traugottesdienst Beteiligten und auf den eigentlichen Traugottesdienst.

II. Die kirchliche Trauung – praktisch-theologische Fragen

An dieser Stelle werden die gegenwärtigen praktisch-theologischen Debatten und Fragen dargestellt, zu denen die vorliegende empirische Untersuchung mittels qualitativer Interviews einen Beitrag liefern kann.

II. 1 Gegenwärtiger Forschungsstand: Empirische Studien zur kirchlichen Trauung

Bevor hier die im engeren Sinne für das Forschungsziel relevanten Studien ausführlich diskutiert werden, sind kurz zwei Untersuchungen zu skizzieren, die den religionssoziologischen Hintergrund des gegenwärtigen Forschungsstandes (und also auch der vorliegenden Arbeit) maßgeblich prägen.

Seit 1972 führt die EKD (zunächst als Reaktion auf die stark gestiegenen Austrittszahlen Ende der 1960er Jahre) im Abstand von zehn Jahren regelmäßige, empirische Mitgliedschaftsuntersuchungen in Form von Befragungen ihrer Mitglieder durch, die sog. Kirchenmitgliedschaftsuntersuchungen. Auf die vornehmlich quantitativ ausgerichteten, auf standardisierten Fragebögen basierenden Studien der Jahre 1972[3] und 1982[4] folgte

---

[3] Vgl. Hild, H. (Hg.) (1974): Wie stabil ist die Kirche? Bestand und Erneuerung. Ergebnisse einer Umfrage, Gelnhausen.

[4] Vgl. Hanselmann, J./Hild, H. u. a. (Hg.) (1984): Was wird aus der Kirche? Ergebnisse der zweiten EKD-Umfrage über Kirchenmitgleidschaft, Gütersloh.

1992 eine methodische Ausweitung zugunsten der Datenerhebung mittels qualitativer Erzählinterviews.[5] Auch die vierte Kirchenmitgliedschaftsuntersuchung behielt die Kombination quantitativer und qualitativer Verfahren der Datenerhebung bei, entwickelte jedoch den Ansatz der Erzählinterviews weiter zur Form der themenzentrierten Gruppendiskussion.[6] Hinsichtlich der Bedeutung der Kasualien belegen die Studien beständig die hohe Relevanz, die ihnen gerade auch seitens derjenigen Kirchenmitglieder zugemessen wird, für die sich die Bezeichnung „treue Kirchenferne“[7] eingebürgert hat. Für diese Mehrheit der Kirchenmitglieder bestimmt sich ihr Mitgliedschaftsverhältnis und ihre Verbundenheit mit der Kirche – so die Ergebnisse der vier Kirchen-mitgliedschaftsuntersuchungen – maßgeblich über die hohe Akzeptanz der klassischen Kasualien (Taufe, Konfirmation, kirchliche Trauung, kirchliche Bestattung) und weiterer, kasualienähnlicher Veranstaltungen (z. B. Konfirmations- und Hochzeitsjubiläen).

Eine noch breitere Perspektive nahm jüngst der Religionsmonitor der Bertelsmann Stiftung ein, der über 21000 Personen auf allen Kontinenten in einem interreligiösen Projekt befragte, um sowohl traditionelle als auch neue Formen von Religiosität zu erheben und auf diese Weise eine Bestandsaufnahme der religiösen Realität zu versuchen.[8] Empirisch kamen auch hier quantitative und qualitative Methoden im Sinne einer gegenseitigen Ergänzung zum Einsatz. Angesichts der kontrovers diskutierten Fragen, ob Religiosität gegenwärtig an Intensität zunehme oder abnehme, ob sie neue Sozialformen suche und finde und ob religiöse Kompetenzen sich aktuell anders darstellten als noch vor einer Generation, zielt gerade der qualitative Teil der Untersuchung darauf, der besonderen Struktur religiösen Erlebens und dem spezifischen Problembezug von Religiosität auf die Spur zu kommen.

Trotz der in den Kirchenmitgliedschaftsuntersuchungen belegten Hochschätzung der Kasualien bei den Kirchenmitgliedern, und ungeachtet der ‚empirischen Wende‘ in der Praktischen Theologie sind die theologischen Beiträge zur empirischen Erforschung dieses Praxisfeldes noch rar. In den 90er Jahren wurden vor allem massenmediale Reflexe dieser Hochschätzung (insbesondere die Fernsehsendung „Traumhochzeit“) näher

---

[5] Vgl. Studien- und Planungsgruppe der EKD (Hg.) (1993): Fremde – Heimat – Kirche. Erste Ergebnisse der 3. EKD-Umfrage über Kirchenmitgliedschaft, Hannover.

[6] Vgl. Huber/Friedrich u. a. (2006).

[7] Studien- und Planungsgruppe (1993) 15 u. ö.

[8] Vgl. Bertelsmann Stiftung (Hg.) (2008): Religionsmonitor 2008, Gütersloh.

diskutiert,[9] jüngst wies Christian Grethlein im Zusammenhang der Umbrüche in der gegenwärtigen Taufpraxis eine Erweiterung des Spektrums der Taufmotive nach,[10] während Gerald Kretzschmar als Nebenprodukt seiner qualitativen Studie zur Kirchenbindung[11] empirische Befunde zur Wahrnehmung der Kasualien im Bewusstsein der Kirchenmitglieder präsentierte.[12]

Empirische Ansätze im Blick auf die kirchliche Trauung verfolgten in den letzten Jahren insbesondere drei Studien: Aus soziologischer Sicht fragte Rosemarie Nave-Herz nach den unterschiedlichen Motivationen der Paare, sich trauen zu lassen, sowie nach den Interpretationen, die sie der eigenen Hochzeit beilegen.[13] Diese Studie wurde in den letzten Jahren mehrfach auf theologischer Seite rezipiert, ohne dass jedoch die ihr zugrunde liegenden Voraussetzungen und ihre theologischen Implikationen hinreichend überprüft wurden. In Abgrenzung zu van Genneps Theorie des ‚rite de passage' entwickelt Nave-Herz eine neue Sicht auf die Funktion der Trauung in der modernen Gesellschaft: Nicht ein Übergang (vom Stand der Ledigen zu den Verheirateten) werde rituell vollzogen, sondern die bereits gelebte Realität der Paarbeziehung werde besiegelt und öffentlich bestätigt, die Trauung sei deshalb als ‚rite de confirmation' zu deuten. Die Entscheidung zu heiraten werde dabei vielfach kindorientiert getroffen, ausgelöst also durch den Wunsch nach einem Kind oder eine bereits bestehende Schwangerschaft.

Im Blick auf den Perspektivenwechsel zur Sichtweise der Paare und durch die Einbeziehung der sozialen Kontexte ist die Studie von Nave-Herz

---

[9] Vgl. Reichertz, J. (1999): „Traumhochzeit" – Magie und Religion im Fernsehen, PTh 88, 2–15; Vgl. Schibilsky, M. (1999): Kausalien in der Mediengesellschaft. Anmerkungen zu den Beobachtungen von Jo Reichertz zur „Traumhochzeit", in PTh 88, 16–23.

[10] Grethlein, C. (2005): Taufpraxis zwischen Kontinuität und Wandel. Herausforderungen und Chancen, in ZThK 102, 383.

[11] Kretzschmar, G. (2007): Kirchenbindung. Praktische Theologie der medialisierten Kommunikation, Göttingen.

[12] Kretzschmar, G. (2005): „Und er hat auch sehr schön geredet ...". Kasualien als Bewusstseinsphänomen, in WzM 57, 271–282.

[13] Vgl. Nave-Herz (1997): Die Hochzeit. Ihre heutige Sinnzuschreibung seitens der Eheschließenden: eine empirisch-soziologische Studie, Würzburg.
Die Interviews wurden als Einzelbefragungen durchgeführt, da „eine Beeinflussung durch den Ehepartner und sozial erwünschte Antworten vermieden werden sollten" (32). Zur Kritik an diesem Vorgehen vgl. Kap. 3.1.2.2 „Auswahl der Interviewpartner und Durchführung der Interviews".

grundlegend für die weitere praktisch-theologische Reflexion. Zu fragen ist allerdings, ob hier nicht zu radikal von der sozialwissenschaftlichen Erkenntnis eines sich stufenweise, ohne öffentliche Demonstration oder auch nur bewusste Entscheidung des Paares vollziehenden Übergangs auf eine vollständige Bedeutungsverschiebung der kirchlichen Trauung geschlossen wird. Ist die Auflösung der Dimension des Übergangs in die der Bestätigung der bereits gelebten Realität auch im Blick auf die Funktion der kirchlichen Trauung als Ritual empirisch überhaupt zu belegen?

Eine wichtige Rolle spielen in diesem Zusammenhang die zur Klassifizierung der in den Interviews erhobenen Daten von Nave-Herz entwickelten vier Kategorien, denen die verschiedenen Bedürfnisse kirchlich zu heiraten zugeordnet werden: „Religiöse Bedürfnisse“ (die Befragten betonten die Relevanz des kirchlichen Segens für ihr Eheversprechen und begründeten ihre Entscheidung zur Heirat mit einem expliziten Bezug auf ihren Glauben), das Bedürfnis nach „Erhalt und Weitergabe von Traditionen“ (die kirchliche Trauung erschien hier getragen von einem stark normativ-traditionsorientierten Lebensstil als selbstverständliche Konvention), das Bedürfnis nach „Konformismus im privaten Bereich“ (die Entscheidung für die Inanspruchnahme der kirchlichen Trauung wurde primär bestimmt von der Anpassung an die Wünsche und Forderungen der Familien und des Partners) und das Bedürfnis nach „Demonstration und Selbstdarstellung“ (der kirchliche Raum als wirkungsvolle und außeralltägliche Inszenierung der feierlichen Eheschließung). Mit Bedürfnissen sind dabei „die in konkreten situationsbezogenen Handlungszusammenhängen wirksam werdenden ‚Handlungs- bzw. Entscheidungsorientierungen‘“[14] gemeint. Entgegen ihrer eigenen Absicht, keine Definition des Begriffs „Religion“ vorzugeben, fällt bei der Einordnung der Aussagen aus den Interviews auf, dass nur solche, die sich explizit auf Glauben, Kirchenmitgliedschaft oder Segen beziehen, auch als zur Kategorie religiöser Bedürfnisse gehörend erkannt werden. Die impliziten religösen Dimensionen in den Aussagen der Paare werden dagegen in der Auswertung nicht berücksichtigt.

Die These der kindorientierten Eheschließung (und weitere familiensoziologische Konstruktionen anderer Studien) unterzogen Norbert Schneider und Heiko Rüger zehn Jahre später (mittels eines quantitativen

---

[14] NAVE-HERZ (1997) 69. Im Hintergrund des bedürfnistheoretischen Ansatzes der Untersuchung stehen Heckhausens (1989) und Naucks (1989) Entscheidungstheorien, nach denen Entscheidungen vornehmlich von dem subjektiv erwarteten Nutzen abhängen, also auf Bedürfnissen basieren, die wiederum von allgemeinen subjektiven Wertorientierungen abhängen.

Verfahrens) einer Überprüfung, die teilweise zu deutlichen Relativierungen führte.[15]
So lassen sich die statistischen Entwicklungen nichtehelicher Geburten und die wachsende Zahl nichtehelicher Lebensgemeinschaften mit Kindern überzeugend als Indikatoren für eine fortschreitende Entkoppelung von Elternschaft und Ehe interpretieren. Während also auf der einen Seite der Wunsch nach einem gemeinsamen Kind oder die Geburt eines Kindes nicht (oder nicht mehr) das dominierende Entscheidungsmotiv bei der Eheschließung darstellt, erfolgt auf der anderen Seite ein erheblicher Teil der Eheschließungen, ohne dass ein aktueller Kinderwunsch vorläge. Neben dem Motiv der geplanten Familiengründung sind also weitere entscheidungsleitende Faktoren zu berücksichtigen, die Schneider/Rüger ausgehend von der Rekonstruktion subjektiver Sinnzuschreibungen zur Ehe erheben.

Diese Sinnzuschreibungen lassen sich anhand der Zuordnung zu vier Clustern differenzieren, die hinsichtlich ihrer quantitativen Verteilung relativ gleichwertig nebeneinander stehen und gleichermaßen die Bedeutung traditioneller (vor allem kirchlich-religiöser) Einstellungen zur Ehe wie den Stellenwert liberaler, nutzenorientierter Haltungen erkennen lassen. So dominieren im ersten Cluster nutzenorientierte Sinnzuschreibungen, d. h. die Ehe zeichnet sich für die Befragten vor allem durch einen höheren zu erwartenden Nutzen (z. B. rechtliche und finanzielle Absicherung der Partner oder der Kinder) gegenüber anderen Lebensformen aus. Charakteristisch für das zweite Cluster von Sinnzuschreibungen ist eine hohe individuelle Wertschätzung der Ehe (entweder religiös motiviert oder als Ausdruck eigener Erlebnisorientierung), die sich mit einer toleranten Grundhaltung gegenüber Wandlungen der Institution Ehe (Gleichstellung unverheirateter Paare, Öffnung der Ehe für gleichgeschlechtliche Paare) verbindet. Eine vergleichbar hohe Relevanz (jedoch eher gesellschaftlich als individuell begründet) wird der Ehe in den einem dritten Cluster zugeordneten Äußerungen zugeschrieben und mit einer religiös-konservativen Grundhaltung verbunden. In den Sinnzuschreibungen des vierten Clusters erscheint die Ehe hingegen als grundsätzlich verzichtbare Institution, die als unwichtig für das persönliche Glück angesehen wird.

In der Annahme, dass die grundsätzlichen Sinnzuschreibungen zur Ehe auch für die konkreten Heiratsmotive der Befragten leitend sind, re-

---

[15] Vgl. Schneider, N./Rüger, H. (2007): Value of Marriage. Der subjective Sinn der Ehe und die Entscheidung zur Heirat, in: Zeitschrift für Soziologie Jg. 36, Heft 2, 131–152. Grundlage der Untersuchung ist eine telefonische Befragung von 377 Ehepaaren, die zwischen 1999 und 2005 heirateten, mittels eines standardisierten Fragebogens.

konstruieren Schneider/Rüger in einem zweiten Analyseschritt typische Motivlagen der Entscheidung zur Eheschließung anhand von drei Kernmotiven: Unter dem Begriff der „nutzenorientierten Heiratsmotive" lassen sich die Antworten subsumieren, die der Eheschließung primär einen bestimmten, rational begründeten Nutzen (z. B. rechtliche oder ökonomische Absicherung, Vermeidung räumlicher Trennung) zuschreiben. Als „wertorientierte Heiratsmotive" werden dagegen die Äußerungen klassifiziert, die vor allem der Ehe als Institution eine hohe individuelle oder gesellschaftliche Bedeutung zumessen. Eine dritte Gruppe der Befragten gibt als Gründe für die Heirat überwiegend „spontan-emotionale Motive" zu erkennen, die vom Wunsch nach einer Kräftigung der Beziehung bis zur unreflektierten, spontanen Entscheidung „aus Liebe" reichen können.

In einem kurzen Exkurs widmen sich die Autoren schließlich der Frage, welche Faktoren die Wahrscheinlichkeit der Inanspruchnahme der kirchlichen Trauung erhöhen. Entscheidenden Einfluss üben ihrer Analyse zufolge neben einer hohen Wertschätzung der Ehe auf der Ebene der subjektiven Sinnzuschreibungen (häufig verbunden mit einer überdurchschnittlichen Affinität zur Institution Kirche) auch das Haushaltseinkommen sowie die Dauer der vorehelichen Partnerschaft aus. Empirisch nachweisbare Sinnzuschreibungen zur kirchlichen Trauung orientieren sich neben dem Muster der traditionell-religiösen Sinngebung auch an der (im Vergleich zur standesamtlichen Trauung) besseren Möglichkeit einer erlebnisorientierten Inszenierung der eigenen Hochzeit.

Die Studie liefert also aktuelle, statistisch repräsentative Daten zu den Fragen, welche Gründe Paare zur Heirat veranlassen und welche Sinnzuschreibungen Verheiratete der Ehe beilegen. Detaillierte Fragen nach Sinnzuschreibungen zur kirchlichen Trauung liegen dagegen nicht im Fokus der Befragung. Insofern stellt die Untersuchung eine wichtige Grundlage für die Einordnung mittels qualitativer Befragungen erhobener individueller Eigentheorien im Kontext der kirchlichen Trauung dar.

Aus theologischer Sicht beleuchtete jüngst Simone Fopp das Feld der kirchlichen Trauung empirisch.[16] Ihre Studie basiert auf Interviews mit neun Paaren, die sich in der reformierten Kirche (im Raum der deutschsprachigen Schweiz) trauen ließen. Fopp rezipiert dazu Strauss' Konzept der „Grounded Theory" als Leitlinie für ihr methodisches Vorgehen bei der Analyse der Interviews sowie Wiedemanns Erzähltheorie als Rahmen und Scharnier zwischen theoretischen Perspektiven und empirischem Vorgehen. Vor diesem Hintergrund interpretiert sie die Trauung als Erzählpro-

---

[16] Vgl. Fopp, S. (2007): Trauung – Spannungsfelder und Segensräume. Empirisch-theologischer Entwurf eines Rituals im Übergang, Stuttgart.

zess, der aus dem Zusammentreffen verschiedener Personen und den ihnen verfügbaren und von ihnen gestalteten Erzählungen besteht.

Als fruchtbar erweist sich bei der Interpretation des Interviewmaterials Lüschers Konzept der Ambivalenz als Deutungsmuster, auf dem Fopps Beschreibung der Trauung als Spannungsfeld basiert. In nahezu allen dargestellten Interviews kann Fopp so auf verschiedenen Ebenen (persönliche Beziehungsgeschichte, Erleben des Hochzeitstages, Kontakt zu den Herkunftsfamilien) Ambivalenzen wahrnehmen und deuten. Offen bleibt jedoch die Frage, in welchem Zusammenhang dieses Deutungsmuster im Blick auf den generellen Kasus der kirchlichen Trauung zu stehen kommt. Ist die Trauung im Vergleich zu anderen kirchlichen Handlungen möglicherweise prädestiniert als Haftpunkt von Ambivalenzen oder liefert sie nur den austauschbaren Rahmen dafür? Können die Ambivalenzen auf der Ebene des Rituals dargestellt werden oder dient die kirchliche Trauung eher ihrer Ver-schleierung? Welche Rolle spielt die jeweilige biographische Situation der Partner dabei?

Der eigentliche Traugottesdienst spielt in Fopps Interviewleitfaden nur eine untergeordnete Rolle. Auffallend gering ist denn auch der Raum, den das erlebte Ritual in den vorgestellten Interviews einnimmt. Den Hochzeitsvorbereitungen und dem Ablauf des an die Trauung sich anschließenden Festes werden dagegen weit mehr Fragen gewidmet. Dabei wird jedoch weder das Verhältnis zwischen standesamtlicher Eheschließung und kirchlicher Trauung näher bedacht noch der Zusammenhang zwischen dem Traugottesdienst und der Hochzeit insgesamt.

Insbesondere die Rückbindung der jeweils erhobenen Eigentheorien an bestimmte Stellen des kirchlichen Rituals mittels einer veränderten Fokussierung des Interviewleitfadens ist jedoch von Interesse, beispielsweise in Bezug auf Fopps Erkenntnisse hinsichtlich der Relevanz des Trauversprechens: Ging sie im Vorfeld ihrer Studie von der Annahme aus, dass der Segen im Erleben der Traupaare den Höhepunkt der Trauung darstelle, machte die empirische Überprüfung dagegen die zentrale Rolle des gegenseitigen Versprechens der Partner deutlich.[17] Wie kommt es zu dieser Verschiebung und welche theologischen Konsequenzen sind daraus für ein Ritual zu ziehen, das sich kirchlicherseits vor allem als Segensgottesdienst versteht? Was unterscheidet für die Paare das Versprechen in der

[17] In der pfarramtlichen Praxis zeigt sich diese Wertung regelmäßig in den Traugesprächen: Während der Segen (zumindest von Seiten des Paares aus) keinen Gesprächsbedarf weckt, werden zum Trauversprechen meist eine Reihe von Wünschen, Fragen und konkreten Vorstellungen geäußert.

Kirche von dem standesamtlichen? Welche Fragen beschäftigen sie bei der Formulierung oder der Auswahl eines solchen Versprechens?

Bei der Auswahl der von Fopp interviewten Paare fällt schließlich auf, dass diese nahezu ausschließlich dem gehobenen Mittelstand entstammen und aufgrund ihrer religiösen Sozialisation überwiegend eine enge Bindung an die Kirche haben. Die zur Präsentation ausgewählten Einzelfälle sind darüber hinaus durch jeweils sehr spezielle biographische Konstellationen geprägt (Tod des Ex-Freundes, Tod eines neugeborenen Kindes, Ablehnung der eheähnlichen Beziehung durch ein evangelikales Umfeld im Vorfeld der Hochzeit), die sie von der breiten Mehrheit der Heiratenden entfernen.

II. 2 Grundlegende praktisch-theologische Debatten

II. 2. 1 Die Frage des theologischen Deutungshorizonts

Die soziologisch wahrnehmbare Pluralität von Sinnzuschreibungen und Heiratsmotiven wird in der praktisch-theologischen Debatte (in teils kontroversen Akzentuierungen) reflektiert und auf die kirchliche Trauung bezogen. Schon die kasualtheoretische Frage des grundsätzlichen Deutungshorizonts induziert unterschiedliche Perspektiven auf die kirchliche Trauung und die mit ihr verbundene Frage, inwieweit es sich bei der Inanspruchnahme um einen im reformatorischen Sinne bewusst vollzogenen Akt des Glaubens handele oder vielmehr um eine Mischung aus traditionsgeleiteter Religiosität und magischen Vorstellungen. In der Debatte, die sich anhand der Dichotomie „Verkündigung und Bekenntnis" vs. „lebensgeschichtliche Deutung" erschließt, werden der kirchlichen Trauung unterschiedliche Aufgaben zugeschrieben.

So deutet Wolfgang Trillhaas die kirchliche Trauung als ein zweifaches Geschehen: „Sie ist ein Verkündigungsakt. In freier Predigt und durch den agendarischen Text der Handlung wird die göttliche Ordnung der Ehe verkündigt. Seitens der Brautleute ist die Trauung ein Bekenntnisakt: indem sie die Trauung in der Kirche begehren, bekennen sie sich zur ‚christlichen Ehe' und zu keiner anderen und haben das auf eine Befragung hin auch laut und deutlich zu bestätigen"[18]. Ähnlich akzentuiert auch Eberhard Winkler seine Deutung der kirchlichen Trauung, indem er die Relevanz der Predigt („Verkündigung des Wortes Gottes für das Leben in Ehe und

---

[18] Trillhaas, W. (1970): Ethik, Berlin, 319.

Familie“[19]) und der Traufragen („Bekenntnis der Ehepartner zum gemeinsamen Leben als Christen“[20]) betont. Diese und ähnliche Konstruktionen sind also bestrebt, das Bekenntnis der Eheleute zueinander in ein Bekenntnis zum christlichen Glauben oder zu einer christlichen Eheführung umzudeuten.

Gegen solche Versuche wird der Einwand erhoben, dass die Trauung in diesem Verständnis zu einem konfessorischen Akt werde, der sich zudem von seinem Anlass (der Eheschließung) löse und eher eine Konfirmation darstelle. Vielmehr sei darauf zu insistieren, dass die Traufragen der kirchlichen Trauung sich nicht auf einen zweiten, von dem standesamtlich artikulierten Ja-Wort zu unterscheidenden Konsens bezögen. Statt dessen stellten sie eine Wiederholung des Konsenses der standesamtlichen Trauung dar, der hinsichtlich seiner religiösen Dimensionen zu explizieren sei.[21]

Eine intensive Rezeption wurde zwei Entwürfen zuteil, die eine solche Explikation im Sinne einer lebensgeschichtlichen Deutung in den Blick nehmen.[22] Als „Rechtfertigung von Lebensgeschichten“[23] versteht Wilhelm Gräb die Praxis der Kasualien, kann es doch in ihrem Vollzug zur Mitteilung der Rechtfertigungsbotschaft kommen. Zunächst geht es dabei Gräb zufolge um die soziale Anerkennung der individuellen Lebensgeschichte, also um ein Bedürfnis, das sich auch außerhalb der Kirche verwirklichen ließe. Bei der Inanspruchnahme einer kirchlichen Amtshandlung bestehe seitens der Mitglieder die Erwartung, „dass dort mehr ausdrücklich wird, als sie sich in der betreffenden Situation selber zuschreiben können oder ihnen von ihrem Freundes- und Familienkreis zugeschrieben wird, an Wert, Hilfe, Trost, Begleitung“[24]. Korrespondierend zu diesem Bedürfnis könne im Kasualgottesdienst dargestellt werden, dass die Rechtfertigung

---

[19] WINKLER, E. (1995): Tore zum Leben, Neunkirchen-Vluyn, 135.

[20] WINKLER (1995) 135.

[21] Vgl. SCHÄFER, R. (1973): Zur kirchlichen Trauung, in: ZThK 70, 474-488.

[22] Zu beobachten ist, dass die Beschäftigung mit lebensgeschichtlichen Konstruktionen in den letzten Jahrzehnten im Bereich der Praktischen Theologie einen hohen Stellenwert gewonnen hat. Hierin spiegelt sich wider, dass der eigene Lebensweg zwar im Rahmen institutioneller Vorgaben zu gestalten ist, gleichwohl aber immer mehr von der eigenen Initiative und Entscheidungsfähigkeit beeinflusst wird. Vgl. die Zusammenfassungen bei Schweitzer (1994) und Gräb (1998).

[23] Vgl. GRÄB, W. (1987): Rechtfertigung von Lebensgeschichten. Erwägungen zu einer theologischen Theorie der kirchlichen Amtshandlungen, in: PTh 76, 21-38.

[24] GRÄB (1987) 33.

einer Lebensgeschichte letztlich nicht aus dem erwächst, was dieses individuelle Leben und seine sozialen Bezüge ausmacht. Es gehe also gerade nicht „um eine Rechtfertigung aus den Motiven und Leistungen, die diese Lebensgeschichte selber bereitzustellen vermag [...] Es geht um eine solche Rechtfertigung von Lebensgeschichten, die in der unbedingten Anerkennung des einzelnen durch Gott in der singulären Person Jesu Christi ihren anschaulichen Grund hat und deshalb jeden Anspruch auf Selbstrechtfertigung widerstreitet."[25] Den Rückgriff auf die reformatorische Begründung der Kasualien als individuell angewandter Rechtfertigungslehre verbindet Gräb also mit der Perspektive der lebensgeschichtlichen Sinnarbeit, nach der die kirchliche Kasualpraxis „als die religiöse Arbeit an der Lebensgeschichte zu begreifen"[26] ist.

Diesen Ansatz nimmt Ulrike Wagner-Rau auf und entfaltet ihre lebensgeschichtsbezogene Deutung der Kasualpraxis von einer Theologie des Segens her.[27] Die Bedeutung des Segens im Rahmen der Amtshandlungen bestimmt Wagner-Rau in dreifacher Hinsicht: Das eigene Leben als gesegnetes zu verstehen, heiße zunächst, das Gute und Heilvolle darin als Geschenk wahrzunehmen und dafür zu danken. Weiter entstehe aus der bewussten Er-fahrung der freundlichen Zuwendung Gottes Freiheit und Kreativität für die weitere Konstruktion der eigenen Lebensgeschichte. Und schließlich stelle der Segen eine Zuwendung dar, die auch die Erfahrungen des Scheiterns und der Hilflosigkeit integrieren könne.

Der kirchlichen Trauung als Segensraum verstanden kommt somit ebenfalls eine dreifache Bedeutung zu: Menschen mit ihren Biographien werden darin gewürdigt und erfahren Wertschätzung. Sie werden befreit von dem latenten Zwang, das Leben aus sich heraus mit Sinn und Erfüllung zu versehen. Und schließlich werden sie erinnert an die Angewiesenheit menschlicher Existenz und beschenkt mit der Verheißung von Zukunft. Für die Vermittlung dieser Bedeutung im Traugottesdienst sind daher zwei Faktoren maßgebend: Zum einen müssen die individuellen Lebensgeschichten des Paares in ihrer Subjektivität wahrgenommen werden; zum anderen müssen die in ihnen enthaltenen Erfahrungen und Hoff-

---

[25] Gräb (1987) 33.

[26] Gräb, W. (1997): Lebensgeschichtliche Sinnarbeit. Die Kasualpraxis als Indikator für die Öffentlichkeit der kirchlichen Religionskultur, in: Drehsen, V. u. a. (Hg.): Der ‚ganze Mensch', FS D. Rössler, Berlin/New York, 238.

[27] Vgl. Wagner-Rau, U. (2008): Segensraum. Kasualpraxis in der modernen Gesellschaft, Stuttgart.

nungen deutend in Beziehung gesetzt werden zum Rechtfertigungsglauben und einem darauf basierenden Eheverständnis.

II. 2. 2 Die Frage des Zusammenhangs von standesamtlicher und kirchlicher Trauung

Abhängig von dem jeweiligen Deutungshorizont wird auch das Verhältnis von standesamtlicher und kirchlicher Trauung unterschiedlich akzentuiert. Die verschiedenen Positionen lassen sich wie folgt schematisieren:[28]

Wird der Traugottesdienst als notwendige, geistliche Ergänzung und Vervollständigung der standesamtlichen Eheschließung verstanden, so ist erst die kirchliche Trauung als eigentliche Eheschließung anzusehen, für die der Gang zum Standesamt letztlich nur die rechtlichen Voraussetzungen liefert.[29] Diese Akzentuierung berücksichtigt vor allem den juristisch-for-mellen Charakter der standesamtlichen Eheschließung und ist vermutlich in hohem Maß anschlussfähig an die Wahrnehmungen und Sinnzuschreibungen zahlreicher Brautpaare. Mit einem Verständnis der kirchlichen Trauung als Segensgottesdienst anlässlich (bereits vollzogenen) Eheschließung lässt sie sich dagegen schwerlich in Einklang bringen.

Aus der Perspektive der lebensgeschichtlichen Deutung legt sich ein Verständnis der kirchlichen Trauung als Reduplikation der standesamtlichen Trauung unter anderem, nämlich explizit christlichem Vorzeichen nahe.[30] Die Wiederholung des standesamtlichen Konsenses im Rahmen der kirchlichen Trauung bildet den liturgischen Haftpunkt für eine lebensgeschichtsbezogene Deutung der religiösen Dimensionen der Eheschließung und ist anschlussfähig an die zu vermutende Relevanz des Trauversprechens für die Eigentheorien der Brautpaare. Wird die kirchliche Trauung dagegen primär als bewusstes Bekenntnis der Eheleute zu einer spezifisch christlichen Eheführung verstanden,[31] erführe das standesamtliche Ja-Wort im kirchlichen Ritual nicht eine zu deutende Wiederholung, sondern stattdessen eine Umfunktionalisierung des Bekenntnisses der Partner zueinander zu einem Bekenntnis des Paares zum christlichen Glauben.

---

[28] Vgl. den ausführlichen Überblick bei Lütcke (1978) 70–72. Das Verhältnis der kirchlichen Trauung zum Gesamtkomplex der Hochzeit entzieht sich dagegen bisher einer näheren theologischen Reflexion.

[29] Vgl. Dombois, H./Schumann, F. (Hg.) (1953): Weltliche und kirchliche Eheschließung, Gladbeck, 99–111.

[30] Vgl. Schäfer (1973) 487 f.

[31] Vgl. Winkler (1995) 135.

Durchzusetzen scheint sich gegenwärtig die Deutung der kirchlichen Trauung als liturgische Feier anlässlich der standesamtlichen Eheschließung, die das kirchliche Handeln auf die seelsorgerliche und rituelle Begleitung des weltlichen Geschehens der Eheschließung beschränkt. So verstanden kommen im Traugottesdienst christliche Deutungen der Eheschließung und der Ehe in ihren Bezügen auf die individuelle lebensgeschichtliche Situation der Beteiligten symbolisch zur Darstellung.[32] Gottes Segen wird dem Brautpaar situationsbezogen zugesprochen und verbunden mit dem Auftrag zur Eheführung im christlichen Glauben. Im Traugottesdienst werden die Beziehung des Paares und die getroffene Entscheidung durch die Hinwendung zu Gott in einen größeren, das eigene Leben transzendierenden Zusammenhang gestellt. Der biographische Weg der Beteiligten wird qualifiziert als ein von Gottes Verheißung begleiteter, nicht dem Zufall überlassener. Der Zuspruch des Segens eröffnet in seiner entlastenden und orientierenden Kraft eine Zukunftsperspektive.

II. 2. 3 Ritualtheoretische Fragen im Kontext der Trauung

Der Fokus der lebensgeschichtlichen Deutung ist eng verbunden mit der gegenwärtig verbreiteten ritualtheoretischen Deutung der Kasualien, die die kirchliche Trauung als etablierte Form eines religiösen, aber auch gesellschaftlich eingespielten Rituals begreift. Diese Perspektive ist verknüpft mit Diskussionen über die Anwendbarkeit des jeweiligen Ritualverständnisses auf die kirchliche Trauung und ihrer daraus resultierenden Funktionsbestimmungen.

II. 2. 3. 1 *Die Frage des Ritualbegriffs*

Ein Überblick über die verschiedenen sozialwissenschaftlichen Zugänge zum Ritualbegriff zeigt eine forschungsgeschichtliche Entwicklung. Bis in die 1960er Jahre überwiegen in Religionswissenschaft, Soziologie und Psychologie Begriffsbestimmungen, die die stabilisierenden Funktionen des Rituals betonen. Das Ritual fungiert als Informationsträger für Traditionen und sichert gesellschaftliche und individuelle Identität.

Basis dieses Ritualverständnisses ist die Theorie des rite de passage, die Arnold van Gennep 1909 in die soziologische Diskussion einführte. Van Gennep beschreibt den Ablauf von Übergangsriten auf der Basis seiner Beobachtungen und Klassifizierungen des rituellen Geschehens in traditionalen Gesellschaften als strukturellen Prozess des Wechsels mit dem Ziel, „das Individuum aus einer genau definierten Situation in eine

---

[32] Vgl. Hermelink, J (2007): Trauung, in: Gräb, W./Weyel, B. (Hg.): Handbuch Praktische Theologie, Gütersloh, 716.

andere, ebenso genau definierte hinüberzuführen“[33]. Dieser Statuswechsel vollzieht sich in drei Phasen: Auf die Trennungsphase, die vom früheren Status löst, folgt eine Schwellen- bzw. Umwandlungsphase, in der sich das Individuum gleichsam zwischen zwei Welten befindet. Den Abschluss bildet die Phase der Angliederung, die in den neuen Status integriert.

In der Fortschreibung dieser Theorie weist Victor Turner aus ethnologischer Perspektive auf die Schwierigkeit hin, Strukturen traditionaler Gesellschaften auf moderne, postindustrielle zu übertragen und führt in diesem Zusammenhang die Differenzierung zwischen der liminalen Umwandlungsphase und liminoiden Phänomenen, die in einer Art kulturellem Pluralismus nebeneinander bestehen können, in die Ritualtheorie ein.

Unter dem Begriff des ‚Liminoiden‘ rekonstruiert er den Wandel des Rituellen vom Modus der Pflicht zum Modus der Freiwilligkeit.[34] Im Fokus seiner Überlegungen steht die von van Gennep als ‚liminale Phase‘ bezeichnete Umwandlungsphase zwischen der Trennung von dem alten und der Integration in den neuen Status. In dieser Phase kommt es zu einer Unterbrechung des Alltags der Beteiligten. Es entsteht ein Zwischenraum kreativen Erlebens, in dem die Auflösung der Wirklichkeit ausgehalten und der Transformationsprozess zu einem neuen Status gewagt werden kann. Liminale Phänomene zeigen sich während dieser Phase in Ritualen, die Veränderungen innerhalb stabiler Systeme betreffen, z. B. in frühagrarischen Gesellschaften. Liminoide Phänomene entstammen dagegen der Realität moderner Industriegesellschaften, die aus verschiedenen Gründen keine für alle verbindlichen Rituale kennen. So erscheinen aufgrund der zunehmenden Pluralisierung der Biographieverläufe vormals ‚natürliche‘ Schwellen im individuellen Lebenslauf weniger eindeutig. Der Zeitpunkt des Rituals ist ent-sprechend kaum noch an eine äußerlich einschneidende Schwelle gebunden (mit Ausnahme der Beerdigung), sondern kann individuell variieren. Darüber hinaus ist die Inanspruchnahme des Rituals überhaupt Ergebnis individueller und aktueller Entscheidung.

Mittels dieser Unterscheidung lassen sich Rituale als mehrdimensionale Inszenierungen beschreiben, die zwischen Freiheit und Normierung, Unbestimmtheit und Form, Machtförmigkeit und Subversion oszillieren.[35] Formal können Wiederholbarkeit, sinnliche Formen der Kommunikation

---

[33] van Gennep, A. (1986): 15.

[34] Vgl. Turner, V. (2000): Das Ritual. Struktur und Antistruktur, Frankfurt a. M.

[35] Vgl. Kramer Abebe, M. (2000): Aufbruch zu neuen Ritualen, JLH 29, 41.

und eine mitvollziehbare Verlaufsstruktur als konstitutiv gelten.[36] Dabei ist das Ritual durch den ihm inhärenten Bedeutungsüberschuss sowohl Abbildung und Ausdruck von Alltagsrealität als auch Präfiguration einer eigenen Wirklichkeit, die sich ansiedelt zwischen Imitation und Imagination.[37]

II. 2. 3. 2 *Die Frage der Anwendbarkeit auf die kirchliche Trauung*

Den Begriff des Rituals hat erstmals Karl-Fritz Daiber in seinem vielfach rezipierten Beitrag auf die Trauung übertragen.[38] „Rituale sind institutionell oder nichtinstitutionell geregelte soziale Handlungsabläufe, die symbolische Kommunikation leisten und damit die emotionale Stabilisierung von einzelnen und die Integration von sozialen Gruppen bewirken."[39] Ausgehend von dieser Definition kann die kirchliche Trauung als Ritual verstanden werden, das vor allem drei Funktionen erfüllt: Innerhalb des gesamten Ablaufs der Eheschließung kommt dem Traugottesdienst eine integrative Funktion zu insofern, als er eine „ritualisierte Gestalt der Familienfeier darstellt, in der sich der Familienverband als solcher aktualisieren kann"[40]. Die Funktion der Stabilisierung erfüllt die Trauung sodann, weil sie in der ambivalenten Umbruchsituation der Eheschließung angesichts des Wissens um die Zerbrechlichkeit der gegenseitigen Liebe eine Form der Bewältigung bereitstellt. Schließlich stellt die Trauung eine symbolische Sprache zur Verfügung, die dem Paar eine Sinnperspektive für die religiöse Selbstdeutung der Eheschließung eröffnet.

In den letzten Jahren kommt mit der Rezeption von Turners Ergebnissen die ritualtheoretische Rekonstruktion der Kasualien in eine neue Phase, die verstärkt mit spätmodernen Umbrüchen in der kirchlichen Praxis rechnet.[41] Diese Umbrüche bestehen darin, dass Kasualien tendenziell

---

[36] Vgl. Friedrichs, L. (2008): Kasualpraxis in der Spätmoderne: Studien zu einer Theologie der Übergänge, Leipzig, 42.

[37] Vgl. Bahr, P. (1998): Ritual und Ritualisation. Elemente zu einer Theorie des Rituals im Anschluß an Victor Turner, in: PT 33, 154.

[38] Vgl. Daiber, K.-F. (1973): Die Trauung als Ritual, in: EvTheol 33, 578-597.

[39] Daiber (1973) 582.

[40] Daiber (1973) 588. Hierbei ist weniger die Integration zweier einander fremder Familien im Blick als die Aktualisierung des Zusammenhalts beider Gruppen je für sich.

[41] Vgl. Schroeter-Wittke, H. (2003): Übergang statt Untergang. Victor Turners Bedeutung für eine kulturtheologische Praxistheorie, ThLZ 128, 583.

ihren verpflichtenden Charakter verlieren, dass sie nicht mehr selbstverständlich an lebenszyklischen Übergängen haften und darin weniger stabilisierende als vielmehr orientierende Funktionen erfüllen.[42]

Die Charakterisierung der kirchlichen Trauung als Ritual bleibt jedoch nicht unwidersprochen, v. a. wegen der möglichen Funktions- und Deutungskonkurrenz zur Verkündigung. „Es (das Ritual, K. M.) biete nämlich dasselbe an, was die Verkündigung verheiße, nur viel ‚wirkungsvoller, einleuchtender, erfahrbarer'."[43] Die Bedenken verdanken sich in erster Linie der protestantischen Hochschätzung der Predigt, der im Katholizismus ein größeres Vertrauen in die Wirksamkeit symbolischer Handlungsformen gegenübersteht. Offen ist in dieser Hinsicht die Frage, wie sich die einzelnen Teile der als Ritual verstandenen kirchlichen Trauung zueinander verhalten. So wirft beispielsweise die von Wolfgang Steck vertretene Charakterisierung der Segnung des Paares am Altar als „ritueller Kernszene"[44] der kirchlichen Trauung die Frage nach dem rituellen Gehalt der übrigen Bestandteile des Traugottesdienstes (Predigt, Gebete, Musik etc.) auf.

Angesichts der faktischen Vielfältigkeit der liturgischen Abläufe von Traugottesdiensten wird zudem ihre Differenz zu fest gefügten Ritualen vormoderner Gesellschaften betont. Im Gegensatz zu diesen unterläge die kirchliche Trauung einer spezifischen Dynamik, die unter Rückgriff auf das Reservoir symbolischer Handlungen zu gestalten sei, indem in einem Prozess bestimmte Handlungen symbolisch aufgeladen werden und auf diese Weise Bedeutung und Wirkung gewinnen könnten.[45]

II. 2. 4 Die Frage der Funktionsbestimmung der kirchlichen Trauung

Im Anschluss an Karl-Fritz Daibers Anwendung des Ritualbegriffs auf die kirchliche Trauung und vor dem theoretischen Hintergrund von van Genneps Konstrukt des Übergangsrituals wäre die Trauung wesentlich kirchliche Begleitung in einer lebenszyklischen Krisensituation und diente der symbolischen, auf Stabilisierung und Integration zielenden Kommunikation. Entsprechend ließ sich die Eheschließung am Anfang des 20. Jahrhun-

---

[42] Vgl. ALBRECHT, C. (2006): Kasualtheorie: Geschichte, Bedeutung und Gestaltung kirchlicher Amtshandlungen, Tübingen, 159 f.

[43] SCHÄR, H. (1991): Mehr Rituale? in: Reformatio. Zeitschrift für Kultur, Politik und Kirche, 369.

[44] STECK, W. (1988): Art. Kasualien, in: TRE 17, Berlin/New York, 680.

[45] Vgl. FECHTNER, K. (2003): Kirche von Fall zu Fall, Kasualpraxis in der Gegenwart – eine Orientierung, Gütersloh, 48.

derts als Übergangsritual darstellen. Mit der Verlobung war der Wechsel von der Gruppe der Ledigen in die Gruppe der Verlobten verbunden. Die Eheschließung bedeutete die Lösung von der Herkunftsfamilie und die Einrichtung eines eigenen Hausstandes bzw. auf dem Land den Wechsel der Ehefrau zum Hof des Ehemannes. In der kirchlichen Trauung wurde der beschriebene Statuswechsel symbolisch vollzogen.

Folgt man Turners These, dass sich die Rituale in der gegenwärtigen Situation von liminalen zu liminoiden Phänomenen wandeln, so stellt sich in Bezug auf die kirchliche Trauung die Frage, ob es sich hier noch um ein Ritual des Übergangs handelt oder welche andere rituellen Funktionen der Trauung zugeschrieben werden müssten. In den letzten Jahren wurde dementsprechend wiederholt die These vertreten, die kirchliche Trauung lasse sich nicht mehr als ‚rite de passage' deuten, sondern als ‚rite de confirmation' oder als Erneuerungs- und Orientierungsritual.[46] Es gehe bei der kirchlichen Handlung nicht um Initiation und Konstitution, sondern um Bestätigung und Stärkung.

II. 2. 4. 1 *Relevante Veränderungen gesellschaftlicher Rahmenbedingungen*

Sämtliche in diese Richtung zielenden Deutungen gerieren sich als Reflexe auf gesellschaftliche Veränderungen und daraus resultierende Wandlungen von Paarbiographien.[47] Wurde die Ehe in vorindustrieller Zeit primär als Produktions- und Hausgemeinschaft im Rahmen einer Großfamilie verstanden (so dass Fragen zu Heirat und Scheidung in hohem Maß wirtschaftliche Konsequenzen implizierten),[48] scheint sich seit dem 19. Jahrhundert v. a. dank der sich herausbildenden Trennung von beruflichen und familiär-privaten Bereichen ein individualistisches und romantisches Liebesideal als Basis der ehelichen Beziehung durchzu-

---

[46] Vgl. ZIEMER, J. (1997): Trauung als „Konfirmation". Ein praktisch-theologisches Nachwort, in Nave-Herz, R.: Die Hochzeit. Ihre heutige Sinnzuschreibung seitens der Eheschließenden: eine empirisch-soziologische Studie, Würzburg, 129-141. und NÜCHTERN, M. (2005): Vom Schwellen- zum Vergewisserungsritual. Eine Standortbestimmung zum Traugottesdienst anlässlich des neuen Trauagendenentwurfs der UEK, PTh 94, 160-174.

[47] Die für die Wahrnehmung der kirchlichen Trauung grundlegenden Veränderungen wurden bereits an zahlreichen Orten dargestellt (jüngst bei Wagner-Rau (2008) 40-66), so dass hier eine kurze Skizzierung genügen kann.

[48] AMMICHT-QUINN, R. (1991): Art. Ehe, Wörterbuch der feministischen Theologie, Gütersloh, 67-73. Ammicht-Quinn stellt fest, dass von Partnerwahl im heutigen Sinn in vorindustrieller Zeit keine Rede sein konnte, „die Heirat diente nicht persönlichem Glück, sondern der Familie als Wirtschafts- und Standesgemeinschaft" (68).

setzen.[49] Weiter hat sich die Rollenverteilung zwischen den Geschlechtern gewandelt und von den klassischen patriarchalischen Strukturen entfernt. Gerade auch die ökonomische Unabhängigkeit vieler Frauen durch zunehmende bezahlte Berufstätigkeit, bessere Ausbildung und veränderte juristische Rahmenbedingungen führte zu einer stärkeren Gleichberechtigung zwischen Männern und Frauen in Fragen zu Partnerschaft, Ehe und Ehescheidung.[50] Auch die Umbewertung der Sexualität beeinflusst schließlich das gesellschaftliche Verständnis der Ehe. Der ungehinderte Zugang zu Verhütungsmitteln ermöglichte in den letzten Jahrzehnten eine immer stärkere Ablösung der Befriedigung sexueller Bedürfnisse von den – v. a. für die Frau – weitreichenden Konsequenzen einer ungeplanten Schwangerschaft. Sexualität entzieht sich inzwischen vollkommen der vormals gesellschaftlich notwendigen Legalisierung im Rahmen der Ehe und wird zunehmend in nicht-institutionalisierten Partnerschaftsformen praktiziert.

Die dargestellten Veränderungen der gesellschaftlichen Rahmenbedingungen ziehen notwendig Veränderungen im individuellen Lebenszyklus und in den Paarbiographien nach sich.[51] Noch in den 1960er Jahren war der verbreitete Ablauf einer Paarbiographie genau ritualisiert: Er begann mit dem Kennen lernen, führte über die Liebeserklärung mit Heiratsantrag zur öffentlichen Verlobung und schließlich vor den Traualtar. Erst danach kam die Gründung eines gemeinsamen Hausstandes und einer Familie in Betracht. Dieser in verschiedene und im Regelfall aufeinander folgende Phasen einzuteilende Ablauf ist inzwischen durch einen eher stufenförmig zu nennenden abgelöst worden, bei dem auf jeder Stufe ein sinnvoller Abschluss erreicht sein kann. Die erste Entscheidung für eine Partnerschaft zieht nicht mehr notwendig die Übergänge zu den weiteren Phasen nach sich. Über die Fortsetzung der Beziehung auf einer anderen Stufe

---

[49] Vgl. Luhmann, N. (1984): Liebe als Passion. Zur Codierung von Intimität, Frankfurt a. M., 163 ff. Basierend auf familiensoziologischen Erhebungen verweisen Schneider/Rüger (2007) jedoch darauf, dass Menschen zwar aus Liebe ein Paar werden oder einen gemeinsamen Hausstand gründen, dass jedoch die Entscheidung zur Heirat „durch andere Handlungsmotive bestimmt (wird), die von stärker nutzen- und/oder wertorientierter Natur sind“ (134), und relativieren auf diese Weise die Konstruktion der Liebesheirat.

[50] Vgl. Beck, U./Beck-Gernsheim, E. (1990): Das ganz normale Chaos der Liebe, Frankfurt a. M., 20 ff.

[51] Vgl. Nave-Herz (1997) 35–41.

muss statt dessen (bewusst oder unbewusst) jeweils neu entschieden werden.[52]

II. 2. 4. 2 *Konsequenzen für die Deutungen der Eheschließung*

Gesamtgesellschaftliche Veränderungsprozesse der strukturellen Individualisierung und Pluralisierung wirken sich auf die Beziehungsbiographien aus: Zwei Menschen können und müssen wählen, ob und wann sie zusammenziehen, ob und wann sie heiraten, ob und wann sie eine Familie gründen und wie lange sie den jeweiligen Status aufrecht erhalten wollen. „Wo Tradition war, sind Optionen entstanden."[53] Diese Feststellung gilt für die Eheschließung unbeschadet der Tatsache, dass sich in der subjektiven Wahrnehmung (abhängig von den jeweiligen Lebensumständen und den individuellen Ausprägungen des Lebensstils) manche Option geradezu als Norm darstellt. Gerade im Blick auf Paare, die bereits seit Jahren in häuslicher, ökonomischer und sexueller Gemeinschaft leben, scheint Funktion der Hochzeit eher in der (Selbst-) Vergewisserung bezüglich der längst bestehenden Lebensform zu liegen als in der Gestaltung des Übergangs zu einem neuen Status.[54] Schließlich ändert sich äußerlich durch die Eheschließung nur wenig.

Die aus den gesellschaftlichen Veränderungen resultierenden Konsequenzen für die Eheschließung sind zunächst hinsichtlich ihrer Bedeutung für die Hochzeit als ganze zu beleuchten. Die empirisch wahrnehmbare Tendenz zur aufwendigen und symbolträchtigen Inszenierung der Eheschließung lässt sich unterschiedlich interpretieren: Im Sinne einer zunehmenden Erlebnisorientierung ließe sich die außeralltägliche Inszenierung der Hochzeit als (weitgehend sinnentleerter) Anlass für ausgedehnte Feierlichkeiten verstehen, bei denen die Trauung (ob standesamtlich oder kirchlich) zum bloßen Event stilisiert wird. Oder aber die Inszenierung dient der Darstellung eines von den Paaren hinsichtlich ihrer Partner-

---

[52] Nave-Herz (1997) betont in diesem Zusammenhang, dass „Absprachen über zukünftige Gestaltung der Partnerschaften nur vage und selten getroffen werden" ... und „dass es für den Beginn einer nichtehelichen Lebensgemeinschaft selten einen markierten Zeitpunkt gibt." (36) Eine Wahrnehmung, die auch für das Verständnis des Traugottesdienstes bedeutsam ist.

[53] Nüchtern (2005) 162.

[54] Als ‚rite de confirmation' deutet bereits Pieper (1986) 190 die Trauung. Im Anschluss an die Studie von Nave-Herz (1997) wurde diese Deutung in der praktisch-theologischen Debatte breit rezipiert; vgl. z. B. Ziemer (1997) 135 ff., Grethlein (2001) 231 und Nüchtern (2005).

schaft wahrgenommenen Statusübergangs im Sinne einer Vergewisserung oder Bekräftigung, der symbolträchtig begangen wird.

Wird die Hochzeit solchermaßen als ‚rite de confirmation' gedeutet, bleibt die Frage offen, worin die Konfirmation genau bestehen könnte.[55] Denkbar wäre einerseits die Festigung der Partnerschaft angesichts eines zunehmenden Intensitätsverlustes der Beziehung, der zur Vergewisserung über das Bestehende oder zur Suche nach einer neuen Grundlage nötigt. Andererseits ließe sich die Konfirmation auch deuten als weiterer Schritt in einem Prozess fortschreitender Institutionalisierung der bestehenden Partnerschaft, dem bereits andere Schritte (wie die Gründung eines gemeinsamen Hausstandes oder eine Verlobung) vorausgingen.

II. 2. 4. 3 *Konsequenzen für die Funktionsbestimmung der kirchlichen Trauung*

Auf die „Schwellenlosigkeit des Anfangs einer verbindlichen Partnerschaft"[56] in der gegenwärtigen Form weist Michael Nüchtern hin. Die wenig-sten Paare feiern bewusst den Beginn ihrer Beziehung, auch die Gründung eines gemeinsamen Hausstandes erfolgt häufig Schritt für Schritt und wird nicht zeremoniell begangen.[57] Gerade das Fehlen eines klar mar-kierten Anfangszeitpunktes kann aber das Bedürfnis wecken, eben diesen Anfang feierlich zu inszenieren und die Verbindlichkeit der Partnerschaft öffentlich zu demonstrieren. Im Gegensatz zu einer häufig nicht bewusst reflektierten Gestaltung der Beziehung erfordert der Entschluss zur Eheschließung aktive Entscheidungen bezüglich der Ehe als gesellschaftlicher Institution, des Zeitpunkts der Eheschließung und der Wahl des Ehepartners, aber auch hinsichtlich der konkreten Gestaltung der Hochzeit und der Frage, ob sich an die standesamtliche Eheschließung auch eine kirchliche Trauung anschließen soll.

Aufschlussreich sind in diesem Zusammenhang die für Entscheidung zur Inanspruchnahme der kirchlichen Trauung leitenden Bedürfnisse der Paare,[58] die neben dem Muster einer traditionell-religiösen Sinngebung auch das Motiv der gelungenen Inszenierung erkennen lassen. Auffallend häufig wird bei der konkreten Gestaltung der Inszenierung auf Elemente

---

[55] Vgl. Schneider/Rüger (2007) 136.

[56] Nüchtern (2005) 171.

[57] Vgl. Nave-Herz (1997) 36.

[58] Vgl. Nave-Herz (1997) 70. Religiöse Bedürfnisse, Bedürfnisse nach Erhalt und Weitergabe von Traditionen, Bedürfnisse nach Konformität im privaten Bereich sowie Bedürfnisse nach Demonstration und Selbstdarstellung.

von Übergangsritualen (etwa die Einzugsvariante der Brautübergabe) zurückgegriffen. Möglicherweise steigert also nicht nur die zunehmende Nivellierung sozialer Passagen das Bedürfnis nach einer den Anfang in einem nichtalltäglichen Ritual wiederholenden Beschwörung, sondern die kirchliche Trauung dient auch der wirkungsvollen Inszenierung eines lebensgeschichtlichen Übergangs, nämlich den in hohe Verbindlichkeit und Verantwortlichkeit.

Aus dieser Perspektive ließe sich die kirchliche Trauung wesentlich als öffentliche Inszenierung einer wechselseitigen Selbstfestlegung beschreiben, die das feierliche Versprechen der beiden Partner zur sinnlichen Darstellung bringt. Gerade im Blick auf den gegenwärtigen sozialstrukturellen Kontext (zunehmende Mobilität, Pluralisierung von Lebensentwürfen, strukturelle Individualisierung) und die veränderten gesellschaftlichen Rahmenbedingungen der Eheschließung kommt der Selbstfestlegung eine gesteigerte Bedeutung zu, verdichtet sie doch die individuelle Entscheidung im Raum existenzieller Selbstentdeckung als Paar. So verstanden symbolisierte die kirchliche Trauung nicht nur den Übergang bzw. den Statuswechsel des Paares, sondern sie wäre auch als Akt seines Vollzuges zu deuten und zu gestalten. Diese vorwiegend expressive Funktion des kirchlichen Rituals bliebe also unberührt von der Beobachtung, dass die Eheschließung nicht mehr im klassisch ethnologischen Sinn als Schwellenritus fungiert.

In Abgrenzung zu einer Deutung der kirchlichen Trauung als ‚rite sans passage' interpretiert Georg Lämmlin schon die Bestätigung der Partnerwahl als „einen zentralen Aspekt in einem Passageritus, dessen Funktion gerade darin besteht, die Risiken und Unsicherheitsgefühle [...] im Blick auf den spezifischen sozialen Zustand der Familiengründung bearbeitbar zu machen."[59] Speziell in den Traufragen werde die eigenverantwortliche Partnerwahl in den Horizont göttlichen Handelns gestellt. Um in diesem Horizont sinnvoll kommunizieren zu können, bedürfe es eines Schwellenzustandes, der im Ritual erreicht werde.

Vergewisserung auf einer anderen Ebene spielte bereits für Martin Luther eine Rolle bei der kirchlichen Trauung: „Denn wer von dem Pfarrherr oder Bischof Gebet und Segen begehrt, der zeiget damit wohl an (ob er's gleich mit dem Munde nicht redet) in was für Fahr und Not er sich begibt

---

[59] Lämmlin, G. (2004): „Traumhochzeit", oder: „gemeinsam vor Gott treten"?, in: IJPT 8, 64. Eine Deutung der kirchlichen Trauung als ‚rite de confirmation' muss sich in diesem Zusammenhang anfragen lassen durch die hohe Zahl der Ehescheidungen, die den Begriff geradezu als kontrafaktisch zum statistisch wahrnehmbaren Verlauf vieler Ehen erscheinen lassen.

und wie hoch er des göttlichen Segens und gemeinen Gebets bedarf zu dem Stande, den er anfähet“[60]. Nicht die Vergewisserung bezüglich der getroffenen Partnerwahl ist hier im Blick, sondern die Vergewisserung bezüglich des göttlichen Beistandes auf dem weiteren, gemeinsamen Lebensweg.

Bestätigende Funktionen auf einer weiteren Ebene schreibt Steck den Kasualien zu.[61] Nach seiner Auffassung betreffen die Amtshandlungen nicht nur eine konkrete biographische Situation, sondern immer auch die jeweilige, durch Konventionen geprägte Lebensordnung und sind insofern zu deuten als „Begehungen grundlegender Institutionen der Gesellschaft“[62]. Übertragen auf die kirchliche Trauung ließe sich also vermuten, dass nicht nur die individuelle Partnerwahl oder der gemeinsame Kinderwunsch durch das Ritual der Trauung eine Bestätigung erfährt, sondern dass daneben und darin zugleich auch die gesellschaftliche Institution der Ehe unabhängig von der individuellen Partnerschaft bestätigt wird.

Ein weiterer Einwand gegen eine eindimensionale Deutung der kirchlichen Trauung als ‚rite de confirmation‘ lässt sich ausgehend von Fopps Beobachtungen zu der konstitutiven Bedeutung von Ambivalenzen im Kontext der Trauung (z. B. hinsichtlich der Entscheidung zur Heirat und zur Inanspruchnahme der kirchlichen Trauung, zu den Beziehungen der Ehepartner zueinander und zu den Gästen) erheben,[63] denn eine einseitige Betonung der stabilisierenden und konfirmierenden Aspekte der kirchlichen Trauung verhindert möglicherweise gerade die Wahrnehmung und Deutung derartiger Spannungsfelder und wird dem Phänomen, dass sich mit der kirchlichen Trauung eine Vielzahl individueller, lebensgeschichtlich grundierter Sinnzuschreibungen verbinden, vermutlich nicht gerecht. In dieser Perspektive läge die Funktion der kirchlichen Trauung nicht nur darin, durch liturgische Handlungen und symbolische Darstellungen den status quo sichtbar zu machen und zu bekräftigen, sondern auch darin, Deutungsspielräume für ambivalente Wahrnehmungen zu eröffnen und Bestehendes (die Heiratsentscheidung, die Paarbeziehung, die Beziehungen zu den Herkunftsfamilien etc.) kritisierbar zu machen.[64]

---

[60] Luther (1959) 530.

[61] Vgl. Steck (1988) 678 f.

[62] Steck (1988) 678.

[63] Vgl. Fopp (2007) 129–142.

[64] Diese destabilisierenden und separierenden Aspekte der kirchlichen Trauung finden in der praktisch-theologischen Debatte wenig Beachtung und werden bis in

II. 2. 5 Die Frage der Kirchenbindung im Kontext der kirchlichen Trauung

Hinsichtlich des (aus kirchlicher Sicht häufig als defizitär empfundenen) Kontakts zu den Brautpaaren in der Zeit nach dem Traugottesdienst offenbaren sich weitere spezifische Funktionszuschreibungen im Kontext der kirchlichen Trauung. Sie basieren in der Regel auf einem Verständnis von Kirchenbindung, das wesentlich auf soziale Nähe und Vergemeinschaftung zielt und moderne (aus gesellschaftlichen Prozessen der strukturellen Individualisierung und religiösen Pluralisierung resultierende) Formen der Kirchenbindung, die häufig mit sozialer Distanz einhergehen, nicht als Phänomen der Bindung, sondern allein als Ausdruck von Bindungslosigkeit deutet.[65] Auf diesem Hintergrund wird mit der kirchlichen Trauung die Hoffnung verbunden, die getrauten Paare durch positive Erfahrungen in Traugesprächen und Traugottesdienst zu einer kontinuierlichen Teilnahme an kirchlichen Angeboten und gemeindlichen Gruppen bewegen zu können.

Demgegenüber wies bereits Jetter darauf hin, dass Pfarrerinnen und Pfarrer „sich nur selber frustrieren" könnten, wenn es ihnen im Rahmen der Amtshandlungen darum ginge, „einen gemeindekirchlichen Fischzug zu machen".[66] Ein entscheidender Grund für diese Gefahr ist ein Phänomen, dass Joachim Matthes „Asymmetrie der Perspektiven"[67] nannte: Die Perspektive von haupt- und ehrenamtlich Engagierten deckt sich in der Regel nicht mit der Perspektive der Mehrheit der Kirchenmitglieder. Steht für die einen tendenziell die Teilnahme am Gottesdienst und die Eingliederung in vereinskirchliche Strukturen im Zentrum (alltagszyklisches Teilnahmeverhalten), so orientiert sich das Teilnahmeverhalten der anderen überwiegend an solchen gottesdienstlichen Veranstaltungen, „die einen besonderen Stellenwert im Lebenszyklus und im Jahresrhythmus haben und darin sozio-kulturell abgestützt sind."[68] Charakteristisch für ein solches (von der Mehrheit der Kirchenmitglieder gepflegtes) Teilnahmever-

---

die Gegenwart durch Daibers (1973) Funktionsbestimmung der Trauung als stabilisierendes und integrierendes Ritual dominiert.

[65] Vgl. Kretzschmar (2007) 87.

[66] Jetter, W. (1976): Der Kasus und das Ritual. Amtshandlungen in der Volkskirche, in: WPKG (PTh) 65, 222.

[67] Matthes, J. (1975): Volkskirchliche Amtshandlungen, Lebenszyklus und Lebensgeschichte. Überlegungen zur Struktur volkskirchlichen Teilnahmeverhaltens, in: ders., Erneuerung der Kirche – Stabilität als Chance? Folgerungen aus einer Umfrage, Gelnhausen/Berlin, 86.

[68] Matthes (1975) 110.

halten ist die punktuelle Aktivierung der Mitgliedschaft.[69] „In den ‚Zwischenzeiten' bleibt man in der Halbdistanz, weder gleichgültig noch engagiert, weder areligiös noch fromm – ein treues Mitglied einer Kirche, zu der man sich auf eigene Weise ins Verhältnis gesetzt hat."[70]

In dieser Perspektive stellt sich auch die kirchliche Trauung als punktuelle Aktivierung der Kirchenmitgliedschaft, nicht jedoch als Beginn eines kontinuierlich intensiven Teilnahmeverhaltens dar und ist als solche zu würdigen. In der Regel verbindet sich mit der eigenen Trauung in der Bio-graphie vieler Paare ein gleichermaßen intensiver und seltener Kontakt mit der Kirche und ihren Repräsentanten, der schon deshalb in seiner Relevanz für die Sicht des Paares auf die kirchliche Arbeit nicht zu unterschätzen ist. Solche punktuelle Intensität zuzulassen und zu fördern, ohne auf die folgende Rückkehr in die Halbdistanz mit Abwehr und Enttäuschung zu reagieren, erscheint als hilfreicher Umgang mit dem beschriebenen Phänomen.[71] So verstanden ließe sich der kirchliche Sinn der Trauung näherungsweise beschreiben als „‚Einheimischwerdung' der christlichen Wahrheit in lebensgeschichtlicher Situation"[72].

II. 3 Praktisch-theologische Fragen im Kontext gegenwärtiger agendarischer Empfehlungen

Eine Reihe der in der gegenwärtigen praktisch-theologischen Debatte aufgeworfenen Fragen verbindet sich mit Überlegungen zu konkreten Gestaltungs- und Inszenierungselementen des Traugottesdienstes. Für die Strukturierung der einschlägigen Diskussionen erscheint eine Darstellung

[69] Vgl. Grosse, H. (1994): „Distanzierte Kirchlichkeit" – wie können wir damit umgehen?, in: Pastoralsoziologische Arbeitsstelle der Landeskirche Hannovers (Hg.): Volkskirche in soziologischer Perspektive, Hannover, 22.

[70] Studien- und Planungsgruppe der EKD (1993) 21. Die Stabilität dieses volkskirchlichen Teilnahmeverhaltens erweist sich in allen Mitgliedschaftsumfragen der EKD.

[71] Vgl. dazu auch Hauschildt, E. (2008): Kirchenbindung und Gemeinschaft. Neuere praktisch-theologische Forschung über zwei zu selbstverständlich gebrauchte Begriffe, in: EvTheol 68, 130–143. Er thematisiert neben dem zu fördernden Wechsel von Distanz zu Nähe auch die Ermöglichung des Wechsels von Nähe zu Distanz (nicht jedoch zum Austritt).

[72] Nüchtern, M. (1991): Kirche bei Gelegenheit, Stuttgart, 41.

im Kontext gegenwärtiger agendarischer Empfehlungen hilfreich,[73] wobei diese nicht als normative Regeln für den „richtigen" Traugottesdienst zu verstehen sind, sondern als Verdichtung der Debatten aus der Perspektive der Kirchenleitung.

II. 3. 1 Traugespräch

Aus der Sicht des Agendenentwurfs der UEK bildet das Traugespräch die Basis für einen liturgisch mitvollziehbaren und inhaltlich anschlussfähigen Traugottesdienst. Es könne sich gegebenenfalls auf mehrere Zusammenkünfte des Brautpaares mit dem zuständigen Pfarrer erstrecken. Integraler Bestandteil des Gesprächs sei zum einen die gegenseitige inhaltliche Verständigung über die Erwartungen aller Beteiligten an den Traugottesdienst und die daraus resultierenden Fragen der liturgischen Gestaltung desselben, zum anderen die pastorale Wahrnehmung der lebensgeschichtlichen Situation des Brautpaares, die individuelle biographische Zusammenhänge aufnehme und im Rahmen des Traugottesdienstes in den Horizont des christlichen Glaubens zu stellen vermöge.[74]

Wird die kirchliche Trauung primär als Akt der Verkündigung und des Bekenntnisses gedeutet,[75] so besteht die Aufgabe des Traugesprächs in erster Linie in der pastoralen Explikation des spezifisch christlichen Gehalts der Ehe und der aus ihm resultierenden Konsequenzen für das Bekenntnis der Eheleute zu einer im christlichen Glauben gestalteten Eheführung. Die Vorbereitung des Traugottesdienstes wäre also in dieser Perspektive vor allem als Unterweisung des Brautpaares zu verstehen.

Im Horizont der lebensgeschichtlichen Deutung erscheint das Traugespräch dagegen in einer anderen Perspektive, die neben der individuell-biographischen Situation des Brautpaares auch seine inszenatorischen Wünsche als relevante Beiträge zur Gestaltung des Traugottesdienstes berücksichtigt. Kristian Fechtner spricht in diesem Zusammenhang von „Co-Inszenierungen"[76], die im Traugespräch mit den Beteiligten auf ihre symbolischen Deutungen und theologische Implikationen hin freizulegen seien. Gegen den verbreiteten binnenkirchlichen Einwand, die pastorale

---

[73] Aus der Fülle der Handreichungen wurde der Entwurf der Trauagende von der Union Evangelischer Kirchen in der EKD von 2003 ausgewählt, stellt er doch unter den umfassend ausgearbeiteten Entwürfen die aktuellste Äußerung dar.

[74] Vgl. Trauagende (2003): Entwurf, hrsg. im Auftrag des Präsidiums der UEK von der Kirchenkanzlei der UEK, Berlin, 43.

[75] Vgl. Kap. 2.2.1 „Die Frage des theologischen Deutungshorizonts".

[76] Fechtner (2003) 135.

Rolle werde durch die Anwesenheit von Co-Regisseuren zu der eines Zeremonienmeisters degradiert, schlägt Jan Hermelink vor, die kirchliche Trauung (und mithin auch das Traugespräch) unter dem Paradigma der Dienstleistung zu betrachten und den Prozess der Vorbereitung des Traugottesdienstes als „‚Koproduktion' zwischen Anbieter und Nutznießer einer Dienstleistung"[77] zu verstehen.

Deutlich wird in beiden Perspektiven die hohe Relevanz, die dem Traugespräch für die kirchliche Trauung aus praktisch-theologischer Sicht zugeschrieben wird. An diese Beobachtung schließt sich die Frage an, welche Zusammenhänge zwischen Vorgesprächen und Traugottesdienst die interviewten Paare konstruieren und welche Funktion den Vorgesprächen für die Wahrnehmung der pastoralen Rolle zugeschrieben wird.

II. 3. 2 Einzug und Eröffnung

Der Einzug des Brautpaares wird der UEK-Agende zufolge nach individuellen Vorstellungen, aber auch konventionellen Vorgaben entsprechend unterschiedlich gestaltet. Ob der Pfarrer das Paar am Kircheingang begrüßt und in die Kirche führt oder sich darauf beschränkt, das Paar im Altarraum zu erwarten, ob die Braut von einer weiteren Person (in der Regel der Brautvater) in die Kirche geführt wird oder an der Spitze der Gemeinde gemeinsam einzieht, ist in den Vorgesprächen zu klären.[78] An die Begrüßung des Paares und der Gemeinde schließt sich ein Eingangsgebet an, das in der Regel sowohl Freude und Dank als auch die Bitte um Gottes Begleitung für den gemeinsamen Weg des Paares zum Ausdruck bringt.

Besonders die Variante der Brautübergabe erfreut sich seitens der Traupaare steigender Beliebtheit (während sie aus pastoraler Perspektive häufig abwertend als Rückfall in längst überwunden geglaubte patriarchalische Strukturen gedeutet wird). Konrad Fischer vermutet, dass diese Einzugsvariante den bei der als Übergangsritual gedeuteten kirchlichen Trauung[79] sonst fehlenden Aspekt eines individuell akzeptierten und gesellschaftlich vermittelten Trennungsrituals nach Seiten der Braut inszeniert und also die ablösende Dimension der Eheschließung betont.[80] Analog

---

[77] Hermelink, J. (2000): Praktische Theologie der Kirchenmitgliedschaft, Göttingen, 19.

[78] Vgl. Trauagende (2003) 41.

[79] Vgl. die Ausführungen in Kap. 2.2.4 „Die Frage der Funktionsbestimmung der kirchlichen Trauung" betreffend.

[80] Vgl. Fischer, K. (2004): Brautübergabe. Ein Deutungsversuch, PTh 93, 349 f. Hinsichtlich der Geschlechterrollen betont er, dass mit der Aufnahme des Brautüberga-

zu dieser Annahme ließe sich die in den meisten Fällen bewusst und mit Aufwand gewählte besondere Kleidung des Brautpaares als Inszenierung der van Gennepschen Umwandlungsphase deuten, während der Ringwechsel (im Zusammenspiel mit anderen kopulativen Elementen der Trauung) die Phase der Integration symbolisch zur Darstellung brächte.[81]

Angesichts der Dominanz medialer Vorbilder im Kontext der Hochzeitsinszenierungen ist zu vermuten, dass Gestaltungselemente wie die Einzugsvariante der Brautübergabe neben der von Fischer propagierten rituellen Funktion auch dem Bedürfnis der Imitation massenmedial vermittelter Inszenierungen dienen und im Erleben der Brautpaare zur Darstellung der außeralltäglichen Feierlichkeit des Anlasses beitragen. Unabhängig von den gewählten Varianten und Konstellationen sind Einzug und Auszug hinsichtlich ihrer Funktion als Scharnierstellen zwischen Vorbereitungshektik (Umziehen, Fotosession, Autofahrt) und Konzentration auf das Ritual (in Bezug auf den Einzug) bzw. zwischen liturgischer Angespanntheit und gelöster Feierstimmung (in Bezug auf den Auszug) genauer zu reflektieren.

II. 3. 3 Traupredigt

Die Traupredigt hat aus der Sicht der UEK-Agende neben den am Kasus orientierten Themen einen biblischen Text zur Grundlage, der den Zuspruch des Evangeliums konkretisiert und der Vermittlung von allgemeinen und individuellen Aspekten der Eheschließung im christlichen Deutungshorizont dient. Ihre Aufgabe besteht darin, zum einen die christliche Sichtweise über die Verbindung zweier Menschen in der Ehe generalisierend darzulegen, zum anderen aber auch die Verheißungen des Evangeliums konkret auf die individuellen lebensgeschichtlichen Kontexte des Hochzeitspaares und seiner Angehörigen zu beziehen.[82]

berituals entgegen dem äußeren Schein kein Rückfall in längst überwundene patriarchalische Strukturen verbunden sei, denn „genau in der Wahl dieses Ritus weiß sich die Frau als Herrin des Verfahrens.“ (350). Auf den Aspekt der rituell darzustellenden Ablösung im Zusammenhang mit der Gestaltung des Einzugs wies bereits 1985 Manfred Josuttis hin; vgl. Josuttis (1985) 61.

[81] Vgl. Hauschildt, E. (1999): Kirchliche Trauungen zwischen Magiebedürfnis und Interpretationschance, in: PTh 88, 31.

[82] Vgl. Trauagende (2003) 36. Die lebensgeschichtliche Situation der Brautpaare lässt sich angesichts der Pluralisierung von Lebensformen kaum noch in die Kategorien „allgemeiner Fall“ und „abweichende Situation“ erfassen (vgl. die Schematisierung bei Prößdorf (1999)), sind doch die Abweichungen von der vormals normalen Ausgangssituation (zwei ledige, kinderlose Mitglieder der evangelischen Kirche) mehr und mehr zum Regelfall geworden. Nicht zuletzt deshalb wird die Zuspitzung der

Ähnlich wie das Traugespräch zeigt sich auch die genauere Funktionsbestimmung der Traupredigt als abhängig vom grundsätzlichen theologischen Deutungshorizont. Insbesondere aus der Charakterisierung der kirchlichen Trauung als Akt der Verkündigung folgt eine hohe Relevanz, die der Predigt im Rahmen des Traugottesdienstes zugeschrieben wird. Als Reflex auf diese Hochschätzung wandten sich die ersten empirischen Untersuchungen im Bereich der kirchlichen Trauung vorrangig der Predigt zu. So wurde 1973 erstmals der Versuch unternommen, Traupredigten hinsichtlich ihres Inhalts empirisch zu erfassen und bezüglich ihrer Wirkungen zu analysieren.[83] Durch Contentanalysen ließen sich anhand von 55 innerhalb einer Jahres ver-fassten Traupredigten vier thematisch eng miteinander verknüpfte Schwerpunkte eruieren: Gedanken, Reflexionen und Appelle zum Thema Liebe; Hinweise auf den gemeinsamen Weg, die Sorgen und die Notwendigkeit gegenseitiger Vergebung; Gedanken zur Ehe als Gabe und Aufgabe; die Zusage von Gottes Hilfe für den weiteren Weg.

Angesichts der Beobachtung, dass individualistische Aussagen über Liebe, Freude und Leid gegenüber den theologischen Aussagen in quantitativer Hinsicht deutlich überwogen, charakterisierte die Studie die Traupredigt als die am stärksten säkularisierte Kasualrede. „Was bei der Taufe das Sakrament und bei der Beerdigung die nach theologischer Sinngebung rufende Todesproblematik verhindert, das geschieht beim ‚weltlichen Ding' Ehe: die (Re?)Säkularisierung der einmal kirchlich domestizierten Übergangsriten."[84] Diese Tendenz zur Säkularisierung der Traupredigt bestätigt Detlev Prößdorf[85] und fordert, die oft festzustellende theologische Aussagearmut in Ansprachen zu überwinden, nicht ohne darauf hinzuweisen, dass hierzu die stärkere Profilierung eines evangelischen Eheverständnisses notwendige Voraussetzung sei.[86]

Predigt auf die tatsächlichen Lebensverhältnisse der Eheleute gegenwärtig besonders betont.

[83] Vgl. Homiletische Arbeitsgruppe (1973): Die Predigt bei Taufe, Trauung und Begräbnis. Inhalt, Wirkung und Funktion. Eine Contentanalyse, München/Mainz.

[84] Homiletische Arbeitsgruppe (1973) 75.

[85] Vgl. Prössdorf (1999): Zur systematischen Beschreibung der untersuchten Traupredigten unterscheidet er drei inhaltliche Schwerpunkte: Aussagen zur hochzeitlichen Situation; anthropologisch-soziologische Aussagen über Partnerschaft und Ehe; theologische Aussagen über Partnerschaft und Ehe.

[86] Vgl. Prössdorf, D. (1999): Die gottesdienstliche Trauansprache. Inhalte und Entwicklung in Theorie und Praxis, Göttingen, 252.

Zu einer deutlich anderen Bewertung der Relevanz der Predigt im Traugottesdienst kommt dagegen Gerald Kretzschmar, der ausgehend von biographisch-narrativen Interviews die Möglichkeit in Betracht zieht, dass selbst wesentliche Inhalte der Predigt den getrauten Paaren kaum lange in bewusster Erinnerung bleiben.[87] Dieser Umstand könnte zum einen der durch den Anlass stark eingeschränkten Hörfähigkeit geschuldet sein,[88] zum anderen aber auch mit der zu vermutenden höheren Relevanz anderer Elemente des Traugottesdienstes im Erleben der Paare zusammenhängen.[89]

Offen bleibt bislang die Frage, welche Faktoren den Rezeptionsprozess der Predigt beeinflussen. Eine entscheidende Rolle spielen vermutlich sowohl die lebensweltlich bedingte sprachliche Anschlussfähigkeit der Predigt als auch die Interpretation individueller Details der Paarbiographie sowie ein sensibles Spiel mit den Erwartungen der Adressaten.

II. 3. 4 Trauversprechen und Segnung

Die traditionelle Konsenserklärung der Eheleute lässt sich den Empfehlungen der UEK-Agende folgend sowohl in der Form der Traufragen (das Paar beantwortet gemeinsam oder nacheinander die entsprechenden Fragen des Pfarrers) oder als Trauversprechen (die Eheleute bekennen sich wechselseitig oder gemeinsam vor der Gemeinde zu ihrer Ehe) gestalten. Bei der Formulierung ist die spezifisch christliche Dimension des Versprechens, die ein partnerschaftliches Leben in Glaube, Liebe und Hoffnung voraussetzt, zu explizieren, so dass die bloße Wiederholung der

---

[87] Vgl. Kretzschmar (2005). Zu beachten ist allerdings der jeweils gewählte zeitliche Abstand zwischen der Teilnahme an der jeweiligen Amtshandlung und der Durchführung des Interviews. Kretzschmars These basiert überwiegend auf Interviews, die im Abstand vieler Jahre auf eine ganze Reihe von Kasualien zurückblicken, während die vorliegende Untersuchung die Wahrnehmungen der kirchlichen Trauung nach einem bis zwei Jahren rekonstruiert und möglicherweise schon aus diesem Grund zu anderen Ergebnissen bezüglich der Rezeption der Traupredigt kommt.

[88] Vgl. Kretzschmar (2005) 279. Kretzschmar stellt generell in Frage, ob die bewusste und reproduzierbare Rezeption der pastoralen Deutungsangebote das Ziel der Kasualpredigt sein sollte und plädiert statt dessen dafür, Kasualien als je einmaliges Geschehen zu reflektieren, in dem PastorInnen Deutungsangebote für den jeweiligen Moment eröffnen. Doch auch die stärkere Akzeptanz der Kasualien als „Unbewusstseinsphänomen" (281) seitens der Teilnehmenden enthebt die Traupredigt nicht der Aufgabe, eine christlich-religiöse Deutung der Eheschließung zumindest für den Augenblick des Traugottesdienstes plausibel zu kommunizieren.

[89] Als Gradmesser dafür könnte die Tatsache dienen, dass sich praktische Konflikte bei der Planung und Durchführung einer Trauung nur selten an inhaltlichen, die Predigt tangierenden Fragen entzünden.

standesamtlichen Konsenserklärung vermieden wird. Dem Trauversprechen kann der Ringwechsel als symbolische Darstellung der ehelichen Liebe und Treue folgen.[90]

Die anschließende Segnung des Brautpaares ist formal sowohl als Segensgebet unter Handauflegung, als Segensgebet, das durch eine Segensformel unter Handauflegung abgeschlossen wird oder als mehrteiliger Segen mit Beteiligung weiterer Personen (in der Regel Verwandte oder Freunde) zu gestalten. Im Zusammenhang mit der Segnung kann das Vater unser gemeinsam gesprochen werden, das sich andernfalls an das Fürbittengebet anschließt.[91]

In den Agenden der 1950er Jahre sind (im Zuge der dialektischen Theologie) besonders die Traufragen entfaltet und als Bekenntnis zur spezifisch christlichen Eheführung (expliziert in den vorangehenden Lesungen und der Predigt) verstanden worden. Anzunehmen ist, dass diese konfessorische Um-deutung der traditionellen Konsenserklärung der Eheleute im gegenwärtigen Erleben der Paare nicht mit vollzogen wird und somit für die zu vermutende hohe Relevanz der Traufragen und des Trauversprechens keine Rolle spielt. Entscheidend mag eher die aktive und exponierte Beteiligung des Paares beim Trauversprechen (im Gegensatz zur eher passiven Haltung beispielsweise bei der Predigt) sein, vor allem, da sich diese nicht nur auf den einmaligen Akt während der Trauung bezieht, sondern bereits im Vorfeld (Absprachen im Traugespräch, Formulierung eines eigenen Versprechens, Repetition des Wortlauts) spürbar wird.

Die Suche nach einer der Beziehung angemessenen Form nötigt zur genaueren Reflexion der Bedeutung der Institution Ehe und der Einstellung zum eigenen Partner. Inhaltlich wird in den Traufragen die eigenverantwortliche Partnerwahl in den Horizont göttlichen Handelns gestellt. Die Verbindlichkeit der eingegangenen Beziehung wird an dieser Stelle also besonders intensiv dargestellt und zugleich nach außen demonstriert. Angesichts der generell abnehmenden Bereitschaft, sich dauerhaft festzulegen und zu binden, ist hierin ein weiterer Grund für die zentrale Rolle des Trauversprechens im Erleben der Paare zu vermuten.[92] Zusätzliche Brisanz erhält gerade das Versprechen lebenslanger Treuer angesichts der hohen Scheidungsrate und der damit einhergehenden

---

[90] Vgl. Trauagende (2003) 31.

[91] Vgl. Trauagende (2003) 34.

[92] Vgl. Fechtner (2003) 129.

gesellschaftlichen Normalität wiederholter Eheschließung, die es als kontrafaktisch zur Realität der Beteiligten erscheinen lassen.[93]

II. 3. 5 Musikalische Gestaltung

Häufig wünschen sich Paare für ihre Trauung Musik, die jenseits der etablierten Kirchenmusik im weiten Spektrum zwischen klassischer Musik und Volksmusik angesiedelt ist. Aus der Sicht der UEK-Agende ist Musik ohne spezifisch christlichen bzw. liturgischen Bezug aus der Perspektive des christlichen Trauverständnisses zu interpretieren und für die Botschaft des Evangeliums transparent machen, so dass spezielle Musikwünsche geradezu eine theologische Herausforderung darstellen können.[94] Als Hintergründe derartiger, die musikalische Gestaltung betreffender Wünsche werden gegenwärtig sowohl lebensgeschichtliche Bezüge[95] als auch milieuspezifische Präferenzen[96] und massenmediale Vorbilder[97] diskutiert, ohne dass eine Möglichkeit die andere ausschließen müsste.[98] Dabei legt sich die Vermutung nahe, dass durch die Mitwirkung von Solisten oder eines Chores die außeralltägliche Feierlichkeit des Anlasses erhöht und dem eigenen Repräsentationsbedürfnis Ausdruck verliehen wird, dass daneben aber auch die Attraktivität des Traugottesdienstes für Teilnehmende aus anderen kirchlichen Milieus als dem der traditionellen Kerngemeinde gesteigert werden soll.[99]

---

[93] Vgl. Neidhart, W. (1997): „... bis dass der Richter euch scheidet". Kirchliche Trauung im Blick auf die Zunahme der Ehescheidungen, in: Barben, C. (Hg.): Aporien aushalten - dennoch handeln, Stuttgart, 221.

[94] Vgl. Trauagende (2003) 38. Vgl. auch Hauschildt, E. (1999b): Unterhaltungsmusik in der Kirche. Der Streit um die Musik bei Kasualien, Vortrag vom 17.2.1999, 7: „Der Streit um die Musik bedarf nicht Aktionen verschärfter Kontrolle ...; der Streit um die Musik bedarf vielmehr der vertieften Interpretationsarbeit.".

[95] Vgl. Eulenberger, K. (2008): Musik bei Kasualien im Spannungsfeld zwischen lebensgeschichtlicher Bedeutung und ästhetischen Ansprüchen, in: PT 43, 98-105.

[96] Vgl. Hauschildt (1999b) 4.

[97] Vgl. Schroeter-Wittke, H. (2004): Wer gibt hier den Ton an? Musik bei Kasualien, in: Lernort Gemeinde 22, 14.

[98] Vgl. Wagner-Rau, U. (2006): Kirchenmusik und Kasualien, in: Fermor, G./ Schroeter-Wittke, H. (Hg.): Kirchenmusik als religiöse Praxis. Praktisch-theologisches Handbuch zur Kirchenmusik, Leipzig, 147-152.

[99] Vgl. Heymel, M. (1999): „You gotta love someone". Über Musik bei Kasualien, PTh 88, 40.

Die eingehende Analyse der retrospektiven Wahrnehmungen von Brautpaaren könnte jedoch auch zu einer anderen Bewertung der musikalischen Gestaltung des Traugottesdienstes und zu einer Verschiebung ihrer Begründung kommen. Möglicherweise spielt die musikalische Gestaltung im Vorfeld der kirchlichen Trauung eine wichtige Rolle für die Imagination des zu planenden Traugottesdienstes und dient in dieser Hinsicht auch als Projektionsfläche für (unbewusste oder nur schwer verbalisierbare) Wünsche und Vorstellungen, die eher die Gesamtatmosphäre des kirchlichen Rituals betreffen. So verstanden würde sowohl das erhöhte Konfliktpotential dieser Gestaltungsfrage plausibel als auch die Beobachtung, dass der musikalischen Gestaltung in der retrospektiven Rekonstruktion der Trauung regelmäßig keine vergleichbar hohe Relevanz zugeschrieben wird.[100]

II. 3. 6 Mediale Dokumentation

Massenmediale Vorbilder beeinflussen den verbreiteten Wunsch nach der fotografischen oder filmischen Produktion nachhaltig erinnerbarer Bilder der eigenen Trauung.[101] Lassen sich die rein äußerlichen Störungen des liturgischen Vollzugs dank moderner Technik auf ein zumutbares Minimum reduzieren, so bleibt ein grundsätzlicher Einwand davon unangetastet: Sowohl der Blick durch die Kamera als auch das Bewusstsein, fotografiert zu werden, schaffen Distanz zum liturgischen Geschehen, das doch gerade durch den Mitvollzug aller Beteiligten getragen wird.[102]

Aus der Perspektive der Traupaare plädiert Kristian Fechtner jedoch für eine andere Bewertung der medialen Dokumentation des Rituals:[103] So wie die kirchliche Trauung der Gestaltung eines lebensgeschichtlichen Übergangs und somit der Rekonstruktion der eigenen Lebensgeschichte diene, seien Fotos dieses Übergangs Bausteine zur Nacherzählung des Ereignisses und künftigen Konstruktion der Biographie. Das Fotografieren

---

[100] Abweichungen von dieser Vermutung könnten sich einerseits durch eine persönliche Beziehung des Brautpaares zu den Musizierenden (Freunde, Verwandte), andererseits durch Überraschungen oder ungelöste Konflikte ergeben.

[101] Vgl. GREVEL, J./KRETZSCHMAR, G. (2004): Die Kasualfotografie. Praktisch-theologische Erkundungen eines konfliktreichen Phänomens, in: PTh 81, 280–298.; SCHIBILSKY (1999) sowie REICHERTZ (1999).

[102] Vgl. TRAUAGENDE (2003) 42; KAMMER, O. U. A. (2004): Fotografieren am Traualtar? Schlüsselerlebnisse, Wertungen und Regelungen in der Praxis, in: PTh 93, 300–311.

[103] Vgl. FECHTNER (2003) 137.

sei (neben dem Videofilmen) das zentrale alltagsgebräuchliche Medium, um eigenem Erleben Realität und Bedeutung zu verleihen.

So verstanden wird die Trauung durch den Wunsch nach medialer Dokumentation aus der Sicht der Paare wahrscheinlich eher auf- als abgewertet und in ihrer spezifischen Wirkung auf die eigene Person bezogen. Zur genaueren Bearbeitung dieser Hypothese werden die produzierten Bilder in die Interviews einbezogen. Die Paare werden zu diesem Zweck im Vorfeld des Interviews gebeten, eine Auswahl von Bildern zu treffen, die in ihrem Erleben besonders wichtige Momente abbilden.

II. 3.7 Raumwahrnehmungen

Bei dem Wunsch nach einem besonderen Ort der Trauung spielen neben biographischen Gründen (z. B. die Rückkehr in den Kirchenraum der Kindheit oder den Heimatort der Braut) häufig auch ästhetische oder atmosphärische Motive eine Rolle: Der Raum soll den festlichen Charakter des Geschehens unterstreichen und damit seinen Erlebniswert erhöhen. So gibt es mittlerweile regelrechte „Hochzeitskirchen“, die von Traupaaren unabhängig der parochialen Zugehörigkeit frequentiert werden.[104] Außerkirchliche Räume können aus der Sicht der UEK-Agende nicht prinzipiell als für die Durchführung eines Traugottesdienstes ungeeignet gelten. Sie sollten jedoch allgemein und öffentlich zugänglich sein und in Bezug auf akustische und optische Gegebenheiten der liturgischen Feier nicht abträglich sein.[105]

Eine eingehende Reflexion zur Relevanz der Raumwahrnehmungen für das Erleben und für die Deutung der kirchlichen Trauung liegt bislang nicht vor, so dass an dieser Stelle nur (empirisch zu bearbeitende) Vermutungen geäußert werden können: Im Zuge der Planung des Traugottesdienstes verdichtet der Kirchenraum möglicherweise die teilweise durchaus disparaten Vorstellungen des Brautpaares bezüglich der eigenen kirchlichen Trauung zu einem konkreten Bild und könnte also als Projektionsfläche für die in der Vorbereitungszeit zunehmenden Ängste und Sehnsüchte dienen. Für die retrospektive Sinndeutung des liturgischen Vollzugs spielen Raumwahrnehmungen vermutlich in mehrfacher Hinsicht eine tragende Rolle: Zum einen könnte die Wahrnehmung der räumlichen Verteilung der handelnden Personen deren jeweilige Rolle, Funktion und hierarchische Position symbolisieren; zum anderen könnte die wechselnde Positio-

---

[104] So gaben von den für die Untersuchung von Nave-Herz befragten Paaren 16% an, eine Kirche außerhalb ihrer Gemeinde für die kirchliche Trauung gewählt zu haben; vgl. NAVE-HERZ (1997) 65 f.

[105] Vgl. TRAUAGENDE (2003) 39.

nierung des Brautpaares (Warten vor der Tür, Einzug, Stühle vor dem Altar, stehen, knien, Auszug) mit besonderen emotionalen Tief- und Höhepunkten verbunden werden.

II. 3. 8 Die pastorale Rolle

Angesichts der Vielzahl potentieller Co-Regisseure[106] des Traugottesdienstes stellt sich die Frage nach einer angemessenen Beschreibung der pastoralen Rolle. Mehr als bei anderen gottesdienstlichen Anlässen sind Pastorinnen und Pastoren bei der kirchlichen Trauung Teil eines dynamischen und komplexen Ensembles. Verbreitet ist deshalb in der Pfarrerschaft die Sorge, als bloßer ‚Zeremonienmeister' oder religiöse Dekoration missbraucht zu werden. Im Hintergrund dieser Sorgen steht möglicherweise auch die Furcht eines liturgischen Kontrollverlustes angesichts der Eigendynamik des Traugottesdienstes. Henning Ziebritzki empfiehlt, die pastorale Rolle in dieser Gemengelage nach zwei Seiten hin auszubalancieren: Einerseits sind Pastorinnen und Pastoren bei dieser Gelegenheit nicht als autokratische Regisseure gefragt, die nach eigenem Gutdünken die Gestaltungswünsche der Beteiligten qualifizieren. Die pastorale Rolle im Vorfeld der Trauung lässt sich eher als die eines Moderators beschreiben, „der plausible Kompromisse an-bietet, die die vitale Komplexität der Feier der Eheschließung zu dem Maßstab des gottesdienstlichen Charakters in Beziehung setzen."[107] Andererseits liegt die zentrale pastorale Aufgabe darin, die konkrete Eheschließung mit einer christlichen Deutung zu versehen und diese Deutung im Traugottesdienst zur Darstellung kommen zu lassen. Dabei wird die Pastorin bzw. der Pastor im Vollzug des Rituals auch selbst zum personalen Symbol der göttlichen Verheißung.

Ausgehend von der Beobachtung, dass in der retrospektiven Wahrnehmung der Brautpaare positive Gesamteindrücke von der kirchlichen Trauung regelmäßig mit der Qualifizierung des liturgischen Geschehens als „persönlich" einhergehen (häufig in Abgrenzung zur standesamtlichen Trauung, die als formal, austauschbar und nicht-individuell gedeutet wird) und eng mit der Person und Rolle des Pfarrers verbunden werden, stellt sich die Frage nach dem Zusammenhang zwischen der Generalqualifizierung „persönlich" und der pastoralen Rolle.[108] Weiterführend sind

---

[106] Vgl. Fechtners (2003) Formulierung „Co-Inszenierungen", 135.

[107] Ziebritzki, H. (Hg.) (2006): Traugottesdienste gestalten, Göttingen, 36.

[108] Wechselwirkungen bestehen vermutlich auch zwischen den konkreten liturgischen Haftpunkten der Eigentheorien und der Generalqualifizierung „persönlich": Spezielle Details (der Predigt, der Raumgestaltung, des pastoralen Auftretens) tragen

hierfür die Thesen, die Jan Hermelink ausgehend von den Ergebnissen der EKD-Mitglied-schaftsuntersuchungen zur Unterscheidung zwischen Individuum und Person des Pfarrers entfaltet: „Nicht das individuelle berufliche Handeln, das pädagogische oder seelsorgerliche Können der Einzelnen prägt offenbar das Bild [...] Positive Wirkung entfaltet die Pfarrperson viel eher dadurch, dass sie den allgemeinen Erwartungen an ‚personale Präsenz' entspricht, dass sie also bei Kasualien, auch in seelsorgerlichen Gesprächen als Person anwesend und erkennbar ist."[109] In dieser Hinsicht wäre zu fragen, in welcher Weise sich spezifische Faktoren im Rahmen der kirchlichen Trauung auf die Wahrnehmung der personalen Präsenz des Pfarrers durch das Brautpaar auswirken und welche Zusammenhänge zum Erleben des Traugottesdienstes zu beobachten sind.

II. 4 ZUSAMMENFASSUNG: FORSCHUNGSLEITENDE FOKUSSIERUNGEN

Basierend auf dem gegenwärtigen Stand der praktisch-theologischen Debatten zur kirchlichen Trauung lassen sich also zusammenfassend folgende Fokussierungen zur weiteren empirischen Bearbeitung festhalten:

II. 4. 1 Übergang und Bestätigung

Welche Funktion wird der kirchlichen Trauung in der lebensgeschichtlichen Sinndeutung der Brautpaare zugeschrieben? Wie wird das kirchliche Ritual im Spannungsfeld von Übergang und Bestätigung verortet?[110]

II. 4. 2 Standesamtliche und kirchliche Trauung

Welche Zusammenhänge konstruieren die Paare zwischen der standesamtlichen und der kirchlichen Trauung? Welche Zusammenhänge zwischen

---

zum Gesamteindruck bei; der bestehende Gesamteindruck trägt wiederum zum positiven Erleben weiterer Elemente (längere Predigt, Gebete, Musik) bei und färbt dominant die Wahrnehmung der Brautpaare.

[109] HERMELINK, J. (2008): Kirchenmitgliedschaft in praktisch-theologischer Perspektive, in: Zimmermann, J. u. a. (Hg.): Kirchenmitgliedschaft. Zugehörigkeit(en) zur Kirche im Wandel, Neukirchen-Vluyn, 391.

[110] Vgl. Kap. 5.1 „Bestätigung und Übergang - Die kirchliche Trauung als performative Inszenierung".

Heiratsmotiven und Deutungen der kirchlichen Trauung lassen sich wahrnehmen?[111]

II. 4. 3 Traugespräch und Traugottesdienst

Welche Funktionen werden den Vorgesprächen für die Wahrnehmung der pastoralen Rolle zugeschrieben? Welche Zusammenhänge zwischen Vorgesprächen und Traugottesdienst konstruieren die interviewten Paare?[112]

II. 4. 4 Die pastorale Rolle

Wie wird die pastorale Rolle rückblickend wahrgenommen? Welche Rolle wird dem Pfarrer in den Eigentheorien der Paare zugeschrieben?[113] Welche Dynamik entfalten die verschiedenen (möglicherweise auch konfliktträchtigen) Konstellationen von Regisseuren und Co-Regisseuren?[114]

II. 4. 5 Versprechen und Segen

Welche Relevanz wird dem Trauversprechen und dem Segen zugeschrieben und welche Wechselwirkungen ergeben sich daraus zu den Eigentheorien der Paare bezüglich ihrer Hochzeit?[115]

II. 4. 6 Mediale Dokumentation

Inwiefern wird das subjektive Erleben des Traugottesdienstes durch die mediale Dokumentation des liturgischen Geschehens beeinflusst? Welche Rolle spielen die produzierten Bilder für die retrospektive Wahrnehmung der Trauung?[116]

---

[111] Vgl. Kap. 5.3 „Deutungen des Verhältnisses von standesamtlicher und kirchlicher Trauung".

[112] Vgl. Kap. 5.4 „Inszenierte Authentizität – Die pastorale Rolle im Kontext der Trauung".

[113] Vgl. Kap. 5.4 „Inszenierte Authentizität – Die pastorale Rolle im Kontext der Trauung".

[114] Vgl. Kap. 5.6 „Rekonstruktionen des liturgischen Geschehens" sowie Kap. 6.3.2 „Kompetenz der Co-Regisseure – Die Wahrnehmung der Brautpaare in der praktisch-theologischen Debatte".

[115] Vgl. Kap. 5.5: „Deutungen der kirchlichen Trauung – Versprechen und Segen".

[116] Vgl. Kap. 5.2 „Medialität und Konventionalität als Gestaltungsrahmen der kirchlichen Trauung".

II. 4. 7 Raumwahrnehmungen

Welche Relevanz erhalten die unterschiedlichen Raumwahrnehmungen in den Eigentheorien der Paare?[117]

II. 4. 8 Traupredigt

Welche Wahrnehmungen der Traupredigt rekonstruieren die Brautpaare? Welche Sinndeutungen schreiben sie der Predigt im Rahmen des Traugottesdienstes zu?[118]

II. 4. 9 Einzug und Auszug

Welche Rolle spielen Einzug und Auszug für die retrospektive Deutung des Traugottesdienstes?[119]

II. 4. 10 Musikalische Gestaltung

Welche Relevanz wird der musikalischen Gestaltung des Traugottesdienstes in der Wahrnehmung der Brautpaare zugeschrieben?[120]

---

[117] Vgl. Kap. 4.1 „Anna und Karl“ sowie Kap. 5.6.3 „Einzug und Auszug“.

[118] Vgl. Kap. 5.6.2 „Predigt“.

[119] Vgl. Kap. 5.6.3 „Einzug und Auszug“.

[120] Vgl. Kap. 5.6.4 „Musikalische Gestaltung“.

III. Das methodische Konzept der Untersuchung

„Empirie hat Konjunktur" – unter diesem programmatischen Titel blicken Ingrid Lukatis und Andreas Feige auf die jüngere Forschungsgeschichte der Religions- und Kirchensoziologie zurück[121] und leiten den konjunkturellen Aufschwung empirischer Erhebungen aus der empirischen Wendung in der Praktischen Theologie ab, die Klaus Wegenast 1968 explizit als solche benannte.[122] Zwei methodische Grundtypen empirischer Forschung sind dabei zu unterscheiden, je nachdem, ob quantitative oder qualitative Ziele verfolgt werden: Während die auf vergleichend-statistische Auswertungen zielende quantitative Forschung auf ein hohes Maß an Standardisierung der Datenerhebung angewiesen ist (z. B. mittels eines Fragebogens, der nicht nur die Reihenfolge der Fragen, sondern auch die Antwortmöglichkeiten fest vorgibt), um auf diese Weise statistisch-repräsentative Aussagen über Verteilungshäufigkeiten zu treffen, sind qualitative Erhebungsmethoden (beispielsweise nicht-standardisierte Interviews) mehr darauf ausgerichtet, sich dem Interviewverlauf im Einzelfall anzupassen und auf diese Weise individuelle Sinn- und Handlungsmuster zu rekonstruieren. Angesichts dieser Unterscheidung erscheint es wenig fruchtbar, quantitative und qualitative Forschungsrichtungen ge-

---

[121] Vgl. Feige, A./Lukatis, I. (2004): Empirie hat Konjunktur. Ausweitung und Differenzierung der empirischen Forschung in der deutschsprachigen Religions- und Kirchensoziologie seit den 90er Jahren – ein Forschungsbericht, in: PT 39, 12–32.

[122] Vgl. Wegenast, K. (1968): Die empirische Wendung in der Religionspädagogik, in: EvErz 20, 111–125. Die programmatische Hinwendung zur Empirie kann jedoch auf eine längere Geschichte zurückblicken, die bis zur Erwähnung der Kirchlichen Statistik in Schleiermachers Kurzer Darstellung des Theologischen Studiums (1810) zurück reicht.

geneinander auszuspielen.[123] Vielmehr ist zu fragen, welches methodische Vorgehen dem jeweiligem Untersuchungsgegenstand und dem konkreten Forschungsziel angemessen ist.

In der praktisch-theologischen Forschungslandschaft gewinnt in den letzten Jahren die qualitative Forschung besondere Aktualität für die Untersuchung sozialer Zusammenhänge, da die Pluralisierung der Lebenswelten in der spätmodernen Gesellschaft und die zunehmende Individualisierung von Biographiemustern eine verstärkte Sensibilität für empirisch untersuchte Gegenstände erfordert.[124] Der rasche soziale Wandel und die daraus resultierende Diversifikation von Lebenswelten[125] konfrontieren praktisch-theologische Erkenntnisinteressen zunehmend mit sozialen Kontexten und Perspektiven, die für sie so neu sind, dass die klassische Vor-gehensweise – Fragestellungen und Hypothesen aus theoretischen Modellen abzuleiten und empirisch zu überprüfen – an der Differenziertheit der untersuchten Gegenstände vorbei zu zielen droht. Qualitative Forschung ist in stärkerem Maß auf induktive Vorgehensweisen angewiesen: Statt von Theorien und ihrer empirischen Überprüfung auszugehen, erfordert die Annäherung an zu untersuchende Zusammenhänge sensibilisierende Konzepte, in die theoretisches Vorwissen

[123] Dass beide Richtungen nicht per se als Gegensatz zueinander zu verstehen sind, betonen beispielsweise KELLE, U./ERZBERGER, C. (2007): Qualitative und quantitative Methoden: kein Gegensatz, in: Flick, U./von Kardorff, E. u. a. (Hg.) (2007): Qualitative Forschung. Ein Handbuch, Hamburg, 299–309.

[124] Eine entsprechende Vielzahl an Arbeiten widmete sich in der jüngeren Vergangenheit mit qualitativen Methoden der empirischen Sozialforschung praktisch-theologischen Themen; vgl. z. B. SCHWAB, U. (1995): Familienreligiosität. Religiöse Traditionen im Prozess der Generationen, Stuttgart.; HAUSCHILDT, E. (1996): Alltagsseelsorge. Eine sozio-linguistische Analyse des pastoralen Geburtstagsbesuches, Göttingen.; HARTMANN, K./POLLACK, D. (1997): Motive zumm Kircheneintritt in einer ostdeutschen Großstadt. Eine kirchensoziologische Studie. Abschlußbericht, Texte und Materialen der Forschungsstätte der Evangelischen Studiengemeinschaft, Reihe B, Nr. 26, Heidelberg.; KÖNEMANN, J. (2002): „Ich wünschte, ich wäre gläubig, glaub` ich". Zugänge zu Religion und Religiosität in der Lebensführung der späten Moderne, Opladen.; ROTH, U (2002): Die Beerdigungsansprache. Argumente gegen den Tod im Kontext der modernen Gesellschaft, Gütersloh.; VÖGELE, W. u. a. (Hg.) (2002): Soziale Milieus und Kirche, Würzburg.; GERSTENKORN, U. (2004): Hospizarbeit in Deutschland. Lebenswissen im Angesicht des Todes, Stuttgart u. a.; HERRMANN, J. (2007): Medienerfahrung und Religion. Eine empirisch-qualitative Studie zur Medienreligion, Göttingen.; SOMMER, R. (2009): Kindertaufe – Elternverständnis und theologische Deutung, Stuttgart.; KRETZSCHMAR (2007).

[125] Zu den im Kontext der kirchlichen Trauung relevanten gesellschaftlichen Veränderungen vgl. Kap. 2.2.4.1 „Relevante Veränderungen gesellschaftlicher Rahmenbedingungen".

methodisch reflektiert einfließt, um auf diese Weise Theorien aus empirischen Untersuchungen heraus entwickeln zu können. In diesen Zusammenhang ist auch das methodische Konzept der vor-liegenden Untersuchung einzuordnen, das in den folgenden Abschnitten vor-gestellt werden soll.

III. 1 Zur empirischen Methodik

III. 1. 1 Annäherung an den Untersuchungsgegenstand

Zur Erhebung qualitativer Daten wurden eine Reihe unterschiedlicher Methoden entwickelt, die sich in zwei prinzipielle Zugangsweisen untergliedern lassen: „Man kann mit den Beteiligten Gespräche über ihr Handeln führen und entsprechende Dokumente sammeln in der Hoffnung, auf diese Weise gehaltvolle Informationen *über* die interessierende Praxis zu erhalten. Oder man sucht nach Wegen und Strategien, an dieser Alltagspraxis möglichst längerfristig teilzunehmen und mit ihr vertraut zu werden, um sie in ihren alltäglichen Vollzügen beobachten zu können.“[126] Die Vor- und Nachteile beider Zugangsweisen sind hinsichtlich des jeweiligen Untersuchungsgegenstandes, aber auch aus forschungspraktischen Überlegungen heraus gegeneinander abzuwägen.

Um die Eigentheorien der getrauten Paare qualifiziert erheben zu können, bietet sich grundsätzlich die Durchführung von qualitativen Interviews mit den Beteiligten als zentrale Erhebungsmethode an. Denn als Eigentheorien werden hier die vielfältigen Interpretationen bezeichnet, durch die verheiratete Paare ihr subjektives Erleben der eigenen Hochzeit immer schon deuten und in einen größeren lebensgeschichtlichen Zusammenhang stellen. Rekonstruiert werden soll also nicht der „tatsächliche“ Ablauf der jeweiligen kirchlichen Trauung (zu diesem Zweck würde sich eher die Methode der teilnehmenden Beobachtung eignen, obschon auch in diesem Fall eine Präzisierung des Begriffs „tatsächlich“ notwendig wäre), sondern die Sinnzuschreibungen, mit deren Hilfe die Brautpaare das Geschehen im Rückblick deuten.

Die Wahl dieser Erhebungsmethode beruht auf der methodologischen Annahme, dass über die sprachliche Rekonstruktion in den Interviews individuelle Sinnzuschreibungen und Deutungen der kirchlichen Trauung sichtbar werden. Zudem erscheint das eher indirekte Vorgehen, das den Untersu-

---

[126] Lüders, C. (2007): Beobachten im Feld und Ethnografie, 384 f. (Hervorhebung im Original), in: Flick, U./von Kardorff, E. u. a. (Hg.) (2007): Qualitative Forschung. Ein Handbuch, Hamburg, 384-401.

chungsgegenstand aus einem größeren zeitlichen Abstand in den Blick nimmt, dem privaten und sensiblen Charakter der kirchlichen Trauung angemessener als beispielsweise eine längerfristige Begleitung von Paaren in ihrem Alltag und die teilnehmende Beobachtung ihrer Hochzeit. Die Wahl der Erhebungsmethode resultiert zudem aus forschungspraktischen Überlegungen, stellt doch die Durchführung von Interviews eine effiziente Methode dar, Daten zu Sinnkonstruktionen zu generieren. Erweitert und flankiert wird das Vorgehen durch die eigene Durchführung von Trauungen im Rahmen der Tätigkeit als Gemeindepfarrer, durch die teilnehmende Beobachtung von Traugottesdiensten bei Brautpaaren, die nicht interviewt wurden, sowie durch Experteninterviews mit Pfarrerinnen und Pfarrern und durch Besuche von Hochzeitsmessen.

Zu bedenken ist in diesem Zusammenhang der potentielle Einfluss theoretischen Vorwissens auf die Offenheit und Unvoreingenommenheit der eigenen Wahrnehmung im Rahmen eines qualitativen Forschungsprozesses.[127] Für quantitativ orientierte Prozesse stellt die Formulierung von Hypothesen zu Beginn der Untersuchung ein unverzichtbares Mittel dar, die unvermeidliche Theorieladung jeglicher Wahrnehmung wie auch die unumgängliche Selektivität jeglicher Forschung einer systematischen Kontrolle zu unterwerfen. Obschon auch bei einer qualitativ ausgerichteten Untersuchung die Tatsache der theoriegeleiteten Wahrnehmung nicht in Frage steht, droht die vorgängige Formulierung von Hypothesen zu einer Festlegung auf bestimmte Aspekte, die möglicherweise mit den Deutungsmustern der befragten Personen nicht ausreichend vermittelbar sind. Die aus dieser Gefahr häufig abgeleitete Forderung der Suspendierung des eigenen Vorwissens zugunsten einer größtmöglichen Offenheit gegenüber den spezifischen Relevanzsetzungen der Interviewten ist jedoch unrealistisch und insofern abzulehnen. In diesem Sinn wurde die radikale Forderung nach Offenheit aus der Programmschrift der qualitativen Forschung, die 1967 unter dem Titel „The Discovery of Grounded Theory" von den amerikanischen Soziologen Anselm Strauss und Barney Glaser veröffentlicht wurde, als „induktivistisches Selbstmissverständnis"[128] kritisiert. Durchgesetzt hat

---

[127] Vgl. z. B. die Forderung HERMANNS' (2007) nach einer Haltung „absichtlicher Naivität" (364) seitens des Interviewers.

[128] KELLE, U. (1996): Die Bedeutung theoretischen Vorwissens in der Methodologie der Grounded Theory, in: Strobl, R./Böttger, A. (Hg.): Wahre Geschichten? Zu Theorie und Praxis qualitativer Interviews, Baden-Baden, 32.
Gegenwärtige Varianten der Grounded Theory beziehen theoretisches Vorwissen produktiv mit in den Forschungsprozess ein; vgl. z. B. STRAUSS, A./CORBIN, J. (1996): Grounded Theory: Grundlagen Qualitativer Sozialforschung, Weinheim.; STRÜBING, J.

sich die wissenschaftstheoretische Einsicht, dass es keine Wahrnehmung geben kann, die nicht von Erwartungen durchsetzt ist, dass also qualitative Forschung nicht ohne Theorievermittlung denkbar ist.

Einen Ausweg aus diesem Dilemma stellt ein zirkulär gestalteter Forschungsprozess dar, in dem die theoretische Annäherung an den Untersuchungsgegenstand eng gekoppelt an erste praktische Felderfahrungen vollzogen wird, so dass eine – methodisch wiederum kontrollierte – wechsel-seitige Beeinflussung zur Vertiefung und Sensibilisierung der eigenen Wahrnehmung beiträgt.[129] Auf diese Weise gestaltet sich der Forschungsprozess als ein Wechselspiel zwischen Offenheit und Theoriegeleitetheit.

III. 1. 2 Konzeption und Durchführung der Interviews

Die Entscheidung für die Durchführung qualitativer Interviews nötigt zur weiteren Auswahl, bietet die sozialwissenschaftliche Forschung doch eine große Vielfalt unterschiedlicher Typen und Verfahren von Interviews, die in verschiedenen Akzentuierungen die mitunter schwer zu vereinbarenden Ansprüche an qualitative Interviews miteinander zu vermitteln versuchen. Den Interviewvarianten liegen in der Regel zwei Fragen zugrunde, deren Gewichtung zu unterschiedlichen Konzeptionen von Interviews führt: So ist zunächst die Frage zu bedenken, ob sich die Interviewführung an ausformulierten Fragen orientiert, die gegebenenfalls auch in ihrer Reihenfolge genau festgelegt sein können, oder ob das Interview möglichst offen, also auf der Grundlage weniger Fragerichtungen geführt werden soll. Eine Mittelposition zwischen diesen Extrempolen nehmen sog. teilstandardisierte oder teilstrukturierte Interviews ein, die sich an einem Interviewleitfaden orientieren, der Spielräume in den Frageformulierungen, Nachfragestrategien und in der Abfolge der Fragen eröffnet. Weiter zu bedenken ist die Frage, ob bei der Interviewführung die Aufforderung zur Narration im Vordergrund steht (so dass in der Folge eine durch aktives Zuhören begleitete autonome Selbstpräsentation der interviewten Person dominiert) oder ob es primär um die Erhebung eher allgemeiner Deutungen bzw. komplexer Argumentationsstrukturen geht (so dass aktives Nachfragen und vorsichtiges Argumentieren die Interviewdynamik dominiert).

Hinsichtlich des hier interessierenden Untersuchungsgegenstandes bietet sich als Interviewstruktur grundsätzlich das sog. Leitfadeninterview

---

(2008): Grounded Theory: Zur sozialtheoretischen und epistemologischen Fundierung des Verfahrens der empirisch begründeten Theoriebildung, Wiesbaden.

[129] Insofern gibt der Aufbau der vorliegenden Studie (vgl. Kap. 1 „Einleitung: Zielsetzung und Konzept“) nur bedingt den ihr zugrunde liegenden Forschungsprozess wider.

an, ist doch zu erwarten, dass in der relativ offenen Gestaltung der Interviewsituation die Sichtweisen der Befragten eher zur Geltung kommen können als in einem standardisierten Interview, das mit einem ausformulierten Fragebogen und vorgegebenen Antwortkategorien operiert. Zugleich lässt sich auf diese Weise die notwendige Fokussierung und Gegenstandsbezogenheit der Interviews noch ausreichend gewährleisten, denn das Leitfadeninterview ermöglicht es, nach bestimmten Aspekten gezielt zu fragen, und bietet doch auch die Flexibilität, auf die jeweils spezifische Situation einzugehen.[130]

Diesen Vorteil bietet die Form der (maßgeblich von Fritz Schütze[131] entwickelten) narrativen Interviews nicht, ihre Stärke offenbart sich vor allem in biographischen Studien. Nach einem erzählgenerierenden Anfangsimpuls der Interviewer sollen die Befragten möglichst ungestört eine autonom gestaltete Haupterzählung produzieren. Nachfragen dürfen erst am Ende der Erzählung gestellt werden, bevor dann eine Bilanzierung folgt, bei der die Befragten als Experten der eigenen Lebensgeschichte angesprochen und zu einer abstrakten Selbstdeutung ermutigt werden. Hinsichtlich der in dieser Untersuchung verfolgten Fragestellung erscheint eine derart offene Interviewform als zu unspezifisch und zu offen, so dass die grundsätzliche Entscheidung für die Durchführung von Leitfadeninterviews einen dem Untersuchungsgegenstand angemessenen Kompromiss zwischen standardisierten und offenen Formen qualitativer Interviewvarianten darstellt.

Die Gattung des Leitfadeninterviews lässt sich anhand ihrer verschiedenen Ausprägungen weiter differenzieren und in folgende Unterkategorien gliedern:[132] Fokussierte Interviews wurden entwickelt für die Medienforschung und geben den Befragten einen Ausgangsimpuls (beispielsweise einen Filmausschnitt) vor, dessen Rezeption mit Hilfe des Interviews untersucht werden soll. Struktur- und Dilemma-Interviews kommen vor allem in der Untersuchung entwicklungspsychologisch bedingter Unterschiede in der Fähigkeit zur sozialen Perspektivübernahme zum Einsatz, während klinische Interviews zur Diagnose psychischer Erkrankungen dienen. Problemzentrierte Interviews bieten den Befragten möglichst viel Raum für Erzählungen im Blick auf ein festgelegtes Thema bzw. ein gesellschaftlich

---

[130] Vgl. Söderblom, K. (2007): Leitfadeninterviews, in: Dinter, A. u. a. (Hg.) (2007): Einführung in die empirische Theologie: gelebte Religion erforschen, Göttingen, 258.

[131] Vgl. Schütze, F. (1983): Biographieforschung und narratives Interview, in: Neue Praxis 13, 283-293.

[132] Vgl. Söderblom (2007) 255-257.

oder biographisch relevantes Problem. In sog. Experten-Interviews stehen weniger die Befragten als Personen, sondern ihr Expertenwissen über bestimmte Institutionen oder Sachverhalte im Vordergrund. Im Rahmen der Feldforschung in offenen Feldern kommen schließlich ethnographische Interviews zum Einsatz, die häufig in der Form eines eher informellen Gesprächs im Untersuchungsfeld zwischen Forschern und verschiedenen Personen entstehen und vor allem als zusätzliche Datenquelle für die Methode der teilnehmenden Beobachtung von Interesse sein können.

Diese (denkbar knappen) Skizzierungen verdeutlichen, dass auch innerhalb der Gattung des Leitfadeninterviews eine Entscheidung für eine konkrete Interviewform getroffen werden muss, die sich primär am zu untersuchenden Gegenstand zu orientieren hat. Für die Rekonstruktion von Eigen-theorien der Befragten zu ihrer kirchlichen Trauung legt sich eine Art der Interviewführung nahe, die in Anlehnung an Flicks Klassifizierung[133] als „problemzentriertes Interview" zu beschreiben ist. Dieses orientiert sich an einer Fragestellung, wird flexibel auf seinen Gegenstand hin konzipiert und prozessorientiert geführt.[134] Die Fragen für das Interview sind einerseits als offene Fragen formuliert, die zum Erzählen anregen. Andererseits wird aber auch explizit nach bestimmten biographischen Eckpunkten gefragt. Als zentrale Kommunikationsstrategien sind der Gesprächseinstieg, allgemeine und spezifische Sondierungen und Ad-hoc-Fragen zu nennen, die zu einer Kombination von Erzählungen und nach einem Frage-Antwort-Schema strukturierten Passagen führen.[135]

III. 1. 2. 1 *Der Interviewleitfaden*

Für die Konzeption des konkreten Leitfadens[136] sind folgende Kriterien leitend: Die Interviews sollen vom grundsätzlichen Ablauf her miteinander vergleichbar sein; sie sollen der Situation angemessen sein und Raum für die individuellen Erzählungen und Eigentheorien der Paare schaffen; sie

---

[133] Vgl. FLICK, U. (2000): Qualitative Forschung. Theorie, Methoden, Anwendung in Psychologie und Sozialwissenschaften, Hamburg, 146.

[134] Vgl. WITZEL, A. (1987): Das problemzentrierte Interview, in: Jüttemann, G.: Qualitative Forschung in der Psychologie. Grundfragen, Verfahrensweisen, Anwendungsfelder, Heidelberg, 227-256.

[135] Zur Kritik an dieser für problemzentrierte Interviews charakteristischen Kombination vgl. FLICK (2000) 108.

[136] Der für die durchgeführten Interviews verwendete Leitfaden findet sich im Anhang (Kap. 7.2 „Interviewleitfaden").

sollen möglichst eng am zu eruierenden Gegenstand orientiert sein.[137] Die Entscheidung, welche Frage zu welchem Zeitpunkt des Gesprächs eingebracht wird, liegt beim Interviewer und hängt von der Situation und dem Verlauf des Interviews ab. Die grundsätzliche Abfolge der Themen wird jedoch nicht zuletzt der Vergleichbarkeit wegen jeweils eingehalten.

Ausgehend von diesen Kriterien wurde ein Interviewleitfaden konzipiert, der bei der Durchführung der Interviews zur Anwendung kam und im Folgenden genauer erläutert werden soll: Im telefonischen Vorgespräch wurde das zu interviewende Paar gebeten, zur Vorbereitung des Interviews eine Auswahl von drei Fotos aus der Menge der Hochzeitsfotos zu treffen. Die ausgewählten Bilder sollten – so das vorgegebene Auswahlkriterium – im Zusammenhang mit den Momenten stehen (die Situationen also entweder abbilden oder auf sie hinweisen), denen das Paar im Rückblick eine herausragende Relevanz für die eigene Hochzeit zuschreibt. Mit dieser Aufgabe im Vorfeld des Interviews werden zwei Ziele verfolgt: Einerseits sollte der Prozess des Auswählens bereits vor dem eigentlichen Interview zur inneren Beschäftigung mit der Thematik anregen und möglicherweise auch Gespräche zwischen den Ehepartnern über die zu präsentierenden Bilder und damit über eigene Deutungen der Hochzeit provozieren. Andererseits nötigt die enge Begrenzung der Anzahl auszuwählender Bilder (aus der regelmäßig anzutreffende Fülle von Fotos, deren Präsentation oftmals mehrere Abende in Anspruch nehmen könnte) zur Priorisierung und Profilierung der eigenen Deutungen und dient auf diese Weise der Reduktion der in dem begrenzten Raum des Interviews zu kommunizierenden Inhalte.[138]

Der Interviewleitfaden beginnt mit gezielten Fragen zu biografischen Daten und Präferenzen bei der Freizeitgestaltung, die zur genaueren Einordnung des Lebensstils der befragten Personen beitragen.[139] Eine weitere Gruppe von Fragen richtet den Blick auf die grundsätzlichen Einstellungen zu Religion und Kirche. Auf diese Weise sollen sowohl lebensstilspezifische

---

[137] Vgl. DINTER, A. U. A. (2007): Einführung in die empirische Theologie: gelebte Religion erforschen, Göttingen, 255.

[138] Zur Verwendung von Fotos im Rahmen von Interviews vgl. BUCHNER-FUHS, J. (1997): Die Fotobefragung. Eine kulturwissenschaftliche Interviewmethode?, in: Zeitschrift für Volkskunde 93, 189-216.; WUGGENIG, U. (1988): Die Fotobefragung, in: Kreutz, H. (Hg.): Pragmatische Soziologie. Beiträge zur wissenschaftlichen Diagnose und praktischen Lösungen gesellschaftlicher Gegenwartsprobleme, Opladen, 333-354.

[139] Vgl. zur Methodik der Lebensstilanalyse Kap. 3.2 „Perspektiven der Lebensstilforschung".

Zugänge zur kirchlichen Trauung als auch Wechselwirkungen zwischen der religiösen Sozialisation und der Deutung der kirchlichen Trauung wahrnehmbar werden. Die Fragen dienen an dieser Stelle nur der allgemeinen Einordnung und sollen nicht eine längere biographisch-religiöse Narration evozieren (dazu wären sie im Verlauf des Interviews auch zu früh angesiedelt).

Nach diesen eher standardisierten Fragegruppen rückt die Hochzeit in den Mittelpunkt. Bewusst wird dabei zunächst das Geschehen der gesamten Hochzeit in den Blick genommen, denn in der Wahrnehmung der interviewten Paare stellt sich die kirchliche Trauung vermutlich als Teil eines umfänglichen Geschehens mit einer komplexen Dynamik dar. An dieser Stelle soll der Fokus des Interviews nicht vorschnell auf die kirchliche Trauung verengt werden, um zu verhindern, dass Deutungen, die in der Wahrnehmung der Paare eher an anderen Teilen der Hochzeit (z. B. Heiratsantrag, Vorbereitungszeit, standesamtliche Eheschließung) haften, nicht wahrnehmbar werden. Denn möglicherweise stehen die Deutungen solcher Teile der Hochzeit, die mit der kirchlichen Trauung auf den ersten Blick nicht verbunden erscheinen, in relevanten Zusammenhängen mit den Eigentheorien zur kirchlichen Trauung. Dabei werden sowohl Wertungen, Schwerpunkte und Eigentheorien aus der Sicht des Paares erhoben als auch die persönliche Beziehungsgeschichte und der Entschluss zu heiraten rekonstruiert, um den jeweiligen lebensgeschichtlichen Kontext der Heirat (der vermutlich die individuellen Sinnzuschreibungen maßgeblich beeinflusst) differenziert wahrnehmen zu können.

Von hier aus ergibt sich der Übergang zu gezielten Fragen nach dem Ort der kirchlichen Trauung, dem Traugespräch, dem Verlauf der Vorbereitungen und der Feier. Sie sollen zu konkreten und detaillierten Schilderungen anregen, um ein möglichst plastisches Bild der Dynamik der gesamten Hochzeit und des Traugottesdienstes mit seinen für die Eigentheorien möglicherweise relevanten liturgischen Haftpunkten (z. B. Einzug/Auszug, Predigt, Trauversprechen, Segen, Ringwechsel, Musik, mediale Dokumentation) entstehen zu lassen. Am Schluss des Leitfadens wird explizit die Perspektive der Retrospektion eingenommen mit zwei Fragen, die zur Bilanzierung des Geschehens der Hochzeit anregen sollen.

Diese Anordnung der Fragen basiert auf den in Probeinterviews gesammelten Erfahrungen und soll eine behutsame Annäherung an äußerst sensible Bereiche des Privatlebens der Befragten ermöglichen, schließlich sind sie weder mit der Person des Interviewers noch mit der Rolle als Interviewte vertraut. Neben den Vorteilen einer schrittweisen Annäherung an die Thematik ließen die durchgeführten Probeinterviews auch die Notwendigkeit einer Auswahl aus der Fülle möglicher Fragen erkennen, nahm doch nach ca. 120 Minuten die Konzentration des Gesprächs bei den Beteiligten merklich ab.

Wie jeder Leitfaden produziert auch dieser notwendigerweise eine spezifische Sichtweise des Untersuchungsgegenstandes. Dieser Umstand ist nicht zu vermeiden, bedarf aber seinerseits der methodischen Reflexion. Der Einstieg mit Fragen zu biographischen Daten und lebensstilspezifischen Vorlieben vermittelt den Befragten vermutlich das Bild eines wissenschaftlich-objektivierenden Interesses, das auf Einordnung und Klassifizierung ausgerichtet ist. Die darauf folgenden Fragen nach der individuellen Beziehungsgeschichte leiten die Wahrnehmung der Interviewten vermutlich in die Richtung des Traugesprächs, forciert noch durch die Rollenkonstellation der Interviewsituation: Ein Pfarrer (in der Rolle des Interviewers)[140] besucht das Paar in dessen Wohnung und interessiert sich für die lebensgeschichtlichen Hintergründe der Hochzeit sowie die konkreten Vorstellungen des Paares bezüglich des Traugottesdienstes. Insofern hebt sich die durch die Konzeption des Leitfadens implizierte Sichtweise der kirchlichen Trauung ab beispielsweise von der eines bei der Trauung abwesenden Freundes, der im Nachhinein das Brautpaar nach den Erfahrungen mit der Hochzeit fragt. Gerade die mögliche Wahrnehmung der Interviewsituation als Re-Inszenierung des Traugesprächs und die daraus sich ergebenden Wechselwirkungen zwischen Traugespräch und Interview sind bei der Analyse zu reflektieren und insofern für die Auswertung fruchtbar zu machen. Dabei ist zu beobachten, dass die interviewten Paare in allen Fällen die ihnen relevant erscheinenden Aspekte mehr oder weniger deutlich auch gegen den Leitfaden durchsetzen. Diese Beobachtung spricht wiederum für die Qualität des Leitfadens und der Organisation der Interviewsituation, die eine für diese Thematisierungen nötige Offenheit für die Interessen der Interviewten bietet.

III. 1. 2. 2 *Auswahl der Interviewpartner und Durchführung der Interviews*

Im Gegensatz zu einer quantitativ ausgerichteten Untersuchung liegt das Ziel der Interviews nicht in einer gesellschaftlich repräsentativen und statistisch aussagekräftigen Befragung. Diese würde den Rahmen der Untersuchung sprengen und ist zugleich für eine qualitative Befragung nicht erforderlich, versteht sie sich doch als sinnrekonstruierendes Verfahren, das zunächst konsequent am Einzelfall interessiert ist und von daher eine Typenbildung versucht. Die Anzahl der durchgeführten Interviews orientiert sich am Grad der im zirkulären Forschungsprozess erreichten theoretischen

---

[140] Zur Rolle des Interviewers vgl. auch Kap. 3.1.2.2 „Auswahl der Interviewpartner und Durchführung der Interviews".

Sättigung, die dann als gegeben anzunehmen ist, wenn weitere empirische Befunde zu keiner relevanten Veränderung der bereits entwickelten Theorie führen.[141] Nach diesem Kriterium wurden (im Anschluss an Probeinterviews) zehn Interviews durchgeführt, von denen acht zur weiteren Analyse ausgewählt wurden.[142]

Die Auswahl der Interviewpartner geschieht nicht zufällig. Milieu, Alter, Beruf und Wohnort der Befragten sollen ein möglichst breites Spektrum abbilden, um eine zu starke Verengung der individuellen Sichtweisen zu vermeiden.[143] Die Erforschung der spezifischen Problembereiche interkonfessionell heiratender Paare wäre ein eigenes Feld für weitere Untersuchungen.[144] Die vorliegende Arbeit beschränkt sich auf die Untersuchung der Erzählungen von Paaren, die in der evangelisch-lutherischen Kirche getraut wurden. Im Verlauf des Forschungsprozesses wurde deutlich, dass schon innerhalb dieser Eingrenzung eine große Pluralität von Lebenssituationen und Lebensstilen besteht, die der differenzierten Wahrnehmung und Interpretation hinsichtlich der Eigentheorien zur kirchlichen Trauung bedürfen.

Die kirchliche Trauung sollte zwischen zwölf Monaten und zwei Jahren zurückliegen, so dass einerseits ein gewisser Abstand zu dem Ereignis vorliegt, der für die autobiographische Reflexion notwendig ist. Zwar finden Sinnzuschreibungen auch bereits während der Hochzeit und in den ersten Wochen danach statt. In den Probeinterviews (die unter anderem auch mit anderen Zeitabständen zwischen der kirchlichen Trauung und der Durchführung des Interviews experimentierten) zeigte sich jedoch, dass die Deutungen der Trauung nach einer längeren Zeit stärker in einer lebensgeschichtlichen Perspektive rekonstruiert wurden, so dass biographische Auswirkungen der Heirat vermehrt sichtbar werden. Andererseits machten die Ergebnisse der Probeinterviews deutlich, dass der zeitliche Abstand nicht wesentlich größer sein sollte, damit Details des eigenen Erlebens und deren biographische Verarbeitung noch in ausreichendem Maße präsent sind. Auf diese Weise sollen die Nachteile einer Retrospek-

---

[141] Vgl. Mädler, I. (2007): Ein Weg zur gegenstandsbegründeten Theoriebildung: Grounded Theory, in: Dinter, A. u. a. (Hg.): Einführung in die empirische Theologie: gelebte Religion erforschen, Göttingen, 244.

[142] Zwei Interviewaufnahmen eigneten sich aufgrund technischer Mängel nicht zur weiteren Bearbeitung.

[143] Vgl. die Übersicht über die interviewten Paare in Kap. 7.1 „Übersicht Interviewpartner".

[144] Vgl. Kap. 6.2 „Desiderate der Forschung".

tivbefragung, vor allem die Verzerrungen durch Erinnerungslücken, möglichst gering gehalten werden.

Die Interviews fanden jeweils in der Wohnung des befragten Paares statt, dauerten in der Regel etwa 120 Minuten und wurden aufgezeichnet, so dass sie anschließend transkribiert werden konnten. Während der Interviews waren stets beide Ehepartner anwesend. Auf diese Weise sind zwar die von Nave-Herz befürchteten gegenseitigen Beeinflussungen und Harmonisierungen der Aussagen zur Wahrnehmung der eigenen Hochzeit wahrscheinlicher (auch bei Einzelbefragungen ist diese Tendenz jedoch gegeben);[145] anzunehmen ist aber, dass gerade im Blick auf den Untersuchungsgegenstand (die gemeinsam erlebte Trauung) die Dynamik der Paarbeziehung mit ihren wechselseitigen Ergänzungen, Widersprüchen und Ambivalenzen eine Bereicherung der Interviewsituation darstellt und eine differenzierte Erhebung der unterschiedlichen Sinnzuschreibungen in ihrer Komplexität und Vielschichtigkeit überhaupt erst ermöglicht.

Zu bedenken ist in diesem Zusammenhang auch die Rolle des Interviewers. Den Paaren wurde im telefonischen Vorgespräch neben der Schilderung des Forschungsinteresses und des geplanten zeitlichen Ablaufs des Interviews auch mitgeteilt, dass es sich um einen Pfarrer handelt. Es ist anzunehmen, dass diese Tatsache eine besondere Dynamik sowohl im Vorfeld des Interviews als auch in der Gesprächssituation selbst induziert, wiederholt sich doch die Rollenkonstellation des Gesprächs, das zur Vorbereitung der Trauung mit dem zuständigen Pfarrer geführt wurde. Dieser Umstand ist bei der Auswertung der Interviews zu beachten. „Der Interviewer muss diese Zuschreibungen wahrnehmen und einen Sinn dafür entwickeln, welche Seiten der Interviewpartnerin er durch seine Beiträge anspricht, in welcher Rolle, Eigenschaft und Funktion er ihr begegnet.“ [146] Da das Traugespräch im Interviewleitfaden explizit thematisiert wird, sind wahrnehmbare Interdependenzen, sei es die Erwartung einer Prüfungssituation, Legitimationsdruck bezüglich des eigenen kirchlichen Teilnahmeverhaltens oder die Imagination eines vehement pastoralen Auftretens wahrscheinlich.

Neben diesen speziell am Untersuchungsgegenstand orientierten Überlegungen sind bei der Durchführung qualitativer Interviews grundsätzliche Regeln zur Interviewgestaltung zu beachten, die helfen sollen,

---

[145] Vgl. Nave-Herz (1997) 32; vgl. dazu auch die Skizzierung der Untersuchung in Kap. 2.1 „Gegenwärtiger Forschungsstand: Empirische Studien zur kirchlichen Trauung“.

[146] Hermanns, H. (2007): Interviewen als Tätigkeit, in: Flick, U./von Kardorff, E. u. a. (Hg.) (2007): Qualitative Forschung. Ein handbuch, Hamburg, 363.

durch Mangel an Erfahrung bedingte Probleme zu minimieren:[147] So sollten suggestive Fragen bzw. Interpretationen des Interviewers ebenso vermieden werden wie bewertende Aussagen, um die Aussagen der Interviewten nach Möglichkeit wenig zu lenken. Stattdessen sollte mittels einer möglichst non-direktiven Gesprächsführung das Ziel verfolgt werden, den subjektiven Sichtweisen der Interviewpartner Raum zu geben und sie durch aktives Zuhören sowie bestätigende Hörsignale zum Erzählen zu motivieren. Hierzu ist unter anderem die bewusste Annahme einer überwiegend passiv-rezeptiven Rolle als Interviewer notwendig. Die Anwendung des Interviewleitfadens sollte darüber hinaus möglichst flexibel gehandhabt werden, so dass Nachfragen und Exkurse im Gespräch verfolgt werden können. Auch eine übermäßige Thematisierung der Existenz des Leitfadens („diese Frage hatten wir schon", „jetzt sind wir mit diesem Teil fertig") im Interview ist zu vermeiden.

III. 1. 3 Überlegungen zum Wirklichkeitsbezug der Interviews

Der besondere Fokus der Untersuchung liegt auf den Eigentheorien der Paare bezüglich ihrer Trauung. Als Eigentheorien werden hier die vielfältigen Interpretationen bezeichnet, durch die verheiratete Paare ihr subjektives Erleben der eigenen Hochzeit immer schon deuten und in einen größeren lebensgeschichtlichen Zusammenhang stellen.[148] Dabei wird vorausgesetzt, dass die Erfahrung der Trauung Sinnzuschreibungen immer wieder neu konstituiert. Ausschnitte dieser jeweils situativ entwickelten Sinnzuschreibungen werden durch die Interviews rekonstruierbar. In dieser Hinsicht ist die (im Rahmen seiner biographieanalytischen Untersuchung[149] gebildete) These Armin Nassehis einleuchtend, dass „die biografische Methode ausschließlich biografische Texte, erzählte Lebensgeschichten, also kommunikative Dokumente in den Blick" nehme, aber „nicht das in diesen Texten kommunizierte vergangene Geschehen."[150] Abzulehnen ist aus die-

[147] Vgl. Hopf, C. (2007): Qualitative Interviews - ein Überblick, in: Flick, U./von Kardorff, E./Steinke, I. (Hg.): Qualitative Forschung. Ein Handbuch, 5. Aufl., Hamburg, 358-360.

[148] Vgl. Gräb, W. (1998): Lebensgeschichten - Lebensentwürfe - Sinndeutungen. Eine Praktische Theologie gelebter religion, Gütersloh.

[149] Vgl. Nassehi; A. (1995): Die Deportation als biographisches ereignis. Eine biografieanalytische Untersuchung, in: Weber, G. u. a. (Hg.): Die Deportation der Siebenbürger Sachsen in die Sowjetunion 1945-1949, II. Die Deportation als biografisches Ereignis und literarisches Thema, Köln u. a., 5-412.

[150] Nassehi (1995) 9. Nassehi wendet sich mit dieser These gegen die Behauptung von Fischer/Kohli, mit Hilfe biografischer Dokumente seien vergangene Gegenwarten

sem Grund die Annahme einer Homologie von Erzählsequenz und Erfahrung, die den Wirklichkeitsbezug der Interviews in der Möglichkeit erblickt, in der Vergangenheit Erlebtes ohne Weiteres in der Gegenwart abzubilden und somit erfahrene Geschehnisse zu einem rekonstruierbaren und erforschbaren Gegenstand zu machen."[151]

In diesem Punkt lassen sich die Erkenntnisse Nassehis für die im Rahmen der vorliegenden Untersuchung durchgeführten Interviews fruchtbar machen, obwohl sie sich auf biographisch-narrative Interviews beziehen. Denn auch die durchgeführten Leitfadeninterviews dokumentieren den Prozess der Sinnzuschreibungen auf der Ebene der Interviewkommunikation, also die durch die Interviewfragen evozierten Deutungen und Interpretationen des Paares und nicht die Geschehnisse der Trauung. Die Beteiligten werden je nach zeitlichem Abstand, aber auch abhängig von dem Problemzusammenhang und der Gesprächssituation jeweils spezielle Aspekte an ihrer Trauung entdecken und rekonstruieren. Dementsprechend werden sie auch ihre Erzählungen darüber immer wieder anhand wechselnder Kompositions- und Auswahlkriterien unterschiedlich gestalten.

III. 1.4 Zur Analyse der Interviews

Im Folgenden wird eine Auswertungsstrategie vorgestellt, die den offenen Charakter theoretischen Vorwissens aufnimmt, ohne dabei auf explizite Vorannahmen und den Bezug auf Theorietraditionen zu verzichten. Zu diesem Zweck werden verschiedene methodische Ansätze der qualitativen Forschung miteinander kombiniert und zugleich unter forschungspragmatischen Gesichtspunkten modifiziert.

III. 1.4.1 *Transkription*

Die Verschriftung der Interviews steht als notwendiger Zwischenschritt vor ihrer methodisch kontrollierbaren Interpretation. Erst die vertextete Form des Interviews ermöglicht es, die thematisch-sequenzielle Anordnung der Kommunikation zu erheben. So kann im Unterschied zu einer mündlichen Erzählung im Transkript nachgeschlagen oder ein Vergleich zwischen bestimmten Passagen vorgenommen werden.

---

rekonstruierbar; vgl. FISCHER, W./KOHLI, M. (1987): Biographieforschung, in: Voges, W. (Hg.): Methoden der Biographie- und Lebenslaufforschung, Opladen, 33.

[151] Vgl. auch KRETZSCHMAR (2007) 132-138. Aus dieser Perspektive ist Fopps Versuch zu kritisieren, die Ebene der Erfahrung der interviewten Paare mit Hilfe einer nachträglichen Kommentierung ihrer (Fopps) Interpretationen seitens der Paare zugänglich zu machen; vgl. FOPP (2007) 220.

Von den unterschiedlichen gebräuchlichen Transkriptionssystemen hat sich keines allgemein durchgesetzt. Leitend für die Transkription ist deshalb die Angemessenheit bezüglich des Gegenstands und des Ziels der Untersuchung. Zentral sind hierbei klare Regeln für die Transkription von Äußerungen, Sprecherwechseln, Pausen und Satzabbrüchen sowie die anschließende mehrfach wiederholte Kontrolle des Transkripts anhand der Aufzeichnungen und die vollständige Anonymisierung der personenbezogenen Daten.

Diesen Grundsätzen entsprechend wurden die Interviewaufzeichnungen vollständig, d. h. inklusive aller Füllwörter und umgangssprachlichen Wendungen transkribiert. Die Äußerungen der jeweiligen Personen wurden als fortlaufender Text mit Interpunktionen geschrieben, wobei die Kommata nach den üblichen Regeln, Punkte nach dem Absenken der Stimme gesetzt wurden. Nonverbale Äußerungen sowie länger als drei Sekunden dauernde Pausen wurden kursiv gedruckt und in Klammern im Text vermerkt. Auf die Transkription phonetischer Informationen wurde verzichtet. Dies hätte einen erheblichen Mehraufwand bedeutet, gleichzeitig aber eine Analyseebene eröffnet, die hinsichtlich des Forschungsziels der vorliegenden Untersuchung keinen wesentlichen Erkenntnisgewinn hätte erwarten lassen.

III. 1. 4. 2 *Sequenzierung*

Mit der Sequenzierung gewinnt der Text des Interviews Gestalt. Die durch Absätze markierte formale Untergliederung legt die Struktur des Textes fest, definiert also, an welchen Stellen ein Themenwechsel stattfindet oder eine neue Phase der Erzählung eingeleitet wird. Diese Sequenzierung wird unter maximaler Annäherung an die Perspektive des interviewten Paares vorgenommen, orientiert sich also vornehmlich an von den Interviewten eingeführten Strukturen und folgt nicht primär der Gliederung des Interviewleitfadens.

Insofern stellt die Sequenzierung einen wichtigen Schritt für die weitere Analyse der Interviews dar, wird doch hier die Entscheidung darüber getroffen, welche Äußerungen in einen gemeinsamen Zusammenhang eingeordnet werden oder an welcher Stelle ein neuer Gedanke in einen eigenen Kontext eingebunden wird. Im Zuge dieser Strukturierung finden erste intensive Auseinandersetzungen mit dem Text statt, werden markante, durch besondere Dichte hervorgehobene Passagen herausgearbeitet und somit eine Annäherung an die Relevanzstrukturen des Textes erreicht, die den Ausgangspunkt für die spätere Interpretation bilden.

Für jede abgegrenzte Interviewsequenz wird ein Titel entwickelt, der sich aus zwei Teilen zusammensetzt. Im ersten Teil wird das allgemeine Thema der Sequenz erfasst, d. h. einem möglichst präzisen Begriff zugeordnet und damit auf einer vom Text deutlich abgehobenen Abstraktionsstufe gekennzeichnet. Im zweiten Teil des Titels wird der Kern der Sequenz möglichst in Worten der Interviewten, d. h. unter größtmöglicher Orientierung an der konkreten Erzählebene wiedergegeben. Mit dieser Gegenüberstellung soll sichtbar werden, auf welche Weise die Äußerungen der Interviewten über das Hintergrundwissen des Interpreten organisiert werden und welche thematischen Zuordnungen aus den Schilderungen erfolgen. Dieser Schritt verlangt also – über die inhaltliche Auseinandersetzung mit der einzelnen Sequenz auf der konkreten Erzählebene hinaus – die Klärung der Frage, was als Fokus der jeweiligen Sequenz zu betrachten ist, und zwar sowohl über die Annäherung an die Relevanzen des Textes als auch im daraus abgeleiteten Verständnis des Interpreten.

III. 1. 4. 3 *Vertiefte Auswertung*

Im Anschluss an die Transkription und Sequenzierung werden die Interviews einer ersten Kodierung unterzogen. Dabei wird der jeweilige Text mit Begriffen aus dem Interviewleitfaden bzw. weitere thematische Aspekte erschließenden Begriffen der Interviewten markiert. Davon ausgehend wird zu jedem Interview eine zusammenfassende Rekonstruktion erstellt werden, mit der für die weitere Bearbeitung relevante Beobachtungen und Interpretationsansätze dokumentiert werden.[152] Um die Funktion einzelner identifizierter Themen des Interviews für den unmittelbaren und den weiteren Kontext genauer zu beschreiben, werden in der Interpretation des Textes Antworten auf folgende Leitfragen gesucht:[153]

- Welches Problem wird in der Sequenz dargestellt?
- Was sind die Bedingungen für dieses Problem?
- Welche Strategien zur Lösung bzw. Bewältigung des beschriebenen Problems werden präsentiert?

Mit Hilfe dieser Leitfragen soll eruiert werden, welche Grundprobleme die Interviewkommunikation aufwirft und welche individuellen Problemlösungen daraufhin vorgestellt werden.[154] Um darüber hinaus die sprachlich-syntaktischen, semantischen und pragmatischen Mittel zu beschreiben,

---

[152] Vgl. Studien- und Planungsgruppe der EKD (1998): Quellen religiöser Selbst- und Weltdeutung. Die themenorientierten Erzählinterviews der dritten EKD-Erhebung über Kirchenmitgliedschaft, Bd. 1+2, Hannover, 24 f.

[153] Vgl. Gerstenkorn (2004) 70 sowie Kretzschmar (2007) 140 f.

[154] Die Wahrnehmungsperspektive von Problem und Problemlösung basiert auf Nassehis These: „Biografische Texte lösen Probleme, die sie selber aufwerfen“; vgl. Nassehi (1995) 102.

die im Text eines Interviews verwendet werden, sind die von Wilhelm Egger (zur Analyse von neutestamentlichen Texten) entwickelten Methoden hilfreich.[155] Der vorliegende sequenzierte Text des Interviews wird folgendermaßen daraufhin befragt:

- Sprachlich-syntaktische Mittel: Welche Wörter kommen wiederholt vor? Welche Wörter sind spezifisch für den Wortschatz des Autors? Welche Wortarten und Wortformen kommen vor? Wie werden einzelne Sätze miteinander verknüpft? Welche Zeitformen werden verwendet? Welche Satzarten und Stilfiguren kommen vor? Wie sind die Satzfolgen aufgebaut und gegliedert?
- Semantische Mittel: Welche Bedeutungselemente kommen vor? Welche Lexeme sind bedeutungsverwandt? Welche Sinnlinien lassen sich erstellen? Gibt es Oppositionen von Bedeutungselementen im Text? Welche Handlungssequenzen mit welchen oppositionellen Möglichkeiten sind rekonstruierbar? Welche Handlungsträger werden eingeführt?
- Pragmatische Mittel: Welche verschiedenen Funktionen des Textes sind zu unterscheiden? Welche Strategien werden verwendet, um welche Wirkungen zu erzielen? Welche Kommunikationsstrukturen und Normen der Kommunikation werden dabei vorausgesetzt oder angestrebt? Mit welchen Personen wird sympathisiert? Gibt es direkte oder indirekte Hinweise auf die Absicht des Textes?

Die These Fopps, dass ein Interview in transkribierter Form als Text zu lesen und deshalb auf dieser Ebene auch mittels hermeneutischer Ansätze zur Textinterpretation zu analysieren sei,[156] bedarf einer erzähltheoretischen Differenzierung hinsichtlich des Verhältnisses zwischen dem schriftlich vorliegenden Transkript und der ihm zugrunde liegenden mündlichen Interviewerzählung. Die zu Beginn der erzähltheoretischen Theoriebildung dominierenden strukturalistischen Definitionsansätze basierten auf der Unterscheidung zwischen einer abstrakten, vormedialen Geschichte und ihrer jeweiligen objektgebundenen Realisierung.[157] Gerade das Konzept einer vormedialen Geschichte wurde in den vergangenen

---

[155] Vgl. Egger, W. (1990): Methodenlehre zum Neuen Testament. Einführung in linguistische und historisch-kritische Methoden, Freiburg. Vgl. das ähnliche Vorgehen bei Fopp (2007) 222 f.

[156] Vgl. Fopp (2007) 220.

[157] Vgl. Martinez, M./Scheffel, M. (1999): Einführung in die Erzähltheorie, München, 26.

Jahrzehnten eingehend kritisiert und hinsichtlich der ihm inhärenten Medientheorie modifiziert.

Ein Konsens besteht gegenwärtig darin, dass Medien nicht die Funktion neutraler Transportbehältnisse für austauschbare Inhalte übernehmen, sondern im Gegenteil durch ihre jeweiligen Struktureigenschaften die Ausdrucksform und damit auch den Ausdrucksinhalt des Erzählten prägen.[158] „Each medium has particular affinities for certain themes and certain types of plot: you cannot tell the same type of story on the stage and in writing, during conversation and in a thousand-page novel, in a two-hour movie and in a TV serial that runs for many years."[159]

Wenn also die schriftlich fixierten Transkripte auch mit Hilfe von textwissenschaftlichen Methoden ausgewertet werden, ist zu beachten, dass dem Text ursprünglich eine mündliche Erzählung zugrunde lag, dass also bestimmte Erzählstrukturen, die gängige Strategien mündlicher Erzählungen darstellen (beispielsweise dialogische Äußerungen oder die erlebte Rede), als Reflex von Mündlichkeit zu interpretieren sind.

Auf der Grundlage der durchgeführten Auswertungen der einzelnen Interviews und der dabei eruierten Themen und Aspekte werden Auswertungskategorien formuliert.[160] Dabei handelt es sich nicht nur um inhaltliche Fragestellungen, sondern auch um sprachliche Formen und Argumentations-figuren. Die Entwicklung dieser Kategorien rekurriert einerseits auf die forschungsleitenden Fragestellungen[161] und andererseits auf Themen und Aspekte, die sich erst aus den Interviews ergeben und zu Erweiterungen bzw. Differenzierungen des Fragespektrums führen.[162]

Die Kategorien werden zu einem Auswertungsleitfaden zusammengestellt, der zu jeder Kategorie ausführliche Beschreibungen sowie verschie-

---

[158] Vgl. auch Kap. 5.2.2.1 „Medialisierung, Medialität, Mediengesellschaft - Begriffe und ihre Implikationen".

[159] RYAN, M.-L. (2004): Will new media produce new narratives? in: dies. (Hg.): Narrative across Media. The Languages of Storytelling, Nebraska, 356.

[160] Die hier gewählte Auswertungsstrategie orientiert sich vorwiegend an der von SCHMIDT, C. (2007): Analyse von Leitfadeninterviews, in: Flick, U./von Kardorff, E. u. a. (Hg.): Qualitative Forschung. Ein Handbuch, Hamburg, 447-456. vorgestellten Methodik zur Auswertung von Leitfadeninterviews; vgl. auch die ausführliche Darstellung bei SCHMIDT, C. (1997): „Am Material": Auswertungstechniken für Leitfadeninterviews, in Friebertshäuser, B./Prengel, A. (Hg.): Handbuch qualitativer Methoden in der Erziehungswissenschaft, Weinheim/München, 544-568.

[161] Vgl. Kap. 2.4 „Zusammenfassung: Forschungsleitende Fokussierungen".

[162] Vgl. SCHMIDT (2007) 450.

dene Ausprägungen und mögliche Differenzierungen enthält. Mittels dieses Leitfadens werden die vorliegenden Interviewtexte kodiert, d. h. entsprechende Passagen eines Textes werden einer oder mehreren Kategorien zugeordnet. Innerhalb der Kategorie wird nach verschiedenen Ausprägungen differenziert. Dabei wird jedes einzelne Interview unter allen Kategorien des Leitfadens kodiert. Das Ziel der damit einhergehenden Verdichtung und Reduktion besteht darin, gemeinsame Tendenzen der Interviews festzustellen und miteinander zu vergleichen. Die individuellen Besonderheiten der einzelnen Fälle treten an dieser Stelle der Auswertung also zunächst in den Hintergrund.[163]

Mit den durch die Kodierung ermittelten Konstellationen lassen sich bestimmte Fälle für eine vertiefende Analyse begründet auswählen. In den vorgelegten Einzelfalldarstellungen wird die gesamte als Transkript zugängliche Interviewkommunikation zusammenfassend und interpretierend rekonstruiert.[164] Dabei findet im Hinblick auf einzelne Interviewsequenzen das von Ulrich Oevermann entwickelte Konzept der objektiven Hermeneutik Verwendung.[165] Die „Kunstlehre"[166] der objektiven Hermeneutik basiert auf der These, dass sich in einem Interviewtranskript analytisch zwei Realitätsebenen voneinander differenzieren lassen: Die Ebene der subjektiven Intentionen der Interviewten und die Ebene der sog. ‚latenten Sinnstrukturen', also derjenigen Deutungs- und Sprachmuster, die sozialisationsbedingt internalisiert wurden und der interviewten Person im Moment der Kommunikation nicht voll bewusst sind.[167] Diese latenten Deutungen werden erhoben, indem im Prozess der Interpretation unterschiedliche Lesearten zu der betreffenden Interviewsequenz entworfen und mit der vermuteten Aussageabsicht der interviewten Person kontrastiert werden.[168] Durch

---

[163] Vgl. Schmidt (2007) 453.

[164] Vgl. Herrmann (2007) 172.

[165] Vgl. Oevermann, U./Allert, T. u. a. (1979): Die Methodologie einer „objektiven Hermeneutik" und ihre allgemeine forschungslogische Bedeutung in den Sozialwissenschaften, in: Soeffner, H.-G. (Hg.): Interpretative Verfahren in den Sozialwissenschaften, Stuttgart.; Reichertz, J. (2007): Objektive Hermeneutik und hermeneutische Wissenssoziologie, in: Flick, U./von Kardorff, E. u. a. (Hg.): Qualitative Forsachung. Ein Handbuch, Hamburg, 514–524. Ähnlich geht auch Sommer (2009) 86 f. vor.

[166] Oevermann u. a. (1979) 391.

[167] Vgl. Oevermann u. a. (1979) 383, Zur Konstruktion des Unbewussten in der Psychoanalyse.

[168] Vgl. Hartmann/Pollack (1997) 22.

die genauere Verhältnisbestimmung von vermuteter Aussageabsicht und den in der Sequenz enthaltenen latenten Sinnstrukturen kann sukzessive die individuelle Struktur des einzelnen Falles erarbeitet werden.

Die Darstellung fallübergreifender Sinnstrukturen und Spannungsfelder geschieht vor dem Hintergrund der forschungsleitenden Fokussierungen unter Berücksichtigung lebensstilspezifischer Zugänge und mündet in die typologische Konstruktion. Dabei besteht der Anspruch der hier vorgenommenen Typenbildung nicht darin, alle lebensgeschichtlichen Sinnmomente des jeweiligen Interviews zu einem Typ zu verdichten. Vielmehr soll hier eine Typenbildung nur im Hinblick auf den Untersuchungsgegenstand, also die Wahrnehmung der kirchlichen Trauung durch die Paare vorgenommen werden.[169]

III. 1. 5 Zur Ergebnispräsentation

Um die Analyse und Interpretation der Interviews möglichst transparent zu halten, arbeitet die Darstellung der Ergebnisse mit zahlreichen Interviewzitaten und der Explikation unterschiedlicher Lesarten bzw. Interpretationsvarianten. Zudem finden sich die vollständigen Transkripte der Interviews auf der beigefügten CD-ROM, so dass ein hohes Maß an Transparenz gewährleistet werden kann.

Die Präsentation der Ergebnisse erfolgt dabei in zwei Schritten: Nach dem Kriterium des maximalen Kontrasts ausgewählte Interviews werden zunächst als Einzelfalldarstellungen präsentiert.[170] In ihnen wird einleitend die konkrete Interviewsituation geschildert, um dann die Rekonstruktion der Trauung aus der Sicht des Paares im Zusammenhang nachzuzeichnen.[171] Hier wird vornehmlich beschreibend und mit zahlreichen Zitaten aus dem jeweiligen Interview illustriert gearbeitet, um auch ohne vorhergehende Lektüre des Transkripts einen möglichst plastischen Eindruck vom Interviewgeschehen und dem ihm zugrunde liegenden lebensgeschichtlichen Spannungsbogen zu vermitteln.[172] Schließlich erfolgt die

---

[169] Vgl. das ähnliche Vorgehen bei HARTMANN/POLLACK (1997) 24.

[170] Vgl. Kap. 4 „Exemplarische Ergebnisse der Einzelfallanalysen".

[171] Dabei geht es wie bereits erläutert nicht darum, tatsächlich Geschehenes möglichst authentisch abzubilden. Das dieser Untersuchung zugrunde liegende Erkenntnisinteresse besteht vielmehr in der Rekonstruktion der individuellen Sinnzuschreibungen auf der Ebene der Interviewkommunikation; vgl. Kap. 3.1.3 „Überlegungen zum Wirklichkeitsbezug der Interviews".

[172] Wenngleich allein die Auswahl der Interviewausschnitte natürlich bereits stark interpretativen Charakter besitzt. Um aber den Kontext der zitierten Passagen ansatzweise verständlich zu machen, finden sich im Anhang Gesprächsüberblicke zu

Darstellung und Interpretation der in der Analyse eruierten Schwerpunktthemen des Interviews. Der Vorteil dieser ausführlichen Darstellung des einzelnen Interviews liegt darin, dass die interviewten Paare selbst ihre Deutungen und Sinnzuschreibungen (auch in ihrer Vielfältigkeit und Ambivalenz) eindrucksvoller dokumentieren, als es die abstrahierende und verkürzende Paraphrasierung vermag.

An dieser Stelle bleiben die Fallrekonstruktionen noch ausschließlich im Horizont des Einzelfalls. Die Auswahl der dargestellten Einzelfälle folgt dabei dem Kriterium des maximalen Kontrasts. Die Situationen der interviewten Paare unterscheiden sich hinsichtlich des biographischen Ortes (individueller Lebensabschnitt, Stand der Berufsbildung, Stand der Familiengründung), hinsichtlich der Beziehung zu den Herkunftsfamilien, in der kirchlichen und religiösen Sozialisation, in politischen Einstellungen, im Lebensstil und in den Handlungs- und Reflexionsmöglichkeiten.

Erst in einem zweiten Schritt werden die Ergebnisse der Untersuchung unter Berücksichtigung aller durchgeführten Interviews präsentiert.[173] Fallübergreifend werden lebensstilspezifische Fokussierungen und typologische Sinnstrukturen dargestellt und im Dialog mit den einschlägigen praktisch-theologischen Debatten diskutiert. Von hier aus werden abschließend die praktischen Implikationen und die aus den Ergebnissen resultierenden Gestaltungsmöglichkeiten näher bedacht.[174]

Die vorliegende Untersuchung arbeitet mit ausführlichen Zitaten aus den Interviews, um die interpretativen Ergebnisse zu illustrieren und nachvollziehbar zu machen. Zur präzisen Zuordnung der Zitate wurde folgendes System verwendet: Die erste Zahl zeigt an, um welches Paar es sich handelt. Der folgende Buchstabe bezeichnet die Person, der die Äußerung zuzuordnen ist (F für die Frau, M für den Mann, I für den Interviewer). Die abschließende Zahl entstammt der fortlaufenden Nummerierung aller Äußerungen innerhalb eines Interviews. Die Namen der interviewten Personen wurden aus datenschutzrechtlichen Gründen verändert. Zudem wurden sämtliche Namen von Orten, Personen (von einigen öffentlich bekannten Persönlichkeiten abgesehen), geographischen Größen, Einrichtungen usw. unkenntlich gemacht.

---

allen Interviews, die anhand der durchgehenden Nummerierung der Äußerungen eine Orientierung innerhalb des jeweiligen Interviews ermöglichen sollen; vgl. Kap. 7.3 „Gesprächsüberblicke“.

[173] Vgl. Kap. 5 „Ergebnisse der synthetisch-fallübergreifenden Analyse“.

[174] Vgl. Kap. 6 „Perspektiven für die theologische Theoriebildung und die kirchliche Praxis“.

III. 2 Perspektiven der Lebensstilforschung

Da die lebensstilanalytische Perspektive sowohl die Einzelfalldarstellungen (Kap. 4) als auch die synthetisch-fallübergreifenden Überlegungen (Kap. 5) durchzieht, werden an dieser Stelle die soziologischen und besonders die religionssoziologischen Hintergründe des Konzepts der Lebensstilforschung relativ ausführlich entfaltet, um auf diese Weise eine methodisch reflektierte Basis für die Anwendung der lebensstilanalytischen Sichtweise auf die kirchliche Trauung zu erhalten.

III. 2. 1 Lebensstilforschung als soziologisches Konzept

Die Lebensstil- und Milieuforschung hat sich seit Ende der 1980er Jahre in der Soziologie als eine Ergänzung zu den klassischen Klassen- und Schichtungskonzepten etabliert. Das zentrale Anliegen besteht in der Entwicklung von Mustern, die in soziologischer Perspektive neue Formen sozialer Ungleichheit im Sinne soziokultureller Unterschiede erklärbar machen. Auf diese Weise wird der Versuch unternommen, die soziale Logik nachzuvollziehen, nach der sich soziale Ungleichheit in ökonomischer und kultureller Hinsicht auch in ungleichheitsrelevanten Formen der Lebensführung widerspiegelt.

Im Gegensatz zu herkömmlichen Gesellschaftsanalysen versucht die Milieuforschung nicht, ein einziges oder wenige objektive Merkmale (z. B. Herkunft oder Berufsgruppe) typisierend zu verdichten, sondern zielt vielmehr darauf, verschiedene objektive und subjektive Merkmale, die soziokulturelle Identitäten konstituieren, empirischer Analyse zugänglich zu machen. Damit reagiert die Sozialstrukturforschung auf gesellschaftliche Wandlungen, die gemeinhin mit den Stichworten „Individualisierung" und „Pluralisierung" beschrieben werden.[175] Gestiegene Wahl- und Handlungsfreiheiten, aber auch Entscheidungszwänge nehmen in vielen Bereichen des Soziallebens Haltungen und Handlungen den Charakter der Selbstverständlichkeit. Der unreflektierte Rückbezug auf gesellschaftliche Traditionen und vorgegebene Muster der Lebensgestaltung wird vermehrt abgelöst durch individuelle Entscheidungsprozesse.

Unter den diversen Milieumodellen[176] gewann seit Anfang der 1990er Jahre die von Gerhard Schulze vorgelegte Klassifizierung erhebliche Popularität. Mittels eines überwiegend an der Analyse von Freizeitgestaltung

---

[175] Vgl. Beck, U. (1986): Risikogesellschaft. Auf dem Weg in eine andere Moderne, Frankfurt a. M.

[176] Vgl. z. B. Vester, M. u. a. (2001): Soziale Milieus im gesellschaftlichen Strukturwandel. Zwischen integration und Ausgrenzung, Frankfurt a. M.

und gewähltem Lebensstil orientierten Milieubegriffs unterscheidet er fünf Gruppen, die mit den Begriffen „Niveaumilieu", „Harmoniemilieu", „Selbstverwirklichungsmilieu", Unterhaltungsmilieu" und „Integrationsmilieu" charakterisiert werden.[177] Ausgangspunkt seiner Analyse ist das Theorem der Ästhetisierung des Alltagslebens, das er in der Unterscheidung dreier „alltagsästhetischer Schemata" verdichtet. Von diesen Schemata werden die Entscheidungen des Einzelnen, zumindest im Freizeitbereich und im Rahmen seiner ökonomischen Möglichkeiten, maßgeblich bestimmt. Sie prägen ein ästhetisches Erleben, das die Zugehörigkeit zu gesellschaftlichen Großgruppen konstituiert. Umgekehrt ist das, was als ästhetisch angemessen erlebt wird, maßgeblich von der Zugehörigkeit zum jeweiligen Milieu abhängig.

Mit den Begriffen „soziales Milieu" und „Lebensstil" sind zumeist unterschiedlich akzentuierte sozialwissenschaftliche Konzepte verbunden (wenn auch die Begriffe nicht trennscharf verwendet werden): Der Begriff „soziales Milieu" wird überwiegend im Zusammenhang der Analyse von Wert- und Orientierungsmustern im Sinne der traditionellen sozialmoralischen Milieus gebraucht und wurde unter anderem in der Markt- und Wahlforschung aufgegriffen und weiterentwickelt. Hier werden mittlerweile unterschiedliche, empirisch konzipierte Milieutypologien verwendet und mit spezifischen Konsum- und Wahlentscheidungen in Verbindung gebracht. Das Konzept des sozialen Milieus fasst Menschen mit jeweils charakteristischen Einstellungen und Lebensorientierungen zu sozialen Gruppen zusammen, deren Wertorientierungen, Lebensziele (und beispielsweise auch zentrale Konsummuster) ähnlich sind.[178]

Der Begriff „Lebensstil" findet eher in der Analyse der kulturellen und ästhetischen Unterschiede unterschiedlicher Stilisierungen des Alltags Verwendung. Die Lebensstilforschung basiert dabei auf der Annahme, dass die im Alltagsleben sichtbaren Verhaltensweisen von Personen aktiv genutzt werden, um soziale Identität zu konstruieren und sich als Individuum oder als Gruppe nach außen abzugrenzen und Distinktion bewusst oder habituell zu erzeugen.

Eine ebenso grundlegende wie kontroverse Diskussion im Bereich der Lebensstilforschung ist verknüpft mit der Frage, inwieweit die soziale Lage differente Lebensstile in direkter Weise determiniert. So wird auf der einen Seite in Anknüpfung an die Individualisierungs- und Pluralisierungsthese

---

[177] Vgl. SCHULZE, G. (1992): Die Erlebnisgesellschaft. Kultursoziologie der Gegenwart, Frankfurt a. M./New York.

[178] Vgl. VESTER (2001).

die Möglichkeit für wahrscheinlich gehalten, dass sich Lebensstile in relativer Unabhängigkeit von der sozialen Lage entwickeln können.[179] Auf der anderen Seite wird (im Anschluss an die Analysen Pierre Bourdieus[180]) die Überzeugung vertreten, dass in kulturellen und ästhetischen Mustern der Alltagsgestaltung gerade die überkommenen Klassenunterschiede reproduziert werden, und also durch die Analyse von Lebensstilen der enge Zusammenhang zwischen sozialer Ungleichheit und praktischer Lebensführung besonders anschaulich verdeutlicht werden kann.

III. 2. 2 Religionssoziologische Perspektiven

In der neueren deutschen religionssoziologischen Forschung wurde bislang die Bedeutung der Differenzierung und des Wandels von Religiosität vor allem in Anknüpfung an die Becksche Individualisierungsthese thematisiert. Charakteristisch scheint die Beobachtung, dass die Art und Weise, wie Religion gegenwärtig gelebt und sozial ausgestaltet wird, von dem überwiegenden Teil der Menschen immer stärker als eine Sache der individuellen Entscheidung wahrgenommen und gehandhabt wird.[181] Die unterschiedliche Ak-zentuierung individueller Religiosität beschreibt Monika Wohlrab-Sahr mittels der Unterscheidung einer überwiegend reflexiven Funktion von Religiosität in der biographisch orientierten Auseinandersetzung mit Sinndeutungsmustern und der lebensgeschichtlich-ordnenden Funktion von Religiosität, die häufig der Inanspruchnahme kirchlicher Kasualien zuzuordnen sei.[182]

---

[179] Vgl. Hradil, S. (1987): Sozialstrukturanalyse in einer fortgeschrittenen Gesellschaft. Von Klassen und Schichten zu Lagen und Milieus, Opladen.

[180] Vgl. Bourdieu, P. (1982): Die feinen Unterschiede. Kritik der gesellschaftlichen Urteilskraft, Frankfurt a. M.

[181] Vgl. Pollack, D. (1996): Zur religiös-kirchlichen Lage in Deutschland nach der Wiedervereinigung: eine religionssoziologische Analyse, in: ZThK 93, 586-615.

[182] Vgl. Wohlrab-Sahr, M. (Hg.) (1995): Biographie und Relegion. Zwischen Ritual und Selbstsuche, Frankfurt a. M.; zumindest im Blick auf die kirchliche Trauung erscheint diese Einordnung der Kasualien zu einseitig. Eine lebensgeschichtlich-ordnende Funktion kommt der Trauung vor allem im Blick auf die Veränderung der Paarbiographien und den Phasenablauf der Beziehungsbildung zu. Dieser Aspekt kommt also stärker im Zusammenhang mit der Motivation im Vorfeld der kirchlichen Trauung und retrospektiv im Blick auf die Konstruktion größerer biographischer Zusammenhänge zum Tragen. Daneben treten aber im Umfeld der Trauung auch reflexive Funktionen von Religiosität zu Tage, insbesondere im Rahmen der Vorbereitungen und Überlegungen zur konkreten Gestaltung. Die durchgeführten Interviews zeigen vielfach die Rekonstruktionen solcher Reflektionsprozesse.

Im Anschluss an das Paradigma der religiösen Individualisierung ist sowohl von einer Pluralisierung religiöser Sozialformen als auch von einer individuell-biographischen Auseinandersetzung mit der Vielfalt religiöser Deutungsmuster auszugehen. In diesem Zusammenhang ist eine wechselseitige Abhängigkeit zwischen unterschiedlichen Lebensstilen und Religiositätsmustern zu erwarten in der Annahme, dass sich die Suche nach individuell passenden religiösen Deutungsmustern nicht unabhängig von dem Repertoire gesellschaftlich vorhandenen Muster, die in je spezifischer Weise persönlich gedeutet werden, abspielt. Die Auswahl, die Personen aus diesem Repertoire religiöser Deutungsmuster treffen, ist nicht zufällig, sondern orientiert sich an Werten und Normen, die sich für den Betreffenden auch in anderen Teilbereichen seines Lebens als plausible Muster der Sinndeutung und Wertgebung für das eigene Leben erwiesen haben.

Religiöses Deuten und Handeln ist in dieser Perspektive zu verstehen als Teil eines allgemeinen Prozesses der Suche und Verarbeitung von Sinndeutungen. Dabei kann die Auseinandersetzung mit den gesellschaftlich vorhandenen religiösen Deutungsmustern sowohl zur Übernahme traditioneller Formen von Religiosität oder ihrer strikten Ablehnung führen als auch zur jeweils persönlichen Umdeutung spezifischer Muster. Die religionssoziologische Rezeption der Lebensstilanalysen bietet also die Chance, die individuell-biographischen Prozesse religiöser Sinndeutung in den gesellschaftlichen Gesamtzusammenhang moderner Formen der Strategien individueller Sinnsuche und Lebensführung zu stellen. Neben der Untersuchung Vögeles (2002) ist hier besonders die 2002 durchgeführte vierte EKD-Erhebung über Kirchenmitgliedschaft zu nennen.[183]

III. 2. 3 Lebensstilanalyse in den Kirchenmitgliedschaftsuntersuchungen

Bereits die dritte EKD-Erhebung über Kirchenmitgliedschaft hatte gezeigt, dass in den Lebensgeschichten evangelischer Kirchenmitglieder eine Verknüpfung zwischen sozialem Milieu und Religiosität erkennbar und typisierend beschreibbar ist.[184] War es seit der ersten Kirchenmitgliedschaftsuntersuchung (1972) üblich geworden, die Kirchenmitglieder nach dem Maß ihrer Verbundenheit in drei Gruppen (Kernmitglieder, distanzierte Kirchenmitglieder und Fernstehende) zu klassifizieren, erschien die Einteilung vor dem

---

183 Vgl. die Skizzierung der Kirchenmitgliedschaftsuntersuchungen in Kap. 2.1 „Gegenwärtiger Forschungsstand: Empirische Studien zur kirchlichen Trauung".

184 Vgl. Engelhardt, K. u. a. (Hg.) (1997): Fremde Heimat Kirche. Die dritte EKD-Erhebung über Kirchenmitgliedschaft, Gütersloh.

Hintergrund der Beckschen Individualisierungsthese eindimensional[185] und wurde von einer differenzierteren Betrachtung abgelöst, ausgehend von der These: „Die Kirche hat aufgehört, ein einheitliches Milieu zu sein; vielmehr finden sich unterschiedliche Milieus der Gesellschaft auch in der Kirche wieder."[186]

Als Konsequenz wurde der Zusammenhang zwischen Lebensstil und kirchlich-religiöser Verbundenheit in der jüngst durchgeführten Kirchenmitgliedschaftsuntersuchung explizit erforscht.[187] Anliegen dieser Erweiterung der Untersuchung ist es, mittels der Lebensstilanalyse verschiedene Typen von Kirchenmitgliedern zu beschreiben, die in ihren kulturellen und ästhetischen Vorlieben sowie ihrer alltäglichen Lebensführung eine ähnliche Bedürfnislage verbindet. Auf diese Weise soll die Ausgangshypothese überprüft werden, nach der die Analyse der Lebensstile einen Beitrag zur Erklärung für unterschiedliche Ausdrucksformen kirchlicher Verbundenheit und Beteiligung zu leisten im Stande ist.

Im Rückgriff auf die Lebensstilkonzeption Hans-Peter Müllers, die Lebensstile auf der Basis von vier Dimensionen (expressives Verhalten, interaktives Verhalten, evaluative Dimension, kognitive Aspekte) empirisch konstruiert,[188] nutzt die vierte Kirchenmitgliedschaftsuntersuchung drei dieser vier Dimensionen für die empirische Konzeption der Lebensstiltypen und fragt explizit nach Freizeitverhalten und Musikgeschmack (als Aspekte expressiven Verhaltens), Nachbarschaftskontakten in Relation zur Wohndauer am Wohnort (als Aspekt interaktiven Verhaltens) und nach persönlich für wichtig erachteten Lebenszielen (als Aspekt der evaluativen Dimension).[189]

Die Auswertung der erhobenen Daten erfolgt in zwei Schritten: Zunächst werden die Befragten durch die Anwendung von Faktoren- und Clusteranalysen ihrer ästhetischen Vorlieben, ihrer kulturellen Interessen und ihrer Werte und Lebensziele zu Lebensstilgruppen mit maximalen Kontrasten zwischen den Gruppen zusammengefasst. Diese Gruppen werden dann hinsichtlich ihrer Sozialstruktur (Alter, Geschlecht, Bildung, Beruf, Einkommen) näher betrachtet und versuchsweise verschiedenen

---

[185] Vgl. Pollack (1996).

[186] Hauschildt, E. (1998): Milieus in der Kirche. Erste Ansätze zu einer neuen Perspektive und ein Plädoyer für vertiefte Studien, in: PTh 87, 394.

[187] Vgl. Huber, W./Friedrich, J. u. a. (2006).

[188] Vgl. Müller, H.-P. (1992): Sozialstruktur und Lebensstile, Frankfurt a. M.

[189] Vgl. die entsprechenden Fragen im Rahmen des Interviewleitfadens (Kap. 7.2).

Milieus zugeordnet. Angaben zur sozialen Lage werden also nicht als Lebensstilgruppen konstituierende Merkmale interpretiert, dienen aber ihrer weiteren Beschreibung und Einordnung. Der Vorteil des Vorgehens liegt darin, dass eine Vielfalt von Lebensstilen ermittelt werden kann, ohne diese von vornherein an bestimmte Sozialstrukturen zu knüpfen.

Die solchermaßen konstruierten Lebensstilgruppen werden schließlich hinsichtlich ihrer Kirchlichkeit und Religiosität analysiert. Dazu finden die bereits aus den vorherigen Kirchenmitgliedschaftsuntersuchungen bekannten Indikatoren wie Verbundenheit mit der Kirche, Gottesdienstbesuch, Beteiligung am kirchlichen Leben sowie Austrittsneigung Verwendung. Als Ergebnis der Analyse präsentiert die vierte Kirchenmitgliedschaftsuntersuchung sechs Lebensstile evangelischer Kirchenmitglieder, die sich stichwortartig folgendermaßen beschreiben lassen:[190]

- Hochkulturell-traditionsorientierter Lebensstil:

  Kennzeichen: Kulturelle Vorlieben: Theater- und Ausstellungsbesuche, Interesse an klassischer Musik und Literatur. Lebensziele: Fürsorge für andere Menschen und politisches Engagement sowie ein gehobener Lebensstandard und hohes gesellschaftliches Ansehen. Die Pflege von Verwandtschaftsbeziehungen und Freundschaften wird für wichtig erachtet.

  Sozialstrukturelle Merkmale: Ältere Menschen, zumeist Rentner. Hohes Bildungs- und Einkommensniveau, ebenso hoher beruflicher Status. Mitglieder dieser Gruppe sind in der herkömmlichen Terminologie der Milieuforschung dem konservativ-gehobenen Milieu zuzurechnen.

  Zugang zur Kirchenmitgliedschaft: Häufige Teilnahme an Gottesdiensten, hohe Verbundenheit, geringe Austrittsbereitschaft. Überdurchschnittlich häufige Beteiligung am kirchlichen Leben, auch durch Übernahme von Leitungsaufgaben. Explizit christlich-religiöse Weltsicht.

- Gesellig-traditionsorientierter Lebensstil:

  Kennzeichen: Ablehnung hochkultureller Aktivitäten, Präferenz für Volksmusik. Starke Vorliebe für Geselligkeit und Pflege von Nachbarschaftskontakten. Starke traditionell-normative Orientierung, die Unabhängigkeit und Genuss als Lebenszielen ablehnend gegenüber steht.

---

[190] Vgl. Benthaus-Apel, F. (2006): Lebensstilspezifische Zugänge zur Kirchenmitgliedschaft., in: Huber, W./Friedrich, J. u. a. (Hg.) (2006): Kirche in der Vielfalt der Lebensbezüge. Die vierte EKD-Erhebung über Kirchenmitgliedschaft, Gütersloh, 205-236.

Sozialstrukturelle Merkmale: Ältere Menschen, zumeist Rentner. Im Vergleich zur Gruppe des hochkulturell-traditionsorientierten Lebensstils niedrigeres Bildungs- und Einkommensniveau. Repräsentiert teilweise das kleinbürgerliche Milieu, teilweise auch das traditionelle Arbeitermilieu.

Zugang zur Kirchenmitgliedschaft: Hohe Bedeutung traditionsgebundener Formen des sozialen Zugangs zur Kirche, besonders diakonische Arbeit der Kirche und Kasualien werden geschätzt. Starke lokale Orientierung und Bindung an die Ortsgemeinde. Relativ häufiger Besuch von Gottesdiensten und anderen kirchlichen Veranstaltungen. Christlich-religiöse Vorstellungen werden im Sinne einer selbstverständlichen Konvention geteilt.

- Jugendkulturell-moderner Lebensstil:

Kennzeichen: Kulturelle Vorlieben: Kino- und Diskobesuche, Computer und Aktivsport. Lebensziele: Genuss, Unabhängigkeit und Attraktivität. Nachbarschaftskontakte und Naturverbundenheit gelten als unwichtig.

Sozialstrukturelle Merkmale: Mittleres Bildungsniveau; typischerweise Facharbeiter, mittlere Angestellte und Beamte. Hoher Anteil an Ledigen, wobei Männer überrepräsentiert sind. Altersdurchschnitt: 29 Jahre.

Zugang zur Kirchenmitgliedschaft: Distanziertes Verhältnis zur Kirche und zu christlich-religiösen Überzeugungen. Begründung der Kirchenmitgliedschaft über Konvention und Tradition bei überdurchschnittlich hoher Austrittsbereitschaft. Seltene Besuch von Gottesdiensten und anderen kirchlichen Veranstaltungen.

- Hochkulturell-moderner Lebensstil:

Kennzeichen: Zeichnet sich durch die Kombination von hochkulturellen und jugendkulturellen Präferenzen aus. Interesse an klassischer Musik sowie an Rock- und Popmusik. Freizeit wird mit dem Besuch von Theatervorstellungen und Ausstellungen ebenso verbracht wie mit der Beschäftigung mit Computern, Kinobesuchen und Aktivsport. Engen nachbarschaftlichen Kontakten gegenüber verhält man sich ablehnend.

Sozialstrukturelle Merkmale: Hohes Bildungsniveau, repräsentiert überwiegend durch Frauen. Alterdurchschnitt: 44 Jahre. Häufige Lebensform: Erwachsene mit Kindern unter 18 Jahren im Haushalt.

Zugang zur Kirchenmitgliedschaft: Religiös interessiert (besonders an Formen neuer Religiosität), relativ hohe Verbundenheit mit der Kirche. Überdurchschnittliche Beteiligung an besonderen Gottesdienstformen. Relevante Anknüpfungspunkte für die Kirchenbindung: Präferenz für klassische Musik und hochkulturelle Aktivitäten, Teilnahme an Chören, kirchenmusikalischen Veranstaltungen und Vorträgen. Betonung der sozialpolitischen und kulturellen Aufgaben der Kirche.

- Von Do-it-yourself geprägter, moderner Lebensstil:

  Kennzeichen: Hohes Interesse an Heimwerken, Gartenarbeit und engen Nachbarschaftskontakten werden kombiniert mit jugendkulturellen Präferenzen wie Computer, Sport und Rockmusik sowie einer modernen Normorientierung.

  Sozialstrukturelle Merkmale: Bildungsniveau und Berufsstatus im mittleren Bereich, überdurchschnittlich häufig durch Männer repräsentiert. Durchschnittsalter: 42 Jahre. Familie mit Kindern als dominierende Lebensform.

  Zugang zur Kirchenmitgliedschaft: Rationalistische Sinndeutungsmuster sind dominierend. Kirchenmitgliedschaft in wohlwollender Distanz, flankiert von gelegentlicher Mitarbeit. Sozial wirksame Anknüpfungspunkte an die Kirche vor allem über die lokale Orientierung und die vorherrschende Lebensform Familie. Überdurchschnittliche hohe Austrittsneigung, Gottesdienstbesuch insbesondere bei familiären Anlässen und hohen kirchlichen Feiertagen.

- Traditionsorientierter, unauffälliger Lebensstil:

  Kennzeichen: Geprägt durch Distanz zu allen bei anderen Lebensstilgruppen prägenden Merkmalen. Ablehnung geselligen Freizeitverhaltens bei gleichzeitiger Vorliebe für Volksmusik und traditioneller normativer Orientierung.

  Sozialstrukturelle Merkmale: Typischerweise einfache Angestellte und Beamte mit Hauptschulabschluss. Altersdurchschnitt: 53 Jahre. Kinderlose Paare als dominierende Lebensform.

  Zugang zur Kirchenmitgliedschaft: Geringe Verbundenheit, charakterisiert durch skeptische Distanz. Ablehnung einer Kirchenmitgliedschaft, die auf Gemeinschaftserfahrungen gründet oder das Bild einer sozial engagierten Kirche betont. Tendenz zu religiöser Indifferenz, wenig sozial wirksame Anknüpfungspunkte an kirchliches Leben.

III. 2. 4 Lebensstilspezifische Zugänge zur kirchlichen Trauung

Die Einführung lebensstilanalytischer Fragestellungen in die vierte Kirchenmitgliedschaftsuntersuchung eröffnet neue Perspektiven und leitet an zu einer differenzierteren Wahrnehmung der Kirchenmitglieder, ihrer Beziehung zu Kirche und Christentum sowie ihres je spezifischen Teilnahmeverhaltens. Auf diese Weise wird die Erkenntnis, dass das Verhältnis von Menschen zu Kirche und Religion nicht allein von der persönlichen religiösen Sozialisation geprägt wird, sondern auch Bezüge zur Lebensweise und zu den Lebensbedingungen besitzt, bestätigt und vertieft.

Welche Möglichkeiten ergeben sich nun hinsichtlich der Frage nach der Rezeption der kirchlichen Trauung aus der Lebensstilforschung? Wurde in der vierten Kirchenmitgliedschaftsuntersuchung nach dem Verhältnis bestimmter Lebensstilgruppen zur Kirche und deren diversen Angeboten gefragt, soll hier die Fragestellung nach den Eigentheorien von Paaren zu ihrer eigenen kirchlichen Trauung durch die Erkenntnisse der Lebensstilforschung fokussiert werden. Denn ausgehend von den bisherigen lebensstilanalytischen Ergebnissen erscheint die Annahme lebensstilspezifischer Zugänge zur kirchlichen Trauung wahrscheinlich. Die Zuordnung der interviewten Paare zu bestimmten Lebensstilen (und also die Konstruktion von „Gruppen ähnlich Gesinnter") kann einen Erklärungsbeitrag leisten für unterschiedliche Erwartungen, Erfahrungen und Gestaltungen der kirchlichen Trauung und auf diese Weise zur genaueren Wahrnehmung einzelfallspezifischer Muster, aber auch zur fallübergreifenden Typenbildung beitragen.

Im Blick auf das Erleben des Gottesdienstes hat Hartmut Becks den Versuch unternommen, durch die Adaption von Schulzes Theorie der Milieusegmentierung milieuspezifische Erwartungen und religiöse Erlebnishorizonte zu ermitteln.[191] Zur Charakterisierung der jeweils angenommenen Präferenzen dienen Tendenzbegriffe (Erhabenheit, Regression, Utopie, Exzess), anhand derer über die jeweils anzunehmenden religiösen Bedürfnisse spekuliert wird. Eine empirische Überprüfung der Thesen fehlt jedoch, so dass die Ergebnisse sich ausschließlich an ihrer Kohärenz zur Theorie Schulzes messen lassen. Hinsichtlich der Eigentheorien zur kirchlichen Trauung erscheint der empirische Ansatz bei einzelnen Paaren ertragreicher als die schematische Charakterisierung konstruierter Lebensstile bezüglich ihrer Zugangsweise zur kirchlichen Trauung. Nicht zuletzt unterliegt vermutlich bereits die Entscheidung zur Inanspruchnahme der kirchlichen Trauung neben biographischen auch lebensstilspezifischen Aspekten, so dass in der Gruppe der interviewten Paare möglicherweise nicht alle Lebensstile vertreten sein werden.

Zur differenzierten Rekonstruktion des jeweiligen religiösen Erlebnishorizontes, der maßgeblich zur Bildung der Eigentheorien beitragen wird, kann die nähere Beschreibung lebensstilspezifischer Zugänge jedoch einen hilfreichen Beitrag leisten. Dabei intendiert die Untersuchung weniger eine Erweiterung oder Vertiefung der Lebensstilforschung, sondern primär die Anwendung der Ergebnisse der Lebensstilforschung als wahrnehmungsleitende Fokussierungen im Blick auf die Eigentheorien zur kirchlichen Trauung. Der konstruktive Anschluss im Sinne einer Konkretisierung und Differenzierung an die lebensstilanalytischen Ergebnisse der vierten Kirchenmitgliedschaftsuntersuchung ist in dieser Hinsicht gut vorstellbar.

---

[191] Vgl. BECKS, H. (1999): Der Gottesdienst in der Erlebnisgesellschaft: Zur Bedeutung der kultursoziologischen Untersuchung Gerhard Schulzes für Theorie und Praxis des Gottesdienstes, Waltrop.

IV. Exemplarische Ergebnisse der Einzelfallanalysen

IV. 1 Anna und Karl

IV. 1. 1 Zur Interviewsituation

Anna (35) und Karl (42) bewohnen die obere Etage eines Bauernhauses im ländlichen Raum. Im Erdgeschoss wohnen Karls Eltern. Gegen 20.00 h öffnet Karl die Tür, Anna ist noch dabei, den zweijährigen Sohn ins Bett zu bringen, was unerwartet lange dauert. So haben Karl und ich für eine halbe Stunde die Gelegenheit zum Smalltalk. Karl erzählt von dem geplanten Umzug in ein kürzlich erworbenes Haus in einem benachbarten Dorf, von den durchzuführenden Renovierungsarbeiten und den Grundstückspreisen auf dem Land. Erst im Laufe des eigentlichen Interviews wird deutlich, welche Veränderung dieser Umzug weg von Karls Eltern im Erleben des Paares darstellt. Schließlich kommt Anna dazu und bemerkt, dass beide vergessen haben, Fotos aus den Hochzeitsalben auszuwählen. Diese Auswahl trifft das Paar nun spontan am Esstisch, das Interview beginnt mit 45 Minuten Verspätung.

Karls erste Äußerung während des Interviews lautet „Frauen zuerst" und so gestaltet sich auch die weitere Dynamik des Gesprächs. Annas Beiträge sind wesentlich länger (sie umrundet die Themen zuweilen recht großzügig), fast immer antwortet sie als erste und strukturiert das Feld für ihren Mann. Ab und zu fordert sie ihn am Ende ihrer Antwort indirekt zu einer eigenen Positionierung auf („ich weiß ja nicht, wie du darüber denkst"/„aber das kann ich nur für mich so sagen"). Karl trägt an bestimmten Stellen jedoch auch sehr pointierte und individuelle Äußerungen vor.

Nach dem Ende des Interviews (und dem Abschalten des Aufnahmegeräts) entwickelt sich noch ein weiterer intensiver Gesprächsgang, in dem Anna und Karl Motive und nähere Umstände des geplanten Umzugs in Verbindung mit der (im Interview nur abstrakt thematisierten) überstandenen Ehekrise erläutern.

IV. 1. 2 Rekonstruktion der Erzählungen aus der Sicht des Paares

IV. 1. 2. 1 *Herkunftsfamilien, religiöse Sozialisation und Lebensstil*

Beide Familien sind im ländlichen Raum in benachbarten Dörfern ansässig und waren vormals in der Landwirtschaft tätig. Bereits vor der Geburt der Kinder wandten sich Annas und Karls Eltern jedoch anderen Berufen zu und stellten die landwirtschaftliche Arbeit ein. Anna ist als gelernte Augenoptikerin gegenwärtig in Elternzeit, Karl arbeitet als Büromaschinenmechaniker im Kundendienst.

In beiden Herkunftsfamilien herrschte eine volkskirchlich geprägte Frömmigkeit. Die Eltern heirateten kirchlich, die Kinder wurden selbstverständlich getauft und konfirmiert. An hohen kirchlichen Feiertagen besuchte man den Gottesdienst in der jeweiligen Ortsgemeinde, zu der darüber hinaus keine intensiven Beziehungen unterhalten wurden. Durch den Besuch eines evangelischen Kindergartens entwickelte Anna bereits als Kleinkind eine Beziehung zum Kirchengebäude ihres Heimatortes. Diese frühe Prägung war mit ausschlaggebend für die Wahl des Ortes der kirchlichen Trauung. Karl verbindet keine intensiven Kindheitserinnerungen mit der Kirche, erinnert sich aber an das Gefühl von Gemeinschaft beim gemeinsamen Singen während des Gottesdienstes.

Die Kirchengemeinde ihres Wohnortes ist für beide selbstverständlicher Bestandteil des Dorflebens. Seit der Geburt ihres Sohnes besucht Anna regelmäßig eine Krabbelgruppe im Gemeindehaus und nimmt an speziellen Gottesdiensten für Kleinkinder teil.

Ausgehend von den im ersten Teil des Interviews abgefragten biografischen Daten und Präferenzen bei der Freizeitgestaltung lässt sich eine grundsätzliche Einordnung des Lebensstils von Anna und Karl vornehmen. Hinsichtlich ihres Bildungsniveaus und ihres beruflichen Status´ sind beide im mittleren Bereich einzuordnen. Die von ihnen gewählte soziale Lebensform ist als Familie mit einem Kind zu beschreiben.

Im Bereich der Freizeitgestaltung spielen jugendkulturelle Präferenzen (Sport, Rockmusik, Motorradfahren) eine wichtige Rolle, hochkulturelle Aktivitäten (Theater, klassische Konzerte, Oper) bewerten sie dagegen eher gering. Daneben schätzen beide jedoch auch Tätigkeiten wie Heimwerken, Spaziergänge und die Pflege von Nachbarschaftskontakten als wichtig für ihre Lebensgestaltung ein und lassen eine starke traditionell-normative Grundorientierung erkennen.

Der Zugang zur Kirchenmitgliedschaft ist überwiegend bestimmt durch die lokale Orientierung an der dörflichen Gemeinschaft des Wohnortes und der Ortsgemeinde. Die Lebensform als Familie mit einem Kind stellt hierbei den primären Anknüpfungspunkt dar. Gottesdienstbesuche erfolgen in der Regel an hohen kirchlichen Feiertagen und bei familiären Anlässen.

Anhand dieser Merkmale legt sich eine Zuordnung des Paares zur Gruppe des vom „do it yourself"-Gedanken geprägten, modernen Lebensstils nahe. Dabei zeichnet sich (lebensgeschichtlich kohärent) ein fließender Übergang zu einem eher gesellig-traditionsorientierten Lebensstil ab.

Konsequenzen für zu erwartende Zugänge zur kirchlichen Trauung ergeben sich von hier aus in dreifacher Hinsicht: Grundsätzlich ist anzunehmen, dass die starke Orientierung an (lokalen) Traditionen und gesellschaftlichen Konventionen auch und gerade in Fragen der konkreten Gestaltung der Hochzeit eine hervorgehobene Rolle spielt. Daneben ist zu erwarten, dass die kirchliche Trauung als selbstverständlicher Bestandteil der Hochzeit in Anspruch genommen wird, also nicht erst nach langer Diskussion oder aufgrund einer reflektierten individuellen Sinnzuschreibung. Hinsichtlich der Verteilung der Geschlechterrollen ist schließlich eine eher traditionelle Arbeitsteilung (vorgezeichnet in der aktiven Berufstätigkeit des Mannes und der familiär-häuslichen Arbeit der Frau) auch im Blick auf die Vorbereitung und Gestaltung der Hochzeit zu erwarten. Mit hoher Wahrscheinlichkeit bildet sich diese Verteilung auch in der Interviewkommunikation ab, etwa in der vergleichsweise größeren Sprachfähigkeit und Gesprächsbereitschaft der Frau in Fragen zu emotionalen und religiösen Themen. Im Blick auf den konkreten Fall interessieren dabei sowohl die Bestätigungen dieser lebensstilspezifischen Einordnung als auch die individuell gestalteten Abweichungen und Brechungen.

IV. 1. 2. 2 *Beziehungsgeschichte und Entscheidung zur Heirat*

Anna und Karl lernten sich vor sieben Jahren über einen gemeinsamen Bekannten kennen. Beide verbindet von Anfang an das Motorradfahren als Hobby. Zusammen mit einem festen Kreis von Freunden und Bekannten machten sie an den Wochenenden Ausflüge mit den Motorrädern und wurden ein Paar. Beide waren zu diesem Zeitpunkt seit längerer Zeit Single.

In den ersten Jahren ihrer Beziehung lebten Anna und Karl in eigenen Wohnungen. Karl wohnte in seinem Heimatort und zog 2003 in das Obergeschoss des Hauses seiner Eltern, das durch den Tod seiner Großmutter frei wurde. Im Erdgeschoss des Hauses wohnen seine Eltern. Anna bewohnte eine kleine Wohnung in einem 20 km entfernten Ort. Je intensiver die Beziehung wurde, je häufiger beide auch innerhalb der Woche die Abende miteinander verbrachten, als desto komplizierter und unpraktischer wurde die Wohnsituation empfunden.

> Anna (3-F-442): Ja, und ich habe schon gedacht beim, also dies mit dem Zusammenziehen, das ist ja oft so Bequemlichkeit, weil es ist ja schwierig mit hier und da und wir haben auch so völlig unterschiedliche Arbeitszeiten gehabt, dass das schon eine Organisation war, sich zu sortieren, wann man sich überhaupt sah. Und wenn man dann noch in getrennten Wohnungen lebt und so, da führt man ja eine Wochenendbeziehung unweigerlich, obwohl das ja bloß 20 km, ne, Abstand war. Da hat man seine, doch noch jeder seine Hobbys, die er ohne den anderen macht, und dann hat man nicht immer die richtigen Klamotten in der Tasche mit zu mir und da und ähm, ich bin ja auch immer die, die samstags arbeiten durfte, dann ist auch das Wochenende so kurz. Dann war schon diese, diese Überlegung mit dem Zusammenziehen, was bedeutete, ich hierher ziehen, in die bestehende Wohnung.

Der Entschluss, in einer gemeinsamen Wohnung zu leben, bahnte sich über Monate an und wurde schließlich während einer Urlaubsreise getroffen. Mögen auch pragmatische Gründe an der Oberfläche die Hauptrolle gespielt haben, so betont Anna doch mehrfach die hohe Verbindlichkeit, die dieser Entschluss für ihre Beziehung bedeutete.

> Anna (3-F-451): So irgendwie. Ähm und das war schon für mich so dieses Ding: „Äh, meinst du, dass er der Richtige ist, und ziehst du da hin? Dann ist das auch so." Dann war für mich das Heiraten eine logische Konsequenz, aber ich bin ja bisschen konservativ angehaucht erzogen worden, ich hätte nie gefragt.
> Anna (3-F-459f): Meine Oma, die hätte gesagt: „Und ihr macht es doch in der richtigen Reihenfolge." Erst heiraten und dann Kinder kriegen, das haben wir ja auch geschafft. *(Lachen)*
> Meine Oma hat das aber nicht mehr erlebt, die hat das aber immer so gesagt. Die war da sehr – „das tut man nicht, das macht man nicht" oder irgendwie so. Das hängt noch ein bisschen in mir drin. Dass man zwar heute modern ist und zusammenzieht, aber es war für mich die logische Konsequenz: Ja, er ist der Richtige und dann will ich auch mal irgendwann heiraten.

Für die Wahl von Karls Elternhaus als Wohnort spielten vor allem pragmatische Gründe wie die Lage zu den Arbeitsplätzen und der Renovierungszustand eine Rolle.

Die Entscheidung für eine gemeinsame Wohnung war für beide mit reiflichen Überlegungen im Vorfeld und dem Gefühl einer gravierenden Veränderung im Rückblick verbunden, besonders Anna spricht von Möbeln und Gegenständen, die sie mit Rücksicht auf den begrenzten Raum nicht in die gemeinsame Wohnung mitbringen konnte.

Anna (3-F-449): Und ich konnte ja auch ein Großteil meiner Möbel nicht mitbringen, so weil man ja nicht zwei getrennte Wohnungen für sich zusammenschmeißt in einer neuen Wohnung.
Anna (3-F-485): Und andererseits mag man sich von manchen Dingen auch nicht trennen.

Der für beide im Umzug bereits unausgesprochen implizierte Entschluss zur Heirat folgte nicht lange danach. Den Heiratsantrag empfinden beide im Rückblick spontan als wichtigsten und emotional intensivsten Moment der ganzen Hochzeit. Während eines lange geplanten und sorgfältig vorbereiteten Urlaubs in Norwegen fuhren Anna und Karl mit ihren Motorrädern zum Nordkap, um dort die Sommersonnenwende zu erleben. Karl hatte diese Tour bereits einmal zuvor mit einem Freund gemacht, Anna war das erste Mal dort und stolz, die Strapazen der weiten Fahrt überstanden zu haben. Das Nordkap war für beide der Höhepunkt der Reise. Diesen Moment wählte Karl für den förmlichen Heiratsantrag. Am Datum dieses Tages orientierte sich auch das Datum der geplanten Hochzeit, so dass der Moment am Nordkap sich im Datum des Hochzeitstages (das in den Eheringen der beiden eingraviert ist) wieder findet.

Anna (3-F-327): Und oben an der Nordkapkugel hat er mir einen Heiratsantrag gemacht und ich habe ohne lang zu überlegen, eingemummelt mit Motorradkluft, wie so'n Michelinmännchen, so irgendwie, habe ich gesagt: „Ja, ich heirate dich." Und dann ging's so'n bisschen um das Datum und wann und wie und so und dann haben wir natürlich nicht wegen Donnerstag-, Samstagdatum so und dann haben wir aber gesagt, wir wollen irgendwie was da um den 20.06./21.06. drum herum und dann hat sich das einfach so gut gepasst mit den Wochentagen, mit dem Datum ähm, ja und dann mussten wir uns aber ranlangen, das zu organisieren.

IV. 1. 2. 3 *Vorbereitung auf das Fest*

Die nun beginnende Zeit der Hochzeitsvorbereitungen wird von Anna und Karl ambivalent beurteilt. Einerseits war beiden nach der ersten Euphorie bewusst, dass sie viele Details zu organisieren hatten.

Anna (3-F-392ff): Na ja, wir haben uns manchmal, wir haben uns am Anfang da ganz schön einen Kopf drüber gemacht, das fing an mit dem: Ich hab dann mal aus Spaß gesagt: „Du denkst wohl, dass es jetzt getan ist damit, dass du gefragt hast, ob ich dich heirate. Aber wir müssen das ja jetzt auch organisieren mit der Feier: Wann und wie und wo? Und der Name, hat man ja heute so viele Möglichkeiten mit dem Namen. Dann äh, wen wollen wir einladen? Wo soll es stattfinden?" So irgendwie. Da haben hier papiereweise Listen gelegen und wir haben uns den Kopf zerbrochen und äh, dass ich manchmal gedacht habe: „Vielleicht sollte man doch weg nach Las Vegas und egal." Bloß dann ist keiner dabei von unseren Freunden und der Familie.

Karl: Es war manchmal ein bisschen anstrengend so, wo wir rum gefahren sind, dann verschiedene Lokalitäten angesehen oder ausprobiert, aber [...]
Anna: Weil das dann, wenn man im Januar/Februar sucht für Juni, es wird schwierig, weil man [...]

Positiv empfinden beide andererseits im Nachhinein die große Unterstützung durch ihren Freundeskreis im Vorfeld der Hochzeit. Auf die Frage nach besonderen Momenten der Hochzeit nennt Karl nach dem Heiratsantrag als nächstes die Hilfe von Freunden.

Karl (3-M-341ff): Ganz kurz nur, was ich noch als besonders empfinde, dann nicht so als Moment, sondern die, die Unterstützung oder die Hilfe von den Freunden dann auch oder ja, Hilfe vorwiegend, und was die so alles auf die Beine gestellt haben.
Anna: Die haben auch im Vorhinein gefragt, braucht ihr Einladungskarten? Basteln, selber machen? Tischkärtchen basteln? Macht ihr Tischdeko selber oder soll ich was machen?
Interviewer: Toll.
Anna: Soll ich kommen? Haben eine Hochzeitszeitung gemacht für uns.
Karl: Eine ganze Menge, ja.
Interviewer: Das ist ja schön.
Karl: War schön, ja.
Anna: Wie die dann teilweise im Nachhinein gesagt haben, jetzt haben wir gar keinen Grund mehr uns zu treffen und was zu organisieren, jetzt ist ja eure Hochzeit vorbei – so.

Im Blick auf die Freunde gab es gleichzeitig jedoch auch Enttäuschungen.

Anna (3-F-397): Was ich negativ empfunden habe, das hast du vielleicht nicht so empfunden, aber dass, äh, es leider ein paar, wo ich gedacht habe, von den Freunden meines Mannes, gab die äh, es auf eine schriftliche Einladung zum Polterabend noch nicht mal geschafft haben, zur Hochzeit zu gratulieren. Also weder es geschafft haben, zu sagen: „Danke für die Einladung, wir kommen nicht“, ähm, noch sich in irgendeiner Art und Weise zu rütteln und da war ich so'n bisschen eingeschnappt.

Ähnlich reagierte auch eine Patentante von Anna, was sie jedoch – wohl aufgrund der gemeinsamen Vorgeschichte – erwartet hatte und deshalb als weniger enttäuschend empfand. Die Hochzeit wirkte also bereits im Vorfeld wie ein Katalysator hinsichtlich der Beziehungen zum persönlichen Umfeld und führte eine Aktualisierung der jeweils bestehenden Bindungen herbei.

IV. 1. 2. 4 *Standesamtliche Trauung und Polterabend*

Die standesamtliche Hochzeit fand am Donnerstag vor der kirchlichen Trauung statt. Der zeitliche Abstand ergab sich einerseits pragmatisch aus dem geplanten Ablauf der Feierlichkeiten, denn nach der standesamtlichen

Trauung feierten Anna und Karl mit allen Freunden und Bekannten einen Polterabend und benötigten den Freitag zum Aufräumen und zur Regeneration. Andererseits entsprach der zeitliche Ablauf aber auch der in ihrem Umfeld gepflegten Tradition. Von der Verteilung der Hochzeit auf mehrere Tage erhofften sich beide zudem eine bewusstere Wahrnehmung des Festes.[192]

> Anna (3-F-500ff): An einem Tag hätte ja aufgrund dieser Überlegung mit Polter-abend und kleinere gediegene Feier Stress gemacht, wäre nicht gegangen irgend-wie gleichzeitig. Ähm, wenn man dann, so wie wir, am Polterabend viel selber macht, muss man ja auch Zeit zum Aufräumen haben, sonst steht man das ja nicht durch. Ähm, und dann war das ja auch ein bisschen so, ich komme ja aus dem Dorf, ich kenne das nicht anders, das ist so, donnerstags ist Polterabend und samstags ist kirchlich. Also das wird auch nicht eine Woche später gemacht oder so.
> Interviewer: Genau, denn manche machen ja auch ein Jahr später dann die kirchliche Hochzeit oder so irgendwie hintendran.
> Anna: Für mich stand es nicht zur Debatte. Das war für mich so! Wenn das jetzt anders gewesen wäre, hätten wir uns, ich weiß nicht, ob du das einfach abgenickt hast, oder ob du dann ähm [...]
> Karl: Ja schon, aber auch aus dem Grund, weil äh, weil ich's auch einfach bisschen genießen wollte. Wenn man es jetzt alles gedrungen an einem Tag macht, denke ich mal, nimmt man viele Sachen gar nicht so auf. Ist dann wahrscheinlich so wie die Japaner Urlaub machen, die machen überall Fotos und gucken sich das hinterher an.

Die standesamtliche Trauung fand in Karls Heimatort statt (als Pendant zur kirchlichen Trauung, die in der Kirche in Annas Geburtstort gefeiert wurde) und wird von beiden rückblickend als integraler Bestandteil der Hochzeit empfunden. Zugleich betonen jedoch beide die vergleichsweise höhere Relevanz der kirchlichen Trauung.

> Anna (3-F-615ff): Meine Nichte Saskia war damals fünf oder sechs – ja. Die hat ja für die kirchliche Trauung ein ganz schickes Kleid bekommen von Mama, die hat ja die Blumen gestreut. Und Saskia hat gesagt: „Mama, das da am Standesamt, das ist nicht die Hochzeit, da ziehe ich ja nicht mein schickes Kleid an" – so. Wir waren bei beiden Gelegenheiten schick, hätte ich beinahe gesagt.
> Interviewer: Jeweils dieselbe Kleidung also?
> Anna: Ein bisschen anders. Also ich bin nicht im weißen Brautkleid auf'm Standesamt gewesen. Ich hatte so'n, so'n rostfarbenes Kostüm so, etwas längeren Rock, so was hatte ich an. Du hattest auch einen Anzug an, den schwarzen

---

[192] Vgl. Kap. 5.3.3 „Integration und Separation – Rekonstruktionen des zeitlichen Abstands zwischen standesamtlicher und kirchlicher Trauung".

> Anzug an, aber mit einem anderen Hemd, nur das Hemd da drunter irgendwie. Das Graue hattest du an, glaube ich.
> Karl: Also die Stimmung oder das Empfinden ist schon ein anderes – für mich jedenfalls. Beim Standesamt geht das alles ein bisschen schneller, nicht so eine Aufmachung oder Stimmung wie in der Kirche das war.
> Anna: Obwohl die das auch nett gemacht hat.
> Karl: Natürlich, war schon in Ordnung, aber es ist [...]
> Anna: Es war jetzt nicht so: Hö, unterschreiben fertig, sondern sie hat auch nette Worte dazu gesagt und äh die Blumen haben da auf'm Tisch gestanden.
> Karl: Hehem, aber kann ich jetzt nicht sagen, dass die kirchliche Trauung nun die Richtige ist oder so. Es ist beides – es gehört beides dazu für mich, aber es war schon in der Kirche ein bisschen was anderes, also war sehr angenehm. Standesamt natürlich ist das alles bisschen kürzer gehalten.

Am Abend der standesamtlichen Trauung fand ein großer Polterabend auf dem Hof von Karls Eltern statt. Auch hier erhielten Anna und Karl viel Unterstützung von ihren Familien und engsten Freunden und genossen die rustikale Feier. Die Idee zur Veranstaltung des Polterabends entsprang einerseits der Konvention ihres sozialen Umfelds, korrespondierte aber auch mit pragmatischen Überlegungen.

> Anna (3-F-374ff): Weil wir überlegt haben, weil so eine feine Feier, sage ich mal so, ist ja auch dann eine Frage des Geldes, kann man sich eigentlich gar nicht leisten mit so vielen. Dann haben wir halt überlegt, wie machen wir das, weil wir halt doch schon ganz schön viele Leute kennen.
> Karl: Jeder hat seinen relativ großen Freundes- und Bekanntenkreis gehabt und dann ja – war das halt schon eine ganz schöne Summe oder Ausgaben bei der Menge der Leute jetzt.
> Anna: Denn auch bei dieser Polterabendfeierei hat ja die Familie gearbeitet, die haben ja gearbeitet auf unserem Polterabend.
> Interviewer: Ah ja, ach so, okay.
> Anna: Die haben uns davon abgehalten in diese Ecken zu kommen, wo der Weinkeller organisiert wurde, das Bild gemalt wurde und ich bin herum gelaufen: „Haben auch alle zu Essen und zu Trinken?" „Du bist die Braut, geh hier weg. Wir machen schon." Im Prinzip haben unsere engsten Freunde und unsere Familie mitgearbeitet auf unserem Polterabend.

IV. 1. 2. 5 *Die kirchliche Trauung*

Am Tag der kirchlichen Trauung traf sich die Festgesellschaft bereits vormittags im Haus von Annas Eltern. Dort wurden im Garten von einer professionellen Fotografin Portraitfotos vom Brautpaar gemacht. Annas Brautkleid (bei dessen Kauf Karl traditionsgemäß nicht dabei sein durfte) spielte in diesem Moment eine wichtige Rolle, denn im Rahmen der Fotosession sah sich das Paar zum ersten Mal in der festlichen Garderobe. Der Augenblick wurde von Annas Mutter und ihrer Schwiegermutter in Anlehnung an den Einzug der Braut in die Kirche inszeniert:

> Anna (3-F-594ff): Nee, nee, er hat dann- wir haben uns ja nun vorher gesehen wegen den Fotos. Aber da hattest du draußen zu warten, bist zitiert worden von den Müttern bis ich so angezogen war, und bis ich fertig war und dann - so ähnlich als wenn er hätte in der Kirche warten müssen, hast du im Garten, paar Stufen runter an der Terrasse, hat er zu warten gehabt, hat dann zitiert gekriegt: Hier wartest du.
> Interviewer: Also das haben so die Mütter so ein bisschen inszeniert, dann sozusagen, höre ich. Ja, hehem.
> Anna: Und das war dann schon dieses erste „Boh".

Als Accessoire für die Fotos wurde unter anderem ein Motorradgespann verwendet, das Anna und Karl eine Woche vorher penibel geputzt hatten. Dennoch bekam das weiße Brautkleid bereits vor der Trauung einen schwarzen Fleck, der die Mütter in Hektik versetzte und Anna noch einmal über den Sinn des Kleides nachdenken ließ.

> Anna (3-F-346ff): Da haben wir da mit Waschbenzin und, oh Gott, die Mütter so: „Gott, das Kleid hat schon Flecken", ne.
> Interviewer: Ja, ja.
> Anna: Ja, und dann hab ich gesagt: „Gut". Was haben Motorrad fahrende Freunde von uns, haben gesagt zu mir: „Du bist doch verrückt, da gibst du für einmal Anziehen so viel Geld für ein Brautkleid aus. Mensch, da hätte ich mir doch ne neue Motorradkombi für gekauft: neuen Helm, neue Stiefel, keine Ahnung was, aber doch nicht für einen Tag dieses Kleid." Ne, so. Daran habe ich gedacht, während unsere Mütter den Fleck da [...]

Nach einem kurzen Imbiss machte man sich zu Fuß auf den kurzen Weg zur Kirche. Vorweg ging das Brautpaar, begleitet von Blumen streuenden Kindern. Hinter ihnen reihten sich die Gäste zu einem Zug auf, der von den Eltern des Brautpaares abgeschlossen wurde. Diese Einzugsvariante bedingte für Anna und Karl zwei prägende Eindrücke in der Wahrnehmung des Traugottesdienstes. Einerseits betraten sie als erste eine menschenleere, aber festlich geschmückte Kirche.

> Anna (3-F-786ff): Man - in G. geht man ja vorn - in den Turm rein, von der Seite, muss man so eine viertel Drehung rechts machen und dann sieht man ja schon von weitem ein paar Stufen, kann man ja schon den Altar sehen und das war schon da so sehr - leere Kirche, ehrfurchtsvoll hätte ich beinahe gesagt.
> Interviewer: Ja.
> Karl: Sehr festlich habe ich das empfunden so.
> Interviewer: Ja.
> Karl: Weil die ja auch bisschen geschmückt war, so wie wir uns das ungefähr vorgestellt hatten und im Vorfeld schon dran mitgewirkt hatten, im Schmuck und so weiter. Das sah dann schon ganz toll aus.

Andererseits sahen sie erst beim Auszug am Ende der Trauung, wie viele Personen hinter ihnen saßen. Eine neben dem Altar aufgebaute Videokamera filmte das Geschehen.[193]

> Anna (3-F-147ff): Und die nicht geladenen Gäste, die da vielleicht, Bekannte oder entfernte Verwandte oder Nachbarn oder irgendwie, die auch mit beim Gottesdienst teilhaben wollten, die haben halt vor der Kirche, nicht wie Spalier gestanden, aber da so gestanden und wir sind da durch gegangen, dann sind wir rein gegangen und dann kann man sich auch nicht mehr so umdrehen und hinter uns füllte sich die Kirche, das war schon.
> Interviewer: Man hört das dann nur akustisch, dass andere Leute so reinkommen, ne?
> Anna: Ja, das ist dann erst, man kann das ja erst wirklich wahrnehmen in dem Moment, wo äh der Gottesdienst zu Ende ist, gesegnet wurde und alles fertig ist und man sich dann umdreht und denkt: „Oh Gott, so viele Leute in der Kirche.“ So das war, war irgendwie so.

Während Anna sich rückblickend im Gottesdienst vor allem als aufgeregt wahrnimmt, folgte Karl nach eigenen Angaben gelassen und aufmerksam dem Geschehen und erinnert sich im Vergleich stärker an Details des Ablaufs. Insgesamt erlebten Anna und Karl den Traugottesdienst als sehr persönlich und auf sie als Paar abgestimmt.

> Karl (3-M-768ff): Ja, weil das auch sehr - ich hatte den Eindruck so, das Ganze, was der Pastor erzählt oder die ganzen Abläufe, ist wirklich für uns gemacht und nicht für die Gemeinde, die 60 Leute oder weiß ich ja gar nicht, wie viel da nun gesessen haben.
> Anna: Am besten auf'm Film nachgucken.
> Karl: Mehr für uns, und den Eindruck hatte ich bei anderen Gottesdiensten von anderen Pastoren zum Beispiel manchmal nicht.
> Interviewer: Ja, ja.
> Karl: Dass das dann -
> Anna: Ich glaube, dass -
> Karl: Das war dann eher so eine Struktur oder so eine Form so, wie das halt jedes Mal oder wahrscheinlich öfter so ist - sage ich mal, ne - aber nicht irgendwie - ja, man fühlte sich dann sehr angesprochen in dem Fall.

---

[193] Diese Art der medialen Dokumentation spielt in den rückblickenden Erzählungen zum Traugottesdienst keine hervorgehobene Rolle, scheint also die Selbstwahrnehmung des Paares nicht maßgeblich beeinflusst zu haben; vgl. jedoch die Ausführungen zur Raumkonstellation in Kap. 4.1.3.4. Ausschlaggebend war neben der statischen Kameraposition möglicherweise auch die fehlende Präsenz einer die Technik bedienenden Person, die eine Selbstdistanzierung vom liturgischen Geschehen hätte befördern können; vgl. dazu die Ergebnisse der fallübergreifenden Analysen in Kap. 5.2.4 „Überlegungen zur medialen Dokumentation der kirchlichen Trauung“.

Mit diesem Eindruck korrespondiert Annas Raumwahrnehmung. Sie betont mehrfach die räumliche Nähe zum Altar und zum Standort des Pastors.

> Anna (3-F-125): Nein, das ist hier ein Bild, ähm wo wir, weil als Brautpaar sitzt man ja näher zum Altar als sonst.
> Interviewer: Ja, ja.
> Anna: Und man sitzt ja auch mit dem Rücken zur Gemeinde so irgendwie und ähm, das war schon irgendwie, so habe ich da, werde ich da, glaube ich, nie wieder so sitzen.
> Anna (3-F-133): So das fand ich auch so irgendwie etwas, wo ich immer gedacht hab, hem, das war schon so, dass man da seinen Platz hat da vorn so.

Beide führen diesen positiven Gesamteindruck maßgeblich auf die liturgische Kompetenz und sympathische Persönlichkeit des Pastors zurück.[194] Anna kannte ihn bereits aus ihrer Jugend, während Karl ihn erst im Traugespräch kennen lernte. In diesem Gespräch wurden neben der persönlichen Beziehungsgeschichte Details des Gottesdienstablaufs und Gestaltungswünsche des Paares besprochen. Vor allem der Schmuck des Kirchenraums, die Einzugsvariante, die Lieder und die Verteilung der Fürbitten an Verwandte wurden festgelegt. Auch verschiedene Möglichkeiten des Trauversprechens wurden erwogen:

> Anna (3-F-795): Und wir haben dann aufgrund der Einfachheit halber, damit ich mir nichts merken musste, habe ich gesagt: „Am besten nehmen wir das, wo dann immer Stücke der Pastor - ich sag mal - vorgibt und ich es wiederholen musste. Weil ich gedacht hab, bestimmt vergisst du irgendwas, hab ich gesagt, das möchte ich bitte.

Beide sind im Rückblick überzeugt, in diesem Punkt die richtige Wahl getroffen zu haben. Aufgrund der Emotionalität des Augenblicks wäre es ihnen schwer gefallen, ein selbständig formuliertes Versprechen vorzutragen. Anna erinnert sich besonders an den Klang ihrer Stimme während des Versprechens („ganz leise und krächzend“, 3-F-797) und an die Überlegung, ob die Gemeinde ihre Worte hören konnte.[195]

Die musikalische Gestaltung des Gottesdienstes bestimmte das Paar vorwiegend durch die Auswahl der zu singenden Lieder. Vorrangiges Kri-

---

[194] Vgl. Kap. 5.4 „Inszenierte Authentizität - Die pastorale Rolle im Kontext der Trauung“.

[195] Vgl. Kap. 5.5.3 „Das Trauversprechen“.

terium ist dabei die durch Melodie und Rhythmus transportierte Stimmung und die Bekanntheit der Lieder, die zum Mitsingen animieren sollte.[196]

> Karl (3-M-814): Nicht was so ganz träge ist, nicht so was dann keiner mitsingt. Und deswegen dann auch diese Entscheidung, mit dem jeder kriegt da was in die Hand, dass er gleich Text hat, sonst singt keiner.

An Inhalte der Predigt erinnern sich die beiden nicht mehr detailliert. Einzig die Aufnahme ihrer persönlichen Geschichte in der Predigt ist – allerdings abstrakt – noch präsent.[197]

> Anna (3-F-828ff): Wir haben ja bei dem Traugespräch viel gesprochen, weil er sich gerne einen sehr persönlichen Eindruck von uns irgendwie machen wollte.
> Interviewer: Und kam das in der Predigt dann noch mal?
> Karl: Da kam einiges rüber – ja.

Auf diese die eigene Geschichte betreffenden Passagen führt das Paar seine von der Wahrnehmung anderer Gäste differierende Zeitwahrnehmung während der Predigt zurück.

> Anna (3-F-831): Da kam sehr viel von dem Persönlichen rüber und deswegen war das nicht so: Hoffentlich ist der bald fertig oder so. Es war richtig ähm, ich weiß noch, dass es ergreifend war und dass meine Mutter hinterher sagte: „Mensch, der hat aber lange geredet" und ich gesagt habe: „Wieso hat der lange geredet", ich habe das so nicht empfunden.
> Karl (3-M-838): Das war nicht langweilig, das war interessant, also hat Spaß gemacht.

Mit dem Auszug aus der Kirche verbinden Anna und Karl einen der Höhepunkte ihrer Hochzeit. Ohne ihr Wissen haben sich Freunde von ihnen mit ihren Motorrädern im Spalier vor der Kirche aufgestellt.

> Anna (3-F-208ff): Das zweite ganz wichtige Foto war, wir kamen aus der Kirche und haben da absolut nicht mit gerechnet, dass rechts und links von dem Kirchenportal massenweise Motorräder standen und die haben sich auch krach-mäßig bemerkbar gemacht.
> Interviewer: Echt, die hatten die Motoren an?
> Anna: Die haben alle ordentlich am Gashahn gedreht und Krach gemacht im Leerlauf. (lacht)

Die Freude über das Bild ist beiden anzumerken. Sie betonen im Kontext dieser Sequenz mehrfach die gute Beziehung zu ihrem Freundeskreis, die

---

[196] Vgl. Kap. 5.6.4 „Musikalische Gestaltung".

[197] Vgl. zur selektiven Erinnerung an Inhalte der Predigt die Ergebnisse der fallübergreifenden Analysen in Kap. 5.6.2 „Predigt".

sich in ihrer Wahrnehmung auch in der Organisation dieser Überraschung ausdrückt. Die Motorräder erinnern sie dabei auch an den Anfang der Beziehung. Daneben ist zu vermuten, dass der (ästhetische und akustische) Kontrast des Spaliers zu der vorhergehenden Trauung in der Kirche als Kompensation der erlebten Anspannung und Aufregung diente und befreiend wirkte, weshalb Anna an dieser Stelle auch im Rückblick lacht.

> Anna (3-F-231): Wir mussten dann, wir mussten dann kurz mal – also da hat jemand einen blöden Spruch gemacht, wie man immer so sagt, der hat gesagt: „So und jetzt müsstet ihr eigentlich noch ne Runde mit uns Motorrad fahren."

Anna und Karl entschieden sich nach dieser Äußerung spontan für eine Veränderung des geplanten Ablaufs. Statt sich von Karls Eltern im Auto zum Restaurant in einen Nachbarort chauffieren zu lassen, gingen sie den kurzen Weg zurück zum Haus von Annas Eltern, stiegen in das für die Portraitfotos genutzte Motorradgespann[198] und fuhren die Strecke im Konvoi, eskortiert von den anderen Motorrädern.

> Anna (3-F-290): Du konntest da eh nur langsam fahren, das war cool. Da hast du gesagt, als wir ankamen, haste gesagt: „Wenn wir noch mal heiraten, dann legen wir uns da Brillen zurecht, ich hab ganz schön viele Fliegen ins Auge bekommen." *(Lachen)*

IV. 1. 2. 6 *Die Familienfeier*

Das gemeinsame Essen und Feiern im Restaurant diente nicht nur der Inszenierung des außeralltäglichen Anlasses, sondern verstand sich auch als Dank des Brautpaares an den engeren Kreis der Verwandten und Freunde für die Unterstützung bei den Vorbereitungen und die praktische Hilfe während des Polterabends.

> Anna (3-F-380ff): Und daher hat diese kleinere Runde, die dann nach der kirchlichen Hochzeit mit uns gefeiert hat, dann im Restaurant sich haben bedienen lassen, die haben sich das auch verdient.
> Interviewer: Die haben sich das am Donnerstag echt verdient. *(Lachen)*
> Anna: Die haben sich das verdient.
> Karl: Das war die Entschädigung.
> Interviewer: Ja.
> Anna: Weil, wir selber konnten ja eigentlich nur im Vorhinein Listen schreiben und organisieren.
> Interviewer: Ja, ja.
> Anna: So, alles was man vorher machen kann. Aber an den beiden Tagen, während der Feier speziell oder wenn ich da in der Kirche bin, die Kirche war

[198] Karl (3-M-262): Die schmutzige Stelle kannte sie dann ja, da konnten wir aufpassen.

> auch ganz toll geschmückt und all solche Sachen – ich kann es an dem Tag nicht selber machen, ich muss mich darauf verlassen, dass es entweder andere so machen, wie ich es mir wünsche oder dass andere es so machen, dass es mir hinterher gefällt. Da haben so viele von der Familie, von den Freunden so viel getan.

Die Feier war geprägt durch Reden und eine Vielzahl von Spielen, die Anna und Karl als dem Anlass angemessen erlebten. Beide beschreiben ihre Wahrnehmungen in Abgrenzung zu anderen Hochzeitsfeiern, bei denen entweder das Brautpaar zur Belustigung der Gäste herhalten musste oder aber zu wenige den Abend strukturierende Elemente organisiert wurden.

> Anna (3-F-604 ff): Ich hab immer gesagt, ich möchte keine Sachen, die so schweinigelig oder eklig sind oder, das tut nicht Not. Das ist auch nicht – das ist ja ein besonderer Tag für uns und da tun die Gäste einem keine Freude mit, wenn die so was mit einem machen. Ich hab so was auch, wenn ich auf einer Hochzeit eingeladen war, hab ich manchmal auch zu den anderen Gästen gesagt: Ey, sag mal, das hättet ihr euch wohl sparen können. Tut das Not, dass die dann da eingeseift werden müssen, Rasierschaum ins Gesicht kriegen, haben sich schick angezogen, das ist ihr besonderer Tag und dann wird da so ne Schweinerei gemacht.
> Interviewer: Ja, ja, ja.
> Anna: Das ist uns – es sind schöne Sachen gemacht worden, das war auch nicht – das andere Extrem ist ja, das gar keiner was macht, dann ist es langweilig und [...]
> Karl: Das wär auch nicht schön.

Besondere Freude bereitet beiden im Nachhinein die gelungene Sicherung ihrer Wohnung während der Hochzeitsfeier. Der Konvention ihres Umfeldes entsprechend planten einige Verwandte, während der abendlichen Feier in die Wohnung des Paares einzudringen und diese mit außeralltäglichen Überraschungen zu schmücken, deren Beseitigung möglichst arbeitsintensiv sein sollte.

> Anna (3-F-407 ff): Wir haben so andere Türschlösser eingebaut. Wir wollten ja wegfahren und hier nicht aufräumen nächtelang noch. Wir hatten ja schon genug aufgeräumt.
> Karl: Das war Sicherheit. Es hat sich halt die Familie quasi die Schlüssel geben lassen von meinen Eltern unten, so dass sie ins Haus kamen, und damit habe ich mehr oder weniger gerechnet.
> Interviewer: Ja.
> Anna: So eine normale Wohnzimmertür kriegt man ja auf.
> Karl: Ist ja kein Hindernis. Normalerweise, da habe ich dann jeweils, also bei den zwei Zimmertüren, die wir hier haben vom Treppenhaus aus, zwei Spezialschlösser eingebaut, was man so nicht sehen konnte, aber dann gemerkt hat halt offensichtlich. Ich habe gestern beim Ausbauen dann gesehen, dass da diverse Kratzspuren im Schloss waren, also ist ja nicht schlimm, aber man hat es halt versucht, das konnte man sehen. *(Lachen)*

> Anna: Man hat dann von der Haustür die Treppe hoch schick gemacht. Die war aber so schick, dass man es gut wegmachen konnte.
> Interviewer: Okay.
> Anna: Und andererseits wäre ich aber auch enttäuscht gewesen, denn es war hauptsächlich mein Schwager, wenn der es nicht versucht hätte, wäre ich auch enttäuscht gewesen *(Lachen).*

Am Sonntagmorgen starteten Anna und Karl wie geplant mit ihren Motorrädern zu einer kurzen Erholungsreise in Richtung Ostsee.

IV. 1. 3 Schwerpunktthemen und Interpretationsmöglichkeiten

IV. 1. 3. 1 *Konvention und individuelle Gestaltung*

In der rückblickenden Wahrnehmung ihrer kirchlichen Trauung spielen Konventionen vor allem für Anna eine wichtige Rolle als Rahmen und Deutungshorizont.[199] Der Interviewtext ist durchzogen von Äußerungen, die be-stimmte Entscheidungen und Verhaltensweisen als traditionsgebunden er-klären oder begründen.

> Anna (3-F-193): [...] und wir haben ja zwei Tage vorher so alttraditionell, wie man das auch auf den Dörfern noch macht, nach dem Standesamt einen großen Polterabend gemacht.
> Anna (3-F-309): *(Zur Archivierung der Hochzeitsfotos)* Und ich habe das ja auch altmodisch eingeklebt, weil es auch mit anderen Dingen, mache ich es auch so, weil es manchmal einfach schön ist, wie in einem Buch da so drin rum zu blättern und nicht das moderne, wenig Platz wegnehmende digitale auf dem Computer, eigentlich nicht so gerne, weil ich es nicht so schön finde, weil's nicht so dieses Sitzen und drin rumblättern ist.
> Anna (3-F-519): Dann diese Sache mit dem vor der Kirche Spalier Stehen in irgendeiner Art und Weise, das ist ja auch, wenn man so ein bisschen dörflich kommt, schon auch - das macht man so.
> Anna (3-F-761): [...] man braucht ja auf'm Standesamt auch keine Trauzeugen, aber wir hatten das noch so traditionell, wie man das tut.

Neben den im Interviewtext explizit geäußerten Bezügen auf Konventionen spielten Elemente des Brauchtums auch bei zahlreichen Details der Hochzeitsgestaltung eine wichtige Rolle. So wurde das Brautkleid nicht im Bei-

---

[199] Konventionen werden in diesem Zusammenhang verstanden als soziale Normen, die mögliche Verhaltensweisen in einer sozialen Situation definieren und Verhaltensregelmäßigkeiten angeben. Sie basieren auf formal nicht festgeschriebenen, kulturell bedingten Regeln, die von einer Gruppe von Menschen aufgrund eines Konsenses eingehalten werden. Vgl. dazu auch die Ergebnisse der fallübergreifenden Analysen in Kap. 5.2 „Medialität und Konventionalität als Gestaltungsrahmen der kirchlichen Trauung".

sein des Mannes ausgesucht. Nach der standesamtlichen Trauung musste Babykleidung von einer Wäscheleine abgenommen und zusammengelegt werden. Außerdem musste das Paar mit Nagelscheren ein Herz aus einem Betttuch ausschneiden. Man feierte zwei Tage vor der kirchlichen Trauung einen Polterabend mit Freunden und Bekannten. Anna wählte für den Tag der kirchlichen Trauung ein weißes Brautkleid, Karl trug einen schwarzen Anzug. Der erste Moment, in dem Karl seine Frau im Brautkleid sah, wurde analog zum Einzug in der Kirche als Auftritt inszeniert. Die vom Paar gewählte Einzugsvariante in die Kirche entsprach der lokalen Tradition.[200] Beim Auszug aus der Kirche streuten Kinder Blumen, danach wurde ein Holzstamm vom Brautpaar zersägt. Bei der anschließenden Feier hielt der Brautvater die erste Rede. Währenddessen versuchten Verwandte in die Wohnung des Brautpaares einzudringen, um dort Störungen der Hochzeitsnacht zu inszenieren. Gehören auch die meisten dieser Gestaltungselemente zum Inventar zahlreicher Trauungen, so ist ihre Konzentration in diesem Fall durchaus bemerkenswert und im Kontext der Interviewäußerungen, in denen Konventionen als Begründungszusammenhang explizit genannt werden, als charakteristisch zu betrachten.[201]

Darüber hinaus ist auch der weitere biographische Kontext der Hochzeit durch die Aufnahme und Weiterführung von Konventionen mitbestimmt. Eindrücklich beschreibt Anna die aus ihrer Perspektive zwangsläufige Verbindung von gemeinsamer Wohnung, Heirat und kirchlicher Trauung. Ein Schritt zog den anderen nach sich und implizierte jeweils weitere Stufen auf dem gemeinsamen Lebensweg. Fast ungebrochen bildet sich hier der Phasenablauf einer Paarbiographie ab, der bis in 1960er Jahre vorherrschend war.[202] Einzig die Gründung des gemeinsamen Hausstandes wurde zeitlich nach vorn verlagert, ohne jedoch dadurch von der Heirat abgelöst zu werden. Nicht zufällig wurde aus verschiedenen denkbaren Optionen als Wohnort das Elternhaus des Mannes gewählt.

Was leistet der positive Rückbezug auf das Konstrukt der „dörflichen Tradition“ im Erleben von Anna und Karl? Welches Problem wird mit dem Argument „weil man das so macht“ bearbeitet? Aufschlussreich ist in die-

---

[200] Das bestätigte auf Rückfrage auch der Pastor der örtlichen Kirchengemeinde. Diese Variante werde allerdings zunehmend seltener und von Zugezogenen fast nie gewählt.

[201] So feiern wahrscheinlich viele Paare zwei Tage vor ihrer kirchlichen Trauung einen Polterabend, ohne in diesem Zusammenhang zwangsläufig die Begründung „weil man das eben so macht“ als plausibel zu empfinden.

[202] Vgl. die Ausführungen in Kap. 2.2.4.1 „Relevante Veränderungen gesellschaftlicher Rahmenbedingungen“.

sem Zusammenhang Annas Wortwahl hinsichtlich ihrer eigenen Person im Rahmen der Hochzeit.

> Interviewer (3-I-166 ff): *(Zur Frage des Fußwegs zur Kirche)* Gab's da einen Plan B für Hagel und Regen oder so?
> Anna: Ja, Regenschirm drüber halten.
> Interviewer: Ja, okay.
> Anna: Die Braut hätte dann gefroren.
> Interviewer: Ja.
> Anna: So hat sie nicht gefroren, weil die war ja – mir war ja warm ohne Probleme.
> Karl (3-M-834 f): *(Erinnerungen an die Predigt)* Mir kam es auch nicht übermäßig lang vor, ich hab auch kein Zeitgefühl gehabt dann. Ich hab auch nicht auf die Uhr geguckt also.
> Anna: Die Braut hatte auch keine Uhr um, die konnte noch nicht mal gucken.
> Anna (3-F-378): *(Zur Hilfe von Freunden und Verwandten beim Polterabend)* Die haben uns davon abgehalten in diese Ecken zu kommen, wo der Weinkeller organisiert wurde, das Bild gemalt wurde, und ich bin rum gelaufen: „Haben auch alle zu Essen und zu Trinken?“ „Du bist die Braut, geh hier weg. Wir machen schon.“

Mehrfach spricht Anna von sich als „die Braut“ wie von einer dritten Person. Sie übernahm also in ihrem Erleben als Braut eine über Konventionen klar definierte und auch von ihrem Umfeld akzeptierte Rolle und füllte diese aus. Der positive Rückbezug auf konventionelle Vorgaben erleichterte die Orientierung auf dem komplexen Feld der Vorbereitung und Gestaltung der Hochzeit. Formeln wie „es gehört einfach dazu“ können in der subjektiven Wahrnehmung als hinreichende Erklärung empfunden werden, da die Hochzeit als Ganze und auch die kirchliche Trauung als Teil des Brauchtums angesehen werden, das nicht begründungsnotwendig (und teilweise sogar nicht begründungsmöglich) ist.

Zugleich wich das Paar punktuell durchaus bewusst ab von konventionellen Vorgaben und gestaltete die Hochzeit dadurch individuellen Vorlieben entsprechend. Die Fahrt zum Restaurant wurde spontan im Motorradgespann zurückgelegt (3-F-261). Anna verzichtete aus ästhetischen Gründen auf einen Schleier (3-F-582), der Brautstrauß bestand wegen Annas Blumenallergie aus Seidenblumen und wurde nicht in die Menge der Gäste geworfen (3-F-567), als Eröffnungstanz wurde statt eines Walzers Foxtrott gewählt (3-M-560). Auch der Einbau spezieller Türschlösser zur Sicherung der eigenen Wohnung lässt sich als bewusstes Abweichen von dem konventionellen Verhalten eines Brautpaares (das die Streiche der Verwandten und Freunde äußerlich gelassen erträgt) verstehen. Bemerkenswert ist in diesem Zusammenhang auch der Prozess der Namenswahl:

Karl (3-M-642 ff): [...] das war ja auch noch mal so ne Sache, was vielleicht nicht jeder so macht, wie wir das gemacht haben. Wir haben halt, weil wir uns da nicht ganz so einig waren im Vorfeld mit der Namensnennung/-gebung, wie auch immer - haben wir dann gesagt: Wir werfen eine Münze.
Interviewer: Echt?
Karl: Jeder hat sich vorher ausgesucht, welche Seite. [...]
Anna: Und bei zwei Seiten war die Münze einfach der äh, man hätte ja auch Streichhölzer ziehen können oder so was.
Interviewer: Aber da war schon - es gab schon einen Moment, wo jeder gesagt hat: Nee, ich möchte gerne meinen Namen behalten und du könntest auch mal ruhig überlegen, ob du nicht äh?
Anna: Das war ein bisschen Provokation - hab ich so empfunden - weil er ist, für mein Dafürfinden davon ausgegangen, dass man das so macht, dass die Frau den Namen des Mannes nimmt - Punkt.
Interviewer: Ja, okay. Genau, brauchen wir gar nicht lange drüber zu reden.
Anna: Und dann habe ich provokant gesagt: „Wieso, aus welchem Grund sollten wir das so tun? Du kannst auch meinen nehmen!" Und das hat das Ganze angeschoben, dass wir beide schwer drüber nachgedacht haben, und ähm das wär auch wieder so'ne Sache gewesen, wenn er da jetzt drauf bestanden hätte und hätte gesagt: „Ich heirate dich jetzt aber nur, wenn du meinen Namen nimmst", dann hätte ich ihn auch geheiratet, hätte ich halt seinen Namen genommen. Aber so ist das halt durch die Münze, wo wir lange drüber [...]
Interviewer: Da gab es wirklich einen Moment, wo ne Münze geworfen wurde, ja okay.
Karl: Ja.
Anna: Dann haben wir lange diskutiert, waren [...]
Karl: Vor dem Standesamt gemacht, also nicht direkt vor dem Gebäude, sondern hier schon zu Hause.
Anna: Einen Tag vorher, einen Tag vorher, ne?

Bei grundsätzlicher Orientierung an verbreiteten Konventionen ist also bei einzelnen Entscheidungen durchaus ein selbstständiger Umgang mit dem konventionellen Hochzeitsinventar zu beobachten. Die konkreten Abweichungen werden jedoch jeweils nicht mit grundsätzlicher Kritik an bestimmten Konventionen verbunden, sondern immer mit individuellen Vorlieben und Abneigungen oder pragmatischen Argumenten begründet. So bleiben die Abweichungen punktuelle Gestaltungen bei gleichzeitiger Affirmation der Konventionen.

Auch in der Gestaltung zeitlicher Strukturen im Rahmen der Hochzeit zeigt sich ein ähnlicher Umgang mit konventionellen Vorgaben. Wiederholt wählt das Paar besondere Zeitpunkte und Zeitabläufe bewusst aus und folgt dabei häufig auch konventionellen Vorgaben. So wählt Karl für seinen geplanten Heiratsantrag nicht nur einen besonderen Ort (Nordkap), sondern auch einen besonderen Zeitpunkt, nämlich die Sommersonnenwende. Eine inhaltliche Bedeutung dieses Zeitpunktes wird im Interview nicht expliziert, anzunehmen ist aber, dass es sich (gerade im Kontext der Reise zum Nordkap) um eine Art Höhepunkt des jahreszeitlichen Ablaufs handelt, dem eine außeralltägliche Atmosphäre inne wohnt.

In der Erzählsequenz zum Heiratsantrag (3-F-327) folgt bezeichnenderweise direkt nach Annas grundsätzlicher Zustimmung zur Heirat die Planung des Hochzeitsdatums (noch vor der Wahl des Ortes oder des Nachnamens) als erstes Detail der Vorbereitungen. Bei der Wahl des konkreten Zeitpunkts spielen mehrere Kriterien unterschiedlicher Priorität eine Rolle: Grundsätzlich soll die Hochzeit (der Konvention entsprechend, aber auch im Blick auf das Klima aus pragmatischen Gründen) im Sommer stattfinden. Als Wochentag der kirchlichen Trauung wird konventionell ein Samstag gewählt. Innerhalb dieser Vorgaben wird nun der Zeitpunkt des Heiratsantrags aufgenommen, so dass die Hochzeit fast genau ein Jahr später stattfindet. Flankiert wird diese Überlegung schließlich durch die Präferenz eines (durch Zahlenwiederholungen) einprägsamen Datums des Hochzeitstages, das wiederum konventionell in die Trauringe eingraviert wird. Dieser Vielzahl an Überlegungen zum Zeitpunkt der Hochzeit entspricht die Wertung, die Anna rückblickend im Interview äußert:

> Anna (3-F-319): Das Wichtigste an der Hochzeit. - Das Datum ein bisschen.

Mit Annas Zustimmung zur Heirat beginnt eine lebensgeschichtlich herausgehobene Zeit der Vorbereitung auf die Hochzeit, die der Planung entsprechend ein Jahr währt. Diese Zeit ist für Anna und Karl geprägt von ambivalenten Gefühlen zwischen Vorfreude und Anstrengung (3-F-392) und verstärkter Anteilnahme ihres sozialen Umfelds.[203]

Die Feier der Hochzeit orientiert sich auf verschiedenen Ebenen an einem dreistufigen Rhythmus: Der Zeit der Vorbereitung folgt die Zeit des Feierns, die wiederum von einer Zeit der Erholung beschlossen wird. Die Vorbereitungszeit unterteilt sich in eine erste kurze Zeit der euphorischen Pläne während der Urlaubsreise zum Nordkap, eine längere (und teilweise als anstrengend empfundene) Zeit der Konkretisierung dieser Pläne und eine kurze Phase der letzten Vorbereitung und Anspannung, in der beide bereits Urlaub genommen haben. Als Startpunkt dieser letzten Vorbereitungsphase kann das gemeinsame Putzen der Motorräder am Wochenende vor der kirchlichen Trauung gelten (3-F-280).

Auch die eigentliche Feier der Hochzeit folgt einem ähnlichen Rhythmus und wird anhand des konventionellen dreitägigen Schemas organisiert: Der erste Tag des Festes (Donnerstag) ist geprägt durch den (weitgehend selbst organisierten) Polterabend, der zweite Tag dient zum

[203] Vgl. die Ausführungen in Kap. 4.1.2.3 „Vorbereitung auf das Fest".

Aufräumen und zur Regeneration. Am dritten Tag (Samstag) findet schließlich als inhaltlicher Höhepunkt die kirchliche Trauung mit anschließender Familienfeier statt. Neben konventionellen Vorgaben nennen beide auch pragmatische Gründe für diese Zeiteinteilung.[204] Karl betont in diesem Zusammenhang rückblickend auch die Relevanz sog. Zwischenzeiten für die Intensität der eigenen Wahrnehmung:

> Karl (3-M-187): Einmal das und dann aber auch viele Sachen, bei anderen Hochzeiten, kann ich mich nur so erinnern, dann war man vielleicht mit, was weiß ich, in der Kirche oder beim Essen hinterher dabei oder so und da waren immer irgendwelche Zeiträume dazwischen, wo man ja nicht mitgekriegt hat, was da nun abgelaufen ist, sage ich mal, man hat immer so bröckchenweise was gesehen.

Im Anschluss an diese äußerlich und innerlich sehr gefüllte Zeit planten Anna und Karl als Gegengewicht bewusst eine an äußeren Eindrücken eher arme Zeit der Erholung an der Ostsee (3-F-297, 3-F-506).

Die Rekonstruktion der Hochzeit in der Interviewerzählung von Anna und Karl zeigt die kirchliche Trauung als Kasus, der auf spezifische Weise besondere Zeitstrukturen und Zeitabläufe aus der Lebensgeschichte der Beteiligten heraushebt. Dabei überlagern sich lineare Strukturen (Planung, Vorbereitung, Durchführung) mit zirkulären Abfolgen und Rhythmisierungen (Antrag, Trauung, spätere Feier der Hochzeitstage), die im biographischen Jahreslauf einen eigenen Ort einnehmen. Erst die Summe dieser unterschiedlichen Zeitstrukturen fügt sich in der Wahrnehmung des Paares zu einem stimmigen Bild ihrer Hochzeit zusammen:

> Karl (3-M-693): Der Antrag war ja nun bisschen vor der Hochzeit schon, aber das gehört ja alles zusammen.
> Karl (3-M-174): Ist es halt so gewesen, da waren für mich viele besondere Momente oder die ganzen Tage eigentlich, alles was mit der Hochzeit drum und dran hing [...]

Auffallend ist das vollständige Fehlen expliziter Rückbezüge auf Konventionen in Karls Äußerungen. Im Blick auf die Dynamik des gesamten Interviews lassen sich dafür weniger inhaltliche Gründe vermuten als vielmehr eine geschlechtsspezifische Rollenverteilung, die sich im Prozess der Interviewkommunikation abbildet. Bereits in rein quantitativer Hinsicht ist Annas Anteil an der Kommunikation gegenüber Karls weit ausgepräg-

---

[204] Vgl. Kap. 4.1.2.4 „Standesamtliche Trauung und Polterabend".

ter,[205] auch strukturell betrachtet antwortet sie in fast allen Fällen als erste auf neue Fragen und dominiert nicht zuletzt dadurch den Erzählprozess. Inhaltlich geben Karls Äußerungen keinen Anlass zu der Vermutung, dass er die Konventionsorientierung seiner Frau nicht teilen würde.

Welche Rolle spielt in diesem Zusammenhang der Kasus Trauung? Spielt die Konventionsorientierung an diesem biographischen Ort eine besondere Rolle? Aus lebensstilanalytischer Perspektive ist zu vermuten, dass für Anna und Karl die beobachtete traditionell-normative Orientierung leitend auch in anderen Lebensbereichen ist und im Rahmen der Hochzeit vor allem der Bewältigung der Vielzahl zu treffender Entscheidungen (von den ersten Planungen bis zur Archivierung der Fotos) dient.[206] Die Wahl dieser Bewältigungsstrategie legt sich nahe für Repräsentanten eines Lebens-stils, der die kirchliche Trauung noch immer zu den gesellschaftlichen Traditionsbeständen zählt und in engem Zusammenhang mit Brauchtum und Sitte ansiedelt.

Ähnlich zu bewerten ist auch die in der Interviewkommunikation zu beobachtende Rollenverteilung der Geschlechter: Sie lässt sich grundsätzlich als lebensstilkonform verstehen, wird aber im Kontext der Trauung prägnanter ausgebildet sein als in anderen, eher alltäglichen Lebenszusammenhängen. Die Initiative zur kirchlichen Trauung ging von Anna aus,[207] ebenso die Wahl des Kirchenraumes und des Pfarrers, der ihr bereits persönlich gut bekannt war.

IV. 1. 3. 2 *Unter Gottes Schutz - Deutungen der kirchlichen Trauung*

Angesichts der im Interview zu beobachtenden traditionell-normativen Grundorientierung des Paares ließen sich ähnliche Äußerungen wie zu Fragen der konkreten Gestaltung der Hochzeit auch zur Frage nach der Motivation der Entscheidung zur kirchlichen Trauung vermuten. Primär jedoch werden in dieser Hinsicht rückblickend religiöse Gründe für die Inanspruchnahme der kirchlichen Trauung genannt. Rückbezüge auf Konventionen fehlen dagegen vollständig.

Ausgehend von einem Vergleich zwischen ihrem Erleben der standesamtlichen und der kirchlichen Trauung äußert sich Anna folgendermaßen:

---

[205] Die Zahl ihrer Beiträge beläuft sich auf 357, während Karl sich nur in 204 Beiträgen äußert.

[206] Vgl. die in Kap. 4.1.2.3 „Vorbereitung auf das Fest“ geschilderten Wahrnehmungen des Paares in der Zeit der Hochzeitsvorbereitungen.

[207] Anna (3-F-624): Ich hab gesagt: „Ich möchte gern in der Kirche heiraten, gehst du mit mir dahin?“

Anna (3-F-622): Also ich hab in meinem Leben ja öfter mal schon - ich habe ja den einen Unfall vorhin schon erwähnt - habe ich in meinem Leben immer schon manchmal gedacht: Ich glaube zwar an Gott, aber lieber Gott, hätte das, musste das so sein, tut das Not? Muss das jetzt so sein - irgendwie so, ähm, und ich hatte irgendwie schon im Standesamt das Gefühl verheiratet zu sein - als solches - aber ich hatte so für mich das Empfinden, noch mal, jetzt bekomme ich da noch mal oder tue noch mal kund: Bitte, lieber Gott, ich hatte da schon so ein paar Schicksalsschläge in der Vergangenheit. Das muss jetzt nicht gerade sein. Das muss jetzt nicht sein, dass er von mir genommen wird, das muss nicht sein, dass ich schwer krank bin. Wir möchten gerne deinen Segen, dass das gut geht und lange hält.
Und man hört ja auch immer wieder: Geheiratet, nicht viele Jahre gehalten, getrennt, geschieden. Wir wollen immer viel miteinander reden, damit man nicht aneinander vorbei lebt. Und es war für mich schon noch mal zu sagen, ähm: Es ist wichtig. Einfach den Segen zu haben.
Und es ist ja auch nicht so gewesen, zwei Jahre verheiratet, äh, dass wir da in den zwei Jahren nicht schon mal ne Situation hatten, wo ich gedacht habe: „Wenn du jetzt jemand wärst, der schnell kneifen würde", so irgendwie. Dann bin ich noch mal wieder in mich gekehrt und hab gesagt: „Nein, das muss sein" und hin und her. Man liest ja auch immer - statistisch gesehen - immer so schön, dass ja auch oft in den ersten 15 Lebensmonaten eines Kindes, ein Kind macht auch alles anders, dann Ehen kaputt gehen und so was, ist wieder eine andere Situation.
Ich hatte damals schon das Gefühl, so diesen, für mich diesen Beistand dazu zu erbitten und zu sagen: „Und bitte, du hilfst uns jetzt auch noch dabei, lieber Gott, dass das gut und lange hält. Weil ich will in meinem Leben nicht noch mal heiraten und ich möchte auch nicht so schnell wieder aus anderen Gründen - Unfall, Krankheit - dann alleine sein. Ich möchte, dass das jetzt - wie man so schön sagt: „Bis der Tod uns scheidet" - ich möchte das jetzt ganz ganz lange gemeinsam haben. Und das war für mich auch noch mal wichtig, da so für mich diesen Beistand zu erbitten - sage ich jetzt mal so.

Deutlich wird an dieser Stelle die Brüchigkeit von Paarbeziehungen und die nicht ewig anhaltende romantische Liebe auf dem biographischen Hintergrund bereits durchlebter Schicksalsschläge angesprochen. Die kirchliche Trauung wird angesichts dessen als Ort gedeutet, an dem im Vertrauen auf Gottes Beistand die Kontinuitätssicherheit der Partnerbeziehung (auch bereits im Hinblick auf die Antizipation der Elternrolle) beschworen und von Gott erbeten werden kann.

Segen versteht Anna einerseits als Beistand für das Zusammenleben mit Karl durch zukünftige Veränderungen hindurch und entwirft mit den Worten „wir wollen immer viel miteinander reden, damit man nicht aneinander vorbei lebt" eine Strategie zur gemeinsamen Bearbeitung von lebensgeschichtlichen Veränderungen und den damit möglicherweise einhergehenden Konflikten. Segen kann sich dieser Deutung entsprechend indirekt auch in menschlichen Handlungen äußern. Andererseits wird über die wiederholte Aufzählung von imaginierten negativen Ereignissen (Krankheit, Unfall, Scheidung) ein eher magisches Verständnis des Segens als Schutz und Abwehrzauber konstruiert, der menschlichen Einflüssen vollständig enthoben ist und räumlich gesehen als vorwiegend vertikales Geschehen zu denken ist.

Diese Deutung blickt in die Zukunft und verarbeitet gleichzeitig Aspekte von Annas Lebensgeschichte im Fokus der Trauung. An einer anderen Stelle des Interviews erzählt Anna von einem schweren Unfall, den sie kurz nach dem Beginn ihrer Beziehung mit Karl erlebte (3-F-472). Zudem erlebten sowohl Anna als auch Karl bereits das Scheitern vorheriger, lange währender Beziehungen. Andere biographische Ereignisse benennt sie abstrakt als Schicksalsschläge, die sie auch im Horizont ihres Glaubens reflektiert.

> Anna (3-F-875): Es muss immer mal, ich glaube eher – also ich glaube, dass das aber auch dazu gehört, dass jemand der an Gott glaubt, hin und wieder mal Zweifel hat an seinem Glauben an Gott, und dass es dann immer mal Situationen gibt, wo man hinterher denkt: Gut, dass es ihn gibt, ich glaube doch an ihn, und er hat mir doch vielleicht irgendwie geholfen oder mir beigestanden. Und dann gibt es wieder Situationen, wo man denkt: Oh, ey, warum tust du jetzt nichts. So irgendwie. Ich kann mir selber nicht helfen, hilf du mir denn doch wenigstens, so weiß nicht. Es kommt – glaube ich – immer mal wieder vor, dass man da irgendwie Zweifel hat, dass es dann wieder besser wird und äh, da war's aber einfach nur eine Festigung, dass es so ist, und das muss so sein sozusagen.

Analog zu ihrer Deutung der kirchlichen Trauung rekonstruiert Anna am Ende des Interviews in einem atmosphärisch sehr dichten Gesprächsgang auch eine erste Krise in der Ehe mit Karl.

> Anna (3-F-846): *(Pause)* Es ist ähm für mich noch gar nicht so lange her, jetzt im letzten halben Jahr, ähm gewesen, wo ich dann gedacht habe: *(Pause)* „Gott hat doch auf unsere Ehe aufgepasst", weil andere hätten vielleicht gesagt: Wir hatten eine – sagt man dann ja immer so schnell – Ehekrise oder irgendwas da, aber da gab's halt so eine Situation, die sich auch ein bisschen hingezogen hat, und wo ich gedacht hab: *(Pause)* Okay, da müssen wir irgendwie einen Weg finden daraus und ähm da habe ich dann gedacht, da ist mir das sozusagen wieder ins Bewusstsein gekommen, dass ich gedacht hab: Okay, Gott hat da doch auf uns aufgepasst, dass wir das wieder hingekriegt haben.

„Gott hat doch auf unsere Ehe aufgepasst" – um diesen Schutz hatte Anna bei der Trauung gebeten und diesen Schutz erlebt sie nun im Rückblick auf eine überstandene Krise. Anders als der Segen spielt in diesem Zusammenhang das Trauversprechen auch auf Nachfrage keine prominente Rolle, sondern wird qualifiziert vor allem durch den gottesdienstlichen Kontext des Segens.

> Interviewer (3-I-809): Ja, und jetzt das Trauversprechen. Wie haben Sie das erlebt im Unterschied, auf dem Standesamt verspricht man sich ja auch was. *(Pause)* War das in Ihrem Erleben eine Wiederholung des standesamtlichen?
> Anna: Nee, ich hatte vorher schon erwähnt, dass ich das sowieso für mich mit diesem Segen, dass das hält, noch mal wichtiger fand, weil die Standesbeamtin das ja auch mit so diesem Versprechen auf dem Standesamt sehr festlich und sehr nett formuliert hatte, ähm, hatte das eher für mich so einen, so einen ja innerlichen Antritt, überhaupt dieses in der Kirche sein, einen anderen Stellenwert. Das war aber während des ganzen Gottesdienstes, nicht nur während des, ähm, weiß ich nicht.

So detailliert Anna ihre Deutungen der Trauung schildert, so zurückhaltend ist Karl in dieser Frage, auch deutliche Impulse von Anna[208] fördern seine Auskunftsfreudigkeit in diesem Punkt nicht. In Anbetracht der thematischen Zuspitzung auf intime Aspekte des eigenen Glaubens- und Ehelebens verwundert diese Dynamik nicht, sondern ist unter genderspezifischen Gesichtspunkten zu interpretieren. Ging die Initiative zur Inanspruchnahme der kirchlichen Trauung von Anna aus (3-F-624), so ließe sich Karls implizite Motivation im Rahmen eines Bedürfnisses nach Konformität im privaten Bereich verorten.

Rückblickend verbindet Karl bei näherer Betrachtung jedoch mehr mit der kirchlichen Trauung als bloße Anpassung an Annas Wunsch und die Erwartung ihrer Familien. Im Rahmen der Frage nach Veränderungen durch die Trauung kommt Karl auf die Eheringe zu sprechen:

> Karl (3-M-881): Ja, es hat sich – das hat sich geändert, es hat sich was geändert, was ich immer merke, den Ring habe ich jetzt nur vorhin nur zum Arbeiten abgemacht, normal trage ich den immer. Also, es ist halt immer so ein Symbol, was dran erinnert oder was bisschen was Besonderes ist, finde ich jedenfalls [...]
> Karl (3-M-896ff): Oh, der wird halt selten abgemacht, bei mir zumindest, weil manchmal, für manche Arbeiten ist das halt nicht so praktisch.
> Anna: Na ja, ich hab auch damals – das war noch so eine Diskussion, ne? Das war noch so ein Gespräch ähm, „wenn das beruflich gefährlich ist und ich trag dann so viel keinen Ring, dann brauch ich doch keinen“. Und da hab ich gesagt: „Natürlich kriegst du auch einen Ring“, so irgendwie was, weiß nicht.
> Karl: Ja, wenn ich da vorher – habe ich mir auch nicht so Gedanken gemacht, also *(Räuspern)*. Ich hab auch erst gedacht, ich werde ihn zur Arbeit nicht tragen den Ring, aber das habe ich mir jetzt angewöhnt, also was heißt jetzt,

---

[208] Die Sequenz zu ihrer Ehekrise beendet sie z. B. mit den Worten „Weiß ich nicht, ob Du das auch so empfunden hast?“ (3-F-848).

> ziemlich zu Anfang schon. Die ersten Tage hatte ich ihn – glaube ich, oder Wochen – nicht getragen, zur Arbeit jedenfalls nicht. Aber dann sollte es auch nicht so sein, wie so eine Sonntagsuhr oder so, die man dann einmal die Woche nur anmacht oder so. Wir sind ja nun auch jeden Tag miteinander verheiratet, finde ich.

Während Karl im Vorfeld der Hochzeit erst durch Anna von der Notwendigkeit eines eigenen Eherings überzeugt werden musste, ist ihm dieses Symbol inzwischen wichtig geworden. Diese Relevanz äußert sich für ihn darin, dass er den Ring nicht wie gedacht aus pragmatischen Gründen selten, sondern fast immer am Finger trägt. Was verbindet Karl mit diesem Symbol? Betonte er in der Sequenz zur Wahl des Ehenamens das Kriterium der Abbildung der Zusammengehörigkeit durch einen gemeinsamen Namen, das er sogar höher gewichtet als die konventionelle Beibehaltung seines Geburtsnamens, so ist hinsichtlich der Eheringe anzunehmen, dass auch hierin sich für ihn Zusammengehörigkeit symbolisiert.

Den mit der Heirat verbundenen Statuswechsel nimmt Karl auch in lebensgeschichtlicher Hinsicht bewusst wahr:

> Karl (3-M-174): Es ist halt so gewesen, da waren für mich viele besondere Momente oder die ganzen Tage eigentlich, alles was mit der Hochzeit drum und dran hing, vielleicht auch deswegen, weil ich – wir haben uns ja relativ spät kennen gelernt, was heißt spät, also so vom Alter her eher spät, ne, und meine Freunde haben immer schon gesagt: „Du findest nie eine zum Heiraten", so dann auch als ich 30 wurde und so, wie das dann halt so ist. *(Karl war zu dem Zeitpunkt der Hochzeit 40, Anna 33 Jahre alt)* [...].
>
> Karl (3-M-181): Na, jedenfalls äh, dadurch dass ich damals ja nie dran gedacht hätte, dass das bei mir noch mal was wird mit dem Heiraten oder, da war ja nicht, das habe ich nicht so vor Augen gehabt letztendlich und hab auch eigentlich bei anderen Hochzeiten, so bei Freunden oder Bekannten war man hier und da mal eingeladen natürlich, aber das habe ich irgendwie nie so dicht an mich rankommen lassen.

Der Ausdruck *„dass das bei mir noch mal was wird mit dem Heiraten"* zeugt wiederum von lebensstilspezifischen Selbst- und Fremdwahrnehmungen in den Jahren vor der Beziehung zu Anna. In Karls Umfeld ist es nicht nur üblich überhaupt zu heiraten, sondern auch dies in der Regel lebensgeschichtlich früher zu tun als Karl. Ob ernsthaft oder in Scherzen – Karl wurde in der Vergangenheit immer wieder mit der (nicht erfüllten) Erwartung zu heiraten konfrontiert (er zitiert diese Erfahrung hier), was dazu beiträgt, dass er den mit der Hochzeit vollzogenen Statuswechsel innerlich bewusst erlebt und auch nach außen stolz demonstriert.[209]

IV. 1. 3. 3 *Soziale Bindungen im Spannungsfeld der Eheschließung*

Die Beziehungen zu Familienangehörigen und Freunden spielten im Rahmen der Hochzeit eine wichtige Rolle für Anna und Karl. Bereits in den Erzählungen zur Hochzeitsvorbereitung findet die Relevanz sozialen Bindungen einen ambivalenten Ausdruck. Einerseits erfuhr das Paar schon im Vorfeld der Hochzeit die Unterstützung durch Freunde und Familienangehörige. Zur Organisation von Geschenken und Überraschungen trafen sich ihre Freunde zeitweise sogar regelmäßig.[210] Auch die Entscheidung, angesichts der anstrengenden Vorbereitungen nicht nach Las Vegas zu fliehen und dort zu heiraten, begründet Anna mit der Anwesenheit der Freunde und Verwandten.

> Anna (3-F-392): Da haben hier papiereweise Listen gelegen und wir haben uns den Kopf zerbrochen und äh, dass ich manchmal gedacht habe: „Vielleicht sollte man doch weg nach Las Vegas und egal." Bloß dann ist keiner dabei von unseren Freunden und der Familie.

Die Ortswahl der standesamtlichen Trauung (Heimatort von Karl) und der kirchlichen Hochzeit (Heimatort von Anna) stellt entgegen zeitweiliger Fluchtphantasien den engen Bezug zu beiden Familien heraus.

Neben dem positiven Eindruck, von Freunden und Familien bei der Vorbereitung unterstützt zu werden, verbinden sich aber hinsichtlich der sozialen Beziehungen andererseits auch einzelne negative Wahrnehmungen mit der Hochzeit, weil einige von Karls Freunden und auch Annas Patentante nicht auf die Einladung zur Hochzeit reagieren.[211]

> Anna (3-F-401): Ähm, aber das war da so etwas, wo ich mich noch hätte ein bisschen drüber ärgern können, sage ich jetzt mal so. Habe gedacht, ach ärgere dich da nicht drüber, ist egal. Aber so, gerade wenn man dann halt eine schriftliche, persönliche Einladung so kriegt, dann sollte man wenigstens den Anstand haben, zu sagen: Wir kommen nicht, auch wenn man keine Ausrede hat oder so, da hab ich mich ein bisschen drüber geärgert.

Auch wenn Anna ihren Ärger auf der Ebene der gesellschaftlichen Konvention begründet (auf eine schriftliche Einladung erfolgt eine schriftliche Zu–

---

[209] Vgl. Kap. 5.1.4 „Empirische Wahrnehmungen des Übergangs".

[210] Vgl. Kap. 4.1.2.3 „Vorbereitung auf das Fest".

[211] Vgl. Kap. 4.1.2.3 „Vorbereitung auf das Fest".

oder Absage), ist zu vermuten, dass im Hintergrund ihre enttäuschte Erwartung der freundschaftlichen Verbindlichkeit eine wichtige Rolle spielt.

In den Erzählungen zum Verlauf der Hochzeitsfeier spielen die sozialen Bindungen des Paares eine durchgängig positive Rolle, die viele Sequenzen des Interviews prägt. In vielfältiger Hinsicht konstruieren Anna und Karl im Rückblick ihre Hochzeit als ein Geschehen, das von einem Netz sozialer Beziehungen durchdrungen ist:

Ein kleinerer Kreis von Freunden und Verwandten half verantwortlich bei der Vorbereitung und Durchführung des Polterabends und übernahm auch im weiteren Verlauf der Hochzeit diverse Aufgaben.[212] Am Institut der Trauzeugen wurde grundsätzlich aus Gründen der Konvention festgehalten, ihre Anwesenheit in unmittelbarer räumlicher Nähe des Brautpaares während der kirchlichen Trauung und ihre Beteiligung an der Segnung des Paares (der Anregung des Pastors folgend) demonstrierte jedoch auch eine besondere freundschaftliche Verbundenheit (3-F-761). An der kirchlichen Trauung nahmen neben den geladenen Gästen auch Bekannte und Nachbarn teil (3-F-147). Durch das anschließende Motorradspalier wurde die Beziehung zu einem weiteren Kreis von Freunden sichtbar. Bei der Familienfeier überreichten Anna und Karl ihren Gästen kleine Geschenke, die ihre gegenseitige Verbundenheit erhalten sollten.

> Anna (3-F-543): Ich wollte gerne, dass unsere Hochzeitsgäste von der Feier was haben zum mit nach Hause nehmen, weil wir haben ja die Geschenke bekommen. Dann bin ich los gegangen und habe lange für gesucht und habe so kleine ähm Fruchtgummi, rote Herzen, gekauft, in so einem Kilosack noch, weil ich's nicht anders gekriegt hab, und habe dann hier noch so Tütchen gefüllt mit Schleifen dran und so. Dann haben nachher unsere Gäste alle – da hab ich auch was zu gesagt zur Begrüßung – hab ich gesagt: „Wir wollen, dass ihr auch was habt, was ihr jetzt mit nach Hause nehmt und wo ihr in ein paar Tagen vielleicht denkt: „Ach, das ist von der Hochzeit letzte Woche" oder, dass nicht nur wir Geschenke haben zum Auspacken oder was haben, das haben wir da auf der Hochzeit bekommen.

Und auch das verhinderte Eindringen von Verwandten in die Wohnung des Paares lässt sich als Ausdruck der familiären Verbundenheit verstehen, weshalb Anna (trotz ihrer Vorbehalte gegen diesen Brauch) über ein Ausbleiben dieses Versuchs enttäuscht gewesen wäre.[213]

In den Erzählungen zu der Zeit nach der Hochzeitsfeier konstruiert das Paar die Trauung als ein in sozialer Hinsicht verbindendes Geschehen: In

---

[212] Vgl. Kap. 4.1.2.4 „Standesamtliche Trauung und Polterabend".

[213] Vgl. Kap. 4.1.2.6 „Die Familienfeier".

den Wochen nach der Hochzeit wurden die Geschenke soweit möglich sorgfältig verwahrt und archiviert.[214] Hochzeitsfotos wurden wiederholt mit verschiedenen Freunden angesehen, so dass die gemeinsame Feier auch im Nachhinein verbindend wirkte (3-F-313).

Die Eheschließung (vom Antrag bis zum Ansehen der Fotos danach) wirkt in den Erzählungen von Anna und Karl wie ein Brennglas, in dem die sozialen Bezüge des Paares gebündelt und aktualisiert wurden. Vieles, was sonst im Alltag teilweise nur latent vorhanden war, wurde in diesem Zusammenhang relevant, wurde bewusst wahrgenommen und gestaltet und war mit konkreten Erwartungen verbunden. Hinsichtlich der sozialen Bindungen spielte die Eheschließung eine zweifache Rolle: Einerseits diente sie der Demonstration sozialer Bindungen nach außen. Das Paar zeigte seine Verbundenheit mit Familie und Freunden (Einladung zur Hochzeit, Geschenke bei der Feier an die Gäste, Annahme von Hilfe in einem sehr privaten Bereich). Anders herum zeigten auch die Freunde und Verwandten durch die Teilnahme am Fest, die Mitarbeit im Vorfeld und beim Polterabend, durch Geschenke und Überraschungen ihre Verbundenheit mit dem Paar.

Neben der Demonstration sozialer Bindungen nach außen spielte aber auch Selbstvergewisserung hinsichtlich der Tragfähigkeit der sozialen Beziehungen eine ambivalente Rolle. Den Beziehungen, die sich im Rahmen der Hochzeit als tragfähig im Sinne der Erfüllung von Erwartungen erwiesen, wird auch im Blick auf die weitere Zukunft ein hohes Maß an Verbindlichkeit zugeschrieben. Zugleich ist die Hochzeit ein Anlass, andere Beziehungen wegen enttäuschender Reaktionen als nicht tragfähig einzustufen.

Ähnlich wie andere Krisensituationen wirkte die Eheschließung bei Anna und Karl also hinsichtlich ihrer sozialen Bindungen wie ein Belastungstest, der überwiegend positive, punktuell jedoch auch negative Resultate zeitigte. Dementsprechend deuten beide ihre Hochzeit rückblickend nicht nur als Fest ihrer Beziehung als Paar, sondern auch als Feier ihrer familiären und freundschaftlichen Bindungen.

IV. 1. 3. 4 *Trauung als Teil des Individuationsprozesses*

Die im Interview geschilderte Beziehungsgeschichte von Anna und Karl lässt sich als Individuationsprozess verstehen, der in ihren Erzählungen vor allem mit einer stärkeren Abgrenzung gegenüber Karls Eltern verbunden ist. Ihre Hochzeit ist in diesem Zusammenhang als zentrale Impulsge-

---

[214] Vgl. 3-F-359 ff. Die von Freunden selbst gestalteten Etiketten auf Weinflaschen wurden beispielsweise beim Öffnen der jeweiligen Flasche fotografiert.

berin eines Prozesses zu deuten, der schon vor der Eheschließung begann und mit der Hochzeit nicht abgeschlossen ist.

In der Interviewerzählung findet der Prozess Niederschlag in verschiedenen Sequenzen, mit denen Anna und Karl Entscheidungssituationen rekonstruieren. So lässt sich ihr gemeinsamer Weg als Paar im Rahmen der Hochzeit charakterisieren als wesentlich durch punktuelle Entscheidungen der Partner bestimmt. Viele dieser Entscheidungen stehen direkt oder indirekt mit der Ablösung von Karls Eltern in Zusammenhang.

Bereits der Entscheidung zur Gründung eines gemeinsamen Hausstands erfolgte bewusst und war (neben pragmatischen Gründen) von einer hohen Verbindlichkeit der Beziehung getragen. Die Wahl des Wohnortes scheint dagegen überwiegend pragmatischen Erwägungen geschuldet. Der Entschluss zur Heirat wird über die Erzählung vom Heiratsantrag am Nordkap als punktuelle Entscheidung rekonstruiert, die von beiden rückblickend als intensivster Moment des Hochzeitsgeschehens wahrgenommen wird.[215]

Die Entscheidung zur Heirat zog eine Reihe weiterer Entscheidungen nach sich: War sich das Paar über die grundsätzliche Inanspruchnahme der kirchlichen Trauung, die Ortswahl für standesamtliche und kirchliche Trauung und die Lokalitäten der anschließenden Feiern schnell einig, so rekonstruieren sie die Wahl des gemeinsamen Nachnamens spannungsvoller. Letztlich war es Anna, die sich an dieser Stelle durchsetzte und durch die Namenswahl eine deutliche Distanz zu Karls Familie markierte.

Der spontane Entschluss, nach der kirchlichen Trauung mit dem Motorradgespann zu fahren, gehört für Anna und Karl zu den Höhepunkten der Hochzeit. Symbolisch verließen sie bereits hier Karls Eltern und setzten sich als Paar an die Spitze ihrer Hochzeitsgäste, während Karls Eltern allein im Auto hinterher fuhren.[216]

Eine Zuspitzung erfährt dieser Prozess in der Entscheidung, aus dem Haus von Karls Eltern und der engen räumlichen Gemeinschaft mit ihnen auszuziehen in eine eigene Immobilie im Nachbarort. Dazu äußert sich Anna am Ende des Interviews im Zusammenhang mit der Frage, ob sich durch die Heirat etwas verändert habe:

> Anna (3-F-900 ff): *(Pause)* Also, ich weiß nicht – das hätte ich vielleicht bis vor einiger Zeit noch gar nicht so gesehen. Aber von heute aus habe ich schon das Gefühl, dass sich noch mehr verändert hat. Weiß nicht, wie ich das sagen soll.

---

[215] Vgl. Kap. 4.1.2.2 „Beziehungsgeschichte und Entscheidung zur Heirat".

[216] Die alttestamentliche Weisung Gen 2,24 (ein Mann wird Vater und Mutter verlassen und seiner Frau anhangen) wird an dieser Stelle geradezu präfiguriert.

(Pause) Also irgendwie ist es mehr so: Hier sind wir - und unser Sohn natürlich - und wir gehen unseren Weg jetzt. Also wir sind so eine Einheit und dann kommt erstmal niemand. Also obwohl wir ja engen Kontakt zu unseren Familien haben, aber so vom Gefühl. Und wir ziehen ja jetzt auch hier aus und so, eigenes Haus in G. *(Nachbarort)*. Und das gab natürlich auch viel Ärger so, also in der letzten Zeit. Mit deinen Eltern. Weil die dachten, wir würden hier bei Ihnen jetzt für immer wohnen bleiben.

Interviewer: Ach so, das haben Sie dann nach der Hochzeit irgendwann entschieden?

Karl: Na ja, wir haben uns da vorher nicht so viele Gedanken gemacht. Und hier war ja alles da, also Wohnung und so, von daher.

Anna: Aber jetzt wollen wir doch gern unser eigenes Heim haben, so. Wo wir einfach tun und machen können, wie wir wollen. Wo uns keiner reinredet. Und dann hat sich das mit dem Haus eigentlich recht schnell ergeben mit einem Mal.

Deutlich wird, dass dieser Umzug in der Wahrnehmung von Anna und Karl (aber auch aus der Sicht von Karls Eltern) eine bewusste Abgrenzung darstellt und mit entsprechenden Konflikten zwischen den Beteiligten verbunden ist. Die räumliche Trennung stellt sich in der Interviewerzählung als vorläufiger Höhepunkt eines bereits länger währenden Individuationsprozesses dar.

Eine wichtige Rolle in diesem Prozess spielt die zwischen Anna und Karl gewachsene Beziehung, die von hoher Verbindlichkeit und dem Gefühl der Zusammengehörigkeit geprägt ist. Ob diese Verbindlichkeit durch die Heirat erst produziert wurde oder im Gegenteil Voraussetzung für den Entschluss zur Eheschließung war, lässt sich nicht klären. Zu vermuten ist jedoch eine Wechselwirkung zwischen Verbindlichkeit und Heirat, die auch nach der Hochzeit anhält und Veränderungen in der biographischen Rekonstruktion erfährt. Diese Prozesshaftigkeit der biographischen Konstruktion reflektiert sich in Annas Worten „Also, ich weiß nicht - das hätte ich vielleicht bis vor einiger Zeit noch gar nicht so gesehen."

Wird die Hochzeit von Anna und Karl als lebensgeschichtlicher Übergang im Sinne einer stärkeren Individuation des Paares rekonstruiert, so lässt sich aus dieser Perspektive auch die beobachtete Relevanz der sozialen Bindungen des Paares[217] deuten. Die durch den Ablösungsprozess ausgelöste Unsicherheit wird durch die Markierung zuverlässiger und vielfältiger sozialer Bindungen kompensiert und im Sinne einer Selbstvergewisserung bearbeitet.

---

[217] Vgl. Kap. 4.1.3.3 „Soziale Bindungen im Spannungsfeld der Eheschließung".

In dieser Hinsicht sind schließlich die Deutungen einzelner Elemente der kirchlichen Trauung zu analysieren:

Einzug: Die gewählte Variante ist grundsätzlich als Rezeption der lokalen Tradition zu verstehen, lässt sich darüber hinaus jedoch auch als Inszenierung der durch die Heirat konstituierten Einheit des Paares gegenüber Verwandten und Freunden verstehen. In Annas Worten:

> Anna (3-F-900): Hier sind wir – und unser Sohn natürlich – und wir gehen unseren Weg jetzt.

Diesen Weg begannen Anna und Karl im Haus von Annas Eltern und beschritten ihn an der Spitze der Hochzeitsgesellschaft, bestimmten symbolisch Richtung und Geschwindigkeit[218] und zogen in die noch menschenleere Kirche ein.

Wahrnehmungen und Konstellationen im Raum:
Die Auswahl des Kirchenraumes war grundsätzlich durch biographische Gründe bestimmt. Das Gebäude repräsentierte den Heimatort der Braut und rief zugleich Erinnerungen an Besuche eben dieser Kirche mit dem Kindergarten und in der Konfirmandenzeit wach. Zusätzlich nennen Anna und Karl auch atmosphärische Gründe, die bei der Auswahl des Raumes eine Rolle spielten.

> Anna (3-F-116): Die Kirche ist so eine, so ein alter Bau, wie für mich auch Kirche ist. Moderne Kirchen mag ich eigentlich nicht so gerne. Ähm, schon allein dieses, dieser Raum hat ja immer irgendwie etwas Besonderes. Das ist heute noch so, dass wenn ich in moderne Kirchen reingehe, denke: „Na gut, Kirche." Aber bei diesen alten Kirchenbauten ist das immer noch anders, so vom Gefühl her.

Obwohl Anna der Kirchenraum also seit ihrer Kindheit bekannt war, sind die von ihr geschilderten Raumwahrnehmungen während des Traugottesdienstes mehrheitlich nicht durch das Gefühl der Vertrautheit, sondern durch eine der Situation geschuldete Fremdheit geprägt. Das zentrale Element der Wahrnehmung ist der Altar, auf den das Paar wiederholt zu sprechen kommt:

> Anna (3-F-786): Man – in G. geht man ja von vorn – in den Turm rein, von der Seite, muss man so eine viertel Drehung rechts machen und dann sieht man ja schon von weitem paar Stufen, kann man ja schon den Altar sehen und das war schon da so sehr – leere Kirche, ehrfurchtsvoll hätte ich beinahe gesagt.
> Karl: Sehr festlich habe ich das empfunden so.

[218] In 3-F-157 erzählt Anna, dass Karls Eltern am Schluss des Zuges gingen und über das vom Brautpaar eingeschlagene Tempo schimpften.

Anna (3-F-125): Nein, das ist hier ein Bild, ähm wo wir, weil als Brautpaar sitzt man ja näher zum Altar als sonst.
Interviewer: Ja, ja.
Anna: Und man sitzt ja auch mit dem Rücken zur Gemeinde so irgendwie und ähm, das war schon irgendwie, so hab ich da, werde ich da glaube ich nie wieder so sitzen. Wir haben dann zur Taufe von unserem Kind, steht man auch und dreht sich zur Gemeinde als äh. Was war denn da noch? Na, jedenfalls guckt man immer, aber man sitzt nie mit dem Rücken zur Gemeinde und hat dieses, dieses Bild.

Die räumliche Nähe zum Altar und die optische (und innere) Absonderung von den Gästen bedingten sich gegenseitig und waren wahrnehmungsleitend für das weitere Erleben des Traugottesdienstes, das von starker Fokussierung auf den Altar und den dort agierenden Pfarrer gekennzeichnet war. Annas Ge-brauch des Wortes „ehrfurchtsvoll" und die Betonung der Nähe zum Altar macht zudem deutlich, dass für die eigene Wahrnehmung im Raum weniger das Bedürfnis nach Selbstdarstellung als religiöse Aspekte eine Rolle spielten.[219]

Bemerkenswert ist hier die (vom Brautpaar im Vorfeld der Trauung festgelegte) Positionierung einer Videokamera schräg hinter dem Altar, die das Paar während des gesamten Gottesdienstes aus der Perspektive des Pfarrers filmte und im übertragenen Sinne beinahe an die Stelle eines allwissenden Gottes trat. Dementsprechend spielt in der Interviewerzählung das Motiv der (Selbst-) Kontrolle im Zusammenhang mit der medialen Dokumentation und der Konstellation im Raum eine wichtige Rolle. Das Bedürfnis, sich zu Beginn des Traugottesdienstes umzudrehen und die anwesende Gemeinde anzusehen, wurde von Anna und Karl als situationsinadäquat empfunden und unterdrückt.[220] Wurde also in der retrospektiven Selbstwahrnehmung zu diesem Zeitpunkt eher das Brautpaar kontrolliert, konnte es in der späteren Rekonstruktion der kirchlichen Trauung mittels des entstandenen Films vermehrt selbst die Kontrolle übernehmen:

Anna (3-F-131): [...] und dann haben wir hinterher dies Video angeguckt und haben festgestellt, was da so hinter uns passiert ist.

---

[219] Vgl. auch Kap. 4.1.3.2 „Unter Gottes Schutz – Deutungen der kirchlichen Trauung".

[220] Mehrfach betont Anna die Position „mit dem Rücken zur Gemeinde" als außeralltägliche Raumerfahrung (3-F-127) und beschreibt die Versuchung, sich umzudrehen. Ihre Selbstkontrolle spiegelt sich in der rhetorischen Frage „Tut man das?" (3-F-135). Ihre emotionale Wahrnehmung der Gemeinde hinter ihnen oszilliert zwischen dem positiven Gefühl, den Rücken gestärkt zu bekommen, und dem bedrückenden Eindruck, jemand säße ihnen im Nacken.

Die in der Interviewerzählung rekonstruierte Raumkonstellation lässt sich also als überwiegend frontal-lineare beschreiben (vorn Altar und Kamera/Pfarrer und Gott, direkt gegenüber das Brautpaar, im Rücken des Paares die Gemeinde) und korrespondiert mit der Deutung des Segens als Zentrum des Traugottesdienstes und dem Verständnis des Segens als vorwiegend horizontales Geschehen.[221] Anklänge an diese lineare Raumkonstellation finden sich auch in den Rekonstruktionen des Hinwegs zur Kirche und der Fahrt im Konvoi nach der Trauung.

Das *Trauversprechen* spielt in den Interviewerzählungen keine prominente Rolle, sondern rückt zugunsten des Segens in den Hintergrund.[222] Offensichtlich ist in der Wahrnehmung des Paares mit der Gründung eines gemeinsamen Hausstandes und dem Entschluss zur Heirat bereits ein hohes Maß an Verbindlichkeit erreicht. Diese innere und äußere Selbstfestlegung war nicht nur faktisch bereits vollzogen, sondern wurde auch von Anna und Karl sehr bewusst wahrgenommen und begangen und verlangte möglicherweise deshalb nicht nach stärkerer Betonung.

Zusätzlich mögen aber auch lebensstilspezifische Gründe für die geringe Relevanz des Trauversprechens verantwortlich sein. Im Umfeld des Paares spielt die relativ ungebrochene Orientierung an gesellschaftlichen Traditionen und Erwartungen eine wichtige Rolle,[223] so dass die im Trauversprechen öffentlich inszenierte Selbstfestlegung weniger als Ausschluss zahlreicher alternativer Optionen, sondern eher als weiterer Schritt auf dem vorgezeichneten Lebensweg empfunden wurde und auch deshalb in der rückblickenden Deutung der eigenen Trauung nicht im Vordergrund steht.[224]

IV. 2 Rita und Heinrich

IV. 2. 1 Zur Interviewsituation

Wir treffen uns nachmittags in der kleinen Eigentumswohnung des Paares in einem ruhigen, städtischen Wohngebiet. Der Tisch ist beinahe wie zu einer Geburtstagsfeier gedeckt, Kaffee und Tee sind bereits vorbereitet, Kuchen wird aufgetragen. Rita ist zur Zeit des Interviews 57 Jahre alt,

---

[221] Vgl. Kap. 4.1.3.2 „Unter Gottes Schutz - Deutungen der kirchlichen Trauung".

[222] Vgl. zur Rolle des Segens Kap. 4.1.3.2 „Unter Gottes Schutz - Deutungen der kirchlichen Trauung".

[223] Vgl. Kap. 4.1.3.1 „Konvention und individuelle Gestaltung".

[224] Vgl. Kap. 5.5 „Deutungen der kirchlichen Trauung - Versprechen und Segen".

Heinrich 70. Beide sind neugierig auf meine Fragen und merklich gerne bereit, von ihrer Hochzeit zu erzählen. Das Gespräch verläuft in großer Ruhe und gesammelter Atmosphäre.

Wiederholt bieten sie mir nach dem Interview an, auch die (dreistündige) DVD mit Aufnahmen der Trauung und der Feier anzusehen oder wenigstens die schriftlich vorliegende Traupredigt zu studieren. Beides lehne ich aus Gründen der Vergleichbarkeit mit den anderen Interviews ab. Herzlich und fröhlich verabschieden wir uns etwa zwei Stunden später wieder voneinander.

IV. 2. 2 Rekonstruktion der Erzählungen aus der Sicht des Paares

IV. 2. 2. 1 *Herkunft, religiöse Sozialisation und Lebensstil*

Rita wurde in Polen geboren und kam im Alter von zwölf Jahren mit ihrer Mutter nach Deutschland. Ihr Vater arbeitete als Tischler und starb bereits vor ihrer Geburt, ihre Mutter verdiente als Arbeiterin den Lebensunterhalt der Familie. Rita beendete die Schule nach der mittleren Reife und wurde zur Sozialversicherungsfachangestellten ausgebildet. Sie ist verwitwet, Mutter eines erwachsenen Sohnes und arbeitet gegenwärtig in der Gehaltsabrechnung einer Versicherung.

Heinrich ließ sich nach der mittleren Reife zum Fernmeldemechaniker ausbilden und begann im Alter von 20 Jahren eine Laufbahn als Berufsoffizier bei der Bundeswehr. Nebenberuflich war der Witwer bis zu seiner Pensionierung vor drei Jahren politisch tätig als Abgeordneter des niedersächsischen Landtags. Zahlreiche Ehrenämter in der Kommunalpolitik nimmt er jedoch auch zum Zeitpunkt des Interviews noch wahr.

Bei beiden spielt im Prozess der religiösen Sozialisation die katholische Kirche eine prägende Rolle: Ritas Erinnerungen an kirchliches Leben in ihrer Kindheit beziehen sich fast ausschließlich auf die katholische Kirche, da die evangelische Kirche in den 1950er Jahren in Polen für sie kaum wahrnehmbar war. Als Kind war sie fasziniert von dem Besuch eines Bischofs in ihrem Heimatort und nahm in der Folge regelmäßig an den Bestattungen im Ort teil. Fragen nach dem Ende des Lebens und dem Jenseits gewannen in dieser Zeit (bedingt auch durch eine schwere Erkrankung der Mutter) eine hohe Relevanz für Rita. Als Jugendliche pflegte sie nach der Konfirmation zeitweise einen engen Kontakt zu der Kirchengemeinde ihres Wohnortes und bereitete regelmäßig mit einer Gruppe Jugendgottesdienste vor.

Heinrich wuchs als Kind katholischer Eltern in einem volkskirchlich geprägten Umfeld auf und war bis zur Bundeswehrzeit Mitglied der katholischen Kirche. Als Kind beeindruckte ihn die strenge Reglementierung der Gottesdienstvorbereitungen und des liturgischen Ablaufs, den er im Rahmen der Kommunionsvorbereitung näher kennen lernte. In der Zeit als junger Berufssoldat gewann jedoch die evangelische Kirche (repräsentiert durch die Person des evangelischen Standortpfarrers und die von ihm gestalteten Rüstzeiten) an Attraktivität gegenüber der katholischen Kirche. Heinrich entschloss sich zur Konvertierung und ist seitdem Mitglied der evangelischen Kirche.

Die im ersten Teil des Interviews erfragten biographischen Daten und Präferenzen der Freizeitgestaltung legen (flankiert vom Lebensalter und Bildungsniveau) eine grundsätzliche Einordnung des Paares in die Gruppe des gesellig-traditionsorientierten Lebensstils nahe, in der sich die Vorliebe für Geselligkeit und Pflege von Nachbarschaftskontakten (nicht zuletzt im gepachteten Kleingarten) mit einer ausgeprägten traditionell-normativen Orientierung verbinden. Spaziergänge und Gartenarbeit gehören ebenso wie Besuche von Verwandten und Freunden zu den bevorzugten Tätigkeiten in der Freizeit. Heinrichs politische Tätigkeit in der CDU-Fraktion des Landtags und die damit verbundenen Sozialkontakte und kulturellen Aktivitäten lassen daneben Anklänge an einen eher hochkulturell-traditionsorientierten Lebensstil erkennen. Der Besuch von klassischen Konzerten und Theateraufführungen wird von beiden überdurchschnittlich hoch bewertet, das Motiv „hohes gesellschaftliches Ansehen haben“ spielt bei Heinrich für die eigene Lebensführung eine wichtige Rolle.

Die in den Interviewäußerungen erkennbare Relevanz der Kirchenmitgliedschaft ist bestimmt durch die hohe Bedeutung traditionsgebundener Formen des sozialen Zugangs zur Kirche, besonders die diakonische Arbeit und die Kasualien werden geschätzt. Gottesdienste besucht das Paar nach eigenen Angaben selten, regelmäßig jedoch an hohen kirchlichen Feiertagen und im Urlaub. Weitere kirchliche Angebote spielen faktisch keine Rolle, zu konstatieren ist jedoch eine ideelle Orientierung und Bindung an die Ortsgemeinde. Christlich-religiöse Vorstellungen werden im Sinne einer selbstverständlichen Konvention geteilt, aber auch im Blick auf die eigene Biographie reflektiert.

Hinsichtlich des Zugangs zur kirchlichen Trauung ist aufgrund dieser Gegebenheiten zu erwarten, dass Rita und Heinrich sie einerseits als selbstverständlichen Bestandteil ihrer Hochzeit in Anspruch nahmen, andererseits durch den lebensgeschichtlich relativ späten Zeitpunkt der Heirat zu individuell spezifischen Sinndeutungen veranlasst werden, die retrospektiv nicht zuletzt die jeweiligen Erfahrungen mit den ersten Ehepartnern integrieren. Ob darüber hinaus auch die Sozialisation in einem katholischen Umfeld eine Rolle spielt, ist insbesondere im Blick auf das Eheverständnis, die Rolle des Pfarrers und den Vollzug des Rituals zu analysieren.

IV. 2. 2. 2 *Erfahrungen mit den ersten Ehepartnern*

Rita und Heinrich fühlen sich durch den partiell ähnlichen Verlauf ihrer Lebenswege miteinander verbunden. Beide waren bereits einmal verheiratet, beide pflegten den schwer erkrankten Ehepartner über Jahre bis zum Tod, beide erlebten diese Jahre als schweres Schicksal.

> Heinrich (4-M-307): Und wir hatten ja auch äh beide mit unseren ersten Partnern äh unwahrscheinliche Probleme, gesundheitliche Probleme, wir sind ja beide Witwen, sie Witwe, ich Witwer gewesen und äh sie hatte äh lange, lange Zeit äh unter der schweren Krankheit ihres Mannes zu leiden. Bei mir war das Gleiche, meine Frau, die also sehr, sehr schwer erkrankt war und äh während das bei mir vielleicht ein klein wenig erschwerend hinzukam, meine Frau hatte Alzheimer, in sehr jungen Jahren noch und äh, dann die Pflege zu Hause, das ist natürlich äußerst schwierig dabei, ne.

Übereinstimmend beschreiben beide zudem, dass ihnen der Glaube an Gott die notwendige Kraft für die Pflege des Ehepartners gegeben habe:

> Heinrich (4-M-1087): Ja, ich kann genau das Gleiche sagen. Äh es ist – man kann ja zwei Sachen sehen. Einmal man kann sagen: „Lieber Gott, du hast mich im Stich gelassen, ich will nichts mehr von dir wissen“ oder man sagt, äh wie meine Frau das eben ausgedrückt hat: „Du weißt, was du machst, es ist zwar nicht erklärbar“ und durch das stetige Zwiegespräch äh mit Gott, wird man also so gefestigt, dass man also äh Kraft daraus sammelt. Jedenfalls war's bei mir so. Äh, als die – na, das letzte, das gute letzte Jahr der Krankheit meiner Frau, wo sie also nur noch mich erkannte, äh nicht bettlägerig war, aber ich musste sie wickeln, windeln und so weiter, das war ein grauenhaftes Jahr und ich wünsche das meinem schlimmsten Feind nicht, dass er so was mitmacht. Aber *(Räuspern)* ich hab's durchgehalten und manchmal frage ich mich wie, aber das wird wahrscheinlich so sein, dass der liebe Gott ein Einsehen hatte, dass das einigermaßen so abgelaufen ist, dass man also nicht selbst gesundheitlich in Mitleidenschaft gezogen war.

Das Gefühl, die schwerste Erfahrung des eigenen Lebens mit einem anderen Menschen teilen zu können, spielte für den gemeinsamen Weg von Rita und Heinrich eine wichtige Rolle und beeinflusste zudem – wie sich zeigen wird – maßgeblich ihren Entschluss zu heiraten.

IV. 2. 2. 3 *Beziehungsgeschichte und Entscheidung zur Heirat*

Beide lernten sich etwa zwei Jahre nach dem Tod ihrer ersten Ehepartner über eine Bekanntschaftsanzeige kennen, die Heinrich in der Zeitung aufgegeben hatte. Auch Rita war damals auf der Suche nach neuen Kontakten:

> Rita (4-F-319): Also, ich war alleine, habe einen großen Bekanntenkreis, alles Ehepaare, das ist auch immer wunderbar und ganz schön. Aber dann suchte ich mal eine Freundin, mit der ich mal auch was unternehmen konnte, wenn man alleine war. Und ich habe festgestellt, dass Frauen in meinem Alter, die

> damals noch 40 waren, die alleine waren, die meisten waren nicht mehr ganz in Ordnung. Ich will das nicht so ganz negativ sagen, aber die eine hatte eine Katze, musste nach Hause, die andere hatte Frust vor den Männern und so ein Theater. Dann bin ich wieder mal sonntags um fünf zu Hause gewesen und dann habe ich mir den Stapel Zeitungen geholt und habe von vier Wochenenden äh mir immer eine rausgesucht.

Schnell entwickelte sich nach der ersten postalischen Kontaktaufnahme und einem unverbindlichen Treffen im Cafe eine enge, verbindliche Beziehung zwischen beiden.

> Heinrich (4-M-344): Und, na ja, dann eine Woche später, da waren immer noch viele Veranstaltungen, Freunde waren, hatten Geburtstag.
> Rita: Peter wurde 60.
> Heinrich: Peter hatte Geburtstag, Lorenz hatte Geburtstag und so ging das hintereinander und dann hatte ich schon eine kleine Gartenparty geplant, dann ist sie auch gleich mit, hat dann auch kräftig mit vorbereitet. Ja, das ging also ohne Verzögerung gleich eben [...]
> Interviewer: Sie haben sie gleich einbezogen.
> Rita: Viel wurde ja auch gesagt, wenn jetzt die Gäste kommen, ob wir uns denn nicht duzen wollten, wir haben uns ja sogar noch gesiezt *(Lachen)*, aber hier bei Peter war das, war das alles nur so noch, so frei war, sage ich mal, ohne jetzt irgendwie den Gedanken, dass das jetzt eine Beziehung fürs Leben werden kann, ne.
> Interviewer: Ja.
> Rita: Überhaupt nicht, aber na ja, das ging dann eigentlich ruckzuck, dann sind wir im Oktober in Urlaub gefahren, danach, ja und ein Jahr später bist du eingezogen hier.

Die Entscheidung für eine gemeinsame Wohnung wird pragmatisch mit der Einsparung von Mietzahlungen für Heinrichs Dienstwohnung begründet. Rita besaß eine selbst genutzte Eigentumswohnung, die geräumig genug für beide erschien. Zunächst jedoch wohnte noch Ritas Sohn mit dort, so dass Heinrichs Einzug sich verzögerte.

> Rita (4-F-365): Mein Sohn kam gerade wieder aus Köln zurück und Bonn. Die Beziehung, die er da hatte, die hat – beide haben da studiert und das ist in die Brüche gegangen und dann kam er wieder nach H. Dann hat er ein halbes Jahr hier gewohnt und dann hat er sich dann wieder eine Wohnung genommen, na ja, das war dann die Zeit, inzwischen ist er ja schon fünf Jahre verheiratet.

Strukturell ähnlich wird auch der Entschluss zur Heirat rekonstruiert: Während die emotionalen Voraussetzungen für eine Eheschließung nach kurzer Zeit des Zusammenlebens bereits vorlagen, mussten die äußeren Bedingungen erst noch geschaffen werden. Wieder spielte hierbei auch Ritas Sohn eine Rolle.

Hinsichtlich der emotionalen Voraussetzungen für die Heirat nennt vor allem Rita wiederholt das feste Vertrauen zueinander. Heinrich stimmt dem zu, ohne jedoch den Sachverhalt in ähnlicher Weise zu betonen oder initiativ in die Erzählung einzubringen.

> Rita (4-F-298): Nein. Ich muss sagen, wir sind beide seit '99 zusammen und ähm, mein Mann ist wirklich ein Typ, wo man also wirklich dann sagen kann: „Gut, auf den kannst du dich wirklich verlassen." Es gibt ja alles, es gibt himmelhoch jauchzend und wunderbar, und wenn es dann Probleme gibt - und ich hatte mit meinem Sohn schon manchmal Probleme gehabt, also andere Dinge, nicht dass er jetzt irgendwie negativ oder schlecht ist, sondern wirtschaftlich oder beruflich oder irgendwelche Dinge - und wenn man dann jemanden hat, worauf man sich verlassen kann und nicht nur allein dasteht, dann ist das für mich ein Vertrauen.
> Interviewer: Ja.
> Rita: Und wenn dieses Vertrauen da ist, dann kann man auch heiraten, finde ich, sage ich mal einfach. Ich würde also nie heiraten, äh nur um einen Mann zu haben, wenn ich nicht dieses urgrundtiefe Vertrauen hätte.

In ökonomischer Hinsicht verbanden sich mit einer erneuten Heirat für beide durchaus ungünstige Veränderungen, nämlich der Wegfall der Rentenzahlungen für den verstorbenen Ehepartner. Auf diese finanzielle Einbuße wollte sich Rita nicht sofort einlassen:

> Rita (4-F-382): Ja, die Gründe, die, würde ich sagen, warum wir solange nicht geheiratet haben, hängt damit zusammen, dass mein Sohn studiert hat und dass ich meine Witwenrente, also auch für ihn gebraucht habe - sage ich mal so. Ich hab mir immer gesagt: Für mein Kind sorge ich selber. Wenn andere was dazu geben, ist das okay, aber erstmal so ist das meine Aufgabe - sage ich mal. Und als das dann erledigt war, sage ich: „Jetzt kann ich auch heiraten." Jetzt bin ich ja nicht mehr so abhängig, sage ich mal, dass ich den so hab.

Neben dem rein finanziellen Aspekt spielte für Ritas Entscheidung jedoch auch die Angst vor Konflikten, die sich aufgrund der finanziellen Abhängigkeit ihres Sohnes zwischen ihr und Heinrich entwickeln könnten, eine Rolle.

> Rita (4-F-683): Ich hab das auch früher erlebt, das kam vielleicht noch ein bisschen dazu, hat jetzt nichts mit dir zu tun, aber im Freundeskreis bei Inge und bei anderen, die lebten dann zusammen, dann waren das „meine Kinder, deine Kinder", gut, das Problem haben wir nicht, wir haben nur ein Kind - sage ich mal, das ist mein Sohn, aber diese Auseinandersetzung, diese Hackerei, der kriegt das, der kriegt jenes oder ist zuviel und da habe ich gesagt: „Um Gottes Willen, ich nicht, so was will ich nicht haben." Da kann man schon von vorneherein - sage ich mal - Schwierigkeiten ausschalten. Das wollte ich einfach nicht. Ich hab das also erlebt und das war schlimm manchmal, ne.
> Interviewer: Hehem.

Rita: Oh, dein Sohn und mein Sohn, und wir haben noch einen im Bekanntenkreis, da ist genau dasselbe, der Sohn, der wird als Idiot bezeichnet und äh ja, ist schlimm. Wenn die Mutter mal was rüber gibt oder irgendwas macht. Bei Margot ist es ja auch so, ne.

Erst als Ritas Sohn sein Studium beendet hatte, stand der Heirat auch in ihrem Empfinden nichts mehr im Weg. Als Grund für die Eheschließung nennen beide übereinstimmend die rechtliche Absicherung im Fall von Krankheit, Pflegebedürftigkeit oder Tod und nehmen wiederholt explizit Bezug auf ihre Erfahrungen mit den ersten Ehepartnern.

Heinrich (4-M-409): Und wie gesagt, die rechtlichen Voraussetzungen dabei äh haben auch eine wichtige Rolle gespielt, dass man also [...]
Rita: Mehr Entscheidungs- ähm -freiheit für den anderen hat.
Heinrich: Ja.
Interviewer: Hehem.
Rita: Das ist eben auch sehr wichtig.
Interviewer: Ja.
Rita: Haben wir beide erlebt und das ist ganz wichtig, dass man nicht erst irgendwelche Belege, Formulare und was weiß ich noch was bringen muss, um dann für jemanden entscheiden zu können, wenn ich weiß, was er wollte oder was er will, sage ich mal, ne.
Interviewer: Hehem, hehem.
Rita: Das, denke ich, ist auch schon ein Faktor.
Heinrich: Leider hat man das Negative mit Behörden ja immer mitgemacht, ne.

Neben der rechtlichen Absicherung der Beziehung war auch die gesellschaftliche Konvention relevant für die Heirat. Personifiziert werden die verinnerlichten Konventionen in Ritas Erzählung über ihre Nachbarn:

Rita (4-F-382): [...] Also wir haben uns – ein kleines Beispiel: Nachbarn hier drüben, die sind Zeugen Jehovas, im anderen Haus nebenan, und akzeptieren das nun auch überhaupt nicht und selbst die Mutter sagt zu mir: Also äh, die mögen mich trotzdem, obwohl ich in wilder Ehe gelebt habe, sage ich mal, weil ich mich um Opa kümmerte und weil ich eben auch christlich eingestellt bin, auch wenn ich nicht ihren Glauben habe oder so, aber das waren immer so meine Gründe, dass Heirat, wenn man zusammen ist und sich dafür entschieden hat, [...]

Spielten also vordergründig Motive der juristischen Sicherheit und der sozialen Opportunität entscheidende Rollen für den Entschluss zur Eheschließung, so betonen Rita und Heinrich in anderen Sequenzen nachdrücklich einen religiösen Sinn der kirchlichen Trauung als primäre Motivation zur Heirat.

Heinrich (4-M-315): Für uns war das Wichtigste ja die, äh, der kirchliche Segen für unsere Hochzeit, das war das „A“ und „O“.

Bei der näheren Planung des Hochzeitsfestes bemerkte das Paar, dass Heinrich an einem Samstag im Oktober des Jahres 70 Jahre alt werden würde und entschloss sich, diesen Tag als Termin für die kirchliche Trauung zu wählen.

IV. 2. 2. 4 *Standesamtliche Trauung*

Obwohl die rechtliche Absicherung als primärer Heiratsgrund eine hohe Relevanz der standesamtlichen Trauung nahe zu legen scheint, spielt das Geschehen im Standesamt und die anschließende Feier im Verlauf des Interviews nur eine untergeordnete Rolle und wird überwiegend als Kontrast zur kirchlichen Trauung und als deren notwendige Voraussetzung thematisiert.[225]

Standesamtliche und kirchliche Trauung an einem Tag zu feiern, zog das Paar zwar in Erwägung, entschied sich aber im Laufe der weiteren Hochzeitsplanungen für einen terminlich anders strukturierten Ablauf, um den Tag der kirchlichen Trauung nicht zu überfrachten. So fand die standesamtliche Trauung zwei Wochen vor der kirchlichen im nächst gelegenen Standesamt statt.

Positiv empfanden beide das Auftreten der Standesbeamtin und die Bezugnahme auf das Alter des Brautpaares in ihrer kurzen Ansprache:

> Heinrich (4-M-563): Die Standesbeamtin, eine junge Dame, hat es aber sehr gut gemacht, hat vorher noch gefragt, ob wir, ob sie etwas sagen könnte, ob wir das wünschen oder nicht und dann haben wir gesagt: „Ja, selbstverständlich." Und dann hat sie also im, den – also, das, was sie über eine Ehe und eine Trauung denkt, gesagt, sehr gut gemacht. Also daher muss ich sagen: „Alle Achtung, auch ganz junge Leute äh haben noch etwas Stil."
> Rita: Ja, sie hatte sich ja auch Gedanken drüber gemacht.
> Interviewer: Ja.
> Rita: Sie sagte auch: „Mensch," sagte sie „sie haben ja auch viel mehr Lebenserfahrung als ich, was soll ich eigentlich erzählen?" Hat sie so angefangen, fand ich ja auch gut, aber sie sagt immer Dinge, die eben für alle gelten, ne, und das war dann okay, ne.

Rückblickend bewerten Rita und Heinrich die standesamtliche Trauung als Verwaltungsakt, der zwar notwendiger Bestandteil der Heirat, nicht jedoch mit starker innerlicher und emotionaler Beteiligung verbunden war.[226] Diese Einordnung rekonstruiert das Paar analog zu den eigenen Erwartungen im Vorfeld der Heirat. Im Blick auf die bevorstehende größere Feier

---

[225] Vgl. Kap. 5.3 „Deutungen des Verhältnisses von standesamtlicher und kirchlicher Trauung".

[226] Vgl. Kap. 5.3.2 „Die standesamtliche Trauung – Muster der Rekonstruktion".

der kirchlichen Trauung und der relativ geringeren Wertschätzung des Anlasses entsprechend entschieden Rita und Heinrich sich für eine Begrenzung der zur standesamtlichen Trauung geladenen Gäste auf den engsten Familienkreis und wenige Freunde. Mit dieser Gesellschaft feierten sie anschließend in einem nahe gelegenen Restaurant.

IV. 2. 2. 5 *Kirchliche Trauung: Traugespräch und Gottesdienst*

Sowohl bei der Auswahl des Kirchenraumes als auch des Pfarrers sind Anknüpfungen an Ritas Biographie leitend. Heinrich stimmte jeweils aufgrund eines positiven Eindrucks zu.

> Rita (4-F-714): Also, ich denke, Heinrich hat damit jetzt weniger zu tun, der hatte einen ganz anderen Bereich, wo er herkommt. Aber für mich war die Kirche hier *(Wohnort des Paares)* ja auch meine Jugend.
> Interviewer: Ehem.
> Rita: Sage ich jetzt mal.
> Interviewer: Ja.
> Rita: Ich bin hier konfirmiert, ich hab meine Jugend hier verbracht, ich habe hier in dem Gottesdienst mitgemacht, ich war – hab immer Erzengel Gabriel gespielt. Also für mich hat die Kirche schon eine Beziehung, sage ich mal.

Auch zu dem Pfarrer, der das Paar traute, stand Rita bereits in intensivem Kontakt, hatte er doch ihren Sohn konfirmiert und getraut sowie ihren ersten Ehemann und ihre Mutter beerdigt. Das aus diesen Begegnungen gewachsene Vertrauen bestimmte für Rita auch die Atmosphäre des Traugesprächs:

> Rita (4-F-812): Er kennt mich, kennt unsere Geschichte und da muss man nicht mehr so viel sagen, sage ich mal.
> Interviewer: Ja, ja, ja.
> Rita: Das sind jetzt nicht so die Gespräche, als wenn man wildfremd vor jemanden steht und Sie wissen nichts von meiner Vergangenheit, aber hier ist etwas, wo er von unserer Vergangenheit wusste.
> Interviewer: Ja, ja, ja.
> Rita: Er war – mein Mann starb, mein Mann hatte ihn auch angerufen vorher, er war dann bei meiner Mutter und also das sind eigentlich Dinge, die uns jahrelang begleitet haben.
> Interviewer: Ja, ja, ehem.
> Rita: Hinterher.
> Interviewer: Wo dann auch ein tieferes Verständnis [...]
> Rita: So ist es.
> Interviewer: [...] da ist, ne.
> Rita: Ja, ja,
> Interviewer: Ja.
> Rita: Ohne, dass man jetzt alles auf den Tisch legen muss oder so, [...].
> Interviewer: Hehem, genau, ja.

Rita: [...] wenn man – ist einfach – er weiß halt einiges schon, sage ich mal, hehem.

Das Traugespräch fand in der Wohnung des Paares statt, dauerte beinahe drei Stunden und wurde von Rita und Heinrich als angenehm und amüsant empfunden. Breiten Raum nahm dabei das Interesse des Pfarrers für Heinrichs Lebensgeschichte ein, insbesondere die Verbindung von ehrenamtlichem sozialem Engagement und Zugehörigkeit zur Bundeswehr verblüffte und faszinierte den Pfarrer. Der geplante Ablauf des Traugottesdienstes, der von Rita ausgewählte Trauspruch und die Auswahl der Musik wurden dagegen nur relativ kurz besprochen. Einzig im Zusammenhang mit der Formulierung der Traufragen ergab sich eine Besonderheit:[227]

Rita (4-F-773): Ja, also dazu muss man wissen: Pastor Patt ist ja auch einmal geschieden.
Interviewer: Aha.
Rita: Der ist einmal geschieden und dieses Wort, er hatte uns nur gefragt gehabt, ob wir: „Bis dass der Tod euch scheidet," ob er das ändern könnte in das: „Was Gott verbindet, soll der Mensch nicht trennen", so ungefähr.
Heinrich: Diesen Wortlaut, ja.
Rita: Und ich denke, das ist heute ein Spruch, der für unsere Menschen oder für unsere Situation jetzt da schon treffend ist. Wenn ich auch der Meinung bin, wenn ich ein „Ja" sage vor Gott, dass es schon ein Leben lang halten soll, aber die Geschichte sieht ja anders aus oder sagen wir mal der Tagesablauf.
Interviewer: Die Statistik sagt was anderes.
Rita: Sagt was anderes, insofern habe ich gesagt: „Ist okay, da bin ich auch mit einverstanden mit", ne. „Was Gott zusammengefügt hat, soll der Mensch nicht trennen oder scheiden."
Heinrich: Diesen Wortlaut statt äh [...]
Interviewer: Also das hat er vorgeschlagen, dass er das sagt statt: [...]
Rita: Hat er vorgeschlagen.
Interviewer: [...] „Bis dass der Tod euch scheidet."
Rita: Genau. Wahrscheinlich aus seiner eigenen Situation heraus, weil das so passiert ist, ne.
Interviewer: Ja, ja.
Rita: Und ähm dann habe ich gesagt: „Okay, wenn man darüber nachdenkt, ist es ja auch so." Ich meine, auch wenn man vor der Kirche heiratet, wir haben ja nicht das Sakrament in dem Sinne wie ihr jetzt: „Für immer," aber ähm.
Interviewer: Ja, obwohl ja von dem, was Sie mir jetzt im Vorfeld äh erzählt haben, Sie – würde ich mal raten – durchaus die Formulierung: „Bis dass der Tod uns scheidet" auch [...]
Rita: Angenommen, ganz genau.
Interviewer: [...] annehmen können, ne?

---

[227] Vgl. Kap. 5.5.3.2 „Empirische Wahrnehmungen zur Gestaltung des Versprechens".

Rita: Nee, genau, angenommen, das ist klar, aber er hatte das halt eben als Wunsch gehabt, und ich sag mir, das wurde auch akzeptiert.
Heinrich: Er hat zwar nicht betont äh aufgrund seiner Scheidung, sondern er hat nur gefragt äh: „Dieser Wortlaut äh würde ich ihnen vorschlagen, statt diesem Wortlaut“, und da haben wir gesagt: „Ist in Ordnung.“

Die detaillierten Erzählungen vom Tag der kirchlichen Trauung setzen mit der Ankunft in der Kirche ein, zu vorangehenden Vorbereitungen oder möglichen Aufregungen äußern sich beide im Interview kaum. Übereinstimmend beschreiben Rita und Heinrich ihre Stimmung während des Gottesdienstes primär als aufgeregt, was sie rückblickend angesichts ihres fortgeschrittenen Alters und ihrer Lebenserfahrung überrascht.

Rita (4-F-888): Ich sag ihnen: Gerade in dem Moment als man die Kirche betrat, früher war das eigentlich gar nicht so, ja die Verwandten waren jetzt hier und es war noch so als ob wir eine Feier machten einfach so, aber in dem Moment, als man die Kirche betrat, denn war das was anderes, es war irgendwie – ja.

Den Moment des Einzugs in die Kirche (das Paar zieht gemeinsam ein, der Pfarrer erwartet sie am Altar stehend) nennt Rita auch spontan als ersten Eindruck, der ihr von der Trauung in Erinnerung geblieben ist:[228]

Rita (4-F-175): Da ist es so richtig bewusst geworden, ähm, dass das da jetzt also ein Akt ist, den wir da wirklich vollziehen, also Standesamt war's ja gar nicht so, aber die Kirche, dass die Freunde gewartet haben, wir kamen da rein irgendwie, das war schon ergreifend, fand ich schön, ja. Das war für mich also eigentlich, glaube ich, der erste Moment so, den man so hatte, ne.

Mehrfach erzählt Heinrich von der (für ihn überraschenden) Würdigung seines Geburtstages während des Traugottesdienstes: Der Pfarrer forderte die Gemeinde vor den Traufragen auf, „Happy birthday“ zu singen, gratulierte Heinrich und überreichte ihm eine Flasche Sekt. In der rückblickenden Wahrnehmung des Paares trug diese Gestaltung wesentlich zu einer humorvollen und persönlichen Atmosphäre des Traugottesdienstes bei.

Für die weitere Wahrnehmung des Gottesdienstes spielen Teile der Predigt eine entscheidende Rolle.[229] Mehrfach kommen Rita und Heinrich in der Interviewerzählung auf die markante inhaltliche Gestaltung der Ansprache zu sprechen, die auf das relativ hohe Alter des Paares Bezug nahm.

---

[228] Vgl. Kap. 5.6.3 „Einzug und Auszug“.

[229] Vgl. Kap. 5.6.2 „Predigt“.

> Rita (4-F-939): Also, was ich nicht erwartet habe und was ich wirklich toll fand, habe ich schon erwähnt, dass er gesagt hatte: „Dass Paare in unserem Alter sich nach wie vor füreinander hübsch machen sollten, [...]
> Interviewer: Ja, stimmt.
> Rita: [...] dass man sich zusammenlegt, dass man kuschelt, dass man dem Anderen zeigt, dass man ihn gern hat, das sind so viele Dinge, die im Laufe der Jahre bei eher auch bei jungen Leuten ja schon, sage ich mal, wegbleiben, wenn man das so sieht, und dass man einfach nicht aufgeben sollte und nicht vergessen sollte, dass man sich jeden Tag für den Partner eben neu vorbereiten sollte.
> Heinrich: Ja.
> Interviewer: Ja, ähä.
> Rita: Das fand ich schon, [...]
> Heinrich: Ja, doch stimmt.
> Rita: [...] dass er sagt: „Also legt euch nebeneinander, streichelt euch," wer sagt so was schon mal? Also das fand ich – ich hab erstmal gestutzt, denk ich ja, aber irgendwie, das waren so Sachen, die ja eigentlich das Leben betreffen, aber eigentlich nicht ausgesprochen wird.

Die Thematisierung ihrer Beziehung und der explizite Hinweis auch auf sexuelle Dimensionen des Ehelebens bleiben Rita und Heinrich als überraschend im positiven Sinn in Erinnerung. Dass es dem Pfarrer gelang, diese sensible Thematik auf eine Weise anzusprechen, die für die Adressaten seiner Predigt nach anfänglicher Irritation in hohem Maße anschlussfähig war, führen Rita und Heinrich sowohl auf die persönliche Vertrautheit Ritas mit dem Pfarrer als auch auf dessen Lebensalter und -erfahrung zurück.

> Heinrich (4-M-859): Er hat auch ganz klar gesagt: Bei einem 30jährigen Paar hätte er ganz anders gesprochen als bei uns, ne.
> Rita: Und wenn er 30 gewesen wäre, hätte er auch anders gesprochen.
> Interviewer: Ja, ja.
> Rita: Hat er auch gesagt. Also wenn er jetzt auch jünger bei einem älteren Paar, sagen wir jetzt mal in Anführungsstrichen, dann hätte er auch anders gesprochen, ne.
> Interviewer: Ja, das glaube ich.
> Rita: Aber so war es eben von seiner Seite halt das Verständnis da, dass man im Alter auch noch Gefühle hat und dass man Zuneigung hat und dass man's auch zeigen sollte. Das fand ich also bei ihm gut, hat er gut gemacht.

In der Interviewerzählung wird deutlich, dass die retrospektive Wahrnehmung der Predigt wesentlich durch die wiederholte Rezeption der filmischen Dokumentation des Traugottesdienstes (Heinrichs Schwester filmte vom Paar unbemerkt den gesamten Gottesdienst) beeinflusst ist.

> Rita (4-F-251): Ich habe den Film erstmal - sagen wir erstmal hier - richtig gesehen, auch die richtigen Worte von Pastor Patt, den habe ich erst richtig hier wahrgenommen.
> Interviewer: Ah ja. Haben sie in der Kirche?
> Rita: Doch ich hab's auch, aber dieses Bewusstsein, das geht dann doch alles bisschen auf - man will ja nicht aufgeregt sein, das ist ja nicht mehr so, aber ist doch bisschen was anderes und als ich dann - haben wir ganz in Ruhe mal angeguckt, ja sage ich: „Mensch das ist ja niedlich, oder." Dann kommt das erst so raus, was er eigentlich so gesagt hat.

Übereinstimmend erzählt das Paar von der eingeschränkten Wahrnehmungsfähigkeit während des Gottesdienstes, führt diesen Umstand jedoch auf unterschiedliche Ursachen zurück: Rita zieht die eigene Aufregung und emotionale Rührung als Erklärung heran, Heinrich erzählt in diesem Zu-sammenhang von ablenkenden Gedanken an organisatorische Details der nachfolgenden Feier.

Die musikalische Gestaltung des Gottesdienstes spielte in der Wahrnehmung des Paares keine übergeordnete Rolle.[230] So wurde die Tatsache, dass die Orgel in der Kirche zur Zeit der Trauung wegen Restaurationsarbeiten nicht gespielt werden konnte und durch eine (im Altarraum provisorisch platzierte) Truhenorgel ersetzt werden musste, nicht als Beeinträchtigung des liturgischen Geschehens erlebt. Auch ein ursprünglich zur Untermalung des Einzugs geplantes Lied, das Rita und Heinrich aus dem Radio kannten, wurde wenige Tage vor der kirchlichen Trauung von Rita durch ein gängiges Orgelstück ersetzt, weil das Paar es versäumte, sich rechtzeitig um die Beschaffung des Liedes zu kümmern. Die Auswahl der gemeinsam zu singenden Lieder übernahm Heinrich im Vorfeld des Traugesprächs. Aus biographischen Gründen war ein leitendes Kriterium dabei die interkonfessionelle Bekanntheit der Lieder, die nicht nur ihm selbst, sondern auch seinen überwiegend katholischen Verwandten das Mitsingen erleichtern sollte.

Als emotionalen Höhepunkt des Gottesdienstes erlebten Rita und Heinrich (neben der Predigt) den Moment des Trauversprechens.

> Interviewer (4-I-589): Können Sie sagen, was war bei der Hochzeit der intensivste oder dichteste Moment?
> Rita: Na, ich denke der Moment, wo er fragte, [...]
> Heinrich: Ja.
> Rita: [...] ob wir wirklich „Ja" zueinander sagen, ich denke schon.
> Interviewer: Ja, vor dem Altar stehend.
> Rita: Ja, genau.

---

[230] Vgl. Kap. 5.6.4 „Musikalische Gestaltung".

Interviewer: Hehem.
Heinrich: Ja.
Interviewer: Würden Sie auch sagen?
Heinrich: Ja!
Interviewer: Ja, also das, was man als Trauversprechen [...]
Rita: Dann kommt dann auch so dieses, sagen wir mal dieses – ja, dass einem doch die Stimme weg bleibt, sage ich mal, oder ins Schlucken kommt, wo man denkt: „Ach ja doch, ne."

Das Paar entschied sich im Traugespräch gegen den Vortrag eines selbst formulierten Versprechens und zog es der Einfachheit halber vor, auf die Frage des Pfarrers mit „Ja, mit Gottes Hilfe" zu antworten. Während Rita sich spontan auf die Situation einließ, hatte Heinrich sich im Vorfeld gedanklich präpariert:

Heinrich (4-M-972): Ja, ich hatte etwas lauter als normal das „Ja, mit Gottes Hilfe" gesagt, äh weil ich nicht wusste, kommt das nun rüber, weil ich sowieso etwas leiser spreche und äh deshalb habe ich das etwas kräftiger gesagt, das ist mir also in Erinnerung und vielleicht [...]
Interviewer: Das hatten Sie sich noch bewusst überlegt so, ne – ja, ähä.
Rita: *(Lacht)* Ja.
Heinrich: Doch, das ja.
Rita: Damit man das „Ja" hört, ne.
Heinrich: Genau überlegt, was und wie laut ich das sage, das muss ich sagen.
Interviewer: Ja, ja, ja.
Heinrich: Weil doch die äh äh Rührung etwas über-äh-spielt werden musste, ne.
Interviewer: Ehem, ehem und das ist Ihnen auch gelungen?
Heinrich: Doch, ja.

Heinrich erzählt im Zusammenhang mit dem Trauversprechen auch von der Inszenierung des Ringwechsels durch den Pfarrer, die ihn beeindruckte und in seinem Erleben zur erhöhten Feierlichkeit des Geschehens beitrug: Der Trauzeuge überreichte die Ringe vor Beginn des Gottesdienstes dem Pfarrer, der sie wiederum auf einem silbernen Teller auf dem Altar platzierte. Nach dem Trauversprechen überreichte der Pfarrer diesen Teller wieder dem Trauzeugen, der sie schließlich dem Paar zur Übergabe darbot.[231] Denkbar ist mit Blick auf die katholisch geprägte religiöse Sozialisation des Paares, dass insbesondere die bewusst inszenierte Platzierung der Ringe auf dem Altar Erinnerungen wenn nicht an die Segnung von Eheringen im Rahmen katholischer Trauungen so doch zumindest an die

---

[231] Vgl. Kap. 5.5.6 „Zusammenfassung".

selbstverständliche Integration von profanen Gegenständen in religiöse Ritualisierungen weckte und deshalb positiv wahrgenommen wurde.

Einzig der Kontakt mit der Küsterin ist in der Erinnerung des Paares mit Konflikten verbunden, versuchte sie doch nicht nur die Anwesenheit eines Kleinkindes während des Traugottesdienstes zu verhindern, sondern auch einer Kollegin von Rita das im Vorfeld versprochene Streuen von Blumen während des Auszugs aus der Kirche zu verbieten. Beide Versuche scheiterten an der Durchsetzungsfähigkeit der anwesenden Gäste und konnten trotz nachhaltiger Verstimmung auf beiden Seiten den insgesamt positiven Eindruck der kirchlichen Trauung in Ritas und Heinrichs Wahrnehmung nicht trüben.

IV. 2. 2. 6 *Die Hochzeitsfeier*

Im Vorfeld der Heirat überlegten Rita und Heinrich, in welcher Form und mit wie vielen Gästen sie ihre Hochzeit gestalten wollten. Freunde rieten im Blick auf die Kosten zu einer Feier im engeren Familienkreis. Rita und Heinrich entschieden sich jedoch dafür, auch ihren weiteren Freundes- und Bekanntenkreis zur Feier einzuladen.

> Rita (4-F-442): Wir haben uns gesagt, wir sind so alt, man weiß nicht, was mit Silberhochzeit ist oder sonst irgendwelche Sachen sind, das wollen wir noch einmal richtig schön begehen und das war's auch.
> Interviewer: Ja. [...]
> Rita (4-F-447): Man kann es nicht beanspruchen und deswegen haben wir gesagt, wir machen das noch mal richtig, auch mit den Freunden zusammen, denn wir haben im Bekanntenkreis, gerade auch bei mir, na bei dir ist das auch bei einigen, da ist nur Dieter eigentlich, sonst noch gar nicht so viel, bei mir sind mehr, ne, die schon früh verstorben sind jetzt.
> Heinrich: Ja.
> Interviewer: Hehem, hehem.
> Rita: Die gerade mal die 60 erreicht haben, sich auf die Pension oder Rente gefreut haben, viel unternehmen wollten, und der Nächste ist jetzt grad wieder im, man kann fast sagen im Sterben, das ist also schon traurig, ne. [...]
> Rita (4-F-458): Na, wir hatten Bekannte, die gesagt haben: „Oh, für das Geld hättet ihr ja eine Karibikkreuzfahrt machen können." Klar, sage ich, hätten wir machen können, aber wir wollten auch mit den Freunden zusammen feiern.
> Interviewer: Ja, ja, ja, ja.
> Rita: Das sind zwei ganz verschiedene Schuhe, ne.
> Interviewer: Hehem.
> Rita: Und ich denke mir, dass wir das beide also auch nie bereut haben, dass wir das getan haben, weil das für uns die Erinnerung ist auch.

Der unerwartet frühe Tod naher Freunde, nicht zuletzt aber auch das fortgeschrittene eigene Lebensalter trugen zu dem Entschluss bei, die Feier nach der kirchlichen Trauung im Bewusstsein der Endlichkeit des eigenen Lebens weitgehend ohne materielle Beschränkungen zu begehen.

Nach den obligatorischen Gruppen- und Portraitfotos (eine professionelle Fotografin wurde engagiert, um eine möglichst hohe Qualität der Dokumentation sicher zu stellen) fuhr die Festgesellschaft in ein nahe gelegenes Hotel zur Feier. Heinrich hatte auf sein Alter verweisend bereits frühzeitig Freunde und Verwandte gebeten, auf konventionelle Gestaltungselemente (Holz zersägen etc.) zu verzichten. Auf Ritas Wunsch hin trat Heinrichs Neffe beim Empfang im Hotel verkleidet als Rosenkavalier auf und bewirtete die Gesellschaft mit Getränken.

IV. 2. 3 Schwerpunktthemen und Interpretationsmöglichkeiten

IV. 2. 3. 1 *Lebensgeschichtliche Hintergründe der Eigentheorien*

Die lebensgeschichtliche Situation, in der sich Rita und Heinrich zur Heirat entschließen, ist durch beider relativ hohes Lebensalter, aber auch durch ihre Erfahrungen mit ihren ersten Ehepartnern bestimmt. Dementsprechend deutet das Paar die eigene Hochzeit und speziell die eigene kirchliche Trauung aus einer spezifisch biographischen Perspektive.

In verschiedener Hinsicht spielt dabei die Endlichkeit des Lebens eine zentrale Rolle: Die Erfahrung, den ersten Ehepartner über viele Jahre in schwerer Krankheit bis zum Tod zu pflegen, rekonstruieren Rita und Heinrich als verbindende partielle Parallelität eines vergangenen Lebensabschnitts. Diese Parallelität ist Basis ihres Verständnisses füreinander und ihres Vertrauens zueinander. Dies gilt auch im Blick auf die gemeinsame Zukunft: Beide begründen den Entschluss zur Heirat vor allem mit der rechtlichen Absicherung ihrer Beziehung und implizieren in dieser Begründung das Versprechen, das eigene Verhalten analog zu den ersten Ehen zu gestalten, den Partner im Fall eigener Bedürftigkeit also zu pflegen.

In dem Bewusstsein, dass dieser Fall durchaus auch in näherer Zukunft eintreten könnte, feierten Rita und Heinrich ihre Hochzeit als großes Fest. Neben dem Bewusstsein der eigenen Endlichkeit spielte dabei auch die Erfahrung unerwartet früher Todesfälle in ihrem sozialen Umfeld eine Rolle.

> Rita (4-F-447): Man kann es nicht beanspruchen und deswegen haben wir gesagt, wir machen das noch mal richtig, auch mit den Freunden zusammen, denn wir haben im Bekanntenkreis, gerade auch bei mir, na bei dir ist das auch bei einigen, da ist nur Dieter eigentlich, sonst noch gar nicht so viel, bei mir sind mehr, ne, die schon früh verstorben sind jetzt.
> Heinrich: Ja.
> Interviewer: Hehem, hehem.

> Rita: Die gerade mal die 60 erreicht haben, sich auf die Pension oder Rente gefreut haben, viel unternehmen wollten, und der Nächste ist jetzt grad wieder im, man kann fast sagen im Sterben, das ist also schon traurig, ne.
> Interviewer: Ja, ja.
> Heinrich: Nee, das war als wir uns kennen lernten – sie hat ja ihren Freundeskreis, ich hatte meinen oben in H. und äh ich bin also sehr gut aufgenommen worden äh von diesem Freundeskreis. Allerdings auch dann eins, zwei, drei sind schon verstorben.
> Rita: Ja, Hannelore, Franz, Erwin.

War für die Entscheidung zur Hochzeitsfeier die primäre Frage „Wer weiß, wie viele Feste wir noch feiern können?“, so wird hier ergänzend die Frage gestellt „Wer weiß, wie lange unsere Freunde noch mit uns feiern können?“

Ritas Äußerungen lassen daneben einen weiteren Aspekt von Endlichkeit erkennen. In verschiedenen Sequenzen konstruiert sie Trennungen als lebensgeschichtliches Grundproblem auf der Ebene sozialer Bindungen. So erzählt sie im Blick auf ihre Kindheit nicht nur von dem frühen Tod ihres Vaters bereits vor ihrer Geburt, sondern auch von ihrer intensiven Beschäftigung mit dem Tod:

> Rita (4-F-155): Ja, das hat mich schon gefesselt, dass ich immer mitgelaufen, zu jeder Beerdigung mitgelaufen bin, obwohl ich da gar nicht zugehörte. Aber ich war immer dabei, es hat mich fasziniert.
> Interviewer: Ja, und das ist hängen geblieben bis heute, dass Sie da dabei waren so?
> Rita: Ja, so ich weiß nicht, das war irgendwie der Grund mit, aber ich kann es gar nicht sagen, aber irgendwie faszinierte, faszinierte mich auch immer der Tod.
> Interviewer: Ja.
> Rita: Damit habe ich mich immer beschäftigt: Was ist das? Was ist das? Was kommt danach oder so? Oder als meine Mutter so krank wurde und ich war noch klein, das ging also nie aus dem Kopf raus bei mir immer, ne.
> Interviewer: Hehem, hehem.
> Rita: Ich konnte mir das immer nie vorstellen, dass man da so unter der Erde liegt und dass dann alles vorbei ist oder sonst irgendwo, ne. Hab ich heut noch Probleme mit.

Die Auswahl des Trauspruches orientiert sich biographisch grundiert ebenfalls an der Grundangst, verlassen zu werden:

> Rita (4-F-800): Nee, er fragte nur nach dem Trauspruch und für mich gibt es etwas, was ich mal gesagt habe, ähm jetzt bin ich erstmal raus aus dem Text. Ich sag mal: „Lasst uns nicht reden mit den Worten der Zunge, sondern mit der Tat und der Wahrheit,“ weil ich denke, dass wir im Leben auch so betrogen werden oder viel Scheinheiligkeit herrscht: Du wirst angelächelt und hinter dir wird das Messer gewetzt oder so was und ich denke auch, das ist beim

> Ehepartner ganz wichtig, dass man also – ähm Romantik ist was Schönes, sollte auch sein – aber dieses nicht nur Reden und och, wir machen das und ich bin dann und dann – aber wenn's drauf ankommt, dann nichts ist. Ich denke mir, das ist ein ganz wichtiger Faktor für eine Ehe.
> Interviewer: Ja, ja, ja.
> Rita: Und diesen Spruch habe ich bei mir sogar im Büro hängen, das hat mich mal vor 20 Jahren irgendwie mal sehr getroffen. Ich hatte mal auch einen Partner, der eben halt ähm diese großen Worte gebraucht hatte und dann eben halt mich sehr verletzt hat und das war für mich von dem Zeitpunkt also wichtig nicht das Reden oder das Sagen und Tun und viele Blasen, sondern die Wahrheit, die Tatsache.

Analog zu der hohen Relevanz, die Rita dem gegenseitigen Vertrauen für eine dauerhafte Beziehung zuschreibt, schildert sie am Ende des Interviews ihre Angst vor der Verletzung dieses Vertrauens:

> Rita (4-F-1111): Für uns beide ist es glaube ich ganz klar, das haben wir ja auch immer schon fest gesagt, dass für mich also – ich kann alles verkraften, ich kann auch alles mitmachen, aber eins nicht: Betrügen *(sic!)* werden!
> Interviewer: Ja.
> Rita: Betrug ist für mich also eine persönliche große schwere Verletzung, die sehr nagt und ähm, auch wenn man versucht zu verzeihen, es hakt immer irgendwie hinten dran, das kann mir keiner erzählen, dass das also spurlos vorbei geht.

Dementsprechend deutet sie die Traufragen im Rahmen der kirchlichen Trauung primär als ein die potentielle Trennung erschwerendes oder sogar verhinderndes Versprechen:

> Rita (4-F-603): Und was auch im Moment ist, wenn man dieses „Ja" sagt, weil äh vom Standesbeamten ist ja so, da kann man sich ja leicht trennen, sage ich mal, ist ja kein Problem, man kann sich ja heute sowieso leicht trennen, aber wenn ich in der Kirche „Ja" sage und das vor dem Kreuz sage, dann ist das ein anderes Versprechen also für mich jetzt. Das andere ist irgendwie leichter lösbar, sage ich mal.

Beides – das lebensgeschichtlich bedingte Bewusstsein eigener Endlichkeit und Ritas Angst vor Betrug und Trennung – bildet den Hintergrund für die Sinnzuschreibungen bezüglich der kirchlichen Trauung, die das Paar in der Interviewerzählung vorträgt. Diese Sinnzuschreibungen sind anhand zweier Schwerpunktsetzungen organisiert, die Rita und Heinrich in ihren Äußerungen durchgängig erkennen lassen: Die Frage nach Liebesbeziehungen und Partnerschaftlichkeit in höherem Lebensalter sowie die Frage nach Treue und Vertrauen als Deutungskategorien der kirchlichen Trauung.

IV. 2. 3. 2 *Liebe im Alter*

Wiederholt kommen Rita und Heinrich im Zusammenhang mit der Predigt des Traugottesdienstes auf diejenigen Äußerungen des Pfarrers zu sprechen, die Fragen nach Partnerschaft und Sexualität in höherem Alter thematisierten. Diese Ausführungen stellten für beide einen der Höhepunkte ihrer kirchlichen Trauung dar und sind in ihrer retrospektiven Wahrnehmung sehr präsent.

Die Dominanz dieser Thematik ist zunächst auf eine gesamtgesellschaftliche Situation zu beziehen, in der partnerschaftliche und sexuelle Aspekte des Lebens älterer Menschen (noch) weitgehend tabuisiert werden. Insbesondere im kirchlich-liturgischen Kontext ist eine explizite Verbalisierung dieses Bereichs in der Wahrnehmung des Paares bemerkenswert, noch dazu, wenn sie durch einen Geistlichen in der Predigt vorgenommen wird.

> Rita (4-F-946): [...] dass er sagt: „Also legt euch nebeneinander, streichelt euch," wer sagt das so was schon mal? Also das fand ich – ich hab erstmal gestutzt, denk ich ja, aber irgendwie, das waren so Sachen, die ja eigentlich das Leben betreffen, aber eigentlich nicht ausgesprochen wird.

Bereits in den Erzählungen von der standesamtlichen Trauung spielt die Frage des Lebensalters eine Rolle und wird als einziger inhaltlicher Aspekt des Geschehens von Rita und Heinrich rekonstruiert. So äußert Rita zu der kurzen Ansprache der Standesbeamtin:

> Rita (4-F-564): Ja, sie hatte sich ja auch Gedanken drüber gemacht.
> Interviewer: Ja.
> Rita Sie sagte auch: „Mensch," sagte sie: „Sie haben ja auch viel mehr Lebenserfahrung als ich, was soll ich eigentlich erzählen?" Hat sie so angefangen, fand ich ja auch gut, aber sie sagt immer Dinge, die eben für alle gelten, ne, und das war dann okay, ne.

Doch allein die konventionelle Tabuisierung des Themas erklärt weder die Dominanz in der Wahrnehmung des Traugottesdienstes noch die ausdrücklich positive Bewertung der inhaltlichen Aussagen. Offensichtlich fühlte sich das Paar durch die diesbezüglichen Äußerungen des Pfarrers in besonderem Maß in seiner lebensgeschichtlichen Situation angesprochen.

Der Zusammenhang lässt sich folgendermaßen rekonstruieren: Rita und Heinrich waren zum Zeitpunkt der kirchlichen Trauung bereits seit acht Jahren ein Paar und lebten seit sieben Jahren in einer gemeinsamen Wohnung. Durch die Aufforderung des Pfarrers, alle Dimensionen dieser Beziehung (auch die körperlichen) bewusst und achtsam zu gestalten und zu leben, wurde also ein Zustand legitimiert, der faktisch im Erleben des Paares bereits seit Jahren bestand.

Bevor Rita und Heinrich sich kennen lernten, hatten beide das Bedürfnis, nach den schweren Jahren mit ihren pflegebedürftigen Partnern noch einmal das eigene Leben zu genießen und teilzunehmen an den freudvolleren Seiten des Daseins. Rita beschreibt ausdrücklich die von ihr als defizitär empfundene Situation als Witwe[232] und auch Heinrich (der aktiv eine Bekanntschaftsanzeige aufgab) spricht wiederholt von den Entbehrungen dieser Jahre:

> Heinrich (4-M-1091): Aber ich konnte ja fünf Jahre nicht los, das war's ja, ne. Hatte also für meine Sitzungen im Rat – meine Kollegen haben mir alle Ausschüsse abgenommen, ich brauchte also nur noch zu Ratssitzungen hier hin und zu Fraktionssitzungen und da konnte ich dann also über Freunde immer noch einen Betreuer finden. Aber ansonsten war ich an zu Hause gebunden.

Die diesbezüglichen Ausführungen der Predigt rechtfertigten in der Wahrnehmung des Paares das Bedürfnis, noch einmal gute Jahre zu erleben, und stellten es hinein in den Kontext ihres Lebensalters. Zugleich wurde ihre Partnerschaft als trotz ihres höheren Alters vollständige und vollgültige anerkannt und in ihren existentiellen Dimensionen ernst genommen.

Verständlich wird das Bedürfnis nach einer legitimierenden Bestätigung der bestehenden Beziehung wiederum vor dem oben erwähnten Hintergrund der gesellschaftlichen Tabuisierung. Im sozialen Umfeld von Rita und Heinrich fanden sich nur wenige Rollenvorbilder für eine solche Beziehung, entsprechend größer als bei anderen Lebensentscheidungen (die in höherem Maß von eigener Lebenserfahrung und Reife getragen sein könnten) war auch die Unsicherheit des Paares in Bezug auf die Gestaltung der kirchlichen Trauung.

In diesem Zusammenhang wird zudem verständlich, warum das Paar in verschiedenen Sequenzen der Interviewerzählung Reaktionen aus dem Freundes- und Bekanntenkreis auf die geplante oder bereits vollzogene Trauung schildert. Einerseits äußerten sich die Nachbarn des Paares ablehnend über das eheähnliche Zusammenleben vor der Heirat. Andererseits stellte ein Freund von Heinrich die Legitimität der Inanspruchnahme einer kirchlichen Trauung in vorgerücktem Alter in Frage:

> Heinrich (4-M-568): Und ein ganz kleiner Wermutstropfen war noch, dass einer meiner besten Freunde mit seiner Frau in irgendeinem anderen Kreis hat verlauten lassen: Also, das findet er nicht gut, dass man in dem Alter kirchlich heiratet. Ich hab's nicht für bare Münze genommen dann, hab nur gedacht: „Guck mal an, ausgerechnet der hat das gesagt."

---

[232] Vgl. die Ausführungen zur Beziehungsgeschichte (Kap. 4.2.2.3 „Beziehungsgeschichte und Entscheidung zur Heirat") in Bezug auf die Interviewsequenz 4-F-319.

Interviewer: Also es wurde Ihnen zugetragen äh von anderen wiederum. Aber Sie haben mit dem nicht darüber geredet oder gesprochen, sondern [...].
Rita: Nee.
Heinrich: Nein, nein, nein.
Rita: Muss jeder, also alleine [...]
Heinrich: Äh waren auch, bei der kirchlichen Trauung waren auch die beiden nicht dabei, aber abends bei der Feier waren sie dabei.
Interviewer: Ja, ja, ja.
Heinrich: Und ich bin mit ihnen viele viele Jahre äh eng zusammen und er hat mir nie gesagt, dass er also so über irgendeinen kirchlichen Akt denkt.

Zuspruch und Bestätigung erfuhr das Paar hingegen in der Zeit der Hochzeitsvorbereitungen von anderen Freunden, nicht zuletzt wegen der mit der Heirat einhergehenden finanziellen Einbußen:

Heinrich (4-M-665): Es wurde nicht spöttisch gesagt: „Also äh ihr seid ja verrückt, warum macht ihr das?“ Sondern es wurde ganz klar gesagt: „Alle Achtung“ und äh durchweg für alles, was wir gemacht haben, hatten wir einen guten Zuspruch und es war richtig, was wir gemacht haben.

Die Erzählung von der Bestätigung durch Dritte mündet in Heinrichs Selbstversicherung „es war richtig, was wir gemacht haben“ und zeugt indirekt von der Bearbeitung eigener Unsicherheit im Rahmen der Entscheidung zur Heirat. Diese Unsicherheit fand ihren Niederschlag nicht zuletzt in der Aufregung beim Einzug in die Kirche, die Rita und Heinrich als überraschend und ihrem Alter beinahe unangemessen erlebten.[233]

Insgesamt rekonstruieren Rita und Heinrich eine ihnen lebensgeschichtlich und hinsichtlich ihres Lebensalters angemessen erscheinende kirchliche Trauung, deren Inanspruchnahme sie rückblickend anhand zweier sich wechselseitig bedingender Argumente näher begründen. Beide Argumente schreiben sie in ihrer Deutung dem Pfarrer zu. Einerseits legitimiert ihre Rezeption seiner Predigt das Bedürfnis nach einer Liebesbeziehung und verbindlichen Partnerschaft, die ihrer Meinung nach nicht nur jungen Paaren vorbehalten sein sollte:

Rita (4-F-864): Aber so war es eben von seiner Seite halt das Verständnis da, dass man im Alter auch noch Gefühle hat und dass man Zuneigung hat und dass man's auch zeigen sollte. Das fand ich also bei ihm gut, hat er gut gemacht.

Da diese Exklusivität im Blick auf eine verbindliche Paarbeziehung faktisch nicht existierte – Rita und Heinrich lebten schließlich bereits seit Jahren zusammen – sollte sie auch im Blick auf die Inanspruchnahme der

[233] Vgl. Kap. 5.6.3 „Einzug und Auszug“.

kirchlichen Trauung keine Rolle spielen. Andererseits explizierte der Pfarrer – so die Wahrnehmung des Paares – in seiner Predigt, dass die kirchliche Trauung nicht exklusiv jüngeren Paaren vorbehalten sei.

> Rita (4-F-856): Lustig, aber auch fein. Fein dadurch, dass, sage ich mal, dass er eben halt auch äh die kirchliche Trauung oder die Trauung in dieser Art nicht nur den Jugendlichen vorbehält, sondern eben auch wir als Ältere.

Wenn nun die Möglichkeit zur Inanspruchnahme der kirchlichen Trauung auch älteren Paaren offen stehe, dann sei ihnen auch das in der Trauung inszenierte und feierlich begangene Leben als Ehepaar mit allen Implikationen nicht zu verwehren.

IV. 2. 3. 3 *Die Rolle des Pfarrers*

Mitentscheidend für die hohe Anschlussfähigkeit der Predigt war in der Wahrnehmung des Paares nicht zuletzt die Rolle des Pfarrers und die Beziehung zu ihm.[234] Einerseits stellte er für Rita eine Art langjährigen Vertrauten dar, der sie bereits zuvor an entscheidenden biographischen Wendepunkten (Beerdigung ihres Mannes und ihrer Mutter, Konfirmation und Trauung ihres Sohnes) begleitete und unterstützte. Als weiteres Zeichen dieser persönlichen Vertrautheit miteinander lässt sich die Teilnahme des Pfarrers und seiner Frau an der abendlichen Hochzeitsfeier verstehen, von der Rita und Heinrich in beiläufigem Ton erzählen. Auch über relevante Details aus seinem Privatleben (Scheidung der ersten Ehe, erneute Heirat, berufliche Situation) zeigt sich Rita selbstverständlich informiert.

Dennoch wurde der Pfarrer von Rita und Heinrich (möglicherweise auch beeinflusst durch ihre katholische Sozialisation) andererseits auch als Amtsträger und vollmächtiger Vermittler des kirchlichen Segens für ihre Ehe wahrgenommen und fand also in der Rekonstruktion des Paares eine Balance zwischen den Rollen als guter Bekannter der Familie und als Leiter des Eheschließungsrituals. Aus der Sicht des Paares konnte er aufgrund der persönlichen Vertrautheit sehr intime Fragen in der Predigt verbalisieren, wahrte dabei aber eine liturgische Distanz, die ihn über den Status eines Freundes hinaushob und in der Wahrnehmung von Rita und Heinrich als geistliche Autorität wirken ließ. Ein entsprechend hohes Gewicht schreibt das Paar deshalb auch seinen Ausführungen zur Legitimität der Eheschließung im fortgeschrittenen Alter zu.

Ihren Niederschlag findet diese ausbalancierte Rollenverteilung auch in den Erzählungen vom Traugespräch: Als geistliche Autorität änderte der

---

[234] Vgl. Kap. 5.4 „Inszenierte Authentizität – Die pastorale Rolle im Kontext der Trauung".

Pfarrer den Wortlaut der Traufragen, ohne dass Rita und Heinrich eine plausible inhaltliche Begründung dafür in Erinnerung behielten. Den möglichen Zusammenhang mit der geschiedenen ersten Ehe des Pfarrers stellte das Paar erst in der eigenen, retrospektiven Deutung des Traugesprächs her.

Als vertrauter Begleiter von Rita interessierte sich der Pfarrer für Heinrichs soziales Engagement und diskutierte (zu dessen Freude) mit ihm über politische Ansichten:

> Interviewer (4-I-755): Können Sie sich erinnern, welche Themen so angesprochen wurden in dem Gespräch?
> Heinrich: Im Wesentlichen doch politische. *(Lachen)*
> Rita: Na, er fand das interessant, weil er Kirche und Bundeswehr, sind ja zwei verschiedene Schuhe, sage ich mal, er war ja auch ein starker Gegner, ist sehr grün eingerichtet und äh diese Kontroversen so, aber er fand das so überraschend, was er an sozialen Leistungen für andere getan hat, auch wenn er bei der Bundeswehr war.
> Interviewer: Ja.
> Rita: Dieses Miteinander, das war schon interessant und ja was uns angeht oder was mich angeht, mich kennt er ja nun schon viele Jahre: Reinhard ist bei ihm konfirmiert, er hat auch mit ihm auch die Jugendvollzugsanstalt in Hameln besucht, die Jugendlichen dort auch, da ist mein Sohn also viele Jahre mitgefahren und die da mitbetreut oder wie man das sagen soll, die Häftlinge da. [...]
> Heinrich (4-M-766): Ja. Ne, nur weil er da im Wesentlichen einfach immer wieder gebohrt hat: Was haben Sie da gemacht, was haben Sie da gemacht [...]
> Interviewer: Ja, das hat ihn interessiert.
> Heinrich: [...] und das gefiel ihm da, weil er ja auch sehr hilfsbereit - also im Ruf steht sehr hilfsbereit zu sein, ne.
> Rita: Ja, aber er ist sehr kontrahent gegenüber so den, den [...]
> Heinrich: [...] ob er jetzt ein Grüner, eine grüne Einstellung, weiß ich nicht. Ich weiß, dass er ein, sehr mit der SPD sympathisiert, das weiß ich und ich war das Gegenteil nun und, aber es war recht - fast drei Stunden war er hier, da haben wir also uns unterhalten.
> Rita: Ja, ja, ja - das war faszinierend, er wollte wieder kommen, das wollte er weitermachen.

„Er wollte wiederkommen" - ob der Pfarrer tatsächlich eine Fortsetzung des Gesprächs in Aussicht stellte oder ob Rita ihren Wunsch danach auf ihn projiziert ist unerheblich, deutlich wird auch an dieser Stelle die Rolle des Pfarrers als guter Bekannter der Familie, mit dem man in wechselseitiger Sympathie einen kontinuierlichen Kontakt pflegt.

IV. 2. 3. 4 *Kritische Rezeption von Konventionen*

Hinsichtlich der konkreten Inszenierung ihrer kirchlichen Trauung wählten Rita und Heinrich individuell und bewusst altersgemäße Elemente aus dem konventionellen Hochzeitsinventar aus und gestalteten auf diese Weise in kritischer Aufnahme der Einflüsse ihres sozialen Umfelds ein ihnen angemessen erscheinendes Ritual.[235] Auf diese Weise wird die Inszenierung der kirchlichen Trauung zur Darstellung der eigenen biographischen Situation, aber auch zur Repräsentation des eigenen Lebensstils genutzt.

Das Kriterium der Altersangemessenheit wird dabei durchaus subjektiv auf die verschiedenen Gestaltungselemente angewendet und kann im Blick auf gesellschaftliche Konventionen sowohl bestätigend als auch abgrenzend wirken:

> Heinrich (4-M-528): Ich hab äh, also unseren Freunden äh hab ich ganz klar gesagt, dass ich das nicht gerne sehe, also ich möchte nicht gerne als 70jähriger auf der Straße stehen und sägen oder mit einer Nagelschere ein Herz aus einem Bettlaken schneiden. Äh, haben sich auch alle dran gehalten muss ich sagen.

Die Idee einer Kollegin von Rita, am Ausgang der Kirche Blumen zu streuen, wird dagegen positiv bewertet. Das eigene Auto ließen Rita und Heinrich mit einem Blumengesteck konventionell schmücken und auch Rita hielt einen Brautstrauß in der Hand. Ein weißes Brautkleid kam für Rita jedoch nicht in Betracht, die vom Paar ausgewählten Fotos zeigen sie in einem rostfarbenen Kostüm, Heinrich daneben im schwarzen Smoking. Auf eine repräsentative Inszenierung der Feier wurde erkennbar Wert gelegt.

> Heinrich (4-M-516): Die Kleidung auch von den Gästen, das war also [...].
> Rita: War aber nichts vorgeschrieben.
> Interviewer: Ja, ja, ja.
> Heinrich: [...] sehr sehr feierlich und äh stilvoll, muss ich sagen.

In ähnlicher Weise wählte das Paar auch für die Gestaltung des Gottesdienstes nach dem Kriterium der Altersangemessenheit Elemente aus: Zum Einzug erklang der Konvention folgend der Hochzeitsmarsch, die Einzugsvariante der Brautübergabe wurde dagegen als unangemessen empfunden.

> Rita (4-F-893): Hehem, genau. Wir sind ja so zu zweit eingezogen, weil, ja gut, mein Vater ist nun schon tot, aber auch sonst, das wäre doch ein bisschen ko-

---

[235] Vgl. Kap. 5.2 „Medialität und Konventionalität als Gestaltungsrahmen der kirchlichen Trauung".

> misch in meinem Alter dann noch so vom Vater hereingeführt zu werden, sage ich mal.

Es fällt auf, dass Rita die Variante der Brautübergabe durch den Brautvater ungefragt in ihrer Erzählung erwähnt. An dieser Stelle wird besonders deutlich, dass der – vermutlich überwiegend medial vermittelte – konventionelle Ablauf der Traugottesdienste jüngerer Paare (bei denen sich die Brautübergabe teilweise steigender Beliebtheit erfreut) den Hintergrund bildet, vor dem Rita und Heinrich ihre eigene Trauung zustimmend oder ablehnend konstruieren und deuten.

Im Unterschied zur Brautübergabe empfanden beide ein anderes kopulatives Element, das der Pfarrer als Überraschung in den Gottesdienstablauf integrierte, nicht als unangemessen, was wahrscheinlich auch der ironisierenden Umgestaltung der Konvention geschuldet war:

> Heinrich (4-M-851): Er holt sich den Trauzeugen ran und gab ihm einen Zettel, er soll das Vorlesen und hat dann – das war mein Freund, hat dann vorgelesen: „Sie dürfen jetzt die Braut küssen!“ *(Lachen)* So einen Gag hat er da eingelegt.
> Interviewer: Kam gut an?
> Heinrich: Ja.
> Rita: Ja.

Hinsichtlich der musikalischen Gestaltung des Traugottesdienstes orientieren sich Ritas und Heinrichs Wahrnehmungen vorwiegend an lebensstilspezifischen und (in Heinrichs Fall) auch an biographischen Merkmalen. Weder legte das Paar Wert auf ein besonderes musikalisches Niveau des Gottesdienstes, noch diente die Auswahl der Musik vornehmlich der Inszenierung des außeralltäglichen Anlasses. Nach dem sehr konventionellen Orgelstück zur Begleitung des Einzugs wurden (dem gesellig-traditionsorientierten Lebensstil entsprechend) ausschließlich bekannte Lieder aus dem evangelischen Gesangbuch ausgewählt. Dem Kriterium der Bekanntheit werden dabei sowohl die Interkonfessionalität als auch die Alterangemessenheit zugeordnet.

> Heinrich (4-M-909): Das waren drei Lieder, die gesungen wurden, davon haben wir ausgesucht, äh das habe ich noch gemacht, weil ich mich auch heute immer noch etwas schwer tue mit den Liedern aus dem evangelischen Gesangbuch und meine Familie ja sowieso [...]
> Interviewer: Ja, ehem.
> Heinrich: [...] und dann habe ich mal überlegt, das sind ja nun äh beide Konfessionen eigentlich dann: „Großer Gott wir loben dich“, das war das dritte Lied, das zwote war, dieses wirklich lustige Lied:
> Rita: „Geh aus mein Herz“.
> Heinrich: Wie heißt das?
> Rita: „Geh aus mein Herz und suche Freud“.

Heinrich: Ja. Das ist bei unserer Generation ja auch gut bekannt.

Die mediale Dokumentation der kirchlichen Trauung gestaltete das Paar analog zu gängigen Mustern bei Hochzeiten jüngerer Paare.[236] Im Zentrum des Interesses stand die professionelle Produktion nachhaltiger Erinnerungsbilder im Anschluss an den Gottesdienst. Rita und Heinrich sind in wechselnden Posen und diversen personellen Konstellationen als Brautpaar inszeniert zu sehen, die Fotos füllen zwei aufwendig gestaltete Alben.

Die Abwesenheit der professionellen Fotografin während des Gottesdienstes wird weniger finanziellen Erwägungen geschuldet sein (schließlich spielten materielle Einschränkungen im Rahmen der Hochzeitsfeier erklärtermaßen keine Rolle), sondern hängt vermutlich eher mit lebensstilspezifischen Vorbehalten gegenüber der medialen Dokumentation liturgischen Geschehens zusammen. Ob Heinrichs Schwester den Gottesdienst mit ausdrücklichem Auftrag filmte oder aus eigener Initiative, wird in der Interviewerzählung nicht deutlich. Für die (Selbst-) Wahrnehmung des Paares im Gottesdienst spielte diese Art der Dokumentation keine Rolle, diente jedoch im Nachhinein der detaillierten Rekonstruktion des Geschehens.

IV. 2. 3. 5 *Deutungen zur Funktion der kirchlichen Trauung*

Vor dem Hintergrund der Altersangemessenheit als leitendem Kriterium für die Inszenierung der kirchlichen Trauung lassen sich nun die Eigentheorien des Paares zur Funktion des Rituals rekonstruieren. Wiederholt kommen Rita und Heinrich in diesem Zusammenhang auf das Trauversprechen zu sprechen, das in der Interviewerzählung auf verschiedenen Ebenen und in unterschiedlichen Zusammenhängen thematisiert wird.[237] Übereinstimmend wertet das Paar im Rückblick auf die gesamte Hochzeit den Moment des Versprechens als inhaltlichen und emotionalen Höhepunkt:

> Interviewer (4-I-589): Können Sie sagen, was war bei der Hochzeit der intensivste oder dichteste Moment?
> Rita: Na, ich denke der Moment, wo er fragte, [...]
> Heinrich: Ja.
> Rita: [...] ob wir wirklich „Ja" zueinander sagen, ich denke schon.
> Interviewer: Ja, vor dem Altar stehend.
> Rita: Ja, genau.

---

[236] Vgl. Kap. 5.2.4 „Überlegungen zur medialen Dokumentation der kirchlichen Trauung".

[237] Vgl. Kap. 5.5 „Deutungen der kirchlichen Trauung - Versprechen und Segen".

Mit dieser Bewertung korrespondiert die eigene emotionale Rührung, mit der beide im Moment des Versprechens umgehen müssen.

> Rita (4-F-969): Ja, ja, wir haben schon klar gesprochen, aber ich denke mir schon erstmal geschluckt und so, weil es ist anders, beim Standesamt habe ich das nicht gehabt, da war das nicht so, ne, nee da war das nicht, aber in der Kirche war's schon anders. Schon mit einmal Schlucken oder so, ne.

Auch für die Auswahl der drei Fotos im Vorfeld des Interviews spielte der Moment des Versprechens eine wichtige Rolle. Da vom Geschehen im Gottesdienst (und also auch vom Moment des Trauversprechens) keine Bilder existierten, wählten Rita und Heinrich ein anderes Bild aus:

> Interviewer (4-I-220): Ah ja: Ihre beiden Hände jeweils mit den Ringen sind darauf zu sehen und der Brautstrauß drauf.
> Rita: Und der Brautstrauß drauf, hehem.
> Interviewer: Die neu angesteckten Ringe, sehen zumindest sehr neu aus.
> Rita: Ja. *(Lachen)*
> Interviewer: Ja.
> Rita: Hehem.
> Heinrich: Und dann auch die Hände, also das Versprechen.
> Interviewer: Ah ja, ich wollt grad fragen, warum haben Sie das Foto ausgewählt?
> Heinrich: Äh, es gibt ja auch dieses christliche Symbol der betenden Hände.
> Interviewer: Ja, genau.
> Heinrich: Also die Hände haben sehr viel äh mit kirchlichem Glauben zu tun, und deshalb haben wir auch gesagt: „Dies Foto hat uns sehr gut gefallen." [...]
> Rita: Das ist auch so ein Zusammenhalten denke ich, [...]
> Heinrich: Ja.
> Rita: [...] wenn man die Hände einander gibt oder dieses Zusammenhalten.

Breiten Raum nimmt die konkrete Formulierung der Traufragen im Rahmen der Erzählung vom Traugespräch ein. Die unproblematische Akzeptanz der vorgeschlagenen Formulierungsänderung überrascht zumindest bei oberflächlicher Betrachtung, denn befragt nach Gründen für den Entschluss zur Heirat verwendet Heinrich ungestützt durch Vorgaben des Interviewers den gebräuchlicheren Wortlaut als selbstverständlichen Bestandteil seiner Vorstellungen:

> Heinrich (4-M-405): Obwohl man Geld ja immer gebrauchen kann, aber das Finanzielle war für uns nicht das [...]
> Interviewer: Hehem.
> Heinrich: [...] äh Wichtigste bei der Eheschließung, sondern dass wir zusammenbleiben wollten, äh ja, wie sagt man so schön: „Bis der Tod euch scheidet", ne.

Die retrospektiv wahrgenommene höhere Verbindlichkeit der Beziehung führt Rita am Ende des Interviews auf die kirchliche Trauung zurück und nennt auch an dieser Stelle das Versprechen als Haftpunkt ihrer Deutung:

> Rita (4-F-1105): Wenn man dies Gefühl: Ja, jetzt sind wir wirklich ein Paar, sage ich mal, also wir waren vorher schon – es hat sich eigentlich, sage ich mal, beziehungsmäßig oder gedankenmäßig nicht viel geändert, bis auf diese kirchliche Trauung, eben dieses Ja-Wort vor Gott, das hat sich geändert, dass das jetzt also noch eine größere Bedeutung vielleicht hat mit dem – ja, dass man eben halt nicht so schnell auseinander geht vielleicht [...]
> Interviewer: Ja, ja.
> Rita: [...] wenn's Probleme gibt oder irgendwas, Dinge auftauchen. Ich denke, das ist so die Veränderung.

Zur näheren inhaltlichen Bestimmung des Versprechens verwendet das Paar Vorstellungen von Treue, die sowohl als Selbstverpflichtung dem Partner gegenüber als auch im Sinne der Erwartung eines spezifischen zukünftigen Verhaltens des Partners zu verstehen sind. Insbesondere in Ritas Erzählungen spielt für diesen zweiten Aspekt der Vertrauensbegriff eine entscheidende Rolle. Bei grundsätzlicher Übereinstimmung des Paares lassen sich durchaus unterschiedliche Akzentuierungen erkennen, denn die jeweiligen Begründungszusammenhänge konstruieren Rita und Heinrich überwiegend vor dem Hintergrund ihrer individuellen Lebensgeschichte.

So wird im Verlauf des Interviews deutlich, dass Ritas primärer Zugang zur Thematik der Treue von der Angst vor Verletzung, Betrug und Verlassenwerden bestimmt ist. Als Begründung führt sie Erlebnisse mit einem anderen Partner an, der weitreichende Versprechungen ihr gegenüber nicht einhielt. Weitere biographische Zusammenhänge sind zu vermuten, werden jedoch in Ritas Erzählungen nicht expliziert. Als positiver Kontrast auf einer anderen Ebene dient dagegen die Erzählung von einer Kollegin, die das bereits Jahre vor der Trauung gegebene Versprechen Blumen zu streuen nicht nur grundsätzlich einzuhalten bereit war, sondern sogar gegen Widerstände (der Küsterin) in die Tat umsetzte.

Heinrich deutet Treue dagegen eher im Blick auf (eigene oder fremde) Pflegebedürftigkeit. Dabei spielen sowohl die Erfahrungen mit seiner pflegebedürftigen ersten Ehefrau in der Vergangenheit eine Rolle als auch die Erwartung zukünftiger eigener Pflegebedürftigkeit. Aus dieser Sichtweise wird Heinrichs verstärkte Betonung der Heirat als rechtlicher Absicherung der Beziehung verständlich.

> Heinrich (4-M-309): Und da – es war niemand da, der helfen konnte. Das äh – und wenn man dann beide das gleiche Schicksal äh gehabt hat und man weiß: Aha, wenn es noch mal auf einen zukommt, man weiß es ja nie, kann man sich drauf verlassen, dass der andere sich drum kümmert.

Interviewer: Ja, ja.
Heinrich: Und das ist auch einer der wesentlichen Punkte, der auch mit den Ausschlag gegeben hat, dass man behördlich abgesichert ist.
Interviewer: Ja, ehem.
Heinrich: Im Krankenhaus man bekommt sonst keine Auskunft, man hat keine Entscheidungen gegenüber dem Partner.

Neben individuellen biographischen Bedingungen ist in diesem Zusammenhang auch Heinrichs (im Vergleich mit Rita) höheres Lebensalter zu beachten. Bei aller Bereitschaft, Rita im Krankheitsfall zu pflegen, dürfte die Wahrscheinlichkeit, selbst von der Ehefrau gepflegt zu werden, in Heinrichs Wahrnehmung höher sein. Während Rita sich zur Pflegebedürftigkeit ausschließlich aus der (biographisch grundierten) Perspektive der aktiv pflegenden Ehefrau äußert, sieht sich Heinrich im Blick auf die gemeinsame Zukunft eher in der Position des Gepflegten:

Heinrich (4-M-388): Wenn man ins Alter, äh also wenn mal jemand krank wird und so weiter, haben Eheleute größere Rechte als Partner.

Bemerkenswert ist in diesem Zusammenhang zusätzlich, dass Heinrich in zwei Sequenzen des Interviews seine Motivation zur Heirat selbstironisch hinterfragt und als „besitzergreifend“ charakterisiert. Das zweite der drei ausgewählten Fotos zeigt das Brautpaar nach dem Traugottesdienst, Heinrich steht seitlich hinter Rita und legt ihr seine Hand auf die Schulter, beide schauen einander an. Es wird von Rita und Heinrich unterschiedlich gedeutet:

Rita (4-F-211): Ja, ja, aber ich finde es doch trotzdem natürlich, weil es irgendwie Zufriedenheit ausdrückt, also irgendwo so, ne.
Interviewer: Genau, ja, ja.
Rita: Nicht so äh gestellt, wir mussten nicht nach rechts und links gucken, sondern einfach uns angucken so.
Interviewer: Ja, ist schön.
Rita: Dieses hier, ja.
Heinrich: Und bei mir das Besitzergreifende. *(Lachen)*

Im weiteren Verlauf des Interviews werden andere Fotos gezeigt, die das Paar bei der Hochzeitsfeier zeigen. Rita deutet auch hier ihren und Heinrichs Ausdruck als Zufriedenheit, anders dagegen Heinrich:

Heinrich (4-M-624): Kann täuschen, kann täuschen.
Rita: Ja, das siehst du auch, was täuscht, die Augen machen nicht mit.
Heinrich: Nee, man kann äh [...]
Rita: Du kannst grinsen, aber deine Augen grinsen nicht.
Heinrich: Man kann sagen: „Jetzt hab ich sie“, ne. *(Lachen)*

Die ironisch gefärbte Selbstcharakterisierung lässt sich als Ausdruck der gewünschten Absicherung der Beständigkeit der Partnerschaft verstehen und harmoniert vermutlich weitgehend mit Ritas Grundangst verlassen zu werden. Daneben entspricht dieses Attribut jedoch auch der lebensstilspezifischen konventionellen Geschlechterrollenverteilung, die Ritas und Heinrichs Beziehung kennzeichnet, und ist insofern nur als ergänzende Illustration von Heinrichs Deutungen heranzuziehen.

Entsprechend ihrer unterschiedlichen Akzentuierungen deuten beide auch das Verhalten des anderen in der Vergangenheit: Rita sieht in Heinrichs aufopferungsvoller Pflege seiner ersten Ehefrau vor allem ein positives Beispiel von Treue und deutet sein Verhalten als Gewissensentscheidung.

> Rita (4-F-1065): Das ist ja vieles eine Gewissensfrage, was man macht, ne.
> Interviewer: Ehem, eher, ja.
> Rita: So – genau wie meine Mutter krank wurde oder so genau wie Heinrich es gemacht hat, seine Frau nicht abgegeben, das sind Gewissenssachen.
> Interviewer: Ja.
> Rita: Ne, das ist nicht nur immer eine, wo man das kann, sondern Gewissensfrage, wie würden die Leute jetzt für dich da sein und ähm was bist du für die.
> Interviewer: Ja, ja, ja.
> Rita: Das ist eine Gewissensfrage.

Heinrich wiederum deutet Ritas Betonung und Versprechen der Treue ihm gegenüber vorwiegend in Bezug auf zukünftige potentielle Pflege, da er anders als Rita nicht die Grundangst des Verlassenwerdens mit Hilfe der Heirat bearbeitet. Übereinstimmend gaben sich also beide mit ihrem Verhalten in der Vergangenheit ein (den eigenen Bedürfnissen entsprechend gedeutetes) Beispiel, das gegenseitiges Vertrauen für die gemeinsame Zukunft erst entstehen ließ.

IV. 2. 3. 6 *Göttliche Präsenz im Moment des Versprechens*

Für eine weitere Annäherung an die individuellen Deutungen der kirchlichen Trauung ist Ritas Charakterisierung des Trauversprechens als Versprechen „vor Gott“ erhellend.[238]

> Rita (4-F-1057): Ja, also das ist das, was ich gesagt habe, das ist, wenn ich vor Gott, also vorm Altar oder der Kirche ein Ja-Wort gebe, hat es einen anderen Stellenwert, als was anderes. Es ist für mich ein religiöser Zweck, dass ich diese Ehe im Namen Jesus oder Gottes beschließe und auch zu dem, was ich gesagt habe, stehe.

---

[238] Vgl. Kap. 5.5.5 „Versprechen und Segen – eine wechselseitige Verbindung“.

Gerade der kontrastierende Vergleich mit dem Versprechen bei der standesamtlichen Trauung trägt zur Konkretisierung bei:

> Rita (4-F-603): Und was auch im Moment ist, wenn man dieses „ja“ sagt, weil äh vorm Standesbeamten ist ja so, da kann man sich ja leicht trennen, sage ich mal, ist ja kein Problem, man kann sich ja heute sowieso leicht trennen, aber wenn ich in der Kirche „ja“ sage und das vor dem Kreuz sage, dann ist das ein anderes Versprechen also für mich jetzt. Das andere ist irgendwie leichter lösbar, sage ich mal.

Die grundlegende Differenz zwischen den beiden Akten des Versprechens liegt nach Ritas Deutung in der Präsenz Gottes (repräsentiert durch die eigene Positionierung vor dem Altar und dem darauf stehenden Kreuz) während des kirchlichen Trauversprechens. Diese Präsenz Gottes wird in doppelter Weise gedeutet: Einerseits verstärkt sie die Verbindlichkeit des Versprechens. Nicht nur die Familie, die Gemeinde und im weiteren Sinn die Öffentlichkeit des Wohnortes ist anwesend, sondern Gott selbst fungiert als Zeuge des abgegebenen Versprechens und wacht fortan über dessen Einhaltung. Expliziert wird diese Verstärkung der Verbindlichkeit in Ritas Äußerungen vor allem hinsichtlich ihres eigenen Verhaltens. Impliziert ist darin aber auch die Annahme einer verstärkten Verpflichtung des Ehepartners im Sinne eines wechselseitigen Geschehens.

Doch neben der Verstärkung der Verpflichtung ist Gottes Präsenz in Ritas Verständnis andererseits auch als Verheißung von Hilfe und Unterstützung zu deuten. Diese Unterstützung erfuhr sie in der Vergangenheit und bezieht sie in ihre Erwartungen an zukünftige Höhen und Tiefen selbstverständlich mit ein.

> Rita (4-F-1083): Aber ich denke mir auch, dass mir der Glaube damals auch viel geholfen hat, äh die Sinnlosigkeit mancher Dinge besser vielleicht auszuhalten und zu verstehen.
> Interviewer: Ja, ja.
> Rita: Wenn ich den Glauben nicht hätte, einfach nur so, dann verstehe ich manchmal, dass Menschen, sage ich mal, abdrehen, auch eine Kollegin von mir sollte eben nach W. *(bekannte psychiatrische Klinik)* kommen und so, die Edeltraut, weil sie vielleicht den Glauben nicht haben, dass alles irgendwo einen Sinn hat oder irgendwo einen Weg hat. Man kann's nicht erklären und ich sag ja nicht, dass immer alles super toll ist, sondern ich schimpfe manchmal auch und sage: „Warum hast du das getan oder was soll das irgendwie, ne.“ Also das ist ganz normal, ich rede manchmal mit Gott, sage ich bald so einfach und das ist für mich auch eine Hilfestellung gewesen.

In ähnlicher Weise äußert sich auch Heinrich (vgl. 4-M-1087) und bezieht schließlich beide Aspekte verdichtend aufeinander:

> Heinrich (4-M-1073): Ja äh, der religiöse Hintergrund ist - ich bin kein großer Kirchgänger, aber äh von meiner Kindheit her, äh ich glaube an Gott und zwar so auch recht intensiv, ich bete jeden Tag auch und äh da ist es für mich auch, wenn ich in die Kirche gehe, grade auch wenn's mich persönlich betrifft dann bei so einer Veranstaltung, wenn ich mal so sagen darf, dann ist das Religiöse äh das A und O. Ich weiß ganz genau, wenn ich jetzt sage: „Jawohl, ich äh bis, nicht dass der Tod uns scheidet, sondern äh, was Gott zusammengefügt hat, soll der Mensch nicht trennen", weil ich der hundertprozentigen Überzeugung bin, jetzt auch immer noch, dass der liebe Gott das geschlossen hat.

Auch in Heinrichs Deutung verstärkt die Präsenz Gottes also einerseits die dem Trauversprechen innewohnende Selbstverpflichtung und beinhaltet andererseits die Verheißung des als notwendig empfundenen Beistands für das gemeinsame Leben als Ehepaar, sprachlich ausgedrückt durch die Attribution Gottes als „lieb". Als heilvolles Wirken Gottes deutet Heinrich auch den Beginn seiner Beziehung mit Rita:

> Heinrich (4-M-1093): Na ja, die Zeit ist vorbei gegangen und äh als ich dann sie *(blickt zu Rita)* kennen lernte und dann schon äh so nach einem viertel Jahr schon merken konnte und dann sagen: „Lieber Gott, schönen Dank, nach schlimmen Jahren kommen auch gute Jahre, ne."

Die Überwachung der in der Trauung eingegangenen Selbstverpflichtung verortet Rita als Funktion ihres Gewissens und führt die religiöse Ritualisierung des Versprechens auf diese Weise (vehementer als Heinrich) zurück auf ihre moralisch-immanente Vorstellung von Treue, für die ein Transzendenzbezug keine übergeordnete Rolle spielt.

> Rita (4-F-605): Aber dieses ist ja auch ein inneres Versprechen, ist ein anderes Versprechen, das ist glaube ich schon ein Unterschied, wenn man das betrachtet, also so.
> Heinrich: Das ja, beim Standesamt kann man zwei Tage später sagen, war nichts [...].
> Rita: Kannste bei der Kirche auch sagen, [...].
> Heinrich: [...] aber [...].
> Rita: [...] aber dies Gewissen, was du hast, das ist ein anderes.
> Heinrich: [...] aber vor Gott äh zu sagen, nee, die Entscheidung war doch nicht richtig, das [...].
> Interviewer: Ja.
> Rita: Das ist ein anderes Gewissen.

Anzunehmen ist, dass die so begründete Treuevorstellung mit der Akzeptanz des Änderungsvorschlags des Pfarrers bezüglich des Wortlauts der Traufragen korrespondiert, expliziert er doch sowohl Heinrichs Vorstellung von Gottes Führung („was Gott zusammengefügt hat") als auch Ritas Treuevorstellung („das soll der Mensch nicht scheiden") als Lösung für ihre Angst verlassen zu werden. Aus dieser Perspektive wird also auch inhaltlich verständlich, warum die (lebensgeschichtlich zunächst näher liegende) Formulierung „bis dass der Tod Euch scheidet" von dem Paar nicht vehementer favorisiert wurde, so dass der Eindruck, es habe sich bei der Änderung ausschließlich um ein dem pastoralen Willen geschuldetes Nachgeben gehandelt, zumindest zu ergänzen ist. Zusätzlich spielt auch an dieser Stelle die biographische Nähe zur katholischen Kirche zumindest für Rita eine Rolle, konstruiert sie doch rückblickend eine Plausibilität des Änderungsvorschlags mit Hilfe eines Rückgriffs auf ihre (auf Heinrich projizierte) Wahrnehmung eines katholischen Eheverständnisses:

> Rita (4-F-786): Und ähm dann habe ich gesagt „okay, wenn man darüber nachdenkt, ist es ja auch so." Ich meine, auch wenn man vor der Kirche heiratet, wir haben ja nicht das Sakrament in dem Sinne wie ihr jetzt: „Für immer," aber ähm.

So konstituierte die kirchliche Trauung in der Wahrnehmung des Paares also einerseits eine lebenslang geltende (Selbst-) Verpflichtung höchster Verbindlichkeit und diente andererseits der feierlichen Inszenierung des bereits vor der Heirat gewachsenen Vertrauens zueinander und somit der freudigen öffentlichen Konstatierung des Status quo der Beziehung.

IV. 2. 3. 7 *Die Trauung als lebensgeschichtlicher Übergang*

Vielfach blicken Rita und Heinrich in ihren Erzählungen zur Hochzeit zurück auf ihre jeweilige Lebensgeschichte und greifen in ihren Sinnkonstruktionen zurück auf lebensgeschichtlich prägende Ereignisse.

> Rita (4-F-1077): Vielleicht hat's so sein sollen, das ist ja Schicksal, das ist ja alles, was man sich ja oft hinterfragt: Woher kommt das? Warum kommen die Entscheidungen? Oder warum ist das alles so passiert? Manchmal fragt man sich auch immer, sie wissen ja selber – die Last, warum muss man diese Last tragen? Ist man so stark, dass man deswegen die Last bekommt oder warum eigentlich? Manche gehen so leicht durchs Leben, denkt man manchmal, ist auch nicht immer der Fall, manchmal kommt's bei denen später. Aber manchmal habe ich das Gefühl gehabt, warum trifft es dich?
> Interviewer: Ja.
> Rita: Warum bist du so diejenige? Damals als ich aus dem Haus ausziehen musste, weil es eben finanziell nicht anders war, alle blieben sie da drin. Inzwischen ist das so, dass viele Menschen von deren Schicksal auch so hart getroffen sind, dass ich mal sage, kann man noch dankbar sein, dass alles noch so, so gelaufen ist und so, ne. Aber das sind die Zwiespälte, die man auch mit Gott hat, ich hab ja auch gestöhnt, warum lässt du das alles zu, warum machst du das oder so, ne.

Innerhalb der solchermaßen konstruierten biographischen Kontinuität erhält die kirchliche Trauung einen prominenten Ort und markiert in der Selbstwahrnehmung des Paares einen deutlichen Übergang als Manifestation des Beginns eines neuen Lebensabschnitts, der zugleich auch mit einer Reihe von Abschieden einhergeht:[239] Beide blicken zurück auf ihre ersten Ehen, auf schwere Jahre der intensiven Pflege ihrer Ehepartner und schließlich auf deren Tod. Ritas Sohn ist nach anfänglichen beruflichen und privaten Schwierigkeiten nun selbstständig, lebt in einer eigenen Wohnung und ist nicht mehr auf ihre finanzielle und emotionale Zuwendung angewiesen wie zuvor. Heinrich hingegen bewältigte nach dem Tod seiner ersten Frau den Abschied aus dem aktiven Berufsleben und ist seit drei Jahren Pensionär. Diese lebensgeschichtliche Situation des Paares prägt ihre Deutungen der kirchlichen Trauung entscheidend mit:

> Interviewer (4-I-1096): Jetzt ist die kirchliche Trauung ein halbes Jahr her, hatten wir schon gesagt.
> Rita: Hehem.
> Interviewer: Jetzt blicken Sie zurück, welche Bedeutung hat das für Sie, dieses Ereignis, jetzt von heute aus gesehen?
> Heinrich: Das ist ein einschneidendes Erlebnis im Leben eines Menschen.
> Interviewer: Ja.
> Heinrich: Wir haben zwar vorher schon mal geheiratet, aber äh da ist die Erinnerung ja an eine Hochzeit auch weit, weit zurück. Aber für mich ist jetzt nach einem halben Jahr noch zurück ein einschneidendes Erlebnis und ich bin dem lieben Gott dankbar, dass ich sie kennen lernte und dass sie „Ja" gesagt hat. *(Pause)* Dazu fällt mir ein, das habe ich doch neulich erst, ähm, bei der Traueranzeige für meine Frau, also in der Zeitung, da hatte ich diesen Spruch ausgesucht, kennen Sie vielleicht, ähm, „alles hat seine Zeit". Und da habe ich jetzt neulich nochmal dran gedacht, so ähm, jetzt ist so viel passiert, also bei uns beiden eigentlich, und jetzt haben wir nochmal eine ganz neue Zeit zusammen.

Die bekannten Verse aus dem Buch Kohelet deuteten in der Traueranzeige das Leben und Sterben von Heinrichs erster Ehefrau. Nun, einige Monate nach der kirchlichen Trauung, bezieht Heinrich sie auf seine eigene Lebensgeschichte, die er hier als eine von Gott gegebene, lineare Abfolge von Episoden rekonstruiert, deren Wechsel jeweils durch herausgehobene Zeiten des Übergangs charakterisiert ist.

> Heinrich (4-M-1093): [...] „Lieber Gott, schönen Dank, nach schlimmen Jahren kommen auch gute Jahre, ne."

Ein Zusammenhang zwischen den „schlimmen Jahren" der Pflege und den (erhofften) „guten Jahren" der zweiten Ehe wird in dieser Konstruktion durch die erweiterte Deutung des Bibelwortes über die Geschichte der

---

[239] Vgl. Kap. 5.1 „Bestätigung und Übergang - Die kirchliche Trauung als performative Inszenierung".

ersten Ehe hinaus auf die gegenwärtige und zukünftige Lebensgeschichte hergestellt. Im Rückblick werden in dem durch die kirchliche Trauung evozierten Sinndeutungsprozess also auch bereits (vorläufig) abgeschlossene Kapitel der eigenen Lebensgeschichte aktualisiert und in neuem Kontext rekonstruiert.

Ihre Wahrnehmungen des Übergangs schildern Rita und Heinrich sowohl aus der Innen- als auch aus der Außenperspektive. Während sich die Veränderungen durch die Hochzeit aus der Innenperspektive positiv im Sinne einer verstärkten Verbindlichkeit der Beziehung darstellen,[240] erfahren sie in der Außenperspektive eine ambivalente Bewertung wie die Erzählungen über diverse Reaktionen des sozialen Umfelds des Paares zeigen.[241]

Auf der Ebene der Erzählungen vom Traugottesdienst lässt sich die Wahrnehmung des Übergangs im Moment des Einzugs in die Kirche verorten.

> Rita (4-F-175): Da ist es so richtig bewusst geworden, ähm, dass das da jetzt also ein Akt ist, den wir da wirklich vollziehen, also Standesamt war's ja gar nicht so, aber die Kirche, dass die Freunde gewartet haben, wir kamen da rein irgendwie, das war schon ergreifend, fand ich schön, ja. Das war für mich also eigentlich glaube ich der erste Moment so, den man so hatte, ne.

Durch die bewusste Auswahl verschiedener Elemente werden die Lebensgeschichten von Rita und Heinrich im Gottesdienst repräsentiert und in das Ritual der Eheschließung integriert: Den Trauspruch verknüpft Rita mit einer prägenden Erfahrung aus einer Beziehung ihrer Jugendzeit, zugleich bringt er die ihr wichtigen Aspekte der Treue und des Vertrauens zur Sprache. Die Auswahl der Lieder übernimmt Heinrich nicht allein aus pragmatischen Gründen, sondern auch, um auf diesem Weg seine Identität als katholisch getauftes Mitglied der evangelischen Kirche im Traugottesdienst zum Ausdruck zu bringen. Schließlich bringt die Auswahl des Pfarrers, der Rita bereits an mehrere biographischen Wendepunkten begleitete, eine weitere lebensgeschichtliche Grundierung des Gottesdienstes mit sich und ist in hohem Maß mitverantwortlich für ihre Wahrnehmung der Predigt:

> Rita (4-F-898): Ja, es klang persönlich.
> Heinrich: Ja.

---

[240] Vgl. Kap. 4.2.3.5 „Deutungen zur Funktion der kirchlichen Trauung".

[241] Vgl. Kap. 4.2.3.2 „Liebe im Alter".

Rita: Es klang wirklich auch persönlich ähm, wo er uns drauf mit angesprochen hat und das ist schon – vielleicht eben auch daher, weil er eben vieles kennt, sage ich mal.
Interviewer: Hehem, ja.
Rita: Bestimmt damit auch zusammenhängt, als wenn jetzt ein ganz Fremder, der kann zwar jetzt seine Predigt halten, aber dieses, was die Menschen so sind so vielleicht, das weiß man ja dann doch nicht so sehr.

IV. 2. 3. 8 *Zum genderspezifischen Umgang mit der eigenen Emotionalität*

Auf der Ebene der emotionalen Beteiligung bildet sich das Phänomen des Übergangs in den Erzählungen zum Umgang mit der eigenen Rührung ab. Übereinstimmend nennt das Paar die Predigt und den Moment der Traufragen als emotionale Höhepunkte des Traugottesdienstes. In den Erzählungen vom Umgang mit der eigenen Emotionalität bilden sich dabei genderspezifische Strategien ab. Heinrichs Erzählung von seiner bewussten Kontrolle der stimmlichen Lautstärke bei der Antwort auf die Traufragen lässt sich als retrospektiv reflektierte Kompensationsstrategie verstehen. Das Bedürfnis, emotionale Rührung zu überspielen projiziert er auch auf die Person der Pfarrers, der dieses Ziel in Heinrichs Wahrnehmung durch humorvolle Zwischentöne erreichte.

Rita (4-F-896): Nee, also ich denke, die Worte, dass das also schon rührend war, wenn man anfängt zu schlucken und so, dann ist das schon ein bisschen, bisschen mit viel Gefühl verbunden, sage ich mal.
Heinrich: Bis auf die Trauzeremonie noch, aber ansonsten hat er das sehr gut überspielt mit einer lustigen und auch äh menschlichen Art, wie er äh das gesagt hat, seine Worte, wie die geklungen haben, äh also nicht irgendwie äh formell und so weiter, sondern [...]
Rita: Ja, es klang persönlich.

Während in Heinrichs Erzählungen zur emotionalen Beteiligung also Selbstbeherrschung und Kontrolle ein prägnantes Thema ist, ließ sich Rita spontaner auf das äußere und innere Geschehen der Trauung ein. Dementsprechend unterschiedlich erlebten beide sich selbst auch während der Predigt:

Heinrich (4-M-995): Es geht, jedenfalls mir geht das so, als – immer, weil ich ein bisschen 100% arbeite, es geht ja doch im Kopf immer noch vor: So, wenn das gleich zu Ende ist, draußen, ist die Fotografin da, heute Abend, [...]
Rita: Ich überhaupt nicht.
Heinrich: [...] klappt das mit der Feier und so, ne.
Interviewer: Ja, ja.
Heinrich: Das geht einem doch immer noch etwas durch den Kopf dabei, dass man also zwei Ohren hat.
Interviewer: Ja, ehem.
Rita: Ja, das habe ich überhaupt nicht.

> Interviewer: Nee?
> Rita: Nee! Also ich sag mir, wenn was schief geht, geht was schief, dann kann ich's auch nicht mehr ändern. Also ich bin in der Beziehung ähm, da mache ich mir nicht viele Gedanken drüber. Es ist alles geplant, es ist gemacht und wenn es daneben geht, kann man es auch nicht mehr ändern.
> Interviewer: Ehem.
> Rita: Also das regt mich nicht auf, da habe ich auch nie drüber nachgedacht.
> Interviewer: Ah ja, das hat für sie keine Rolle im Gottesdienst gespielt und?
> Rita: Nee, das hat für mich überhaupt keine Rolle gespielt, ob da draußen welche stehen oder äh – nee, ob das funktioniert oder nicht – nee.

Unbeeinflusst von diesen unterschiedlichen Bewältigungsstrategien zeigt sich jedoch die bewusste Erinnerung an Inhalte der Predigt. Mehr als die bereits erwähnte Thematik „Liebe im Alter" blieb nach einigen Monaten weder Heinrich noch Rita in bewusster Erinnerung.

IV. 2. 3. 9 *Zur Dynamik der Interviewkommunikation*

Im Vergleich mit anderen Interviews spielt in den Erzählungen von Rita und Heinrich die kirchliche Trauung eine bemerkenswert große Rolle. Die Geschichte der Beziehung, die Zeit der Heiratsvorbereitungen oder die aufwendige Hochzeitsfeier nehmen dagegen deutlich weniger Raum ein. Auch die standesamtliche Trauung wird beinahe ausschließlich als kontrastierende Vorlage für Erzählungen von der kirchlichen Trauung thematisiert.

Gründe für diese Gewichtung sind auf verschiedenen Ebenen zu vermuten: Aus der Perspektive der den diversen Hochzeitselementen durch das Paar zugeschriebenen Relevanz deckt sich die konstatierte Gewichtung mit der mehrfach geäußerten Hochschätzung der kirchlichen Trauung.

> Interviewer (4-I-272): Können Sie sagen, was war im Rückblick das Wichtigste an der Hochzeit für Sie?
> Heinrich: Bei der äh [...].
> Rita: Die Trauung, das Wichtigste.
> Heinrich: Die Trauung in der Kirche, das war das Wichtige.
> Rita: Ja, die Trauung, das „Ja".
> Heinrich: Auch das, was im Gedächtnis so hängen bleibt. Äh, Standesamt, kann ich gar nicht sagen, war für mich ein Verwaltungsakt, mehr war es nicht und äh das Wichtigste war für uns, dass wir in der Kirche sagen „Ja" und äh, die – der Ablauf der Trauung und so weiter äh davor, während der Trauung, danach, das war also etwas äh, was hängen bleibt, also so sehr bewegend war, muss man sagen.

Daneben spielten möglicherweise auch lebensstilspezifische Gründe eine Rolle für die Gestaltung des Interviewgeschehens. Die wahrgenommenen Anklänge an einen hochkulturell-traditionsorientierten Lebensstil beeinflussen auch die eigene Außendarstellung, die Rita und Heinrich in ihren

Erzählungen bewusst oder unbewusst konstruieren. Das Bestreben, sich hierbei auf als anspruchsvoll empfundene Inhalte zu konzentrieren und scheinbare Äußerlichkeiten als weniger relevante Nebensächlichkeiten zu behandeln, würde aus dieser Perspektive erklärbar.

In eine ähnliche Richtung wäre Heinrichs Weigerung zu deuten, im Anschluss an die kirchliche Trauung mögliche von Freunden inszenierte Brauchtumselemente zu akzeptieren. Zu erwähnen ist in diesem Zusammenhang auch seine zweimalige Verwendung des Begriffs „Stil“ im Sinne eines Distinktionsmerkmals in Bezug auf Gestaltungselemente der Hochzeit:

> Heinrich (4-M-516): Die Kleidung auch von den Gästen, das war also [...].
> Rita: War aber nichts vorgeschrieben.
> Interviewer: Ja, ja, ja.
> Heinrich: [...] sehr sehr feierlich und äh stilvoll, muss ich sagen.
> Heinrich (4-M-563): Die Standesbeamtin, eine junge Dame, hat es aber sehr gut gemacht, hat vorher noch gefragt, ob wir, ob sie etwas sagen könnte, ob wir das wünschen oder nicht und dann haben wir gesagt: „Ja, selbstverständlich.“ Und dann hat sie also im, den – also, das, was sie über eine Ehe und eine Trauung denkt, gesagt, sehr gut gemacht. Also daher muss ich sagen: „Alle Achtung, auch ganz junge Leute äh haben noch etwas Stil.“

Nicht außer Acht zu lassen ist schließlich die Rolle des Interviewers in der Wahrnehmung des Paares. Rita und Heinrich wurden bereits im Vorfeld des Interviews darüber informiert, dass ein Pastor sie zu ihrer Heirat befragen wird. Ihm unterstellten sie möglicherweise trotz dessen gegenteiliger Beteuerungen und eines relativ unspezifisch angelegten Interviewleitfadens ein geringeres Interesse an den weltlichen Aspekten des kirchlichen Rituals und versuchten also, sich auf den ihm unterstellten Fokus einzustellen. Möglicherweise spielt in diesem Zusammenhang auch das partiell recht direktive Gesprächsverhalten des Interviewers eine Rolle, durch das beispielsweise nicht nur die Sequenz der Fragen nach dem Lebensstil gesteuert wird, sondern das auch den von Heinrich (4-M-688) initiierten Exkurs zur Lebenssituation junger Erwachsener beendet.

Deutlich sichtbar wird im Verlauf der Interviewerzählung zudem die genderspezifische Rollenverteilung, anhand derer das Paar die Konstruktion einer gemeinsamen Deutung der eigenen kirchlichen Trauung im Rahmen seiner Biographie organisiert. Während sich bei einer rein quantitativen Betrachtung der Interviewbeiträge (Rita liefert ca. 60% der Beiträge des Paares, Heinrich ca. 40%) keine gravierende Dominanz konstatieren lässt, zeigt eine inhaltliche Analyse wiederkehrende, genderspezifisch erklärbare Muster: Konnte in den vorangehenden Abschnitten die Relevanz der Themen „Liebe im Alter“ und „Vertrauen und Treue“ für die Selbstwahrnehmung des Paares wahrscheinlich gemacht werden, so zeigt sich nun, dass gerade diese Themen von Rita gesetzt und in der Ausführung dominiert werden. Häufig ist sie es, die in den entsprechenden Sequenzen als erste auf Fragen antwortet und dadurch das Feld für Heinrich bereits strukturiert. Wiederholt spricht Rita zudem in der Interviewerzählung über Heinrich in der dritten Person und kontrolliert auch dadurch seine Position.

> Rita (4-F-1134): Mein Mann liebt den alten Kern sowie. Wenn wir durch die alte Schule gehen und so, das findet er immer so schön und sagt: „Hier müssten wir irgendwo noch wohnen noch im alten Kern." So das mag er eben halt sehr gerne, ne. [...].
> Rita: In V. war das sehr laut usw., aber hier fühlt er sich einfach richtig wohl. Wir wohnen ja richtig ruhig hier und [...].
> Rita (4-F-298): Ich muss sagen, wir sind beide seit '99 zusammen und ähm, mein Mann ist wirklich ein Typ, wo man also wirklich dann sagen kann: Gut, auf den kannst du dich wirklich verlassen.

Bezeichnenderweise kehrt Heinrich diese Dynamik bei dem Thema „Pflegebedürftigkeit" um und spricht seinerseits über Rita in der dritten Person.

> Heinrich (4-M-307): Und wir hatten ja auch äh beide mit unseren ersten Partnern äh unwahrscheinliche Probleme, gesundheitliche Probleme, wir sind ja beide Witwen, sie Witwe, ich Witwer gewesen und äh sie hatte äh lange, lange Zeit äh unter der schweren Krankheit ihres Mannes zu leiden. Bei mir war das Gleiche, meine Frau, die also sehr, sehr schwer erkrankt war und äh während das bei mir vielleicht ein klein wenig erschwerend hinzukam, meine Frau hatte Alzheimer, in sehr jungen Jahren noch und äh, dann die Pflege zu Hause, das ist natürlich äußerst schwierig dabei, ne.
> Interviewer: Hehem.
> Heinrich: Und da – es war niemand da, der helfen konnte. Das äh – und wenn man dann beide das gleiche Schicksal äh gehabt hat und man weiß: Aha, wenn es noch mal auf einen zukommt, man weiß es ja nie, kann man sich drauf verlassen, dass der andere sich drum kümmert.

An dieser Stelle initiiert also Heinrich die Betonung der partiellen Parallelität in Bezug auf die individuelle Lebensgeschichte (nicht ohne dabei das eigene Schicksal gebührend zu betonen) und macht auch auf der Ebene der Interviewdynamik die Relevanz, die der Thematik in seiner Wahrnehmung zukommt, deutlich.

IV. 2. 3. 10 *Zusammenfassung: Zur Funktion der kirchlichen Trauung*

Die vielfältigen Aspekte, unter denen sich die in der Interviewerzählung sichtbaren Eigentheorien analysieren lassen, sind auf je verschiedene Weise bezogen auf die Funktion, die die kirchliche Trauung für Rita und Heinrich primär erfüllt. So konstituiert die kirchliche Trauung in der

Wahrnehmung des Paares einerseits eine lebenslang geltende (Selbst)-Verpflichtung höchster Verbindlichkeit und dient andererseits der feierlichen Inszenierung des bereits vor der Heirat gewachsenen Vertrauens zueinander und somit der freudigen öffentlichen Konstatierung des Status quo der Beziehung.

Sind die lebensgeschichtlichen Hintergründe dieser Deutung auch verschieden, so führen sie doch auf hinsichtlich der Rekonstruktion der kirchlichen Trauung zu kompatiblen Bearbeitungsstrategien, die auf ein Maximum an Verbindlichkeit und (Selbst)-Festlegung zielen. Auf diese Weise kann das Paar im Zusammenhang mit der Trauung eine gemeinsame Biographie konstruieren, die weitgehend auf Parallelität abzielt und die Tendenz hat, Differenzen eher zu nivellieren. Indirekt wird der im Rahmen der kirchlichen Trauung angesiedelte Diskurs des Paares über die eigene Beziehung also zur biographischen Rekonstruktion der Partnerschaft genutzt.

Unter diesem Blickwinkel lassen sich abschließend die dargestellten Interpretationsmöglichkeiten zusammenfassen: Die Rekonstruktion der kirchlichen Trauung als konstitutiv für die verstärkte Verbindlichkeit der bestehenden Beziehung dient der Bearbeitung lebensgeschichtlicher Grundfragen, sei es Ritas Angst vor Betrug und Verlassen oder Heinrichs Frage nach eigener Pflegebedürftigkeit. Einen erhöhten Stellenwert erhält die Konstruktion wechselseitiger Selbstfestlegung durch das relativ hohe Lebensalter beider Partner. Ebenso erhöht die bereits vor der Trauung bestehende persönliche Beziehung zu dem ausgewählten Pfarrer indirekt die Verbindlichkeit des von ihm geleiteten Eheschließungsrituals. Hinter der Konstruktion seiner Rolle (geistliche Autorität und guter Bekannter) verbirgt sich also eine Strategie des Paares, die mit der Funktion der kirchlichen Trauung als Verbindlichkeit konstituierendes Ereignis korrespondiert.

Für die Rekonstruktion des Traugottesdienstes stellt das Trauversprechen eine relevante Größe dar, ist es doch der prominente Haftpunkt für die Wahrnehmung von Konstitution und sinnlicher Darstellung der partnerschaftlichen Verbindlichkeit. Hier zeigt sich besonders die wechselseitige Kompatibilität der jeweils individuellen Deutungen der kirchlichen Trauung, die für die Konstruktion einer gemeinsamen Perspektive notwendig ist. In diese Richtung wird auch die Präsenz Gottes im Moment des Trauversprechens gedeutet, denn auch die von Gott erhoffte Unterstützung und Hilfe dient in der Wahrnehmung des Paares primär der Einhaltung des Versprechens und zielt also auf die verstärkte Verbindlichkeit der Beziehung. Da die primäre Funktion der kirchlichen Trauung für Rita und Heinrich nicht in der Bestätigung und Demonstration des Bestehenden, sondern in der Konstitution einer neuen Qualität von Verbindlichkeit liegt, verbindet sich die Trauung in ihrer Wahrnehmung mit einem lebensgeschichtlichen Übergang.

Die Interviewdynamik ist schließlich geprägt von der Reproduktion einer gemeinsamen biographischen Perspektive des Paares und der Konstruktion von lebensgeschichtlichen Parallelitäten und Kohärenzen mit dem Ziel, die Verbindlichkeit der Beziehung auch auf der Ebene der individuellen Biographie zu stärken.

IV. 3 Sandra und Markus

IV. 3. 1 Zur Interviewsituation

Sandra und Markus bewohnen zusammen mit ihrer 20 Monate alten Tochter Josie eine kleine Dachgeschosswohnung in der Stadt. Sie empfangen mich abends in legerer Kleidung, Sandra ist im sechsten Monat schwanger. Zur Zeit des Interviews ist Sandra 25 Jahre alt, Markus 29 Jahre. Beide sind Angestellte, sie arbeitet als Krankenschwester (zum Zeitpunkt des Interviews in Elternzeit), er als Bestatter.

Das Interview wird im ersten Drittel begleitet durch das Weinen der einschlafenden Tochter, die im zweiten Drittel auf dem Schoß der Mutter sitzend dem Gespräch still und ohne zu stören lauscht. Gegen 21.30h bringt Markus Josie ins Bett und kommt nach wenigen Minuten wieder zurück ins Wohnzimmer. Trotz der Unterbrechungen ist die Atmosphäre konzentriert und ruhig, beide lassen sich nach anfänglicher Unsicherheit auf die Fragen ein und erzählen aus ihrem Leben. Immer wieder gehen sie zur Schrankwand und holen ein weiteres Erinnerungsstück (Fotos, getrockneter Brautstrauß, Stammbuch mit Heiratsurkunde) an den Tisch.

Als ich das Aufnahmegerät abschalte, wird die Stimmung der beiden noch gelöster, Äußerungen in Umgangssprache treten nun vermehrt auf. Manche Sätze werden eingeleitet mit den Worten „jetzt wo das Band nicht mehr läuft [...]“. Inhaltlich werden hier keine neuen Aspekte genannt, sondern die bereits verbalisierten, v. a. zur Familiensituation von Markus, aber auch zu konkreten Abläufen der Feier (sintflutartiger Regenschauer, Anfertigung von Stuhlhussen, Alkoholkonsum im Verlauf des Festes) teilweise noch einmal plastischer und emotionaler dargestellt.

IV. 3. 2 Rekonstruktion der Erzählungen aus der Sicht des Paares

IV. 3. 2. 1 *Herkunft, religiöse Sozialisation und Lebensstil*

Sandra und Markus stammen beide aus einer Kleinstadt in Sachsen-Anhalt und erlebten hier ihre Kindheit und Jugend. Ihre Mütter arbeiten jeweils als Angestellte, der Vater von Sandra ist Berufsschullehrer, der

Vater von Markus selbständiger Bestatter. Beide Familien leben auch gegenwärtig noch in Sachsen-Anhalt, die Eltern von Markus ließen sich scheiden.

So ähnlich also in mancher Hinsicht ihre Herkunft erscheint, so kontrastreich lässt sich ihre religiöse Sozialisation beschreiben. Markus' Kindheit verlief ohne nähere Kontakte zur Kirche, er wurde (der in der DDR vorherrschenden Konvention entsprechend) nicht getauft und nahm die Jugendweihe als selbstverständlichen Bestandteil des Lebenslaufs in Anspruch. Im Alter von 15 Jahren beeindruckte ihn erstmals der durch seine Eltern angeregte Besuch eines mitternächtlichen Weihnachtsgottesdienstes, der in den folgenden Jahren zum festen Bestandteil der Familienfeier wurde. Weitere Annäherungen an kirchliches Leben oder religiöse Fragestellungen verbanden sich damit zwar nicht, das Erlebnis stimmungsvoller Gemeinschaft in der gut gefüllten Kirche spielte jedoch für Markus´ weitere religiöse Entwicklung eine wichtige Rolle.

Im Gegensatz zu Markus wuchs Sandra betont kirchlich auf, ihre Eltern nahmen aktiv am Gemeindeleben teil. So wurde Sandra bereits als kleines Kind getauft, besuchte die Christenlehre und wurde konfirmiert. Auch nach der Konfirmation engagierte sie sich weiter bei der Vorbereitung des Kindergottesdienstes und bei der Aufführung des weihnachtlichen Krippenspiels. Neben ihren Eltern wurde der Pfarrer ihrer Gemeinde zu einer prägenden Größe und begleitete Sandras Lebensweg bis zu ihrem Umzug in den Westen.

Gegenwärtig fühlen sich beide der Kirche als Institution und zunehmend auch der Gemeinde ihres Wohnortes verbunden. Diese Verbundenheit äußert sich im Gottesdienstbesuch zu Weihnachten, darüber hinaus nimmt Sandra mit ihrer Tochter an einer Eltern-Kind-Gruppe der Gemeinde teil. Markus hat als Bestatter Berührungspunkte mit dem Pfarramt und dem Seniorenkreis.

Ausgehend von den im ersten Teil des Interviews abgefragten biografischen Daten und Präferenzen bei der Freizeitgestaltung lässt sich eine grundsätzliche Einordnung des Lebensstils von Sandra und Markus vornehmen. Hinsichtlich ihres Bildungsniveaus und ihres beruflichen Status' sind beide im mittleren Bereich einzuordnen. Die von ihnen gewählte soziale Lebensform ist als Familie mit einem Kind zu beschreiben. Im Bereich der Freizeitgestaltung spielen jugendkulturelle Präferenzen (Sport, Rockmusik, Computer) eine wichtige Rolle, hochkulturelle Aktivitäten (Theater, klassische Konzerte, Oper) bewerten sie dagegen eher gering. Daneben schätzen beide vor allem Tätigkeiten wie Heimwerken, Spaziergänge und die Pflege von Nachbarschaftskontakten als wichtig für ihre Lebensgestaltung ein und lassen eine moderne Normorientierung erkennen. Anhand dieser Merkmale legt sich eine Zuordnung des Paares zur

Gruppe des vom „do it yourself“-Gedanken geprägten, modernen Lebensstils nahe.

Den sozial wirksamen Anknüpfungspunkt an die Kirche stellt (neben dem beruflichen Umfeld von Markus) die vom Paar gewählte Lebensform als Familie mit Kind dar. Über diese Lebensform organisiert sich Sandras Teilnahme und Mitarbeit bei Angeboten der Ortsgemeinde und auch der gelegentliche Gottesdienstbesuch orientiert sich an familiären Anlässen und hohen kirchlichen Feiertagen.

Konsequenzen für zu erwartende Zugänge zur kirchlichen Trauung ergeben sich von hier aus in dreifacher Hinsicht: Legt eine isolierte Betrachtung des Lebensstils eine eher selbstverständliche Inanspruchnahme des kirchlichen Rituals nahe, so ergibt sich aus der ostdeutschen Herkunft des Paares einerseits eine Verschiebung, schließlich heirateten bereits weder Sandras noch Markus' Eltern kirchlich. Andererseits blickt Sandra zurück auf eine intensive Bindung an die Kirche in ihrer Kindheit und Jugend und könnte vor diesem Hintergrund einer kirchlichen Beteiligung an ihrer Hochzeit gegenüber überdurchschnittlich aufgeschlossen sein. Daneben ist im Rahmen der Inszenierung der Hochzeit mit einer lebensstilspezifischen Neigung zur Gestaltung von Feiern mit Eventcharakter zu rechnen, also zur verstärkten Betonung des außeralltäglichen Anlasses durch auffallende Gestaltungselemente.

Hinsichtlich der Verteilung der Geschlechterrollen ist schließlich eine eher traditionelle Arbeitsteilung (vorgezeichnet in der aktiven Berufstätigkeit des Mannes und der familiär-häuslichen Arbeit der Frau) auch im Blick auf die Vorbereitung und Gestaltung der Hochzeit zu erwarten. Möglicherweise bildet sich diese Verteilung auch in der Interviewkommunikation ab, etwa in der vergleichsweise größeren Sprachfähigkeit und Gesprächsbereitschaft der Frau in Fragen zu emotionalen und religiösen Themen. Im Blick auf den konkreten Fall interessieren dabei sowohl die Bestätigungen dieser lebensstilspezifischen Einordnung als auch die individuell gestalteten Abweichungen und Brechungen.

IV. 3. 2. 2 *Beziehungsgeschichte und Entscheidung zur Heirat*

Über gemeinsame Bekannte lernten sich Sandra und Markus bereits als Jugendliche kennen. Die Trennung von Markus' Eltern führte etwa ein Jahr später zu weitreichenden Veränderungen in der damals noch relativ unverbindlichen Beziehung: Markus' Vater forderte von seinem Sohn, sich für ihn und gegen Sandra zu entscheiden und lieferte Markus den Anlass, den Kontakt zu seinem Vater zunächst abzubrechen und aus seinem Elternhaus auszuziehen. Sandra war zu diesem Zeitpunkt 16 Jahre alt und wohnte mit zusammen mit ihren Eltern und ihrer Schwester in der unmittelbaren Nachbarschaft. Hier bat Markus um Aufnahme. Was zunächst als aus der Not heraus geplantes Provisorium erschien, entwickelte sich mit der Zeit zu einer längerfristigen häuslichen Gemeinschaft und bildet im Rückblick für das Paar eine Vorstufe zur Gründung eines gemeinsamen Hausstandes.

Als Sandra nach der Schulzeit einen Ausbildungsplatz in Westdeutschland erhielt, entschloss sich das Paar zum Umzug und begann auch äußerlich ein selbständiges Leben in einer eigenen Wohnung. Die Ablösung von Sandras Familie erlebten sie zu dieser Zeit durchaus ambivalent, einerseits als Freude über die neu gewonnene Freiheit, andererseits als Belastung durch die reduzierte familiäre Unterstützung bei der Organisation des Alltags.

> Markus (6-M-500): [...] bin ich dann nachgekommen und hab mir dann da einen Job gesucht. Ja und von da ab denn zum ersten Mal den eigenen Hausstand, eigene Wohnung, Wohnungssuche. Und da haben wir erstmal mitgekriegt, wie das ist äh, auf eigenen Beinen zu stehen. Auch mit Höhen und Tiefen, ganz ehrlich.
> Sandra: Ja, ja, das war nicht immer einfach, nee, aber das, das ist ja klar, wenn man so jung ist auch. Und dann auch ähm ohne Eltern und ohne Verwandten hier ist, das ist nicht einfach.

Höhen und Tiefen erlebte das Paar in den folgenden Jahren auch miteinander. In einer Zeit der Partnerschaftskrise trennten sich beide, um nach kurzer Zeit jedoch in neu gewonnener Verbindlichkeit zusammen zu leben. Als Sandra wenig später schwanger wird, fasst das Paar den Entschluss zur Heirat.

> Markus (6-M-547): Dann hatten wir einen Grund zum Heiraten.
> Sandra: Wir hatten zwar schon diese Zusammengehörigkeit, aber wir wollten dies Altmodische, dass das Kind einen Namen hat und dass die ganze Familie einen Namen hat.

Die nicht geplante Schwangerschaft stellt in der Rekonstruktion also den entscheidenden Anlass zur Heirat dar, während die in der Wahrnehmung des Paares für eine Eheschließung notwendige Verbindlichkeit der Beziehung bereits unabhängig davon bestand.

IV. 3. 2. 3 *Standesamtliche Trauung*

Zwar inkludierte der Entscheidung zur Heirat für Sandra und Markus auch den Entschluss zur Inanspruchnahme der kirchlichen Trauung, die konkreten Planungen jedoch beschränkten sich angesichts der fortgeschrittenen Schwangerschaft zunächst auf die standesamtliche Trauung, die erst vier Wochen vor dem Geburtstermin stattfand.[242]

> Markus (6-M-554): Wir haben früher kein Aufgebot bekommen. Wir hätten es zwar gerne eher gehabt, aber wir haben uns auch wirklich Zeit gelassen, also ich hab ein bisschen getrödelt. Sie hat zwar gefragt „warst du beim Standesamt, warst du beim Standesamt?" Ich so „nein, nein, nein", ja, Männer halt, ne. *(Lachen)* Ja und vier Wochen vorher war dann eben die standesamtliche.

Hinsichtlich der konkreten Gestaltung des Tages versuchte das Paar einen Kompromiss zu finden: Einerseits sollte der Aufwand (angesichts der später folgenden Feier anlässlich der kirchlichen Trauung) auf ein Minimum beschränkt werden, am liebsten hätten Sandra und Markus den Tag zu zweit verbracht; andererseits hatte bereits Sandras Schwester in Abwesenheit der Eltern geheiratet und dadurch einen familiären Eklat provoziert. So entschied das Paar sich dafür, den Tag mit Eltern und Schwiegereltern zu verbringen.

> Sandra (6-F-574): Also mit Eltern haben wir gemacht. Genau, aber wir haben sonst nichts Großartiges gemacht an diesem Tag, wir sind dann noch Essen gegangenen an diesem Tag mit allen und ähm wir waren dann noch alle hier, haben ein bisschen zusammen gesessen, Kaffee getrunken und, na klar, die haben natürlich auch alle hier geschlafen ähm, aber sonst haben wir gesagt, machen wir nichts Großes. Wir haben gesagt, wir machen dann eine richtige Feier zur ähm kirchlichen Trauung, wenn dann auch das Kind mit getauft wird. Also, das haben wir von Anfang an schon gesagt, dass das so stattfindet.

Rückblickend kommen beide zu einer ambivalenten Bewertung der standesamtlichen Trauung. Einerseits wird sie im Kontrast zur kirchlichen Trauung als reine Formalie rekonstruiert, der weder inhaltliche noch emotionale Relevanz zugeschrieben wird. Diese Haltung findet ihren Ausdruck in der Wahrnehmung des Paares auch in der schlichten Gestaltung der anschließenden Feier. Andererseits spielte angesichts der bevorstehenden Geburt die konventionelle Ordnung und die juristische Absicherung der Familie durchaus eine wichtige Rolle, die in der Interviewerzählung wiederholt mit der standesamtlichen Trauung verbunden wird und im Erleben der Beteiligten einen herausgehobenen Moment darstellt.

> Sandra (6-F-996): Obwohl ich auch da nervös war, das muss ich jetzt auch sagen.
> Markus: Klar, ich hab genauso geschwitzt, weil ab dem Moment ist man ja verheiratet.

---

[242] Vgl. Kap. 5.3.3 „Integration und Separation – Rekonstruktionen des zeitlichen Abstands zwischen standesamtlicher und kirchlicher Trauung".

> Sandra: Ja, das war schon auch was Besonderes, weil man ja wirklich in dem Moment auch das erste Mal ja „mein Mann" sagen konnte, ne, aber das war halt nicht so das, was uns jetzt befriedigt hat, sagen wir mal so.
> Markus: Es war für den Augenblick spannend, aber es ist [...].
> Sandra: Aber danach war es halt nur die standesamtliche Trauung. Genau.

Für die Wahl des gemeinsamen Ehenamens spielten primär konventionelle Gründe eine Rolle. Im Vordergrund stand dabei die Darstellung familiärer Zusammengehörigkeit nach außen, gerade auch im Blick auf das zukünftige Leben mit eigenen Kindern.

IV. 3. 2. 4 *Vorbereitung der kirchlichen Trauung*

Kurze Zeit nach der Geburt der Tochter Josie begannen Sandra und Markus mit der Vorbereitung ihrer kirchlichen Trauung. Zunächst galt es, einen Termin für die geplante Feier auszuwählen. Dabei waren verschiedene Kriterien leitend: Grundsätzlich sollte der zeitliche Abstand zur standesamtlichen Trauung möglichst gering sein;[243] die kirchliche Trauung sollte bei möglichst angenehmen Witterungsbedingungen und also zu einer entsprechenden Jahreszeit stattfinden; die in Verbindung mit der Trauung geplante Taufe sollte vor Josies erstem Geburtstag vollzogen werden; der für die Durchführung der Trauung ausgewählte Pfarrer sollte keine terminlichen Einwände haben. Diese Vielzahl von Bedingungen erfüllte das Pfingstwochenende, das wegen des zusätzlichen Feiertags den auswärtigen Gästen zudem ausreichend Reisezeit zur Verfügung stellte und auch insofern vorteilhaft erschien.

Unkomplizierter gestaltete sich die Auswahl des Kirchenraumes. Da sowohl Sandra als auch Markus prägende religiöse Erlebnisse ihrer Kindheit und Jugend mit der Kirche ihres Heimatortes verbanden, sollte hier auch ihre kirchliche Trauung stattfinden. Der Pfarrer ihrer Jugendzeit war jedoch bereits im Ruhestand und musste erst von dem Anliegen des Paares überzeugt werden.

> Sandra (6-F-217): Also, wichtig war mir, dass es, ähm dass mich unser Pfarrer getraut hat, der mich auch schon getauft und konfirmiert hat.
> Interviewer: Ja.
> Sandra: Das war mir extrem wichtig. Der ist nicht mehr in Amt und Würden, aber ähm der hat das quasi als äh Ausnahme für mich gemacht, weil ich halt auch von H. komme. Er hat das extra betont, weil ähm wenn ich jetzt noch dort leben würde, weil wir haben uns ja in S. taufen, äh trauen lassen, da wo wir beide her kommen und [...].

---

[243] Vgl. Kap. 5.3.4 „Relevante Faktoren für die Deutungen der standesamtlichen Trauung".

> Interviewer: Ja.
> Sandra: [...] ähm dadurch hatten wir das Glück, dass wir da nicht mehr wohnen und er dadurch gesagt hat „gut, dadurch kann ich das verantworten“. Sonst hätte er es nicht gemacht, weil dann alle gekommen wären und gesagt hätten „aber Herr Loepel, sie kennen doch mich und ich möchte gern“. Und das war mir sehr wichtig. Also während der gesamten Trauung, weil der mich natürlich auch kannte von ganz klein auf und ähm das war generell so ein schönes, so eine schöne Sache, weil der jetzt auch Josie dann getauft hat. Wir haben ja Josie mit taufen lassen gleich danach, nach der Trauung und ähm ja das war mir sehr wichtig.
> Interviewer: Ja. Weil sie den einfach von früher sehr gut kennen, ne?
> Sandra: Ja, weil ich ja immer gesagt habe: „Pfarrer Loepel, Sie müssen mich mal trauen.“ Das war schon immer so also das [...].
> Interviewer: Ja, ja.
> Sandra: [...] das habe ich schon gesagt, da war an Hochzeit noch nicht mal zu denken. *(lachen)*

Bevor jedoch die genauere Planung des kirchlichen Rituals mit dem Pfarrer besprochen werden konnte, ergaben sich aus der Sicht von Sandra und Markus überraschende Schwierigkeiten. Markus hatte im Vorfeld von Bekannten die Information erhalten, dass seine Konfessionslosigkeit für die Inanspruchnahme der kirchlichen Trauung keine Rolle spielen würde. Anders beurteilten es dagegen sowohl der aktuell in der Gemeinde tätige Pfarrer als auch der für die Trauung ausgewählte Pensionär. Beide sahen zwar für die grundsätzliche Durchführung der Trauung keine Hindernisse, wiesen jedoch nachdrücklich auf konkrete Einschränkungen im Ablauf des Rituals hin. Während der Amtsinhaber den Verzicht auf den Ringwechsel und den Segen des Paares forderte, bot der Pensionär eine abgemilderte Form der Einschränkung an:

> Markus (6-M-265): Na ja, da ging, da gingen dann auch so drei vier Tage ins Land bis wir ihn dann endlich mal am Telefon hatten, weil er auch unterwegs war oder Urlaub hatte. Na ja, er hatte eben frei und dann haben wir uns nochmal bei ihren Eltern getroffen und da hieß es denn auf einmal äh „einen Ringwechsel können wir machen, aber es gibt keinen Segen.“

Nach reiflicher Überlegung fasste Markus den Entschluss, sich in der Gemeinde seines gegenwärtigen Wohnortes taufen zu lassen und also im Vorfeld der Trauung Kirchenmitglied zu werden.

Zur Vorbereitung des kirchlichen Rituals folgten zwei Traugespräche in Sandras Elternhaus, die das Paar rückblickend detailliert schildert. Während sich das erste Gespräch neben administrativen Notwendigkeiten vorwiegend mit der Beziehungsgeschichte und ausgewählten biographischen Daten beschäftigt, dient das zweite (eine Woche vor der kirchlichen Trauung) der konkreten Planung des Traugottesdienstes. Details des Ablaufs (Einzug, Ringwechsel, Traufragen) werden ebenso besprochen wie Wünsche zur musikalischen Gestaltung.

Den Kontakt zu dem Pfarrer erlebten beide grundsätzlich als angenehm, nicht zuletzt weil ihre Gestaltungswünsche (Brautübergabe, Liedauswahl) positiv aufgenommen wurden. Im zweiten Gespräch fühlte sich Markus jedoch angesichts eines längeren Monologs des Pfarrers erschöpft:[244]

Markus (6-M-835): Nee, überrascht eigentlich nicht, aber irgendwann habe ich mich so ein bisschen zugekippt gefühlt mit dem Thema Kirche [...].
Sandra: Ach so, mit den Infos.
Markus: [...] oder mit Infos generell. Weil, wie gesagt, ich hatte vorher nicht wirklich was damit zu tun und äh irgendwann wurde es mir zu viel. Das Gespräch hat ungefähr zwei, drei Stunden gedauert, so lange wie ich noch das mit diesem Spielball hin werfen, dieses Zuspiel war noch okay, aber zum Schluss hat er denn wirklich ähm mir nicht versucht beizubringen, sondern hat mir erklärt [...].
Sandra: Versucht, in einer Stunde die Kirche nahe zu bringen.
Markus: Also das, was ich 16 Jahre lang versäumt habe, hat er versucht, in einer Stunde [...].

Nicht nur der Traugottesdienst wurde im Vorfeld genau geplant, sondern auch die sich daran anschließende Hochzeitsfeier. Sandra und Markus orientierten sich dabei (auch in Abgrenzung) an Hochzeiten von Freunden, die sie mit erlebt hatten. Für die Rekonstruktion des Festes sind zwei Motive leitend: Einerseits sollten die Gäste möglichst frei und unbefangen mit dem Paar feiern können, andererseits sollten in der Dramaturgie des Tages keine Pausen oder retardierenden Momente entstehen. An diesen Motiven orientierte sich nicht nur die Terminauswahl, sondern der Zeitplan des Hochzeitstages.

Markus (6-M-645): Ja, Glockenschlag. Also wie gesagt, wie sie schon sagte, mit dieser Trauung um 17 Uhr. Weil wir haben eine Hochzeit mitgemacht, da fand die Trauung um 12 Uhr in der Kirche statt, danach ging es gleich rüber ins Cafe, ins Restaurant, wo man eben gefeiert hat, und es gab Kaffee, äh es gab Mittagessen und danach platzte diese Feier. Der eine ist nochmal spazieren gegangen, der andere ist nochmal nach Hause gefahren, äh der andere hat sich nochmal umgezogen, der andere hat sich gesagt „ach, ich geh nochmal schnell aufs Hotelzimmer, ich leg mich nochmal eine Stunde hin“ und auf einmal war von dieser Feierlichkeit nichts mehr über. Wir haben gesagt, das machen wir nicht, wenn wir von der Kirche mit Fototermin und allem drum und dran, dann geht es aber auch gleich auf den Saal. Dann wird gewartet, bis sich alle so ein bisschen gesammelt haben, bis alle Gratulanten durch sind, denn wird

[244] Vgl. Kap. 5.4.2.1 „Rekonstruktionen der pastoralen Rolle im Traugespräch“.

> Abendbrot gegessen oder dann wird das Büfett eröffnet und dann gehen aber auch gleich die Feierlichkeiten los. Dass man erst gar nicht so, so eine Bremse mit hat [...].

Der konkrete Ort der Feier trug in der Wahrnehmung des Paares viel zu einer positiven Atmosphäre bei und wurde deshalb mit besonderer Sorgfalt ausgewählt und geschmückt.

> Markus (6-M-679): Und wir hatten, zu dem Saal hatten wir so gewisse Anforderungen, so okay, er muss groß sein, es muss alles in einem Raum sein, nicht dass man in dem Raum isst, in dem Raum tanzt, in dem Raum sich unterhält. Weil es ist, es würde irgendwo die Sache platzen lassen, es muss alles in einem Raum stattfinden. Und da hatten wir von meiner Tante den Tipp bekommen, ein alter Bahnhof in F. äh und der nimmt wirklich Preise wie zu DDR-Zeiten, das muss ich wirklich so sagen. Das war nen Appel und nen Ei, was der genommen hat. Der hat keine Saalmiete genommen, ein Büfett müssten wir organisieren, aber das Bier mit 1,20 und der Schnaps mit 80 Cent, da haben wir gesagt, da kann man nicht meckern. Also da können die Leute also wirklich mal ein bisschen mehr trinken als gewollt. Und was meine Frau eben so schön fand, das waren so Stuhlhussen *(Sandra verlässt den Raum)* und äh dadurch, dass da auch noch so alte DDR-Stühle waren, die zwar bequem waren, weil richtig schönes großes Polster sind, die nicht hübsch waren. Da haben wir gesagt, wo kriegen wir Stuhlhussen her? Und da haben wir uns im Internet schlau gemacht und da kam eine so sieben, acht Euro. Und da haben wir gesagt, „Menschenskinder, wenn wir da so 60 Stuhlhussen brauchen, das wird richtig teuer", ja. Ende vom Lied ist, sind wir nach Ikea gefahren, meine Frau hat eine Nähmaschine und dann hab ich mal 60 Stuhlhussen genäht.

Getrübt wurden die positiven Wahrnehmungen der arbeitsintensiven Vorbereitungszeit von Spannungen zwischen den beiden Herkunftsfamilien, die seit langem bestanden und im Rahmen der geplanten Hochzeit erneut aufbrachen. Im Mittelpunkt stand der Konflikt mit Markus' Vater, der Sandra schon am Anfang der Beziehung mit Markus ablehnte und sich auch ihrer Familie gegenüber nicht aufgeschlossen zeigte. In der konkreten Planung der Hochzeitsfeier erwies sich vor allem die Konzeption einer Sitzordnung als konfliktträchtig und nötigte alle Beteiligten zu Kompromissen.

IV. 3. 2. 5 *Die kirchliche Trauung und Taufe*

Bei der Zeitplanung des Hochzeitstages berücksichtigten Sandra und Markus neben der Vermeidung retardierender Momente auch ihre eigene Situation als Eltern eines Kleinkindes, das nur für eine begrenzte Zeit auf ihre Anwesenheit verzichten konnte. Auch deshalb begann der Gottesdienst erst um 17.00 h.

Gegen 14.30 h traf sich das Paar bereits mit der zu diesem Zweck engagierten Fotografin vor der Kirche, um in diversen, die konventionelle Geschlechterrollenverteilung ironisch-affirmativ aufnehmenden Posen fotografiert zu werden. Der Status des Verheiratetseins wurde hier nicht nur durch die festliche Kleidung, sondern auch durch das Tragen der Eheringe bereits vor der kirchlichen Trauung dokumentiert, um nach dem Ende des Gottesdienstes einen möglichst straffen Übergang zu der Hochzeitsfeier zu ermöglichen.

Die Ringe hatten Sandra und Markus auch bei ihrer standesamtlichen Trauung gewechselt und seitdem an der Hand getragen. Als eine Art Steigerung hatte sich Markus im Vorfeld der kirchlichen Trauung eine Überraschung für Sandra erdacht und ihren Ehering ohne ihr Wissen gravieren lassen.

> Markus (6-M-1020): Genau, da habe ich dann den Spruch eingravieren lassen: An deiner Hand ein Leben lang!

Sein Plan, Sandra nach der kirchlichen Trauung in einem ruhigen Moment auf die Gravur aufmerksam zu machen, wurde von der Vorwegnahme des Ringwechsels während der Fotosession durchkreuzt. Die Intimität der Paarbeziehung wurde überlagert von dem Bestreben, die Heirat in möglichst ein-drücklichen Motiven medial zu dokumentieren.

> Markus (6-M-1029): Da war der Gag vorbei, aber [...].
> Sandra: Wieso, das war trotzdem schön.
> Markus: Ja, es war aber nicht so wie geplant.
> Sandra: Das ist es ja meistens nicht.

Der Traugottesdienst begann in der Wahrnehmung des Paares mit einem der Höhepunkte des Ablaufs. Während sich Markus und der Pfarrer im Altarraum positioniert hatten, wurde Sandra von ihrem Vater in die Kirche geführt.

> Sandra (6-F-732): Schon alleine diese Orgelmusik, was ja dann schon was, ja wie sagt man das, wenn einen so was berührt einfach, ne, weil es ja dann auch so ein emotionaler Moment ist, wobei das für mich dann schon natürlich noch viel mehr, weil mich alle Leute dann im Brautkleid natürlich auch gesehen haben und das ja auch ein schöner Moment ist. Aber auch so, ja halt einzuziehen.
> Markus: Es vergehen Stunden bis man da vorne steht und dann wartet bis seine Braut reinkommt, ewig, ewig, man weiß ganz genau, es sind nur 40 Leute, die da sitzen, aber jeder Blick oder wenn man reinkommt, das ist wirklich, es gucken alle.

Während Markus diese Einzugsvariante primär als visuellen Effekt deutet, der den Auftritt der Braut am wirkungsvollsten zu inszenieren vermag, und dabei auf die mediale Vorbilder als Experten der Inszenierung verweist, wehrt sich Sandra zunächst gegen diese Deutung und führt stattdessen die symbolische Trennung von ihrem Vater im Rahmen des kirchlichen Rituals als ausschlaggebendes Motiv für die Wahl der Einzugsvariante an. Der wirkungsvollen Inszenierung gesteht jedoch auch sie im weiteren Verlauf der Interviewerzählung eine gewisse Relevanz zu.[245]

Während des Gottesdienstes erlebte sich das Paar als vollständig auf den Pfarrer und den liturgischen Ablauf in ihrem Blickfeld konzentriert, das Geschehen in ihrem Rücken entzog sich weitgehend ihrer Wahrnehmung. Auch Josie, die in den Reihen der Familie bei Sandras Schwester saß, konnte trotz lautstarker Teilnahme am Gottesdienst die Aufmerksamkeit ihrer Eltern nicht grundlegend ablenken.

> Markus (6-M-924): Also, ich hab mich eher da so mitreißen lassen von meiner Frau, muss ich ehrlich sagen, weil ja, weil wie gesagt die Beziehung zwischen dem Pfarrer und meiner Frau war ja schon von klein auf. Und äh diese, ja da kamen dann immer so diese leuchtenden Kinderaugen bei meiner Frau und das ist vergleichbar wie mit so einem Konzert: Die Musik kann noch so schlecht sein, wenn 20.000 springen, springt man mit. Und wie gesagt und das war so [...].
> Interviewer: Also, es hört sich so an, als wär das eigentlich durch die ganze Trauung hindurch so dieser Zustand?
> Sandra: Ja, also bei mir ja, also bei mir auf jeden Fall. Also ich hab während der ganzen Trauung von allem anderen nichts mitbekommen, außer dass, man hat natürlich im Hintergrund gehört, dass Josie quakte, aber selbst da haben wir uns nicht umgedreht oder sonst irgendwas, also ich zumindest [...].

Die intensive Konzentration auf den Vollzug des Rituals führt das Paar primär auf die individuelle Gestaltung durch den Pfarrer zurück. Durchgängig erlebten Sandra und Markus dessen Worte als abgestimmt auf ihre persönliche Lebensgeschichte. Vermutlich trugen zwei Faktoren entscheidend zu dieser Wahrnehmung bei: Sandras langjähriger Kontakt zu dem Pfarrer und die ausführlichen Traugespräche ermöglichten die Projektion von lebensgeschichtlichen Aspekten auch auf allgemein gehaltene Formulierungen. Markus zieht darüber hinaus in der Interviewerzählung aus seiner Perspektive als Bestatter den Vergleich zu der in seiner Wahrnehmung gängigen pastoralen Praxis und expliziert auf diese Weise die Negativfolie seiner Wahrnehmung des eigenen Traugottesdienstes:

> Markus (6-M-938): Also, wie gesagt, aus meiner beruflichen Sicht habe ich ja schon einige Pastoren reden hören und da kann man ja eigentlich sagen, dass sich so Trauerfeiern und Trauungen so fast, ja nicht identisch sind, aber vom Ablauf her eigentlich so gleich. Man macht es nur so einmal. Also bei einer Beerdigung auf jeden Fall und bei einer Trauung sollte man es auch nur ein-

[245] Vgl. Kap. 5.6.3 „Einzug und Auszug".

> mal im Leben machen. Und äh da kam und da habe ich vieles schon bei Trauerfeiern gehört, wo man sagt „Mensch, die Rede hat doch der vor 20, vor 2 Tagen schon mal gehalten, da sind ja bloß die Namen gewechselt worden". Und bei dem Pfarrer Loepel war das so, man hat genau gewusst, der meint nur uns. Die Rede oder die Zeremonie kann der nie wieder auf jemand anders münzen äh, äh unsere Trennung hat der grob mit eingebaut, äh, äh die acht Jahre in H., äh das ganze Drunter und Drüber und so, da hat man so gemerkt „okay, der meint jetzt nur uns."

Deutlich wird in den Erzählungen des Paares, dass die äußere Gestaltung des Traugottesdienstes keineswegs exotische Elemente integrierte, die nicht auch für andere Trauungen verwendbar gewesen wären. So dürfte die von Markus betonte Erwähnung von biographischen Details in der Traupredigt durchaus zum Standard evangelischer Trauungen gehören. Anzunehmen ist, dass weniger das Reden und Handeln des Pfarrers während der Trauung als die dargestellten Konstellationen in der Vorbereitung des Rituals hierfür eine konstitutive Rolle spielten.

Die bewusste Erinnerung des Paares an Predigtinhalte beschränkt sich auf einen Motivkomplex, nämlich auf Aussagen zu Höhen und Tiefen im partnerschaftlichen Zusammenleben als integrativem Bestandteil jeder Ehe. Diese Aussagen illustrierte der Pfarrer mit Details seines eigenen Ehelebens und erzielte dadurch in der Wahrnehmung des Paares eine erhöhte Anschlussfähigkeit bei seinen Adressaten. Zudem konnten Sandra und Markus die bereits vor der Heirat durchlebten Krisen ihrer Beziehung gut mit diesem Motiv verknüpfen und auf ihre Erwartungen und Befürchtungen für die gemeinsame Zukunft beziehen.

Im Zusammenhang mit den Traufragen erzählen Sandra und Markus von gesteigerter Nervosität, die sie einerseits auf die körperlich aktive Beteiligung am Geschehen zurückführen, andererseits aber auch über den Vergleich mit dem standesamtlichen Versprechen auf die inhaltliche Gewichtung beziehen und als hervorgehobenen Akt innerhalb des Traugottesdienstes deuten. Die Variante des vom Paar formulierten Trauversprechens war den beiden seit der Hochzeit eines befreundeten Paares (und vermutlich auch durch mediale Vorbilder) bekannt, stellte jedoch in Sandras Wahrnehmung eine potentielle Überforderung der eigenen Konzentrationsfähigkeit dar und wurde deshalb für die eigene Trauung nicht gewählt.

In den Gottesdienstablauf wurde auch die Taufe von Josie integriert, die in der Interviewerzählung im Vergleich mit der Trauung jedoch eine untergeordnete Rolle spielt. Auch die Platzierung im Kirchenraum (Sandra und Markus nebeneinander im Altarraum, Josie in der Gruppe der Familienangehörigen) bildet diese Zuordnung ab, die das Paar nicht als Gewichtung der Relevanz, sondern als Betonung des jeweils eigenständigen Charakters beider Rituale deutet.

> Markus (6-M-747): Was ich sehr schön fand wie in dem Foto, dass der Altarraum, dass das zwei unterschiedliche Bereiche waren. Dass man da stand, da fand die Trauung statt von uns und denn eben einmal durch diesen Altarraum zum Taufbecken, so dass Josie nicht irgendwo dazwischen reingedrückt worden ist, so jetzt machen wir mal noch schnell eine Taufe, sondern dass wir wirklich den kompletten Bereich gewechselt haben.
> Sandra: Ja, wir hatten zwischendurch noch ein anderes Lied dann gesungen, das auf die Taufe mit eingestimmt hat.
> Interviewer: Ja, so dass dann auch ein eigenes Fest war.
> Markus: Genau, ein eigener Moment war, einen eigenen Charakter hatte, genau.

Für die Gestaltung der Taufe hatte der Pfarrer ohne Wissen des Paares einen Text ausgewählt, den die Paten wie einen selbst verfassten Brief an Josie am Taufbecken stehend vorlasen, um auf diese Weise ihr Taufversprechen zu explizieren. Hinsichtlich der musikalischen Gestaltung spielte die Integration der Taufe in den Traugottesdienst vor allem bei der Auswahl der Lieder eine Rolle. Auch in diesem Zusammenhang stand in der Wahrnehmung des Paares eher die Eigenständigkeit beider Anlässe im Vordergrund, die durch jeweils thematisch als passend empfundene Lieder zum Ausdruck gebracht wurde. Grundsätzlich deuten Sandra und Markus die musikalische Gestaltung als Verstärkung und Unterstützung der liturgischen Inszenierung.

> Markus (6-M-890): Was für Lieder, wir hatten auch gefragt, ob vielleicht zu dem Zeitpunkt gerade ein Chor übt oder probt [...].
> Sandra: Ja, das wär natürlich nicht schlecht gewesen, wenn da noch ein Chor gesungen hätte, aber das war schwierig, weil wir hätten einen kriegen können, aber der hätte viel Geld gekostet.
> Markus: Na ja also das, viel Geld und zum zweiten war der Chor nur zur halben Besatzung, weil es Pfingsten war und da waren die Hälfte der Chormitglieder [...].
> Sandra: Aber das wär in der Kirche noch durch die Akustik mit Sicherheit noch schöner gewesen, noch verschnörkelter und kitschiger. *(Lachen)*

IV. 3. 2. 6 *Die Hochzeitsfeier*

Nach den obligatorischen Gruppenfotos vor der Kirche fuhr die Gesellschaft zu dem ca. 30 Kilometer entfernten Saal, in dem die weitere Feier stattfinden sollte. Für das Brautpaar hatte Markus' Schwester das Auto ihres Chefs ausgeliehen, um so auch die Autofahrt zu einem außeralltäglichen Ereignis werden zu lassen. Vor allem Markus erzählt während des Interviews mit spürbarer Begeisterung davon.

Die eigentliche Feier begann – dem Willen des Paares entsprechend – ohne weitere Verzögerungen und wird in der Rekonstruktion in einen offiziellen Teil und (mit fließendem Übergang) einen eher informellen Teil untergliedert.

> Sandra (6-F-646): Das ist ja der offizielle Teil, wo man so mit der, ja erst hat man den Sektempfang und dann hat man den offiziellen, dass mein Papa ja auch noch eine Rede gehalten hat vor dem Essen.
> Interviewer: Ah, ja genau, das hätte ich jetzt auch fragen wollen, gab es Reden?
> Sandra: Ja, also mein Papa hat eine Rede gehalten [...].
> Interviewer: Hm, hm.
> Sandra: [...] und ähm ja und wir haben uns auch nochmal bei allen bedankt und haben quasi das, nach der Rede von meinem Papa, das Büfett eröffnet, ja.

Zahlreiche von den Gästen organisierte Spiele und der Eröffnungstanz des Brautpaares leiteten im Anschluss an das gemeinsame Essen den informellen Teil des Festes ein. Um ihren Gästen ausgiebigeren Alkoholkonsum (und damit eine möglichst gelöste Stimmung) zu ermöglichen, hatten Sandra und Markus einen Fahrdienst organisiert und versuchten also auch in dieser Beziehung (neben der Terminwahl und der aufwendigen Dekoration des Saales), ihren Gästen eine ausgelassene Feier zu ermöglichen.

Ähnlich wie bei den Erzählungen zur Vorbereitung der Hochzeit rekonstruiert das Paar auch die Feier anhand einer grundsätzlich positiven Bewertung, die allerdings durch Konflikte innerhalb der Herkunftsfamilien getrübt wird.

> Sandra (6-F-433): Schade war es nur, dass sie sich für diesen Tag einfach nicht zusammen reißen konnten, das fand ich sehr schade, dass man nicht an diesem Tag gesagt hat: „Mensch, es geht jetzt mal nicht um mich, sondern um meinen Sohn oder um meine Schwiegertochter“ oder wie auch immer, sondern dass es dann schon so ausgetragen wurde, das fand ich schade.
> Interviewer: Also es war auf der Feier dann auch spürbar sozusagen für jemanden, der sich auskennt?
> Sandra: Ja schon, schon, schon. Also für uns zumindest, wir wussten das ja. Ich denke jeder andere, der, der von der Geschichte nichts wusste, denke ich hätte, hat das auch nicht so gespürt, aber so wir haben das dann schon gemerkt. Das ging dann nachher beim Hochzeitstanz, dass wir dann, dass dann da zwei Leute verschwunden waren halt einfach von seiner Familie. Oder sein Vater halt verschwunden war und dann na ja so bei so wichtigen Anlässen halt, dass er sich da so aus der Affäre gezogen hat, was ich persönlich sehr schade fand. Ich denke mal vielleicht mein Mann nicht so sehr, weil der sich damit abgefunden hat, aber ähm ja das fand ich schon blöd.

Die im Vorfeld der Feier ausgehandelten Kompromisse für die Sitzordnung erwiesen sich nicht als tragfähig, um ein harmonisches Miteinander zu gewährleisten. Wieder stand Markus' Vater (auch durch temporäre Abwesenheit) im Zentrum des Konflikts und enttäuschte Sandras Hoffnung, dass am Tag ihrer Hochzeit individuelle Interessen denen des Brautpaares untergeordnet würden.

IV. 3. 3 Schwerpunkte und Interpretationsmöglichkeiten

IV. 3. 3. 1 *Zugehörigkeit als Deutungsmuster der kirchlichen Trauung*

Markus' Rekonstruktionen der Vorbereitung der Hochzeit und seine Erzählungen von der kirchlichen Trauung lassen ein durchgängiges Muster erkennen, das die Frage der Zugehörigkeit problematisiert und einer Lösung zuführt. Die Relevanz dieses Feldes bildet sich auf verschiedenen Ebenen ab:

Die Erzählungen zur Vorbereitungszeit sind geprägt von der Frage, wie Markus als Konfessionsloser sein Bedürfnis nach Zugehörigkeit im Rahmen der kirchlichen Trauung mit der Interpretation der kirchenrechtlichen Bestimmungen durch die beiden beteiligten Pfarrer in Einklang bringen könnte. Als konkrete liturgische Haftpunkte dieser Frage werden der Segen des Brautpaares und der Ringwechsel diskutiert. Vor allem der gemeinsame Segen spielt denn auch in Markus' retrospektiver Wahrnehmung des Traugottesdienstes eine prominente Rolle und wird von ihm als Höhepunkt der Trauung identifiziert.[246]

Auch die Darstellung von Zugehörigkeit durch konkrete Anordnungen von Personen im Raum spielt in Markus' Erzählungen in doppelter Hinsicht eine Rolle. Zum einen betont er im Rückblick auf den Traugottesdienst die in seiner Wahrnehmung positiv zu bewertende Platzierung aller Anwesenden im Altarraum der Kirche:

> Markus (6-M-368): Eine wunderschöne Kirche in S. und äh ja hier fand die Trauung statt. Und der Pfarrer hat gefragt, wie viel wir in etwa wären, und da haben wir gesagt, ja ungefähr 30 bis 40 für einen intimen Kreis, also Freunde und Bekannte sind dann gleich zum Saal durchgefahren. Weil wir fanden es sehr schön, alle Leute saßen hinter dieser Balustrade, sag ich jetzt mal, also hinter diesem [...].
> Interviewer: Ah, ja also in diesem Bereich vorne.
> Markus: In diesem Altarbereich.
> Sandra: Genau, das sieht man vorne, da wo die Stühle dann stehen.
> Interviewer: Ach so, dass man dann so eng beieinander dann ist.
> Markus: Richtig, also es saß keiner hinter dieser, diesem Zaun sondern es gehörten irgendwo alle in diesem Moment mit dazu. Das fanden wir sehr schön.

---

[246] Vgl. dazu auch Kap. 5.1.4 „Empirische Wahrnehmungen des Übergangs".

Zum anderen entzündeten sich familiäre Konflikte in der Wahrnehmung des Paares im Vorfeld der Hochzeit und auch während der Feier vornehmlich an möglichen Konzeptionen der Sitzordnung im Saal und der von den Beteiligten darauf projizierten Frage nach Nähe und Distanz sowie grundsätzlicher Zugehörigkeit zueinander.

Schließlich spielt die Frage der Zugehörigkeit in Markus' Wahrnehmung eine wichtige Rolle für die Entscheidung zur Eheschließung. Im Zuge der Gründung einer eigenen Familie soll durch die Heirat Zusammengehörigkeit nicht nur nach außen demonstriert, sondern auch innerhalb des Familiensystems konstituiert werden. Dabei sieht sich vor allem Markus als werdender Vater in seinen Rechten und Pflichten dem erwarteten Kind gegenüber und somit auch in seiner familiären Zugehörigkeit gestärkt.

Die Frage nach Zugehörigkeit erhält für Markus ihre besondere Relevanz durch seinen lebensgeschichtlichen Hintergrund. Als Jugendlicher erlebte er die Trennung seiner Eltern intensiv mit und distanzierte sich darüber hinaus von seinem Vater bis hin zum fluchtartigen Auszug aus seinem Elternhaus. Vermutlich trugen diese prägenden Erfahrungen innerfamiliärer Trennungen entscheidend zu Markus' Sehnsucht nach verbindlicher Zugehörigkeit bei.

Diesen lebensgeschichtlichen Grundkonflikt rekonstruiert Markus in seinen Deutungen zur kirchlichen Trauung vornehmlich anhand des Motivs der Kirchenmitgliedschaft, die in seinen Erzählungen gleichermaßen als Problem und Lösung des Konflikts fungiert. Während der Vorbereitung der kirchlichen Trauung stellte die Kirchenmitgliedschaft ein unerwartetes Problem für Markus dar, bekundeten doch beide Pfarrer in den Vorgesprächen die Absicht, aus seiner Konfessionslosigkeit sichtbare Konsequenzen bei der Durchführung des Rituals zu ziehen. Die Rekonstruktion der Gespräche in der Interviewerzählung lässt dabei eine spezifische Dynamik der Problematik erkennen: Zunächst stand (im Gespräch mit dem amtierenden Gemeindepfarrer) die Durchführung der Trauung unter Verzicht auf Ringwechsel und Segen des Paares zur Debatte. Angesichts dieser Option bewertete Markus den Segen weniger hoch als den Ringwechsel.

> Markus (6-M-249): Und den Segen kann ich nachvollziehen, weil wenn ich nicht in der Kirche bin, kann ich den Segen nicht empfangen. Aber dieser Ringwechsel, das war eigentlich mit ausschlaggebender Punkt, weil ich sage, na ja, das ist so, kann man sich so ein bisschen aus den Medien ableiten, zu einer Hochzeit mit Familie, dieser Ringwechsel, der gehört dazu.

Scheint bei isolierter Betrachtung also vorwiegend die Orientierung an massenmedial vermittelten Bildern der kirchlichen Trauung leitend für den weiteren Umgang mit der Frage der Kirchenmitgliedschaft gewesen zu sein, so nötigt der weitere Verlauf der Erzählung zu einer differenzierteren Betrachtung. Als nämlich wenige Tage später der emeritierte Pfarrer in einer abweichenden Interpretation der kirchenrechtlichen Bestimmungen den Ringwechsel zuzulassen bereit war (und somit eine scheinbar unkomplizierte Lösung des Problems anbot), hatte sich Markus' Wahrnehmung des Segens zwischenzeitlich verändert:

> Markus (6-M-267): Genau. Der sagt, also ich kann mit dem Ringwechsel, den können sie ruhig machen, aber den Segen kriegt nur sie, aber an dem Zeitpunkt war ich dann schon so weit, wo ich mir gesagt habe „nee, wenn dann wirklich zu 100% kirchlich und alles, was dazu gehört." Ja und denn im November stand ich bei unserem Pastor hier vor der Tür „na ja, ich will mich taufen lassen."

Deutlich wird also, dass die Frage der Zugehörigkeit im Rahmen der kirchlichen Trauung für Markus nicht nur auf der Ebene der Inszenierung massenmedial kompatibler Bilder des Ringwechsels eine Rolle spielt, sondern dass darüber hinaus auch grundsätzlichere Konflikte berührt werden. Beides – das Bedürfnis nach einer gelungenen Inszenierung der eigenen Partnerschaft und die Bearbeitung des lebensgeschichtlichen Grundkonflikts der Zugehörigkeit – führte Markus zu der Entscheidung, sich taufen zu lassen und Kirchenmitglied zu werden.

Die Entscheidung für diesen Schritt wurde ihm zunächst durch äußeren Druck (der drohende Verzicht auf Ringwechsel und Segen) nahe gelegt. Doch Markus konnte im Prozess der Entscheidung auch an eigene Erfahrungen mit der Kirche anknüpfen, die ihn in seiner Jugendzeit beeindruckt hatten. Die Dimension der Zugehörigkeit zu einer Gemeinschaft erlebte er bei den Besuchen mitternächtlicher Weihnachtsgottesdienste bereits in dieser Zeit, in der auch seine Sehnsucht nach Zugehörigkeit virulent wurde.

> Markus (6-M-191): Also, was mich beeindruckt hat, war äh als meine Eltern zu mir gesagt haben, da war ich allerdings so 14 oder 15, lass uns mal zur Mitternachtsmesse zur Kirche fahren. Wo ich mir gesagt habe, och Mensch ja, andere Jungs und alle meine Freunde, die ja, wer weiß, was die heute Abend machen, äh da hab ich ehrlich gesagt keine wirkliche Lust hin. Und als ich gesehen habe, als wir um 23 Uhr zu dieser Mitternachtsmesse gefahren sind, da waren auf einmal alle da. Wo ich gesagt habe, warum sagt da keiner was? Warum sagt keiner „Mensch, pass auf, heute Abend treffen wir uns da und da, und da ist das, das ist gut, das macht Spaß." Ich hab das anfangs so gesehen, ja okay, dann fährst du eben mal mit, aber im Endeffekt war das wie so ein Jugendtreff in dem Moment geworden diese Kirche [...].
> Interviewer: Ja, ah ja.
> Markus: [...] das war, ja das hat mich schwer beeindruckt. Und seitdem hieß es, wenn Heilig Abend Kirche, ja ich bin dabei.

Die von Markus als „Mitternachtsmesse“ bezeichnete Christmette leistete in seiner Wahrnehmung neben der religiösen Grundierung des Abends auch einen Beitrag zur altersspezifischen Abgrenzung von den eigenen Eltern und fungierte für ihn in den folgenden Jahren als eine Art „Jugendtreff“, der auch am Heiligen Abend eine begrenzte Ablösung von den familieninternen Feierlichkeiten ermöglichte:

> Markus (6-M-197): [...] die Eltern haben einen meistens dann nochmal da gelassen, so dass man sich danach nochmal so ein bisschen trifft oder sieht oder vielleicht vorher schon gemeinsam denn reingeht, ja das hat mich schon recht beeindruckt.

Von der die Kirchenmitgliedschaft konstituierenden Taufe in der Gemeinde seines Wohnortes erzählt Markus im Interview nichts Näheres. Sie erscheint in seiner Deutung einzig als Voraussetzung für die reguläre Durchführung der kirchlichen Trauung und ist insofern nahe der standesamtlichen Trauung angesiedelt. Dementsprechend thematisiert Markus seine Taufe in der Interviewerzählung im Kontext der Hochzeitsvorbereitungen.

Die wesentliche Rolle spielt in seiner Wahrnehmung des Übergangs vom Konfessionslosen zum Kirchenmitglied hingegen der Vollzug der kirchlichen Trauung. Der gemeinsame Segen des Paares im Rahmen des Traurituals war der entscheidende Moment, in dem Markus nach seiner Wahrnehmung nicht nur vollgültig in die Gemeinschaft aufgenommen wurde, sondern in dem die somit konstituierte Zugehörigkeit zugleich auch symbolisch dargestellt und demonstriert wurde. Das erste der drei Fotos, die Sandra und Markus für das Interview aus der Vielzahl der eigenen Hochzeitsbilder auswählten, zeigt dementsprechend das Paar kniend vor dem Pfarrer, der ihnen segnend die Hände auflegt.

> Markus (6-M-294): Genau ja, man kann sagen, das ist eigentlich ein sehr intimer Moment [...].
> Interviewer: Ja.
> Markus: [...] ja, das ist, das Foto, das Bild, das spiegelt eigentlich so ein bisschen das wieder, was ich gerade gesagt habe.
> Interviewer: Ja, ja.
> Markus: Dass ich auch mit dazu gehöre.
> Interviewer: Hm, stimmt, stimmt. Sie werden vollkommen identisch behandelt, ne, sie sind ganz, keiner steht daneben, sondern sie sind ganz als Einheit zu sehen.
> Markus: Oder ich gucke nur den beiden zu wie sie so den Segen kriegt, so ja, das hätte ich auch gerne, aber na ja.

Deutlich feststellbar stellte die Kirchenmitgliedschaft also für die Frage der Zugehörigkeit im Kontext der kirchlichen Trauung nicht nur ein Problem, sondern auch eine Lösung für Markus dar, produzierte doch der Eintritt in die Kirche Zugehörigkeit in mehrfacher Hinsicht: Das Foto von der Segnung bildet einerseits ab, dass er am Ritual der Trauung vollwertig teilnehmen konnte. Dadurch wurde andererseits seine Zugehörigkeit zu Sandra und der Weltanschauung ihrer Herkunftsfamilie, die sich aus Sandras betont christlicher Sozialisation ableiten lässt, verstärkt. Und schließlich manifestierte sich das Gefühl der Zugehörigkeit auch in Markus' weiteren Kontakten mit der Kirche:

> Markus (6-M-960): Man steht jetzt nicht so in der Kirche so nach dem Motto „na ich bin jetzt hier, weil meine Familie hier ist" sondern, nee, ich gehöre dazu.
> Interviewer: Ja.
> Markus: Ich darf jetzt genau so hier drinnen stehen wie jeder andere, der auch getauft ist.
> Sandra: Das durftest du ja auch vorher.
> Markus: Ja, aber da hat man nicht so das Gefühl, da stand man an der Tür und so und da hält man sich auf, weil es schön warm ist im Winter, aber das ist jetzt doch was anderes.

Pointiert beschreibt Markus hier seine Annäherung an religiöse Fragestellungen und kirchliches Leben auf der metaphorisch gedeuteten Ebene von Raumwahrnehmungen: Stand er vor der kirchlichen Trauung und dem mit ihr verbundenen Kircheneintritt in seiner Selbstwahrnehmung „in der Tür" und benötigte einen sekundären Legitimationsgrund seiner Anwesenheit („weil meine Familie hier ist"/„weil es schön warm ist im Winter"), so folgt für ihn nach der Trauung die Legitimation seiner Anwesenheit aus dem Gefühl vollgültiger Zugehörigkeit („ich darf jetzt genau so hier drinnen stehen wie jeder andere, der auch getauft ist").

Vor dem Hintergrund seiner religiösen Sozialisation in der Gesellschaft der DDR ist zusätzlich zu vermuten, dass Markus mit der Entscheidung zum Kircheneintritt neben den genannten Dimensionen von Zugehörigkeit auch einen weiteren Schritt im Prozess seiner Integration in die westdeutsche Gesellschaft verbindet und seine Zugehörigkeit also auch auf politisch-gesellschaftlicher Ebene verstärkt.

Die nach der eigenen Taufe in Markus' Wahrnehmung noch vorläufige Zugehörigkeit wurde im zweiten der beiden Traugespräche zum Anlass für längere Erklärungen des Pfarrers. In der Wahrnehmung des Paares versuchte er, Markus mit den Grundlagen des christlichen Glaubens und des kirchlichen Lebens vertraut zu machen. Auf diese Weise erfuhr Markus hier trotz bereits bestehender Kirchenmitgliedschaft eine Ungleichbehandlung (Sandra wurde schließlich nicht belehrt), die er zunehmend erschöpft über sich ergehen ließ. Zu vermuten ist, dass die geschilderte Erschöpfung nicht nur der reinen Quantität der pastoralen Ausführungen geschuldet war, sondern auch aus Markus' innerer Abwehr der Ungleichbehandlung resultierte.

In anderer Weise wird der Zusammenhang zwischen Zugehörigkeit und Kirchenmitgliedschaft in Bezug auf Markus' Schwester rekonstruiert. Ihre Konfessionslosigkeit kollidierte in kirchenrechtlicher Hinsicht mit dem Wunsch, das Patenamt für Josie zu übernehmen.

> Sandra (6-F-754): Weil der Pfarrer auch noch was vorbereitet hatte, was wir nicht wussten äh, dass die Paten ähm einen Brief vorgelesen haben.
> Markus: Genau.
> Sandra: Dass sie für Josie immer da sind, und äh das fand ich auch sehr schön. Also den hat er quasi weitergegeben an die Paten und die haben dann alle, alle beide, weil deine Schwester, weil seine Schwester ist auch Taufpate, aber nicht in der Kirche, deshalb wurde sie da ein bisschen außen vor gelassen, stand aber mit am Becken, und die beiden anderen Taufpaten haben sich dann ähm, haben dann diesen Brief vorgelesen.

Der Konflikt wurde also von Sandra und Markus in diesem Fall (anders als bei Markus) durch eine differenzierte Deutung des Patenamtes gelöst: Auf der Ebene familiärer Beziehung und Verbindlichkeit wurde die Schwester unabhängig von ihrem Bekenntnis als Josies Patin anerkannt, während sie auf der Ebene des rituellen Vollzugs keine den beiden offiziellen Paten gleichgestellte Rolle übernehmen durfte.

IV. 3. 3. 2 *Spannungsfeld Familiensysteme*

Während Markus vorwiegend Fragen der Zugehörigkeit im Rahmen der kirchlichen Trauung bearbeitet, liegt der Schwerpunkt von Sandras Rekonstruktion vor allem auf dem Spannungsfeld der Familiensysteme und wird von ihr verschiedentlich auch initiativ verbalisiert. Die Familiensysteme spielten bereits in Markus' Deutungen für die Frage nach Zugehörigkeit eine wichtige Rolle (entweder als Ursache und Hintergrund der Fragestellung oder als Lösung) und stehen – wie sich zeigen wird – in Sandras Sinnzuschreibungen in einer spezifischen Interdependenz zu ihren Eigentheorien bezüglich der kirchlichen Trauung.

Die dynamische Struktur dieses Feldes lässt sich als Spannung zwischen Individuation und Integration beschreiben. Abgesehen von der Beziehung zu Markus' Vater verbindet das Paar mit allen Impulsen der Abgrenzung zugleich auch das Bemühen, weiterhin enge familiäre Beziehungen aufrecht zu erhalten und den Ablösungsprozess so harmonisch wie möglich zu gestalten. Bereits für die Rekonstruktion der Beziehungsgeschichte des Paares spielen familiäre Beziehungen eine herausgehobene Rolle: In den Erzählungen von Markus' Auszug aus seinem Elternhaus und seiner Aufnahme in Sandras Familie wird der Beginn der verbindlichen Partnerschaft eng mit familiären Konflikten, aber auch

Hilfsangeboten verknüpft. In der Wahrnehmung des Paares leisteten die Familiensysteme auf je eigene Weise einen relevanten Beitrag für die Entstehung und den Bestand der eheähnlichen Beziehung. Während die Neuordnung in Markus' Herkunftsfamilie und die damit einhergehenden Verschiebungen im innerfamiliären Machtgefüge ihn zur Suche nach dem Anschluss an ein anderes Beziehungssystem animierten, leistete die Toleranz und Integrationsbereitschaft von Sandras Eltern einen wichtigen Beitrag zu der zunächst provisorischen Gründung einer häuslichen Gemeinschaft des Paares.

Auch der berufsbedingte Umzug des Paares wird im Kontext der Familiensysteme rekonstruiert. Was zunächst als provisorisches Zusammenleben in Sandras Elternhaus begann, wurde nun in eine neue Qualität der Verbindlichkeit überführt und zugleich mit der verstärkten Ablösung von den Herkunftsfamilien, insbesondere von Sandras Eltern verbunden. Dabei sind die Erzählungen vom Beginn des selbständigen Lebens als Paar überwiegend von dem Motiv der (durch die räumliche Trennung) eingeschränkten Unterstützung durch die Eltern geprägt.

> Markus (6-M-500): [...] bin ich dann nachgekommen und hab mir dann da einen Job gesucht. Ja und von da ab denn zum ersten Mal den eigenen Hausstand, eigene Wohnung, Wohnungssuche. Und da haben wir erstmal mitgekriegt, wie das ist äh, auf eigenen Beinen zu stehen. Auch mit Höhen und Tiefen, ganz ehrlich.
> Sandra: Ja, ja, das war nicht immer einfach, nee, aber das, das ist ja klar, wenn man so jung ist auch. Und dann auch ähm ohne Eltern und ohne Verwandten hier ist, das ist nicht einfach.
> Markus: Also sie waren zwar immer für uns da, sei es Telefon oder wenn wir irgendwie was hatten, die sind gekommen und haben gemacht und getan. Aber man sagt so immer, wenn man – zum Beispiel hab ich meiner Mutter gesagt: „Mensch, wir ziehen nach H. Ach Mensch, 160 Kilometer, da kann man mal zum Kaffee schnell mal rüber fahren." Man macht es nicht.

Der Auszug aus dem Elternhaus, die erste gemeinsame Wohnung – in den Erzählungen anderer Paare häufig mit dem Motiv der Befreiung oder Individuation verbunden – wird von Sandra und Markus eher unter dem Aspekt der Anstrengung rekonstruiert, was in ihrer Wahrnehmung primär dem lebensgeschichtlich frühen Zeitpunkt dieser Ablösung geschuldet ist.

Auch die Phase der Beziehungskrise und kurzzeitigen Trennung wird von dem Paar als verflochten mit familiären Beziehungen rekonstruiert. Vor allem für den Entschluss, den gemeinsamen Weg fortzusetzen, spielte der Kontakt zu den Eltern (aber auch der Kontakt der Eltern untereinander) in der Wahrnehmung des Paares eine tragende Rolle, forcierten diese doch auf ironische Weise eine Entscheidung:

Markus (6-M-541): Genau, aber wenn ihre Mutter angerufen hat, hat man mich im Hintergrund gehört, und wenn meine Mutter angerufen hat, hat man sie im Hintergrund gehört. Und irgendwann kam die Frage, mittlerweile war es auch so, dass unsere Eltern äh, die zusammen Kontakt haben, also meine Mutter mit ihrem Freund und ihre Eltern, die haben Wetten abgeschlossen. Der eine war dafür mit 50 Euro oder waren es 100, ich weiß es nicht?
Sandra: 50.
Markus: 50 Euro, die kommen zusammen, der andere hat gesagt „nee, die kommen nicht mehr zusammen." Einer von den beiden hat verloren. Und ja, da haben wir gesagt, also wir sind, da hab ich dann zu ihr gesagt, „also weißt du, wenn die jetzt schon Wetten abschließen", ich sage „dann sollten wir jetzt wenigstens die Wette auflösen" und dann haben wir gesagt „okay, komm, ja" und dann dauerte es auch gar nicht lange, dann kam die Schwangerschaft von Josie.

Eine prominente Rolle spielen die Herkunftsfamilien in der retrospektiven Deutung auch für die konkrete Organisation der Hochzeit. So wurden die Eltern zur standesamtlichen Trauung eingeladen, weil andernfalls schwere Verstimmungen drohten (wie das Beispiel von Sandras Schwester bereits gezeigt hatte). Der zeitliche Abstand zwischen der standesamtlichen und der kirchlichen Trauung wurde (neben anderen Faktoren) auch durch das Votum der Eltern beeinflusst.

Markus (6-M-575): Da haben unsere Familien dann gesagt, „ja, das macht ihr ja sowieso nicht", weil man kann ja sagen, wir machen eine kirchliche, aber das ist ja auch eine finanzielle Sache, nicht von der Kirchenseite her, sondern von der Organisation, ein Saal, Essen, Trinken, alles was dazu gehört [...].
Interviewer: Logisch.
Markus: [...] und die haben gesagt „ach, das macht ihr sowieso nicht und ja, wer weiß wann" und so. Und da stand man dann schon unter Druck und wir haben gesagt, „also wenn wir den Leuten schon sagen, wir machen ne kirchliche, dann muss die auch wirklich stattfinden", ansonsten, ja, es hat auch irgendwas gefehlt.

Zur Beziehungsgeschichte des Paares gehören die Geschichten der Konflikte zwischen den beiden Herkunftsfamilien, zwischen Markus' Eltern sowie zwischen Markus und seinem Vater als wesentlicher Bestandteil dazu. Während sich im Alltag weitgehend reibungslose Konstellationen von Nähe und Distanz eingestellt hatten (vor allem zu Markus' Vater hat das Paar kaum Kontakt), eröffnete die Planung der Hochzeit und die gemeinsame Familienfeier einen Raum, in dem die genannten Konflikte in je unterschiedlicher Intensität aktualisiert werden konnten. So erscheint beispielsweise der Streit um die Sitzordnung im Saal als symbolische Fortsetzung der aus der disharmonischen Beziehung beider Herkunftsfamilien zueinander resultierenden Machtfragen, die plötzliche Abwesenheit von Markus' Vater bei dem Hochzeitstanz lässt sich dagegen durchaus als (bewusster oder unbewusster) Rekurs auf Markus' vormalige Entscheidung für Sandra (und gegen seinen Vater) verstehen. Die spannungsreiche Ambivalenz in den familiären Beziehungssystemen wird in Sandras Deutung auf zwei Pole aufgeteilt und somit handhabbar gemacht: Während sie ihre eigenen Eltern als verständnisvoll und unterstützend wahrnimmt, erscheint Markus' Familie in ihren Erzählungen als Quelle permanenter Schwierigkeiten.

Diese Konfliktaktualisierungen stellten in Sandras Wahrnehmung eine Enttäuschung ihrer Erwartungen und somit eine deutliche Beeinträchtigung dar und werden in der Interviewerzählung dementsprechend von ihr betont.[247] Im Hintergrund dieser Enttäuschung steht letztlich auch die Funktion, die Sandra ihrer kirchlichen Trauung im Blick auf die Familiensysteme zuschreibt. Ihre Erwartungen an das Verhalten der Verwandten schildert sie mehrfach:

> Sandra (6-F-433): Schade war es nur, dass sie sich für diesen Tag einfach nicht zusammen reißen konnten, das fand ich sehr schade, dass man nicht an diesem Tag gesagt hat: „Mensch, es geht jetzt mal nicht um mich, sondern um meinen Sohn oder um meine Schwiegertochter“ oder wie auch immer, sondern dass es dann schon so ausgetragen wurde, das fand ich schade.

Erschöpft sich Sandras Deutung der Funktion der kirchlichen Trauung in dieser Hinsicht also bei oberflächlicher Betrachtung in der gemeinsamen Konstruktion einer harmonischen Familienfassade, die für die Dauer der Hochzeitsfeier bestehende Konflikte nach außen nicht sichtbar und nach innen nicht spürbar werden lässt, so deuten sowohl die Rekonstruktion der Beziehungsgeschichte des Paares als auch Sandras Eigentheorie zu der gewählten Einzugsvariante auf eine komplexere Funktionszuschreibung hin, in der es wesentlich um die Bestätigung und rituelle Re-Inszenierung der bereits erfolgten Ablösung aus den Familiensystemen geht.

Die Ablösung nach der Seite von Sandras Familie begann mit dem Umzug des Paares in den Westen und wurde in den folgenden Jahren der eheähnlichen Lebensgemeinschaft bis hin zur Gründung einer eigenen Familie mehr und mehr vollzogen. Den Prozessbeginn deutet Sandra als lebensgeschichtlich früh und rekonstruiert den Prozessverlauf als allmäh-

---

[247] Markus teilt zwar Sandras negative Bewertung dieses Verhaltens, zeigt sich jedoch nicht enttäuscht darüber. Dieser Umstand wird einerseits verständlich dadurch, dass er im Kontakt zu seiner Herkunftsfamilie ein der Situation angemessenes Verhältnis von Nähe und Distanz gefunden hat, dürfte andererseits aber auch seiner spezifischen Erwartungshaltung im Vorfeld geschuldet sein, die mit sich eher an der Konstitution und Bestätigung von Zugehörigkeit ausrichtet und ihn im Rahmen der kirchlichen Trauung andere Ziele verfolgen lässt.

liches Nachlassen der Angewiesenheit auf die Unterstützung der Eltern. Analog dazu weichen in ihrer Rekonstruktion die Anstrengungen der ersten Zeit einer zunehmenden Souveränität, auf deren Erwerb Sandra stolz ist.

> Sandra (6-F-501): Ja, ja, das war nicht immer einfach, nee, aber das, das ist ja klar, wenn man so jung ist auch. Und dann auch ähm ohne Eltern und ohne Verwandten hier ist, das ist nicht einfach. [...].
> Sandra (6-F-507): Und jetzt sowieso nicht mehr, wenn, also jetzt würde man auch nicht wegen so was anrufen.

Anzunehmen ist, dass gerade aus dem plötzlichen und lebensgeschichtlich frühen Beginn des Ablösungsprozesses bei Sandra das Bedürfnis nach einer konzentrierten Bestätigung und symbolischen Re-Inszenierung des Erreichten erwächst, nach einer Zeremonie, in der die eigene Individuation rituell nacherlebt werden kann. In der konkreten Gestaltung des Traugottesdienstes ist in Sandras Wahrnehmung vor allem die Einzugsvariante der Brautübergabe dazu geeignet und wird von ihr rückblickend auch entsprechend gedeutet:

> Sandra (6-F-864): Ja auch vom Ablauf haben die uns gefragt, wie wir das haben wollen. Also wir hatten natürlich auch sehr genaue Vorstellungen. Ja, also wir wussten, dass äh mich mein Vater, also dass ich mit meinem Papa einziehe und dass der Pfarrer und Markus quasi vorgehen, das war uns äh [...].
> Markus: Wichtig.
> Interviewer: Warum so, also es hätte ja verschiedene Möglichkeiten gegeben, warum jetzt die?
> Sandra: Weil ich das wichtig fand, nochmal so als Symbol, dass mich quasi mein Papa, obwohl ich ja schon verheiratet war, nochmal so quasi als Symbol, dass er äh jetzt so seine Tochter loslässt und mich jetzt quasi in die Arme eines anderen Mannes gibt. Also dieses Symbol fand ich wichtig, ja. So für das, was wir auch alles schon geschafft haben irgendwie.

Die lebensgeschichtliche Relevanz, die Sandra dieser Einzugsvariante zuschreibt, erklärt auch die Vehemenz, mit der sie sich abgrenzt gegen Markus' Deutung, es gehe bei der Brautübergabe primär um die gelungene Inszenierung des Auftritts der Braut.

IV. 3. 3. 3 *Religiöse Entwicklungsprozesse im Kontext der kirchlichen Trauung*

Markus rekonstruiert die kirchliche Trauung als eine zentrale Impulsgeberin (daneben nennt er die Geburt und Taufe seiner Tochter) in einem religiösen Lern- und Entwicklungsprozess, in dessen Verlauf er getauft wurde, in die Kirche eintrat und sich intensiv mit seinem persönlichen Glauben sowie Themen des kirchlichen Lebens beschäftigte. Der Prozess, der mit der eher konventionsorientierten Entscheidung zur Inanspruchnahme der kirchlichen Trauung begann, wurde entscheidend intensiviert durch die

Absicht der beiden Pfarrer, aus seiner Konfessionslosigkeit spürbare Konsequenzen im Vollzug des Rituals zu ziehen.

Hätte die Entwicklung an dieser Stelle auch mit einem rein äußerlich motivierten Kircheneintritt enden können (der darüber hinaus nach der kirchlichen Trauung zeitnah hätte rückgängig gemacht werden können), fand bei Markus ausgelöst durch die Vorbereitung und den Mitvollzug des kirchlichen Rituals jedoch eine individuelle Aneignung religiöser Inhalte und persönliche Bindung an die Kirche statt.

> Markus (6-M-1072): Wie gesagt, also ausschlaggebend war wirklich eben, äh wie gesagt, ich weiß nicht, ob ich mich hätte taufen lassen, wenn wir jetzt noch nicht geheiratet hätten. Aber wirklich ausschlaggebender Punkt war eben, wenn ich kirchlich heiratete, denn alles, was dazu gehört. Und äh aus diesem Gedanken heraus äh hat sich dann mehr entwickelt, als hätte ich es vorher ahnen können.

Dass die kirchliche Trauung für Markus tatsächlich eine ‚missionarische Gelegenheit' darstellte, wurde zumindest begünstigt durch seine individuelle Disposition. Neben dem grundsätzlichen Bedürfnis nach Zugehörigkeit spielten in diesem Zusammenhang weitere Faktoren eine Rolle: Zum einen konnte Markus auf positive Erfahrungen mit der Kirche in seiner Jugend zurückgreifen (das Erlebnis der mitternächtlichen Weihnachtsgottesdienste), zum anderen wurde er in seinem Entwicklungsprozess unterstützt durch Sandras religiöse Sozialisation. Schließlich stellte die Geburt von Josie und die Planung ihrer Taufe einen zusätzlichen Impuls zur Auseinandersetzung mit religiösen Fragestellungen dar, die ihn auch im Blick auf die Deutung der kirchlichen Trauung zu einer erweiterten Sichtweise führten:

> Markus (6-M-947): Ja, also hätte ich nicht gedacht, dass das, also wenn mich mal vor fünf, sechs Jahren jemand fragt, „also kirchliche Trauung ist schon was Besonderes?" „Ja, ja klar, schön feierlich." Nee, es ist ein bisschen mehr.
> Interviewer: Ja, ja.
> Markus: Es gehört ein bisschen mehr dazu als nur schön und feierlich. Also, man kann auch mit einem schönen Hochzeitskleid zum Standesamt gehen.

Anders als Markus rekonstruiert Sandra die kirchliche Trauung im Blick auf die persönliche Frömmigkeit überwiegend als Bestätigung und Vertiefung ihrer religiösen Sozialisation. Ihre im Vorfeld der Hochzeit detailreich ausgeprägten Erwartungen sieht sie rückblickend als erfüllt an. So erfüllte sich der grundsätzliche Wunsch ihrer Jugendzeit (6-F-223: „Pfarrer Loepel, Sie müssen mich mal trauen"), zudem fand die kirchliche Trauung in dem von Kindheit an vertrauten Kirchenraum statt. Auch in der konkreten Gestaltung der Traugespräche und des kirchlichen Rituals durch den Pfarrer fand sie ihre aus den vergangenen Begegnungen abgeleiteten Erwartungen an sein Verhalten bestätigt.

Dennoch erlebte auch Sandra eine – wenn auch indirekte – Veränderung ihrer Einstellung zu Religion und Kirche, die durch Markus' Entwicklungsprozess im Rahmen der Hochzeitsvorbereitungen induziert wurde.

> Interviewer (6-I-1062): Hat sich bei ihnen etwas geändert?
> Sandra: Na ja, für mich selber nicht. Ich war schon immer der Kirche sehr verbunden. Ich finde es nur schön, dass das jetzt mein Mann auch ist. Also ich finde es schön, dass er sich mit dem Thema mehr beschäftigt und nicht von vornherein, also als wir zusammen gekommen sind, war das doch für ihn, hm ja [...].
> Markus: Ein Tabuthema.
> Sandra: [...] ja, na ein Tabuthema vielleicht nicht, aber halt kein Thema. Also das gab es halt bei ihm nicht. Und äh in der Familie waren solche Sachen auch einfach nicht relevant, da wurde nicht drüber gesprochen. Und bei uns war das halt immer ein Thema und ähm das war schon immer ein bisschen schade, wenn man, wenn dann von seiner Seite so nichts kam und das ihm so auch egal war, ne. Und das finde jetzt schon schöner, dass er sich jetzt damit beschäftigt und dass es ihm halt auch wichtig geworden ist.

Eine zusätzliche Veränderung stellte in Sandras Wahrnehmung die Geburt und Taufe ihrer Tochter dar, für deren religiöse Sozialisation Sandra sich verantwortlich fühlt. Während Markus von ihr in der Position des in religiöser Hinsicht selbstverantwortlich Lernenden wahrgenommen wird, entwirft sie ihre eigene Rolle in diesem Prozess vor allem im Blick auf Josies Entwicklung. Ihr möchte Sandra analog zu der eigenen Kindheit eine stabile Bindung an die Kirche ermöglichen und nimmt zu diesem Zweck in der Ortsgemeinde an verschiedenen kirchlichen Angeboten für Kleinkinder teil.

> Sandra (6-F-207): Ja, doch also darum war mir das bei mir auch wichtig, mit Josie ähm ja hier in die Gemeinde rein zu kommen.
> Interviewer: [...] hm.
> Sandra: Weil ich das gerne für sie auch hätte, dass sie so mit dem Thema in Verbindung gebracht wird. Was sie nachher daraus macht, ist ja ihre eigene Entscheidung. Aber ich finde es wichtig, dass sie im Vorfeld ähm [...].
> Markus: Dass wir ihr es mit auf den Weg geben.
> Sandra: [...] genau, weiß, worum es dort geht und ähm, genau.

IV. 3. 3. 4 *Versprechen und Segen – Deutungen zur Funktion der kirchlichen Trauung*

Waren im Blick auf die individuelle religiöse Entwicklung des Paares also sowohl Phänomene des Lernens als auch solche der Bestätigung von bereits Gelerntem zu konstatieren, so sind die Inhalte dieser Prozesse nun hinsichtlich der kirchlichen Trauung näher zu bestimmen. Die Eigentheorien, die das Paar im Rahmen der Interviewerzählung zur Funktion der kirchlichen Trauung konstruiert, lassen sich anhand der Spannungsfelder ‚Versprechen und Segen' sowie ‚Übergang und Bestätigung' darstellen, die auf den individuellen Schwerpunktsetzungen des Paares basierend ineinander verschränkt sind.

Für Markus stellt der Segen den primären Haftpunkt seiner Sinnzuschreibungen zur kirchlichen Trauung dar. Hierfür mögen die im Vorfeld der Trauung von den beiden Pfarrern entwickelten Szenarien eine Rolle spielen, die jedoch den in Markus Wahrnehmung der Inszenierung wichtigeren Ringwechsel keineswegs mit einem vergleichbaren Haftpotential für Eigentheorien aufluden. Mehr als die konkreten Traugespräche spielt in Markus' Deutungen des Segens die Frage der Zugehörigkeit eine Rolle.

Einerseits setzt der Empfang des Segens für Markus die Zugehörigkeit zur Kirche voraus, was ihm den potentiellen Ausschluss von Konfessionslosen an dieser Stelle (im Gegensatz zum Ringwechsel) plausibel erscheinen lässt. Andererseits verbindet er mit dem Segen im Rahmen der kirchlichen Trauung auch die Wahrnehmung, dass die das Problem der Zugehörigkeit bearbeitende Kirchenmitgliedschaft durch den Empfang des Segens nicht nur öffentlich demonstriert, sondern auch erst im vollen Sinn konstituiert wird, während die eigene Taufe in seiner Deutung eher eine notwendige Vorstufe der Mitgliedschaft darstellt (und in der Interviewerzählung keine hervorgehobene Rolle als Haftpunkt für Eigentheorien spielt).

In diesem Sinn rekonstruiert Markus den Segen sowohl als Bestätigung seiner Zugehörigkeit als auch als Übergang in eine neue Qualität von Zugehörigkeit, die sich auch in dem Prozess der vertieften Auseinandersetzung mit Fragen des Glaubens und des kirchlichen Lebens äußert. Kirchenmitgliedschaft als Zugehörigkeit wird dabei von Markus nicht nur in synchroner Perspektive im Blick auf verschiedene Konstellationen (Familie, Gemeinde des Wohnortes, andere Gemeinden und Kirchengebäude) wahrgenommen, sondern auch in diachroner Hinsicht auf vergangene und zukünftige Formen des kirchlichen Lebens ausgedehnt:

> Markus (6-M-1044): Also der religiöse Hintergrund ist äh erstmal genau so wie von meiner Frau. Was ich eigentlich genauso wichtig fand, das ist eins von den wenigen Sachen, wo sich, die sich Jahrtausende nicht verändert haben. Die kirchliche Trauung, die hat man damals im Mittelalter schon genauso gemacht wie was weiß ich, das hat sich nie groß verändert. Vielleicht mal von der Musik, das die ein bisschen moderner geworden ist, vielleicht das Outfit, die Kostüme ein bisschen anders, aber im Großen und Ganzen: Eine Hochzeit oder eine Trauung findet in der Kirche statt. Und das ist eins von den wenigen Sachen, die sich über die Jahrtausende nicht verändert haben. Mittlerweile schreibt man keine Briefe, man schreibt E-Mails, äh man, was auch immer, was sich in den Jahrzehnten verändert hat oder globalisiert hat, aber so eine

kirchliche Hochzeit, Trauung findet in der Kirche statt mit einem Pfarrer, egal wie alt man ist, egal welches Jahrhundert, es wird immer so sein.
Interviewer: Ja, ja.
Markus: Und das ist so das Besondere, also, dass man weiß, vor zweitausend Jahren hat man das genauso gemacht wie wir vor einem Jahr. Und das ist eben so dieses Besondere. Dass sich daran auch nichts ändern wird, es sei den man unterkellert irgendwann mal Kirchen und macht es denn unten oder wie auch immer, aber ansonsten, im Großen und Ganzen wird sich das nie ändern. Und das ist irgendwo schon was Besonderes. Da ein Teil von zu sein.

Mag sich auch die Konstruktion eines anti-modernen Rituals, das „sich über die Jahrtausende nicht verändert" hat, zu Teilen der rhetorischen Zuspitzung verdanken, so ist der inhaltliche Impetus doch deutlich: In Markus' Wahrnehmung repräsentiert die kirchliche Trauung eine zuverlässige Kontinuität gegenüber den sich gegenwärtig rasch verändernden Lebensumständen und kann insofern als Orientierungspunkt nicht nur hinsichtlich der eigenen Paarbiographie, sondern auch hinsichtlich der individuellen Integration in eine von fortschreitender Globalisierung und Vernetzung geprägten Gesellschaft dienen.

Sandra hingegen deutet den Segen ausgehend von einer anderen Schwerpunktsetzung primär bezogen auf das Versprechen und die damit in ihrer Wahrnehmung verbundene wechselseitige Selbstfestlegung. Aufschlussreich sind in diesem Zusammenhang ihre Erzählungen zur eigenen Paarbiographie. Relevante lebensgeschichtliche Weichenstellungen werden von ihr als eine Abfolge externer Veränderungen rekonstruiert, auf die das Paar mit internen Konsequenzen reagierte. So führte Markus' Distanzierung von seinem Vater beinahe automatisch zur Vorstufe eines gemeinsamen Hausstandes in Sandras Elternhaus. Ebenso selbstverständlich führte die Schwangerschaft in Sandras Erleben zu der Entscheidung zur Heirat, die wiederum in Sandras Vorstellung automatisch mit der Inanspruchnahme der kirchlichen Trauung verbunden war. Unter dieser Perspektive wird auch verständlich, warum das Paar trotz starker Konventionsorientierung den Entschluss zu heiraten nicht durch die Erzählung von einem Heiratsantrag rekonstruiert. Zwar schildert Sandra diesen gemeinsamen Weg als eine Reihe eigenständig und bewusst getroffener Entscheidungen, die jedoch immer unter starkem äußeren Druck (verursacht auch durch Konventionen) und angesichts einer geringen Anzahl von Alternativen getroffen wurden.

Vor diesem lebensgeschichtlichen Hintergrund deutet Sandra das Versprechen im Rahmen der kirchlichen Trauung als vorläufigen Endpunkt dieses Veränderungsprozesses sowie als bewusste und freiwillige Bestätigung der bereits getroffenen Entscheidungen, die in ihrer Wahrnehmung an dieser Stelle noch einmal liturgisch verdichtet inszeniert wurden. Zugleich konstituierte das Versprechen als öffentlicher Akt der Selbstfestlegung für Sandra aber auch eine neue Qualität der Verbindlichkeit innerhalb der Paarbeziehung.

> Sandra (6-F-1040): Also, religiös in dem Sinne halt ja, dass man sich ähm nochmal, also dass man sich nicht nur, nicht nur seinem Ehemann verspricht, sondern dass man halt auch ein Versprechen abgibt ähm, ja nur ihn, ähm nur den einen Mann halt zu lieben vor Gott halt, ne? Also das ähm, also das ist mein Gedanke dabei, dass man halt nicht nur einfach sagt, „ich mache das, weil das alles total schön ist und weil es total kitschig ist", sondern dass man sich auch in Momenten, wo man auch mal einen Tiefpunkt hat und wo man auch mal sagt „also, eigentlich geht mir dieser Mann so auf den Zeiger, dass ich keine Lust mehr habe", dass man sich dessen wieder bewusst wird, was man eigentlich ähm damals vor diesem Altar oder beziehungsweise vor seinen Gästen und dem lieben Gott einfach auch versprochen hat. Dass man sagt, wir halten zusammen in schweren und in guten Zeiten, und schwere Zeiten gibt es halt auch, die sind zwar nicht so schön, aber dass man sich in dem Moment auch daran festhält, dass man ein Versprechen abgegeben hat.
> Interviewer: Ja, ja.
> Sandra: Und dass man nicht nur sagt, „so ich heiße jetzt anders und habe jetzt einen schönen Ring am Finger", sondern es ist halt auch ein Versprechen, was ich jemandem gebe und nicht nur demjenigen, sondern auch halt, dass das nochmal wie so ein Zeuge ist quasi. Also dass man nicht nur sagt, ähm, „so, ich hab zwar dir gesagt", man könnt ja auch sagen „so, ich hab das zwar dir gesagt, aber das ist mir jetzt egal", sondern dass man sagt, „na ja, da war noch jemand dabei, und vor dem muss ich es einfach auch einhalten", so.

Sandras Eigentheorie bezieht das Versprechen also nicht nur auf den Partner, sondern auch auf Gott, der als Zeuge anwesend ist und (mehr noch als die ebenfalls anwesenden Gäste) zur Einhaltung der Selbstverpflichtung nötigt. Deutlich expliziert wird dabei die Relevanz des Versprechens für krisenhafte Zeiten des Zusammenlebens, die das Paar in der Vergangenheit bereits erlebte und die Sandra deshalb auch in die Zukunft projiziert. In seiner Eigenschaft als konstitutives Element einer neuen Qualität von Verbindlichkeit stellt das Versprechen für Sandra (ähnlich wie der Segen für Markus) nicht nur eine Bestätigung bereits getroffener Entscheidungen dar, sondern ist auch Haftpunkt des mit der kirchlichen Trauung verbundenen Übergangs, durch den der Bestand der Beziehung auch in schweren Zeiten gewährleistet werden soll.

Ausgehend von dieser Deutung des Trauversprechens konstruiert Sandra auch ihr Verständnis des Segens und seiner Funktion im Rahmen der kirchlichen Trauung. Ist die Trauung in Sandras Eigentheorie wesentlich als öffentliche Inszenierung einer wechselseitigen Selbstfestlegung zu beschreiben, deren Verbindlichkeit durch die Anwesenheit Gottes als Zeuge noch verstärkt wird, so empfängt das Brautpaar nach Sandras Konstruktion durch den Segen eine Zusage göttlicher Unterstützung in Beziehungskrisen. In dieser Deutung übernimmt Gott also durch seine Präsenz sowohl die Rolle des Zeugen, der über die Einhaltung der eingegangenen Verpflichtung wacht, als auch die des Helfers, der die Einhaltung der Verpflichtung durch die Höhen und Tiefen des Ehelebens überhaupt erst ermöglicht.

> Sandra (6-F-302): Ja also, das ist ja der ausschlaggebende Grund, also warum ich eine kirchliche Trauung wollte, weil ich ähm, also weil mir Gott einfach sehr wichtig ist. Kann ich das Licht wieder aus machen? Ähm [...].
> Interviewer: Ja klar.
> Sandra: *(schaltet die Deckenlampe aus)*. [...] ja, also weil ich möchte, dass Gott eigentlich also in unserer Ehe auch eine wichtige Rolle spielt. Weil das mein Glauben ist und auf den baue ich halt sehr viel auf. Das heißt schlechte Zeiten, wenn schlechte Zeiten kommt, dann kann ich mich an meinem Glauben festhalten, also dann weiß ich, da ist noch irgendjemand, und ähm wenn ich dem zuspreche, dann geht es mir einfach besser. Und das war mir, ist mir generell wichtig gewesen, warum ich mich kirchlich trauen lassen wollte [...].
> Interviewer: Ja.
> Sandra: [...] das spiegelt dieser Segen ja auch wider. Dass er unsere Ehe ähm unter einen guten Stern stellt quasi, also dass man quasi ähm mit Gott in der Ehe ist, nicht alleine, also dass man darauf vertrauen kann, und das ist mir ja sehr wichtig. Also generell an der, an diese, das ist ja dieser Segen ist ja eigentlich die kirchliche Trauung, das ist ja das, was es ausmacht.

In den Motiven „die Ehe unter einem guten Stern“ und „in der Ehe nicht allein, sondern mit Gott“ verknüpft Sandra schließlich den Segen am Ende des Eheschließungsrituals mit dem Einzug am Beginn. Diente dieser in Sandras Deutung vornehmlich der symbolischen Darstellung eigener Individuationsprozesse und darin der Re- Inszenierung vergangener Lebensgeschichte, so liegt die Relevanz des Segens vor allem in der Darstellung der Integration beider Partner in eine neue, von Gott getragene Lebensgemeinschaft und blickt darin auf den zukünftigen Weg des Paares.

IV. 3. 3. 5 *Event und transzendent – Strategien außeralltäglicher Inszenierungen*

In den Erzählungen von der konkreten Gestaltung der kirchlichen Trauung kommt verschiedentlich das Bedürfnis des Paares nach der Inszenierung außeralltäglicher Feierlichkeit zum Ausdruck. In diesem Zusammenhang spielen sowohl geschlechts- als auch lebensstilspezifische Faktoren eine näher zu betrachtende Rolle.

So ist Markus auch im Rückblick auf die Trauung noch merklich begeistert von der Idee seiner Schwester, den Ford Mustang ihres Chefs für die Fahrt von der Kirche zum Saal auszuleihen und dem Brautpaar auf diese Weise zu einer dem eigenen Lebensstil angemessen erscheinenden Interpretation der traditionellen Hochzeitskutsche zu verhelfen.[248] Die Fahrt in dem Auto zählt er mit zu den herausgehobenen Momenten der gesamten Hochzeit. Sie erfüllte einerseits Markus' Wunsch nach einer möglichst eindrucksvollen Außendarstellung (6-M-399: „also allein der Sound des Motors [...]") und ließ andererseits für den Bräutigam selbst die Einmaligkeit und Herausgehobenheit des Geschehens (auch körperlich) spürbar werden:

> Markus (6-M-404): Ja, so schnell werde ich so einen Mustang nicht nochmal [...].
> Interviewer: Nee, wahrscheinlich nicht.
> Markus: [...] unter den Hintern bekommen. *(Lachen)*

Auch das Engagement einer professionellen Fotografin lässt sich in ähnlicher Weise verstehen. Neben pragmatischen Erwägungen (die Qualität der Bilder betreffend) und der Orientierung an konventionellen Vorgaben (die eine professionelle Fotografin mittlerweile zum Standard zählen) diente das Posieren unmittelbar vor dem Traugottesdienst als Inszenierungselement auch der Relevanzaufladung des Anlasses und der beteiligten Personen. Schauspielern gleich wurde das Paar von der Fotografin unter Verwendung von Requisiten in Szene gesetzt und in verschiedenen Posen fotografiert.[249] Während also an dieser Stelle der Wunsch, für einen Tag die Rolle eines prominenten Stars zu übernehmen, im Vordergrund stand, distanzierten sich Sandra und Markus (unterstützt von dem Pfarrer) im Blick auf die Dokumentation des Traugottesdienstes wiederum davon:

> Markus (6-M-347): Ja, wir haben das alles auf Film, auf Video. Und wie gesagt, ich wollte es, ich wollte nicht, dass da irgendjemand jetzt stets und ständig wie so ein Paparazzi um uns drum herum rennt, weil ich wollte mich wirklich nur auf eins konzentrieren, auf meine Frau und auf den eigentlichen Segen, auf die eigentliche Trauung. Und das hätte mich nur gestört, wenn da von allen Seiten, Ecken und Enden da immer irgendwo ein Blitzlicht kommt, das, nee, wollte ich nicht haben. Sie hat uns das angeboten, aber wir haben gesagt „nein wir können das alles vorher oder hinterher machen, aber während der Trauung möchte ich" [...].

Den fließenden Übergang zwischen der Selbstinszenierung als Prominente und der Konzentration auf den unmittelbaren Mitvollzug des kirchlichen Rituals bildet in der Rekonstruktion des Paares der Einzug in die Kirche.

---

[248] Vgl. den Ausdruck von Markus in 6-M-399 („das war eben unsere Hochzeitskutsche").

[249] Vgl. Kap. 5.2.4 „Überlegungen zur medialen Dokumentation der kirchlichen Trauung".

In Markus' Wahrnehmung orientierte sich die konkrete Gestaltung des Einzugs vorwiegend an dem Kriterium der gelungenen Außendarstellung und lehnte sich dafür an medial vermittelte Vorbilder an:[250]

> Markus (6-M-870): Und dass man als Braut nicht untergeht. Wenn man so zusammen rein kommt mit allen Leuten, dann, das ist so [...].
> Sandra: Ja nun, das wär ja sowieso nicht gewesen, wenn, dann wäre ich ja entweder mit dir eingezogen oder ähm mit dem Pfarrer.
> Interviewer: Ja, ja.
> Sandra: Weil ich wär ja nie mit der Dings mitgegangen, das ist ja auch so nicht Gang und Gebe.
> Markus: Aber man sieht es ja in jedem Film, die Braut kommt als letztes mit dem Schwiegervater, das ist so, das ist - man macht es ja nicht umsonst so, ne?

Für Sandra war der Moment des Einzugs rückblickend geprägt durch ihren ersten öffentlichen Auftritt als Braut im weißen Kleid.

> Sandra (6-F-732): Schon alleine diese Orgelmusik, was ja dann schon was, ja wie sagt man das, wenn einen so was berührt einfach, ne, weil es ja dann auch so ein emotionaler Moment ist, wobei das für mich dann schon natürlich noch viel mehr, weil mich alle Leute dann im Brautkleid natürlich auch gesehen haben und das ja auch ein schöner Moment ist. Aber auch so, ja halt einzuziehen.

Anders als für Markus spielt in Sandras Wahrnehmung des Einzugs also auch die emotionale Rührung eine Rolle, was (abgesehen von der genderspezifisch unterschiedlich ausgeprägten Wahrnehmungs- und Sprachfähigkeit) auch ihrer Deutung der durch den Einzug an der Seite ihres Vaters eingeleiteten Brautübergabe als symbolischer Ablösung von ihrer Herkunftsfamilie geschuldet sein dürfte.

Als ausgewiesene Experten für die Inszenierung außeralltäglicher Feierlichkeit gelten in der Sicht des Paares massenmediale Vorbilder, die vermittelt mit lebensstilspezifischen Konventionen und individuellen Präferenzen von Sandra und Markus durchgängig affirmativ rezipiert werden.[251] Markus verbalisiert diesen Rezeptionsprozess explizit, in Sandras Erzählungen sind in diesem Zusammenhang vor allem die von ihr positiv besetzten Stichworte „kitschig" und „romantisch" von Interesse, mit denen sich wiederum medial vermittelte Vorstellungen und Bilder einer idealen

---

[250] Vgl. Kap. 5.2.3 „Empirische Wahrnehmungen - Konventionalität und Medialität als Gestaltungsprinzipien der kirchlichen Trauung".

[251] Vgl. Kap. 5.2 „Medialität und Konventionalität als Gestaltungsrahmen der kirchlichen Trauung".

Hochzeit verbinden. So wäre die kirchliche Trauung durch die musikalische Mitwirkung eines Chores in Sandras Wahrnehmung „noch schöner gewesen, noch verschnörkelter und kitschiger“ (6-F-893). Die Tatsache, dass die in der Kirche gewechselten Ringe von dem Paar bereits seit der standesamtlichen Trauung getragen wurden, empfindet sie dagegen als „ein bisschen unromantisch“ (6-F-1008). Und schließlich nennt sie neben religiösen Motiven zur Deutung der kirchlichen Trauung auch die Einschätzung „ich mache das, weil das alles total schön ist und weil es total kitschig ist“ (6-F-1040) als positiv verstandenen Nebeneffekt der Heirat.

Die kulturkritische Abqualifizierung solcher Motive als „Eventisierung“ greift an dieser Stelle zu kurz, verbirgt sich in dem Bedürfnis nach außeralltäglicher Gestaltung doch mehr als die subjektiv empfundene Notwendigkeit eines gelungenen Showeffekts. Aufschlussreich ist in dieser Hinsicht die Wahrnehmung des Paares zur Exklusivität und individuellen Gestaltung der kirchlichen Trauung im Vergleich zu dem Geschehen während der standesamtlichen Trauung:

> Markus (6-M-714): Nicht von diesem Standesbeamten, der vielleicht jeden Tag fünfmal den gleichen Spruch sagt. Kann sein, dass der Pfarrer das auch macht, aber es hat irgendwo, in dem Moment ist man wirklich reinweg nur [...].
> Sandra: Ist ja für uns eine andere Bedeutung.
> Markus: Nur die Kirche für diese, diese ganze Kirche war nur für uns in diesem Moment da, ja. Und das ist ja eben das etwas Andere, das Besondere.
> Interviewer: Ja, ja.
> Sandra: Ja.
> Markus: Dass man eben alleine durch diese Kirchentür durch geht oder durch dieses Portal von der Kirche und [...].
> Sandra: Man weiß genau [...].
> Markus: Und weiß, für diese Stunde ist das jetzt nur unser. Da kommt keiner rein und will irgendwie einen Termin wegen xy, sondern nur reinweg, die Musik spielt nur für uns, der Pfarrer steht nur wegen uns da vorne, die Angehörigen sind nur wegen uns da, dass wir wirklich in dem Moment die Hauptpersonen sind.

Steht auch hier vordergründig das Bedürfnis nach Selbstdarstellung und Repräsentation der eigenen Persönlichkeit im Zentrum („dass wir wirklich in dem Moment die Hauptpersonen sind“), so lässt sich im Blick auf die Erzählungen von der Predigt[252] und der als individuell empfundenen liturgischen Gestaltung (6-M-938: „man hat genau gewusst, der meint nur uns“) deutlich beobachten, wie gerade verbunden mit der Befriedigung dieses Bedürfnisses das Ritual der kirchlichen Trauung intensiv auch auf

[252] Vgl. Kap. 5.6.2 „Predigt“.

Tiefendimensionen der eigenen Person bezogen und innerlich mit vollzogen wird. Entsprechend wertet Markus das Geschehen in der retrospektiven Reflexion als über den momentanen Showeffekt hinausgehendes:

> Markus (6-M-947): Ja, also hätte ich nicht gedacht, dass das, also wenn mich mal vor fünf, sechs Jahren jemand fragt, „also kirchliche Trauung ist schon was Besonderes?" „Ja, ja klar, schön feierlich." Nee, es ist ein bisschen mehr.
> Interviewer: Ja, ja.
> Markus: Es gehört ein bisschen mehr dazu als nur schön und feierlich. Also, man kann auch mit einem schönen Hochzeitskleid zum Standesamt gehen.

Ausgehend von diesen Beobachtungen legt sich die Annahme nahe, dass Sandra und Markus gerade in der festlichen, mit äußerlich aufwendiger Gestaltung verbundenen Inszenierung des eigenen Lebens und der eigenen Partnerschaft Zugang zu den Transzendenzbezügen ihres Daseins suchten und im Rahmen ihrer kirchlichen Trauung auch fanden. So verstanden wäre die Form der Inszenierung (wie oberflächlich oder auf bloße Showeffekte abzielend sie von Außenstehenden auch wahrgenommen würde) nicht eine entbehrliche und vom eigentlichen Inhalt der Trauung ablenkende Größe, sondern notwendige Konkretisierung und Verortung religiösen Erlebens.[253]

Für diese Annahme spricht auch eine sprachliche Konstruktion, die sich wiederholt in Sandras Erzählungen zu dem hier interessierenden Zusammenhang findet und anhand des Musters „nicht nur, sondern auch" (in der folgenden Sequenz hervorgehoben) organisiert ist.

> Sandra (6-F-1040): Also, religiös in dem Sinne halt ja, dass man sich ähm nochmal, also dass man sich *nicht nur*, nicht nur seinem Ehemann verspricht, *sondern* dass man halt *auch* ein Versprechen abgibt ähm, ja nur ihn, ähm nur den einen Mann halt zu lieben vor Gott halt, ne? Also das ähm, also das ist mein Gedanke dabei, dass man halt *nicht nur* einfach sagt, „ich mache das, weil das alles total schön ist und weil es total kitschig ist", *sondern* dass man sich auch in Momenten, wo man auch mal einen Tiefpunkt hat und wo man auch mal sagt „also, eigentlich geht mir dieser Mann so auf den Zeiger, dass ich keine Lust mehr habe", dass man sich dessen wieder bewusst wird, was man eigentlich ähm damals vor diesem Altar oder beziehungsweise vor seinen Gästen und dem lieben Gott einfach auch versprochen hat. Dass man sagt, wir halten zusammen in schweren und in guten Zeiten, und schwere Zeiten gibt es halt auch, die sind zwar nicht so schön, aber dass man sich in dem Moment auch daran festhält, dass man ein Versprechen abgegeben hat.
> Interviewer: Ja, ja.

---

[253] Vgl. Kap. 5.1.5 „Kirchliche Trauung als performative Inszenierung".

> Sandra: Und dass man *nicht nur* sagt, „so ich heiße jetzt anders und habe jetzt einen schönen Ring am Finger", *sondern* es ist halt *auch* ein Versprechen, was ich jemandem gebe und *nicht nur* demjenigen, *sondern auch* halt, dass das nochmal wie so ein Zeuge ist quasi. Also dass man *nicht nur* sagt, ähm, „so, ich hab zwar dir gesagt", man könnt ja auch sagen „so, ich hab das zwar dir gesagt, aber das ist mir jetzt egal", *sondern* dass man sagt, „na ja, da war noch jemand dabei, und vor dem muss ich es einfach auch einhalten", so.

Einerseits lassen sich Sandras Äußerungen als Abgrenzung gegen eine von ihr als zu oberflächlich empfundene Inanspruchnahme der kirchlichen Trauung im Sinn einer bloßen Kulisse verstehen, die sie auf dem Hintergrund ihrer religiösen Sozialisation ablehnt. Andererseits basiert jedoch ihre Deutung nicht auf der als Abgrenzungsstrategie nahe liegenden Konstruktion eines inhaltlichen Kerns, den es von äußerlichen Verhüllungen zu unterscheiden oder gar zu befreien gelte, sondern auf der Vorstellung ineinander verschränkter und sich wechselseitig bedingender Elemente, die nicht gegeneinander auszuspielen sind.

IV. 3. 3. 6 *Trauung und Taufe*

Die Vielzahl der Rollen, die Sandra und Markus im Rahmen ihrer Hochzeit übernahmen (als Paar, als Eltern, als Kinder, als Geschwister, als Freunde, als Gastgeber, als Stars) wurde in der Konzeption ihres Traugottesdienstes komprimiert und durch die Integration von Josies Taufe in den Ablauf der Trauung als Doppelrolle zur Darstellung gebracht. Einerseits erscheinen Sandra und Markus in ihrer Rekonstruktion in den konventionellen Rollen als Braut und Bräutigam, verbunden mit entsprechenden Gestaltungselementen wie der Kleidung oder einem besonderen Auto. Im Verlauf des Gottesdienstes wurde ihre Rolle als Brautpaar verbunden mit der Inszenierung von Anfänglichkeit (Brautübergabe) und Verbindlichkeit (Trauversprechen) dargestellt. Andererseits erscheint das Paar in der Interviewerzählung als Eltern eines Kleinkindes, dessen Taufe im erweiterten Familienkreis gefeiert wird.

Mögliche Konflikte zwischen diesen beiden darzustellenden Rollen lösten sie mit Hilfe der Strategie einer möglichst klaren Unterscheidung, die bis zur Trennung beider Rollen führen konnte. So plante das Paar den zeitlichen Ablauf des Hochzeitstages (neben anderen Faktoren) auch mit Rücksicht auf Josies gewohnten Tagesablauf:

> Sandra (6-F-638): [...] denn wenn man ein Kind hat, ist die Planung auch einfach eine andere, denn man muss sie ja auch irgendwo unterbringen. Wir wussten ja, ich muss mich fertig machen, die anderen Leute müssen sich auch fertig machen, aber irgendwer muss sich ja auch um Josie kümmern. Weil sie braucht Mittagessen und so weiter und so fort, ne?

Am Tag der kirchlichen Trauung erlebte sich das Paar zunächst primär in der Rolle als Brautpaar. Aus dieser Perspektive werden rückblickend die Bilder der Fotografin, der Einzug zum Beginn des Gottesdienstes und der weitere Ablauf der Trauung rekonstruiert. Im weiteren Verlauf des Gottesdienstes übernahmen Sandra und Markus im Rahmen der Taufe verstärkt die Rolle als Eltern und zogen am Ende des Rituals mit ihrer Tochter auf dem Arm gemeinsam aus der Kirche aus. Die anschließende Feier rekonstruieren die beiden wieder aus der Sicht des Brautpaares, eingebunden in Konventionen wie die Eröffnung des Tanzens oder von den Gästen organisierte Spiele.

Die mit der Kombination von Trauung und Taufe verbundene Doppelrolle des Paares findet ihren Niederschlag auch in den Wahrnehmungen und Konstellationen des Raumes, die in der Interviewerzählung geschildert werden. In der Rolle des Brautpaares platzierten sich Sandra und Markus nach dem Einzug zu zweit vor der Gemeinde, während Josie bei Sandras Schwester in der Gruppe der Familienangehörigen saß. Bestand optisch also keine Verbindung zwischen den Eltern und ihrem Kind, war Josie akustisch in der Wahrnehmung des Paares zwar partiell präsent, ohne jedoch grundsätzlich deren Konzentration auf das liturgische Geschehen und den Pfarrer aufheben zu können. Erst nach der ritualisierten Darstellung der Eheschließung wich die Inszenierung der Paarbeziehung auch räumlich der Konstellation der Kleinfamilie, die sich ergänzt durch Paten und Eltern um den Taufstein versammelte.

In der retrospektiven Wahrnehmung des Paares erhielten auf diese Weise die beiden gottesdienstlichen Anlässe ihren je eigenen Handlungsort. War für die Trauung der Altar die zentrale räumliche Größe (hier waren die Traufragen und der Segen des Paares lokalisiert), bildete für die Taufe der seitlich im Altarraum platzierte Taufstein den Mittelpunkt. Diesen den baulichen Gegebenheiten geschuldeten Wechsel des Handlungsortes deuten Sandra und Markus in Bezug auf das Verhältnis von Trauung und Taufe zueinander. In ihrer Rekonstruktion kommt beiden Ritualen ein spezifischer Stellenwert zu, der im Gottesdienst dargestellt wurde.

Diese von dem Paar selbst gewählte liturgische Abfolge fügt sich konsequent in die Gestaltung des Gottesdienstes als symbolischer Darstellung der zur Beziehungsgeschichte gehörenden lebensgeschichtlichen Übergänge ein: Der Einzug der Braut an der Seite des Vaters und die Brautübergabe inszenierte die Zeit des Kennenlernens und des Anfangs der Beziehung, die das Paar in Sandras Elternhaus erlebte. Der folgende am Ablauf kirchlicher Trauungen orientierte Teil des Gottesdienstes brachte die Feier der verbindlichen Paarbeziehung liturgisch zur Darstellung, während die Taufe schließlich die Geburt der Tochter als weiteren lebensgeschichtlichen Übergang inszenierte. Flankiert wurde die liturgische Abfolge auch durch die personelle Konstellation, die für die Fotos vor und nach dem Gottesdienst gewählt wurde: Posierte das Paar vor der Trauung noch zu zweit neben dem Hochzeitsauto, so zeigen die Gruppenbilder im Anschluss an den Gottesdienst Sandra und Markus mit Josie auf dem Arm und dokumentieren auf diese Weise den während des kirchlichen Rituals dargestellten Übergang von der kinderlosen Paarbeziehung zur Kleinfamilie.

Grundsätzlich erfolgte die Integration der Taufe in die Feier der kirchlichen Trauung im Sinne einer Unterordnung: Spielte für die Frage der Terminierung des Festes auch die Taufe eine Rolle (sie sollte vor Josies erstem Geburtstag vollzogen werden), so stellte sie hinsichtlich der Entscheidung zur Inanspruchnahme der kirchlichen Trauung jedoch keinesfalls den Anlass dar. Anders verhielt es sich mit der Entscheidung zur Eheschließung, die das Paar durchaus unter dem Vorzeichen der erwarteten Geburt rekonstruiert. Dem Muster der Unterordnung entsprechend kommt der Taufe auch in der Rekonstruktion des Gottesdienstablaufs eine relativ geringere Relevanz zu: So wird die musikalische Gestaltung primär auf die Trauung bezogen, einzig eines der ausgewählten Lieder deutet das Paar als Vorbereitung und Einstimmung auf die Taufe. Ebenso rekonstruieren beide die Predigt ausschließlich unter dem Vorzeichen ihrer Trauung und ihres vergangenen und zukünftigen Lebens als Ehepaar.

Die solchermaßen konstruierte Zuordnung von Trauung und Taufe bildet sich schließlich auch auf der Ebene der Interviewkommunikation und der ihr innewohnenden Dynamik ab. Am Anfang des Interviews liegt der Fokus (wie im Gottesdienst) auf der Paarbeziehung, wieder trennen sich Sandra und Markus räumlich (Josie liegt im Kinderzimmer im Bett) von ihrer Tochter, die ihre Anwesenheit jedoch akustisch wahrnehmbar macht. Wie im Verlauf des Gottesdienstes kommt auch während des Interviews Josie zu ihren Eltern, die das Gespräch als Familie weiter gestalten. Wie bei der Hochzeitsfeier trennen sich die Eltern schließlich während des weiteren Interviewverlaufs wieder von ihrer Tochter und erscheinen noch einmal ausschließlich als Paar. Bei isolierter Betrachtung lässt sich die dargestellte Interviewdynamik zwar unter pragmatischen Gesichtspunkten und nicht zuletzt auch im Blick auf die abendliche Tageszeit erklären, dennoch erscheinen die dargestellten Parallelen zum Ablauf der Trauung daneben auch als nicht zufällige Wiederholungen der Deutungen des Paares zum Verhältnis von Trauung und Taufe.

IV. 3. 3. 7 *Zur genderspezifischen Dynamik der Interviewerzählung*

Hinsichtlich der genderspezifischen Dynamik lässt die Interviewerzählung auffallende Abweichungen von der lebensstilspezifischen Einordnung des

Paares erkennen, die eine vergleichsweise größere Sprachfähigkeit und Gesprächsbereitschaft der Frau wahrscheinlich machte. Diese Vermutung wurde durch die Analyse des transkribierten Interviews nicht bestätigt. Wie sich zeigte, tragen sowohl Sandra als auch Markus eigene, von individuellen Schwerpunkten geprägte Sinnzuschreibungen vor. Auch die quantitative Verteilung ihre Beiträge (Sandra: 354, Markus: 369) deutet auf eine ausgeglichene Gesprächsbereitschaft hin.

Vermutlich wird diese Interviewdynamik auf Markus' Seite primär durch zwei Faktoren begünstigt: Zum einen ließ sich zeigen, dass er im Rahmen der kirchlichen Trauung auch die biographisch bedeutsame Grundfrage der Zugehörigkeit bearbeitet und dadurch das Ritual der Eheschließung mit zusätzlicher Relevanz auflädt. Sein gegenüber dem lebensstiltypischen Durchschnitt entsprechend gesteigertes emotionales und praktisches Engagement im Rahmen der Vor- und Nachbereitung der Trauung bildet sich auch auf der Ebene der Interviewkommunikation ab.

Zum anderen lässt Markus in der Interviewerzählung verschiedentlich eine durch seine Tätigkeit als Bestatter spezifisch geprägte Perspektive auf die Trauung erkennen. Expliziert wird diese Sichtweise - wie bereits gezeigt - im Kontext der Predigtwahrnehmungen, die Markus vor dem Hintergrund seiner beruflichen Erfahrungen mit pastoralen Ansprachen bei Trauerfeiern einordnet und bewertet. Diese Berufsperspektive bildet sich an zwei weiteren Stellen des Interviews auch implizit auf der sprachlichen Ebene ab:

> Markus (6-M-932): Sandra, mach dir mal keine Gedanken, das wird schon eine schöne Trauer -, äh Quatsch, Trauung werden.
> Markus (6-M-721) der Pfarrer steht nur wegen uns da vorne, die Angehörigen sind nur wegen uns da, dass wir wirklich in dem Moment die Hauptpersonen sind.

Spricht die Verwechslung von Trauerfeier und Trauung für sich, so fällt die abstrahierende Bezeichnung der Verwandten als „Angehörige" vor allem im Blick auf Markus' sonstigen Sprachgebrauch auf, in dem er überwiegend von „meiner Familie" spricht oder einzelne Personen mit einer Verwandtschaftsbezeichnung markiert. In diesem Kontext erinnert die Rede von „den Angehörigen" eher an einen Bestatter, der die Platzierung einer Trauergemeinde organisiert. Durch diese berufliche Perspektive weist Markus eine hohe Sensibilität für inszenatorische Details der Ritualgestaltung und die Qualität pastoraler Deutungsangebote auf und zeigt sich dementsprechend sprachfähig und auskunftsbereit.

V. Ergebnisse der synthetisch-fallübergreifenden Analyse

Während die drei entfalteten Einzelfalldarstellungen vor allem zeigten, wie unterschiedlich die interviewten Paare die eigene kirchliche Trauung vor dem Hintergrund ihrer jeweiligen lebensgeschichtlichen Situation rekonstruieren, werden im Folgenden die Auswertungsergebnisse aller Daten fallübergreifend entfaltet und im Dialog mit der einschlägigen praktisch-theologischen Literatur diskutiert.

Die Abschnitte dieses Kapitels beziehen sich (wie diverse Querverweise zeigen) auf vielfache Weise aufeinander und hätten deshalb auch in verschiedenen alternativen Anordnungen dargestellt werden können. Die hier gewählte Reihenfolge bildet nicht die Chronologie des Forschungsprozesses ab, sondern begründet sich durch den Blickwinkel, der in den Abschnitten auf die kirchliche Trauung eingenommen wird: In den ersten drei Abschnitten (5.1, 5.2, 5.3) kommt die kirchliche Trauung überwiegend als Teil des Gesamtzusammenhangs der Hochzeit (inklusive Vorbereitungszeit, standesamtlicher Trauung und diverser Feste) in den Blick, in den folgenden Abschnitten (5.4, 5.5, 5.6) werden einzelne, das kirchliche Ritual im engeren Sinne betreffende Fragen vertieft und auf die kirchliche Trauung als Gesamtkomplex (Entscheidung zur Inanspruchnahme, Traugespräch(e), Vorbereitung und Durchführung des Traugottesdienstes) bezogen.

V. 1 Bestätigung und Übergang – Die kirchliche Trauung als performative Inszenierung

V. 1. 1 Hinführung

Die in der praktisch-theologischen Debatte vielfach rezipierte These, die Funktion der kirchlichen Trauung habe sich von der Ritualisierung eines lebensgeschichtlich relevanten Übergangs zur repräsentativen Darstellung einer bereits vollzogenen Entscheidung verschoben, wird durch die vorliegenden Interviews nur bedingt gestützt und bedarf insbesondere hinsichtlich der zugrunde liegenden Sicht der lebensweltlichen Hintergründe einer differenzierten Würdigung. Stellvertretend für die Anhänger dieser These sei hier Nüchtern genannt, der (Nave-Herz' These von der „kindorientierten Eheschließung" sowie ihr Modell von Paarbiographien als stufenförmigen Prozess rezipierend) die Funktion des Traugottesdienstes in der Wahrnehmung der Paare ausschließlich als „Bestätigung bzw. Orientierung in einer bereits bestehenden Lebensform"[254] bestimmt.

Bei aller Plausibilität dieser These ist angesichts der Pluralität von Lebensentwürfen, Beziehungsbiographien und Heiratsmotiven wahrscheinlich von einem komplexeren Zusammenhang zwischen Übergang und Bestätigung auszugehen als von einer schlichten Ablösung des einen durch die andere. Übergang oder Bestätigung stellen aus der Perspektive der Brautpaare vermutlich keine gegeneinander auszuspielenden Funktionsbestimmungen dar, sondern stehen in einem ambivalenten Spannungsverhältnis zueinander, dessen Balance durch diverse Faktoren wie z. B. den Lebensstil oder die konkrete Lebenssituation beeinflusst wird. So lässt sich beispielsweise vermuten, dass eine Deutung der Trauung als lebensgeschichtlicher Übergang umso wahrscheinlicher wird, je stärker die Orientierung an Normen und Traditionen ausgeprägt ist; abhängig von der jeweiligen sozialen Lebenssituation scheinen dagegen ein höheres Heiratsalter sowie bereits in der vorehelichen Partnerschaft geborene Kinder eine Deutung der Trauung als Bestätigung wahrscheinlicher zu machen.

Die Ergebnisse eingehender Analysen dieser Zusammenhänge werden im Folgenden schrittweise entfaltet: Nach der Darstellung des typischen Musters, mit dem in den Interviewerzählungen Phänomene des Übergangs mit denen der Bestätigung verbunden werden (5.1.2), sollen empirische wahrnehmbare Deutungen im Sinne einer Bestätigung (5.1.3) und eines

---

[254] Nüchtern (2005) 171. Zur ausführlicheren Darstellung der Diskussion vgl. Kap. 2.2.4 „Die Frage der Funktionsbestimmung der kirchlichen Trauung".

Übergangs (5.1.4) je für sich näher untersucht werden. Durch die Rezeption theaterwissenschaftlicher und soziologischer Überlegungen zum Begriff der Inszenierung soll schließlich ein präzises Verständnis der wahrnehmbaren Ambivalenz zwischen konservativ-stabilisierenden und kreativ-erneuernden Funktionen der kirchlichen Trauung erreicht werden (5.1.5).

V. 1. 2 Bestätigung und Veränderung als typisches Muster der Rekonstruktionen

Die fallübergreifende Analyse der Interviews zeigt zunächst ein relativ homogenes Bild bezüglich Übergang und Bestätigung als Rekonstruktionsmustern der kirchlichen Trauung. Ohne Ausnahme äußern die interviewten Paare, dass aus der Heirat und der damit verbundenen kirchlichen Trauung in ihrer Wahrnehmung einerseits keine relevanten Veränderungen resultieren. Andererseits rekonstruieren alle Paare (individuell akzentuierte) lebensgeschichtliche Veränderungen auf unterschiedlichen Ebenen im Zusammenhang mit der kirchlichen Trauung und nehmen den Statuswechsel der Heirat als neuen Lebensabschnitt wahr. Sprachlich bildet sich dieser Komplex in sich ähnelnden Formulierungen ab, die nach dem Muster „eigentlich hat sich nichts geändert, aber [...]" organisiert und teilweise mit merklichem Ringen um einen adäquaten Ausdruck verbunden sind.

Das Spektrum dieses Musters lässt sich zunächst überblicksartig und exemplarisch folgendermaßen entfalten: Christine und Udo sind sich einig, dass sich „im konkreten Zusammenleben" (2-M-335) durch die Heirat nichts geändert habe. Im weiteren Verlauf des Interviews differenzieren sie jedoch diese Einschätzung:

> Udo (2-M-721): [...] Ich meine, im Alltagsleben, finde ich, hat sich jetzt nichts geändert, insofern kann man natürlich sagen, ja gut am täglichen Zusammenleben hat sich da nichts geändert, aber [...].
> Interviewer: Hm?
> Udo: Aber es ist eine Entscheidung gewesen, jetzt einen neuen Lebensabschnitt zu beginnen, also das auf jeden Fall. Also das, insofern ist es schon eine Veränderung, ja. Die sich jetzt nicht im alltäglichen Verhalten direkt auswirkt, aber [...].
> Interviewer: Hmm.
> Udo: – aber insgesamt, wie man seine Ehe sieht, ist das natürlich schon eine Veränderung, also aus meiner Sicht jedenfalls.
> Christine: Ja, und mir ist dann auch danach irgendwie bewusst geworden, wie locker ja doch eigentlich die Bindung ohne Ehe vorher ist, dass man ja doch eigentlich auch einfach so auseinander gehen könnte, und dass eine Ehe eben doch etwas anderes ist, eine noch festere Bindung.

Mit den Worten „wie man seine Ehe sieht" markiert Udo die als durch die kirchliche Trauung verursacht rekonstruierte Differenz zwischen dem vorehelichen Stadium der Partnerschaft und der Ehe primär in der Deutung der Partnerschaft und wird darin von Christine („eine Ehe ist eben doch etwas anderes") bestätigt.

Anna und Karl beantworten spontan die Frage nach durch die Heirat ausgelösten Veränderungen eher lakonisch („es hat sich der Name geändert und die Steuern, mehr nicht" (3-F-879)), um jedoch wenig später die kirchliche Trauung als relevante Impulsgeberin eines Individuationsprozesses zu rekonstruieren.[255] Ähnlich sprechen auch Rita und Heinrich davon, dass sich durch die Heirat „beziehungs- oder gedankenmäßig nicht viel geändert" (4-F-1105) habe. Direkt anschließend verweisen beide auf die gesteigerte Verbindlichkeit der Beziehung im Kontext ihrer religiösen Deutungen der kirchlichen Trauung[256] als wichtige Veränderung, um jedoch wenig später die Kausalität zwischen verstärkter Verbindlichkeit und Heirat wiederum in Frage zu stellen („aber die hatten wir eigentlich vorher auch nicht im Kopf gehabt, also das ist es eigentlich auch nicht nur. Weiß ich nicht." (4-F-1109)). Victoria und Riaz finden für die Mischung aus Kontinuität und Veränderung das Bild eines Umzugs:

> Riaz (1-M-482): Aber sonst war es im Grunde genommen so ähnlich wie der Umzug von der Wohnung ins eigene Haus. Vielleicht kann man das damit vergleichen, man hat ein bisschen mehr Platz, ein bisschen mehr Raum, also es ändert sich äußerlich ein bisschen was, aber die Menschen, die darin wohnen, sind immer noch die gleichen.

So zeigt sich eine Gemengelage, die Wilko selbstreflexiv mit den Worten „es hört sich jetzt vielleicht widersprüchlich an" (5-M-336) beschreibt. Wahrzunehmen ist, dass für die Sinnzuschreibungen der Paare (insbesondere in der Deutung ihrer Partnerschaft) beide Deutungsmuster – Übergang und Bestätigung – eine spezifische Rolle auf unterschiedlichen Ebenen (alltägliches Zusammenleben, Verbindlichkeit der Beziehung, lebensgeschichtliche Rekonstruktionen) spielen, die nun genauer in den Blick zu nehmen sind.

V. 1. 3 Empirische Wahrnehmungen der Bestätigung

Während zwar alle interviewten Paare davon sprechen, dass es durch die kirchliche Trauung „eigentlich keine Veränderungen" in ihrer Partnerschaft gegeben habe, sondern eher eine Bestätigung bzw. Vergewisserung hinsicht-

---

[255] Vgl. die Einzelfalldarstellung in Kap. 4.1 „Anna und Karl".

[256] Vgl. die Einzelfalldarstellung in Kap. 4.2 „Rita und Heinrich".

lich des gemeinsamen Lebensweges, zeigen sich bei genauerer Analyse graduelle Abstufungen und individuelle Ausprägungen dieses Rekonstruktionsmusters, die mit verschiedenen Faktoren im Zusammenhang zu stehen scheinen. So ist zu differenzieren, worauf sich die individuellen Konstruktionen von Bestätigung beziehen (z. B. auf die Partnerwahl, auf die Lebensform der monogamen Zweierbeziehung, auf einen bestehenden oder bereits realisierten Kinderwunsch, auf die eigene Identität) und auf welche Weise die der kirchlichen Trauung zugeschriebene Bestätigung gedeutet wird (z. B. als weiterer Schritt der Institutionalisierung der Beziehung, beispielsweise nach erfolgtem Hausbau, Geburt eines gemeinsamen Kindes und Verlobung oder eher als Festigung der Beziehung angesichts eines drohenden Intensitätsverlusts).

Die Vermutung, dass die Gründung eines gemeinsamen Hausstandes vor der Heirat tendenziell zu einer Funktionsverschiebung der kirchlichen Trauung hin zu einem Ritual der Bestätigung bzw. Vergewisserung beitrage, wird durch die vorliegenden Interviews grundsätzlich gestützt, bedarf jedoch einer Differenzierung. Zwar wohnten fast alle interviewten Paare bereits vor der Eheschließung seit einem oder mehreren Jahren zusammen, der Entschluss zu dieser Lebensform wird jedoch unterschiedlich rekonstruiert. Ist er für die einen (Anna und Karl) verbunden mit einer bewussten Entscheidung und implizit gleichbedeutend mit der Bekundung einer Heiratsabsicht, ergibt er sich für andere eher ungeplant aus individuellen Lebensumständen (Sandra und Markus) oder vorwiegend pragmatisch im Zuge der Familiengründung (Elke und Wilko). Einzig Christine und Udo hatten zur Zeit der kirchlichen Trauung noch getrennte Wohnungen, deuten diesen Umstand jedoch nicht inhaltlich im Sinne eines mit der Heirat verbundenen Statuswechsels, sondern rekonstruieren ihn als ökonomisch vorteilhafte Lösung im Kontext des bereits vor der Hochzeit geplanten Hauskaufs (2-M-196-201).

Unabhängig von den dargestellten unterschiedlichen Rekonstruktionen des Entschlusses zur Gründung eines gemeinsamen Hausstandes wird das voreheliche Zusammenleben von allen interviewten Paaren als eine Art Test für die Alltagstauglichkeit der Beziehung gedeutet, dessen positives Ergebnis schließlich durch die Heirat bestätigt und publiziert wird:

> Riaz (1-M-279): Also was wir sozusagen, ich glaube, ich kann das, wir können das guten Gewissens sagen, dass man das nur empfehlen kann, sich vorher ähm ja sich auf der Ebene auch kennen zulernen. Weil das ist, also es war für uns ein sehr einschneidendes Erlebnis als wir dann die ersten zwei, drei Wochen zusammen lebten, weil man dann einfach ja doch die Macken des anderen merkt, die man vorher nie mitbekommt. Also vorher ist da so, man fährt immer entweder zu meiner Frau oder zu mir und dann ist man irgendwie da, guckt Fernsehen und macht irgendwas, ist draußen in der Natur. Aber dann

> kommen ja Gewohnheiten dazu, wie Zähneputzen sag ich jetzt mal, ähm Wäsche wegpacken oder auch nicht, und das ist dann schon anders.

Während ein relativ hohes Heiratsalter (Rita und Heinrich) oder eine relativ lange voreheliche Partnerschaft (Victoria und Riaz) im Vergleich mit den Sinnzuschreibungen anderer Paare keine wahrnehmbare Verstärkung des bestätigenden Aspektes der Trauung nach sich ziehen, spielen der Wunsch, eine Familie zu gründen, oder bereits vor der Heirat geborene Kinder in einzelnen Fällen eine relevante Rolle für die Deutungen der Trauung als Bestätigung. In dieser Hinsicht ergibt sich einerseits der Bezug zu dem von Nave-Herz rekonstruierten Heiratsmotiv der kindorientierten Eheschließung,[257] ihre Interpretation dieses Motivs als Element des Statuswechsels lässt sich andererseits in den betreffenden Interviews gerade nicht nachweisen. So spielt die Perspektive der Familiengründung für viele der interviewten Paare eine wichtige Rolle bei der Entscheidung zur Heirat. Als Übergang wird dieses Motiv jedoch in keinem Interview gedeutet, sondern vor allem unter dem Aspekt der Bestätigung thematisiert. Expliziert wird jedoch auch dieser Zusammenhang nur selten, einzig Christine und Udo äußern sich detaillierter dazu:

> Interviewer (2-I-731): Ja, ja. Und hat der Wunsch nach Kindern eine Rolle gespielt bei Ihnen auch, oder? Es klang vorhin mal an.
> Udo: Ja auch, also sicherlich auch, also das war für uns aber auch von vornherein klar, dass das, dass wir das wollen, also insofern also ähm ist das, denke ich, auch nicht unwichtig. Das kann man jetzt auch gar nicht so trennen, denke ich. Also für mich sind das nicht jetzt zwei verschiedene Sachen. Weil wir von Anfang auch gesagt haben, das wollen wir auch und ähm.
> Christine: Obwohl, also ich hätte, auch wenn ich jetzt keine Kinder wollte oder wenn wir es beide nicht wollten, dann hätte ich allerdings trotzdem auch eine Beziehung fürs Leben angestrebt.
> Udo: Ah ja gut, das wollte ich jetzt nicht [...].
> Christine: Ja gut, das habe ich auch nicht so verstanden.
> Interviewer: Dann hätten Sie nicht gesagt „Och, dann brauchen wir auch nicht heiraten“?
> Christine: Ich hätte nicht gesagt, ich will keine Kinder und dann brauch ich auch nicht heiraten. Also das wäre dann trotzdem auch ein Ziel gewesen, auch einen Partner fürs Leben zu finden. Ich denke, für Kinder ist es auch nochmal ein besonders wichtiger, fester Rahmen, dass sie wissen, auch die Eltern haben sich entschieden, für immer zusammen zu bleiben. Die leben nicht einfach nur so zusammen. Und ich glaube, dass das für Kinder auch wichtig ist.

---

[257] Vgl. die Darstellung ihrer Thesen in Kap. 2.1 „Gegenwärtiger Forschungsstand: Empirische Studien zur kirchlichen Trauung“.

Während sich hier der grundsätzliche Kinderwunsch durchaus eng mit der Entscheidung[258] zur Heirat verbunden zeigt („das kann man jetzt auch gar nicht so trennen"), wird weder die Motivation zur Eheschließung rückblickend davon abhängig gemacht noch die gemeinsame Perspektive der Familiengründung als relevant für die Wahrnehmung der Trauung als Beginn eines neuen Lebensabschnitts rekonstruiert. Die Heirat erscheint eher als Bestätigung der Partnerwahl („Partner fürs Leben") und der konventionell vermittelten Lebensperspektive („Beziehung fürs Leben"), die den Kinderwunsch integriert, ohne in ihm aufzugehen. Bestätigt wird dadurch zugleich auch die Lebensform der monogamen Paarbeziehung als potentieller Schutzraum für eigene Kinder („ein besonders wichtiger, fester Rahmen"). Einen ähnlichen Zusammenhang zwischen der Heiratsentscheidung und der Familiengründung stellen beispielsweise auch Victoria und Riaz her, verknüpfen das Motiv jedoch zugleich mit einer stärkeren Konventionsorientierung, die über den Begriff „altmodisch" eingetragen wird:[259]

> Victoria (1-F-292): Also wir sagen ja immer so scherzhaft, na ja so jetzt haben wir uns ein Haus gekauft, eine Scheidung ist ja einfacher eigentlich, als ein Haus wieder aufzuteilen, aber letzten Endes ist es das nicht. Das sagen wir eigentlich immer so aus Scherz, äh Jux und Dollerei [...].
> Interviewer: Ja.
> Victoria: [...] nein, einfach für das gemeinsame Zusammenleben, Familie, Kinder wollten wir auf jeden Fall verheiratet sein, das gehört einfach für uns dazu. Da sind wir eigentlich sehr altmodisch. Ich meine; es gibt so viele wilde Ehen; die auch funktionieren. Da habe ich auch gar nichts dagegen einzuwenden, wenn Menschen das so möchten, aber für uns war das halt nichts. Wir möchten das ja ganz altmodisch sage ich mal, wie es ja heutzutage auch oft schon ist irgendwie.

Andere Aspekte der Bestätigung betonen hingegen die Paare, die zum Zeitpunkt der Trauung bereits Eltern sind und also den lebensgeschichtlichen Übergang vom kinderlosen Paar zur Gründung einer Familie vor der Hochzeit vollzogen haben. Diese Paare rekonstruieren typischerweise ein von der Heirat unabhängiges Gefühl der Zusammengehörigkeit als Familie, das im Traugottesdienst zur Darstellung kommt. Die kirchliche Trauung wird dabei weniger über das Motiv der Entscheidung füreinander gedeutet als über das Motiv der Bestätigung und weiteren Festigung des gemeinsam Erreichten. Da diese Schwerpunktsetzung vor allem Paare mit bereits vor der Heirat geborenen Kindern betrifft, ist zu vermuten, dass die (für viele

---

[258] Zur Rolle der grundsätzlichen Entscheidung bei Christine und Udo vgl. Kap. 5.5 „Deutungen der kirchlichen Trauung – Versprechen und Segen".

[259] Vgl. auch 7-F-171.

kinderlose Paare im Kontext der Hochzeit relevante) Entscheidung im Sinne einer wechselseitigen Selbstfestlegung schon in der Entscheidung für ein gemeinsames Kind getroffen wurde und aus diesem Grund in den Eigentheorien zur Trauung in den Hintergrund treten kann. Hinsichtlich der Funktion der kirchlichen Trauung tritt dagegen ausgehend vom Motiv der Bestätigung typischerweise die Bitte um Gottes Segen in den Vordergrund. Der von dem Segen erhoffte Schutz wird dabei nicht nur auf die Beziehung des Paares bezogen, sondern auch auf die zur Familie gehörenden Kinder.

> Dorothea (8-F-542): Ja. Dieses, dass man es vor Gott, also dass man es vor Gott noch einmal bestätigen möchte, dass man vor Gott die Liebe, dies, also das war uns sehr wichtig, mir eben sehr wichtig und ähm ja, ich fand das ähm ein Hauptmerkmal eigentlich. Also ich wollte, dass mein Sohn getauft wird, dass Gott da seine schützende Hand drauf legt, und ich wollte ähm noch mal „ja" sagen in der Kirche, dass Gott uns seinen Segen gibt. Also uns so als Familie dann auch, ne.

In besonderer Intensität findet sich diese Deutung bei den Paaren, die Trauung und Taufe eines Kindes miteinander verbunden feierten (Dorothea und Jan, Sandra und Markus[260]). In abgeschwächter Form dehnen jedoch auch Elke und Wilko (deren Tochter vier Jahre vor der Trauung geboren und getauft wurde) die Aspekte der Bestätigung der Beziehung und der Bitte um göttlichen Schutz auf das Zusammenleben als Familie aus.[261]

Beide Motive – der Bestätigung der Entscheidung füreinander und der Bestätigung bzw. Festigung des bisher gemeinsam Erreichten – weisen auf einen weiteren, übergreifenden Aspekt der Bestätigung als Deutungsperspektive hin. Durchgängig zeigt sich nämlich in den Interviews, dass die Paare ihre kirchliche Trauung nicht ausschließlich hinsichtlich ihrer konkreten biographischen Situation deuten, sondern (in unterschiedlicher Akzentuierung) immer auch hinsichtlich der gesellschaftlichen Konvention der Lebensordnung Ehe bzw. Familie. Relativ unabhängig von den eigenen Lebensumständen wird mit der Feier der kirchlichen Trauung also in den Sinnzuschreibungen der Paare die Gültigkeit einer prinzipiellen Le-

---

[260] Vgl. die Einzelfalldarstellung „Sandra und Markus" in Kap. 4.3, insbesondere Kap. 4.3.3.6 „Trauung und Taufe".

[261] Vgl. z. B. 5-M-332.

bensform bestätigt.[262] So antwortet Meike auf die Frage nach religiösen Sinndeutungen der kirchlichen Trauung:

> Meike (7-F-710): Ich würde sagen, also für mich sage ich schon, dass ich eben einen Glauben habe an Gott und äh, für mich gehörte das seit, seit klein auf dazu, wenn ich den, den Mann fürs Leben finde, möchte ich ihn auch vor Gott heiraten so.

Unabhängig von ihrer Beziehung zu Olaf hatte Meike also „seit klein auf" die sozialisations- und konventionsbedingte Vorstellung, „den Mann fürs Leben" zu finden und zu heiraten. In ähnlichen Formulierungen sprechen auch andere Paare von dem Lebensziel, eine lebenslange, monogame Partnerschaft in der Rechtsform der Ehe zu führen und diese mit der kirchlichen Trauung zu beginnen.[263]

Während sich also Deutungen der Trauung als Bestätigung im Sinne eines weiteren Schrittes der Institutionalisierung der Beziehung und als Bestätigung einer konventionellen Lebensordnung in verschiedenen Akzentuierungen nachweisen lassen, lässt sich die Vermutung, dass der Aspekt der Bestätigung auch als Impulsgeber für die Intensität der Partnerschaft gedeutet werden könnte, durch die Analyse der vorliegenden Interviews nicht bestätigen. Entweder spielt das Motiv in den bewusst reflektierten Motiven der Paare keine Rolle oder der bereits diskutierte methodische Einwand gegen die Durchführung der Interviews mit beiden Ehepartnern erweist sich doch als berechtigt,[264] da die Partner bestrebt sein könnten, ihre Aussagen gegenseitig zu harmonisieren und deshalb von Wahrnehmungen eines drohenden Intensitätsverlusts in der Beziehung nicht in Anwesenheit des anderen sprechen.

V. 1. 4 Empirische Wahrnehmungen des Übergangs

Neben den dargestellten Deutungen der Trauung als Phänomen der Bestätigung bzw. Vergewisserung rekonstruieren die interviewten Paare in unterschiedlichen Akzentuierungen auch lebensgeschichtliche Übergänge im Kontext der eigenen Hochzeit. Die entsprechenden Erzählungen lassen

---

[262] Vgl. dazu STECKS (1988) These, nach der Kasualien nicht nur die individuell-biographische Situation betreffen, sondern immer auch die ihnen zugrunde liegende konventionelle Lebensordnung; vgl. die Darstellung in Kap. 2.2.4.3 „Konsequenzen für die Funktionsbestimmung der kirchlichen Trauung".

[263] Vgl. z. B. Christines Äußerung (2-F-737): „Ich hätte nicht gesagt, ich will keine Kinder und dann brauch ich auch nicht heiraten. Also das wäre dann trotzdem auch ein Ziel gewesen, auch einen Partner fürs Leben zu finden. [...]."

[264] Vgl. Kap. 3.1.2 „Konzeption und Durchführung der Interviews".

typische Muster erkennen, mit denen die Paare den mit der Heirat verbundenen Statuswechsel in dreifacher Hinsicht reflektieren: Neben der Dimension der auf die Partnerschaft bezogenen Terminologie sind dies die Dimension der Verbindlichkeit, die der eigenen Partnerschaft zugeschrieben wird, und die Dimension von Schwellenorten, an denen das Phänomen des Übergangs in der Wahrnehmung des jeweiligen Paares haftet.

Annähernd alle interviewten Paare verbinden mit der Heirat Veränderungen hinsichtlich der auf die Partnerschaft bezogenen Terminologie.

> Meike (7-F-404): Also was mir speziell aufgefallen ist als Ehefrau, ich hatte ja den Namen gewechselt so und dass ich da ganz besonders stolz drauf war, also dass ich jetzt plötzlich dann irgendwie – sei es auf der Arbeit oder irgendwie so, dass man jetzt plötzlich, äh, sich eben mit neuen Namen gemeldet hat und mir der Name auch gefallen hat und äh, das fand ich toll und mein Mann hat auch gesagt, dass er das – du warst eigentlich auch stolz, dass ich jetzt den Namen übernommen habe, so und immer wenn ich mich gemeldet habe und er hat angerufen so, gerade am Anfang so, haste dich immer gefreut, ne, so?
> Olaf: Ich fand, das klang immer so erwachsen, wenn man sagte „meine Frau" oder so.
> Meike: Meine Frau, genau, und mein Mann.
> Olaf: Statt „meine Freundin" oder so.

Beide Veränderungen – der Wechsel des Familiennamens und die Bezeichnung des Partners als „mein Mann"/„meine Frau" – werden von den interviewten Paaren in der Regel als relevante, keineswegs rein äußerliche Veränderungen rekonstruiert[265] und mit zwei Motiven verbunden: Einerseits wird mit der Heirat ein individueller lebensgeschichtlicher Übergang verbunden („es klang immer so erwachsen"), der durch den gemeinsamen Familiennamen und die Rede von „meiner Frau" auch öffentlich stolz markiert wird;[266] andererseits verweisen die genannten terminologischen Veränderungen in den Rekonstruktionen der Paare auch auf eine neue Qualität der Zusammengehörigkeit und Verbindlichkeit, die der eigenen Partnerschaft als Konsequenz der Hochzeit zugeschrieben wird.

Während der kirchlichen Trauung in dieser Hinsicht keine spezielle Relevanz zugeschrieben wird, kommt ihr in den Deutungen der Paare hinsichtlich der Verbindlichkeit der eigenen Beziehung eine hervorgehobene Bedeutung zu. Denn die kirchliche Trauung wird in dieser Hinsicht häufig

---

[265] Vgl. dazu auch 1-F-439; 2-F-343.

[266] Ähnlich stolz trägt z. B. auch Karl den Ehering (vgl. 3-M-899) als Symbol für den mit der Heirat vollzogenen Statuswechsel; vgl. die ausführliche Darstellung der lebensgeschichtlichen Veränderungen in der Einzelfalldarstellung „Anna und Karl", Kap. 4.1.3.2 „Unter Gottes Schutz – Deutungen der kirchlichen Trauung".

als lebensgeschichtliche Schwelle rekonstruiert, nämlich als Übergang in eine neue Qualität der Verbindlichkeit der Paarbeziehung und der Verantwortlichkeit für den Ehepartner. Besonders zugespitzt rekonstruiert Jan die mit diesem Übergang verbundene Veränderung als Konstituierung eines Verwandtschaftsverhältnisses:

> Jan (8-M-798): [...] Ähm es ist ja so im Grunde genommen, meine Kinder, die sind mit mir verwandt, meine Eltern sind mit mir verwandt, aber meine Frau ist nicht mit mir verwandt, sag ich mal, und dieses, dieses Verwandtschaftsverhältnis, finde ich, äh entsteht äh, wenn äh ja sozusagen Gott diesen Bund besiegelt und äh oder segnet und sagt „ja" im Grunde genommen. Der religiöse Hintergrund, das, das Wort Segen vielleicht, dass Gott seinen Segen gegeben hat zu dem Ganzen, sag ich mal. Das ist so für mich der, der religiöse Hintergrund. [...].

Obwohl das Paar bereits seit mehreren Jahren mit zwei gemeinsamen Kindern in einem neu gebauten Haus lebt (und also in dieser Hinsicht geradezu als Paradebeispiel für eine durch die Hochzeit bloß zu bestätigende Lebenssituation erscheint), wird in Jans Wahrnehmung die Verbindlichkeit der Paarbeziehung durch die kirchliche Trauung noch einmal entscheidend verändert. Angesichts der grundsätzlichen Unauflösbarkeit der zum Vergleich herangezogenen Verwandtschaftsverhältnisse zwischen Eltern und Kindern erscheint diese Veränderung als nicht zu überbietende Verbindlichkeit.

In abgeschwächter Form sprechen auch Elke und Wilko (die Familiengründung und Hauserwerb ebenfalls bereits vor der Heirat vollzogen) von einer Veränderung der Beziehung, in die sie ausdrücklich auch ihre Tochter mit einbeziehen:

> Wilko (5-M-311): Es hat sich auf jeden Fall was geändert, aber das ist jetzt mittlerweile schon wieder, ähm, bisschen normaler geworden, von daher ist es schwer, das jetzt in Worte zu fassen. Also es war danach war das für mich wirklich ne Änderung, die ganz stark spürbar war, aber das ist jetzt ein bisschen Normalität schon wieder geworden.
> Interviewer: Ja.
> Wilko: Von daher ist es [...].
> Interviewer: Ja, ja.
> Wilko: Also allein dieses, ähm, dass ich da nicht mehr von meiner Freundin gesprochen habe
> Interviewer: Ja.
> Wilko: Das war was ganz ganz neues, aber das war jetzt nur ein Punkt. Äh, ähm.
> Elke: Also kurze, also was heißt kurze Zeit, also so ich würde mal sagen so ein/anderthalb Jahre danach war das für mich so beflügelt irgendwie das Verheiratetsein irgendwie und jetzt ist es für mich natürlich auch irgendwie normaler geworden, aber jetzt gerade auch nochmal im Zusammenhang mit dem

zweiten Kind schon irgendwie so dieses ganz dicke Glücksgefühl Familie zu sein, so.
Interviewer: Ja, ja.
Elke: Und das hab ich glaube ich, also das hatten wir bei Undine, die ja vor der Heirat geboren war, sicher auch irgendwie als also Dreiheit so, aber jetzt ist es für mich dieses total verbundene, fest installierte oder fest gefügte Familienzusammengehörigkeitsgefühl durch das Verheiratetsein glaube ich noch mehr.

Auf diese Weise rekonstruieren also gerade auch die Paare, deren Lebenssituation eine Deutung der Heirat als Bestätigung bereits vollzogener Übergänge tendenziell nahe legen würde, ihre Hochzeit als eigene lebensgeschichtliche Schwelle mit spezifischen Veränderungen.

Auffallend häufig verbinden sich schließlich die Deutungen der Trauung als Übergang mit der Rekonstruktion von Schwellenorten bzw. Schwellenphasen, die als emotionale Brennpunkte ambivalente Wahrnehmungen verstärken, auflösen oder neu konstellieren. Als konkrete Haftpunkte dieser Rekonstruktion von Schwellenorten findet sich in den Interviews eine große, teilweise auch paarintern differierende Spannbreite: Während das Trauversprechen bzw. die Traufragen für die meisten Paare einen Schwellenort bilden,[267] verbinden sich Wahrnehmungen des Übergangs auch mit anderen Orten und Zeiten, die teilweise als solche im Ablauf vorgesehen sind oder sich überraschend einstellen können. So rekonstruiert Sandra den Einzug in die Kirche als Ort des Übergangs (6-F-732, 6-F-867), Markus hingegen den Segen des Brautpaares (6-M-292)[268]. Meike spricht spontan vom Auszug aus der Kirche, „weil man dann verheiratet war“ (7-F-682), in den Erzählungen von Dorothea und Jan erscheint der gesamte Tag der kirchlichen Trauung mit der anschließenden familiären Feier als Übergang. Das Interview mit Anna und Karl zeigt, dass ein für die kirchliche Trauung relevanter Schwellenort durchaus auch in größerem zeitlichem Abstand zum Traugottesdienst erlebt werden kann: In ihrer Wahrnehmung war der Heiratsantrag im Kontext der gemeinsamen Reise mit Motorrädern zur Mittsommernacht am Nordkap der entscheidende Schritt hin zu dem neuen Status als Ehepaar (3-F-327) [269].

---

267 Vgl. Kap. 5.5 „Deutungen der kirchlichen Trauung – Versprechen und Segen“ zur Relevanz des Versprechens.

268 Zur Rolle des Segens in Markus’ Eigentheorie vgl. die Einzelfalldarstellung „Sandra und Markus“ in Kap. 4.3.

269 Etwas abgeschwächt rekonstruieren auch Elke und Wilko den Heiratsantrag als Schwellenort, auch bei ihnen verbindet sich dieser Moment mit einer Reise, die das Paar aus den alltäglichen Zusammenhängen herauslöst; vgl. 5-M-200.

Die verbreitete Deutung des Trauversprechens als Schwellenort explizieren Elke und Wilko plastischer als andere interviewte Paare, die jedoch ähnliche Wahrnehmungen in ihren Erzählungen anklingen lassen. Den Moment der Traufragen rekonstruieren Elke und Wilko mit dem Bild einer Luftblase als eine Art Schwellenzustand, in dem sie sich als abgelöst aus ihren sozialen Bezügen erleben.

> Wilko (5-M-507): Dies Knien nebeneinander, man weiß, die Gemeinde ist im Hintergrund und ähm ja, das ist jetzt mehr ne eigenartige Situation, aber allein dieses, das man sich da irgendwie exponiert und dann aber zu zweit da vorne ist und das auch vergisst, was hinter einem ist und wirklich dann auch für sich da vorn diesen Moment erlebt, das war mir schon sehr wichtig, ja.
> Interviewer: Ja, ja. Was war daran wichtig?
> Wilko: Ehm, dass ähm, ich mit Elke in dem Moment wirklich ehm, na ja, so'n bisschen aus der Masse da raus genommen wurde, dass wir da vorne mit der Pastorin, mit unserem Glauben und wir beide dann da so zusammen waren und ähm wie wir eben ja auch schon sagten, also diese Trauung an sich, das Trauversprechen war für uns dann ja auch so'n Höhepunkt dann noch.

Die für diese Wahrnehmung der Ablösung notwendige innere Hingabe rekonstruiert das Paar vor allem vor dem kontrastierenden Hintergrund der wenig zuträglich erscheinenden äußeren Rahmenbedingungen, die von akustischer und innerer Unruhe, von Improvisationen (z. B. der familiären Sitzordnung), aber auch von einem hohen Maß an auf die anwesenden Verwandten und Freunde projizierter Selbstbeobachtung geprägt sind:

> Wilko (5-M-511): [...] Ähm, das ähm hatte mich auf jeden Fall, aus dem, was du vorher gesagt hattest, auch dass du auch so'n bisschen, dadurch, dass du Undine an der Hand hattest, ähm immer wieder aus dieser feierlichen Stimmung erstmal rausgerissen wurdest, das hatte ähm dann diesen ganzen Rest, der eventuell noch mit Organisation, mit Alltag, mit Verwandten und allen möglichen Freunden, die auf einen schauen, verbunden ist, dann wirklich da völlig von losgelöst, dann war man wirklich dann in einem Bereich, der dann nur vor uns war, also das war sehr schön. *(Wilko nimmt Elkes Hand)*
> Interviewer: Ja, ja. *(Zu Elke)* Wie hast du das erlebt?
> Elke: Ja, also, also ich frag mich jetzt gerade, wieso das eigentlich in der Kirche so oft gelingt und da ist es eben auch gelungen, dieses sich wirklich dann raus zu nehmen aus dem, da kann es wirklich ja Minuten vorher noch total trubelig gewesen sein und ich weiß auch noch, unsere Tochter da mit ihrem Heulen und dann wollte sie und hat auch erst bei uns vorne gesessen und dann war ihr aber die Sitzordnung nicht recht, sie wollte neben Papa sitzen und nicht neben mir und so und es war also wirklich überhaupt nicht besinnlich im Grunde. Also wir hatten eigentlich gar keine Chance so in uns zu kehren im Grunde.
> Interviewer: Ja.

Elke: Und trotzdem ist es dann doch wieder gelungen, also sicherlich ja auch durch, durch Gottesdienstabfolge, die wir so kennen und einfach ja auch wissen: Na, ja, jetzt wird zum Glück erst noch mal gesungen und so.
Interviewer: Ja, ja, ja.
Elke: Und schließlich war ich dann doch auch so, wie du's jetzt beschrieben hast, so richtig weg von dem Ganzen. Also mehr wie in so einer Luftblase, wir da vorne am Altar mit der Pastorin und – obwohl die Pastorin war glaube ich in dem Moment mir nicht so, also ich war mit dir in so einer Blase.
Interviewer: Ja, ja.
Elke: Und das ist eigentlich ein großes Glück, mal so, und wenn's nur Bruchteile von Minuten sind, sich da dann so wegzuschießen aus der trubeligen Hektik und also ich war da schon abgetaucht.
Wilko: Das besondere ist ja eigentlich, dass man in dieser Situation so exponiert ist und da irgendwie vor den Anwesenden da sitzt und ähm, das ist einem dann auf einmal dann wieder egal oder man blendet das aus, es gelingt auf jeden Fall.
Interviewer: Ja.
Wilko: Ja, das war wirklich ein sehr inniger Moment. Davor dachte ich immer noch, da saßen Freunde von mir und was denken die jetzt, wie gucken die einen an. Ähm [...].
Elke: Sind die Klebeetiketten unter den Schuhsohlen weg? *(Lachen)*

Analog zu ihrer Rekonstruktion dieses Schwellenortes (zunächst „trubelige Hektik", dann Momente hoher Konzentration „wie in einer Luftblase" und schließlich (5-M-531) „wieder zurück in die Öffentlichkeit") organisieren Elke und Wilko auch diese Interviewsequenz, in der die Erzählungen von dem Moment der Traufragen gerahmt wird von Verweisen auf äußere („unsere Tochter da mit ihrem Heulen") und innere („sind die Klebeetiketten unter den Schuhen weg") Unruhe und Selbstbeobachtung.

Einen vergleichbaren Zustand der Ablösung aus den sozialen Bezügen und den durch sie vermittelten Konventionen beschreiben Elke und Wilko auch im Kontext ihrer Erzählungen von der sich an die kirchliche Trauung anschließenden Familienfeier. Hier ist es ihre vierjährige Tochter, die sich im Garten ihres festlichen Kleides entledigt und in die Produktion von Seifenblasen versenkt (5-F-544). Diese für ein Kleinkind nicht ungewöhnliche Verhaltensweise dient Elke und Wilko als Illustration und Projektionsfläche für ihre eigenen Wahrnehmungen der Traufragen als Moment der Versenkung, der Hingabe und der Ablösung aus sozialen Bezügen und Konventionen. In den Seifenblasen der Tochter findet sich zudem das Bild der Luftblase wieder, das Elke zur Beschreibung des Schwellenortes fand.

Auch auf der Ebene der Interviewkommunikation bildet sich der Zustand, den Elke als „sich wegschießen aus der trubeligen Hektik"(5-F-519) beschreibt, noch einmal ab. Während die Interviewsituation in weiten Teilen durch Einschlafschwierigkeiten der beiden Kinder, die wiederholt die Anwesenheit ihrer Mutter lautstark einfordern, geprägt ist, verläuft die genannte Sequenz des Interviews in einer konzentrierten und zugleich gelösten Stimmung, in der Elke und Wilko sehr präsent am Gespräch teilnehmen und sich schließlich spontan an den Händen halten.[270]

Diese im Vergleich zu den anderen Interviews ausführlichen und differenzierten Schilderungen eines Schwellenortes werden vermutlich durch mehrere paarspezifische Faktoren begünstigt: Neben dem relativ hohen, durch Ausbildung, Beruf und Lebensstil begünstigten Reflexionsniveau und der damit verbundenen Eloquenz des Paares trägt wahrscheinlich die individuell stark ausgeprägte Spannung zwischen der (auf die Außenwelt projizierten) Selbstbeobachtung und der daraus resultierenden Sehnsucht nach der temporären Aufgabe dieser Beobachtung in Momenten des Kontrollverlusts zu einer sensiblen Wahrnehmung eben dieser Momente bei. Zumindest Elke scheint zudem auf ähnliche Erfahrungen mit gottesdienstlichen Situationen in anderen Zusammenhängen zurückzublicken, die sich in der Frage „wieso das eigentlich in der Kirche so oft gelingt“ (5-F-513) und ihrer sich daran anschließenden Vermutung, dass die Vertrautheit mit der Gottesdienstabfolge (5-F-515) eine Rolle dabei spielen könnte, widerspiegelt. Zusätzlich wählten Elke und Wilko eine eher unkonventionelle Struktur für die mit der Hochzeit verbundene Feier: An der kirchlichen Trauung nahmen nur nahe Verwandte und ausgewählte Freunde teil. Mit dieser Gesellschaft feierte das Paar anschließend im eigenen Garten ein Fest. Erst Monate später fand eine zweite Hochzeitsfeier in einem Hotel statt, zu der neben Familienangehörigen auch Freunde, Bekannte und Arbeitskollegen eingeladen waren. Diese zeitliche Dehnung der Hochzeit befreite den Tag der kirchlichen Trauung in Elkes und Wilkos Wahrnehmung von einer (befürchteten) Überforderung des Brautpaares und ermöglichte vermutlich Detailwahrnehmungen und bewusste Erinnerungen, die andernfalls der anlassbedingt eingeschränkten Aufmerksamkeit zum Opfer gefallen wären.

V. 1. 5 Kirchliche Trauung als performative Inszenierung

Angesichts der empirisch wahrnehmbaren Sinnzuschreibungen der getrauten Paare ist also zunächst festzuhalten, dass die in der praktisch-theologischen Debatte verbreitete Deutung der kirchlichen Trauung als ‚rite de confirmation‘ bzw. ‚rite sans passage‘ die Pluralität und Komplexi-

---

[270] Vgl. 5-M-511-5-F-524. Während sich in anderen Interviews eher Dynamiken aus den jeweiligen Traugesprächen noch einmal in veränderter Form re-inszenieren, bildet sich in diesem Fall also ein Stück des Traugottesdienstes im Interviewgeschehen ab.

tät der Eigentheorien der Paare nicht ausreichend beschreibt und insbesondere die ambivalente Grundspannung zwischen Phänomenen des Übergangs und bestätigenden Aspekten nicht zu integrieren vermag. Gerade diese auf den ersten Blick widersprüchlich erscheinende Spannung in den Interviewerzählungen zwischen der deutlichen Betonung einer ungebrochenen Kontinuität auf der einen Seite („durch die Heirat hat sich nichts bei uns verändert") und den Deutungen der Trauung als lebensgeschichtlichem Übergang auf der anderen Seite (gerade auch bei Paaren, deren äußere Lebenssituation eine solche Deutung nicht nahe zu legen scheint) ist jedoch entscheidend für eine Interpretation, die sich der komplexen Variabilität der rituellen Funktionen der kirchlichen Trauung im Kontext gegenwärtiger sozialstruktureller Verhältnisse anzunähern versucht.

Ließen sich empirisch eine Reihe von Faktoren (Lebensalter, Familienplanung, Lebensform, Krisengeschichte der Beziehung) vermuten, die auf die individuelle Ausprägung der beschriebenen Spannung entscheidenden Einfluss ausüben, so bleibt die grundsätzlichere Frage nach den Ursprungsbedingungen der Ambivalenz zwischen Übergang und Bestätigung als rituellen Funktionen der Trauung auf der Ebene der paarspezifischen Akzentuierungen noch unbeantwortet. Die vorliegende Untersuchung kann in diesem Zusammenhang in zweifacher Weise an Fopps Studie anschließen: Einerseits werden die dort dokumentierten Beobachtungen zu der Spannung von Übergang und Bestätigung[271] in der Wahrnehmung der Paare durch die vorliegenden Interviews bestätigt; andererseits löst die von Fopp vorgestellte Deutung dieser Beobachtungen mittels einer Rekonstruktion der kirchlichen Trauung als „Ritual im Übergang"[272] die spezifische Ambivalenz nicht nur sprachlich, sondern auch inhaltlich unverhältnismäßig stark zu der Seite des rituell begangenen Übergangs hin auf, der zwar in erzähltheoretischer Perspektive neu reflektiert, schließlich jedoch relativ ungebrochen postuliert wird.[273]

Der in der vorliegenden Untersuchung gewählte Deutungsansatz greift zurück auf Turners ritualtheoretische Differenzierung zwischen liminalen

---

271 Vgl. FOPP (2007) 118.

272 FOPP (2007) 327.

273 Darauf, dass sich die kirchliche Trauung selbst gegenwärtig in einer Situation des Übergangs befindet (einerseits gebunden an Tradition und Konventionen, andererseits aber im Kontext der sich wandelnden Lebenswelt neu interpretiert) und insofern ein ‚Ritual im Übergang' darstellt, weist auch WAGNER-RAU (2008) 125 hin.

und liminoiden Phänomenen,[274] die eine genauere Rekonstruktion der rituellen Funktionen der kirchlichen Trauung in ihrer gegenwärtigen Positionierung zwischen Traditionsbindung und sich verändernden Lebensverhältnissen[275] ermöglicht und eine Beschreibung der Trauung als tendenziell liminoide Praxis aus drei Gründen nahe legt. Zum einen gewinnt im Prozess fortschreitender Individualisierung die synchrone und diachrone Pluralisierung moderner Biographieverläufe in den letzten Jahrzehnten eine neue Radikalität, die vormals eindeutige, am biologischen Lebenszyklus orientierte Schwellen im Lebenslauf auflöst. Zum anderen unterliegt die Entscheidung zur Inanspruchnahme der kirchlichen Trauung neben konventionellen Vorgaben mehr und mehr der individuellen Abwägung, so dass der Vollzug des Traurituals verstärkt den Charakter der Freiwilligkeit und der Wahl erhält. Schließlich ist der Zeitpunkt der Inanspruchnahme in der Regel nicht mehr an äußerlich wahrnehmbare biographische Übergänge wie die Gründung eines gemeinsamen Hausstandes gebunden, sondern wird der individuellen Entscheidung folgend an unterschiedlichen Punkten der biographischen Entwicklung situiert.[276] Der Begriff des Übergangs, den van Gennep noch zur Beschreibung eines liminalen Phänomens verwenden konnte[277], wird im Folgenden also im Sinne einer Bedeutungsverschiebung hin zur Beschreibung liminoider Phänomene gebraucht.

Ausgehend von dieser Charakterisierung kann ein präziseres Verständnis der beschriebenen Ambivalenz von liminoiden Phänomenen des Übergangs und der Bestätigung im Kontext der kirchlichen Trauung und der Spannung zwischen konservativ-stabilisierenden und kreativ-erneuernden Funktionen durch die Rezeption theaterwissenschaftlicher und soziologischer Überlegungen zum Begriff der Inszenierung erreicht werden, die zunächst knapp entfaltet und dann hinsichtlich ihrer Relevanz

274 Vgl. die Darstellung in Kap. 2.2.3.1 „Die Frage des Ritualbegriffs“.

275 Vgl. die Darstellung in Kap. 2.2.4.1 „Relevante Veränderungen gesellschaftlicher Rahmenbedingungen“.

276 Exemplarisch zeigen die in Kap. 4 dargestellten Einzelfallanalysen die komplexe Gemengelage von Entscheidungsmotiven, die für die grundsätzliche Inanspruchnahme, aber beispielsweise auch für die Wahl des geeignet erscheinenden Zeitpunktes der Trauung in der Wahrnehmung der Paare eine Rolle spielen.

277 Vgl. van Gennep, A (1999): Übergangsriten (Les rites de passage) (1990), dt. Frankfurt a. M./New York.

für das Verständnis der empirischen Wahrnehmungen dargestellt werden sollen.[278]

Dem Begriff ‚Inszenierung' haftet im alltäglichen Sprachgebrauch oft eine negative Konnotation an.[279] Im pejorativen Sinn der Vorspiegelung falscher Tatsachen dient er zumeist der Beschreibung des Unauthentischen und Uneigentlichen. Im Bereich des Theaters verweist der Begriff hingegen auf die Spannung zwischen Inhalt und Form, zwischen der Wirklichkeit des Stückes und der Darstellung dieser Wirklichkeit. Dabei setzte sich in der theaterwissenschaftlichen Reflexion die Erkenntnis durch, dass eine Inszenierung nicht einen zeitlos gültigen Inhalt eines Stückes einfach wiederholt, sondern dass durch die Darstellung auf der Bühne eine neue, im Moment der Aufführung zur Geltung kommende Wirklichkeit gesetzt wird. Für den amerikanischen Regisseur und Schauspiellehrer Lee Strasberg liegt in dieser neuen Wirklichkeit das entscheidende Kriterium für eine als gelungen zu wertende lebendige Inszenierung: „In this presentation, the sound of the word contains not only meaning, but sensation, emotion, and behavior. A new reality is achieved – related to the words, but often independent of the words."[280] Ein solches Verständnis der Inszenierung als performativer Handlung ermöglicht – wie sich unten zeigen wird – den Brückenschlag zwischen theaterwissenschaftlichen und ritualtheoretischen Überlegungen zur Deutung der kirchlichen Trauung.

---

[278] Im Zuge des Paradigmenwechsels in der Praktischen Theologie von der Allianz mit den Kommunikationswissenschaften zum Dialog mit der Ästhetik setzt sich hier ein bereits in den 1970er Jahren begonnener Diskurs fort, in dem Theatertheorien kritisch auf die Erscheinung des Gottesdienstes bezogen werden; vgl. z. B. VOLP (1974) und REIFENBERG (1983). Weitergeführt wurden diese Ansätze von BIERITZ (1985) und GRÖZINGER (1992), die (ausgehend von Schleiermachers Begriff der Darstellung) ausdrücklich ästhetische Anknüpfungspunkte von Theater und Gottesdienst entfalteten. Martin (1990) stellt sich der Erscheinung des Gottesdienstes in theaterästhetischer Perspektive im Gespräch mit dem polnischen Theaterschaffenden Jerzy Grotowski. Auch eine ästhetische Theorie der Textinszenierung wird auf die Beschreibung des gottesdienstlichen Geschehens übertragen. So vergleicht Meyer-BLANCK (1997) die Inszenierung Gottesdienst mit einem theatralen Bühnengeschehen. Jüngst reflektierten ROTH (2006) und PLÜSS (2007) umfassend die Theatralität und performative Ästhetik des Gottesdienstes.

[279] In dieser Färbung verwendet beispielsweise auch Udo den Begriff in Bezug auf die konkrete Gestaltung seiner kirchlichen Trauung: „Na ja, da wir jetzt ja nicht äh sozusagen, nicht vorhatten da eine, eine perfekte Inszenierung draus zu machen, ähm waren die Einzelheiten jetzt auch nicht so entscheidend." Vgl. 2-M-683.

[280] STRASBERG, L. (1987): A dream of passion. The development of the method, Boston/Toronto, 198.

Aus soziologischer Perspektive erschließt Hans-Georg Soeffner zwischenmenschliche Begegnungen als für die Beteiligten höchst wirkliche und wirksame Inszenierungen und analysiert, „wie die Handelnden sich innerhalb dessen, was sie für die Szene halten, bewegen, wie sie an der Szenerie und an der Inszenierung einer Situation mitwirken, wie sie Zeichen und Anzeigehandlungen so organisieren, daß sie mit anderen gemeinsam zu einer Inszenierung kommen."[281] Die unmittelbare Anzeige von Handlungsdeutungen, sei es auf sprachlicher oder gestischer Ebene, ist dabei konstitutiver Teil der Inszenierung und verantwortlich für ihre „fiktionale Qualität"[282]. „Wir handeln, sprechen, interagieren nicht einfach: wir inszenieren unser Handeln, Sprechen und Interagieren, indem wir es für uns und andere mit Deutungs- und Regieanweisungen versehen"[283]. Folglich ist jede kulturelle Handlung als aktuelle Neuinszenierung zu verstehen. „Der Ausdruck ‚Inszenierung' drückt hierbei weder spielerische Zufälligkeit noch exakt instrumentalisierende oder instrumentalisierbare Planung aus, sondern das routinierte Zusammenspiel von zielgerichteter Interaktion einerseits und implizitem, durch Sozialisation und Erfahrung erworbenen Wissen um Bedeutungstypen und kollektive Darstellungsformen andererseits."[284] Ein solches soziologisches Verständnis der Inszenierung steht also der theatralen Performance näher als der konventionellen Auffassung von Theaterinszenierungen. Denn nicht dritte, Regisseure oder Deuter, bestimmen die Gestalt und den Inhalt der Inszenierung, sondern die Handelnden selbst.

Bevor die Konsequenzen eines solchen Verständnisses von Inszenierungen für die Deutung der kirchlichen Trauung formuliert werden, ist eine Präzisierung hinsichtlich der Anwendung des Begriffs der ‚Inszenierung' auf gottesdienstliche Situationen notwendig.[285] Zum einen weist der Kontext des Gottesdienstes auf die Grundspannung zwischen der unverfügbaren Wirklichkeit des Heilsgeschehens und der menschlich verantworteten

---

[281] SOEFFNER, H.-G. (1989): Handlung - Szene - Inszenierung, in: ders., Die Auslegung des Alltags - der Alltag der Auslegung. Zur wissenssoziologischen Konzeption einer sozialwissenschaftlichen Hermeneutik, Frankfurt a. M., 142.

[282] SOEFFNER (1989) 149.

[283] SOEFFNER (1989) 150.

[284] SOEFFNER (1989) 151.

[285] Vgl. zum Folgenden MEYER-BLANCK, M. (1997b): Inszenierung des Evangeliums. Ein kurzer Gang durch den Sonntagsgottesdienst nach der Erneuerten Agende, Göttingen, 18 f.

Darstellung des Evangeliums, das als Botschaft an Mitteilung und Rezeption gebunden ist.[286] Inszeniert (und menschlicher Verantwortung unterworfen) wird also nicht die Nähe Gottes oder das Heilige, sondern die Nachricht von dieser Nähe. Zum anderen ist im Kontext des Gottesdienstes die im Theater konstitutive Trennung zwischen Darstellern und Publikum aufgehoben. „Das Stück wird nicht nur angeschaut: Ist doch die gesamte Gemeinde mit in dem Stück, das inszeniert wird, ja gemeinsam durchgespielt wird."[287]

Die Verbindung zwischen den theaterwissenschaftlichen und soziologischen Überlegungen zum Begriff der ‚Inszenierung' und dem ritualtheoretischen Diskurs zur kirchlichen Trauung liegt im Verständnis von Inszenierungen als performativen Handlungen, das in der modernen Ritualforschung rezipiert wurde[288] und im Anschluss daran auch in die praktisch-theologische Debatte über das kasuelle Handeln der Kirche Eingang fand.[289]

Das Aufkommen der Performances und deren Theoretisierung führte zunächst in der Theaterwissenschaft zu einer Gegenüberstellung von Performativität und Textualität, wobei der theaterwissenschaftliche Begriff der ‚Performance' im engeren und der Begriff der ‚Aufführung' im weiteren Sinne ursprünglich weder etwas mit dem Performanzbegriff der generativen Grammatik noch dem Performativitätsbegriff der Sprechakttheorie zu tun hatte.[290] Zum eigentlichen Ansatzpunkt für einen ‚performative turn' wurde einerseits die seit Ende der 1970er Jahre einsetzende Verwendung des Theaters als heuristischem Modell in den Geistes- und Sozialwissenschaften, andererseits die kulturwissenschaftliche Generalisierung von

[286] Vgl. dazu MEYER-BLANCK, M. (1997): Inszenierung und Präsenz. Zwei Kategorien des Studiums Praktischer Theologie, in: WzM 49, 4. „Nicht ob das Evangelium an sich wahr ist, ist die entscheidende Frage, sondern ob es in einer konkreten Situation für konkrete Menschen wahr wird, ob es tröstet, lehrt, orientiert, begeistert, zum Handeln hilft."

[287] MEYER-BLANCK (1997b) 19. Aus dieser spezifischen Qualität des gottesdienstlichen Geschehens resultieren auch die Herausforderungen im liturgischen Umgang mit der medialen Dokumentation von Traugottesdiensten; vgl. die ausführliche Darstellung in Kap. „Konventionen und mediale Inszenierungen".

[288] Vgl. BELLIGER, A./KRIEGER, D. (Hg.) (2003): Ritualtheorien. Ein einführendes Handbuch, Wiesbaden, 7–34.

[289] Vgl. z. B. WAGNER-RAU (2008) 114–129.

[290] Vgl. FISCHER-LICHTE, E./ROSELT, J. (2001): Attraktion des Augenblicks – Aufführung, Performance, performativ und Performativität als theaterwissenschaftliche Begriffe, in: Paragrana 10/1, 237–253.

John Austins Konzept des Performativen im Rahmen seiner Sprechakttheorie.[291] Das Theater wird fortan zum Modell für die Analyse kultureller und sozialer Prozesse im Allgemeinen, eine Analyse, deren Theaterorientierung sich in der Generalisierung von Konzepten wie ‚Inszenierung', ‚Rolle', ‚Bühne', ‚Aufführung' oder ‚Theatralität' konkretisiert.

Auf diese Weise wurde eine Erweiterung des Theaterbegriffs betrieben, die verschiedene Formen paratheatralen Verhaltens wie Feste, Rituale und Zeremonien umfasst und grundsätzlich jede Erscheinungsform inszenierter Wirklichkeit in den Blick zu nehmen verspricht. In soziologischer Perspektive nahm bereits Erving Goffman diese Erweiterung vorweg und entwickelte eine elaborierte Theatermetaphorik, um das Rollenspiel im alltäglichen Leben zu analysieren.[292] Relevant ist für ihn die Unterscheidung zwischen Verhalten im Allgemeinen und dem, was Goffman „performance" nennt. Der entscheidende Faktor hierbei sei nämlich die Anwesenheit von Zuschauern bzw. Betrachtern und deren Reaktion auf das, was ihnen bewusst oder unbewusst vorgespielt werde.

Im Gegensatz zur allgemeinen Tendenz, das Ritual als das durch das Theater zu überwindende Element anzusehen,[293] steht der Versuch Richard Schechners, aus den Erfahrungen des Performance-Theaters eine andere Perspektive abzuleiten: „Die Bewegung vom Ritual zum Theater entsteht dort, wo die Entität des teilnehmenden Publikums auseinanderbricht in eine Menge von einzelnen Menschen [...]. Die Gegenbewegung vom Theater zum Ritual ereignet sich dort, wo ein Publikum sich aus einzelnen Individuen in eine Art Gemeinde von Teilnehmenden verwandelt."[294]

Einen Brückenschlag zwischen der überwiegend philologisch orientierten Ritualtheorie und der Kulturanthropologie unternimmt Turner ausgehend von seiner ethnographischen Feldforschung und wendet sich gegen die verbreitete Vorstellung, Rituale seien zwangsläufig geschlossene, rigide Systeme: „The prejudice that ritual is always ‚rigid', ‚stereotyped', ‚obsessive', is a peculiary Western one"[295]. In vielen Kulturen seien ritualisier-

[291] Vgl. dazu auch die Ausführungen in Kap. 5.5 „Deutungen der kirchlichen Trauung - Versprechen und Segen".

[292] Vgl. Goffman, E. (1969): Wir alle spielen Theater. Die Selbstdarstellung im Alltag, München.

[293] Vgl. Titel: Turner, V. (1995): Vom Ritual zum Theater. Der Ernst des menschlichen Spiels, Frankfurt a. M.

[294] Schechner, R. (1990): Theater-Anthropologie. Spiel und Ritual im Kulturvergleich, Reinbek, 97.

[295] Turner, V. (1987): The Anthropology of Performence, New York, 26.

te Aufführungen durchaus offen und ließen breiten Raum für Innovationen und Improvisationen. Turner begreift aus dieser Perspektive rituelle Aufführungen als Situationen, in denen sich Kulturen szenisch-performativer Darstellungsmittel bedienen, die die ganze Bandbreite an potentiell theatralen Zeichensystemen umfassen können. Dabei akzentuiert er wiederholt den prozessualen Sinn der Aufführung und des Theaters schlechthin. Eine Darstellung bringe ein Erlebnis zum Abschluss, womit Turner die biographischen und sozialen Erfahrungen der Spieler meint, die in die Darstellung transformiert eingehen. Umgekehrt jedoch schaffe auch die Darstellung Erlebnisse und bewirke damit vor allem eines: Wahrnehmungsveränderung.[296]

Vor diesem Hintergrund lässt sich ein tieferes Verständnis der empirisch wahrgenommenen Spannung zwischen den Deutungen der Trauung als Bestätigung und als Übergang erreichen: In den retrospektiven Wahrnehmungen der Brautpaare dient der Traugottesdienst nicht nur der Publizierung und Aufführung einer bereits getroffenen Entscheidung (Bestätigung), sondern der gemeinsame, öffentliche Vollzug des Rituals produziert wiederum erst spezifische Sinnzuschreibungen, die Aspekte eines lebensgeschichtlichen Übergangs reflektieren. Auf diese spezifische Gemengelage verweist das in den Interviewerzählungen durchgängig wahrnehmbare Rekonstruktionsmuster „eigentlich hat sich nichts geändert, aber [...]“.

Grundsätzlich ist die Trauung als Selbstfestlegung im Kontext gesellschaftlicher Pluralisierungs- und Individualisierungsprozesse für alle Paare ein lebensgeschichtlicher Übergang, nämlich in den Status hoher Verbindlichkeit und Verantwortlichkeit.[297] Aus dieser Perspektive lässt sich der Traugottesdienst verstehen als öffentliche Inszenierung einer wechselseitigen Selbstfestlegung,[298] die das feierliche Versprechen beider Partner zur Darstellung bringt. Die öffentliche Inszenierung der Selbstfestlegung ist dabei Ausdruck (und dadurch Bestätigung) des Bestehenden und stellt darin zugleich auch eine Veränderung (Übergang) im Sinne der Konstituierung einer neuen Wirklichkeit dar. Bezogen auf die Wahrnehmungen der Verbindlichkeit der Beziehung äußern sich beispielsweise viele Paare in zweifacher Weise: Einerseits wird die Partnerschaft bereits vor der Hochzeit als höchst verbindlich empfunden (diese Wahrnehmung wird in der

296 Vgl. Turner (1995) 25.

297 Vgl. Kap. 2.2.4.1 „Relevante Veränderungen gesellschaftlicher Rahmenbedingungen“.

298 Zum Begriff der ‚Selbstfestlegung‘ und zur Relevanz der Öffentlichkeit vgl. die Ausführungen in Kap. 5.5 „Deutungen der kirchlichen Trauung – Versprechen und Segen“.

Regel als für die Heiratsentscheidung notwendige Voraussetzung rekonstruiert), andererseits schreiben die Paare der Beziehung im Anschluss an den Vollzug der kirchlichen Trauung häufig eine neue Qualität der Verbundenheit zu, die sie als Maximierung von Verbindlichkeit deuten.

So werden die zunächst widersprüchlich erscheinenden Mischungen aus Aspekten der Bestätigung und Elementen des Übergangs (im liminoiden Sinn) in den retrospektiven Deutungen der kirchlichen Trauung verständlich, denn die ritualisierte Eheschließung gibt nicht eine ihr voraus liegende Wirklichkeit mit anderen Mitteln wieder, sondern konstituiert als dynamisches Geschehen in ihrem Handlungsvollzug auf je eigene und unterschiedliche Art und Weise Bedeutungen, die Überzeugungen, Normen und Beziehungen stabilisieren, aber auch verändern und neu definieren können. Diese Perspektive ist insofern in den Sinnzuschreibungen der Paare spezifisch für die Wahrnehmung der kirchlichen Trauung (in Abgrenzung etwa zur standesamtlichen Eheschließung), als hier die Merkmale der Öffentlichkeit und der Inszenierung eine relevante Rolle spielen.[299]

Wie oben dargestellt bestimmen in einem solchen, der theatralen Performance nahe stehenden Verständnis von Inszenierungen nicht dritte, Regisseure oder Deuter, über Gestalt und Inhalt der Inszenierung, sondern die Handelnden selbst. Im Kontext kirchlicher Trauungen stellen sich abschließend deshalb die folgenden zwei Fragen: Wer gehört zu den „Handelnden", die Gestalt und Inhalt der Inszenierung mitbestimmen? Und auf welchen Ebenen, mittels welcher Interaktionen vollziehen sich Akte dieser Mitbestimmung?

Eine grundsätzliche Antwort zu der ersten Frage ergibt sich aus der oben festgestellten Besonderheit des liturgischen Geschehens, nach der die im Theater konstitutive Trennung zwischen Darstellern und Publikum aufgehoben ist. Bühne und Zuschauerraum werden im Kontext des Gottesdienstes im Kirchenraum integriert, die versammelte Gemeinde nimmt aktiv an der Inszenierung teil. Dementsprechend lässt sich zunächst festhalten, dass alle bei der Trauung Anwesenden in unterschiedlicher Weise, bewusst oder unbewusst einen Beitrag zu Gestalt und Gehalt der Inszenierung liefern. Aus dieser Perspektive ließe sich der an Kristian Fechtners Begriff der „Co-Inszenierungen"[300] angelehnte Begriff der „Co-Regisseure"[301], der sich aus pastoraler Perspektive vorwiegend auf Brautpaare, Schwiegermütter und

---

[299] Vgl. Kap. 5.3 „Deutungen des Verhältnisses von standesamtlicher und kirchlicher Trauung".

[300] FECHTNER (2003) 135.

[301] Vgl. Kap. 2.3.8 „Die pastorale Rolle".

Kirchenmusiker bezieht, durchaus ausweiten auf alle im Traugottesdienst anwesenden Personen. Weder ein besonderes Maß an Exponierung (wie es beispielsweise dem Brautpaar und dem Pfarrer in der Regel zugeschrieben wird) oder an Aktivität (z. B. durch die Aufführung eines musikalischen Beitrags) ist notwendig, um über Gestalt und Gehalt der Inszenierung mitzubestimmen.

An diese Feststellung schließt sich die zweite Frage an, auf welchen Ebenen, mittels welcher Interaktionen sich Akte dieser Mitbestimmung vollziehen können. Wie bei jeder Inszenierung sind dabei grundsätzlich zwei ineinander verschränkte Dimensionen maßgeblich, nämlich die der Konvention und die der Improvisation. Als Konvention werden in diesem Zusammenhang soziale Normen verstanden, die mögliche Verhaltensweisen in einer sozialen Situation definieren und Verhaltensregelmäßigkeiten angeben. Sie basieren auf formal nicht festgeschriebenen, kulturell bedingten Regeln, die von einer Gruppe von Menschen aufgrund eines Konsenses eingehalten werden.[302] Die Dimension konventioneller Regeln und Vorgaben kann die Inszenierung von Trauungen auf mehreren Ebenen beeinflussen: In der Form bewusster Reflexion und Verbalisierung fließen Konventionen beispielsweise ein in die Absprachen zur Gestaltung des Traugottesdienstes, die das Brautpaar und der zuständige Pfarrer im Traugespräch treffen.[303] Daneben spielen jedoch auch unbewusste, von allen Beteiligten anerkannte Konventionen, die (scheinbar) keiner expliziten Verabredung bedürfen, eine nicht zu vernachlässigende Rolle. Denn auch in einem extensiven Traugespräch können nicht sämtliche Schritte, Gesten und Worte der zu planenden Inszenierung besprochen werden. Schließlich erhält die Dimension konventioneller Vorgaben ihre Relevanz auch in der Form der Berücksichtigung (phantasierter) Wünsche und Bedürfnisse weiterer Personen (beispielsweise der Eltern des Brautpaares).

Zugleich ist die Inszenierung der kirchlichen Trauung bestimmt durch die Dimension der Improvisation, also durch die spontane Produktion liturgischer Handlungen bei gleichzeitiger Präsentation derselben. Anders als im Kontext von Theaterinszenierungen, die zu improvisierende Rollen oder Szenen mindestens partiell im Vorfeld der Aufführung näher definie-

---

[302] Zur Relevanz von Konventionen im Kontext der kirchlichen Trauung vgl. auch die Einzelfalldarstellung „Anna und Karl“, bes. Kap. 4.1.3.1 „Konvention und individuelle Gestaltung“. Ergebnisse der fallübergreifenden Analysen zur Rolle konventioneller Vorgaben werden in Kap. 5.2 „Medialität und Konventionalität als Gestaltungsrahmen der kirchlichen Trauung“ näher entfaltet.

[303] Zur Relevanz des Traugesprächs vgl. auch Kap. 5.4 „Inszenierte Authentizität – Die pastorale Rolle im Kontext der Trauung“.

ren und abgrenzen können, werden improvisierte Elemente im Kontext der kirchlichen Trauung in der Regel nicht in Vorgesprächen reflektiert, sondern entstehen aus spontanen Abweichungen, Irritationen oder Leerstellen der Inszenierung. Entsprechend plastisch bleiben sie den unmittelbar Beteiligten in bewusster Erinnerung. So schildert Riaz den Moment nach dem Segen des Brautpaares als Improvisation:

> Riaz (1-M-671): [...] Aber ich weiß, was mich irritiert hat, irritiert hat mich, dass wir uns in der Kirche nicht geküsst haben.
> Victoria: Da haben wir überhaupt nicht dran gedacht.
> Riaz: Genau. Das hat mich irritiert.
> Interviewer: Im Nachhinein oder während dessen irritiert?
> Riaz: Ähm nee, es gab so Bruchteile von Sekunden, den Moment, wo ich eigentlich so darauf wartete, dass der Pastor sagt „sie dürfen die Braut küssen".
> Victoria: Das ist aber auch nur im Film so.
> Riaz: Vielleicht ist das nur im Film so, aber das war so, das hatte sich bei mir so in den Kopf eingebrannt, dass ich jetzt so auf das Kommando wartete, „jetzt dürft ihr", so.

Die Improvisation bestand in der Erzählung von Riaz darin, den Moment des fehlenden Kusses äußerlich gelassen verstreichen zu lassen und den weiteren (planmäßigen) Ablauf des Traugottesdienstes ohne Proteste zu vollziehen. Victorias Äußerungen verdeutlichen in diesem Zusammenhang zweierlei: Zum einen können die subjektiven Wahrnehmungen der am liturgischen Geschehen direkt Beteiligten durchaus stark differieren. Während Riaz den Moment nach dem Segen als durch Improvisation zu lösendes Problem wahrnahm, empfand Victoria an dieser Stelle keinerlei Irritation oder Anlass zur Improvisation (1-F-691: „Also bei mir nicht, ich habe das nicht mitgekriegt."). Zum anderen zeigt sich die Verschränkung von Konvention und Improvisation hier besonders deutlich, denn erst die Abweichung von der (massenmedial vermittelten und in Riaz Wahrnehmung allgemein gültigen) Konvention eines Kusses nach dem Segen („das hatte sich bei mir so in den Kopf eingebrannt") evozierte als ungeplante Leerstelle der Inszenierung überhaupt die als Improvisation wahrgenommene Handlung.

Während Riaz diesen Akt der Improvisation retrospektiv leicht ironisch als „ganz amüsant" einordnet, deuten Dorothea und Jan eine im Rahmen ihres Trauversprechens notwendigen Improvisation als spontanen und deshalb besonders authentischen Moment:[304]

---

[304] Vgl. dazu auch Kap. 5.5.3.2 „Empirische Wahrnehmungen zur Gestaltung des Versprechens".

> Dorothea (8-F-702): Du hast angefangen. Und ich war [...] und ich weiß noch bei jedem Satz, den er gesagt hat, „ich weiß nix mehr" habe ich immer gedacht.
> Jan: Hast du dabei auch immer gesagt irgendwie noch.
> Dorothea: Ja, weil ich wirklich jedes Mal gedacht habe, dass, weil das waren ja eigentlich die identischen Sprüche, ne?
> Jan: Klar.
> Dorothea: Ne, und ich habe, also ich habe nur gedacht, wie krieg ich jetzt diese Kuh hier vom Eis? Wie geht das denn, ne?
> Jan: Aber hast du gut gemacht.
> Dorothea: Und dann habe ich etwas von meinem Herzen gesagt und ich weiß es bis heute nicht, was ich gesagt habe. Aber, aber ja [...].

Auch hier zeigen sich die Dimensionen der Konvention und der Improvisation ineinander verschränkt und durch das paarspezifische Ideal der persönlichen Authentizität („es soll alles echt sein", 8-F-278) individuell akzentuiert: Einerseits rekonstruiert Dorothea ihren Blackout im Moment des Versprechens als Herausforderung, die im Rahmen konventioneller Vorgaben (denen zufolge eine kirchliche Trauung ohne Pannen ablaufen sollte) möglichst reibungslos zu meistern ist („wie krieg ich jetzt diese Kuh hier vom Eis"); andererseits nimmt sie gerade die Abweichung von dem vorformulierten Wortlaut des Versprechens als Moment besonders intensiv erlebter Authentizität wahr („dann habe ich etwas von meinem Herzen gesagt").

V. 1. 6 Zusammenfassung

Ohne Ausnahme äußern die interviewten Paare, dass aus der Heirat und der damit verbundenen kirchlichen Trauung in ihrer Wahrnehmung einerseits keine relevanten Veränderungen resultieren. Andererseits rekonstruieren alle Paare (individuell akzentuierte) lebensgeschichtliche Veränderungen auf unterschiedlichen Ebenen im Zusammenhang mit der kirchlichen Trauung und nehmen den Statuswechsel der Heirat als neuen Lebensabschnitt wahr.

Das Deutungselement der Bestätigung in den Eigentheorien der Paare lässt sich differenzieren durch drei Motive, die in unterschiedlichen Akzentuierungen markiert werden: Bestätigung als Entscheidung zweier Personen füreinander, also als Bestätigung der individuellen Partnerwahl; Bestätigung als Festigung des in der Beziehungsgeschichte gemeinsam Erreichten (z. B. Familiengründung, Hauskauf und andere Krisen); Bestätigung der gesellschaftlichen Konvention bzw. der Lebensordnung Ehe und Familie unabhängig von der individuellen Lebenssituation.

Neben den Deutungen der Trauung als Phänomen der Bestätigung bzw. Vergewisserung rekonstruieren die interviewten Paare in unterschiedlichen Akzentuierungen auch lebensgeschichtliche Übergänge im

Kontext der eigenen Hochzeit. Die entsprechenden Erzählungen lassen typische Rekonstruktionsmuster erkennen, mit denen die Paare den mit der Heirat verbundenen Statuswechsel in dreifacher Hinsicht reflektieren: Neben der Dimension der auf die Partnerschaft bezogenen Terminologie sind dies die Dimension der Verbindlichkeit, die der eigenen Partnerschaft zugeschrieben wird, und die Dimension von Schwellenorten, an denen das liminoide Phänomen des Übergangs in der Wahrnehmung des jeweiligen Paares haftet.

Die gängige Deutung der kirchlichen Trauung als Bestätigungsritual beschreibt also die in den Eigentheorien der Paare wahrnehmbare Pluralität und Komplexität nur unzureichend. Gerade die auf den ersten Blick widersprüchlich erscheinende Spannung in den Interviewerzählungen zwischen der deutlichen Betonung einer ungebrochenen Kontinuität auf der einen Seite und den Deutungen der Trauung als lebensgeschichtlichem Übergang auf der anderen Seite ist jedoch entscheidend für eine Interpretation, die sich der Variabilität der rituellen Funktionen einer kirchlichen Trauung im Kontext gegenwärtiger sozialstruktureller Bezüge anzunähern versucht.

Ausgehend von Turners ritualtheoretischer Differenzierung zwischen liminalen und liminoiden Phänomenen kann ein präziseres Verständnis der beschriebenen Ambivalenz zwischen konservativ-stabilisierenden und kreativ-erneuernden Funktionen der kirchlichen Trauung durch die Rezeption theaterwissenschaftlicher und soziologischer Überlegungen zum Begriff der Inszenierung als performativer Handlung erreicht werden. Denn in den retrospektiven Wahrnehmungen der Brautpaare dient der Traugottesdienst nicht nur der Publizierung und Aufführung einer bereits getroffenen Entscheidung im Sinne einer Bestätigung, sondern der gemeinsame, öffentliche Vollzug des Rituals produziert wiederum erst spezifische Sinn-zuschreibungen, die Aspekte eines lebensgeschichtlichen Übergangs reflektieren. Auf diese spezifische Gemengelage verweist das in den Interviewerzählungen durchgängig wahrnehmbare Rekonstruktionsmuster „eigentlich hat sich nichts geändert, aber [...]“.

Aus dieser Perspektive lässt sich der Traugottesdienst verstehen als öffentliche Inszenierung einer wechselseitigen Selbstfestlegung, die das feierliche Versprechen beider Partner zur Darstellung bringt. Die öffentliche Inszenierung der Selbstfestlegung ist dabei Ausdruck (und dadurch Bestätigung) des Bestehenden und stellt darin zugleich auch eine Veränderung (Übergang) im Sinne der Konstituierung einer neuen Wirklichkeit dar. In einem solchen, der theatralen Performance nahe stehenden Verständnis bestimmen nicht Außenstehende, Dritte über Inhalt und Gestalt der Inszenierung, sondern die Handelnden selbst. Im Kontext der kirchlichen Trauung fungieren also (mindestens) alle im Traugottesdienst Anwesenden als „Co-Regisseure". Für die Gestaltungsaktivitäten aller Beteiligten sind dabei die ineinander verschränkten Dimensionen der Konvention und der Improvisation maßgeblich.

V. 2 Medialität und Konventionalität als Gestaltungsrahmen der kirchlichen Trauung

V. 2. 1 Hinführung

Gegenüber anderen Kasualien zeichnet sich die kirchliche Trauung unter anderem durch eine starke Konventionsgebundenheit aus. Nahezu jedes Paar orientiert sich in Fragen der Gestaltung der eigenen Hochzeit an sozial oder medial vermittelten Bildern, die teils unverändert imitiert und reinszeniert, teils als unpassend abgelehnt werden. In der affirmativen („das gehört einfach dazu") und kritischen („das ist uns zu kitschig") Auswahl aus dem gängigen Repertoire finden die Heiratenden eine adäquate Form zur Repräsentation der eigenen Individualität.

Auffallend häufig stehen dabei massenmedial vermittelte Bilder mehr oder weniger bewusst reflektiert im Hintergrund und strukturieren das Feld der individuellen Gestaltungsmöglichkeiten. Der Auswahlprozess wird durch lebensstilspezifische, genderspezifische und individuell-biographische Faktoren maßgeblich beeinflusst. Konventionalität ist als Gestaltungsrahmen der kirchlichen Trauung in dieser Hinsicht also dem Prozess fortschreitender Medialisierung unterworfen. Aus diesem Grund werden den im folgenden Abschnitt dargestellten empirischen Wahrnehmungen zu der Relevanz von Konventionalität und Medialität im Kontext der kirchlichen Trauung (5.2.3) einleitende Bemerkungen zu dem Phänomen der Medialität (5.2.2.1) und zu der einschlägigen praktisch-theologischen Debatte über die Implikationen dieses Phänomens bezüglich der kirchlichen Trauung (5.2.2.2) vorangestellt. Daran anschließend werden Überlegungen zur medialen Dokumentation der Hochzeit als Ganzer und des Traugottesdienstes dargestellt (5.2.4).

V. 2. 2 Medialität im Kontext der kirchlichen Trauung

Während der Begriff der Konventionalität im alltagssprachlichen Gebrauch geläufig ist und zudem bereits in der Einzelfalldarstellung „Anna und Karl"[305] näher erläutert wurde, bedürfen die Begriffe Medialisierung und

[305] Vgl. Kap. 4.1.3.1 „Konvention und individuelle Gestaltung".

Medialität einiger kurzer Vorbemerkungen hinsichtlich ihrer Implikationen und der Kontextualisierung in der Konstruktion der Mediengesellschaft.

V. 2. 2. 1 *Medialisierung, Medialität, Mediengesellschaft – Begriffe und ihre Implikationen*

Mit dem Begriff der Medialisierung[306] werden „Prozesse des Übergangs von Formen direkter Kommunikation in Formen indirekter Kommunikation über Medien“ [307] bezeichnet. Der Bedeutungszuwachs dieses Begriffes in den letzten Jahren und die damit einhergehenden kommunikationswissenschaftlichen Aktivitäten machen deutlich, dass die entscheidenden medialen Qualitäten eines Mediums nicht ohne weiteres eindeutig zu erfassen sind. Im Kontext der näheren Bestimmung des Begriffs Medialisierung nötigt dieser Umstand deshalb zur Reflexion der Frage, „welche medialen, nicht nur inhaltlich oder formal beschreibbaren Aspekte eines so genannten Mediums spürbare Wirkungen im Kontext dynamischer kultureller Medienkonfiguration entfalten.“[308]

Prozesse der Medialisierung werden gegenwärtig in drei Dimensionen reflektiert, nämlich denen der Entzeitlichung, der Enträumlichung und der Vervielfältigung von Kommunikation. Der eng verwandte Begriff der Medialität weist die Annahme von Einzelmedien oder technologischen Medien zurück und bezeichnet vielmehr Eigenschaften, nämlich die Eigenschaften der Konstitution des menschlichen Selbst- und Weltbezugs.[309] Auf diese Weise wird nach den jeweiligen Auswirkungen der Massenverbreitung von Informationen auf Produzenten, Botschaften, Empfänger und auf die soziale Konstitution von Realität gefragt.

Der Begriff Medialisierung zielt folglich auf die Konkretisierung von perzeptiven, kognitiven und affektiven Potentialen und deren Gegenstän-

---

[306] Synonym wird zuweilen auch die Bezeichnung ‚Mediatisierung‘ verwendet, die jedoch einerseits bereits historiographisch geprägt und insofern missverständlich ist und andererseits falsche Assoziationen zum Begriff ‚Mediation‘ wecken kann.

[307] SCHANZE, H. (2002): Art. Medialisierung, Metzler Lexikon Medientheorie Medienwissenschaft. Ansätze – Personen – Grundbegriffe, Stuttgart/Weimar, 199.

[308] PFEIFFER, K./SCHNELL, R. (Hg.) (2008): Schwellen der Medialisierung. Medienanthropologische Perspektiven. Deutschland und Japan, Bielefeld, 15.

[309] Vgl. zum Folgenden PFEIFFER/SCHNELL (2008) sowie die vorbereitenden Überlegungen zum Kolloquium „Schwellen der Medialisierung“ der Japanischen Gesellschaft für Germanistik.
(http://www.jgg.jp/modules/neues/index.php?page=article&storyid=318, Abfrage am 4.8.2010).

den; Medialisierung ist mit anderen Worten keine Differenzmarkierung, sondern ein Prozess mit einem Eigenwert, der sich an seiner Phänomenalität und seinen Effekten erkennen lässt. Insofern ist Medialisierung als „prozessorientiertes, dynamisches Pendant“[310] zum Konstrukt der Mediengesellschaft (s. u.) zu verstehen, das Reaktionen in anderen gesellschaftlichen Teilbereichen zum einen auf den Strukturwandel des Mediensystems und zum anderen auf den generellen Bedeutungsgewinn von Massenkommunikation beschreibt.

Reflektiert werden Medialisierungsprozesse als je spezifische Schwellenphänomene, die in den Spannungsfeldern zwischen Psyche und Institution, Ästhetisierung und Performanz oder Phänomenalisierung und Tatsächlichkeit lokalisiert sein können. Insofern zielt die Vorstellung umfassender Medialisierungsprozesse auch auf gesellschaftsstrukturelle Phänomene wie den Prozess sozialen Wandels als Veränderung sozialer Strukturen und Regelmäßigkeiten des sozialen Lebens), in dem der massenmedialen Verbreitung eine Hauptrolle zugeschrieben wird.

Dabei stellt der Begriff Medialität zwei Konstruktionen in Frage, nämlich einerseits die Auffassung von Medien als Instrumenten, welche die transparente Übertragung, Speicherung und Distribution von Begriffen, Repräsentationen oder Informationen leisten, und andererseits die Gegenbehauptung, Medien generierten gewissermaßen selbsttätig ihre Gehalte und Adressaten.[311] Dagegen macht Sybille Krämer auf den ‚Eigenwert‘ der medialen Vermittlungsinstanz aufmerksam: Medien machen vor und jenseits aller Symbolisierung zunächst Wahrnehmungsangebote. Die von Medien geleistete Ästhetisierung ist nicht allein prozessual, sondern präziser performativ, denn sie transformiert zum einen Wahrnehmungsgegenstände in Ereignisse (verleiht ihnen also punktuelle Bedeutsamkeit) und kann sie zum anderen durch Wiederholung längerfristig stabilisieren. Daran schließt sich die Frage nach dem Medien-Werden an, das heißt nach der Etablierung, Institutionalisierung, Routinisierung und Normalisierung von Medialität im Hinblick auf die Anforderungen sozialer Systeme.[312]

---

[310] Donges, P. (2005): Medialisierung der Politik – Vorschlag einer Differenzierung, in: Rössler, P./Krotz, F. (Hg.): Mythen der Mediengesellschaft – The Media Society and ist Myths, Konstanz, 323.

[311] Vgl. Krämer, S. (2004): Was haben „Performativität“ und „Medialität“ miteinander zu tun? Plädoyer für eine in der ‚Ästhetisierung‘ begründete Konzeption des Performativen, in: ders. (Hg.): Performativität und Medialität, München, 22.

[312] Zur Auffassung von ‚normalisierten‘ oder ‚sedimentierten‘ Erscheinungsformen von Medialität vgl. Pfeiffer, K. (2004): Phänomenalisierung und Sinnsuggestion:

Diese Überlegungen werden weitergeführt durch die Fragestellungen der Medienrezeptionsforschung, die sich den Prozessen der Rezeption und Aneignung von Medien durch die Rezipienten anzunähern sucht und zu diesem Zweck den Umgang der Rezipienten mit dem jeweiligen Medium und den darin enthaltenen Sinnangeboten in den Mittelpunkt stellt. Als ein wesentliches (und mittlerweile unstrittiges) Ergebnis qualitativer Medienrezeptionsforschung ist dabei die Erkenntnis festzuhalten, dass sich Medienrezeption als aktiver Prozess beschreiben lässt, an dem der Zuschauer in hohem Maß produktiv teilnimmt.[313]

Als Folge dieser Erkenntnis veränderte sich die Ausgangsfrage nach der Wirkung von Medien auf die Rezipienten (im Sinne eines Reiz-Reaktions-Schemas) zu der Frage, wie Medien von den Rezipienten im Sinne eigener Motive und Bedürfnisse sinnproduktiv genutzt werden. Hinsichtlich der kognitiven Effekte der Medienrezeption erweist sich in diesem Zusammenhang vor allem die sog. Agenda-Setting-Theorie als anschlussfähig innerhalb der Medienrezeptionsforschung.[314] Ihr zufolge bestimmen Massenmedien durch Themenauswahl und -inszenierung wesentlich mit darüber, welche Themen auf welche Weise in gesellschaftlichen Diskursen wahrgenommen und debattiert werden.

Die zunehmende Relevanz derartiger Medialisierungs- und Medienrezeptionsprozesse kommt im Begriff der ‚Mediengesellschaft' zum Ausdruck, der sich nicht auf ein soziologisch elaboriertes Gesellschaftskonzept bezieht, sondern (analog zu Bezeichnungen wie Risiko- oder Erlebnisgesellschaft) einen Teilaspekt der gesellschaftlichen Entwicklung thematisiert.[315] In seiner einfachsten Form weist der Begriff der ‚Mediengesellschaft' darauf hin, dass die Medien in den aktuellen Selbstbildern fortgeschrittener Industriegesellschaften einen bislang nicht gekannten Stellenwert einnehmen, dass die Rolle der Medien und der Bezug auf sie innerhalb der gesellschaftlichen Handlungssphären und Vorstellungsräu-

---

Performative Intermedialität und die Oper, in: Krämer, S. (Hg.): Performativität und Medialität, München, 328.

[313] Vgl. CHARLTON, M. (1999): Grundlagen der empirischen Rezeptionsforschung in den Medienwissenschaften, in: Leonhard, J. u. a. (Hg.): Medienwissenschaft (1. Teilband), Handbücher zur Sprach- und Kommunikationswissenschaft Bd. 15, Berlin, 81–110 sowie BONFADELLI, H. (2001): Medienwirkungsforschung, in: ders./Jarren, O. (Hg.): Einführung in die Publizistikwissenschaften, Bern/Stuttgart/Wien, 373.

[314] Vgl. BONFADELLI, H. (2001b): Medienwirkungsforschung I. Grundlagen und theoretische Perspektiven, Konstanz, 260 ff.

[315] Vgl. KOMBÜCHEN, S. (1999): Von der Erlebnisgesellschaft zur Mediengesellschaft, Münster, 13.

me jenen Platz eingenommen haben, der in den Diskursen der Vergangenheit der Industrie als Bestimmungsgröße für das Selbstverständnis der modernen Gesellschaft zukam.

Kommunikation ist nach dieser Vorstellung auch hinsichtlich der ökonomischen Wertschöpfung an die Stelle der Produktion getreten, weil sich innerhalb der Dienstleistungen und Wissensreservoire speziell die Medien als Vermittler und Träger von Kommunikation und als Bezugsgrößen des gesellschaftlichen Selbstverständnisses ausdifferenziert und teilweise verselbständigt haben.[316] Mit dieser Entwicklung geht eine zunehmende Verschmelzung von Medienwirklichkeit und sozialer Realität ebenso einher wie die wachsende Bedeutung medialer Darstellung für die Wahrnehmung und Wirkung politischen Handelns, aus der eine verstärkte Ausrichtung an den Vorgaben des Mediensystems resultiert.[317]

V. 2. 2. 2 *„Traumhochzeit" – massenmediale Inszenierungen der Trauung*

Diese grundsätzlichen Überlegungen zum Phänomen der Medialität lassen sich konkretisierend auf das Gesamtgeschehen der Heirat beziehen, denn analog zu den dargestellten gesamtgesellschaftlichen Entwicklungen zeigt sich auch die Hochzeit als ein von Medialisierungsprozessen beeinflusstes Geschehen. Dass gerade die oben erwähnte Verschmelzung von Medienwirklichkeit und sozialer Realität im Kontext der Hochzeit besonders deutlich zu beobachten ist, soll im Folgenden am Beispiel der Fernsehshow „Traumhochzeit" dargestellt werden.

In der praktisch-theologischen Debatte der vergangenen Jahre wurde die kirchliche Trauung bereits verstärkt im Kontext massenmedialer Inszenierungen reflektiert.[318] Leitend dafür war vor allem in den späten 1990er Jahren die Fernsehshow „Traumhochzeit", die in der Zeit von 1992 bis 2000 im deutschsprachigen Raum gemessen an den Einschaltquoten zu

---

[316] Vgl. HÖHNS (Hg.) (2000): Chancen und Risiken der Mediengesellschaft, München.

[317] Vgl. JARREN, O./DONGES, P. (2002): Politische Kommunikation in der Mediengesellschaft, Wiesbaden, 168.

[318] Vgl. LINDEMANN, F.-W. (1993): Der alte Wunsch nach Bedeutung – Pastoralpsychologische Überlegungen zum Trauritual, in: PTh 82, 212–222.; STECK, W. (1999): „Sanft wie im Kino surrt die Liturgie". Die kirchliche Trauung zwischen bürgerlicher Konvention und festlichem Ereignis, in: Traumhochzeit. Trauung zwischen Anspruch, Wunsch und Wirklichkeit (Hofgeismarer Vorträge 17), Hofgeismar, 17–23.; DUTZMANN, M. (1999): Das Fernsehen ist nicht die Kirche, in: PTh 88, 24–28.; ROSER, T. (2002): Vom Treueschwur zum Offenbarungseid. Die Inszenierung kirchlicher Trauungen in Film und Fernsehen, in: JK 63, 14–19.; REICHERTZ (1999), SCHIBILSKY (1999), HAUSCHILDT (1999) sowie LÄMMLIN (2004).

den beliebtesten Sendungen zählte.[319] In jeder Ausgabe traten drei Paare in verschiedenen Wettspielen gegeneinander an, um den Hauptpreis, eine „Traumhochzeit“ zu gewinnen. Ein für einen der beiden Partner überraschender Heiratsantrag gehörte ebenso zu den wiederkehrenden Elementen der Show wie die Auswahl der Kleidung für die Trauung. Den Höhepunkt des Geschehens stellte der feierliche Einzug der Braut (in ihrem Brautkleid) und die Inszenierung einer Showhochzeit vor den Studiogästen dar. Direkt im Anschluss an diese Simulation einer Eheschließung wurde das Paar mit Verwandten und Freunden zu einem nahe gelegenen Standesamt gefahren, um dort (ebenfalls vor laufender Kamera) standesamtlich getraut zu werden. Diese Zweiteilung (Simulation der Eheschließung und anschließende Legalisierung des Aktes) verdankte sich nicht inszenierungsspezifischen Vorgaben, sondern resultierte aus dem Produktionsort der Sendung in den Niederlanden und den damit verbundenen juristischen Rahmenbedingungen.[320]

Grundsätzlich stellt die Sendung „Traumhochzeit“ ein massenmedial vermitteltes Idealbild der individuell gestalteten Trauung zur Verfügung, das die (beispielsweise an fernsehtauglich inszenierten Trauungen königlicher Paare orientierten) Wünsche und Vorstellungen heiratswilliger Paare einerseits aufnimmt (die hohe Anschlussfähigkeit des Formats ist fundamental für den Erfolg der Show) und zugleich prägt. Dabei erscheint die von Reichertz (1999) in diesem Zusammenhang postulierte Substitution

---

[319] Die Reduktion der massenmedialen Inszenierungen der Hochzeit auf die genannte Fernsehshow erscheint im Rahmen der vorliegenden Untersuchung als angemessen: Schließlich überragt die Sendung bezüglich ihrer an Einschaltquoten und Wiederholungsdauer zu messenden Verbreitung andere Formate wie z. B. die einschlägigen populären Spielfilme der 1990er Jahre (wie etwa „Father of the Bride“ (1991) von Charles Shyer, „Four Weddings and a Funeral“ (1993) von Mike Newell, „My Best Friends Wedding“ (1997) von Peter Hogan oder „Runaway Bride“ (1999) von Garry Marshall) bei weitem und integriert - wie sich zeigen wird - zugleich die in den Filmen entfalteten relevanten Aspekte. Dementsprechend bezieht sich auch die medientheoretische Reflexion der kirchlichen Trauung in der praktisch-theologischen Debatte fast ausschließlich auf die prägende Kraft der „Traumhochzeit“. Ein an die „Traumhochzeit“ angelehntes, aber dennoch eigenständiges Genre stellen gegenwärtig intensiv vermarktete sog. „Promi-Hochzeiten“ dar, die einerseits die Vorbilder des Hollywood-Kinos zu imitieren versuchen, dabei andererseits aber auch eigene Inszenierungselemente produzieren und insofern den Medialisierungsprozess der Hochzeit weiter vorantreiben.

[320] Nach dem niederländischen Gesetz muss ein Paar vor der Heirat 18 Monate lang im Land gewohnt haben, um dort getraut werden zu können. Zur Lösung dieses Konfliktes chauffierte man die Paare in das Standesamt der grenznahen deutschen Stadt Ahaus; vgl. DE MOL, L. (Hg.) (1992): Traumhochzeit. Heiraten mit Phantasie, Düsseldorf, 20.

der kirchlichen Ritualisation anlässlich der Eheschließung durch die televisionären Inszenierungen zumindest aus der Perspektive der interviewten Paare (die sich immerhin bewusst für das kirchliche Eheschließungsritual entschieden) als zu weit gehend und wurde denn auch bereits von Dutzmann (1999)[321] energisch kritisiert. Plausibler stellt sich hingegen die These Hauschildts dar: „Die kirchliche Trauung wird an den Riten und Zeichen der „Traumhochzeit" gemessen. Nicht wenige Pfarrerinnen und Pfarrer kennen die Szene, wo ein Paar mit dem ominösen „Traumhochzeits-Buch" ankommt und wünscht: So wollen wir es auch haben."[322] Nicht nur an dieser Stelle zeigt sich ein Subtext der praktisch-theologischen Debatte: Der wahrnehmbare Einfluss massenmedial vermittelter Inszenierungen auf die Wünsche einzelner Brautpaare wird (häufig vermischt mit bildungsbürgerlichen Vorbehalten gegen die Ästhetik der „Traumhochzeit"[323]) auch als Beschneidung pastoraler Deutungshoheit verstanden und problematisiert. Aus dieser Perspektive werden Brautpaare als „immer selbstbewusster"[324] und darin auch als widerständig wahrgenommen: „Seit einigen Jahren nämlich verlangen Brautpaare zunehmend magische Praktiken vom Pfarrer bzw. der Pfarrerin, wobei man vermuten darf, dass die Sendung „Traumhochzeit" dieses Verlangen wenn nicht hervorgerufen, so doch mindestens befördert hat."[325]

Zu vermuten ist also, dass im Prozess fortschreitender Medialisierung der Hochzeit die Aufführungen der „Traumhochzeit" zum zentralen Bezugsrahmen des kirchlichen Rituals werden, wobei massenmedial vermittelte Inszenierungen der Eheschließung prägende Vorgaben für die Gestaltung von Traugottesdiensten zur Verfügung stellen. Die Beteiligten „gestalten die Hochzeitsszene ihres Lebensfilms wie eine Folge aus einer

---

[321] Zur Kritik an Dutzmanns Forderung nach einer dem Aberglauben vieler Brautpaare wehrenden pastoralen Beherrschung des kirchlichen Rituals vgl. Kap. 6.3 „Ausblick – Religiöse Inszenierungskompetenzen".

[322] Hauschildt (1999) 30. Ein entsprechendes Buch veröffentlichten die Produzenten der „Traumhochzeit" tatsächlich bereits wenige Wochen nach der ersten Ausstrahlung der Fernsehshow; vgl. de Mol (1992). Es folgten eine Vielzahl von Hochzeitsratgebern und Planungshilfen in Form von Büchern, Zeitschriften und Internetseiten.

[323] Vgl. dazu auch Hauschildt (1999) 32: „Das ist nichts anderes als Milieudünkel". Vgl. auch die Ausführungen zu dem Machtgefälle zwischen Experten und Laien bezüglich der musikalischen Gestaltung des Traugottesdienstes in Kap. 5.6.4 „Musikalische Gestaltung".

[324] Hermelink (2007) 717.

[325] Dutzmann (1999) 27.

Vorabendserie“[326] und produzieren auf diese Weise in ihrer kirchlichen Trauung „eine symbolische Inszenierung sozialer Wirklichkeit“[327], in der Individualität und Konventionalität vermittelt sind.

Als prägende Gestaltungsvorgaben der „Traumhochzeit“ lassen sich überblicksartig diverse Elemente identifizieren, die der bewusst inszenierten Nähe der Show zu religiösen Ritualen Vorschub leisten:[328] Der Raum wird durch seine Größe, den frontal ausgerichteten Grundriss, die Positionierung der Sitzreihen und diverse Dekorationselemente deutlich wahrnehmbar als Sakralraum inszeniert. Auch die Form und Positionierung des Tisches, der zwischen dem Standesbeamten und dem Brautpaar steht, weckt Assoziationen an einen Altar. Das folgende Geschehen konzentriert sich auf die Konstellation zwischen Standesbeamten, Braut und Bräutigam. Orgelklänge (vorzugsweise der Hochzeitsmarsch von Mendelssohn) markieren den Beginn der Aufführung, die anwesenden Verwandten und Freunde (als Repräsentanten der Öffentlichkeit) erheben sich. Das Brautpaar erscheint in beinahe uniformer Kleidung, die Braut wird in einem aufwendigem weißen Kleid (komplettiert durch einen Schleier im Haar und Blumen in der Hand) von ihrem Vater hereingeführt, während der Bräutigam sie im dunklen Anzug in der Nähe des „Altars“ erwartet. Der Standesbeamte entspricht seinem Alter, Aussehen, Geschlecht sowie Habitus nach dem Klischee der väterlichen Autorität und geht ganz in seinem Amt auf, konkurriert also nicht mit der prominenten Rolle des Brautpaares. Unter den gesprochenen Teilen des liturgischen Ablaufs nimmt das gegenseitige Versprechen der Ehepartner bzw. die Fragen des Standesbeamten an das Brautpaar die zentrale Stellung ein und wird häufig begleitet von nonverbalen Äußerungen emotionaler Rührung seitens naher Verwandter, vorzugsweise der Eltern der Braut. Der Auszug des Paares wird untermalt von erhöhter Aktivität, in der sich die Spannung der vorangegangenen Momente entlädt – Kinder versuchen, den Anweisungen entsprechend Blumen zu streuen, Freunde werfen lachend Reis, das Blitzlicht des Fotografen erhellt die Gesichter.

Das Beispiel der „Traumhochzeit“ lässt sich als Teil eines Medialisierungsprozesses verstehen, in dem – wie oben (5.2.2.1) dargestellt – die Ästhetisierung der Hochzeit nicht allein prozessual, sondern performativ dadurch wirkt, dass sie zum einen den Wahrnehmungsgegenstand in ein punktuelles Ereignis transformiert und zum anderen seine Bedeutsamkeit

---

[326] STECK (1999) 18.

[327] STECK (1999) 27.

[328] Vgl. auch die Beschreibungen von LINDEMANN (1993) und REICHERTZ (1999).

durch Iteration auch längerfristig zu stabilisieren vermag. Die massenmedial vermittelte Inszenierung der „Traumhochzeit" stellt sich auf diese Weise als zentraler Bezugsrahmen für gegenwärtig heiratende Paare dar und beeinflusst diese – so wird sich zeigen – nicht nur auf der Ebene konkreter Gestaltungsfragen (z. B. bei der Frage der Einzugsvariante Brautübergabe), sondern auch als umfassendes Idealbild der Hochzeit, das sich mit konventionellen Vorgaben vermittelt zu einer mit den Worten ‚so macht man das' markierten Gesamtkonstruktion.

V. 2. 3 Empirische Wahrnehmungen – Konventionalität und Medialität als Gestaltungsprinzipien der kirchlichen Trauung

Spuren dieses Medialisierungsprozesses finden sich in den Erzählungen der interviewten Paare auf verschiedenen Ebenen. Dabei zeigt sich das Phänomen der Medialität in allen Fällen eng verbunden mit der Dimension der Konventionalität. Aufgrund dieser Beobachtung wird im Folgenden zunächst die Relevanz gesellschaftlicher Konventionen für die Eigentheorien der interviewten Paare näher analysiert. Erst von dort aus lassen sich die empirischen Wahrnehmungen zur Medialität als Gestaltungsprinzip der kirchlichen Trauung eingehender reflektieren.

Konventionen werden in diesem Zusammenhang verstanden als soziale Normen, die mögliche Verhaltensweisen in einer sozialen Situation definieren und Verhaltensregelmäßigkeiten angeben. Sie basieren auf formal nicht festgeschriebenen, kulturell bedingten Regeln, die von einer Gruppe von Menschen aufgrund eines Konsenses eingehalten werden.[329] Konventionalität bezeichnet dementsprechend eine Haltung, die sich in konkreten (alltäglichen oder außeralltäglichen) Lebensfragen auf derartige Verhaltensregelmäßigkeiten bezieht.

Dass der Dimension der Konventionalität im Kontext der kirchlichen Trauung eine nicht zu unterschätzende Relevanz zukomme, vermutete bereits Steck: Die kirchliche Trauung „ist, was ihren Ablauf angeht, als ein standardisierter Handlungsablauf zu begreifen, in dessen Grundstruktur die Beteiligten nur in ganz engen Grenzen eingreifen können. Die Gesellschaft führt die Regie und lässt den Akteuren lediglich die Illusion, sie würden in der Kirche ihr Leben in seiner individuellen Gestalt aufspielen."[330] In sämtlichen Interviews finden sich denn auch Reflexionen der Entscheidungsprozesse, in denen die Paare im Vorfeld ihrer Trauung aus

[329] Vgl. die Einzelfalldarstellung „Anna und Karl, bes. Kap. 4.1.3.1 „Konvention und individuelle Gestaltung".

[330] STECK (1999) 26.

dem Repertoire gesellschaftlich vermittelten Brauchtums einzelne Elemente auswählten und zu einem individuellen Gesamtbild ihrer Hochzeit zusammenfügten. Die konkrete Gestaltung der Hochzeit zeigt sich also verbunden mit einem kreativen, individuell akzentuierten Deutungsprozess, der zunächst näher zu rekonstruieren und dann auf seine Verbindungen zu den dargestellten Medialisierungsprozessen im Kontext der kirchlichen Trauung zu befragen ist.

Zunächst lässt sich das Handlungs- und Deutungsgefüge der gesamten Hochzeit aus der Perspektive der Paare als komplexer Auswahlprozess beschreiben, der sich mit einer Vielzahl an Fragen und Entscheidungen auf unterschiedlichen Ebenen auseinandersetzen muss: Dabei begegnen eher grundsätzliche Fragen (Soll überhaupt geheiratet werden? Zu welchem Zeitpunkt soll geheiratet werden? Soll nach der standesamtlichen Hochzeit auch eine kirchliche Trauung in Anspruch genommen werden?) in einer eigentümlichen Vermischung mit scheinbar nebensächlichen Entscheidungen (Wie soll das Fest ablaufen? Wo wird gefeiert und wer wird eingeladen? Welche Kleidung, welche Dekoration und welche Musik erscheint passend?), die sich bei näherer Betrachtung als durchaus konfliktträchtig erweisen können. Aus dieser Perspektive, die die Hochzeit als Auswahl- und Entscheidungsprozess beschreibt, wird die hohe Relevanz der Konventionen im Kontext der Trauung plausibel, stellen sie doch eine Orientierungshilfe dar, durch die sich die Komplexität reduzieren lässt.

Diese komplexitätsreduzierende Orientierung durch Rückbezüge auf Konventionen findet innerhalb einer größeren Spannbreite statt, die mit Hilfe der Attribute „affirmativ“, „distinktiv“ und „kreativ“[331] grob schematisierbar wird.[332] Diese Schematisierung erwächst aus den Interviewerzählungen und lässt sich anschließen an die alltagsästhetischen Schemata

[331] Der in den Interviewerzählungen wahrnehmbare Umgang mit Konventionen im Kontext der Trauung führt ohne Ausnahme zu einem kreativen Rezeptionsprozess gesellschaftlich üblicher Verhaltensweisen und zu einer individuellen Gestaltung der eigenen Hochzeit. Die als „kreativ“ bezeichnete Kategorie des Rückbezugs auf Konventionen impliziert also nicht die Absenz von Kreativität im Rahmen einer Konventionen eher affirmierenden Gestaltung, sondern verweist auf eine graduelle Abstufung auf der Ebene der Selbstwahrnehmung der Paare.

[332] Diese Schematisierung bezieht sich auf die in den Interviewerzählungen zu beobachtenden Selbstwahrnehmungen der Paare, denn ihre Eigentheorien stehen im Zentrum der Untersuchung, nicht die Erhebung eines hinter der Interviewerzählung liegenden „tatsächlichen“ Ablaufs; vgl. Kap. 3.1.3 „Überlegungen zum Wirklichkeitsbezug der Interviews“. Wer sich also beispielsweise als besonders unkonventionell beschreibt, kann dennoch in der Wahrnehmung eines teilnehmenden Beobachters eine durchaus konventionelle Hochzeit gefeiert haben.

(Trivialschema, Hochkulturschema, Spannungsschema), mit deren Hilfe Gerhard Schulze die Daten seiner Milieustudien interpretiert.[333] Das grundlegende Bezugsproblem im Umgang mit Konventionen im Kontext der Heirat und speziell der kirchlichen Trauung stellt sich dabei aus der Sicht der Brautpaare als eine Suchbewegung dar: Wie inszenieren wir uns als Individuen und als Paar in der Öffentlichkeit? Wie gehen wir dabei um mit dem Reservoir an Regeln ‚was man tut'? Antworten zu diesen Fragen werden bei der Planung und Durchführung der gesamten Hochzeit durch (affirmative, distinktive oder kreative) Bezüge auf Konventionen konstruiert. Dabei lässt sich keines der Interviews einer dieser Kategorien trennscharf zuordnen, in allen Erzählungen begegnen individuelle Mischungen. Schwerpunkte lassen sich dennoch ansatzweise herausarbeiten:

Während die vorwiegend affirmativen Rückbezüge auf Konventionen in der Interviewerzählung von Anna und Karl bereits in der entsprechenden Einzelfalldarstellung[334] näher analysiert wurden, finden sich ähnliche Rekonstruktionsstrukturen auch in den Erzählungen von Meike und Olaf. So beschreibt das Paar beispielsweise besondere Gestaltungselemente der Hochzeitsfeier (das Zersägen eines Baumstammes, das besondere Auto für die Fahrt zur Kirche usw.) und rekonstruiert das Geschehen mit den Worten „alles dabei, wie es sich gehört" (7-F-209) deutlich in seiner Konventionalität. Analog dazu wird auch die Auswahl der Kleidung rekonstruiert:

> Olaf (7-M-219): [...] Kleidung hatte ich halt, meine Frau hat in weiß geheiratet und ich hatte auch nen – wie nennt man das – so einen Hochzeitsanzug an, ne. So wie man das kennt halt.

Das Motiv der konventionellen Gestaltung lässt auch individuelle Vorlieben in den Hintergrund treten:

> Olaf (7-M-228): Ja, ich hab, hab die erste Rede gehalten, was mir sehr schwer gefallen ist, weil ich absolut nicht der Typ bin, der gerne vor vielen Leuten spricht. Aber das gehört dann ja so dazu, ne.
> Interviewer: Ja, ja.
> Meike: Mein Mann war auch so aufgeregt, man sieht das auch auf den Fotos bis zu der Rede, kann er kaum lächeln.
> Olaf: Die ging mir die ganze Zeit noch im Kopf rum, als wir in die Kirche kommen, war mir richtig schlecht gewesen vor Aufregung.

---

[333] Vgl. SCHULZE (1992) 142–157.

[334] Vgl. Kap. 4.1 „Anna und Karl", bes. Kap. 4.1.3.1 „Konventionen und individuelle Gestaltung".

Da eine kurze Rede des Bräutigams in der Wahrnehmung des Paares einen integralen Bestandteil der Hochzeit darstellt („das gehört dann ja so dazu"), übernahm Olaf innerlich widerstrebend diesen Part. Dieser Grundorientierung entsprechend rekonstruiert das Paar auch den Ablauf des Traugottesdienstes überwiegend als konventionsgebunden:

> Meike (7-F-526): [...] Wir wollten ja auch nichts Ungewöhnliches da. Alles so, wie es halt üblich ist.

Während also in den Rekonstruktionen von Anna und Karl oder Meike und Olaf Konventionen vorwiegend als positiv gewertete Leitlinien der Lebensgestaltung ihre lebensstilspezifisch grundierte Relevanz entfalten (der Lebensstil beider Paare ist unter anderem gekennzeichnet durch eine starke Traditionsorientierung), zeigt sich in anderen Interviews die orientierende Funktion der Konventionalität weniger in affirmativen Rekonstruktionen, sondern vielmehr in der bewussten Distinktion.

Besonders pointiert ist dies der Fall in den Erzählungen von Christine und Udo, die sich sprachlich durch die wiederkehrende Gegenüberstellung „viele"/„manche" auf der einen Seite und „wir" auf der anderen Seite (in den folgenden Interviewzitaten unterstrichen) in unterschiedlichen Zusammenhängen abgrenzen von den in ihrer Wahrnehmung gesellschaftlich üblichen Verhaltensweisen.

Zu den im Kontext der Hochzeitsfeier üblichen Spielen, Aufführungen und Reden äußert das Paar übereinstimmend Bedenken gegenüber einer zu großen Anzahl derartiger Gestaltungselemente:

> Christine (2-F-282): [...] Ja ansonsten, ich glaube *wir* haben gar nicht so viel Schnickschnack und so drum herum gemacht, was *viele* Leute also alles so machen, glaube ich, bei ihrer Hochzeit. Was man in den ganzen Hochzeitsbüchern lesen kann oder im Fernsehen. Mit verschieden Bräuchen und so was und Junggesellenabschied, auf so was haben wir eigentlich alles verzichtet.
> Udo (2-M-289): Nein, ich mein, so zwei drei Sachen sind ja ganz schön. So eine Rede und dieses Liedchen war auch ganz nett. Äh aber jetzt da so, dass man pausenlos – so was hab ich auch schon erlebt auf *anderen* Hochzeiten – äh pausenlos eins nach dem anderen ähm, das kann auch zu viel sein. Dass man dann überhaupt gar keine, also für das Brautpaar sowieso, aber auch für die anderen Gäste, dass man gar keine Möglichkeit mehr hat äh auch mal mit dem Nachbarn zu sprechen am Tisch oder überhaupt in Ruhe zu essen. Weil das schon gleich bei *manchen* Hochzeiten schon gleich losgeht, kaum sitzt man, kommt schon alles Mögliche. Also na ja und da war das *uns* schon eigentlich ganz recht, dass das nicht so übertrieben viel war.

Auch die eigene Terminplanung entspricht in der Selbstwahrnehmung des Paares weder in Bezug auf den Zeitraum der Vorbereitung noch in Bezug auf die Jahreszeit der üblichen Hochzeitsorganisation:

> Udo (2-M-207): Ich glaube im Juni haben wir uns entschieden und im Oktober dann geheiratet.
> Interviewer: Oh ja.
> Udo: *Manche* machen das ja dann auch mit nem Vorlauf von 15 Monaten und so. Aber *wir* haben auch gesagt, das müssen wir jetzt nun wirklich nicht haben, da jetzt äh riesen Ankündigungen wie bei *manchen* und - sondern dann haben *wir* das, haben *wir* gesagt „So, wann sind die nächsten Ferien?" und das waren die Herbstferien.
> Udo (2-M-260): [...] *Manche* machen das ja so mit nem halben Jahr dazwischen, weil sie dann irgendwie zu einem ganz speziellen Termin eine riesen Feier aufziehen wollen. Aber dann haben *wir* auch gesagt, nein, das machen wir nicht mit. Und äh notfalls, wenn die Feier im Winter stattfindet, findet sie eben im Winter statt, was soll's, da muss man jetzt nicht irgendwie ähm ja das noch davon trennen.

Ihre innere Plausibilität erhalten diese abgrenzenden Äußerungen durch die implizierte Konstruktion einer Hochzeit im Stile der „Traumhochzeit", die das Paar zu vermeiden sucht. Konventionalität im Sinne des gesellschaftlich Üblichen lehnen Christine und Udo im Kontext der Gestaltung ihrer Hochzeit also nicht prinzipiell ab, sondern vor allem insofern, als eine zu starke Betonung bestimmter, als „Inszenierung"[335] oder „Show" qualifizierter Elemente den Blick auf „das Eigentliche" zu verstellen droht. Dieser Zusammenhang wird gerade auch in den Rekonstruktionen der kirchlichen Trauung greifbar, in denen der Mehrheit der kirchlich getrauten Paare das Motiv der öffentlichen Selbstdarstellung unterstellt wird:

> Udo (2-M-644): Nein, nein. Aber ich glaube aber auch, dass ja *sehr viele* äh kirchlich heiraten einfach jetzt, ich will nicht jetzt, ich will es gar nicht abwertend sagen, um der Show wegen. Weil das, weil das Standesamt nicht das bieten kann an ähm an, trotz allem Bemühen und trotz schöner Räumlichkeiten. [...] Aber insgesamt bietet natürlich die Kirche mehr Show, und deshalb habe ich den Eindruck, dass *viele*, also äh dass das trotzdem noch relativ oft stattfindet. Ich weiß es nicht, aber ich hab da nun keine Zahlen wie viel nur standesamtlich heiraten aber.
> Christine: Ja, ich glaube, dass *viele* vielleicht wegen dem prachtvollen Kleid dann auch gerne kirchliche Trauungen in schwarz/weiß machen. Um sich dann vielleicht noch besonders darzustellen, besonders prächtig zu erscheinen.

Für sich selbst hingegen nimmt das Paar eine abweichende Motivation in Anspruch, bei der die äußere Form des Geschehens keine vordergründige Rolle spielte:

---

[335] Zu dem hier vorliegenden alltäglichen Sprachgebrauch des Begriffs ‚Inszenierung' vgl. Kap. 5.1.5 „Kirchliche Trauung als performative Inszenierung".

> Udo (2-M-683): Na ja, da *wir* jetzt ja nicht äh sozusagen, nicht vorhatten da eine, eine perfekte Inszenierung draus zu machen, ähm waren die Einzelheiten jetzt auch nicht so entscheidend. Weil es mag ja sein, dass es da auch *manche* Perfektionisten gibt, die sagen, das muss alles in jeder Einzelheit ganz toll und perfekt sein, aber na ja das, das haben *wir* nun nicht so. Das mit dem Auto, na ja gut, also da haben wir auch gedacht, das muss nun wirklich nicht sein, dass da jetzt unbedingt im Rolls-Royce chauffiert wird.

Mit dieser Grundhaltung korrespondiert in der Wahrnehmung des Paares auch die Auswahl des Kirchenraumes:

> Udo (2-M-408): Ja, also ich denke, wenn man zu der Gemeinde zu der man gehört, da lässt man sich dann auch trauen. Gut, es gibt natürlich auch *andere*, die sagen „Ja wir suchen uns das tollste Gebäude aus, das es gibt in der Stadt". Aber äh das finde ich, also so ein Heiratstourismus äh finde ich ja nun äh, also nee, also das – da ist ja das Eigentliche, das Inhaltliche ja ganz weg, dann hat man ja, das ist ja nur eine Orientierung an dem Gebäude dann. Und das finde ich nun wirklich äh nicht angemessen. Gut, das ist auch Geschmackssache, aber das äh [...].
> Christine (2-F-411): Genau, es ging ja um die Sache, um den Wert an sich, sich kirchlich trauen zu lassen. Und das ist ja auch das Übliche, dass man dorthin geht, wo man wohnt.

Christines Äußerung zeigt mit der in diesem Kontext positiv gefärbten Formulierung „das ist ja auch das Übliche" noch einmal, dass es dem Paar nicht um eine grundsätzliche Ablehnung gesellschaftlicher Konventionen im Zusammenhang mit der Hochzeit geht, sondern primär um die Distinktion von dem auf die Mehrheit der Heiratenden projizierten Konstrukt der „Traumhochzeit". Aus lebensstilanalytischer Perspektive verbinden sich hier also ein hochkulturelles Abgrenzungsbedürfnis gegenüber der Masse mit einer grundsätzlichen Orientierung an bürgerlich-modernen Konventionen, was angesichts des hochkulturell-modernen Lebensstils des Paares nicht verwundern kann.

Einen eher kreativen Umgang mit Konventionen pflegten Dorothea und Jan ihrer Selbstwahrnehmung nach im Kontext ihrer Hochzeit. Zwar lassen auch ihre Erzählungen partiell distinktive Momente erkennen („beide Feiern, sag ich mal, haben wir so gestaltet, dass das eigentlich nicht in diesen normalen Rahmen passt, wie man das so kennt", 8-M-235), der besondere Fokus der Rekonstruktionen des Paares liegt jedoch auf dem Kriterium der Authentizität („es soll alles echt sein", 8-F-278).[336]

---

[336] Vgl. dazu auch die Ausführungen zur Gestaltung des Trauversprechens in Kap. 5.5.3.2 „Empirische Wahrnehmungen zur Gestaltung des Versprechens". Deutlich wird der Unterschied zu dem Distinktionsstreben in den Erzählungen von Christine

Konventionelle Elemente, die eine Annäherung an dieses Ideal versprechen, werden von Dorothea und Jan im Rahmen der Vorbereitung auf die eigene Hochzeit ausgewählt und dabei teilweise bewusst reflektiert und umgedeutet („wir haben das wirklich immer alles sehr persönlich und mit ganz viel Herzblut ausgesucht und ähm dass es wirklich ein besonderer Tag wird und nicht so nach Schema F eben“, 8-F-243). Was dem Paar hingegen als nicht zum eigenen Lebensstil passend und deshalb „unpersönlich“ erscheint, wird bewusst suspendiert.

Dieser Auswahlprozess führte zu einer individuellen Gestaltung der Hochzeit, die von Dorothea und Jan als „echt wir“ wahrgenommen und deshalb überwiegend positiv erlebt wurde. Dabei ermöglichte dem Paar das Kriterium der Authentizität durchaus zahlreiche affirmative Bezüge auf konventionelle Gestaltungselemente: So orientierten sich beide bei der Wahl ihrer Garderobe an der üblichen Hochzeitskleidung und organisierten für den Auszug aus der Kirche Kinder, die Blumen streuten. Den Vormittag vor der kirchlichen Trauung verbrachten Dorothea und Jan zudem bewusst getrennt, um zu vermeiden, dass der Bräutigam der Braut schon vor ihrem Auftritt im Traugottesdienst begegnete. Dorothea qualifiziert diese Trennung, die sich in pragmatischer Hinsicht keineswegs nahe legte, positiv als „sehr traditionell, sehr althergebracht“ (8-F-440) und bezieht sich dadurch (bewusst oder unbewusst) zurück auf den konventionellen Hochzeitsablauf einer Zeit, in der Braut und Bräutigam vor der Heirat selbstverständlich nicht zusammen wohnten und sich deshalb vor der Trauung ohne weitere Umstände aus dem Weg gehen konnten.[337]

Neben diesen und weiteren affirmativen Bezügen auf gesellschaftlich übliche Verhaltensweisen rekonstruiert das Paar jedoch auch zahlreiche Umdeutungen und Suspendierungen konventioneller Elemente. Die Gästeliste umfasst beispielsweise nur zwölf Personen und schließt nicht die übliche Gruppe der erweiterten Familie und Freunde ein.

> Jan (8-M-280): Na ja und ähm ich finde es ja auch immer ein bisschen äh, äh weiß ich nicht, ich finde es manchmal einfach nicht, ja, nicht richtig, kann man nicht sagen, aber ich, ich denke halt immer äh, warum soll man die Leute

---

und Udo beispielsweise in den Begründungen, mit denen die Paare ein der „Traumhochzeit“ entlehntes repräsentatives Auto zur Vorfahrt des Brautpaares ablehnen: Während Christine hier mit dem mangelnden Distinktionsgewinn argumentiert („was bringt es einem auch. Das kann sich mittlerweile auch fast jeder mieten. Schon für einen Tag wird überall angeboten“, 2-F-705), begründet Dorothea die Entscheidung im Rahmen ihres Ideals der maximal authentischen Gestaltung („das sind halt nicht wir“, 8-F-257).

[337] Vgl. dazu die Ausführungen in Kap. 2.2.4.1 „Relevante Veränderungen gesellschaftlicher Rahmenbedingungen“.

einladen, sag ich mal, die, mit denen man verwandt ist zum Beispiel, die man aber nie sieht. Die sich nie um einen scheren, sag ich mal, die äh eigentlich nie da sind und bloß, weil man verwandt ist, lad die jetzt ein. Dann sieht man die einmal, kann ein ganz toller Tag werden, das stelle ich gar nicht in Frage und äh, aber schlussendlich meine Erfahrung ist auch von vielen anderen Feiern, wo ich ja nun auch schon mal war, dass danach wieder alle ihre Wege gehen und es läuft auch wieder so wie vorher, sag ich mal. Höchstens eine Seltenheit mal, wenn dann irgendwo wieder ein Kontakt neu entstanden ist, und äh ich bin da eher so der Mensch oder ich glaube, das sind wir beide, einfach äh, wenn ich einen Kotakt irgendwo wieder aufbauen will, dann muss ich das nicht an einer Hochzeit machen, dann kann ich das auch außerhalb mal machen, was wir ja auch machen, ne. Aber das muss nicht an einer Hochzeit sein. Bei der Hochzeit finde ich es eben ganz wichtig, dass ich mich wohl fühle in dem Kreis meiner Engsten, die äh ja mir viel wert sind, ja wichtig sind oder wichtig geworden sind. Und hier, das war einfach auch das, was den ganzen Tag auch noch mal so abgerundet hat eigentlich.

Dorothea: Ja auch die, die mein Leben kennen. Also ich find das ganz wichtig, also ne? Was nützt mir das, wenn irgendeiner dann in dieser Reihe sitzt, der gar nicht weiß, was ich in dem Moment empfinde oder warum ich das so mache, wie ich das will. Und die Leute, die da waren, die kennen aber auch unsere Geschichte und die wissen ganz genau äh, wie wir sind. Und das war mir wichtig, dass die Leute verstehen ähm so, warum wir das da tun und was wir da tun so. Und das hat man nicht, wenn man da 50 Leute drin sitzen hat, dann kennen die wenigsten einen richtig.

Deutlich wahrnehmbar stand auch an dieser Stelle das Kriterium der Authentizität an erster Stelle und leitete das Paar bei der Entscheidung, die Zahl der Gäste zu reduzieren auf die „Engsten, die mir viel wert sind". Diesem Personenkreis unterstellen Dorothea und Jan, dass sie „verstehen, warum wir das da tun und was wir da tun". Diese Konstruktion eines umfassenden Einverständnisses mit den Anwesenden trug in der Wahrnehmung des Brautpaares wesentlich zu der „persönlichen" Atmosphäre des Traugottesdienstes[338] und des anschließenden Festes bei. Die vergleichsweise geringe Gästezahl ermöglichte zudem eine ungewöhnliche Platzierung der Anwesenden im Kirchenraum: Gemeinsam mit dem Brautpaar bildeten sie einen Halbkreis im Altarraum und trugen von dieser Position

---

[338] Als einen weiteren Faktor für die als persönlich wahrgenommene Stimmung im Gottesdienst rekonstruiert das Paar die Rolle des Pfarrers und den Kontakt zu ihm im Traugespräch; vgl. dazu Kap. 5.4 „Inszenierte Authentizität - Die pastorale Rolle im Kontext der Trauung".

aus am Ende des Gottesdienstes die jeweils selbst vorbereiteten Fürbitten vor.[339]

Auch die anschließende Feier suspendierte die Konvention des aufwendigen und repräsentativen Festes. Statt dessen fuhr man gemeinsam in ein nahe gelegenes Restaurant:

> Dorothea (8-F-494): Und da hatten wir eben auch einen, einen, also wir haben nicht direkt im Hauptgebäude gefeiert. Wir hatten ein kleines Nebenhaus [...].
> Jan: Ja, das war auch wieder so ein kleiner Glücksfall.
> Dorothea: [...] ja äh und ähm was dann eben sehr klein und sehr beschaulich war und dann auch nur für die Anzahl der Leute reichte und da haben wir dann eben Mittag gegessen und auch noch Kaffee getrunken.
> Jan: Ja. Wir sind auch wandern gegangen um den See da hinten, ein Stück jedenfalls.
> Dorothea: Ja, haben auch noch wunderschöne Bilder draußen gemacht. Und ja, zum Abend sind wir dann hier wieder nach Hause, dann kamen noch die Nachbarn und dann haben wir es hier ausklingen lassen alles, ne.

In der Wahrnehmung des Paares stellen Konventionalität und Authentizität also keine einander ausschließenden Größen dar, sondern zwei Dimensionen, deren Verhältnis zueinander angesichts konkreter Gestaltungsfragen jeweils reflexiv bestimmt werden muss. Auf diese Weise konnten Dorothea und Jan manche Konventionen im Rahmen ihrer Hochzeit affirmieren, sofern sie diese als individuell passend empfanden und ihre Umsetzung als „persönlich" erlebten. Andere konventionelle Gestaltungselemente lehnte das Paar dagegen als unauthentisch („das sind nicht wir") ab.

Neben Haftpunkten wie der Gestaltung des Traugottesdienstes oder der Hochzeitsfeier zeigt der unterschiedliche Umgang mit Konventionen seine Auswirkungen in allen Interviews besonders prominent in den Erzählungen zu den Hochzeitsvorbereitungen. Diese Phase vor der standesamtlichen und der kirchlichen Trauung wird von den interviewten Paaren durchgängig als zum Gesamtgeschehen der Hochzeit zugehörig rekonstruiert und ist ähnlich wie die Eheschließungsrituale durch massenmediale Inszenierungen beeinflusst. Wurde die von Anstrengung und Vorfreude geprägte Zeit der Hochzeitsvorbereitungen im Format der „Traumhochzeit" noch durch unterschiedliche Wettspiele imitiert, strahlte der Fernsehsender Pro7 in den Jahren 2006 bis 2008 die Sendung „Frank – der Wedding-

---

[339] Deutlicher als bei der konventionellen Platzierung der Anwesenden hinter dem Brautpaar zeigt sich hier also die mit dem Inszenierungsbegriff verbundene aktive Beteiligung aller Anwesenden an Gestalt und Inhalt der Aufführung; vgl. dazu Kap. 5.1.5 „Kirchliche Trauung als performative Inszenierung".

planer" aus, die den Hochzeitsplaner Frank Matthée bei der Arbeit mit seinen Kunden in der Zeit der Hochzeitsvorbereitungen im Format einer Doku-Soap zeigte. Alle Episoden der Sendung lassen die Monate vor der Hochzeit primär durch Aktivität, Anstrengung und ein hohes Maß an (professioneller) Organisationsnotwendigkeit geprägt erscheinen.

Während die interviewten Paare den Part des Hochzeitsplaner durchgängig selbst übernahmen und allenfalls einzelne Aufgaben im Vorfeld der Hochzeit an Freunde oder Familienangehörige delegierten, prägt das Konstrukt einer durch Aktivität und Anstrengung geprägte Zeit der Hochzeitsvorbereitung mehr oder weniger deutlich die Erzählungen zur Planung und Organisation der Hochzeit. Diese Phase erhöhter Aktivität in der Vorbereitung erscheint in der Wahrnehmung der Paare als konstitutiver Bestandteil einer Hochzeit, zu dem sich die Heiratenden (z. B. affirmativ, kreativ oder distinktiv) verhalten müssen. Dabei ist zu vermuten, dass die Anstrengungen der Vorbereitungszeit sich (anders als beispielsweise bei der Feier eines runden Geburtstages) nicht auf rein organisatorische Herausforderungen beschränken, sondern auch eine für die Hochzeit spezifische Komponente enthalten: Anders als bei vielen anderen Anlässen steht bei der Hochzeit in der Wahrnehmung der Brautpaare die Selbstpräsentation in der Öffentlichkeit stärker im Vordergrund der Inszenierung. Zudem ist der Anlass („der schönste Tag im Leben") emotional in besonderer Weise aufgeladen und mit Idealvorstellungen belegt.

Hinter den individuellen Akzentuierungen in den Rekonstruktionen der Vorbereitungsphase lassen sich auch lebensstilspezifische Zugangsweisen erkennen. Zwar rekonstruieren die interviewten Paare die Vorbereitungszeit durchgängig als ambivalente Mischung aus Anstrengung und Vorfreude, geprägt von belastenden und unterstützenden Kontakten;[340] bei genauerer Betrachtung zeigen sich jedoch divergierende Konstruktionsprinzipien, die in engem Zusammenhang zu der Dimension der Konventionalität und ihrer Funktion der Komplexitätsreduktion stehen.

So beziehen sich beispielsweise Anna und Karl, wie bereits gezeigt[341], ihrem Lebensstil entsprechend überwiegend affirmativ auf die in ihrem sozialen Umfeld gültigen Konventionen. Dadurch konnte das Paar in der Vorbereitungszeit eine Reihe von Fragen (Sollen wir überhaupt heiraten? Sollen wir uns kirchlich trauen lassen? Wen sollen wir einladen? In welcher Kirche sollen wir uns trauen lassen? Wie soll der Traugottesdienst

---

[340] Diese Beobachtung beschreibt auch Fopp (2007) 323, ohne jedoch weitere Differenzierungen bezüglich der Wahrnehmungen der Vorbereitungszeit vorzunehmen.

[341] Vgl. Kap. 4.1.3.1 „Konvention und individuelle Gestaltung".

ablaufen? Sollen wir einen Polterabend feiern? Was sollen wir anziehen?) zügig für sich klären, da die verschiedenen Optionen durch ein klares Regelwerk („das gehört einfach dazu"/„das macht man bei uns so") stark begrenzt waren. Die Gestaltung der Hochzeit und darin eingebettet die Gestaltung der kirchlichen Trauung erscheint aus dieser, konventionelle Gestaltungen eher affirmierenden Perspektive als vergleichsweise unkompliziert und nur in wenigen Punkten eingehender Reflexion bedürftig. Die Dimension der Konventionalität entfaltet hier also eindrucksvoll ihr komplexitätsreduzierendes Potential.

Anders verhält es sich bei Paaren, die sich im Zuge eines weniger traditionsorientierten Lebensstiles eher distinktiv oder kreativ auf Konventionen beziehen. Zeitplan, Gästeliste, Kleidung – alles ist aus dieser, sich auf Konventionen eher abgrenzend beziehenden Perspektive der eigenen Entscheidung anheim gestellt, so dass eine Vielzahl an Reflexions- und Kommunikationsprozessen notwendig wird, um zu einem gemeinsamen Bild der eigenen Hochzeit zu gelangen. Wäre in diesem Zusammenhang also zu vermuten, dass ein eher affirmativer Bezug auf Konventionalität im Erleben der Paare die mit der Hochzeit verbundenen Anstrengungen grundsätzlich mindert, während distinktive oder kreative Bezüge vornehmlich als Stressfaktoren wirken, so zeigt die Betrachtung aus einem anderen Blickwinkel ein komplexeres Bild des Zusammenhangs: Eine Reihe von Paaren, die sich eher distinktiv oder kreativ auf Konventionen beziehen, erlebt gerade darin eine Gestaltungsfreiheit, die eigene Bedürfnisse zu realisieren hilft. Konkretisiert wird diese Gestaltungsfreiheit vor allem hinsichtlich der eingeladenen Gäste und des zeitlichen Ablaufs der Hochzeit. So entschieden sich beispielsweise Elke und Wilko für eine Zweiteilung der sich konventionell an die kirchliche Trauung anschließenden Hochzeitsfeier.

> Wilko (5-M-228): [...] Aber wir hatten bewusst da einen ganz kleinen Kreis, äh, haben wollen. Ähm, wir hatten danach ja noch im Herbst einen großen Feierpartytermin, wo wir dann auch ganz viele Kollegen, Freunde und von weiter her dann eingeladen haben.
> Interviewer: Ach so, also im Sommer standesamtliche Hochzeit und zwei Tage später kirchliche Hochzeit und Wochen später [...].
> Wilko: Monate später.
> Interviewer: Monate später, ja, ah ja.
> Wilko: Dann wirklich einen großen Partytermin, ja.
> Interviewer: Ähä.
> Wilko: Und wir haben das bewusst so gewählt, weil wir gerade die Hochzeit auch mehr so in einem kleineren Kreise für uns feiern wollten, da wir einfach auch dachten, das wir das dann bewusster genießen können, uns auch, ja, da der Situation stellen können, besser auf uns einstellen können [...].
> Interviewer: Hm, hm.

> Wilko: [...] und das war auch genau die richtige Wahl, das war sehr schön.
> Interviewer: Ja, ah ja. Also hat so funktioniert auch sozusagen, ja. Ähä.
> Elke: Ja, also die Vorstellung, an diesem Tag so dann mit 60/80 verschiedenen Menschen dann irgendwie parlieren zu sollen und für Leute da sein zu sollen, die man dann ja vielleicht schon ein Jahr nicht mehr gesprochen hat und so, war uns irgendwie für diesen kirchlichen Trautag nicht, nicht angemessen, wollten wir so nicht haben.

Hier wurde die Organisation der beiden Feste also primär durch Sorge vor eigener Überforderung und durch den Wunsch, das Geschehen möglichst bewusst erleben zu können, bestimmt. Elke und Wilko rekonstruieren diese Gestaltung mit den Worten „wir haben das bewusst so gewählt“ als reflektierte Entscheidung, die sich nicht den in ihrem Umfeld üblichen Konventionen verdankte, sondern den individuellen Bedürfnissen des Paares erfolgreich („genau die richtige Wahl“) Rechnung trug. Für eine ähnliche Gestaltung der Feier nach der kirchlichen Trauung durch die bewusste Reduzierung der Zahl der Gäste entscheiden sich auch Dorothea und Jan, wenn auch – wie bereits gezeigt – vornehmlich durch das Kriterium der Authentizität motiviert.

Die Sorge vor Überforderung und einem vorzeitigen Verschleiß der eigenen Kräfte bewog auch Christine und Udo zu einer eher unkonventionellen Organisation des zeitlichen Ablaufs der Feier:

> Udo (2-M-685): [...] Wir haben einfach gesagt „So, da ist die Trauung um 14.00 Uhr“, äh war es um 14.00 Uhr? Ja, ich glaube, ne?
> Christine: Ja, um 14.00 Uhr.
> Udo: Und danach um 17.00 Uhr, äh um 19.00 Uhr geht es dann – oder was haben wir dann gesagt? Um 18.00 Uhr oder so geht es dann in die Gaststätte und dazwischen muss jeder selbst sehen, wie er klar kommt. Also wir haben dann auch keine, kein offizielles, also kein gemeinsames Kaffeetrinken gemacht, sondern so drei Stunden dazwischen, zwischen drei und sechs kann jeder selbst sehen. Die meisten sind dann auch nochmal in ihr Hotel gegangen, weil ja doch fast alle von außen kamen.
> Interviewer: Ach ja.
> Udo: Ja, wir sind ja beide nicht aus H., insofern haben wir hier auch keinen riesen Familien- oder Freundeskreis hier äh, und insofern hatte jeder, und wir hatten auch noch ein bisschen Zeit.
> Christine: Wir haben auch gedacht, das ist für uns auch ganz schön, dass wir nochmal eine kurze Pause haben.
> Udo: Da sind wir nach Hause gefahren und dann, ja.

Auf unterschiedliche Weise führte also der bewusst reflektierte Umgang mit Konventionen die genannten Paare zu Gestaltungselementen, die erfolgreich vor eigener Überforderung schützten, so dass die Vermutung, distinktive oder kreative Bezüge auf Konventionen wirkten primär als Stressfaktoren, sich in dieser Schlichtheit nicht aufrecht erhalten lässt.

Zudem zeigt sich in den Erzählungen von Anna und Karl auch der vornehmlich affirmative Umgang mit Konventionalität in der Selbstwahrnehmung des Paares mit spezifischen Anstrengungen verbunden. Die Leitlinie „das macht man bei uns so“ erleichterte dem Paar zwar einerseits grundsätzliche Entscheidungen in Gestaltungsfragen erheblich, verhinderte aber andererseits weitgehend eine kritische Auswahl aus dem Repertoire der üblichen Gestaltungselemente, so dass Anna und Karl im Vorfeld drei Feiern (Polterabend, standesamtliche Trauung, kirchliche Trauung) zu planen und zu organisieren hatten:

> Anna (3-F-392): [...] Da haben hier papiereweise Listen gelegen und wir haben uns den Kopf zerbrochen und äh, dass ich manchmal gedacht habe: „Vielleicht sollte man doch weg nach Las Vegas und egal.“ Bloß dann ist keiner dabei von unseren Freunden und der Familie.

Während also ein eher distinktiver oder kreativer Umgang mit Konventionalität die betreffenden Paare einerseits zu vermehrten Reflexions- und Entscheidungsanstrengungen veranlasste, ihnen andererseits jedoch die Berücksichtigung der eigenen Belastbarkeit ermöglichte, führte der eher affirmative Bezug auf Konventionen Anna und Karl auf der einen Seite zu einer relativ selbstverständlichen Klärung grundsätzlicher Fragen, nötigte sie aber auf der anderen Seite dazu, individuelle, von konventionellen Vorgaben abweichende Bedürfnisse in den Hintergrund zu stellen.

War bislang im Rahmen der empirischen Beobachtungen vereinfachend von „Konventionen“ die Rede, so ist ausgehend von der oben vorgestellten Definition (Konventionen basieren auf formal nicht festgeschriebenen, kulturell bedingten Regeln, die von einer Gruppe von Menschen aufgrund eines Konsenses eingehalten werden) präziser von „den im sozialen Umfeld der Beteiligten üblichen Konventionen“ zu sprechen. Denn als kulturell bedingte Verhaltensregeln sind Konventionen immer auch durch Faktoren wie Sozialisation, Lebensstil und aktuelle soziale Bezüge der Beteiligten vermittelt und beeinflusst. So unterscheiden sich beispielsweise die aus einem eher dörflichen Lebensumfeld entstammenden konventionellen Gestaltungselemente, die Anna und Karl im Rahmen ihrer Hochzeit affirmieren von denjenigen, von denen sich Christine und Udo mehrfach bewusst abgrenzen.

Auffallend häufig kommen die interviewten Paare im Kontext ihrer Erzählungen zum Umgang mit Konventionen auf massenmedial vermittelte Bilder zu sprechen. Diese Beobachtung legt die Vermutung nahe, dass die für die Gestaltung der eigenen Hochzeit leitenden Konventionen nicht allein durch im direkten Kontakt erlebte und sozial vermittelte Vorbilder (beispielsweise die Hochzeitsfeiern von Freunden oder Verwandten) produziert werden, sondern dass im Rahmen von Medialisierungsprozessen massenmedial vermittelte Bilder von Hochzeiten die als gültig erachteten Konventionen maßgeblich beeinflussen. Auf der Ebene der sprachlichen Gestaltung der Interviewerzählungen äußert sich dieser Zusammenhang häufig in der Verwendung des Attributs „klassisch".[342] Die medial vermittelten Bilder verdichten sich anscheinend in der Wahrnehmung der Paare zu der Konstruktion einer „klassischen Hochzeit", zu der man sich wiederum eher affirmativ oder distinktiv in Beziehung setzen kann.

Im Umgang mit diesen medial vermittelten Konventionen zeigt sich wieder die bereits dargestellte Spannbreite von affirmativen, distinktiven und kreativen Auswahlprozessen, in denen die Dimensionen der Konventionalität und der Medialität sich aufeinander beziehen.

So rekonstruiert beispielsweise Markus die Brautübergabe als eine an massenmedial vermittelten Vorbildern orientierte Variante:[343]

> Markus (6-M-870): Und dass man als Braut nicht untergeht. Wenn man so zusammen rein kommt mit allen Leuten, dann, das ist so [...].
> Sandra: Ja nun, das wär ja sowieso nicht gewesen, wenn, dann wäre ich ja entweder mit dir eingezogen oder ähm mit dem Pfarrer.
> Interviewer: Ja, ja.
> Sandra: Weil ich wär ja nie mit der Dings mitgegangen, das ist ja auch so nicht Gang und Gebe.
> Markus: Aber man sieht es ja in jedem Film, die Braut kommt als letztes mit dem Schwiegervater, das ist so, das ist - man macht es ja nicht umsonst so, ne?

Ähnlich wie die Einzugsvariante der Brautübergabe kehren auch weitere Gestaltungselemente der „Traumhochzeit" wie das Brautkleid, der Kuss vor dem Altar, die Vorfahrt im repräsentativen Auto und Blumen streuende Kinder in den Erzählungen der interviewten Paare regelmäßig wieder. Auf der Ebene des äußerlichen Vollzugs ergeben sich in dieser Hinsicht in der Regel Abweichungen von den professionell und aufwendig inszenierten Vorbildern. Wagner-Rau stellt in dieser Hinsicht fest: „Die virtuelle Realität einer inszenierten Trauung oder Bestattung im Film oder im Fernsehen erzeugt in der Phantasie die Vorstellung eines perfekten Erlebnisses, die sich in den realen und durchschnittlichen Ritualen nicht erfüllen kann, sondern fast zwangsläufig enttäuscht werden muss."[344] So plausibel diese

---

[342] Vgl. z. B. 1-M-177, 5-M-192 oder 7-F-365.

[343] Vgl. die Einzelfalldarstellung in Kap. 4.3 „Sandra und Markus", bes. Kap. 4.3.3.5 „Event und transzendent - Strategien außeralltäglicher Inszenierungen".

[344] Wagner-Rau (2008) 126.

These auch scheint, Spuren der vermuteten Enttäuschung über die Differenzen zwischen der eigenen Trauung und den medial vermittelten Vorbildern finden sich in keinem der durchgeführten Interviews. Über die Gründe dafür lässt sich nur spekulieren: Entweder werden die Differenzen von den Beteiligten nicht als solche wahrgenommen (und deshalb auch nicht als Enttäuschung erlebt) oder aber die Kompetenz der Brautpaare im Umgang mit medial vermittelten Vorbildern ist höher als gemeinhin angenommen, so dass die Beteiligten die Differenzen zwischen der Realität der „Traumhochzeit" und der Realität der eigenen Trauung in ihre Erwartungen konstruktiv zu integrieren vermögen.[345]

Die Rekonstruktionen eines eher distinktiven, auf Individualität und Authentizität zielenden Umgangs mit medial vermittelten Konventionen beziehen sich nur teilweise explizit auf Filme oder Fernsehshows („Was man in den ganzen Hochzeitsbüchern lesen kann oder im Fernsehen. Mit verschieden Bräuchen und so was und Junggesellenabschied, auf so was haben wir eigentlich alles verzichtet", 2-F-282). Die in der Interviewerzählung von Christine und Udo wahrnehmbare Rekonstruktion mittels der Gegenüberstellung „viele"/„manche" auf der einen Seite und „wir" auf der anderen Seite impliziert jedoch einen ähnlichen Zusammenhang.

> Christine (2-F-645): Ja, ich glaube, dass viele vielleicht wegen dem prachtvollen Kleid dann auch gerne kirchliche Trauungen in schwarz/weiß machen. Um sich dann vielleicht noch besonders darzustellen, besonders prächtig zu erscheinen.

Es erscheint nahe liegend, hinter dem hier und in anderen Sequenzen zu beobachtenden Konstrukt einer Mehrheit der Brautpaare („viele") nicht persönlich bekannte Freunde oder Verwandte zu vermuten, an deren Hochzeiten das Paar tatsächlich teilgenommen hat, sondern vielmehr die im Zuge fortschreitender Medialisierungsprozesse kaum zu übersehenden Bilder von massenmedial inszenierten Trauungen, die sich in der Wahrnehmung des Paares zu einer Art gesellschaftlichen Hochzeits-Mainstreams verdichten, von dem man sich (dem eigenen Lebensstil entsprechend) bewusst abzuheben versucht. Deutlich wird also in diesem Zusammenhang, dass die Bezüge, die die interviewten Paare zwischen der eigenen Hochzeit und massenmedialen Inszenierungen hergestellten, auf unterschiedlichen Ebenen konstruiert werden: Während die einen sich überwiegend auf konkrete Gestaltungsfragen beziehen (beispielsweise die Einzugsvariante der Brautübergabe oder den Kuss des Brautpaares nach dem Trauversprechen), rekurrieren andere

[345] Vgl. dazu Kap. 6.3 „Ausblick – Religiöse Inszenierungskompetenzen".

vorwiegend auf ein massenmedial vermitteltes Gesamtbild in der Art der „Traumhochzeit“.

So erscheint in unterschiedlichen Akzentuierungen ein wiederkehrender Zusammenhang zwischen Konventionalität und Medialität: Die kirchliche Trauung zeigt sich als ein in hohem Maß von Konventionen geprägtes Geschehen, unabhängig davon, ob Konventionen von den Beteiligten übernommen oder zurückgewiesen werden. Die Formen und Gestaltungselemente, die der Sphäre der Konventionalität jeweils zugeordnet werden, erweisen sich deutlich als durch massenmedial vermittelte Bilder, Ausdrucksweisen und Inszenierungsmechanismen beeinflusst und insofern den gesellschaftlich relevanten Medialisierungsprozessen unterworfen.

V. 2. 4 Überlegungen zur medialen Dokumentation der kirchlichen Trauung

Eine spezifische Verdichtung des Phänomens der Medialität im Kontext der kirchlichen Trauung ergibt sich aus den Erzählungen der interviewten Paare zur medialen Dokumentation ihrer Hochzeit, sind doch die Rekonstruktionen der meisten Paare geprägt von dem Bestreben, die Inszenierung der wechselseitigen Selbstfestlegung den massenmedial vermittelten Vorbildern gleich in Szene zu setzen und diesen Vorgang zugleich auf möglichst eindrückliche Weise zu dokumentieren. Die Rezeption massenmedialer Vorbilder führt also auch zur Produktion neuer, eigener Bilder. Die genauere Reflexion dieses Zusammenhangs setzt nach einer Skizzierung der Fototheorie von Roland Barthes zunächst bei empirischen Wahrnehmungen auf der Ebene der Interviewerzählungen an und versucht dann im Rückbezug auf die entsprechende forschungsleitende Fragestellung[346] eine Vertiefung und Ergänzung der praktisch-theologischen Debatte zur Kasualfotografie.

Roland Barthes analysiert das Phänomen der Fotografie als „Gegenstand dreier Tätigkeiten (oder dreier Gefühlsregungen oder dreier Absichten) [...]: tun, geschehen lassen, betrachten.“[347] Wer das Fotografieren an sich geschehen lasse - so Barthes - nehme unbewusst die Haltung des Posierens ein, bei der die Spannung zwischen dem Selbstbild des Fotografierten (der, für den ich mich halte) und seiner beabsichtigten Außenwirkung (der, für den ich gehalten werde möchte) konstitutiv sei. Als Posierende träten die Fotografierten jedoch heraus aus der Unmittelbarkeit

---

[346] Vgl. Kap. 2.3.6 „Mediale Dokumentation“.

[347] BARTHES, R. (1989): Die helle Kammer.Bemerkungen zur Photographie, Frankfurt a. M., 17.

ihres Verhaltens und versuchten unwillkürlich, sich selbst zu kontrollieren: „ein Bild – mein Bild – wird entstehen: werde ich ein unsympathisches Individuum zur Welt bringen oder einen ‚prima Burschen'? Könnte ich doch auf dem Papier ‚gelingen' wie auf einem klassischen Ölgemälde, mit edler Mine, versonnen, intelligent und so weiter!"[348] Wer hingegen selbst fotografiere befinde sich notwendig in der Rolle eines unbeteiligten Beobachters, der das Geschehen buchstäblich nur durch das objektivierende Objektiv der Kamera wahrnehme, kritisch registriere und einordne. Der Fotografierende sei dabei Handelnder und Zuschauer zugleich und drücke durch den Akt des Fotografierens sowohl Neugier als auch Distanz zum dokumentierten Geschehen aus. Den Akt des Betrachtens differenziert Barthes schließlich durch die Unterscheidung zweier Kategorien, die des studiums und die des punctums. Während in der Betrachtungsweise des studiums eine allgemeine Beteiligung und ein durchschnittliches Interesse an den betrachteten Bildern dominierten, löse das Element des punctums einen davon zu unterscheidenden Affekt beim Betrachter aus: „Von einem realen Objekt, das einmal da war, sind Strahlen ausgegangen, die mich erreichen, der ich hier bin [...]; die Fotografie des verschwundenen Wesens berührt mich wie das Licht eines Sterns"[349].

Die hier skizzierten Überlegungen zum Phänomen des Fotografierens schließen sich an die eingangs dargestellten Reflexionen zum Begriff der Medialität an, denn auf beiden Ebenen wird die Auffassung von Medien als Instrumenten, welche die transparente Übertragung, Speicherung und Distribution von Begriffen, Repräsentationen oder Informationen leisten, ebenso kritisierbar wie die Gegenbehauptung, Medien generierten gewissermaßen selbsttätig ihre Gehalte und Adressaten.[350] Deutlich wird zudem der ‚Eigenwert' der medialen Vermittlungsinstanz: Medien (ob „Traumhochzeit" oder private Hochzeitsfotos) machen vor und jenseits aller Symbolisierung zunächst Wahrnehmungsangebote. Die von Medien geleistete Ästhetisierung ist nicht allein prozessual, sondern präziser performativ (wie es Barthes mittels der Betrachtungskategorie des punctums beschreibt). Von hier aus werden nun die empirischen Wahrnehmungen auf der Ebene der Interviewerzählungen näher reflektiert.

Die Frage der medialen Dokumentation wird von den interviewten Paaren durchgängig als relevante, im Vorfeld der Hochzeit reflektierte rekonstruiert. Niemand überließ es dem Zufall, ob, von wem und wann das

---

[348] BARTHES (1989) 19.

[349] BARTHES (1989) 90 f.

[350] Vgl. KRÄMER (2004) 22.

Geschehen fotografiert oder gefilmt wurde. Ebenso homogen zeigen sich zunächst die Interviewäußerungen zur Dokumentation der Hochzeit als Gesamtkomplex: Abhängig von den eigenen finanziellen Verhältnissen engagierten die Paare entweder eine professionelle Fotografin oder sie beauftragten einen geladenen Gast (vorzugsweise einen eher entfernten, technik-affinen Verwandten) mit der Aufgabe der Dokumentation und delegierten auf diese Weise „das Tun“ (Barthes) aufgrund bewusster Reflexion. In beiden Fällen gehörte ein ausgiebiges Posieren des Brautpaares vor oder nach der kirchlichen Trauung (gern vor einer als zum Anlass passend empfundenen Kulisse wie einem Park oder Garten) ebenso zu den Standardmotiven wie Gruppenaufnahmen in diversen Konstellationen.

Einen erhöhten Reflexions- und Kommunikationsbedarf rekonstruieren die Paare dagegen regelmäßig hinsichtlich der Dokumentation des Traugottesdienstes. Dabei lassen sich zwei typische Muster der Rekonstruktionen erkennen, mit denen das Fotografieren oder Filmen während der kirchlichen Trauung entweder legitimiert oder aber abgelehnt wird.

Zwei Paare entschieden sich im Vorfeld der Trauung dafür, das Fotografieren und Filmen während des Gottesdienstes nicht zuzulassen oder zumindest einzuschränken:

> Udo (2-M-503): Na ja, also weil ich finde das, ich muss sagen, das ist auch so eine Art Entwertung dann, wenn man das einfach alles - man muss nicht im Leben jeden Augenblick fotografisch festhalten. Also das muss einfach nicht sein. Also dieser Augenblick ist einfach nicht der äh, wo man jetzt daneben steht und äh Fotos macht. Gut, man kann natürlich auch umgekehrt argumentieren, gerade dieser Augenblick wäre derjenige, aber das kann man eben fotografisch nicht festhalten.
> Interviewer: Ja, ja.
> Udo: Auf dem Foto ist nur das äußere drauf und dieser Augenblick ist eigentlich einer, den man nicht festhalten kann, und deshalb haben wir gesagt, dass also da während dessen soll das nicht geschehen.

Während also Christine und Udo die mediale Dokumentation des Traugottesdienstes aus grundsätzlichen Erwägungen („das ist eine Art Entwertung“, „das kann man eben fotografisch nicht festhalten“) vollständig ablehnten, entschieden sich Sandra und Markus dafür, das gottesdienstliche Geschehen zwar von einem Verwandten filmen, nicht jedoch von der ebenfalls anwesenden professionellen Fotografin dokumentieren zu lassen. Dabei waren nicht prinzipielle Überlegungen ausschlaggebend, sondern das Ziel, den Traugottesdienst nach Möglichkeit ohne äußere Störungen vollziehen zu können:[351]

> Markus (6-M-347): Ja, wir haben das alles auf Film, auf Video. Und wie gesagt, ich wollte es, ich wollte nicht, dass da irgendjemand jetzt stets und ständig wie so ein Paparazzi um uns drum herum rennt, weil ich wollt mich wirklich nur auf eins konzentrieren, auf meine Frau und auf den eigentlichen Segen, auf die eigentliche Trauung. Und das hätte mich nur gestört, wenn da von allen Seiten, Ecken und Enden da immer irgendwo ein Blitzlicht kommt, das, nee, wollte ich nicht haben. Sie hat uns das angeboten, aber wir haben gesagt „nein wir können das alles vorher oder hinterher machen, aber während der Trauung möchte ich" [...].

Der Anschluss an die Überlegungen von Barthes ist in beiden Fällen deutlich: Während Christine und Udo ihre Ablehnung der Dokumentation vor allem über den Aspekt des Betrachtens plausibilisieren („auf dem Foto ist nur das Äußere drauf"), beziehen sich Sandra und Markus eher auf den Aspekt des Geschehenlassens („das hätte mich nur gestört"). In beiden Fällen schildern die Paare ihren Entschluss als den Vorstellungen des zuständigen Pfarrers entsprechend[352], ohne jedoch deshalb ihre Entscheidung als maßgeblich von ihm beeinflusst zu rekonstruieren.

Die anderen Paare entschieden sich dagegen für eine umfassendere Dokumentation des Traugottesdienstes. Das von Sandra und Markus (und teilweise auch von Anna und Karl) vorgetragene Argument der möglichen Störung des gottesdienstlichen Geschehens durch Blitzlichter und umher laufende Personen teilen die betreffenden Paare retrospektiv nicht. Ausnahmslos berichten sie davon, die Aktivitäten der dokumentierenden Personen entweder überhaupt nicht wahrgenommen oder wenigstens nicht als störend empfunden zu haben.

> Riaz (1-M-164): Ich hab so zwei drei Mal habe ich es blitzen sehen, aber ähm ansonsten hat er das sehr gut gemacht muss man sagen. Es war sehr unscheinbar, er hat aber wahnsinnig viele Fotos gemacht und er war wirklich gut, also. Er war wirklich richtig gut.

Neben dem diskreten Verhalten des Fotografen vermutet Victoria die anlassbedingt eingeschränkte Wahrnehmungsfähigkeit („Tunnelblick") als Ursache für ihre Fähigkeit, die Dokumentationsaktivitäten auszublenden:

---

[351] Ähnliche Motive leiteten auch Anna und Karl bei der Gestaltung der Dokumentationsweise ihres Traugottesdienstes; vgl. die Einzelfalldarstellung „Anna und Karl" in Kap. 4.1, bes. Kap. 4.1.2.5 „Die kirchliche Trauung".

[352] Vgl. 2-F-489 und 6-F-348.

> Victoria (1-F-169): Aber das ist ja auch irgendwie eine Ausnahmesituation. Da hat man ja doch manchmal einen Tunnelblick, obwohl man eigentlich doch mal lieber viel mehr aufnehmen würde, aber [...] Zum Beispiel auch die ganze Blumendekoration, zum Beispiel beim Reingehen, das habe ich gar nicht richtig gesehen, obwohl sich da die Schwiegermutter oder meine Mutter so viel Mühe gemacht hat, aber in dem Moment habe ich das gar nicht richtig wahrgenommen, so. Das ist so schade letzten Endes aber es ist, dafür ist das jetzt alles auf den Bildern. Da kann man dann sagen „ah, wie schön".

Barthes' Überlegungen zum Geschehenlassen medialer Dokumentationen sind im Kontext der Hochzeit als Ganzer und der kirchlichen Trauung als speziellem Bestandteil des Geschehens zu relativieren: Die interviewten Paare erzählen mehrheitlich von dem Bewusstsein, im Mittelpunkt der Aufmerksamkeit und also auch unabhängig vom Akt des Fotografierens unter einer Art Dauerbeobachtung zu stehen als konstitutivem Faktor für die Wahrnehmung des „Ausnahmezustands" (Victoria) am Tag der kirchlichen Trauung.

Während die entsprechenden Paare die Aktivitäten im Rahmen der medialen Dokumentation des Gottesdienstes nicht als störend rekonstruieren (und also das Geschehenlassen im Sinne Barthes' nicht bewusst wahrnahmen), bringen die meisten von ihnen den entstandenen Bildern eine hohe Wertschätzung entgegen (die sich unter anderem auch in der aufwendigen Gestaltung von Fotoalben und ähnlichen repräsentativen Archivierungen äußert), bieten diese doch in der Wahrnehmung der Paare die Möglichkeit, Details des Traugottesdienstes („die ganze Blumendekoration") im Rückblick noch einmal bewusst zu würdigen („dafür ist das jetzt alles auf den Bildern. Da kann man dann sagen ‚ah, wie schön'"). Hier gewinnt also der von Barthes postulierte Aspekt des Betrachtens ein besonderes Gewicht in der retrospektiven Wahrnehmung der Brautpaare.

Die dargestellten empirischen Beobachtungen lassen sich gut an die einschlägige Debatte zur Kasualfotografie[353] anschließen, die in den vergangenen Jahren vor allem durch die Beiträge von Fechtner (2003) und Grevel/

---

[353] Während die kirchenrechtlichen Reflexionen des Phänomens bereits im Zuge der massenhaften Verbreitung der notwendigen technischen Ausrüstungen weit gediehen sind, entstanden praktisch-theologischen Beiträge lange Zeit trotz der immer stärkeren Bedeutung ästhetischer Zugänge zur Praktischen Theologie nur vereinzelt; vgl. HEIMBROCK, H.-G. (1998): Welches Interesse hat Theologie an der Wirklichkeit? Von der Handlungstheorie zur Wahrnehmungswissenschaft, in: Failing, W.-E./ders.: Gelebte Relegion wahrnehmen. Lebenswelt - Alltagskultur - Religionspraxis, Stuttgart. und SCHWAB (1995)

Kretzschmar (2004) neue Impulse erhielt.[354] Die gegenwärtig diskutierten Argumente erwägen Für und Wider der theoretischen Hintergründe und der praktischen Implikationen des Phänomens der Kasualfotografie und lassen sich folgendermaßen zusammenfassen: Gegen die mediale Dokumentation eines Traugottesdienstes sprächen zunächst die drohenden äußerlichen Störungen durch die Aktivität der dokumentierenden Personen, aber auch die mögliche Verletzung der Intimität des liturgischen Geschehens,[355] das zudem schon durch die Absicht der visuellen Dokumentation in unzulässiger Weise auf den äußerlich sichtbaren Vollzug reduziert werde (Udo (2-M-505): „auf dem Foto ist nur das äußere drauf").[356] Zudem evoziere die mediale Dokumentation des Geschehens zwangsläufig eine innere Distanzierung der Beteiligten von den aktuellen Vollzügen: Nicht nur schaffe der Blick durch das Kameraobjektiv innerhalb des Gottesdienstes den liturgisch problematischen Status eines Beobachters,[357] sondern auch die fotografierten oder gefilmten Personen fühlten sich „in gesteigerter Weise dazu motiviert, sich möglichst so in Szene zu setzen, wie sie sich selbst in diesem Augenblick sehen möchten und von andern gesehen werden wollen."[358]

Ohne diese Argumente grundsätzlich entkräften zu können, führen die Befürworter der medialen Dokumentation von Kasualgottesdiensten wiederum andere Gründe ins Feld, die primär von der Vehemenz ausgehen, mit der in der pfarramtlichen Praxis viele Brautpaare für das Fotografieren ihres Traugottesdienstes eintreten. Die Beharrlichkeit, mit der dieser Wunsch auch gegen massive Widerstände durchgesetzt werde, zeuge von einer tieferen Bedeutsamkeit des Wunsches, der nicht mit liturgisch zwar stichhaltigen, von dem Erleben der Beteiligten jedoch abgelösten Argumenten suspendiert werden dürfe. Aus dieser Perspektive erörtert Fechtner drei miteinander verbundene Motive, die zur Relevanz der medialen Dokumentation im Erleben der Brautpaare beitragen könnten:[359] So sei das

---

[354] Eher pragmatische Vorschläge zur Konfliktlösung bieten KAMMER U. A. (2004), ohne das Phänomen jedoch in seiner tieferen Relevanz zu erfassen.

[355] Vgl. KAMMER U. A. (2004) 305.

[356] Vgl. FECHTNER (2003) 136.

[357] Vgl. FECHTNER (2003) 136.

[358] GREVEL/KRETZSCHMAR (2004) 288 f. Vgl. zu der (von Barthes unter dem Aspekt des Geschehenlassens beschriebenen Haltung beispielsweise Elke (5-F-523): „Sind die Klebeetiketten unter den Schuhen weg?".

[359] Vgl. FECHTNER (2003) 137 f.

Fotografieren und Filmen „das zentrale alltagsgebräuchliche Medium, um eigenem Erleben Realität und Bedeutung zu verleihen. Aus dieser Sicht trivialisiert das Foto den Trauakt nicht, sondern materialisiert ihn und es zeichnet ihn aus."[360] Die von außen betrachtet standardisiert wirkende Abbildung der gottesdienstlichen Segenshandlung individualisiere zudem aus der Sicht der Brautpaare den Segen und trage dazu bei, ihn auf die eigene Person bzw. die eigene Partnerschaft zu beziehen. Schließlich käme den Fotos in der Zeit nach der Hochzeit eine Art vergewissernde Funktion zu: „Sie sind Bausteine, aus denen Lebensgeschichte konstruiert und rekonstruiert wird."[361]

Unabhängig von der kirchenrechtlichen und liturgischen Debatte um die Legitimität bzw. die Möglichkeiten und Grenzen der Kasualfotografie[362] ist die hohe Relevanz dieses Phänomens im Erleben der Beteiligten nicht zu übersehen. Ausgehend von den einschlägigen Interviewsequenzen legen sich dazu die folgenden Deutungen nahe: Für viele (nicht für alle!) Paare ist der Akt des Fotografierens bzw. des fotografiert Werdens im Zuge fortschreitender Medialisierungsprozesse im Kontext der Hochzeit anscheinend bereits in einem Maße zur Routine geworden, dass die mediale Dokumentation den Ablauf des Rituals weder äußerlich noch bezüglich der inneren Haltung stört, sondern geradezu einen konstitutiven Bestandteil des Vollzugs darstellt. Darauf deuten die von den interviewten Paaren ausgewählten Fotos hin, die fast ausnahmslos einander stark ähnelnde Motive zeigen. Fotografierende und Fotografierte scheinen sich (häufig ohne detaillierte Absprachen im Vorfeld) einig zu sein, dass es an bestimmten Stellen im Verlauf der Trauung angebracht ist, das Geschehen medial zu dokumentieren.[363]

---

[360] Fechtner (2003) 137.

[361] Fechtner (2003) 138. Ähnlich argumentieren auch Grevel/Kretzschmar (2004) 296: „Die durch ein Kasualfoto generierte Erinnerung mündet in Sprach- und Darstellungsfähigkeit der eigenen Lebensgeschichte."

[362] Die Trauagende der UEK (2003) empfiehlt im Blick auf die mediale Dokumentation: „Die kirchliche Trauung als öffentliches und familiäres Ereignis kann auf diese Weise wertgeschätzt und als Dokument für spätere Zeiten festgehalten werden. Für fotografische und filmische Aufnahmen sind Absprachen notwendig, die sich im Rahmen der grundsätzlichen Regelungen einer Gemeinde bewegen und darauf zielen, Störungen zu vermeiden." (42 f.).

[363] Zur Relevanz der Routine im Ablauf von Ritualen vgl. Hauschildt, E. (1993): Was ist ein Ritual? Versuch einer Definition und Typologie in konstruktivem Anschluß an die Theorie des Alltags, WzM 45, 26 f. Zur Routinisierung der medialen Dokumentation dürfte neben der gegenwärtigen permanenten Verfügbarkeit digitaler Dokumen-

Der von Barthes analysierte Aspekt des Tuns und die in diesem Zusammenhang postulierte Rolle eines unbeteiligten, außen stehenden Beobachters lässt sich im Kontext der Dokumentation von Traugottesdiensten in solcher Radikalität möglicherweise nicht aufrecht erhalten. Denn in dem verbreiteten Fall, dass nicht ein professioneller Fotograf, sondern Freunde oder Verwandte die Aufnahmen anfertigen, ist eher von einer Rollenambivalenz zwischen Beobachtung und Beteiligung auszugehen, in der sich die fotografierende Person zwischen einer beobachtenden Distanz („was eignet sich als Motiv?") und dem unmittelbaren Mitvollzug des Gottesdienstes befindet.

Aus dieser Perspektive ist darüber hinaus zu vermuten, dass der Akt des Fotografierens und das gemeinsame Posieren in den unterschiedlichsten Konstellationen für die konventionellen Gruppenbilder auch die sozial-integrative Funktion des Traurituals[364] unterstützt. „Aber man kann sich nicht dagegen wehren, dass man bei dem feierlichen Händedruck der beiden Glücklichen mit wildfremden Leuten verschwägert wird."[365] Die gemeinsame Aufstellung zum Gruppenfoto ist häufig die erste Gelegenheit für die nun verschwägerten Angehörigen der beiden Herkunftsfamilien sowie den Freundeskreis der beiden Eheleute, sich aufeinander zu beziehen und miteinander in Kontakt zu treten.

Der Akt der medialen Dokumentation und die mit ihm verbundenen Aktivitäten sind schließlich auch als integraler Bestandteil der an massenmedial vermittelten Vorbildern orientierten Inszenierung zu verstehen. Nicht nur trägt das beim Auszug des Brautpaares obligatorische Blitzlichtgewitter zur Inszenierung einer öffentlichen Teilnahme an der Eheschließung bei,[366] auch die auf das Bedürfnis nach Demonstration und Selbstdarstellung[367] rekurrierende Rolle des Brautpaares als prominente Stars im

---

tationsgeräte im Alltag auch die historische Dimension des Phänomens beitragen: Ein Foto des Brautpaares gehört schließlich seit den Anfängen der Fotografie zu den obligatorischen Motiven und findet sich bereits seit mehreren Generationen als gerahmter Wandschmuck oder im Fotoalbum.

[364] Vgl. dazu Josuttis, M. (1997): Der Gottesdienst als Ritual, in: Wintzer, F. u. a.: Praktische Theologie, Neukirchen-Vluyn, 55.

[365] Steck (1999) 21.

[366] Zur Rolle der Öffentlichkeit im Kontext der kirchlichen Trauung vgl. auch Kap. 5.5.5 „Versprechen und Segen – eine wechselseitige Verbindung".

[367] Vgl. Nave-Herz (1997) und die Skizzierung der Ergebnisse ihrer Studie in Kap. 2.1 „Gegenwärtiger Forschungsstand: Empirische Studien zur kirchlichen Trauung".

Mittelpunkt der Aufmerksamkeit wird auf diese Weise wirkungsvoll in Szene gesetzt.[368]

Im Bewusstsein der Beteiligten schaffen die Fotografien und Videofilme eine Verbindung zwischen dem momenthaft-gegenwärtigen Geschehen der Trauung und der zukünftigen Zeit nach der Eheschließung: Denn nicht nur die punktuelle Inszenierung des Geschehens muss den massenmedialen Vorgaben nach Möglichkeit entsprechen, sondern auch die dabei produzierten Bilder, mit denen die Bedeutsamkeit des Augenblicks auf Dauer gestellt werden soll. „Die Trauung muss deshalb so gestaltet sein, dass sie auch auf Fotos und Videos gut rüberkommt, d. h. in ihrer individuell-lebensgeschichtlichen Bedeutsamkeit zur Wirkung gebracht wird und so zum Bestandteil alltäglicher Kommunikation werden kann."[369] Diesen Aspekt der dauerhaften Qualität der produzierten Bilder reflektierten Riaz und Victoria bereits im Vorfeld ihrer Hochzeit:

> Riaz (1-M-584): [...] Also Videos sag ich mal, also diese ja Heimvideos, so wirkt das dann ja, die bringen sehr vieles so rüber wie es auch ist. Und auf Fotos hat man einfach durch den Lichteinfall ähm, durch die Perspektive kommt Atmosphäre anders rüber. Und ja gut, wir hatten jetzt keine Peinlichkeiten bei der Hochzeit, die man uns irgendwann mal zur silbernen zeigen könnte oder so, ähm aber Videograf, das wäre es auch nicht gewesen wirklich. Das wäre zu viel des Guten gewesen.

Analog zu diesem Bedürfnis nach ästhetisch ansprechenden Bildern von der eigenen Trauung äußert sich das Paar auch über die entstandenen Produkte der Fotografin:

> Victoria (1-F-404): Ja, als wir aus der Kirche kamen, schien die Sonne.
> Riaz: Genau ja, schien dann die Sonne. Das war echt perfekt. Na ja, dann haben wir da Fotos gemacht mit der ganzen Mannschaft und na ja, die Fotos sind teilweise so gut geworden, dass uns Leute schon gefragt haben „ja wie habt ihr denn das reinretuschiert?" Ähm ja, weil es wirklich bilderbuchartig aussieht. [...].

In den Worten „dass uns schon Leute gefragt haben" deutet sich ein weiterer Aspekt der medialen Dokumentation an, der in nahezu allen Interviews wahrnehmbar ist: Die Paare schildern (zumeist eher beiläufig), dass die Erzählprozesse über die eigene Trauung (z. B. in Gesprächen mit Eltern und Schwiegereltern, aber auch mit Freunden, die nicht an der Hochzeit teilnehmen konnten) wesentlich durch das gemeinsame Betrachten der Fotos in Gang gesetzt werden. Die Rezeption der bei der Trauung entstandenen medialen Do-

---

[368] Vgl. die Einzelfalldarstellung „Sandra und Markus" in Kap. 4.3, bes. Kap. 4.3.3.5 „Event und transzendent – Strategien außeralltäglicher Inszenierungen".

[369] Lämmlin (2004) 63.

> kumente ist also für viele der nahe liegende Ort, um die Bilder als „Bausteine, aus denen Lebensgeschichte konstruiert und rekonstruiert wird“[370], zu betrachten, um sich also über subjektive Deutungen des Geschehens auszutauschen und in Gesprächen Eigentheorien zu produzieren. Hier entstehen die Erzähl- und Interpretationsgemeinschaften, die auf die in den Interviews abgebildeten retrospektiven Sinnzuschreibungen maßgeblichen Einfluss haben. Dabei zeigt sich die Trauung als Erzählprozess, der in die Zukunft geöffnet und davon abhängig ist, wem und zu welchem Zeitpunkt die Paare von ihrer Trauung erzählen.[371]

Beeinflusst wird dieser Erzählprozess unter anderem auch durch die Wahl des Dokumentationsmediums: Während die Fotos eher zu bewusst wahrgenommener Interpretation anregen, bieten die teilweise umfänglichen Videos (manche dokumentieren den Traugottesdienst lückenlos vom Einzug bis zum Orgelnachspiel) anscheinend die Möglichkeit, den Gottesdienst noch einmal bewusst und ohne Aufregung erleben und nachvollziehen zu können.

> Rita (4-F-251): Ich habe den Film erstmal – sagen wir erstmal hier – richtig gesehen, auch die richtigen Worte von Pastor Patt, den habe ich erst richtig hier wahrgenommen.
> Interviewer: Ah ja. Haben sie in der Kirche?
> Rita: Doch ich hab's auch, aber dieses Bewusstsein, das geht dann doch alles bisschen auf – man will ja nicht aufgeregt sein, das ist ja nicht mehr so, aber ist doch bisschen was anderes und als ich dann – haben wir ganz in Ruhe mal angeguckt, ja sage ich: „Mensch das ist ja niedlich, oder.“ Dann kommt das erst so raus, was er eigentlich so gesagt hat.

Anders als beim Betrachten von Fotos legt sich bei der Rezeption eines Videos für die betroffenen Paare eher die Konstruktion einer objektiven und jederzeit reproduzierbaren Wirklichkeit der Trauung nahe, die sich partiell von den eigenen, subjektiven Erinnerungen an den erlebten Traugottesdienst unterscheiden können („dann kommt das erst so raus, was er eigentlich so gesagt hat“). In ähnlicher Weise konstruieren auch Anna und Karl bei der nachträglichen Rezeption des Videos eine scheinbar objektive Realität ihrer Trauung, denn erst hier können sie wahrnehmen, was hinter ihrem Rücken in der Gemeinde vor sich ging: „[...] und dann haben wir

---

[370] Fechtner (2003) 138.

[371] So auch Fopp (2007) 326.

hinterher dies Video angeguckt und haben festgestellt, was da so hinter uns passiert ist" (3-F-131).[372]

V.2.5 Zusammenfassung

Die hohe Relevanz gesellschaftlich vermittelter Konventionen im Kontext der kirchlichen Trauung zeigt sich in affirmativen, kreativen und distinktiven Auswahlprozessen aus dem gängigen Repertoire, mittels derer die Heiratenden eine adäquate Form zur Repräsentation der eigenen Individualität im Rahmen ihrer Hochzeit finden. Die konkrete Gestaltung des Gesamtgeschehens der Hochzeit zeigt sich als kreativer und individuell akzentuierter Deutungsprozess, dessen Komplexität die Paare durch den Bezug auf Konventionen reduzieren.

Diese orientierende und darin komplexitätsreduzierende Funktion der Konventionalität zeigt sich im Rahmen der Hochzeit besonders deutlich in den Rekonstruktionen der Vorbereitungszeit. Während die Paare, die sich in ihrer Selbstwahrnehmung überwiegend affirmativ auf Konventionen beziehen, aus der Pluralität unterschiedlicher Gestaltungsoptionen ohne Anstrengung ein für sie stimmiges Bild der eigenen Hochzeit entwickeln können (dessen Realisierung sie jedoch dazu nötigen kann, individuelle Bedürfnisse in den Hintergrund treten zu lassen), erfordert der eher kreative oder distinktive Umgang mit Konventionen ein höheres Maß an Reflexion und Kommunikation in der Zeit der Hochzeitsvorbereitungen und wird von einer Reihe von Paaren als Gestaltungsfreiheit rekonstruiert, die eigene Bedürfnisse (beispielsweise die Rücksicht auf die eigene Belastbarkeit und Aufnahmefähigkeit) zu realisieren hilft.

Die im sozialen Umfeld der Beteiligten gültigen Konventionen zeigen sich im Kontext der Hochzeit als durch massenmedial vermittelte Bilder von Hochzeiten beeinflusst und insofern einem Prozess fortschreitender Medialisierung unterworfen. Die medial vermittelten Bilder verdichten sich in der Wahrnehmung der Paare zu dem Konstrukt einer Idealhochzeit „wie man sie aus dem Fernsehen kennt", das den in der Fernsehshow „Traumhochzeit" dargestellten Inszenierungen nahe steht. Auf diese Weise zeigt sich die kirchliche Trauung als ein in hohem Maß von Konventionen geprägtes Geschehen, dessen konventionelle Formen und Gestaltungselemente wiederum durch massenmedial vermittelte Bilder und Inszenierungsmechanismen geprägt und insofern den gesellschaftlich relevanten Medialisierungsprozessen unterworfen sind.

---

[372] Vgl. die Einzelfalldarstellung „Anna und Karl" in Kap. 4.1, bes. Kap. 4.1.2.5 „Die kirchliche Trauung".

Eine spezifische Verdichtung dieser Prozesse lässt sich im Phänomen der medialen Dokumentation der Hochzeit und speziell des Traugottesdienstes beobachten. Die diesen Zusammenhang betreffenden Erzählungen der meisten Paare sind geprägt von dem Bestreben, die Inszenierung der wechselseitigen Selbstfestlegung einerseits medialen Vorbildern gleich in Szene zu setzen und diesen Vorgang andererseits auf möglichst eindrucksvolle Weise zu dokumentieren. Während die mediale Dokumentation der Hochzeit als Gesamtgeschehen von den interviewten Paaren durchweg als relevante, bereits im Vorfeld der Hochzeit reflektierte Frage rekonstruiert wird, zeigen die Rekonstruktionen zur Dokumentation des Traugottesdienstes eine Spannbreite von grundsätzlicher oder pragmatischer Ablehnung bis hin zu vorbehaltloser Bejahung. Im Anschluss an die gegenwärtige praktisch-theologische Debatte zum Phänomen der Kasualfotografie legt die Analyse der Interviews eine Deutung der medialen Dokumentation als konstitutivem Bestandteil des Ritualvollzugs und als Realisierung der sozial-integrativen Funktion der Trauung nahe. Darüber hinaus sind der Akt des Fotografierens und die mit ihm verbundenen Aktivitäten auch als integraler Bestandteil der an massenmedialen Vorbildern orientierten Inszenierung zu verstehen.

In der retrospektiven Wahrnehmung schildern viele Paare Erzählprozesse über die eigene Trauung als wesentlich durch das gemeinsame Betrachten der Fotos in Gang gesetzte. In der Rezeption der bei der Trauung entstandenen medialen Dokumente entstehen also die Erzähl- und Interpretationsgemeinschaften, die sich über die subjektiven Deutungen des Geschehens austauschen und so auf die in den Interviews abgebildeten Eigentheorien maßgeblichen Einfluss haben.

V. 3 Deutungen des Verhältnisses von standesamtlicher und kirchlicher Trauung

V. 3. 1 Hinführung

Das Verhältnis zwischen standesamtlicher und kirchlicher Trauung wird in den Interviews überwiegend als spannungsreiches, von Ambivalenzen geprägtes rekonstruiert. Der Begriff ‚standesamtliche Trauung' bezieht sich in den Interviewerzählungen auf zwei Aspekte der Eheschließung, die voneinander zu unterscheiden, aber nicht zu separieren sind: Während der Vollzug des Aktes der standesamtlichen Trauung retrospektiv zwar häufig als enttäuschend oder belanglos geschildert wird, werden die aus der Eheschließung resultierenden Konsequenzen (juristische Zusammengehörigkeit, gemeinsamer Familienname, Rechte des (werdenden) Vaters, Rechte im Pflegefall) jedoch sehr hoch geschätzt und spielen für den grundsätzlichen Entschluss zur Heirat nicht selten eine entscheidende Rolle. Die 2009 in Kraft getretene Änderung des Personenstandsgesetzes (Aufhebung des Verbots der „religiösen Voraustrauung", §67 PStG) erscheint aus dieser Perspektive als wenig relevante Option.[373]

In den folgenden Abschnitten werden zunächst grundsätzliche Muster der Rekonstruktion der standesamtlichen Trauung kontrastierend skizziert (5.3.2) und bezüglich der Rekonstruktionen der zeitlichen Bezüge zwischen standesamtlicher und kirchlicher Trauung analysiert (5.3.3). In diesem Zusammenhang werden verschiedene, für die individuellen Rekonstruktionsprozesse relevante Faktoren näher beschrieben (5.3.4). Hiervon ausgehend sollen die in den Interviewerzählungen wahrnehmbaren Deutungen des Verhältnisses von standesamtlicher und kirchlicher Trauung differenziert analysiert und dargestellt werden (5.3.5).

V. 3. 2 Die standesamtlichen Trauung – Muster der Rekonstruktion

In den Interviewerzählungen zeigt sich eine große Spannbreite von Deutungen und Bewertungen der standesamtlichen Trauung, deren Muster hier zunächst im Sinne maximaler Kontraste skizziert werden sollen.

Meike und Olaf rekonstruieren ihre standesamtliche Trauung extrem negativ als Enttäuschung[374] und erläutern diese Bewertung durch die Erzählung mehrerer Szenen, die einerseits den persönlichen Kontakt mit der Standesbeamtin betreffen („unfreundlich, unpersönlich"), andererseits aber auch ästhetisch-inszenatorische Aspekte thematisieren. Bereits das Gespräch anlässlich der Anmeldung zur standesamtlichen Trauung gestaltete sich in der Wahrnehmung des Paares problematisch und nahm – retrospektiv betrachtet – die Atmosphäre der standesamtlichen Eheschließung vorweg.[375]

> Meike (7-F-282): Die Standesbeamtin hat sich vorher – ach das war so ne ganz banale Sache – aber die wurde richtig unfreundlich zu uns, na ja. Ich hatte – sie wollte unsere Pässe haben und wir haben unsere Ausweise abgegeben, du,

---

[373] Zu einer ähnlichen Einschätzung kommt aus kirchenleitender Perspektive die entsprechende Stellungnahme der EKD; vgl. Kirchenamt der EKD (2009).

[374] Meike (7-F-267): „Die standesamtliche hat uns ganz doll enttäuscht.".

[375] Die Relevanz der Wahrnehmungen vorbereitender Gespräche für das Erleben des Aktes der Eheschließung zeigt sich hier bezogen auf die standesamtliche Trauung (allerdings verbunden mit einer negativen Bewertung) ähnlich ausgeprägt wie die in nahezu allen Interviews zu beobachtende Relevanz des Traugesprächs für das Erleben des Traugottesdienstes; vgl. dazu Kap. 5.4 „Inszenierte Authentizität – Die pastorale Rolle im Kontext der Trauung".

> glaube ich, auch einen Reisepass, und sie wollte von mir auch einen Reisepass haben, weil ich einen neuen beantragt habe, weil wir da in die Dominikanische Republik dann unsere Hochzeitsreise, weil man da einen Reisepass braucht. Ich hatte aber vorher einfach keinen Reisepass, weil, wenn man nicht irgendwo hin fährt, wo man einen Reisepass braucht, dann hat man ja keinen.
> Interviewer: Nee, klar, ja.
> Meike: Und sie hat dann gefragt, wo denn mein Reisepass wäre, ich müsste doch meinen Reisepass dabei haben. Ich so, ich musste wirklich dreimal sagen, „ich hab keinen Reisepass". Es gibt Leute, die haben keinen Reisepass einfach so, und sie wurde dann richtig kiebig irgendwie so. Und ich weiß nicht, wie sie darauf kam so und das war so'n bisschen unangenehm und so fing das halt dann an.

Der unpersönliche und wenig individuelle Eindruck der standesamtlichen Eheschließung bestätigte sich in der Wahrnehmung des Paares einige Monate nach der Hochzeit, als Meike und Olaf die Standesbeamtin bei der Trauung eines Bekannten noch einmal erlebten:

> Meike (7-F-284): [...] Und sie hat wirklich, es war wirklich, was sie da gesagt hat, es war wie ein Déjà-vu, sie hat wirklich haargenau dasselbe gesagt, es waren dieselben, halt was sie so als Anekdötchen dann so an, war genau dasselbe.

Auch nach dem Ringwechsel verlief die Zeremonie nicht den Vorstellungen des Paares entsprechend:

> Olaf (7-M-296): Und dann sagte sie: „Ja, wenn Sie jetzt nicht selbst drauf kommen, dann können Sie die Braut jetzt küssen", sagte sie und das ist irgendwie [...].
> Meike: So ganz blöd ist mein Mann ja [...].
> Olaf: Das ist irgendwie, ja, so kennt man's aus dem Fernsehen, was man mal so sieht.
> Meike: Wir haben's ja vorher nicht, nicht abgesprochen, wann jetzt der Kuss kommt oder so. Solche Kleinigkeiten, so was macht's dann so'n bisschen kaputt, irgendwie so.

Die mit der standesamtlichen Trauung verbundenen Enttäuschungen bearbeiten Meike und Olaf mit dem Versuch, sich von dem Geschehen zu distanzieren und seine Wirkmächtigkeit in Frage zu stellen („da haben wir uns auch noch nicht verheiratet gefühlt", 7-F-274/„für mich war das auf jeden Fall nicht die Eheschließung", 7-F-290).

Christine und Udo schreiben der standesamtlichen Trauung auch unabhängig von konkreten Gestaltungsfragen eine geringe Bedeutung zu und rekonstruieren den Gehalt der Zeremonie als bloßen „Verwaltungsakt" (2-M-312).

> Udo (2-M-314): Denn mit der standesamtlichen Trauung – ja gut, was bestätigt man? Dass man sich ähm dem Paragraph so und so des Bürgerlichen Gesetzbuchs jetzt unterwirft und jetzt dementsprechend sich jetzt rechtlich an den anderen bindet, was eben bestimmte Folgen hat. Aber ähm ansonsten, aber das ist ja jetzt nicht das Innere einer Ehe. Dass man nach Paragraph so und so sich jetzt zu verhalten hat.

Die bereits im Vorfeld der Hochzeit geringen Erwartungen des Paares an die standesamtliche Trauung waren sowohl für eine eher nüchterne Deutung des Aktes der Eheschließung als auch für die sehr schlichte Gestaltung der anschließenden Feier (Essen im engsten Familienkreis) maßgeblich.

Während die einen also die standesamtliche Trauung als enttäuschend oder inhaltlich wenig relevant rekonstruieren, verbinden andere Paare durchaus positive Aspekte mit dem Akt der standesamtlichen Eheschließung. Victoria und Riaz sind sich einig in der positiv gefärbten Rekonstruktion des Geschehens, betonen dabei jedoch individuelle, genderspezifisch akzentuierte Aspekte. So deutet Riaz die standesamtliche Trauung als Vorstufe zu der eigentlichen Herausforderung, nämlich der kirchlichen Trauung am folgenden Tag.

> Riaz (1-M-321): Ja, man kann einen Haken machen und sagen „okay, eins zu null für uns." Und äh dann kann man ja noch das zwei zu null machen, indem man es am nächsten Tag genauso macht.

Der störungsfreie Ablauf im Standesamt (gedeutet als Erfolg des Brautpaares) trug in Riaz Wahrnehmung zur Dämpfung der Nervosität angesichts der kirchlichen Trauung bei und stärkte das Selbstvertrauen des Brautpaares.[376] Victoria betont dagegen vor allem die Annäherung der beiden Herkunftsfamilien im Moment der gemeinsam erlebten emotionalen Rührung.

> Victoria (1-F-325): [...] Und einfach auch unsere Eltern immer mal wieder anzugucken, wie gerührt die doch auch waren. Wir selber waren gar nicht so, wir haben das eigentlich sachlich und cool gemacht. Aber doch, die Schwiegermamas hatten doch schon so ein bisschen feuchte Augen, und das war auch irgendwie auch schön, die Familie dann zu erleben, wie die dann zusammengeführt wird letzten Endes an diesem Tag.

Ähnlich wie Christine und Udo charakterisieren auch Rita und Heinrich die standesamtliche Trauung als „Verwaltungsakt" (4-M-277), dem sie jedoch rückblickend eine größere Bedeutung zuschreiben. Neben der relativ hohen Relevanz, die das Paar den mit der Eheschließung verbundenen

---

[376] Zur Rekonstruktion der kirchlichen Trauung als zu bestehender Prüfung vgl. auch die Zusammenfassung (5.5.6) in Kap. 5.5 „Versprechen und Segen".

juristischen Konsequenzen beimisst, spielen auch Aspekte der konkreten Gestaltung eine Rolle für die positive Bewertung. Zum einen erlebten beide die Standesbeamtin als aufmerksam und zugewandt („Alle Achtung, auch ganz junge Leute äh haben noch etwas Stil", 4-M-563), zum anderen nahm diese in ihrer kurzen Ansprache mit einer Anspielung auf das relativ hohe Lebensalter des Paares die für Ritas und Heinrichs Rekonstruktion der kirchlichen Trauung zentrale Thematik einer Liebesbeziehung älterer Menschen vorweg.[377] Auf diese Weise erreichte sie in der Wahrnehmung des Paares eine verstärkte inhaltliche Anschlussfähigkeit, die dem Geschehen zugleich einen individuellen Charakter zukommen ließ.

So zeigt sich trotz unterschiedlicher Bewertungen und Deutungen in den Interviewerzählungen ein relativ homogenes Bild der standesamtlichen Eheschließung in der retrospektiven Wahrnehmung der Paare, das sich gut an die entsprechenden Ergebnisse der Studie von Nave-Herz (1997) anschließt: „Durch das Gesetz und vor allem durch die Dienstvorschrift (einschl. der Gebührenordnung) ist die standesamtliche Trauung ein bürokratischer Akt. Das standesamtliche „Hochzeitszimmer" bleibt immer Bestandteil der Behörde „Standesamt", auch wenn durch Blumenschmuck, Sitzreihen u.a.m. amtlicherseits die geforderte „würdige Form" unterstrichen werden soll, scheint die Absicht kaum - jedenfalls bei unseren Interviewten - zur Kenntnis genommen worden zu sein."[378]

V. 3. 3 Integration und Separation – Rekonstruktionen des zeitlichen Abstands zwischen standesamtlicher und kirchlicher Trauung

Die innerhalb dieser Spannbreite wahrnehmbaren Eigentheorien zur standesamtlichen Trauung werden durch mehrere Aspekte beeinflusst, die sich in unterschiedlicher Akzentuierung in den Rekonstruktionen des zeitlichen Abstandes zwischen der standesamtlichen und der kirchlichen Trauung abbilden. Die Pluralität der Terminierungen lässt sich reduzieren auf zwei Muster: Einerseits die Integration beider Akte in den einheitlichen Zusammenhang eines sich über mehrere Tage erstreckenden Hochzeitsfestes, andererseits die Separation beider Akte, die der standesamtlichen Trauung ein vergleichsweise höheres Eigengewicht zukommen lässt.

Die Mehrzahl der interviewten Paare entschied sich bei der Planung im Vorfeld der Hochzeit für die beide Anlässe integrierende Variante, deren konkrete Terminierung in der Spannbreite von einem eintägigen Ab-

---

[377] Vgl. die Einzelfalldarstellung „Rita und Heinrich", bes. Kap. 4.2.3.2 „Liebe im Alter".

[378] Nave-Herz (1997) 49.

stand zwischen standesamtlicher und kirchlicher Trauung bis hin zu einem Abstand von zwei Wochen realisiert wurde. Die Rekonstruktionen dieser Terminierungen lassen sowohl pragmatische als auch inhaltlich-konventionelle Gründe erkennen: Während in inhaltlich-konventioneller Hinsicht vor allem die Bezogenheit beider Akte aufeinander, die sich in der Wahrnehmung der Paare nicht zuletzt in einem möglichst nahen Zeitabstand äußert, betont wird, werden aus pragmatischen Gründen zeitliche Erstreckungen des Hochzeitsgeschehens über mehrere Tage präferiert.

Eine Rekonstruktion der Hochzeit als ein mehrere Akte integrierendes Geschehen expliziert Udo folgendermaßen:

> Udo (2-M-260): Ja, wir dachten, das ist ja – gut, das ist natürlich nicht das gleiche, Standesamt und die kirchliche Trauung. Aber wenn man jetzt sagt, man heiratet, dann sieht man das ja letztlich doch als eine, als ein Ereignis. Und jetzt irgendwie standesamtlich zu heiraten und ein halbes Jahr später nochmal in die Kirche zu gehen – das würde ich doch merkwürdig finden, ehrlich gesagt. Weil dann ähm ja, ist irgendwie komisch. Wenn man sagt, man ist verheiratet, aber dann doch noch nicht so richtig, weil man ja noch, ne – das würde ich nicht so gerne machen. Ja gut, ich meine, nen paar Tage dazwischen, das wär ja jetzt nicht so, aber jetzt so. Manche machen das ja so mit nem halben Jahr dazwischen, weil sie dann irgendwie zu einem ganz speziellen Termin eine riesen Feier aufziehen wollen. Aber dann haben wir auch gesagt, nein, das machen wir nicht mit. Und äh notfalls, wenn die Feier im Winter stattfindet, findet sie eben im Winter statt, was soll's, da muss man jetzt nicht irgendwie ähm ja das noch davon trennen.

Mit den Worten „man ist verheiratet, aber dann doch noch nicht so richtig" differenziert Udo den Status des Verheiratetseins als mehrdimensional: Während aus der standesamtlichen Eheschließung juristische Konsequenzen folgen, zielt die kirchliche Trauung in seiner Wahrnehmung auf „das Innere der Ehe" (2-M-314). Erst der Vollzug beider Akte konstituiert tatsächlich den mit dem Entschluss zur Heirat angestrebten Status des Verheiratetseins. Aus diesem Grund bevorzugten Christine und Udo einen engen zeitlichen Zusammenhang zwischen standesamtlicher und kirchlicher Trauung. Wie in anderen Gestaltungsfragen grenzt sich das Paar auch an dieser Stelle mit den Worten „manche machen das ja so – aber wir [...]." von dem Konstrukt eines gesellschaftliche Mainstreams ab:[379] Während „manche" mit der kirchlichen Trauung „eine riesen Feier aufziehen wollen" und dafür auf einen Termin in einer klimatisch angenehmen Jahres-

---

[379] Vgl. die ausführliche Darstellung dieser distinktiven Struktur in Kap. 5.2.3 „Empirische Wahrnehmungen – Konventionalität und Medialität als Gestaltungsprinzipien der kirchlichen Trauung".

zeit warten, legten Christine und Udo aus den genannten Gründen Wert auf die terminliche Nähe zwischen standesamtlicher und kirchlicher Trauung.

Andere Paare schildern dagegen eher pragmatische Erwägungen, die jeweils in engem Zusammenhang mit den weiteren Planungen für die Hochzeit stehen:

> Riaz (1-M-315): Also das, die Termine sollten zusammen liegen, das war uns wichtig. Und wir hatten auch mal so ein bisschen rumgehört und auch im Internet gelesen, also es gab Leute, die haben das um drei, vier Tage auseinander gezogen, ähm dann sagten sie aber auch, dann hat man zwei Mal Stress. Und ähm na ja an einem Tag wollten wir nicht, weil wir gesagt haben, dann kann man die Momente auch gar nicht so genießen. [...]

Während hier der Minimierung eigener Nervosität eine hohe Priorität eingeräumt wird, spielen für andere Paare das Bedürfnis nach einem retardierenden Moment, aber auch organisatorische Notwendigkeiten eine Rolle. Vor allem die Ausrichtung eines Polterabends zwischen der standesamtlichen und der kirchlichen Trauung wird in diesem Zusammenhang genannt:[380]

> Meike (7-F-196): Deswegen haben, man hätte ja auch Mittwoch Standesamt und Polterabend, aber wir wollten, weil wir uns kennen, wir kommen dann immer sehr in Hektik so und wir wollten zwischen den beiden Feierlichkeiten gern noch einen Tag frei haben.

Relevant für dieses Muster ist neben der Rekonstruktion eines zeitlich in sich geschlossenen Hochzeitsfestes die Absicht, das Geschehen auf mehrere Tage zu verteilen, um sich selbst und die Gäste vor emotionaler und organisatorischer Überforderung zu schützen. Die standesamtliche Trauung erscheint innerhalb dieses Musters als eine Art Auftaktveranstaltung, die den Beginn des Festes markiert. Dementsprechend werden die diversen Inszenierungselemente (z. B. Anzahl der Gäste, Kleidung, Zeitdauer, Dekoration) so gewählt, dass im Blick auf die Dramaturgie des Gesamtablaufs Steigerungen möglich sind.

Für eine deutliche Separation beider Akte entschieden sich dagegen Dorothea und Jan, die erst fünf Jahre nach der standesamtlichen Eheschließung ihre kirchliche Trauung feierten. Für Dorothea verband sich zwar rückblickend inhaltlich mit der standesamtlichen Eheschließung unausgesprochen auch der Entschluss zur Inanspruchnahme der kirchlichen Trauung. Die genauere Planung und Terminierung stellte sie jedoch

---

[380] Vgl. auch die Einzelfalldarstellung „Anna und Karl", bes. Kap. 4.1.2.4 „Standesamtliche Trauung und Polterabend".

in der durch berufliche Veränderungen und die Geburt zweier Kinder geprägten Lebensphase vorerst zurück. Für Jan hingegen implizierte die Entscheidung zur Heirat gedanklich zunächst nur den Gang zum Standesamt. Erst in der Zeit nach der standesamtlichen Trauung befasste er sich näher mit der Möglichkeit, die kirchliche Trauung in Anspruch zu nehmen:

> Jan (8-M-545): Ja und ich habe damals schon bei der, nach der standesamtlichen, ne, wie das so vorbei war, habe ich schon so gedacht, äh na ja, das ist ja dann nicht so wirklich vom Gefühl her so richtig die Trauung. Also da habe ich schon damals immer gedacht „ach Mensch, äh da wird dir was fehlen, da wird dir was fehlen." Schlussendlich hat aber der Tag, die Feier, das Ganze, weil es einfach so passte, irgendwie alles gegeben, dass es doch wahnsinnig schön war.
> Interviewer: Ja, ja, ja, ja.
> Jan: Und hier trotzdem so im Nachhinein hat man schon immer, also für mich war dann schon klar, dass wir es immer noch mal machen. Also das war für mich schon klar und ich, ich glaube, das war für uns beide schon klar, dass wir noch mal irgendwann kirchlich heiraten werden, wann auch immer.

Erst die im Vollzug der standesamtlichen Eheschließung wahrgenommenen Defizite („das ist ja dann nicht so wirklich vom Gefühl her so richtig die Trauung") wecken auch bei Jan das Bedürfnis nach einer darüber hinaus gehenden Ritualisierung. Den konkreten Anlass für die kirchliche Trauung bildet schließlich die Taufe des zweiten Kindes, die Dorothea und Jan in den Traugottesdienst integrieren. Der relativ große zeitliche Abstand und die anfängliche innere Distanz Jans zur Inanspruchnahme der kirchlichen Trauung lassen den Akt der standesamtlichen Eheschließung in der retrospektiven Rekonstruktion des Paares als eigenständiges und in sich abgeschlossenes Geschehen erscheinen, dessen Inszenierung nicht auf eine Ergänzung oder Steigerung hin angelegt war.

Eine Mittelstellung zwischen den dargestellten Strukturen der Integration bzw. Separation von standesamtlicher und kirchlicher Trauung nehmen schließlich die Rekonstruktionen von Sandra und Markus ein. Während für beide die standesamtliche Heirat grundsätzlich auch die Inanspruchnahme der kirchlichen Trauung implizierte, entschieden sie sich aus pragmatischen Erwägungen dennoch für einen die beiden Akte eher separierenden Ablauf. Angesichts Sandras fortgeschrittener Schwangerschaft beschränkten sich die Planungen zunächst auf die standesamtliche Trauung, die erst vier Wochen vor dem Geburtstermin stattfand.[381] In

---

[381] Vgl. die Einzelfalldarstellung „Sandra und Markus", bes. Kap. 4.3.2.3 „Standesamtliche Trauung".

den ersten Lebensmonaten ihrer Tochter beschäftigte sich das Paar dann mit der Organisation der kirchlichen Trauung, die zehn Monate nach der standesamtlichen Eheschließung zusammen mit der Taufe des Kindes gefeiert wurde.[382] So erhielt die standesamtliche Trauung, deren juristischen Konsequenzen das Paar gerade angesichts der bevorstehenden Familiengründung eine hohe Relevanz zuschrieb, einerseits ein vergleichsweise hohes Eigengewicht, wurde aber andererseits zu keinem Zeitpunkt in der Wahrnehmung des Paares als alleinige oder in sich abgeschlossene Feier der Eheschließung gedeutet.

V. 3. 4 Relevante Faktoren für die Deutungen der standesamtlichen Trauung

Die individuellen Deutungen der standesamtlichen Trauung zeigen sich auf diese Weise als durch unterschiedliche Faktoren bestimmt: Die Lebenssituation der Paare kann sich in mehrfacher Hinsicht auf die Rekonstruktion der standesamtlichen Trauung auswirken und steht in der Regel im Zusammenhang mit der Betonung der juristischen Konsequenzen der Eheschließung.

So sollen bereits geborene Kinder – wenn nicht von Geburt an, so doch möglichst bald – durch die standesamtliche Trauung in verbindlichen familiären Strukturen aufwachsen, die vorherrschenden Konventionen entsprechend mit dem Rechtsinstitut der Ehe assoziiert werden. Geplante oder (angesichts bereits bestehender Schwangerschaften) erwartete Kinder sollen nach dem Willen der werdenden Eltern diese Strukturen bereits am Beginn ihres Lebens vorfinden. In beiden Fällen wird die standesamtliche Trauung durch die geplante oder bereits vollzogene Familiengründung zwar nicht monokausal veranlasst, aber angesichts der ihr zugeschriebenen Konsequenzen (die sich hinsichtlich der Partnerschaft vornehmlich als Kontinuitätssicherung, hinsichtlich der Familiengründung vornehmlich über die Rechte und Pflichten des Vaters seinen Kindern gegenüber beschreiben lassen) doch merklich aufgewertet.

Insofern wird die von Nave-Herz postulierte These der „kindorientierten Eheschließung“[383] durch die vorliegenden Interviews nur eingeschränkt bestätigt und bedarf insbesondere hinsichtlich der von Nave-Herz darge-

---

[382] Zur genaueren Rekonstruktion der Terminplanung vgl. die Einzelfalldarstellung „Sandra und Markus“, bes. Kap. 4.3.2.4 „Vorbereitung der kirchlichen Trauung“.

[383] NAVE-HERZ (1997) 44.

stellten Monokausalität[384] einer Differenzierung: Zwar spielt ein mehr oder weniger bewusster Kinderwunsch auch in den ausgewerteten Interviewerzählungen vielfach eine Rolle für den Entschluss zur Heirat, er wird aber in keinem Fall als dominierende oder gar einzige Motivation der Entscheidung zur Eheschließung genannt. Als anschlussfähiger erweisen sich hingegen die Ergebnisse der Studie von Schneider/Rüger, die ausgehend von einer statistisch wahrnehmbaren zunehmenden Entkopplung von Ehe und Elternschaft den Entschluss zur Heirat als multikausales Geschehen rekonstruieren, bei dem der Kinderwunsch ein (mehr oder weniger bestimmender) Faktor neben anderen sein kann.[385] Die Interviewerzählung von Rita und Heinrich zeigt zudem, dass den juristischen Konsequenzen der standesamtlichen Eheschließung auch aus anderer lebensgeschichtlicher Perspektive eine hohe Relevanz zugeschrieben werden kann:[386] Nicht der Schutz der (erwarteten) Kinder spielt hier eine Rolle, sondern die Rechte und Pflichten der Ehepartner im Falle zukünftiger Pflegebedürftigkeit.[387]

Ein weiterer Aspekt, der die Relevanz der juristischen Konsequenzen der Eheschließung zusätzlich aufwertet, wird in mehreren Interviews mit dem Erwerb und Besitz einer Immobilie verbunden.[388]

> Victoria (1-F-292): Also wir sagen ja immer so scherzhaft, na ja so, jetzt haben wir uns ein Haus gekauft, eine Scheidung ist ja einfacher eigentlich, als ein Haus wieder aufzuteilen, aber letzten Endes ist es das nicht. Das sagen wir eigentlich immer so aus Scherz, äh Jux und Dollerei [...].

Die Verbindlichkeit der Partnerschaft und die Verantwortung der Ehepartner füreinander werden auf diese Weise im Sinne einer zusätzlichen Absicherung auch auf die ökonomischen Belange des Paares bezogen.

Neben diesen die individuelle Lebenssituation betreffenden Faktoren werden die Rekonstruktionen der standesamtlichen Trauung auch durch die paarspezifischen Eigentheorien zur Hochzeit insgesamt geprägt. Je

---

[384] Vgl. NAVE-HERZ (1997) 44: „Warum aber noch Ehe? ... weil ein Kind erwartet oder gewünscht wird bzw. legitimiert werden soll."

[385] Vgl. SCHNEIDER/RÜGER (2007) 134 f sowie die Skizzierung der Studie in Kap. 2.1 „Gegenwärtiger Forschungsstand: Empirische Studien zur kirchlichen Trauung".

[386] Vgl. die Einzelfalldarstellung „Rita und Heinrich", bes. Kap. 4.2.3.1 „Lebensgeschichtliche Hintergründe der Eigentheorien".

[387] Die dargestellten Motive schließen sich gut an den von Schneider/Rüger (2007) als „nutzenorientiert" charakterisierten Cluster von Sinnzuschreibungen zur Heirat an; vgl. die Darstellung in Kap. 2.1 „Gegenwärtiger Forschungsstand: Empirische Studien zur kirchlichen Trauung".

[388] Vgl. auch 5-F-595.

stärker auf dieser Ebene religiöse Motive[389] im Vordergrund stehen (und je weniger zugleich auf der Ebene der Lebenssituation die bereits genannten, die Relevanz der juristischen Konsequenzen steigernden Faktoren eine Rolle spielen), desto eher wird der standesamtlichen Eheschließung eine vergleichsweise geringe Relevanz zugeschrieben. So rekonstruieren Victoria und Riaz die Entscheidung zur Heirat primär als Entschluss zur Inanspruchnahme der kirchlichen Trauung, während die standesamtliche Eheschließung eher als notwendige Voraussetzung, denn als eigene Größe erscheint.

> Riaz (1-M-503): Die kirchliche stand überhaupt nicht zur Disposition, das war schon immer ein fester Bestandteil. Und ähm wenn wir hätten können, hätten wir, glaube ich, eher, also bevor wir die standesamtliche Trauung gemacht haben, hätten wir die standesamtliche vielleicht zur Diskussion gehabt. Aber nachdem wir die dann ja machen mussten, und die auch sehr schön war, das kann man nicht anders sagen. Das war wirklich gut.

Riaz' Äußerung lässt zugleich einen weiteren, für den Rekonstruktionsprozess relevanten Faktor erkennen, nämlich die konkrete Erfahrung der eigenen standesamtlichen Trauung, auf die alle Paare zum Zeitpunkt des Interviews bereits zurückblicken. Die Deutung des Geschehens zeigt sich wiederum als in hohem Maß abhängig von den Erwartungen und Hoffnungen des Paares im Vorfeld der standesamtlichen Trauung. Riaz und Victoria erwarteten von der standesamtlichen Eheschließung einen nüchternen, formalen Verwaltungsakt und waren in ihrer retrospektiven Wahrnehmung von der emotionalen Qualität des Geschehens positiv überrascht. Im Gegenzug spiegelt die von Meike und Olaf nachdrücklich geäußerte Enttäuschung über den Ablauf ihrer standesamtlichen Trauung implizit die Erwartungen des Paares an eine der individuell empfundenen Relevanz des Geschehens angemessene Form wider. Gerade die Paare, die vor der Trauung nicht auf detaillierte Schilderungen des standesamtlichen Geschehens oder gar eigene Erfahrungen (z. B. durch die Teilnahme an der Eheschließung von Freunden oder Verwandten) zurückgreifen konnten, rekonstruieren die Form der eigenen standesamtlichen Eheschließung häufig als überraschend nüchtern oder gar enttäuschend.

Die Rekonstruktionen der sich an die standesamtliche Trauung anschließenden Feier orientieren sich regelmäßig an zwei miteinander verbundenen Kriterien: Einerseits werden finanzielle Ressourcen und die eigenen Kräfte geschont für die folgende, als dramaturgischer Höhepunkt der Feierlichkeiten inszenierte kirchliche Trauung; andererseits korre-

---

[389] Vgl. dazu Kap. 5.5 „Deutungen der kirchlichen Trauung – Versprechen und Segen".

spondiert in der Wahrnehmung der Paare eine eher unaufwendige Gestaltung mit der relativ geringen emotionalen Bedeutung des standesamtlichen Aktes. Beide Kriterien führen die interviewten Paare ausnahmslos zu einer schlichten Gestaltung der Feier der standesamtlichen Trauung, zu der nur wenige Familienangehörige und die Trauzeugen (falls vorhanden) geladen werden. Dementsprechend wird das Geschehen vornehmlich als ein der Privatsphäre zuzuordnendes rekonstruiert, an dem die Öffentlichkeit keinen Anteil zu nehmen hat.[390]

V. 3. 5 Empirische Wahrnehmungen zur Verhältnisbestimmung zwischen standesamtlicher und kirchlicher Trauung

In sämtlichen Interviews werden Bezüge zwischen der standesamtlichen und der kirchlichen Trauung konstruiert. Häufig äußern sich die Paare dazu spontan im Kontext der Erzählungen vom Ablauf der Hochzeit, während die am Interviewleitfaden orientierte Nachfrage vornehmlich Präzisierungen und Explikationen des bereits Gesagten evoziert. Durchgängig wird dabei die standesamtliche Eheschließung als ein auf die kirchliche Trauung bezogenes Ereignis geschildert, wohingegen die Erzählungen von der kirchlichen Trauung dem Traugottesdienst ein deutliches Eigengewicht zuschreiben und keine Rückbindung an die standesamtliche Trauung konstruieren.[391] So bildet die standesamtliche Trauung in den Sinnzuschreibungen der Paare vielfach einen Projektionshintergrund, auf dem spezifische Aspekte der kirchlichen Trauung abgrenzend markiert werden.

> Heinrich (4-M-277): [...] Äh, Standesamt, kann ich gar nicht sagen, war für mich ein Verwaltungsakt, mehr war es nicht und äh das Wichtigste war für uns, dass wir in der Kirche sagen „Ja" und dann der Segen, äh, die – der Ablauf der Trauung und so weiter äh davor, während der Trauung, danach, das

---

[390] Zur Rolle der Öffentlichkeit vgl. Kap. 5.5 „Deutungen der kirchlichen Trauung – Versprechen und Segen", bes. Kap. 5.5.5 „Versprechen und Segen – eine wechselseitige Verbindung".

[391] Diese Struktur hängt vermutlich auch mit dem Kontext der Interviewerzählungen und der konkreten Interviewsituation zusammen: Bereits in den telefonischen Vorgesprächen wurde als Fokus des geplanten Interviews „die Hochzeit allgemein und speziell die kirchliche Trauung" genannt, so dass der Interviewer in der Wahrnehmung der Paare möglicherweise vor allem über die kirchliche Trauung sprechen möchte, weshalb die Erzählungen zur standesamtlichen Trauung tendenziell negativer und stärker auf die kirchliche Trauung bezogen ausfallen als es beispielsweise in einem Interview zur Gestaltung der standesamtlichen Trauung der Fall gewesen wäre. Auch hier zeigt sich also, dass die Paare abhängig vom jeweiligen Kontext immer wieder andere Aspekte der eigenen Hochzeit betonen und aufeinander beziehen können; vgl. dazu auch FOPP (2007) 322.

war also etwas äh, was hängen bleibt, also so sehr bewegend war, muss man sagen.

In der Regel werden Zusammenhänge zwischen der standesamtlichen und der kirchlichen Trauung nach dem Prinzip der Komplementarität konstruiert und mit kontrastierenden Begriffen wie „formal - inhaltlich", „allgemein - persönlich" oder „austauschbar - einzigartig" näher bestimmt, die sich sowohl auf Fragen der äußeren Gestaltung als auch auf inhaltliche Sinnzuschreibungen beziehen können. Vereinzelt finden sich daneben auch Konstruktionen einer Parallelität, mit denen beispielsweise die Relevanz beider Akte in der Wahrnehmung eines Paares als gleichermaßen hoch charakterisiert wird.[392]

Die von den Paaren präferierte Verwendung eines komplementären Zusammenhangs legt sich nahe angesichts der in den Interviews durchgängig zu beobachtenden Konstruktion spezifischer Alleinstellungsmerkmale der standesamtlichen und der kirchlichen Trauung. Während der standesamtlichen Eheschließung vornehmlich juristische Aspekte wie Rechte des Ehepartners im Pflegefall (Rita und Heinrich) oder Rechte und Pflichten im (entstehenden) Familiensystem (z. B. Sandra und Markus) zugeordnet werden, wird die kirchliche Trauung vor allem als Verstärkung der partnerschaftlichen Zusammengehörigkeit und als individuell gestaltetes Fest mit hoher emotionaler Beteiligung profiliert.

Wird die standesamtliche Trauung also einerseits wie oben dargestellt von vielen Paaren als enttäuschend oder zumindest belanglos rekonstruiert,[393] werden andererseits die mit der standesamtlichen Eheschließung verbundenen juristischen Konsequenzen sehr hoch geschätzt und spielen für den Entschluss zur Heirat häufig eine entscheidende Rolle. In ihren retrospektiven Sinnzuschreibungen differenzieren die Paare deutlich zwischen der (im Falle der standesamtlichen Trauung eher enttäuschenden) Inszenierung des Aktes und seinen als bedeutsam rekonstruierten juristischen Konsequenzen (Rechte und Pflichten gegenüber Kindern, Rechte im Fall der Pflegebedürftigkeit des Ehepartners, ökonomische Sicherheit). Die Annahme, dass der kirchlichen Trauung in einer analogen Differenzierung zwar ein großes Inszenierungspotential, jedoch keine

---

[392] Vgl. Karl (3-M-621): „es gehört beides dazu für mich".

[393] Diese im Vergleich zur kirchlichen Trauung geringere Bedeutung äußert sich unter anderem auch in der verbreiteten Entscheidung, die Eheringe mit dem Datum der kirchlichen Trauung (und eben nicht der standesamtlichen Eheschließung) gravieren zu lassen; vgl. z. B. 5-M-276. Einzig Christine und Udo ließen das Datum der standesamtlichen Trauung in ihre Ringe gravieren, ohne diese Entscheidung jedoch bewusst zu reflektieren (vgl. 2-M-482).

bedeutsamen Konsequenzen zugeschrieben würden, lässt sich dagegen durch die Analyse der durchgeführten Interviews nicht erhärten, zeigen doch die Ergebnisse der fallübergreifenden Überlegungen zu den Deutungselementen „Bestätigung und Übergang“ (Kap. 5.1) sowie „Versprechen und Segen“ (Kap. 5.5), dass der kirchlichen Trauung neben ihrem spezifischen Inszenierungspotential auch in unterschiedlicher Hinsicht bedeutsame Konsequenzen von den Beteiligten zugeschrieben werden.

Die von den interviewten Paaren rekonstruierten Zusammenhänge zwischen standesamtlicher und kirchlicher Trauung lassen sich abschließend mit den in der praktisch-theologischen Debatte zur Funktion der kirchlichen Trauung im Kontext der Eheschließung diskutierten Positionen verbinden.[394] Zwar zeigen die einzelnen Fälle auch hinsichtlich dieser Frage eine komplexe Gemengelage, der eine einseitige Festlegung auf eine Position nicht gerecht werden kann; dennoch lassen sich in allen Interviews dominante Motive erkennen, die für die Rekonstruktionen eines Zusammenhangs von standesamtlicher und kirchlicher Trauung leitend sind und charakteristische Tendenzen markieren.

In der Regel wird die kirchliche Trauung in den Sinnzuschreibungen der Paare als notwendige, geistliche Ergänzung und Vervollständigung der standesamtlichen Eheschließung verstanden.[395] Auf die Frage, ob im Zusammenhang von standesamtlicher und kirchlicher Trauung eine von beiden als „eigentliche Trauung“ gelten könne, nennen nahezu alle Interviewpartner spontan die kirchliche Trauung als relevanten Akt, während die standesamtliche Eheschließung als notwendige Voraussetzung oder juristisch-formelle Vorstufe rekonstruiert wird.[396]

> Jan (8-M-545): Ja und ich habe damals schon bei der, nach der standesamtlichen, ne, wie das so vorbei war, habe ich schon so gedacht, äh na ja, das ist ja dann nicht so wirklich vom Gefühl her so richtig die Trauung.

Ähnlich wie Jan deutet auch Udo den durch die standesamtliche Trauung konstituierten Status mit den Worten „man ist verheiratet, aber dann doch noch nicht so richtig“ (2-M-260). Abweichend von diesem Muster äußert sich nur Karl („es gehört beides dazu für mich“, 3-M-621) und rekonstruiert standesamtliche und kirchliche Trauung als gleichermaßen relevante Elemente des Gesamtzusammenhangs der Hochzeit. Diese Abweichung

---

[394] Vgl. die schematisierende Darstellung in Kap. 2.2.2 „Die Frage des Zusammenhangs zwischen standesamtlicher und kirchlicher Trauung“.

[395] Vgl. dazu die Position von DOMBOIS/SCHUMANN (1953) 99–111.

[396] Vgl. auch NAVE-HERZ (1997) 49.

wird verständlich angesichts der für Anna und Karl charakteristischen Orientierung an Traditionen und Konventionen ihres sozialen Umfelds, die den Ablauf der Hochzeit zeitlich und inhaltlich klar strukturieren. In dieser Perspektive wird die standesamtliche Trauung aufgewertet durch den im Anschluss aufwändig gefeierten Polterabend (während andere Paare nach einem schlichten Mittagessen mit Eltern und Schwiegereltern den Rest des Tages zu Hause verbringen). Zudem kommt der standesamtlichen Trauung aus Karls Sicht vermutlich auch deshalb eine besondere Bedeutung zu, weil das Paar durch die Ortswahl (Karls Geburts- und Wohnort) eine Analogie zur konventionellen Lokalisation der kirchlichen Trauung im Heimatort der Braut konstruierte.

Eine Konkretisierung der mit der kirchlichen Trauung verbundenen Vertiefung bzw. Vervollständigung wird von den interviewten Paaren häufig auf der Ebene der lebensgeschichtlichen Deutung der religiösen Dimensionen der Eheschließung rekonstruiert.[397] Den prominenten liturgischen Haftpunkt stellt in dieser Hinsicht das mit der Heirat verbundene Versprechen dar, das die standesamtliche Konsenserklärung nicht einfach unter explizit christlichem Vorzeichen redupliziert, sondern im gottesdienstlichen Kontext des Trausegens als eine durch göttliche Bezeugung verstärkte öffentliche Verpflichtung qualifiziert wird.[398]

Eine Deutung der kirchlichen Trauung als bewusstes Bekenntnis der Eheleute zu einer spezifisch christlichen Eheführung[399] lässt sich in den Interviews jedoch nicht belegen. Abhängig von der religiösen Sozialisation und der lebensstilspezifischen Sprachfähigkeit wird das Trauversprechen vielfach ohne näheren Bezug zum liturgischen Kontext als paarinternes und zugleich öffentliches Geschehen gedeutet. Daneben finden sich allenfalls Ansätze einer konfessorischen Deutung, die in die Struktur von Verpflichtung und Verheißung integriert werden.[400]

V. 3. 6 Zusammenfassung

Der Begriff ‚standesamtliche Trauung' bezieht sich in den Interviewerzählungen auf zwei Aspekte der Eheschließung, die voneinander zu unterscheiden, aber nicht zu separieren sind: Während der Vollzug des Aktes der standesamtlichen Trauung retrospektiv zwar häufig als enttäuschend

---

397 Vgl. dazu die Position von Schäfer (1973) 487 f.

398 Vgl. Kap. 5.5.4.2 „Der Segen im Kontext der Eigentheorien zur Trauung".

399 Vgl. Winkler (1995) 135; inwiefern sich eine vom christlichen Glauben getragene Eheführung von anderen Formen der Ehe unterscheiden könnte, bleibt leider offen.

400 Vgl. Kap. 5.5.5 „Versprechen und Segen – eine wechselseitige Verbindung".

oder belanglos geschildert wird, werden die aus der Eheschließung resultierenden Konsequenzen (juristische Zusammengehörigkeit, gemeinsamer Familienname, Rechte des (werdenden) Vaters, Rechte im Pflegefall) jedoch sehr hoch geschätzt und spielen für den grundsätzlichen Entschluss zur Heirat nicht selten eine entscheidende Rolle.

In den Interviewerzählungen zeichnen die Paare hinter den individuellen (mit positiven und negativen Bewertungen versehenen) Deutungen ein relativ homogenes Bild des Vollzugs der standesamtlichen Trauung als bürokratischem Verwaltungsakt, der in der retrospektiven Wahrnehmung keinesfalls die „eigentliche" Hochzeit darstellte.

Die unterschiedlichen Optionen für die Organisation des zeitlichen Zusammenhangs von standesamtlicher und kirchlicher Trauung lassen sich reduzieren auf die Muster der Integration beider Akte in den einheitlichen Zusammenhang eines sich über mehrere Tage erstreckenden Hochzeitsfestes und der Separation beider Akte, die der standesamtlichen Trauung ein vergleichsweise höheres Eigengewicht zukommen lässt. Dabei entschied sich die überwiegende Mehrzahl der interviewten Paare für die beide Anlässe integrierende Variante und führt in der retrospektiven Rekonstruktion sowohl pragmatische als auch inhaltlich-konventionelle Gründe dafür an.

Die standesamtliche Trauung erscheint innerhalb dieses Musters als eine Art Auftaktveranstaltung, die den Beginn des Festes markiert. Dementsprechend werden die diversen Inszenierungselemente (z. B. Anzahl der Gäste, Kleidung, Zeitdauer, Dekoration) so gewählt, dass im Blick auf die Dramaturgie des Gesamtablaufs Steigerungen möglich sind. Erst der Vollzug beider Akte konstituiert in der Wahrnehmung der betreffenden Paare tatsächlich den mit dem Entschluss zur Heirat angestrebten Status des Verheiratetseins.

Dabei zeigen sich die individuellen Deutungen der standesamtlichen Trauung sowohl durch die jeweilige lebensgeschichtliche Situation des Paares als auch durch die paarspezifischen Eigentheorien zur Hochzeit insgesamt geprägt. Relevante Aspekte der lebensgeschichtlichen Situation, die in der Regel im Zusammenhang mit der Betonung der juristischen Konsequenzen der Eheschließung stehen, können bereits geborene oder erwartete Kinder sein, die nach dem Willen der betreffenden Paare in verbindlichen familiären Strukturen aufwachsen sollen, die wiederum vorherrschenden Konventionen entsprechend mit dem Rechtsinstitut der Ehe assoziiert werden. Weitere Aspekte können die Rechte und Pflichten der Ehepartner im Falle zukünftiger Pflegebedürftigkeit oder die Absicherung der ökonomischen Belange der Partnerschaft sein.

Der Bezug zwischen standesamtlicher und kirchlicher Trauung wird in der Regel nach dem Prinzip der Komplementarität konstruiert und mit kontrastierenden Begriffen wie „formal – inhaltlich“, „allgemein – persönlich“ oder „austauschbar – einzigartig“ näher bestimmt, die sich sowohl auf Fragen der äußeren Gestaltung als auch auf inhaltliche Sinnzuschreibungen beziehen können. Während der standesamtlichen Eheschließung vornehmlich juristische Aspekte wie Rechte des Ehepartners im Pflegefall oder Rechte und Pflichten im (entstehenden) Familiensystem zugeordnet werden, wird die kirchliche Trauung vor allem als Verstärkung der partnerschaftlichen Zusammengehörigkeit und als individuell gestaltetes Fest mit hoher emotionaler Beteiligung profiliert. In ihren retrospektiven Sinnzuschreibungen differenzieren die Paare dabei deutlich zwischen der (im Falle der standesamtlichen Trauung eher enttäuschenden) Inszenierung des Aktes und seinen als bedeutsam rekonstruierten juristischen Konsequenzen.

V. 4 Inszenierte Authentizität – Die pastorale Rolle im Kontext der Trauung

V. 4. 1 Hinführung

Die Analyse der Erzählungen über Traugespräch und Traugottesdienst zeigt, dass positive Bewertungen durchgängig mit einer Qualifizierung des Gesamtgeschehens, vor allem aber der pastoralen Rolle als „persönlich“ verbunden werden. Diese Beobachtung wirft Fragen auf, die im Folgenden näher zu reflektieren sind: Welche Sinnzuschreibungen verbinden sich in den Rekonstruktionen der Paare mit der Qualifizierung „persönlich“? Welche Zusammenhänge bestehen zwischen den Wahrnehmungen des Traugottesdienstes und den Rekonstruktionen der pastoralen Rolle? Bezieht sich der Eindruck „er hat es sehr persönlich gemacht“ vor allem auf die Aufnahme privater Geschichten und intimer Details in der Traupredigt oder auf die Wahrnehmung der Pfarrperson? Wie lassen sich die für einen „persönlichen“ Eindruck relevanten Faktoren beschreiben und welche Auswirkungen hat dieser Eindruck auf die Wahrnehmung der kirchlichen Trauung?

Zur Annäherung an diese Fragestellungen werden zunächst die einschlägigen Ergebnisse der Interviewanalysen bezüglich der Rekonstruktionen der pastoralen Rolle im Traugespräch (5.4.2.1) und im Traugottesdienst (5.4.2.2) entfaltet, um davon ausgehend eine Deutung der pastoralen Rolle als Inszenierung von Authentizität vorzustellen (5.4.3).

V. 4. 2 Empirische Wahrnehmungen zur pastoralen Rolle

Positive Eindrücke von der kirchlichen Trauung werden regelmäßig mit dem Attribut „persönlich“ belegt. Diese Qualifizierung bezieht sich dabei immer auch (und häufig sogar primär) auf die Rolle der Pfarrperson und den Kontakt des Paares zu ihr und nicht (wie zu Beginn des Forschungsprozesses vermutet) vor allem auf die exponierte Beteiligung von Verwandten und Freunden am Traugottesdienst oder auf einen seit früher Kindheit vertrauten Kirchenraum. Bemerkenswert ist dabei nicht zuletzt, dass sich Brautpaar und Pfarrer vor dem Traugespräch häufig noch nicht begegnet waren, was einer späteren Rekonstruktion des Kontakts als „persönlich" jedoch keinen Abbruch tut. So schildert beispielsweise Dorothea die Atmosphäre des Traugesprächs folgendermaßen:

> Dorothea (8-F-628): Auch wie wir uns kennen gelernt haben, also es war ein sehr schönes Gespräch, auch ein sehr persönliches Gespräch. Und ich war auch sehr angetan davon, wie persönlich das so war. Also dass man wirklich gedacht hat ähm, das wird schön. Also ich wusste von Anfang an so in dem Moment auch, das wird schön. Also wir durften da ganz viel mitmachen und man interessierte sich für uns und warum wir das tun. Und ähm ja, man hat sich eigentlich noch mehr drauf gefreut auf diese ganze Sache, weil es immer mehr so Züge annahm, wo ich denke, wo ich gedacht habe, genau so soll es sein.

Anna und Karl beschreiben den Traugottesdienst retrospektiv als „wirklich für uns gemacht" (3-M-768) und bewerten das Geschehen positiv mit den Worten „man fühlte sich dann sehr angesprochen in dem Fall" (3-M-774).[401] In ihren Erzählungen zur Vorbereitung und Durchführung der Trauung lassen sich eine Reihe von Bedingungen namhaft machen, die zu diesem Eindruck beitrugen: Den Pfarrer empfand das Paar als sympathisch (3-M-724), das Gespräch mit ihm rekonstruiert Karl passend dazu als „sehr angenehm" (3-M-726) und als „warmes Gespräch" (3-M-726). Während Karl dem Pfarrer vor der Trauung noch nicht begegnet war, gehört er in Annas kirchlicher Sozialisation „zum Inventar" (3-F-720). Unter diesen Voraussetzungen konnten weder der etwas provisorische Ort des Traugesprächs (ein Gruppenraum im Gemeindehaus) noch Anfragen des Pfarrers an das kirchliche Teilnahmeverhalten des Paares (3-F-730) den positiven und persönlichen Eindruck trüben. Näher zu untersuchen ist aus dieser Perspektive nun der Zusammenhang zwischen den Wahrnehmungen des Traugesprächs und den Deutungen des Traugottesdienstes.

V. 4. 2. 1 *Rekonstruktionen der pastoralen Rolle im Traugespräch*

Gerade in den Erzählungen zu den Vorgesprächen mit dem jeweiligen Pfarrer zeigt sich, dass mit dem Attribut „persönlich" eine große Spann-

---

[401] Vgl. die Einzelfalldarstellung „Anna und Karl" in Kap. 4.1.

breite an Deutungen der pastoralen Rolle im Kontext der Trauung verbunden wird, die im Folgenden anhand von drei Einzelfällen zu entfalten ist.

Elke und Wilko rekonstruieren das Traugespräch mit der Pastorin als „herzlich“[402] (5-M-405) und „sehr persönlich“ (5-F-388), was sie angesichts ihrer Erwartungen im Vorfeld überraschte.

> Wilko (5-M-405): [...] Ich fand das sehr, sehr, ja nett, herzlich, verbunden und ähm damit hatte ich jetzt gar nicht so gerechnet. Also das war, für mich war das eigentlich zunächst mal so'n Termin, wo ich dachte na ja, jetzt muss man sich mal verständigen, was da so passiert.

Auch die Gesprächsinhalte rekonstruiert das Paar vor dem Hintergrund von (negativ konnotierten) Vorerwartungen als „sehr persönlich“ und „nichts Abgehobenes, sondern so ganz nah an uns dran mit unserer Geschichte“ (5-F-388). In den entsprechenden Interviewsequenzen erscheint die Pastorin als eine Art herzliche Freundin, mit der sich das Paar temporär eng verbunden fühlte.[403]

> Elke (5-F-384): Ja, sehr positiv, ganz ganz angenehm. Eine Pastorin, die, weiß ich nicht, irgendwie uns so aus dem Herzen irgendwie gesprochen hatte und also ich war der sehr nahe, so.

In den Erzählungen von Christine und Udo erscheint der Pfarrer eher als angenehmer, intellektueller Gesprächspartner, der „moderne“ und „recht offene Vorstellungen“ (2-F-429) von der Lebensform Ehe mit theologischen Theorien zur Funktion der kirchlichen Trauung zu vermitteln vermag.

> Udo (2-M-430): Na ja, ich fand auch interessant, man ist ja wirklich ähm, selbst als jemand, der ähm doch auch in die Kirche geht, äh dermaßen fernsehverseucht äh darüber, was eine kirchliche Trauung ist, dass er uns erstmal darüber aufgeklärt hat, dass das ja in dem Sinne gar keine Trauung ist in der Kirche, sondern eben äh die Bitte um den Segen. Und äh ehrlich gesagt, ich wusste das, dass es als solches, also rein inhaltlich war mir das so gar nicht, gar nicht präsent. Man sieht immer im Fernsehen, als sei das tatsächlich, und äh das fand ich ganz interessant, dass man wirklich drüber, dann auch wirklich drüber gesprochen hat, was das jetzt auch theologisch dann, äh wie das theologisch gesehen

---

[402] Als „herzlich“ beschreibt Elke im weiteren Verlauf des Interviews auch die Stimmung des Traugottesdienstes (5-F-442). Zu dem Zusammenhang zwischen Wahrnehmungen der pastoralen Rolle im Traugespräch und im Traugottesdienst vgl. den folgenden Abschnitt.

[403] Möglicherweise beeinflussten diese Erfahrungen aus dem Traugespräch auch die Erwartungen des Paares an das Interview und legten das (für den Interviewer wiederum überraschende) Angebot, sich zu duzen, als eine Art Reinszenierung der Atmosphäre des Traugesprächs nahe.

wird. Unabhängig davon, wie man es jetzt persönlich sieht, aber dass das so zu verstehen ist.

Im Zusammenhang einer durch das Attribut „fernsehverseucht" kritisch konnotierten Reflexion der Medialisierungsprozesse im Kontext der kirchlichen Trauung[404] differenziert Udo hier zwischen einem theologischen Verständnis der Funktion der kirchlichen Trauung („wie das theologisch gesehen wird") und einer „persönlichen" Deutung des Geschehens („wie man es jetzt persönlich sieht"). Die pastorale Interpretation der kirchlichen Trauung als „Bitte um den Segen" wird auf diese Weise einerseits als theologisches Expertenwissen qualifiziert und andererseits von den eigenen, „persönlichen" Deutungen des Traugottesdienstes distanziert. „Persönlich" wird an dieser Stelle also ausnahmsweise nicht als Qualifizierung der pastoralen Wirksamkeit im direkten oder indirekten Sinne gebraucht, sondern dient zur Abgrenzung der eigenen, individuellen Deutung von der als offizieller kirchlicher Lehre wahrgenommenen Deutung der Pfarrers.

Anschlussfähig werden die theologischen Überlegungen des Pfarrers (vor allem zu der Formulierung der Traufragen[405]) in der Wahrnehmung des Paares nicht zuletzt durch die verbindende biographische Erfahrung der Ehescheidung, mit der er seine Vorstellungen zum „Beziehungstod" (2-F-573) plausibilisiert. Ähnlich wie Elke und Wilko dienen auch in Christines und Udos Rekonstruktionen negativ konnotierte Vorerwartungen dazu, die Gesprächsatmosphäre als überraschend „entspannt" und „nicht irgendwie so inquisitorisch" (2-M-424) zu deuten.

Einen weiteren Aspekt der pastoralen Rolle im Traugespräch rekonstruiert Riaz im Anschluss an seine eigene berufliche Rolle als Vermögensberater.

Riaz (1-M-509): Also, obwohl unser damaliger Pastor, so sage ich mal, einen anderen Beruf hatte, so kenne ich es halt aus meinem Beruf, dass es bei mir genauso ist: Ich besuche auch die Menschen zu Hause, um einfach mal, sage ich mal, den einzigen Faktor, der neu ist in der Umgebung, darauf zu reduzieren, dass ich das bin. Und dass die Menschen sich wirklich wohl fühlen einfach, und die meisten Menschen, wenn sie denn ein schönes zu Hause haben, fühlen sich primär in ihren eigenen vier Wänden geborgen, sicher. Das sind einfach psychologische Faktoren, sage ich mal, die da eine Rolle spielen. [...]

---

[404] Vgl. dazu die Ausführungen in Kap. 5.2 „Medialität und Konventionalität als Gestaltungsrahmen der kirchlichen Trauung".

[405] Vgl. zur Frage der Formulierung der Traufragen Kap. 5.5.3.2 „Empirische Wahrnehmungen zur Gestaltung des Versprechens".

Hier erscheint der Pfarrer als eine Art professioneller Dienstleister, der durch die Ortswahl des Gesprächs und sein Auftreten (erfolgreich) eine Atmosphäre fördert, in der „die Menschen sich wirklich wohl fühlen" (5-M-509), und dadurch erreicht, „dass wir relativ schnell auch relativ persönliche Details aus der Vergangenheit erzählt haben" (5-M-511). Die „persönliche" Atmosphäre des Gesprächs erscheint in Riaz' Rekonstruktion also als pastorale Strategie, ohne jedoch durch diese reflexive Brechung als unauthentisch abqualifiziert zu werden.[406] Als relevante Gesprächsinhalte rekonstruieren Victoria und Riaz einerseits die eigene Beziehungsgeschichte als lebensgeschichtlichen Kontext der Trauung und andererseits die detaillierte Planung des Traugottesdienstes anhand eigener Gestaltungswünsche.

> Riaz (2-M-527): Und wir haben halt aktiv das Programm mit gestalten dürfen und das fanden wir halt sehr gut, dass es, also dass es machbar war erstmal und dass uns das der Pastor auch aktiv angeboten hat. Er hat gesagt „Okay, haben Sie vielleicht jemanden, der was machen will? Sagen Sie mal Bescheid, dann sprechen wir das ab." Und dass wir eben selber das ähm das Kirchenprogramm oder den Ablauf für uns gestalten durften und also da nicht gesagt wurde „als erstes kommt das, dann kommt das, dann kommt das", sondern es wurde so ein bisschen, und das fand ich sehr angenehm, vorgegeben „es gibt einen gewissen Rahmen", doch wie wir dann den Inhalt gestalten, das ist doch zum größten Teil, liegt in unserer Hand, sag ich mal, oder haben wir mitbestimmt. Und das war wirklich toll, fand ich super.

In seiner Rolle als professioneller Dienstleister bietet der zuständige Pfarrer also in der Wahrnehmung des Paares adäquate Räume für die Erzählung persönlich-biographischer Geschichten und ist zugleich in der Lage, den liturgischen Ablauf des Traugottesdienstes („das Programm") flexibel an die Vorstellungen des Brautpaares anzupassen. Beide Elemente sind in der Wahrnehmung des Paares konstitutiv für eine „persönliche" Atmosphäre.[407]

Während sich also Vorerwartungen zur pastoralen Rolle in den bislang skizzierten Fällen überwiegend in negativ konnotierten Phantasien und entsprechend positiven Überraschungen äußerten, zeigt sich in zwei Fällen (Rita und Heinrich, Sandra und Markus) eine andere Ausgangslage, da

---

[406] Analog dazu rekonstruiert Riaz Authentizität auch im Zusammenhang mit dem eigenen Trauversprechen nicht als Selbstzweck, sondern als Teil einer gelungenen Inszenierung; vgl. Kap. 5.5.3.2 „Empirische Wahrnehmungen zur Gestaltung des Versprechens".

[407] Ähnlich äußert sich auch Dorothea (8-F-628): „Also wir durften da ganz viel mitmachen und man interessierte sich für uns und warum wir das tun."

die Paare mit dem Pfarrer bereits vor der Trauung persönlich bekannt waren. Er erscheint in den Rekonstruktionen dieser Paare primär als vertrauter Begleiter auf dem Lebensweg und wurde vor diesem Hintergrund bewusst für die Gestaltung der kirchlichen Trauung ausgewählt. Mit dem Traugespräch verbinden sich deshalb in der Wahrnehmung dieser Paare vorwiegend positive Erwartungen, aus denen vor allem im Fall von Sandra und Markus auch eine vergleichsweise hohe Toleranz gegenüber als negativ wahrgenommenen Erlebnissen im Kontakt mit dem Pfarrer resultiert. So kann weder die durchaus rigide Haltung des Pfarrers zu Markus' Konfessionslosigkeit noch sein Hang zu theologischen Monologen den positiven Gesprächseindruck nennenswert trüben.[408]

Die Deutungen des Traugesprächs zeigen sich auf diese Weise deutlich abhängig von den jeweiligen individuellen Vorerwartungen und Vorerfahrungen.[409] Gerade negativ konnotierte Erwartungen (inquisitorische Atmosphäre, pastorale Kritik am eigenen kirchlichen Teilnahmeverhalten, Mitgliedschaftsfragen, unverständliche theologische Ausführungen) erscheinen in den Interviews auffallend häufig als Rahmenbedingung für Traugespräche, die von den Paaren als überraschend positive Begegnungen (geprägt von einer zugewandten Gesprächsführung, Interesse an den lebensgeschichtlichen Erzählungen des Paares und Offenheit für individuelle Gestaltungswünsche) rekonstruiert werden.

Diese individuell unterschiedlich akzentuierten Rekonstruktionen zeigen gerade im Bereich der Phantasien im Vorfeld des Gesprächs zuweilen auch lebensstilspezifische Prägungen. So lässt sich hinsichtlich der von Meike geäußerten „Angst, dass es so sehr kirchlich wird" (7-F-500), „dass wir eben auch gefragt werden, warum wir das wollen und solche Fragen und so" (7-F-502) vermuten, dass sich das jugendkulturell-modern geprägte Brautpaar im Vorfeld des Gesprächs (ohne die zuständige Pastorin zu kennen) einer Akademikerin gegenüber beispielsweise bezüglich der Sprachfähigkeit in der Defensive wähnte. Als Reflex dieser Konstellation lässt sich auch Meikes Äußerung in dem telefonischen Vorgespräch zu dem Interview verstehen, in dem sie ihren Mann und sich spontan als „eher einfache Leute" charakterisierte, „die vielleicht nicht so kluge Sachen sagen" könnten.

---

[408] Vgl. die Einzelfalldarstellung „Sandra und Markus" in Kap. 4.3.

[409] Ein strukturell ähnlicher - wenn auch anders konnotierter - Zusammenhang zwischen (enttäuschten) Vorerwartungen und den Wahrnehmungen des Geschehens zeigt sich auch in den Rekonstruktionen der standesamtlichen Trauung; vgl. Kap. 5.3 „Deutungen des Verhältnisses von standesamtlicher und kirchlicher Trauung".

Eine andere lebensstilspezifische Prägung erfährt die Deutung des Traugesprächs dagegen in den Erzählungen von Christine und Udo. Vor ihrem hochkulturell-modernen Hintergrund nehmen sie den Pfarrer tendenziell als angenehmen, theologisch gebildeten Gesprächspartner wahr, der ihnen partiell zu neuen intellektuellen Einsichten verhilft (beide arbeiten als Studienräte am Gymnasium), ohne dass sie sich ihm deshalb grundsätzlich unterlegen fühlen müssten.

V. 4. 2. 2 *Rekonstruktionen der pastoralen Rolle im Traugottesdienst*

Während sich also in den Erzählungen zu den Traugesprächen eine gewisse Spannbreite an Deutungen der pastoralen Rolle mit dem Attribut „persönlich“ verbindet, zeigen sich die Erzählungen zum Traugottesdienst wiederum durchgängig eng auf die Rekonstruktionen des Traugesprächs bezogen und durch diese vorgeprägt. Anders als die Erfahrungen aus den Traugesprächen, die häufig vor dem Hintergrund spezifischer, negativ konnotierter Vorerwartungen kontrastierend als positive Überraschungen gedeutet werden, wird der Zusammenhang zwischen Traugespräch und Traugottesdienst ausschließlich im Sinne einer Bestätigung und liturgischen Konkretisierung des „persönlichen“ Kontakts mit der Pfarrperson rekonstruiert. Hinsichtlich der pastoralen Rolle werden also keine Überraschungen oder Brüche beschrieben, sondern vornehmlich Kontinuitäten.

Dabei zeigt sich die Wahrnehmung des Traugottesdienstes in besonderem Maße abhängig von der Deutung der pastoralen Rolle, die sich wiederum nahezu ungebrochen aus dem Kontakt im Traugespräch herleitet. Aus dieser Perspektive erscheint die positiv gedeutete Erfahrung eines „persönlichen“ Kontakts mit der Pfarrperson im Traugespräch als mindestens notwendige (und beinahe hinreichende) Voraussetzung für eine positive Deutung der Atmosphäre des sich anschließenden Traugottesdienstes. Konkrete Zusammenhänge zwischen dem Traugespräch und der kirchlichen Trauung rekonstruieren die interviewten Paare dabei in zweifacher Hinsicht: Zum einen führte der positive Eindruck eines „persönlichen“ Gesprächs bei vielen zu einer an Gewissheit grenzenden Zuversicht im Blick auf den im Gespräch geplanten Traugottesdienst. So hatte das Traugespräch nach Dorotheas retrospektiver Wahrnehmung den Effekt, „dass man wirklich gedacht hat ähm, das wird schön“ (8-F-628).

> Dorothea (6-F-628): [...] Und ähm ja, man hat sich eigentlich noch mehr drauf gefreut auf diese ganze Sache, weil es immer mehr so Züge annahm, wo ich denke, wo ich gedacht habe, genau so soll es sein.

Während Dorothea mit den Worten „so soll es sein“ zunächst eher den Gesamtverlauf der kirchlichen Trauung positiv beschreibt, bezieht Jan den Ausdruck unmittelbar anschließend auf die Person des Pfarrers, den das

Paar im Vorfeld nicht persönlich kannte und auch nicht bewusst ausgewählt hatte. Bei der dem Gespräch vorausgehenden Terminvereinbarung stellte sich heraus, dass Dorothea und Jan dem Pfarrer (ohne ihm jedoch als Amtsträger vorgestellt zu werden) bereits bei einem privaten Verkauf begegnet waren. Diese Koinzidenz deutet das Paar mit den Worten „das soll auch alles so sein" (8-M-636) als eine Art schicksalhafte Fügung und verweist dadurch auf die (in nahezu allen Interviews wahrnehmbare) hohe Relevanz der pastoralen Rolle im Kontext der eigenen Sinnzuschreibungen zu der kirchlichen Trauung.

Während also zum einen aus dem positiven Eindruck des Traugesprächs optimistische Erwartungen hinsichtlich des Traugottesdienstes resultieren, rekonstruieren viele der interviewten Paare zum anderen Rückbezüge des Traugottesdienstes auf das Traugespräch und verbinden diese Verknüpfungen wiederum mit der Qualifizierung des liturgischen Geschehens als „persönlich". So ruft gerade die Aufnahme von Details der im Traugespräch thematisierten Beziehungsgeschichte des Paares in der Traupredigt einerseits das kommunikative (als „persönlich" empfundene) Geschehen des Traugesprächs wieder in Erinnerung, andererseits verbindet sich mit diesem Gestaltungselement in der Wahrnehmung der Paare auch die Gewissheit, dass der Traugottesdienst durch die Pfarrperson individuell vorbereitet wurde und auf ihre spezielle Lebensgeschichte bezogen, also „persönlich" ist.[410] Diesen Effekt schildert Markus nachdrücklich aus der Berufsperspektive eines Bestatters:

> Markus (6-M-938): Also, wie gesagt, aus meiner beruflichen Sicht habe ich ja schon einige Pastoren reden hören und da kann man ja eigentlich sagen, dass sich so Trauerfeiern und Trauungen so fast, ja nicht identisch sind, aber vom Ablauf her eigentlich so gleich. Man macht es nur so einmal. Also bei einer Beerdigung auf jeden Fall und bei einer Trauung sollte man es auch nur einmal im Leben machen. Und äh da kam und da habe ich vieles schon bei Trauerfeiern gehört, wo man sagt „Mensch, die Rede hat doch der vor 20, vor 2 Tagen schon mal gehalten, da sind ja bloß die Namen gewechselt worden". Und bei dem Pfarrer Loepel war das so, man hat genau gewusst, der meint nur uns. Die Rede oder die Zeremonie kann der nie wieder auf jemand anders münzen äh, äh unsere Trennung hat der grob mit eingebaut, äh, äh die acht Jahre in H., äh das ganze Drunter und Drüber und so, da hat man so gemerkt „okay, der meint jetzt nur uns."

Deutlich wird hier neben der hohen Relevanz, die der individuellen Gestaltung zugeschrieben wird, auch, dass der Effekt „der meint jetzt nur uns"

---

[410] Zu weiteren Ergebnissen bezüglich der Rekonstruktionen der Traupredigt vgl. Kap. 5.6 „Rekonstruktionen des liturgischen Geschehens".

auf der Ebene der rhetorischen Gestaltung durch eher schlichte Rückbezüge auf die Beziehungsgeschichte („unsere Trennung", „die acht Jahre in H.") erreicht wurde, ohne dass also eine auffallende Extravaganz des Ablaufs oder Inhalts notwendig gewesen wäre.

Derartige Rückbezüge des Traugottesdienstes auf Inhalte des Traugesprächs lassen auf der Ebene der retrospektiven Deutung der pastoralen Rolle wiederum das im Traugespräch wahrgenommene Interesse der Pfarrperson an den persönlichen Geschichten des Paares als besonders aufmerksam und dadurch authentisch erscheinen. Die detailgetreue Wiedergabe paarspezifischer Besonderheiten in der Predigt lässt sich aus dieser Perspektive als eine Art Beglaubigung des wahrhaftigen Interesses der Pfarrperson an der Lebensgeschichte des Paares deuten.

> Wilko (5-M-393): Toll fand ich sehr viele Aussagen, nachher auch, einige überraschende, dann, äh, ja im Gottesdienst dann wieder kamen.
> Interviewer: Ja, ja.
> Wilko: In der Predigt einen, in der Predigt, also im äh Gottesdienst dann vorgetragen bekamen und man erkannte sich dann auf einmal wieder und hatte wirklich einige Äußerungen, ähm, mit denen man jetzt gar nicht so gerechnet hatte und tja das war sehr nett, sehr, ja.

Während der Zusammenhang zwischen Traugespräch und Traugottesdienst hinsichtlich der pastoralen Rolle also wie dargestellt grundsätzlich überwiegend als lineare Fortsetzung und Bestätigung rekonstruiert wird, zeigt Wilkos Äußerung doch auch ein Element der (positiven) Überraschung, nämlich die pastorale Interpretation der im Traugespräch thematisierten Beziehungsgeschichte anhand von Details, „mit denen man jetzt gar nicht so gerechnet hatte".

So zeigt sich in allen Interviews ein den dargestellten individuellen Akzentuierungen der Rekonstruktionen zugrunde liegendes Muster: Die Wahrnehmung der pastoralen Rolle im Kontext des Traugottesdienstes wird von den interviewten Paaren in starker Abhängigkeit von der Wahrnehmung der Pfarrperson im Traugespräch rekonstruiert. Wenn dieser (häufig erste ausgiebige) Kontakt positiv („interessiert", „angenehm", „warm") erlebt wurde, wird auch die Wirkung der Pfarrperson im Traugottesdienst als „sympathisch" und „persönlich" beschrieben. Diese Wirkung schildern die Paare durchgängig nicht im Zusammenhang mit extravaganten, individuelle Gestaltung explizit markierenden Elementen, sondern überwiegend im Kontext des agendarisch standardisierten Ablaufs eines lutherischen Traugottesdienstes.

Diese Beobachtungen legen die Schlussfolgerung nahe, dass vor allem der als „persönlich" wahrgenommene Kontakt zu der Pfarrperson während des Traugesprächs den Paaren eine Rekonstruktion ihrer Trauung als

„wirklich für uns gemacht“ (3-M-768) ermöglicht, da hier die entscheidenden Wahrnehmungseinstellungen vollzogen werden, die maßgeblichen Einfluss auf die weitere Deutung der kirchlichen Trauung ausüben. Die in den Interviews von den Brautpaaren durchgängig rekonstruierte Selbstwahrnehmung im Traugottesdienst als „sehr aufgeregt“ (8-F-655) deutet zudem auf die anlassbedingt limitierte Aufnahmefähigkeit der Paare hin und trägt vermutlich mit dazu bei, die Wahrnehmung der pastoralen Rolle primär von den vorgängigen Erfahrungen des Traugesprächs ausgehend zu deuten.

In sämtlichen Interviews wird das Traugespräch individuell akzentuiert als positive Begegnung rekonstruiert,[411] so dass die Frage, welche Konsequenzen ein negativ bewertetes Gespräch für die Wahrnehmung des Traugottesdienstes hätte, offen bleiben muss. Angesichts der im Bereich positiver Wahrnehmungen der pastoralen Rolle zu konstatierenden Abhängigkeit der Deutungen des Traugottesdienstes von denen des Traugesprächs wäre zu vermuten, dass das Fehlen eines als „persönlich“ gedeuteten Kontakts zu der Pfarrperson im Vorfeld der Trauung einer Deutung des folgenden Traugottesdienstes als „unpersönlich“ oder „austauschbar“ analog zu den gängigen Rekonstruktionsmustern der standesamtlichen Trauung[412] zumindest Vorschub leisten würde.

V. 4. 3 Praktisch-theologische Deutungen

Bislang ergab sich aus der Analyse der durchgeführten Interviews hinsichtlich der Qualifizierung der pastoralen Rolle als „persönlich“ ein mehrdimensionales Bild: „Persönlich“ wirkt die Pfarrperson in der Wahrnehmung der Paare zum einen dadurch, dass sie den Brautleuten glaubhaft den Eindruck vermittelt, sie in ihrer individuellen lebensgeschichtlichen Situation (zu der im Kontext der kirchlichen Trauung neben der Beziehungsgeschichte des Paares unter anderem auch den Traugottesdienst betreffende Gestaltungswünsche gehören können) offen und zugewandt („man interessierte sich für uns und warum wir das tun“, 8-F-628) wahrzunehmen und zu begleiten. „Persönlich“ wirkt die pastorale Rolle in Traugesprächen und Traugottesdiensten zum anderen dadurch, dass sich

---

[411] Die Homogenität dieses Befundes vermag angesichts der (unter anderem in dieser Hinsicht) stabilen Werte in den vier Kirchenmitgliedschaftsuntersuchungen nicht zu überraschen, denen zufolge regelmäßig ca. 90% der Befragten mit einem „guten“ oder sogar „sehr guten“ Eindruck aus der persönlichen Begegnung mit der Pfarrerin oder dem Pfarrer gehen; vgl. zuletzt Huber u. a. (2006) 451.

[412] Vgl. die Darstellung in Kap. 5.3.2 „Die standesamtliche Trauung – Muster der Rekonstruktion“.

die Pfarrerin bzw. der Pfarrer partiell auch selbst als Person mit einer individuellen Lebensgeschichte (zu der beispielsweise die Erfahrung einer Ehescheidung gehören kann) erkennbar macht. Dazu sind – so machen es die Ergebnisse der Interviewanalysen deutlich – keine umfassenden Einblicke in das pastorale Privatleben von Nöten, sondern es reichen bereits wenige Marker aus, um in der Wahrnehmung der Paare als Person sichtbar zu sein. Als liturgische Haftpunkte dieser partiellen Sichtbarkeit werden vornehmlich das Traugespräch und zuweilen die Traupredigt rekonstruiert. Die Wirkung, die der pastoralen Rolle an diesen Orten zugeschrieben wird, strahlt auf das gesamte Geschehen im Kontext der kirchlichen Trauung aus und lässt es in der verbreiteten retrospektiven Deutung als durchgängig „persönlich" erscheinen.

Wie oben dargestellt, steht diese Deutung der pastoralen Rolle in engem Zusammenhang mit den spezifischen (häufig negativ konnotierten) Vorerwartungen der Brautpaare, ohne jedoch aus dieser Perspektive bereits ausreichend differenziert wahrnehmbar zu sein. Möglicherweise deutet nämlich die Qualifizierung des Geschehens als „persönlich" auf ein Spezifikum pastoralen Wirkens hin, das sich aus praktisch-theologischer Sicht näher entfalten (5.4.3.1) und auf ein Verständnis der kirchlichen Trauung als öffentlicher Inszenierung einer wechselseitigen Selbstfestlegung beziehen sowie hinsichtlich seiner Bedingungen im Kontext der kirchlichen Trauung konkretisieren lässt (5.4.3.2).

V. 4. 3. 1 *Pastorales Wirken zwischen Individuum und Person*

Bereits bei der ersten Kirchenmitgliedschaftsuntersuchung (1972) fiel auf, dass die durchweg positiven Bewertungen, die der pastoralen Rolle zugeschrieben wurden (und – wie alle folgenden Untersuchungen bestätigten – weiterhin werden[413]) in scheinbarem Widerspruch zu der Tatsache stehen, dass nicht einmal die Hälfte der Befragten für diese Beurteilung auf einen persönlichen Kontakt mit ihrem Gemeindepfarrer zurückgreifen konnte. M. a. W.: Die Erwartungen an Pfarrerinnen und Pfarrer erscheinen als relativ unabhängig von den konkreten Beziehungen der Kirchenmitglieder zu ihnen.

Ausgehend von dieser Beobachtung kam die Auswertung der Untersuchung zu der Schlussfolgerung, dass die Zustimmung der Kirchenmitglieder sich primär auf die Person des Pfarrers bezöge und weniger auf sein berufliches Handeln, dass die Zustimmung jedoch „natürlich nicht den

---

[413] Vgl. HUBER U. A. (2006) 450.

Personen als Individuen, sondern Personen als Pfarrern“[414] gelte. Deshalb sei vor allem die personale Präsenz des Pfarrers an relevanten Lebensübergängen, nicht jedoch die individuelle berufliche Kompetenz entscheidend für die positive Wahrnehmung der Pfarrperson.

Eine instruktive Perspektive für die differenzierte Wahrnehmung dieses Spezifikums pastoraler Wirksamkeit stellte jüngst Jan Hermelink vor.[415] Ausgehend von der Unterscheidung zwischen Individuum und Person der Pfarrerin bzw. des Pfarrers stellt er fest, dass die Pfarrperson innerhalb der von den Kirchenmitgliedern an sie herangetragenen Rollenerwartung persönlicher Anwesenheit an relevanten Lebensübergängen in der individuellen Gestaltung dieser Rolle solange weitgehend frei agieren könne, wie sie „bei Kasualien, auch in seelsorgerlichen Gesprächen als Person anwesend und erkennbar“[416] sei. Wichtig für die pastorale Wirkung sei demnach weniger die Art und Weise, wie die einzelne Pfarrperson ihre Rolle individuell ausfülle, sondern vor allem der Anschluss an die auf personale Präsenz abhebende allgemeine Rollenerwartung, die von der Mehrheit der Kirchenmitglieder an die Pfarrerin bzw. den Pfarrer herangetragen werde.

Gerade diese Erwartung der personalen Anwesenheit und Erkennbarkeit lässt sich gut mit den dargestellten Interviewäußerungen zur „persönlichen“ Wirkung der Pfarrerin bzw. des Pfarrers vermitteln und soll im Folgenden näher betrachtet werden. Hermelink verweist in diesem Zusammenhang auf den darstellenden, repräsentativen Charakter des pastoralen Wirkens (entsprechen doch die Erwartungen an die Pfarrpersonen genau denen an die Kirche im Ganzen) und greift damit zurück auf Langes Beschreibung der pastoralen Profession als Darstellungskunst: „Der Pfarrer [...] ist ein Darsteller. In allem, was er tut – und bis zu einem gewissen Grad unabhängig von der Qualität seines Tuns an sich selbst –, stellt er die wirksame Präsenz der religiös-moralischen Tradition dar und her“[417].

Auf die bleibende Aktualität dieser Beschreibung verweisen unter anderem die hohen Zustimmungswerte, die der Satz „Die Pfarrerinnen und Pfarrer sollen auch in ihrem Lebenswandel ein Vorbild für die Gemeinde sein“ in der jüngsten Kirchenmitgliedschaftsuntersuchung (2002) relativ

---

[414] Hild (1974) 69.

[415] Vgl. Hermelink (2008).

[416] Hermelink (2008) 391.

[417] Lange, E. (1982): Die Schwierigkeit, Pfarrer zu sein (1973), in ders.: Predigen als Beruf, München, 158.

unabhängig von dem Alter oder Lebensstil der Befragten erhielt.[418] Wenn nun aber Vorbild-lichkeit gerade nicht im direkten Kontakt mit einer Pfarrerin bzw. einem Pfarrer erlebt und überprüft werden muss,[419] stellt sich die Frage, wie sich die pastorale Vorbildfunktion aus der Sicht der Kirchenmitglieder anders be-schreiben ließe. Hermelink nähert sich der Frage über den Begriff der „per-sönlichen Glaubwürdigkeit"[420] und verweist zur Konkretisierung auf die im Rahmen der dritten Kirchenmitgliedschaftsuntersuchung (1992) durch-geführten Interviews und deren pastoraltheologische Auswertung,[421] die eine Deutung der pastoralen Wirksamkeit als Vorbild im Sinne einer über-zeugenden und integren Lebensführung wahrscheinlich machen: „Jenseits allen Tuns soll die Pfarrerin etwas „ausstrahlen", sie soll – in ihrer Person und durch diese hindurch – etwas ‚ganz Anderes', jenseitig Entzogenes darstellen."[422]

Diese Dimension pastoraler Wirksamkeit lässt sich nun im Kontext der kirchlichen Trauung weiter konkretisieren und erhellt zugleich die dargestellten Wahrnehmungen der interviewten Paare zur „persönlichen" Wirkung der Pfarrerin bzw. des Pfarrers im Rahmen des Traugesprächs und des Traugottesdienstes: Bedeutsam für die pastorale Wirksamkeit im Kontext der kirchlichen Trauung ist in der Wahrnehmung der Paare nicht allein das jeweilige liturgische Handeln der Pfarrperson, sondern ebenso die Inszenierung persönlicher Glaubwürdigkeit im Traugespräch und im Traugottesdienst, die für die spezifische Qualität des Geschehens überhaupt erst konstitutiv ist. Entscheidend ist zuweilen weniger, was die Pfar-

---

[418] Vgl. Schulz, C. (2006): Lebensstile in der Kirche: Erwartungen, Beheimatung, Beteiligung, in: Hermelink, J. u. a. (Hg.): Kirche in der Vielfalt der Lebensbezüge. Die vierte EKD-Erhebung über Kirchenmitgliedschaft. Bd. 2: Analysen zur Gruppendiskussion und Erzählinterviews, Gütersloh, 53.

[419] Schulz (2006) 54 stellt fest, dass es bei den Konstruktionen von pastoraler Vorbildlichkeit „nicht um ein im eigenen Kontakt überprüfbares lebenspraktisches Verhalten realer Personen, sondern um ein Bild vom Pfarramt und seine Bedeutung als Symbol für die Kirche" gehe. Insofern dürfte die Vermutung, dass durch die Zuschreibung von Vorbildlichkeit moralische Ansprüche, die zu erfüllen den Kirchenmitgliedern selbst nicht möglich sei, auf die Pfarrperson projiziert würden, nicht zutreffen.

[420] Hermelink (2008) 402.

[421] Vgl. Stahlberg, T. (2000): Professionelle Seelsorger und volkskirchliche Religionsbeamte. Narrative Perspektiven auf einen Berufsstand, in: Matthes, J. (Hg.): Fremde Heimat Kirche – Erkundungsgänge. Beiträge und Kommentare zur dritten EKD-Erhebung über Kirchenmitgliedschaft, Gütersloh, 233-260.

[422] Hermelink (2008) 402.

rerin sagt oder tut, sondern wie sie wirkt. Entspricht nämlich die Wirkung den von außen an sie herangetragenen Erwartungen – wirkt sie also „persönlich" –, so werden selbst wenig anschlussfähige Aussagen und Verhaltensweisen von den Paaren positiv gedeutet.

Hier zeigt sich noch einmal ein Spezifikum des bereits dargestellten Inszenierungsverständnisses, nach dem alle an der Inszenierung Beteiligten über Gestalt und Gehalt der Inszenierung mitbestimmen und also zu einer als gelungen empfundenen Darstellung pastoraler Authentizität beitragen.[423] Ähnlich wie bei der Inszenierung des Traugottesdienstes entwickelt sich auch im Kontext des Traugesprächs die Aufführung erst in der Interaktion der direkt und indirekt Beteiligten und erweist sich auf diese Weise als performativer Prozess. So erlebten Sandra und Markus den Pfarrer als einen „Mann, der schon seine Eigenarten hat" (6-F-830) und beziehen diese Aussagen ausdrücklich auch auf den letzten Teil des Traugesprächs, in dem der Pfarrer durch einen ca. 60 Minuten währenden Monolog bei Markus die Wirkung „ab jetzt nur noch nicken, ich komm nicht mehr mit" (6-M-843) erzielte. Nicht trotz, sondern gerade wegen dieser (und vermutlich weiterer) „Eigenarten", die den Pfarrer als Person sichtbar werden lassen, wirkt er aber retrospektiv persönlich glaubwürdig auf das Paar, was entscheidend zu einer positiven Gesamtdeutung des Gesprächs beiträgt.[424]

V. 4. 3. 2 *Pastorale Präsenz im Kontext der kirchlichen Trauung*

Hat die Pfarrerin als Darstellerin also sowohl im Traugespräch als auch im Traugottesdienst eine Rolle zu spielen, die sie „persönlich" wirken lässt (aber eben eine Rolle ist), so stellt sich die Frage, ob nicht ein fundamentaler Widerspruch besteht zwischen der Darstellung einer Rolle und der Erwartung persönlicher Glaubwürdigkeit oder – anders ausgedrückt – ob und wie sich pastorale Authentizität im Rahmen einer Inszenierung vermitteln lässt. Zudem ist zu bedenken, welche Anschlussmöglichkeiten sich in diesem Zusammenhang an die von der Mehrheit der Kirchenmitglieder (s. o.) geäußerte Erwartung „personaler Präsenz" im Kontext lebensgeschichtlicher Übergänge ergeben.

Die Dichotomie zwischen der reinen Verkörperung einer professionellen Berufsrolle auf der einen Seite und dem Auftritt als vollkommen individuell-authentische Privatperson erweist sich bei näherer Betrachtung als

---

[423] Vgl. Kap. 5.1.5 „Kirchliche Trauung als performative Inszenierung".

[424] Vgl. die Einzelfalldarstellung „Sandra und Markus", bes. Kap. 4.3.2.4 „Vorbereitung der kirchlichen Trauung".

Scheinalternative und wurde unter anderen bereits von Fulbert Steffensky als solche entlarvt.[425] Dabei karikiert er gerade die zweite Position in ihrer Tendenz zu Intimitätstyrannei und Sympathieerpressung: „Wir sind unsere eigene Regel. Je individueller wir vorkommen, um so authentischer sind wir. Wer wir morgen sind, wissen wir noch nicht genau, und darum erwartet von uns morgen nicht den gleichen Gottesdienst, das gleiche Verhalten und die gleichen Regeln – wir leben im Augenblick. [...] Alles wollen wir bewusst machen, darum reden wir. Ohne Bewusstheit gibt es kein Leben. Authentisch sind wir, wenn wir mit uns selber übereinstimmen."[426]

Zur Auflösung dieser Scheinalternative lässt sich der Begriff der „Präsenz" heranziehen,[427] der (im Zuge der verstärkten theologischen Rezeption theaterwissenschaftlicher Überlegungen[428]) aus seinen ursprünglichen, schauspieltheoretischen Bezügen heraus Anfang der 1990er Jahre maßgeblich von dem Schauspieler Thomas Kabel für das Training der praktischen Gestaltung von Gottesdiensten fruchtbar gemacht und fortan unter der Bezeichnung „Liturgische Präsenz" geläufig wurde. Während Kabel selbst den Begriff „Präsenz" nicht näher definiert oder theoretisch durchdringt,[429]

---

[425] Vgl. STEFFENSKY, F. (2000): Was ist liturgische Authentizität? in: PTh 89, 105–116.

[426] STEFFENSKY (2000) 106.

[427] Seit der performativen Wende in der Theaterwissenschaft Anfang der 1990er Jahre (vgl. Kap. 5.1.5 „Kirchliche Trauung als performative Inszenierung") wird die Aufführung nicht mehr in erster Linie als lesbarer Zeichenzusammenhang verstanden, sondern als lebendiger Interaktionszusammenhang, der im Hier und Jetzt der Theateraufführung eine eigene Wirklichkeit hervorbringt. Dabei avancierte der Präsenzbegriff zu einem der Leitbegriffe theaterwissenschaftlichen Denkens und fand in unterschiedlichen Akzentuierungen Eingang in die Konzeptionen z. B. von Paul Valéry und Peter Brook. Der Theaterforscher und Regisseur Eugenio Barba verwendet dagegen den Begriff der Prä-Expressivität, um den in theatertheoretischen Reflexionen gängigen, aber schwer fassbaren Präsenzbegriff zu umschreiben: Unter präexpressivem performativem Verhalten versteht Barba Körpertechniken, die noch keine kulturelle Semantisierung und Spezifizierung erfahren haben, sondern statt dessen durch physiologische Faktoren wie Gewicht, Balance und Position dazu beitragen, eine Energiebündelung zu erzeugen, mit der die Aufmerksamkeit der Zuschauer auf den Darsteller gelenkt wird, ohne dass „überhaupt irgendeine Art von Botschaft" übermittelt wird; BARBA, E. (1996): „Was ist Theateranthropologie?", in: Flamboyant. Schriften zum Theater. Heft 3: Das Lernen lernen. ISTA Internationale Schule für Theateranthropologie, 15.

[428] Zur praktisch-theologischen Rezeption unterschiedlicher theaterwissenschaftlicher Ansätze vgl. den Überblick in Kap. 5.1.5 „Kirchliche Trauung als performative Inszenierung".

[429] Seine schriftlichen Äußerungen bieten jedenfalls keine Hinweise darauf; vgl. KABEL, T. (2002): Handbuch Liturgische Präsenz. Zur praktischen Inszenierung des

unternahm Michael Meyer-Blanck 1997 den Versuch einer praktisch-theologischen Reflexion durch die Rezeption der schauspieltheoretischen Ansätze Stanislawskis und Strasbergs.[430]

Präsenz versteht er als „durch das Bewusstsein des Inszenatorischen gebrochene Authentizität."[431] Insofern ist Präsenz also gerade nicht als Gegensatz zum Charakter der kirchlichen Trauung als öffentlicher Inszenierung zu interpretieren, sondern als deren personale Dimension. Denn um im liturgischen Kontext des Traugottesdienstes wahrhaft präsent zu sein, ist eine innere Haltung notwendig, die sich als eigentümliche Mischung im Spannungsfeld von Rolle und Individualität darstellt: Die Pfarrperson muss sich einerseits bewusst als Teil der Inszenierung verstehen, um sich andererseits zugleich authentisch dem Moment hingeben zu können. „Liturgisch präsent ist, wer seine Rolle als Liturg annimmt, von seiner Rolle weiß und sie gleichzeitig vergessen kann."[432]

Gerade der scheinbare Widerspruch zwischen der Darstellung einer Rolle im Bewusstsein der Inszenierung und der pastoralen Glaubwürdigkeit im Sinne persönlich zugewandter Authentizität ist demnach konstitutiv für eine Form der Präsenz, in der eben nicht die eigene Person dargestellt und in Szene gesetzt wird,[433] sondern in der die mit der eigenen Rolle

---

Gottesdienstes, Bd. 1, Gütersloh.; KABEL, T. (2007): Handbuch Liturgische Präsenz. Zur praktischen Inszenierung des Kasualien, Bd. 2, Gütersloh. sowie WÖLLENSTEIN, H. (Hg.) (2002): Werkbuch Liturgische Präsenz nach Thomas Kabel, Gütersloh.

[430] Vgl. MEYER-BLANCK (1997); vgl. auch den von Meyer-Blanck verantworteten Abschnitt „Liturgische Rollen" in SCHMIDT-LAUBER, H.-C./MEYER-BLANCK, M. U. A. (HG.) (2003): Handbuch der Liturgik. Liturgiewissenschaften in Theologie und Praxis der Kirche, Göttingen, 778-786.

[431] MEYER-BLANCK (1997) 12.

[432] MEYER-BLANCK (1997) 14. Eine ähnliche Konstruktion inszenatorisch gebrochener Authentizität wird in Riaz' Äußerungen zur Gestaltung des Trauversprechens erkennbar. Präsenz im Sinne der Annahme einer Rolle, die die eigene Individualität übersteigt und zugleich persönlich auszufüllen ist, kennzeichnet insofern auch für die Brautpaare und die gesamte Gemeinde den möglichen Zustand der Teilhabe an dem inszenierten Geschehen der Trauung; vgl. Kap. 5.5.3.2 „Empirische Wahrnehmungen zur Gestaltung des Versprechens".

[433] Vgl. dazu STANISLAWSKIS Warnung: „Es gibt Schauspieler, ... die so sehr in sich verliebt sind, daß sie immer und überall nicht die von ihnen zu schaffenden Gestalten, sondern die eigene Person darstellen, an der sie bewußt festhalten. Ohne ihre eigene Person existiert für sie weder die Bühne noch die jeweilige Rolle"; Stanislawski (1987) 153. Stanislawski unterscheidet demzufolge Schauspieler, die sich in der Kunst lieben und diese Liebe vom Publikum bestätigt wissen wollen, von den echten Künstlern des Erlebens, die die Kunst in sich lieben. In der Ästhetik Stanislawskis taucht denn auch die Irritation der religiösen Inszenierung als ein theatralisches

verbundene Aufgabe im Rahmen der Inszenierung als eine persönlich zu gestaltende verstanden und angenommen wird. Dabei ist – analog zu den Ausführungen zum Verständnis der kirchlichen Trauung als öffentlicher Inszenierung (Kap. 5.1.5) – zwischen der Präsenz im theatralen Sinne und pastoraler Präsenz zu differenzieren: Während Schauspieler vorwiegend auf einer Bühne vor Publikum interagieren und sich dabei zuschauen lassen, siedelt sich liturgische Präsenz in der Gemeinde an und versammelt auf diese Weise alle Anwesenden auf der Bühne.

Wird Präsenz also verstanden als rollenbezogenes, rollenbewusstes und zugleich kommunikationsbezogenes Agieren[434] in der öffentlichen Darstellung (z. B. des Traugottesdienstes), dann legt sich aus dieser Perspektive die Schlussfolgerung nahe, dass Momente einer im oben dargestellten Sinne gelungenen Präsenz mit den Wahrnehmungen der interviewten Paare zum „persönlichen" Auftreten der Pfarrperson und zur „persönlichen Atmosphäre" des Traugesprächs und des Traugottesdienstes korrespondieren. Dabei findet sich das Phänomen der Präsenz in unterschiedlichen pastoralen Tätigkeitsfeldern im Kontext der kirchlichen Trauung wieder, sei es als poimenische Präsenz in Vor- oder Nachgesprächen zur Trauung („man interessierte sich für uns und warum wir das tun", 8-F-628), sei es als homiletische Präsenz hinsichtlich der Traupredigt („die Rede kann der nie wieder auf jemand anders münzen, 6-M-938), sei es als liturgische Präsenz bezogen auf die Durchführung des Traugottesdienstes („ich hatte den Eindruck so, das Ganze, was der Pastor erzählt oder die ganzen Abläufe ist wirklich für uns gemacht", 3-M-768).[435]

Insofern erscheint es angemessen, Kabels Begriff der „Liturgischen Präsenz" im Kontext der kirchlichen Trauung auszuweiten zur pastoraltheologischen Kategorie der pastoralen Präsenz und davon auszugehen,

---

Problem auf. Es geht um die Wahrhaftigkeit der szenischen Verkörperung: „Ohne diese Wahrhaftigkeit, ohne den Glauben an das, was auf der Bühne geschieht, werden alle logischen und folgerichtigen physischen Handlungen konventionell, das heißt, sie erzeugen eine Lüge, der man nicht glauben kann" (STANISLAWSKI, K. (1996): Die Arbeit des Schauspielers an sich selbst. Tagebuch eines Schülers, Berlin/Frankfurt a. M., 160); vgl. zu den pastoralästhetischen Implikationen der Schauspieltheorie Stanislawskis auch die ausführliche Darstellung bei FRIEDRICH, M. (2001): Liturgische Körper. Der Beitrag der Schauspieltheorie und -techniken für die Pastoralästhetik, Stuttgart, 52–117.

[434] Vgl. dazu BROOKS Forderung nach einer dreifachen Aufmerksamkeit des Schauspielers, die sich auf das eigene Innenleben, die Mitspieler und das Publikum gleichermaßen und gleichzeitig zu richten habe; vgl. BROOKS, P. (1994): Das offene Geheimnis. Gedanken über Schauspielerei und Theater, Frankfurt a. M., 52.

[435] Anwendungen des Präsenzbegriffs auf unterschiedliche pastorale Tätigkeitsfelder (z. B. Religionspädagogik) deutet auch MEYER-BLANCK (1997) 13 an.

dass die interviewten Paare eben diese Momente pastoraler Präsenz als inszenatorisch gebrochene Authentizität intensiv wahrnehmen und mit Hilfe der Qualifizierung „persönlich" rekonstruieren. Die im Diskurs über die Inszenierung religiöser Authentizität untergründig relevante Alternative zwischen ‚echt' und ‚künstlich' wird insofern entlarvt durch das Gespräch mit schauspieltheoretischen Ansätzen: Echtheit im Ausdruck ist nicht gleichzusetzen mit Unwissenheit und fehlendem inszenatorischen Gespür; umgekehrt führt professionelles Auftreten (als Seelsorger im Traugespräch oder als Liturgin im Traugottesdienst) nicht notwendig zu einem Verlust von Authentizität. Entscheidend ist sowohl aus schauspieltheoretischer Perspektive als auch in der Wahrnehmung der Brautpaare die Zugewandtheit der Inszenierung, die nicht die eigene Rolle zugunsten einer angeblich ‚wahren Authentizität' (die doch nur eine öffentliche Scheinintimität darstellt) verleugnet, die die Pfarrperson für jeden erkennbar tatsächlich spielt.

Dieser Sachverhalt wäre aus der Perspektive der Pfarrerinnen und Pfarrer weiter zu untersuchen hinsichtlich der Frage ihrer Selbstwahrnehmung und der sich daraus ergebenden Bezüge zu ihrer dargestellten „persönlichen" Außenwirkung. An dieser Stelle kann nur spekuliert werden, dass die bewusste Reflexion des eigenen Auftretens als pastorale Präsenz im Sinne inszenatorisch gebrochener Authentizität wohl keine notwendige Voraussetzung für eine von außen als „persönlich" wahrgenommene Interaktion darstellt, dass aber zwischen Selbst- und Außenwahrnehmung eine spezifische Wechselwirkung besteht.

V.4.4 Zusammenfassung

Positive Eindrücke von der kirchlichen Trauung werden regelmäßig mit dem Attribut „persönlich" belegt. Diese Qualifizierung bezieht sich dabei immer auch (und häufig sogar primär) auf die Rolle der Pfarrperson und den Kontakt des Paares zu ihr und zeigt sich weitgehend unabhängig davon, ob das Paar der Pfarrerin bzw. dem Pfarrer bereits vor dem Gespräch begegnet war.

Gerade in den Erzählungen zu den Vorgesprächen mit dem jeweiligen Pfarrer zeigt sich, dass mit dem Attribut „persönlich" eine große Spannbreite an Deutungen der pastoralen Rolle im Kontext der Trauung verbunden wird: Die Pfarrperson kann beispielsweise als herzliche Freundin, als intellektueller Gesprächspartner oder als professioneller Dienstleister wahrgenommen werden. Für die durchgängig positive Bewertung dieser unterschiedlichen Wahrnehmungen spielen Vorerwartungen zur pastoralen Rolle, die sich überwiegend in negativ konnotierten Phantasien („abgehoben", „inquisitorisch") äußern, eine relevante Rolle, sorgen sie doch aus der Perspektive der Brautpaare für positive Überraschungen.

Die Erzählungen zum Traugottesdienst zeigen sich wiederum durchgängig als eng auf die Rekonstruktionen des Traugesprächs bezogen und durch diese vorgeprägt, denn der Zusammenhang zwischen Traugespräch und Traugottesdienst wird von den interviewten Paaren ausschließlich im Sinne einer Bestätigung und liturgischen Konkretisierung des „persönlichen" Kontakts mit der Pfarrperson rekonstruiert. Aus dieser Perspektive erscheint die positiv gedeutete Erfahrung eines „persönlichen" Kontakts mit der Pfarrperson im Traugespräch als mindestens notwendige (und beinahe hinreichende) Voraussetzung für eine positive Deutung der Atmosphäre des sich anschließenden Traugottesdienstes. Zum einen führt der positive Eindruck eines „persönlichen" Gesprächs bei vielen zu einer an Gewissheit grenzenden Zuversicht im Blick auf den im Gespräch geplanten Traugottesdienst. Zum anderen rekonstruieren viele der interviewten Paare Rückbezüge des Traugottesdienstes auf das Traugespräch und verbinden diese Verknüpfungen wiederum mit der Qualifizierung des liturgischen Geschehens als „persönlich". So ruft gerade die Aufnahme von Details der im Traugespräch thematisierten Beziehungsgeschichte des Paares in der Traupredigt einerseits das kommunikative (als „persönlich" empfundene) Geschehen des Traugesprächs wieder in Erinnerung, andererseits verbindet sich mit diesem Gestaltungselement in der Wahrnehmung der Paare auch die Gewissheit, dass der Traugottesdienst durch die Pfarrperson individuell vorbereitet wurde und auf ihre spezielle Lebensgeschichte bezogen, also „persönlich" ist.

Die Qualifizierung der pastoralen Rolle als „persönlich" deutet dabei auf ein Spezifikum pastoralen Wirkens hin: Wichtig für die pastorale Wirkung ist anscheinend weniger die Art und Weise, wie die einzelne Pfarrperson ihre Rolle individuell ausfüllt, sondern vor allem der Anschluss an die auf personale Präsenz abhebende allgemeine Rollenerwartung, die von der Mehrheit der Kirchenmitglieder an die Pfarrerin bzw. den Pfarrer herangetragen wird. Im Kontext der kirchlichen Trauung ist in der Wahrnehmung der Paare nicht allein das jeweilige liturgische Handeln der Pfarrperson bedeutsam für eine „persönliche" Wirkung, sondern ebenso die Inszenierung persönlicher Glaubwürdigkeit im Traugespräch und im Traugottesdienst, die für die spezifische Qualität des Geschehens überhaupt erst konstitutiv ist.

Hierzu bedarf es einer Vermittlung zwischen der Darstellung einer Rolle und der Erwartung persönlicher Glaubwürdigkeit und also einer Antwort auf die Frage, ob und wie sich pastorale Authentizität im Rahmen einer Inszenierung vermitteln lässt. Zur Auflösung der Scheinalternative zwischen der reinen Verkörperung einer professionellen Berufsrolle auf der einen Seite und dem Auftritt als vollkommen individuell-authentische Privatperson lässt sich der Begriff der „Präsenz" heranziehen, der als durch das Bewusstsein des Inszenatorischen gebrochene Authentizität zu verstehen ist und insofern gerade nicht als Gegenpol zum Charakter der kirchlichen Trauung als öffentlicher Inszenierung zu interpretieren ist, sondern als deren personale Dimension. Gerade der scheinbare Widerspruch zwischen der Darstellung einer Rolle im Bewusstsein der Inszenierung und der pastoralen Glaubwürdigkeit im Sinne persönlich zugewandter Authentizität ist demnach konstitutiv für eine Form der Präsenz, in der eben nicht die eigene Person dargestellt und in Szene gesetzt wird, sondern in der die mit der eigenen Rolle verbundene Aufgabe im Rahmen der Inszenierung als eine persönlich zu gestaltende verstanden und angenommen wird. Aus dieser Perspektive legt sich die Schlussfolgerung nahe, dass Momente einer in diesem Sinne gelungenen pastoralen Präsenz mit den Wahrnehmungen der interviewten Paare zum „persönlichen" Auftreten der Pfarrperson und zur „persönlichen Atmosphäre" des Traugesprächs und des Traugottesdienstes korrespondieren.

V. 5 Deutungen der kirchlichen Trauung – Versprechen und Segen

V. 5. 1 Hinführung

In den Interviews zeigt sich durchgängig die hohe Relevanz des Trauversprechens und des Segens für die Eigentheorien der getrauten Paare. Beide Begriffe werden nicht nur im Rahmen der Erzählungen von der Entscheidung zur Inanspruchnahme der kirchlichen Trauung auffallend häufig genannt, sondern sie spielen auch als liturgische Haftpunkte für die Rekonstruktion sowohl der subjektiven Wahrnehmungen des Traugottesdienstes als auch der Hochzeit als umfassender Größe eine zentrale Rolle, die eingehender zu betrachten ist. Die Deutungen des Versprechens und des Segens werden dazu im Anschluss an knappe praktisch-theologische Vorüberlegungen (5.5.2) zunächst je für sich anhand der einschlägigen Interviewäußerungen erhoben (5.5.3/5.5.4), um in einem weiteren Schritt ihren wechselseitigen Zusammenhang beschreiben zu können (5.5.5).

V. 5. 2 Praktisch-theologische Vorüberlegungen

Der Segen fand in der systematisch-theologischen Forschung der vergangenen Jahrzehnte nur geringe Beachtung, einzig gegen Ende des 20. Jahrhunderts erschienen zeitgleich zwei einschlägige Monographien, die sich der dogmatischen Reflexion eines in der kirchlichen Praxis höchst virulenten Themas annahmen.[436] Auf diese Werke griff wenig später Wagner-Rau zurück, um die Bedeutung des Segens für die Praxis der von ihr als ‚Segensräume' bestimmten Kasualien zu entfalten.[437]

Grundsätzlich verweist der Akt des Segnens auf eine Beziehung in doppelter Hinsicht:[438] Zum einen entsteht durch die Segenshandlung eine Beziehung zwischen der segnenden und der gesegneten Person. In dieser Beziehung vermittelt sich jedoch zum anderen durch den Segen eine Beziehung zwischen Gott und Mensch, auf die der Segensakt primär ausgerichtet ist. Segnen stellt sich also als ein Beziehungsgeschehen dar, das sich zwischen drei Polen bewegt: Wer den Akt des Segnens vollzieht, wendet sich an ein menschliches Gegenüber, das den Segen empfängt, und verweist zugleich auf Gott als Quelle des Segens.

Eine nähere Beschreibung des Segens hat zwei Verkürzungen zu vermeiden: Gegen ein ‚magisches' Verständnis des Segens als performativer Handlung[439] formuliert Albrecht eine Segensvorstellung, nach der im liturgischen Vollzug des Segnens einzig die (durch den Pfarrer artikulierte) menschliche Bitte um Gottes Segen vorgetragen werde, während der wirkmächtige Vollzug des Segens allein Gott vorbehalten sei.[440] So verstanden ist der Segensakt die liturgische Darstellung der liebevollen Zuwendung Gottes und die Bitte um die Vermittlung an die Gesegneten. Hermelink weist aus liturgiewissenschaftlicher Perspektive auf eine weitere, subjektivistisch zu nennende Verkürzung hin, die dem Segen nur diejenige Bedeutung zukommen lässt, die ihm von einem Subjekt individuell und aktuell zugeschrieben wird: „Wer den Segen in diesem Rahmen wei-

---

[436] Vgl. Frettlöh, M. (1998): Theologie des Segens. Biblische und dogmatische Wahrnehmungen, Gütersloh. und Greiner, G. (1998): Segen und Segnen. Eine systematisch-theologische Grundlegung, Stuttgart. Während Frettlöhs Darstellung den Schwerpunkt vor allem auf die biblische Theologie und den jüdisch-christlichen Dialog legt, sucht Greiner stärker den Anschluss zur Praktischen Theologie und den Humanwissenschaften.

[437] Vgl. Wagner-Rau (2008). Der Begriff des Raumes wird von Wagner-Rau primär im psychoanalytischen Sinne des intermediären Raumes verstanden. Zur segenstheologischen Deutung der Kasualien vgl. Kap. 2.2.1 „Die Frage des theologischen Deutungshorizonts".

[438] Vgl. zum Folgenden Wagner-Rau (2008) 165–182.

[439] Vgl. z. B. Fechtner (2003) 52.

[440] Vgl. Albrecht (2006) 164. Bereits im Protestantismus des 17. Jahrhunderts trat der Segenswunsch ganz in den Vordergrund, um ein magisches Verständnis auszuschließen; vgl. Cornelius-Bundschuh, J. (2000): Art. Segen/Segen und Fluch VI. Praktisch-theologisch, TRE 31, 94.

tergibt, handelt nicht allein aus persönlicher Vollmacht, und erst recht nicht aus eigener theologischer Einsicht. Als Agentin der liturgischen Ordnung segnet die Einzelne vielmehr im Auftrag einer kirchlichen Gemeinschaft und einer Tradition, die weiter reicht und wohl auch klüger ist als sie selbst.“[441]

Zur Abwehr beider Verkürzungen leistet Meyer-Blancks semiotische Betrachtung des Segens einen instruktiven Beitrag. Als religiöses Zeichen ist der Segen (wie jedes Zeichen) als ein dreistelliges zu bestimmen: Ein Erster (der Segnende) kommuniziert mit einem Zweiten (dem Gesegneten) etwas Drittes (die Segensrealität der kirchlichen Gemeinschaft). Die Bedeutung des Segens liegt darin, „dass für die diesen Zeichenprozess Verstehenden im Zeichen das geschieht, worauf das Zeichen verweist, *im* Zeichen, nicht *ohne* das Zeichen, aber über den aktuellen Vollzug des Zeichens hinaus“[442]. Denn in einem dreistelligen Zeichen bezieht sich das Subjekt jeweils auf eine die eigene Wirklichkeit überschreitende Wirklichkeit, die vom Zeichen repräsentiert wird. Aus dieser Perspektive lässt sich der Akt des Segnens als perlokutionärer Sprechakt verstehen, geschieht doch im Sprechakt des Segnens etwas über diesen Sprechakt Hinausgehendes, das sich als seine Wirkung beschreiben lässt.[443]

Mögliche Wirkungen des Segens zeigen sich in zweifacher Dimension: Einerseits sind sie erkennbar in allem, was das tägliche Leben in seinen materiellen und sozialen Grundlagen stärkt und schützt. Andererseits zeigt sich Segen als das Versprechen göttlicher Zuwendung in Lebenssituationen, in denen nicht der Dank für gute Gaben, sondern der Zweifel an der Fortdauer der Zuwendung im Vordergrund steht. Diese Differenzierung des Segens gründet sich in Luthers Unterscheidung zwischen ‚leiblichem‘ und ‚geistlichem‘ Segen.[444] Gerade die geistliche Dimension des Segens entfaltet Luther als Begegnung des Gesegneten mit dem rechtfertigenden Wort Gottes selbst und also als geistliche Vergewisserung des Angefochte-

---

[441] HERMELINK, J. (2001): Das kirchliche Recht des Segens. Gewissheit und Verbindlichkeit im liturgischen Vollzug, PTh 90, 250.

[442] MEYER-BLANCK, M. (2003): Der Segen und das Schnabeltier, in: WzM 55, 323.

[443] Vgl. AUSTIN, J. (1979): Zur Theorie der Sprechakte (engl. 1962), Stuttgart. Ähnlich beschreibt Obermann (1998) den Segen aus neutestamentlicher Perspektive als ein Geschehen, „das Wirklichkeit aus sich heraus setzt“ OBERMANN, A. (1998): An Gottes Segen ist alles gelegen. Eine Untersuchung zum Segen im Neuen Testament, Neukirchen-Vluyn, 61.

[444] Vgl. zum Ganzen GREINER (1998) 211–249.

nen.[445] Beide Dimensionen des Segens spielen in der Wahrnehmung der Brautpaare eine individuell unterschiedlich akzentuierte Rolle.

In der Annäherung an die Perspektive der Brautpaare stellt sich die pastoraltheologisch relevante Frage, unter welchen Bedingungen der Segen von den Beteiligten als wirksamer Akt religiöser Kommunikation erlebt wird. Oder, in semiotischer Perspektive formuliert: Unter welchen Bedingungen werden die Beteiligten in die Lage versetzt, das zeichenhaft Repräsentierte in aktuellen und individuellen religiösen Interpretanten zu erschließen? Aus der Perspektive des Liturgen fragt Josuttis: „Wie macht man das: segnen? Wie wird man aus einem Theologen zu einem segnenden Menschen?"[446] Die notwendige pastorale Präparation umfasse vor allem tief greifende Prozesse der geistlichen Reinigung, um durchlässig zu werden für das Geschehen des Heils.[447] Das Konzept der liturgischen Präsenz versucht dagegen, die im Zuge der pastoralpsychologischen Wende geforderte liturgische Authentizität mit theaterwissenschaftlichen Erkenntnissen zu verbinden.[448] Angesichts einer solchen Konzentration auf die liturgische Segensfähigkeit des Pfarrers stellt sich jedoch die Frage nach der Rolle und der Wahrnehmung der gesegneten Paare umso vehementer.

Sowohl in sprechakttheoretischer als auch in praktisch-theologischer Perspektive ergeben sich von diesen Überlegungen Verbindungen zum Versprechen im Rahmen der kirchlichen Trauung, die Segen und Versprechen als aufeinander bezogene Akte erscheinen lassen.

Aus theologischer Perspektive weist Fopp darauf hin, dass auch der Segen „implizit gewisse ‚Versprechen' oder Verheißungen" integriere, „die bei den Beteiligten Hoffnungen auf Erfüllung wecken."[449] Diese Analogie ist jedoch nur als gebrochene zu beschreiben, um unangemessene Überhöhungen des Trauversprechens zu vermeiden. Hier bewährt sich Frettlöhs

---

[445] Vgl. Luthers Auslegung des Aaronitischen Segens von 1532: „Gott wolle sein Angesicht über uns erheben, das ist, das Licht seines werten Wortes in unserem Herzen gewaltig erhalten und darüber schweben lassen", damit wir „auch mitten in dem Kampf und Unruhe Frieden haben mögen" (WA 30 III 581). Luther, M. (1532): Der Segen, so man nach der Messe spricht über das Volk, aus dem vierten Buche Mosi, am 6. Capitel, WA 30 III, 572–582.

[446] Josuttis, U. (2000): Der Vielfalt gerecht werden. Von neu entwickelten und wiederentdeckten religiösen Ritualen, in: Lernort Gemeinde 18, 105.

[447] Vgl. Josuttis (2000) 313 f.

[448] Vgl. Kabel (2002).

[449] Fopp (2007) 371.

Differenzierung zwischen dem unbedingten Tatwortcharakter des göttlichen Segens und dem bedingten Tatwortcharakter des menschlichen Segnens:[450] Gottes Segen *wird* sich erfüllen, während die Erfüllung des durch menschlichen Mund und Hand vollzogene Segens nur durch die göttliche Verheißung versprochen ist. Insofern *kann* das menschliche Segnen eine segensreiche Wirkung entfalten. Diese Unterscheidung wahrt sowohl die Unverfügbarkeit des göttlichen Segens als auch die Unverfügbarkeit der Aneignung des Segens im Glauben des einzelnen.

In sprechakttheoretischer Perspektive erläutert Austin seine Unterscheidung der lokutionären, illokutionären und perlokutionären Dimension der Sprechakte vorzugsweise am Beispiel des Trauversprechens. Grundsätzlich lässt sich ein Versprechen als einseitige Zusage über eine zukünftige Handlung oder ein zukünftiges Ereignis beschreiben. Es findet zwischen mindestens zwei Personen statt, von denen mindestens eine das Versprechen abgibt, das an die andere(n) gerichtet ist. Das Versprechen ist aufgrund seiner Bezogenheit auf die Zukunft an das Vertrauensverhältnis beider Seiten und an die Situation seiner Abgabe gebunden. Die entscheidende Konsequenz eines Versprechens liegt in der Konstitution einer Verpflichtung, die an die sprachliche Äußerung des Versprechens gebunden ist. Das Zustandekommen der intendierten Verpflichtung ist an eine Reihe von Bedingungen geknüpft:[451] Es muss ein durch Konventionen geregeltes Verfahren mit einem bestimmten Ergebnis geben; zu dem Verfahren gehört, dass bestimmte Personen unter bestimmten Umständen bestimmte Wörter äußern. Die betroffenen Personen und Umstände müssen für die Berufung auf das besondere Verfahren passen, auf das sie sich berufen. Alle Beteiligten müssen das Verfahren korrekt und vollständig durchführen. Wenn das Verfahren der Festlegung eines der Teilnehmer auf ein bestimmtes späteres Verhalten dient, dann muss, wer am Verfahren teilnimmt und sich darauf beruft, die Absicht haben, sich so und nicht anders zu verhalten.

Im Rahmen der kirchlichen Trauung sind lebenslange Treue verbunden mit partnerschaftlicher Wertschätzung und gegenseitiger Verantwortung der Ehepartner füreinander entscheidende Eckpunkte des Versprechens, die aus den unterschiedlich akzentuierbaren christlichen Deutungen der Ehe erwachsen. So lässt sich das Trauversprechen als Absichtserklärung verstehen, deren Einhaltung jedoch durch unvorhersehbare Änderungen der Lebenssituation oder das Auseinanderfallen der partnerschaft-

---

[450] Vgl. Frettlöh (1998) 111 ff.

[451] Vgl. Austin (1979) 37.

lichen Gemeinschaft der Eheleute im Bewusstsein der Beteiligten angefochten und gefährdet ist.

In dieser Hinsicht wird deutlich, dass der Akt des Versprechens im Rahmen der Trauung in jeweils individuell akzentuierter Weise durch die Ambivalenz von Hoffnung und Zweifel geprägt ist. Daran schließt sich die Frage an, auf welchen Ebenen die Brautpaare das Zustandekommen der Verpflichtung im Kontext der kirchlichen Trauung verorten. Anzunehmen ist, dass der Orientierung an Konventionen, der Inszenierung von Öffentlichkeit sowie religiösen Aspekten eine spezifische Relevanz zugeschrieben wird. Dass für die aus einem ‚erfolgreichen' Versprechen resultierende Verpflichtung ein sozialer Bezug konstitutiv ist, zeigte bereits Wright und stellt fest, dass die Erfüllung eines Versprechens vor allem aufgrund sozialer Bezüge einen Wert für den Empfänger bedeutet.[452]

V. 5. 3 Das Trauversprechen

V. 5. 3. 1 *Hinführung*

Wird die kirchliche Trauung in der theologischen Forschung bislang wesentlich als Segensgottesdienst charakterisiert,[453] so lassen die in den vorliegenden Interviews wahrnehmbaren Eigentheorien der getrauten Paare durchgängig eine andere Schwerpunktsetzung erkennen, die das Verspre-

---

[452] Vgl. WRIGHT, G. (1962): On Promises, in: Theoria 28, 296. Zur Relevanz religiöser Grundierungen von Versprechen vgl. KOSLOWSKI, P. (1998): Wieviel Transzendenz brauchen Verträge und Versprechen? Über kleine, mittlere und große Transzendenzen im sozialen Tausch, in: Schenk, R. (Hg.): Kontinuität der Person. Zum Versprechen und Vertrauen, Stuttgart, 9-34.

[453] Vgl. z. B. LINDEMANN (1993) 220 ff., der den Segen als „zentrales religiöses Symbol" der Trauung bezeichnet. Das Verständnis der kirchlichen Trauung als Segensgottesdienst wurde im Zuge der allgemeinen Debatte um die Amtshandlungen seit den 1990er Jahren, vor allem aber im Kontext der Diskussion um die Segnung homosexueller Paare problematisiert. Einerseits wird die Trauung als Segenshandlung und Zuspruch von Gottes Geleit an einem lebensgeschichtlichen Übergang verstanden in dem Sinn, „dass eine solche Segenshandlung in einer Reihe von Segenshandlungen auf anderen Schwellen des Lebens steht" (Stuhlmann (1995) 499). Andererseits wird die Exklusivität der Institution Ehe und der konstitutive Bezug der kirchlichen Trauung auf die Eheschließung betont mit der Absicht, die Abgrenzung zwischen kirchlicher Trauung und anderen Segensgottesdiensten deutlicher zu markieren (Winkler (1995) 158). Unabhängig von der theologisch-ethischen Beurteilung homosexueller Partnerschaften (vgl. dazu den Überblick bei Keil/Haspel (2000)) ist festzuhalten, dass die Trauung als Segensraum im Sinne Wagner-Raus durchaus verschiedene Dimensionen (seien es private und öffentliche oder individuelle und allgemeine) des kirchlichen Segens zu integrieren vermag und insofern als Feier des Segens mit anderen Segensgottesdiensten zu vergleichen ist.

chen als zentralen Bestandteil des Traugottesdienstes markiert. Die eingehende Analyse der Interviews lässt in diesem Zusammenhang zwei Ebenen erkennen, auf denen Paare die Relevanz des Versprechens rekonstruieren:

Auf der Ebene des liturgischen Vollzugs wird regelmäßig die besonders aktive und exponierte Beteiligung des Paares an dieser Stelle des Gottesdienstablaufs genannt, die sich nicht nur auf den einmaligen Sprechakt und die damit verbundenen körperlichen Selbstwahrnehmungen während der Trauung bezieht, sondern bereits im Vorfeld (Absprachen im Traugespräch, Formulierung eines eigenen Versprechens, Repetition des Wortlauts) erfahrbar wird. Zusätzlich wird die Wahrnehmung vieler Paare an dieser Stelle durch die Fülle massenmedial vermittelter Vorbilder (die das Geschehen des Traugottesdienstes in der Regel auf den Moment des Versprechens reduzieren) und der dadurch suggerierten Relevanz geleitet.

Auf der Ebene der inhaltlichen Sinnzuschreibung spielen zum anderen lebensweltliche Hintergründe eine Rolle für diese Schwerpunktsetzung: Die Suche nach einer der Beziehung angemessenen Form des Trauversprechens nötigt zur genaueren Reflexion der Bedeutung der Institution Ehe und der Einstellung zum eigenen Partner. Die Verbindlichkeit der eingegangenen Beziehung wird im Akt des Versprechens besonders intensiv dargestellt und zugleich öffentlich demonstriert. Angesichts der generell abnehmenden Bereitschaft, sich dauerhaft festzulegen und zu binden,[454] ist hierin ein Grund für die zentrale Rolle des Trauversprechens im Erleben der Paare zu vermuten.[455] So verstanden lässt sich die Trauung aus der Sicht der Brautpaare wesentlich als öffentliche Inszenierung einer wechselseitigen Selbstfestlegung beschreiben, die das feierliche Versprechen der beiden Partner zur sinnlichen Darstellung bringt. Zusätzliche Brisanz erhält das Versprechen lebenslanger Treue angesichts der hohen Scheidungsrate und der damit einhergehenden gesellschaftlichen Normalität wiederholter Eheschließungen, die es geradezu als kontrafaktisch zur sozialen Realität der Beteiligten erscheinen lassen.

---

[454] Vgl. Kap. 2.2.4.1 „Relevante Veränderungen gesellschaftlicher Rahmenbedingungen“.

[455] In den Agenden der 1950er Jahre sind besonders die Traufragen entfaltet und als ein Bekenntnis zur spezifisch christlichen Eheführung (expliziert in den vorangehenden Lesungen und der Predigt) verstanden worden. Diese konfessorische Umdeutung der traditionellen Konsenserklärung der Eheleute wird im Erleben der meisten Paare nicht mit vollzogen und spielt somit für die hohe Relevanz der Traufragen keine fallübergreifende Rolle.

V. 5. 3. 2 *Empirische Wahrnehmungen zur Gestaltung des Versprechens*

Die Analyse der Interviews zeigt hinsichtlich der quantitativen Verteilung der jeweils gewählten Variante des Versprechens eine klare Präferenz für die Form der Traufragen. Nur ein Paar (Dorothea und Jan) wählte die Form des Trauversprechens und stellt nicht nur dadurch eine auffallende Abweichung dar, die später genauer zu betrachten ist.

Auch die für die Entscheidung leitenden Gründe lassen wiederkehrende Motive erkennen, die in unterschiedlicher Akzentuierung auf mehreren Ebenen rekonstruiert werden: Spontan sprechen die Interviewten im Rückblick auf die Entscheidung für die Form der Traufragen durchgängig von ihrer Sorge, den Text des Versprechens entweder kognitiv im Traugottesdienst nicht reproduzieren zu können oder aber aufgrund der starken emotionalen Anspannung stimmlich nicht dazu in der Lage zu sein. Die Angst, an dieser in der eigenen Wahrnehmung höchst relevanten Stelle öffentlich einen Fehler zu begehen oder den im Vorfeld geplanten liturgischen Ablauf zu durchbrechen (und sei es auch nur durch eine Abweichung auf der Ebene der konkreten Formulierung des Versprechens), überwiegt auch bei den Paaren, die der Form des Trauversprechens aufgrund der stärker wahrnehmbaren Individualität positiv gegenüberstehen.

> Wilko (5-M-450): Also ich kann mich daran erinnern, dass ich echt 'nen Kloß im Hals hatte, dass ich da ähm, uns wurde vorgeschlagen, dass wir uns auch selbst ähm, ich weiß jetzt gar nicht mehr wie das formuliert war, aber uns selbst nun fragen konnten nach dem Trauversprechen. Das hätte ich ganz schön gefunden, nur ich hatte es im Vorfeld abgelehnt, weil ich Angst hatte, dass ich da überhaupt kein Wort rausbringe, dass ich da ins Stocken kommen würde und dass mir die Tränen rauslaufen und ich würde wirklich bisschen, ja, aufgeregt, weichgespült.

Neben den eher pragmatischen Erwägungen zu Textsicherheit und Lautstärke lassen Wilkos Äußerungen ein weiteres Motiv erkennen, das für viele der interviewten Paare eine prominente Rolle bei der Entscheidung für die Form der Traufragen spielt, nämlich den (möglichst kontrollierten) Umgang mit den eigenen Emotionen im Rahmen des Versprechens. Hierin sehen die Paare bereits im Vorfeld der Trauung die größte Herausforderung. Diesen Moment rekonstruieren sie auch retrospektiv als Höhepunkt der emotionalen Anspannung. Das Trauversprechen erscheint in ihren Erzählungen unausgesprochen primär als komplexe, tendenziell überfordernde Aufgabe, die situationsangemessen bewältigt werden muss. Viele Paare spielen diesen Moment im Vorfeld des Traugottesdienstes gedanklich wiederholt durch und entwerfen neben Szenarien des Scheiterns auch Strategien zur erfolgreichen Bewältigung der Aufgabe.

> Heinrich (4-M-972): Ja, ich hatte etwas lauter als normal das „Ja, mit Gottes Hilfe" gesagt, äh weil ich nicht wusste, kommt das nun 'rüber, weil ich sowieso etwas leiser spreche und äh deshalb habe ich das etwas kräftiger gesagt, das ist mir also in Erinnerung und vielleicht [...].
> Interviewer: Das hatten sie sich noch bewusst überlegt so ne – ja, ähä.
> Rita: *(Lacht)* ja.
> Heinrich: Doch, das ja.
> Rita: Damit man das „Ja" hört, ne.
> Heinrich: Genau überlegt, was und wie laut ich das sage, das muss ich sagen.
> Interviewer: Ja, ja, ja.
> Heinrich: Weil doch die äh äh Rührung etwas über-äh-spielt werden musste, ne.

Weitgehend unabhängig von gender- oder persönlichkeitsspezifischen Prägungen gilt es in der Wahrnehmung der interviewten Paare als unangemessen, von der eigenen emotionalen Rührung öffentlich mehr als bis zu einem von außen kaum wahrnehmbaren Grad überwältigt zu werden. Neben der konventionell vermittelten Scheu, die eigenen Gefühle öffentlich expressiv auszudrücken, mag für diese Einschätzung auch die spezifische Prägung evangelisch-großkirchlicher Gottesdienste verantwortlich sein, die Gefühlsausbrüche eher als Störungen des liturgischen Ablaufs denn als integralen Bestandteil des Glaubenslebens bewertet.

Wird die Form des Trauversprechens solchermaßen also überwiegend positiv bewertet, jedoch als potentielle Überforderung bezüglich der eigenen Textsicherheit und Selbstkontrolle wahrgenommen, so äußern einzelne Paare daneben auch grundsätzliche Vorbehalte.

> Riaz (1-M-616): Also ich finde die lange Version immer noch ein bisschen kitschig. Also gut, man kennt es ja nur aus Filmen, also ich hab' es live bei einer Hochzeit noch nicht erlebt. Ähm aber wenn man das so im Film sieht, dann ist das immer, ich finde es zu theatralisch, muss ich sagen. Weil eigentlich ist doch alles klar, es wissen alle, dass die beiden Menschen sich da vorne über alles lieben ähm. Man weiß, dass die den gemeinsamen Schritt gehen wollen, und ähm dann nochmal so emotional einen drauf zu setzten mit irgendwie „ich will dich heute hier heiraten, weil du ne nette, hübsche Frau bist" oder keine Ahnung, „weil ich vielleicht keine bessere gefunden habe" und ähm das ist also, das ist also, weiß ich nicht, das wäre mir zu viel gewesen einfach.
> Interviewer: Hm, zu viel Emotion?
> Riaz: Na ja, nicht nur zu viel Emotionen, sondern auch zu viel, das wär vielleicht auch ein Stück weit gekünstelt, nicht natürlich 'rüber gekommen. Also dieses „Ja, mit Gottes Segen", das kann man relativ natürlich sagen, oder ähm andersrum man hört nicht raus, dass man es vielleicht auswendig gelernt hat. Aber so ein längerer Beitrag da, das habe ich bei den Fürbitten gemerkt ähm, die haben meine Geschwister abgelesen, und da hat man das schon gemerkt, dass es ja nicht normale Sprache war. Es war einfach ein Stück weit gelernt

und ähm das hätte dem Ganzen, glaube ich, die Würde so ein bisschen genommen, die es eigentlich hat.

Das Ideal der liturgisch vermittelten Authentizität im Rahmen des Traugottesdienstes erscheint hier bemerkenswert gebrochen: Ein als gelungen empfundenes Versprechen muss nicht zwangsläufig authentisch im Sinne vollständiger Kongruenz von äußerem Vollzug und innerer Befindlichkeit des Versprechenden sein, entscheidend ist vielmehr, dass es in der Öffentlichkeit (also aus der Sicht der anwesenden Verwandten und Freunde) als authentisch und nicht als durch vielfache Repetition auswendig gelernt wahrgenommen wird. Die möglichst authentische Übernahme der eigenen Rolle (als Braut und als Bräutigam) erscheint so verstanden nicht als Selbstzweck, sondern als Teil der Inszenierung des Traugottesdienstes.

Ungebrochen hingegen verfolgten Dorothea und Jan das Ideal persönlicher Authentizität im Rahmen der eigenen kirchlichen Trauung und wählten vor allem aus diesem Grund die Variante des Trauversprechens. Diese Abweichung ist bei näherer Betrachtung eingebettet in eine Gestaltung der Hochzeit, die (in Bezug auf die Kleidung des Brautpaares und die Gestaltung der Hochzeitsfeier) sowohl bei der standesamtlichen als auch bei der kirchlichen Trauung mehrfach mit Konventionen spielt oder bewusst von gesellschaftlich vermittelten Erwartungen abweicht.[456] So wurde die kirchliche Trauung mit nur zwölf geladenen Gästen gefeiert, die gemeinsam mit dem Brautpaar im Halbkreis im Altarraum der Kirche platziert wurden. Als leitendes Kriterium rekonstruiert Dorothea die persönliche Authentizität („es soll alles echt sein", 8-F-278) in Abgrenzung zu konventionsorientierten Inszenierungen („viele machen das einfach, weil man das so macht", 8-F-269):

> Dorothea (8-F-278): Und ähm und eben solche Kleinigkeiten also, auf die wir dann ganz viel Wert gelegt haben, dass wir gesagt haben, also man soll uns wieder erkennen in dieser ganzen, es soll alles echt sein. Also so eben, das sind wir, wir haben da keine Show gespielt, weil äh wir sagen „Mensch, ähm äh wir zeigen jetzt mal anderen, ne, was man da sagen könnte" oder so. Sondern es war wirklich alles, es war wirklich ganz persönlich und alles wir.

In diesem Gesamtkontext erscheint die Wahl der als „persönlicher" empfundenen Variante des Trauversprechens durchaus konsequent. Bei der konkreten Formulierung des Versprechens orientierte sich das Paar weitgehend an Textvorschlägen des Pfarrers, die nach eigenem Ermessen in

---

[456] Zum Umgang mit Konventionen vgl. auch Kap. 5.2.3 „Empirische Wahrnehmungen – Konventionalität und Medialität als Gestaltungsprinzipien der kirchlichen Trauung".

wenigen sprachlichen Feinheiten verändert wurden. Die Angst, den auswendig gelernten Text im Moment des Trauversprechens nicht oder nur eingeschränkt reproduzieren zu können, beschäftigte – so die retrospektive Wahrnehmung des Paares zur Zeit des Interviews – im Vorfeld der Trauung nur Jan. Im Traugottesdienst jedoch fehlten Dorothea die Worte, notgedrungen improvisierte sie das Versprechen unterstützt von ihrem Mann und dem Pfarrer. Diesen Vorgang rekonstruiert das Paar jedoch nicht primär als peinliche Panne, sondern deutet ihn im Rahmen des Ideals persönlicher Authentizität als spontanen und deshalb besonders wahrhaftigen Part der Trauung.

> Jan (8-M-717): [...] und auch diese Versprecher und so, und so was das gehört einfach dazu, das ist unsere Feier, das ist unser Ding, das sind eben ganz wir.

Unabhängig von der gewählten liturgischen Variante des Versprechens finden sich in nahezu allen Interviews Schilderungen körperlicher Selbstwahrnehmungen, die jeweils in direktem Zusammenhang mit Erzählungen zum Trauversprechen rekonstruiert werden. In wiederkehrenden Formulierungen wird von gesteigerter Pulsfrequenz, sich verändernder Körpertemperatur, zitternden Gliedmaßen und stimmlichen Einschränkungen erzählt, von klassischen Symptomen psychischer Anspannung also. Auch in der retrospektiven Selbstwahrnehmung deuten alle Interviewten diese Körperwahrnehmungen im Zusammenhang mit besonderer Anspannung und Nervosität im Moment des Versprechens und führen sie regelmäßig auf die körperlich aktivere Beteiligung am liturgischen Geschehen (stehen statt sitzen, sprechen statt schweigen) und die besonders exponierte Stellung vor der Gemeinde zurück.

V. 5. 3. 3 *Das Versprechen im Kontext der Eigentheorien zur Trauung*

Zunächst ist also feststellen, dass die interviewten Paare rückblickend den Moment der Traufragen oder des Trauversprechens als einen oder sogar den Moment höchster Anspannung und emotionaler Rührung rekonstruieren. Näher zu analysieren ist nun der Zusammenhang zwischen dieser Wahrnehmung und der Rekonstruktion des Versprechens als liturgischem Haftpunkt umfassender Eigentheorien zur kirchlichen Trauung. Die These Fopps, das Trauversprechen stelle als pars pro toto den Brennpunkt und Fokus aller für die Trauung relevanten Spannungsfelder dar[457], ist in diesem Zusammenhang näher zu differenzieren und zu erweitern hinsichtlich der Frage, aus welchen Gründen gerade der Akt des Versprechens einen

[457] Vgl. Fopp (2007) 370.

solch prominenten Haftpunkt für die Sinnzuschreibungen der Paare darstellen kann.

Im Gegensatz zu anderen liturgischen Teilen des Traugottesdienstes lässt sich beobachten, dass die Traufragen bzw. das Trauversprechen häufig bis hin zu konkreten Formulierungen im Traugespräch mit dem Pfarrer oder in paarinternen Diskussionen im Vorfeld der Trauung reflektiert und auf die individuelle Lebenssituation und Beziehungsgeschichte bezogen werden, wobei weitergehende Änderungen des agendarisch vorgesehenen Wortlauts in der Regel auf deutliche Impulse des Pfarrers im Traugespräch zurückgehen.[458] Wird die Variante der Traufragen gewählt, so beziehen sich die inhaltlichen Reflexionen des Paares allerdings ausschließlich auf die Formulierung der Fragen, die zustimmende Antwort mit den Worten „Ja, mit Gottes Hilfe" entzieht sich dagegen der näheren Deutung im Blick auf die kirchliche Trauung oder die zukünftige Ehe und wird durchgängig als unhinterfragbare Formel und konstitutiver Bestandteil der Trauung angenommen.

Grundsätzlich eignen sich die Paare das Trauversprechen also wesentlich stärker an als andere Teile des Traugottesdienstes. Während beispielsweise der Segen des Brautpaares als gleichsam magisches Geschehen in der Wahrnehmung der interviewten Paare vollständig in den Kompetenzbereich des Pfarrers (als Repräsentanten Gottes) fällt, wird das Versprechen eher als eine nach Möglichkeit harmonische und bis hin zu konkreten Formulierungen verhandelbare Kooperation zwischen Brautpaar und Pfarrer rekonstruiert.

Diese verstärkte Aneignung des Versprechens korrespondiert (neben der relativ aktiven Beteiligung des Brautpaares am liturgischen Geschehen) mit der für viele Paare leitenden Deutung der kirchlichen Trauung als öffentlicher Inszenierung einer wechselseitigen Selbstfestlegung. Die fallübergreifende Analyse der Interviews zeigt, dass die durchgängig nachzuweisende Relevanz des Versprechens in der Wahrnehmung der Paare abhängig von der Dominanz dieser Eigentheorie ansteigt. Die Traufragen bzw. das Trauversprechen stellen für eine solche Deutung *den* prominenten Haftpunkt im Ablauf des Traugottesdienstes dar, weist doch in der Wahrnehmung der Brautpaare der liturgische Vollzug an dieser Stelle die relativ höchste Anschlussfähigkeit zu den eigenen Sinnzuschreibungen

---

[458] In zwei Fällen (Rita und Heinrich, Christine und Udo) sind die an der Trauung beteiligten Pfarrer selbst bereits geschieden und problematisieren deshalb die Formulierung „bis dass der Tod Euch scheidet". In beiden Fällen gelingt es dem Brautpaar, den Änderungsvorschlag in die eigene Sinnkonstruktion der Trauung einzubeziehen und deshalb als plausibel zu erleben.

auf. Dabei wird die Deutung der Trauung als öffentliche Inszenierung der wechselseitigen Selbstfestlegung im Erleben der Paare umso relevanter, je stärker ihr soziales Umfeld die Entscheidung für eine lebenslange Bindung durch eine relativ geringe Bindungsbereitschaft kontrastiert.

Die grundsätzlich hohe Relevanz des Versprechens für die Eigentheorien der Paare lässt sich bei genauerer Betrachtung der einzelnen Fälle als eine graduell unterschiedliche differenzieren und zeigt sich abhängig von der individuellen Lebenssituation und der Beziehungsgeschichte des Paares, aber auch von lebensstil- und persönlichkeitsspezifischen Faktoren. Zur Illustration des durch diese Faktoren bestimmten fallspezifischen Spektrums werden (im Sinne eines maximalen Kontrasts) zwei Extrempositionen hinsichtlich der Relevanz des Versprechens skizziert:

Eine vergleichsweise geringe Relevanz kommt dem Trauversprechen in den Rekonstruktionen durch Anna und Karl zu.[459] Dazu tragen drei Faktoren entscheidend bei, nämlich der Lebensstil des Paares, individuell-biographische Dispositionen und die für den Entschluss zur Heirat leitenden Motive. Die Entscheidung für eine lebenslange Bindung gilt in ihrem sozialen Umfeld als normal, auffallend war in Karls Wahrnehmung eher sein relativ hohes Lebensalter zur Zeit der Heirat.

> Karl (3-M-174): [...] meine Freunde haben immer schon gesagt: „Du findest nie eine zum Heiraten", so dann auch als ich 30 wurde und so, wie das dann halt so ist.

Die in lebensstilspezifischer Hinsicht ausgeprägte Orientierung des Paares an traditionell-normativen Werten macht also eine grundsätzliche Präferenz für die Lebensform der Ehe wahrscheinlich, so dass die konkrete Entscheidung für eine solche Bindung nur einen relativ geringen Stellenwert erhält. Dementsprechend rekonstruiert das Paar auch die für die Entscheidung zur Heirat leitenden Motive überwiegend anhand der eigenen Konventionsorientierung. Die Absicht, in einem bestimmten Lebensalter zu heiraten, hatten beide bereits vor dem Beginn ihrer gemeinsamen Beziehung als Lebensziel verinnerlicht.

Schließlich leistet auch die konkrete Beziehungsgeschichte, auf die Anna und Karl zur Zeit des Interviews zurückblicken, einen Beitrag zur Gewichtung des Versprechens. Angesichts eigener durchlebter Beziehungskrisen stellt sich dem Paar im Rahmen der Rekonstruktion der kirchlichen Trauung vor allem die Frage nach der Sicherung von Kontinuität in der Ehe. Zusätzliche Brisanz erhält diese Frage in der Wahrnehmung des Paares durch die hohe Scheidungsrate ihres sozialen Umfelds. Für die

---

[459] Vgl. dazu auch die detaillierte Darstellung des Falles im Kap. 4.1 „Anna und Karl".

Suche nach einer plausiblen Deutung dieser Gegebenheiten spielt weniger das Versprechen als der Segen des Brautpaares eine Rolle.

> Anna (6-F-622): [...] man hört ja auch immer wieder: geheiratet, nicht viele Jahre gehalten, getrennt, geschieden. Wir wollen immer viel miteinander reden, damit man nicht aneinander vorbei lebt und es war für mich schon noch mal zu sagen ähm: Es ist wichtig. Einfach den Segen zu haben. Und es ist ja auch nicht so gewesen, zwei Jahre verheiratet, äh, dass wir da in den zwei Jahren nicht schon mal ne Situation hatten, wo ich gedacht habe: „Wenn du jetzt jemand wärst, der schnell kneifen würde", so irgendwie, dann bin ich noch mal wieder in mich gekehrt und hab gesagt: „Nein, das muss sein" und hin und her. Man liest ja auch immer statistisch gesehen immer so schön, dass ja oft in den ersten 15 Lebensmonaten eines Kindes, ein Kind macht auch alles anders, dann Ehen kaputt gehen und so was, ist wieder eine andere Situation.

Diese Faktoren tragen zu einer relativ geringen Gewichtung des Versprechens im Rahmen der Eigentheorien des Paares sowohl zur Hochzeit insgesamt als auch zur kirchlichen Trauung bei. Auffallend im Vergleich zur Mehrzahl der Interviews fehlen denn auch bewusste Erinnerungen an den liturgischen Vollzug der Traufragen nahezu vollständig.

Deutlich anders wird das Versprechen im Interview mit Christine und Udo als Vollzug und öffentliche Demonstration der eigenen Entscheidung rekonstruiert. Auf die Frage nach dem wichtigsten Moment der gesamten Hochzeit nennen beide spontan „das Ja-Wort" (2-F-153) und beziehen in diesen Moment bezeichnenderweise sowohl standesamtliche als auch kirchliche Trauung gleichermaßen mit ein.

Während der standesamtlichen Trauung insgesamt in der Wahrnehmung des Paares im Vergleich zur kirchlichen Trauung nur eine geringe Relevanz zukommt (ähnlich wie in allen analysierten Interviews wird sie vorwiegend als formale Voraussetzung für die bedeutendere kirchliche Trauung wahrgenommen), wird ihr hinsichtlich der mit dem Versprechen verbundenen Entscheidung ein wahrnehmbar eigener Stellenwert zugeschrieben: In dieser Wahrnehmung repräsentiert das Geschehen im Standesamt primär die juristischen Konsequenzen des Versprechens, das kirchliche Ritual dagegen vollzieht in erster Linie die öffentliche Darstellung der eigenen Selbstfestlegung. Beide Aspekte des Versprechens werden von Christine und Udo als relevant für die eigene Deutung der Hochzeit rekonstruiert:

> Udo (2-M-316): [...] Also diese Entscheidung, die fand ich sehr wichtig. Denn wenn ich mich für ein bestimmtes Auto entscheide oder so, also das Beispiel hinkt jetzt sehr, aber also das kann ich ja auch wieder verkaufen oder mich sonst irgendwie anders entscheiden. Aber hier bei der Heirat, das ist ja eine Entscheidung wirklich für das ganze Leben. So ist es ja zumindest gedacht.

Auch im Rückblick auf die Hochzeit rekonstruiert das Paar die mit der Heirat verbundenen Veränderungen im Zusammenleben anhand der im Versprechen dargestellten Entscheidung füreinander:

> Udo (2-M-329): Na ja, ich will mal so sagen, also jetzt ja das dreht sich dadurch jetzt nicht um, das Leben oder wird jetzt ganz anders. Aber es ist doch eigentlich ein schönes Gefühl, wenn man sagt: „Ich hab mich entschieden und es ist auch richtig." Äh eine richtige Entscheidung, und das jetzt ist doch ein schönes Gefühl, das nicht jetzt schon nach einer Woche schon weg ist, sondern tatsächlich auch äh – wie ich finde – hält.

Wieder spielen verschiedene Faktoren für die vergleichsweise hohe Relevanz des Versprechens eine Rolle: In lebensstilspezifischer Perspektive ist eine eher geringe Orientierung an traditionell-normativen Werten zu konstatieren, die sich unter anderem auch in den Erzählungen von der konkreten Inszenierung der Hochzeit bemerkbar macht. Entscheidungen für und wider bestimmte Gestaltungselemente werden von Christine und Udo in der Regel nicht anhand gesellschaftlicher Konventionen begründet, sondern basieren primär auf einem als Ausdruck eigener Individualität rekonstruierten Distinktionsstreben. Das soziale Umfeld des Paares lässt eine eher geringe Bindungsbereitschaft erkennen, die Entscheidung für die als Festlegung verstandene Lebensform Ehe stellt sich also nicht als Normalfall dar.

> Udo (2-M-329): Eine richtige Entscheidung getroffen zu haben und nicht irgendwie zu sagen, na ja, man wartet noch fünf Jahre und guckt dann mal, wie man zusammen lebt, und man kann ja immer noch oder so. Es ist doch einfach gut gesagt zu haben: „So wir haben uns entschieden und äh es war eine richtige Entscheidung" und äh ja. Viele machen das ja, also so Freunde von uns und Bekannte, ne. Die wollen sich nicht so festlegen, auch innerlich nicht, glaube ich.

Die Heiratsmotive rekonstruiert das Paar dementsprechend vorwiegend als individuelle Entscheidung für den konkreten Partner und nicht als konventionsorientierte Realisierung eines abstrakten Lebensziels.

Einen individuell-biographischen Faktor für die Hochschätzung des Versprechens stellt die geschiedene erste Ehe von Udo dar, die er abschließend rationalisierend als „falsche Entscheidung" rekonstruiert. Mit einer ebenso vehementen wie umständlichen Argumentation versucht er im Verlauf des Interviews plausibel zu machen, warum die Entscheidung zu einer zweiten Ehe mitnichten in einem Zusammenhang mit der ersten Ehe zu verstehen sei.

> Udo (2-M-378): Nein überhaupt nicht. Also das – also keinen Augenblick hab ich jetzt irgendwie da, äh irgendwie Vergleiche oder sonst wie, nein. Also das, das wär ja auch Irrsinn – denke ich mal – wenn man das tut. Dann macht man

> sich ja – ich denke mal, das geht gar nicht auf Dauer. Nee, das war auch, als wir uns kennengelernt haben, war das auch schon für mich kein, kein Thema mehr. Und da hab ich auch gleich sofort, als es dann so war, sofort gesagt, das ist jetzt kein Thema mehr. Das will ich auch gar nicht mehr als Thema haben. Das ist jetzt so gelaufen wie es gelaufen ist, und äh da kann ich mich jetzt nicht. Ich meine, das ging jetzt natürlich nicht von einen Tag auf den nächsten, aber ähm nach ein paar Monaten war das denn aber auch wirklich äh verdrängt äh verarbeitet. Das habe ich wirklich auch von Anfang an so gesagt, weil das ja sonst, sonst geht das ja gar nicht.

Wahrnehmbar wird in diesem Kontext, dass gerade die Rekonstruktion der geschiedenen ersten Ehe als „falsche Entscheidung" für die Relevanz der im Versprechen dargestellten erneuten Selbstfestlegung eine Rolle spielt, versieht doch die Erfahrung, dass auch die Lebensentscheidung für einen Ehepartner durchaus der Notwendigkeit einer Revision unterworfen sein kann, die erneute Festlegung mit einer spezifischen Brisanz.

Neben den genannten Faktoren trägt zusätzlich die detaillierte Deutung der Traufragen im Traugespräch mit dem Pfarrer zu einer Sensibilisierung der Wahrnehmung bei. Ob diese Deutung durch Erzählungen von Udos erster Ehe angeregt wurde oder sich aus der Lebensgeschichte des Pfarrers, der selbst geschieden ist, herleitet, bleibt im Interview unklar. Deutlich wird jedoch, dass der Pfarrer hinsichtlich des Wortlauts der Traufragen vorschlägt, die Formulierung „bis dass der Tod Euch scheidet" zu ersetzen durch „bis an Dein Lebensende". Im Hintergrund dieses Vorschlags steht ein über den alltäglichen Sprachgebrauch hinaus reichendes Verständnis des Todes als Tod der Partnerschaft, so dass die Formulierung „bis dass der Tod Euch scheidet" zu paraphrasieren wäre als „bis Eure Liebe zueinander endet" und also gegenüber dem herkömmlichen Verständnis nur von geringer Verbindlichkeit zeugte. In dem Bestreben, die Traufragen und die durch sie öffentlich dargestellte Festlegung als Ausdruck maximaler Verbindlichkeit zu inszenieren, sind sich das Paar und der Pfarrer also einig.

V. 5. 4 Der Segen des Brautpaares

Während das Versprechen wie dargestellt in den Sinnzuschreibungen der Paare eine prominente Rolle spielt, nehmen die Erzählungen zum Segen einen wesentlich geringeren Raum in den Interviews ein. Dennoch wird auch dem Segen in den wahrnehmbaren Eigentheorien eine spezifische Relevanz zugeschrieben, die differenziert zu analysieren ist.

V. 5. 4. 1 *Empirische Wahrnehmungen zur Deutung des Trausegens*

Abhängig von ihrer individuell-biographischen Situation deuten die interviewten Paare den Trausegen in unterschiedlichen Zusammenhängen und schreiben ihm eine variierende Relevanz im Rahmen ihrer Eigentheorien zur kirchlichen Trauung zu. Das Spektrum der Deutungen wird zunächst illustrativ entfaltet, um es anschließend auf dominante Grundmerkmale zu reduzieren.

Komplementär zur vergleichsweise geringen Relevanz des Trauversprechens rekonstruieren Anna und Karl den Segen als integralen Haftpunkt ihrer Sinnzuschreibungen zur kirchlichen Trauung. Ihre Deutung des Segens expliziert Anna im Kontext ihrer Erzählungen zu vergangenen Lebens- und Beziehungskrisen:

> Anna (3-F-622): [...]. Bitte, lieber Gott, ich hatte da schon so ein paar Schicksalsschläge in der Vergangenheit. Das muss jetzt nicht gerade sein. Das muss jetzt nicht sein, dass er von mir genommen wird, das muss nicht sein, dass ich schwer krank bin. Wir möchten gerne deinen Segen, dass das gut geht und lange hält. [...] Ich hatte damals schon das Gefühl, so diesen, für mich diesen Beistand dazu zu erbitten und zu sagen: „Und bitte, du hilfst uns jetzt auch noch dabei, lieber Gott, dass das gut und lange hält."

Wie sich zeigen wird, findet sich die Deutung des Segens als Schutz und Beistand auf dem zukünftigen Weg als Ehepaar in verschiedenen Variationen in allen Interviews. Einzig Anna und Karl bewerten jedoch die Relevanz des Segens deutlich höher als die des Versprechens. Diese Abweichung wird verständlich vor dem Hintergrund einer Ehekrise, die das Paar kurz vor dem Interview durchlebte, und illustriert die Vermutung, dass die Beteiligten je nach zeitlichem Abstand, Problemzusammenhang und Gesprächssituation jeweils spezielle Aspekte an ihrer Trauung entdecken und rekonstruieren.

Die kirchliche Trauung deutet das Paar als Ort, an dem im Vertrauen auf Gottes Beistand die Kontinuitätssicherheit der Partnerbeziehung (auch bereits im Hinblick auf die Antizipation der Elternrolle) beschworen und von Gott erbeten werden kann. Segen versteht Anna einerseits als Beistand für das Zusammenleben mit Karl durch zukünftige Veränderungen hindurch und entwirft mit den Worten „wir wollen immer viel miteinander reden, damit man nicht aneinander vorbei lebt" eine Strategie zur gemeinsamen Bearbeitung von lebensgeschichtlichen Veränderungen und den damit möglicherweise einhergehenden Konflikten. Segen kann sich dieser Deutung entsprechend indirekt auch in menschlichen Handlungen äußern. Andererseits wird über die wiederholte Aufzählung von imaginierten negativen Ereignissen (Krankheit, Unfall, Scheidung) ein eher magisches Verständnis des Segens als Schutz und Abwehrzauber konstruiert, der als menschlichen Einflüssen vollständig enthobenes Geschehen zu denken ist.

Göttlichen Schutz der eigenen Ehe zu erbitten und Hilfe für den zukünftigen Weg als Paar zu empfangen, diese Vorstellung des Segens findet sich durchgängig in den analysierten Interviews.

> Riaz (1-M-716): Und von daher ist das auch so ein Punkt eben, ja das Eheleben, das Familienleben oder überhaupt das Leben mit Gottes Segen, also mit Gottes Hilfe zu beschreiten. Weil klar, wir sind jung, wir haben momentan die Lichtseiten, sag ich mal, des Lebens. Ähm dass wir eine Familie werden, aber es werden halt innerhalb der nächsten 50, 60 Jahre auch mal Schattenmomente da sein, sei es, dass es gesundheitlicher Natur ist oder ähnlichem, das weiß man ja nicht, und dann einfach ja die Kraft zu besitzen, das miteinander zu schaffen und ähm mit dem Glauben zu schaffen.

Wahrnehmbare Konsequenzen des empfangenen Segens rekonstruieren mehrere Paare auf zwei verschiedenen Ebenen: Einerseits wird durch den Segen die im Trauversprechen öffentlich dargestellte Entscheidung des Paares für die Ehe gleichsam durch eine höhere Instanz ratifiziert, andererseits konstituiert erst der Segen eine neue Qualität der Zusammengehörigkeit als Ehepaar.

Für die Gewichtung dieser beiden Ebenen ist wiederum die leitende Eigentheorie des jeweiligen Paares zur kirchlichen Trauung entscheidend. So deuten Udo und Christine den Segen ausgehend von der hohen Relevanz der Entscheidung füreinander und rekonstruieren die kirchliche Trauung als zweistufiges Geschehen, in dem das Paar zunächst für sich eine Entscheidung trifft, publiziert und darstellt, mit der es zugleich um Gottes Segen für die Konsequenzen dieser Entscheidung bittet:

> Christine (2-F-168): [...] So eine wechselseitige Verbindung. Man erbittet eigentlich mit der Entscheidung oder das Sagen des Ja ist gleichzeitig auch die Bitte gleichzeitig nach dem Segen von der anderen Seite.

In ähnlicher Weise sprechen auch Meike und Olaf davon, durch die kirchliche Trauung ihre Entscheidung für die gemeinsame Ehe von Gott „absegnen“ zu lassen (7-F-715).

Ist die Beziehungsgeschichte eines Paares stärker von bereits erfahrenen oder (im Blick auf die gemeinsame Zukunft) erwarteten Krisen geprägt, so wird vermehrt die beziehungskonstituierende Wirkung des Segens betont, auch wenn der Segen dadurch nicht automatisch eine höhere Relevanz als das Versprechen für die Sinnkonstruktion der Trauung erhält. Jan rekonstruiert die aus dem Segen resultierende Zusammengehörigkeit vor dem Hintergrund bereits erlebter Beziehungskrisen (Dorothea und Jan blickten zur Zeit der kirchlichen Trauung bereits auf zehn Jahre als Paar zurück und haben zwei Kinder) zunächst mit der Vorstellung eines „unsichtbaren Bandes“ (8-M-539) und im weiteren Verlauf des Interviews als Verwandtschaftsverhältnis:

> Jan (8-M-798): Ja, für mich ist der religiöse Sinn, gut vielleicht äh, äh, äh ich weiß nicht, ob ich das richtig sehe, aber für mich ist das schon so einfach äh den Bund der Ehe vor Gott zu schließen. Ähm es ist ja so im Grunde genom-

> men, meine Kinder, die sind mit mir verwandt, meine Eltern sind mit mir verwandt, aber meine Frau ist nicht mit mir verwandt, sag ich mal, und dieses, dieses Verwandtschaftsverhältnis, finde ich, äh entsteht äh, wenn äh ja sozusagen Gott diesen Bund besiegelt und äh oder segnet und sagt „ja“ im Grunde genommen. Der religiöse Hintergrund, das, das Wort Segen vielleicht, dass Gott seinen Segen gegeben hat zu dem Ganzen, sag ich mal. Das ist so für mich der, der religiöse Hintergrund.

Auch Riaz rekonstruiert die Wirkung des Segens als eine verbindende und paarinterne Zusammengehörigkeit erst konstituierende, bezieht diese Wirkung jedoch eher auf zukünftige Krisen:

> Riaz (1-M-152): Ähm, ich hatte im ersten Moment das Bild von der Segnung durch unseren Pastor, wo wir sozusagen beide auf Knien waren ähm, weil das für mich so der Moment war, ja wo das ganze auch vor Gott sozusagen ähm als Einheit letztendlich zusammengefügt worden ist. Und ja wir als Einheit, also als Familie durchs Leben gehen und das eben mit Gottes Segen.

Unabhängig von der näheren Deutung des Segens fällt auf, dass in den Interviewerzählungen an keiner Stelle Körperwahrnehmungen im Kontext des Segens geschildert werden. Überhaupt entzieht sich der Moment des Segens weitgehend der bewussten Erinnerung, Details des liturgischen Geschehens sind für die interviewten Paare auch auf Nachfrage nicht mehr rekonstruierbar. Eine Abweichung stellt hier das Interview mit Victoria und Riaz dar. Riaz hatte (ohne dies im Traugespräch zu verbalisieren) erwartet, dass der Pfarrer im Rahmen der Trauhandlung auch einen Kuss des Brautpaares als kopulatives Element in die Inszenierung integrieren würde. Das Fehlen der Worte „Sie dürfen die Braut jetzt küssen“ irritierte ihn im Moment der Segnung, stellte es doch in seiner Wahrnehmung eine Art Panne dar.

Im Umkehrschluss lässt sich also vermuten, dass die Segnung in der Wahrnehmung der anderen Paare durchgängig ihren Erwartungen entsprechend verlief und allein deshalb rückblickend der bewussten Erinnerung schwerer zugänglich ist. Doch ist der Faktor „erwartungsgemäßer und deshalb nicht erinnerbarer Ablauf“ nicht zu hoch zu bewerten, denn auch das Trauversprechen bzw. die Traufragen wurden in der Wahrnehmung der meisten Paare ohne Überraschungen oder Unplanmäßigkeiten vollzogen und blieben dennoch bis hin zu Formulierungsdetails und körperlichen Empfindungen rekonstruierbar.

Der Vermutung, der Moment des Segens stelle in der Wahrnehmung der Paare eine quasi magische Durchbrechung der zwischenmenschlichen Interaktionen dar und entzöge sich gerade aufgrund der Unverfügbarkeit seiner Wirkung der bewussten Erinnerung, ist entgegenzuhalten, dass die Momente persönlicher Segnung bei anderen Anlässen (Thomasmesse u. ä.) den Partizipanten auch retrospektiv durchaus detailreich erinnerlich bleiben. Der Befund bezüglich der Schilderung von Körperwahrnehmungen überrascht auch insofern, als gerade der Segen ein mit speziellen, außeralltäglichen Körperhaltungen (niederknien, eine Hand auf dem Kopf spüren) verbundenes Geschehen darstellt, das die leibliche Dimension der menschlichen Existenz bewusst integriert.

Einen Erklärungsansatz vermag die Berücksichtigung des liturgischen Kontextes im Ablauf eines Traugottesdienstes zu liefern. Wie bereits dargestellt nimmt das Versprechen in der Wahrnehmung der interviewten Paare einen äußerst prominenten Platz ein und ist nicht nur retrospektiv mit einer Fülle von Sinnzuschreibungen, sondern auch bereits in der Zeit der Vorbereitung der Trauung mit verschiedenen konkreten Erwartungen und Befürchtungen verbunden. Der Segen des Brautpaares bleibt dagegen im Vorfeld der Trauung vergleichsweise abstrakt und spielt auch in den Erzählungen von Traugesprächen keine hervorgehobene Rolle.[460] Im liturgischen Ablauf des Traugottesdienstes folgt nun aber der Segen fast unmittelbar auf das Trauversprechen (einzig der Ringwechsel verbindet die beiden Handlungen), also auf *den* zentralen Haftpunkt für die verschiedenen Eigentheorien der Paare zu ihrer Hochzeit. Anzunehmen ist deshalb, dass unmittelbar nach der Absolvierung dieser mit Hochspannung erwarteten Aufgabe die (anlassbedingt reduzierte) Wahrnehmungsfähigkeit maximal limitiert ist, so dass der Segen zumindest bei erwartungsgemäßem Vollzug angesichts der Dominanz des Versprechens in der Wahrnehmung der Paare nur sehr eingeschränkt rekonstruierbar ist.

V. 5. 4. 2 *Der Segen im Kontext der Eigentheorien zur Trauung*

Die regelmäßig nachweisbare Deutung des Segens als göttlicher Schutz der Ehe im Sinne einer Kontinuitätssicherung weist dem Segen des Brautpaares einen spezifischen Ort im Rahmen der Eigentheorien der Paare zur Trauung zu. Der Segen symbolisiert als liturgischer Haftpunkt der göttlichen Präsenz im Traugottesdienst die Ebene religiöser Tiefendimensionen des Daseins und wird auf dieser Ebene hinsichtlich der gemeinsamen Zukunft des Ehepaares gedeutet.

Gerade angesichts statistisch belegbarer hoher Scheidungsraten und regelmäßig scheiternder Beziehungen im näheren sozialen Umfeld der Interviewten kommt diesem göttlichen Schutz der Ehe eine wichtige Bedeutung in der Wahrnehmung der Paare zu. Dabei gehen magische Vorstellungen, die Segen als eine Art Abwehrzauber interpretieren, eine ei-

---

[460] Ob pastorale Deutungen des Segens in den Traugesprächen schlicht unterbleiben oder aber aufgrund unzureichender Anschlussfähigkeit nicht in die bewusste Erinnerung der Paare eingehen, muss dabei offen bleiben.

gentümliche Mischung ein mit Vorstellungen, die Segen als ein sich vor allem in zwischenmenschlichen Interaktionen vermittelndes Geschehen deuten. So wird die Wirkung des Segens einerseits interpretiert als „guter Stern, unter dem die Ehe von Anfang an steht" (6-F-306) oder als Übereignung einer „Kraft Gottes für die Ehe" (5-M-479), während andererseits alle Paare mit Höhen und Tiefen in der Ehe rechnen und Strategien zur zwischenmenschlichen Krisenbewältigung entwerfen.

Im Gegensatz zum Versprechen rekonstruieren die interviewten Paare den Segen in der Regel nicht im Rahmen der Erzählungen zum liturgischen Ablauf des Traugottesdienstes, sondern in abgrenzenden Vergleichen von standesamtlicher und kirchlicher Trauung. Während das Versprechen in diesen Vergleichen eher als beide Trauungen verbindendes Element erscheint (das jedoch je nach Kontext unterschiedlich gedeutet wird), stellt der Segen als zentrales Symbol der religiösen Dimension der Eheschließung ein klares Alleinstellungsmerkmal der kirchlichen Trauung dar.[461]

Gerade der im Folgenden näher zu beschreibende Zusammenhang zwischen Versprechen und Segen im Rahmen des Traugottesdienstes verhindert in der Wahrnehmung der Paare eine bloße Wiederholung des standesamtlichen Versprechens in der Kirche, stellt der Segen doch das gegenseitige Versprechen in einen anderen Rahmen. Dieser Rahmen ist wesentlich bestimmt durch die Deutung des Segens als Präsenz Gottes, die das Trauversprechen im Rahmen der kirchlichen Trauung gegenüber dem im Rahmen der standesamtlichen Trauung entscheidend qualifiziert. Diese durch den Segen produzierte Qualität beschreiben die meisten Paare als „Versprechen vor Gott" im Gegensatz zu einem als paarintern rekonstruierten standesamtlichen Geschehen. Ausgehend von diesem Befund legt sich für die abschließende Analyse des Zusammenhangs von Versprechen und Segen also die Frage nahe, mit welchen Sinnzuschreibungen die Bestimmung des Versprechens als „vor Gott" gegebenes verbunden wird.

V. 5. 5 Versprechen und Segen – eine wechselseitige Verbindung

Die in der Wahrnehmung der Paare am liturgischen Vollzug des Trausegens haftende Präsenz Gottes während des Trauversprechens bzw. während der Traufragen wird grundsätzlich in zweifacher Richtung gedeutet, nämlich einerseits als Verstärkung der im Versprechen dargestellten Selbstfestlegung und andererseits als Verheißung göttlicher Unterstützung

[461] Möglicherweise trat der Segen auch aus diesem Grund in der praktisch-theologischen Debatte zur kirchlichen Trauung zuungunsten anderer Perspektiven in den Vordergrund.

für Zeiten, in denen das Versprechen lebenslanger Treue schwer einzuhalten ist.

Die Verstärkung der Selbstfestlegung resultiert aus der besonderen Qualität der Öffentlichkeit der kirchlichen Trauung, denn in den Eigentheorien vieler Paare sind nicht nur Familienangehörige, Freunde und Bekannte anwesend, sondern (anders als bei der standesamtlichen Trauung) auch Gott selbst. Ihm wird in dieser Perspektive die Funktion eines Zeugen zugeschrieben, der für die zukünftige Einhaltung des Versprechens bürgt.

> Sandra (6-F-1042): Und dass man nicht nur sagt, „so, ich heiße jetzt anders und habe jetzt einen schönen Ring am Finger", sondern es ist halt auch ein Versprechen, was ich jemandem gebe und nicht nur demjenigen, sondern auch halt, dass das nochmal wie so ein Zeuge ist quasi. Also dass man nicht nur sagt, ähm, „so, ich hab zwar dir gesagt", man könnt ja auch sagen „so, ich hab das zwar dir gesagt, aber das ist mir jetzt egal", sondern dass man sagt, „na ja, da war noch jemand dabei, und vor dem muss ich es einfach auch einhalten", so.

Expliziert wird in dieser Hinsicht vor allem die Verstärkung der eigenen Festlegung, impliziert ist aber vermutlich analog zur liturgischen Wechselseitigkeit des Versprechens auch die (erhoffte) verstärkte Verpflichtung des Ehepartners:

> Rita (4-F-603): Und was auch im Moment ist, wenn man dieses „ja" sagt, weil äh vorm Standesbeamten ist ja so, da kann man sich ja leicht trennen, sage ich mal, ist ja kein Problem, man kann sich ja heute sowieso leicht trennen, aber wenn ich in der Kirche „ja" sage und das vor dem Kreuz sage, dann ist das ein anderes Versprechen also für mich jetzt. Das andere ist irgendwie leichter lösbar, sage ich mal.

Könnte man nun annehmen, dass mit dem Versprechen der standesamtlichen Trauung (und dessen weitreichenden juristischen Konsequenzen) und der Publizierung der hier realisierten Entscheidung in der Wahrnehmung der Paare bereits ein hinreichendes Maß an gegenseitiger Verpflichtung hergestellt wurde, so weist die durchgängig hohe Relevanz der Versprechens im Kontext der kirchlichen Trauung auf ein weiter reichendes Bedürfnis nach Verbindlichkeit hin. Fechtner weist (im Zusammenhang seiner Ausführungen zur gegenwärtigen Taufpraxis) auf die „gegenwärtig zwiespältige Kultur des Versprechens"[462] hin und charakterisiert im Anschluss an Sloterdijk das Versprechen als elementarste kommunikative Beziehung, die gegenwärtig zugleich misstrauisch betrachtet wird: „Dass es als menschliches

---

[462] Fechtner (2003) 95.

Versprechen gehalten wird – kann sein, kann aber auch nicht sein."[463] Eine mögliche Strategie, dieser im Kontext der kirchlichen Trauung höchst virulenten Zwiespältigkeit zu begegnen, ist in der Wahrnehmung der Brautpaare die Konstruktion einer die Verbindlichkeit des Versprechens noch verstärkenden Präsenz Gottes.

Zwischen der überwiegend paarinternen Verpflichtung und der göttlichen Bezeugung des Versprechens nimmt die Inszenierung von Öffentlichkeit im Rahmen der kirchlichen Trauung eine vermittelnde Funktion ein. Die Anwesenheit von Familienangehörigen, Freunden und Bekannten wird von den interviewten Paaren im Blick auf die kirchliche Trauung durchgängig anders rekonstruiert als hinsichtlich der standesamtlichen Trauung. Während das Geschehen im Standesamt unabhängig von der Zahl der anwesenden Personen eher als privater Akt inszeniert wird, sind die zum Traugottesdienst geladenen Gäste (neben anderen Elementen wie etwa einem besonderen Fahrzeug, uniformer Kleidung oder dem Einzug des Brautpaares) Teil der Inszenierung einer Öffentlichkeit, die das Geschehen aus dem privaten Bereich heraushebt und die Wahrnehmungen der Paare mit prägt.[464]

Die Rolle der inszenierten Öffentlichkeit im Kontext der kirchlichen Trauung wird von Steffensky in ihrer Funktion als Zeuge reflektiert: „Sie (die Öffentlichkeit) hört also das Versprechen dieser beiden Leute und wird sie in Zukunft zusammenfügen, indem sie sie zusammensieht. Die Öffentlichkeit wird zur Echowand der Absichten dieses Paares. Sie ist die Erinnerung und das Gedächtnis ihrer Absichten. Solche Zeugen lassen sich nicht so leicht beseitigen. Der Mensch ist nicht nur der, der er ist. Er ist auch der, als der er von seiner Öffentlichkeit gesehen wird."[465] Anders als bei massenmedialen Selbstentblößungen bewegt sich das Brautpaar bei der kirchlichen Trauung in einem Spannungsfeld von Intimität und Öffentlichkeit. Intimität wird gewahrt zum einen durch die persönliche Beziehung des Paares zu den Zeugen (Familie, Freunde, Bekannte), zum anderen durch die ritualisierte Form der Darstellung, die Intimität in überindividuelle Formeln und Gesten zu kleiden vermag.

---

[463] Fechtner (2003) 96.

[464] Viele Paare äußern in diesem Zusammenhang ambivalente Wahrnehmungen von Öffentlichkeit; vgl. das von Anna geschilderte Bedürfnis, sich vor dem Altar sitzend zur Gemeinde umzudrehen (3-F-127).

[465] Steffensky, F. (1996): Öffentlichkeit und Intimität, in: Stolt, P./Grünberg, W. u. a. (Hg.): Kulte, Kulturen, Gottesdienste, FS P. Cornehl, Göttingen, 216.

Einen typischen Niederschlag findet die Spannung zwischen Intimität und Öffentlichkeit im Moment des Versprechens und des Trausegens im Interview mit Elke und Wilko. Während sich das Paar im Traugottesdienst grundsätzlich seiner exponierten Stellung sehr bewusst ist und das eigene Verhalten immer wieder aus der Außenperspektive kontrolliert, rekonstruieren beide den Moment des Trauversprechens als einen Schutzraum der Intimität:[466]

> Elke (5-F-517): Und schließlich war ich dann doch auch so, wie du's jetzt beschrieben hast, so richtig weg von dem Ganzen. Also mehr wie in so 'ner Luftblase, wir da vorne am Altar mit der Pastorin und – obwohl die Pastorin war glaube ich in dem Moment mir nicht so, also ich war mit dir in so 'ner Blase.
> Interviewer: Ja, ja.
> Elke: Und das ist eigentlich ein großes Glück, mal so und wenn's nur Bruchteile von Minuten sind, sich da dann so wegzuschießen aus der trubeligen Hektik und also ich war da schon abgetaucht.
> Wilko: Das besondere ist ja eigentlich, dass man in dieser Situation so exponiert ist und da irgendwie vor den Anwesenden da sitzt und ähm, das ist einem dann auf einmal dann wieder egal oder man blendet das aus, es gelingt auf jeden Fall.

Bereits während des folgenden Ringwechsels erlebte sich das Paar wieder bewusst als Teil der öffentlichen Inszenierung:

> Wilko (5-M-531): [...] Ähm, ja das Ringewechseln fand von meiner Seite ähm schon in so 'ner etwas ähm aufgetauchteren und gelösten Spannung, äh gelösten Situation statt. Also man war da nicht mehr in dieser ähm, ja, in dieser Enklave, in der man sich vorher befunden hat, es war schon so'n bisschen wieder zurück in die Öffentlichkeit dann in dem Moment.

Während die Inszenierung von Öffentlichkeit also eine vermittelnde Funktion zwischen paarinterner Selbstfestlegung und göttlicher Bezeugung übernimmt, wird Gottes Präsenz neben der die wechselseitige Verpflichtung verstärkenden Funktion als Zeuge auch als Verheißung zukünftiger Unterstützung gedeutet und mit Vorstellungen des Segens als Kraftquelle und Schutz der Beziehung verbunden.

> Sandra (6-F-306): [...] das spiegelt dieser Segen ja auch wider. Dass er unsere Ehe ähm unter einen guten Stern stellt quasi, also dass man quasi ähm mit Gott in der Ehe ist, nicht alleine, also dass man darauf vertrauen kann, und das ist mir ja sehr wichtig.

---

[466] Ein Reflex dieser Intimität fand sich auch in der Interviewkommunikation: An dieser Stelle des Gesprächs (5-M-511 – 5-F-524) hielten Elke und Wilko sich spontan an der Hand.

Der Segen wird also in den Eigentheorien der meisten Paare in doppelter Weise auf das Versprechen bezogen: Einerseits verbürgt er einen qualitativen Unterschied in Bezug auf die Verbindlichkeit des Versprechens in Abgrenzung zum standesamtlichen Ja-Wort, andererseits verheißt er eine menschlichem Handeln unverfügbare Begleitung und Stärkung der ehelichen Beziehung.[467]

Der Bezug des Versprechens auf den Segen stellt sich dagegen weniger homogen dar. Abhängig von der religiösen Sozialisation und der lebensstilspezifischen Sprachfähigkeit wird das Trauversprechen vielfach ohne näheren Bezug zum Segen als paarinternes und zugleich öffentliches Geschehen gedeutet. Wiederholt finden sich daneben aber auch konfessorische Deutungsansätze, die in die dargestellte Struktur von Verpflichtung und Verheißung integriert werden.

> Victoria (1-F-735): Ja, man sagt halt nicht nur „ja" zueinander, sondern auch, dass man Gottes Hilfe annimmt und anfragt, dazu sagt man dann ja auch „ja" in dem Moment. Nicht nur „ja" zueinander, sondern auch „ja" zu Gott irgendwie im gleichen Moment, ja.
> Christine (2-F-168): [...] So eine wechselseitige Verbindung. Man erbittet eigentlich mit der Entscheidung oder das Sagen des Ja ist gleichzeitig auch die Bitte gleichzeitig nach dem Segen von der anderen Seite. Auch von der abstrakten Seite, ähm stellvertretend eben durch den Pastor dann gegeben. Weil man eigentlich ja durch Gott, gerade eben durch dieses Abstrakte, was man auch gar nicht richtig greifen, sondern nur erfühlen, erahnen kann, glauben kann und ich glaube auch, das macht es gerade so ergreifend, dass man eben die Institution Standesamt eben eher irgendwie einordnen kann, dass das etwas Konkretes ist, das ist jetzt der rechtliche Akt, und der Moment in der Kirche ist gerade durch das Abstrakte, das auch eher über einem steht, irgendwie dann so ergreifend.

Werden also die Traufragen bzw. das Trauversprechen von keinem der interviewten Paare als explizites Bekenntnis zu einer bewusst christlichen Eheführung gedeutet, so verbinden einige doch das primär paarintern verstandene Versprechen lebenslanger Treue mit der Erwartung göttlichen Beistands. Obwohl gerade diese Sinnkonstruktion eine entsprechende Interpretation der Formulierung „Ja, mit Gottes Hilfe" nahe legen könnte, unterbleibt eine solche Ausdeutung durchgängig, so dass die kirchliche Version des Ja-Wortes (wie oben bereits gezeigt) sich einer inhaltlichen Deutung durch die Paare entzieht.

---

[467] Insofern bestätigt sich bezogen auf die Sinnzuschreibungen der Brautpaare Fopps Vermutung, dass auch die Rede von Segen „implizit gewisse ‚Versprechen' oder Verheißungen" integriere; vgl. Fopp (2007) 371.

V. 5. 6 Zusammenfassung

Die wahrnehmbare Dominanz des Versprechens in den Sinnzuschreibungen der Paare zeigt sich bei näherer Betrachtung enger als zunächst angenommen mit den subjektiven Segensvorstellungen verbunden. Erst die Deutung des Segens als Präsenz Gottes verleiht dem Versprechen im Rahmen der kirchlichen Trauung seine spezifische Relevanz hinsichtlich der verstärkten Selbstfestlegung beider Partner. Erst im liturgischen Kontext des Segens erfährt das Trauversprechen in der Wahrnehmung der interviewten Paare die entscheidende Qualifizierung gegenüber der standesamtlichen Konsenserklärung. Dennoch ist nicht zu übersehen, dass die Eigentheorien der Paare das Versprechen nicht grundsätzlich theologisieren, sondern primär auf der Ebene der partnerschaftlichen Verpflichtung reflektieren.

In den Rekonstruktionen der interviewten Paare werden Versprechen und Segen wiederholt als dynamisches Geschehen von Aufgabe und Lohn, Herausforderung und Entspannung oder Arbeit und Geschenk geschildert und aufeinander bezogen.[468] Meist wird dabei der erste Pol stärker als der zweite betont, ohne jedoch die Verbindung zwischen beiden aufzulösen. Einerseits erscheinen also beide Größen als aufeinander bezogen und inhaltlich miteinander verknüpft, andererseits zeigt die Analyse der Interviews, dass in der Regel einer der beiden Pole (in der Regel das Versprechen) in den Eigentheorien stärker betont wird als der andere.

Im Kontext dieser Dynamik nimmt der agendarisch zwischen Versprechen und Segen angesiedelte Ringwechsel eine eigentümliche Mittelposition ein. Aus theologischer Perspektive erscheint er als liturgisch konsequente Verbindung zwischen Traufragen und Trausegen: Beide Partner geben etwas ab (analog zum Versprechen) und empfangen etwas (analog zum Segen), menschliche Aktivität (Ringe wechseln) und göttliches Handeln (pastorales Segenswort über den Händen des Brautpaares) werden eng aufeinander bezogen. In der Wahrnehmung der interviewten Paare wird der Ringwechsel als Teil des kirchlichen Rituals jedoch in der Regel nur als potentielle Pannenquelle rekonstruiert[469] und nicht mit weiteren Sinnzuschreibungen ver-

---

[468] Die Struktur von einer zu erfüllenden Aufgabe und dem darauf folgenden Lohn erinnert an die Dynamik von Märchenerzählungen. Zur Rekonstruktion der kirchlichen Trauung als zu bestehende Herausforderung vgl. auch Kap. 5.3.2 „Die standesamtliche Trauung – Muster der Rekonstruktion“ sowie Kap. 5.6.3 „Einzug und Auszug“.

[469] Christine (2-F-614): Nein, es klappte alles. Nicht wie im Film manchmal, dass man die vor Nervosität fallen lässt oder so.

sehen,[470] obwohl die Eheringe teilweise durchaus mit einem hohen Symbolgehalt aufgeladen werden können (Markus inszeniert eine heimliche Gravur[471], für Karl symbolisiert der Ring den mit der Heirat verbundenen Statuswechsel[472]).

V. 6 Rekonstruktionen des liturgischen Geschehens

V. 6. 1 Hinführung

Die retrospektive Wahrnehmung der kirchlichen Trauung orientiert sich (abgesehen von individuellen Gegebenheiten und Zwischenfällen) an wenigen liturgischen Orten, die als Haftpunkte für die unterschiedlichen Eigentheorien dienen. Dabei fällt auf, dass positive Gesamteindrücke regelmäßig mit der Qualifizierung des liturgischen Geschehens als „persönlich“ einhergehen (häufig in Abgrenzung zur standesamtlichen Trauung, die als formal, austauschbar und nicht-individuell gedeutet wird[473]) und in Verbindung mit bestimmten Details des Gottesdienstablaufs (Predigt, Einzug und Auszug, musikalische Gestaltung) rekonstruiert werden. Zwischen den konkreten liturgischen Haftpunkten der Eigentheorien und der Generalqualifizierung „persönlich“ bestehen anscheinend Wechselwirkungen: Bestimmte Details (der Predigt, der Raumgestaltung, des pastoralen Auftretens) tragen zu einem Gesamteindruck bei, der wiederum – wenn er erst einmal besteht – zum positiven Erleben weiterer Elemente (längere Predigt, unverständliche Gebete) beiträgt und dominant die Wahrnehmung der Brautpaare färbt.

Im Anschluss an die Überlegungen zur pastoralen Rolle (Kap. 5.4) und zu den Deutungen des Trauversprechens und des Segens (Kap. 5.5) werden im Folgenden die Rekonstruktionen der weiteren liturgischen Orte, die als Haftpunkte für die Eigentheorien dienen, näher betrachtet. Neben der Predigt (Kap. 5.6.2) sind dies der Einzug und Auszug des Brautpaares

---

[470] Zur abweichenden Rekonstruktion von Heinrich vgl. die Ausführungen zur Einzelfalldarstellung in Kap. 4.2 „Rita und Heinrich“.

[471] Vgl. 6-M-1009.

[472] Vgl. 3-M-899.

[473] Vgl. Kap. 5.3 „Deutungen des Verhältnisses von standesamtlicher und kirchlicher Trauung“.

(Kap. 5.6.3) sowie die musikalische Gestaltung des Traugottesdienstes (5.6.4).

V. 6. 2 Predigt

Als die „schwerste und die gefährlichste Rede unseres Amtes“[474] bezeichnete Heinrich Vogel 1933 im Gefolge der dialektischen Theologie die Traupredigt, denn einerseits seien die Eheleute weniger angefochten als beispielsweise Trauernde,[475] andererseits sei die Tendenz zu kritisieren, die Predigt als eine Art „Weihrede“ zu gestalten, die „der irdischen Liebe einen himmlischen Heiligenschein verleiht“.[476] Ein für gegenwärtige Traupredigten spezifisches homiletisches Dilemma vermutet Karl-Heinrich Lütcke „darin, daß alle Welt von der Problematik und Krisenhaftigkeit der Ehe weiß und redet, aber am Tag der Hochzeit und der Trauung von eben dieser Krise nichts wissen oder hören will“[477]. Um diese und weitere Herausforderungen im Kontext der Trau-predigt[478] genauer zu analysieren, wurden 1973 erstmals schriftlich vor-liegende Traupredigten mittels empirischer Methoden untersucht.[479] Detlev Prößdorf unternahm 1999 noch einmal einen ähnlichen Versuch.[480]

Beide Studien verfolgen das Ziel, die „besonderen vielfältigen Schwierigkeiten“[481] der Traupredigt in ihrer Bezogenheit auf jeweils aktuelle gesellschaftliche Veränderungen differenziert wahrzunehmen und auf dieser Basis Empfehlungen für die praktische Gestaltung von Traupredigten zu

---

[474] Vogel, H. (1933): Die Traupredigt, in: ders.: Gottes Wort in Menschenmund. Um die Predigt, Dresden/Leipzig, 51.

[475] Anders und - angesichts steigender Scheidungszahlen aktueller - charakterisierte bereits 1529 Martin Luther die Situation der Paare, die eine kirchliche Trauung in Anspruch nehmen: „Denn wer von dem Pfarrherr oder Bischof Gebet und Segen begehrt, der zeiget damit wohl an (ob er’s gleich mit dem Munde nicht redet) in was für Fahr und Not er sich begibt und wie hoch er des göttlichen Segens und gemeinen Gebets bedarf zu dem Stande, den er anfähet, - wie es sich denn ja auch täglich findet, was für ein Unglück der Teufel anrichtet im Ehestand mit Ehebruch, Untreue, Uneinigkeit und allerlei Jammer.“ Vgl. Luther, M. (1959): Ein Traubüchlein für den einfältigen Pfarrherrn, in: Rat der Evangelischen Kirche in Deutschland (Hg.) (1959): Die Bekenntnisschriften der evangelisch-lutherischen Kirche, Göttingen, 530.

[476] Vogel (1933) 54.

[477] Lütcke, K.-H. (1988): Die Traupredigt und die Krise der Ehe, ZGP 6, 28.

[478] Vgl. dazu auch die Ausführungen in Kap. 2.3.3 „Traupredigt“.

[479] Vgl. Homiletische Arbeitsgruppe (1973).

[480] Vgl. Prößdorf (1999).

[481] So bereits 1888 Claus Harms, zit. bei Prößdorf (1999) 11.

formulieren. Darüber hinaus unternimmt die Untersuchung der Homiletischen Arbeitsgruppe nicht nur eine Analyse der Predigten auf ihren Inhalt hin, sondern verspricht auch „Informationen darüber, wie die Kasualpredigt auf den Zuhörer wirkt, wie sie ‚ankommt'."[482] So reizvoll dieses Ziel auch sein mag, angesichts der Tatsache, dass die Predigten als schriftliche Manuskripte zur Kenntnis genommen wurden und dass es sich bei den „Zuhörern" ausnahmslos um Vikarinnen und Vikare der Württembergischen Landeskirche handelte, lässt sich seine Realisierbarkeit schon aufgrund der methodischen Anlage bezweifeln.[483]

Der Art des Datenmaterials entsprechend nehmen beide Studien primär die Perspektive der Predigenden ein, während die Wahrnehmungen der Adressaten allenfalls implizit und in der Regel im Modus der Spekulation eine Rolle spielen. Charakteristisch für die mit dieser Perspektive verbundene Wahrnehmungseinstellung ist beispielsweise die Deutung der kirchlichen Trauung, die Prößdorf schon in der Einleitung seiner Studie den Brautpaaren zuschreibt: „Da die Trauung ohnehin unter dem nicht unbegründeten Verdacht steht, nicht rein aus christlicher Frömmigkeit gewünscht zu werden, sondern aus dem Bedürfnis nach einer nicht näher zu bestimmenden Mischung aus festlicher Umrahmung, Erlebnissteigerung und Tradition, fühlen sich PfarrerInnen zuweilen in ihrem Redeauftrag funktionalisiert und beengt. Entspricht eine Ansprache nicht den Erwartungen, indem sie zu kirchlich, zu nachdenklich oder in Einzelpassagen zu kritisch gerät, haben PfarrerInnen leicht mit dem Ruf eines miesepetrigen „Stimmungstöters" zu kämpfen."[484] So anschlussfähig diese

---

[482] Homiletische Arbeitsgruppe (1973) 14.

[483] Im Zuge des sich seit den 1980er Jahren in der Homiletik mehr und mehr durchsetzenden rezeptionsästhetischen Paradigmas ist darüber hinaus schon die Annahme einer einheitlichen, durch die Analyse von schriftlich vorliegenden Predigten zu eruierenden „Wirkung" zu problematisieren. Die einschlägigen Veröffentlichungen Henning Luthers und Gerhard Marcel Martins und ihre Fortführung in semiotischer Perspektive durch Wilfried Engemann machen offenkundig, dass die Predigthörenden selbst aufgrund des Gehörten und vor dem Hintergrund ihres individuellen Selbst- und Weltverständnisses Bedeutungen und Botschaften der Predigt konstruieren, dass das Hören der Predigt also aktive und kreative Rezeptionsprozesse in Gang setzt, durch die eine Vielzahl im Hören jeweils konstruierter Predigten entstehen kann; vgl. Luther, H. (1983): Predigt als Handlung, in: ZThK 80, 223-243.; Martin, G. M. (1984): Predigt als ‚offenes Kunstwerk'? Zum Dialog zwischen Homiletik und Rezeptionsästhetik, in: EvTh 44, 46-58.; Engemann, W. (1996): „Unser Text sagt ...". Hermeneutischer Versuch zur Interpretation und Überwindung des „Texttods" der Predigt, in: ZThK 93, 450-480.

[484] Prössdorf (1999) 12 f.

Zuschreibungen auf den ersten Blick auch sein mögen (bedienen sie doch das Klischee des als Zeremonienmeister instrumentalisierten Pfarrers), so eindrücklich weisen Formulierungen wie „nicht unbegründeter Verdacht" oder „nicht näher zu bestimmende Mischung" auf die Notwendigkeit hin, nicht nur die kirchliche Trauung insgesamt, sondern auch die Traupredigt aus der Perspektive der Eheleute wahrzunehmen und auf ihre Wechselwirkungen mit den die gesamte Hochzeit betreffenden Sinnzuschreibungen der Paare zu befragen.

Während die praktisch-theologische Reflexion zu Aufgabe und Funktion der Traupredigt aus pastoraler Perspektive also nicht zuletzt dank der beiden genannten Untersuchungen weit vorangeschritten ist,[485] sollen im Folgenden – dem Fokus der vorliegenden Untersuchung entsprechend – die bislang nur unzureichend erforschten Wahrnehmungen der Traupredigt aus der Perspektive der Brautpaare rekonstruiert und sodann auf bereits vorliegende empirische Erkenntnisse[486] bezogen werden.[487]

Die Traupredigt wird einerseits in den durchgeführten Interviews ohne Ausnahme nur auf Nachfrage des Interviewers explizit thematisiert und spielt insofern (anders als beispielsweise Trauversprechen, Ringwechsel und Segen) für die retrospektiven Wahrnehmungen der Brautpaare keine eigenständige Rolle. Die Relevanz der Traupredigt im Rahmen der vorliegenden Untersuchung liegt jedoch andererseits nicht zuletzt darin, dass in mehreren Fällen die im Interview auf Nachfrage reproduzierten Deutungsangebote der Predigt in die Eigentheorien zur kirchlichen Trauung einfließen und also in der Wahrnehmung der Paare durchaus das Gesamtbild mit prägen.

Hinsichtlich der retrospektiven Wahrnehmung der Traupredigt zeigt sich in den vorliegenden Interviews eine bemerkenswerte Spannbreite: Während einige Paare weder Inhalte noch äußere Vollzüge der Predigt in bewusster Erinnerung behielten, rekonstruieren andere die als „persönlich" empfundenen Teile in Abgrenzung zu den in Vergessenheit geratenen „allgemein-theologischen" Abschnitten. Wieder andere reproduzieren detailliert Kernaussagen der Traupredigt bis hin zur Zitierung einzelner Satzfragmente. Die Ausgangsthese, Predigtinhalte blieben grundsätzlich nicht in bewusster Erinnerung (einerseits wegen der anlassbedingten Ein-

---

[485] Forschungsgeschichtliche Überblicke bieten FRIEDRICHS, L. (2006): „Schön" und „tröstlich". Aufgabe und Form evangelischer Traupredigt heute, in: PTh 95, 298-313 sowie PRÖSSDORF (1999).

[486] Vgl. KRETZSCHMAR (2005), NAVE-HERZ (1997).

[487] Vgl. Kap. 2.3.3 „Traupredigt".

schränkung der Hörfähigkeit, andererseits wegen der vergleichsweise geringen Relevanz dieses Parts im Erleben der Brautpaare) und entzögen sich schon deshalb der näheren Untersuchung durch retrospektiv geführte qualitative Interviews, bedarf also einer Differenzierung.[488] Zu diesem Zweck werden zunächst die in den Interviewerzählungen empirisch wahrnehmbaren Rekonstruktionen der Brautpaare in ihrer Heterogenität dargestellt, um davon ausgehend nach relevanten Faktoren der Rezeptionsprozesse der jeweiligen Traupredigt zu fragen.

Mehrere Paare (Christine und Udo, Anna und Karl, Dorothea und Jan) waren auch auf Nachfrage des Interviewers nicht (mehr) in der Lage, inhaltliche oder sonstige Details der Traupredigt zu rekonstruieren. Einzig dass in ihrem Traugottesdienst gepredigt wurde, blieb allen Interviewten in Erinnerung („das nimmt man auf, aber es bleibt irgendwie nicht hängen", 8-M-765). Das Hörerlebnis assoziieren auch die Paare, die sich nicht an Details der Predigt erinnern können, durchgängig mit positiven Wertungen:

> Christine (2-F-604): Ja ich weiß noch, dass ich auch ganz bewusst, ganz aufmerksam zugehört habe. Also in dem Moment habe ich auch wirklich alles mitbekommen, auch wenn ich leider jetzt nicht mehr sagen kann, worum es ging.

Gerade der Eindruck, die Predigt sei „tatsächlich für mich oder für uns gemeint" (2-M-603), wird im Rückblick als Motivation zum konzentrierten Zuhören rekonstruiert. Als Bedingung für diesen Eindruck wird regelmäßig die Aufnahme individueller, lebensgeschichtlicher Details genannt:

> Anna (3-F-831): Da kam sehr viel von dem Persönlichen rüber und deswegen war das nicht so: Hoffentlich ist der bald fertig oder so. Es war richtig ähm, ich weiß noch, dass es ergreifend war und dass meine Mutter hinterher sagte: „Mensch der hat aber lange geredet" und ich gesagt habe: „Wieso hat der lange geredet", ich habe das so nicht empfunden.

Während das Brautpaar sich selbst im Rückblick also als konzentriert zuhörend und von der Thematisierung der eigenen Beziehungsgeschichte ergriffen wahrnimmt, zeigte sich in Gesprächen mit anderen im Traugottesdienst Anwesenden, dass diese die Predigt als übermäßig lang erlebten, was das Brautpaar mit dem Differenzkriterium „wir waren persönlich gemeint" erklärt.[489]

---

[488] Vgl. Kap. 2.3.3 „Traupredigt".

[489] Vgl. die Einzelfalldarstellung „Anna und Karl", bes. Kap. 4.1.2.5 „Die kirchliche Trauung". Ähnlich wie bei den Erzählungen zum gemeinsamen Betrachten der Hoch-

Eine nächste Gruppe von Paaren (Elke und Wilko, Meike und Olaf) behielt die als „persönlich" wahrgenommenen, also die eigene Lebensgeschichte thematisierenden Passagen der Predigt in bewusster Erinnerung, während weitere Aussagen im Rahmen des Interviews nicht mehr rekonstruiert werden konnten.

> Wilko (5-M-393): Toll fand ich sehr viele Aussagen, nachher auch, einige überraschende, dann, äh, ja im Gottesdienst dann wieder kamen.
> Interviewer: Ja, ja.
> Wilko: In der Predigt einen, in der Predigt, also im äh Gottesdienst dann vorgetragen bekamen und man erkannte sich dann auf einmal wieder und hatte wirklich einige Äußerungen, ähm, mit denen man jetzt gar nicht so gerechnet hatte und tja das war sehr nett, sehr, ja.

Machten bereits die Überlegungen zur Wahrnehmung der pastoralen Rolle einen engen Bezug zwischen Traugespräch und Traugottesdienst deutlich,[490] so zeigt sich hier eine Konkretisierung dieses Zusammenhangs: Das Paar erkannte in der Predigt eigene Aussagen aus dem Traugespräch wieder, die von der Pastorin in einer positiv überraschenden Auswahl aufgenommen und gedeutet wurden. Dadurch wurde nicht nur die Wahrnehmung der Pastorin in dem vorangegangenen Traugespräch als authentisch und zugewandt nochmals beglaubigt, sondern die an das Traugespräch unmittelbar anschließenden Passagen der Predigt erhielten zudem eine Art Wiedererkennungseffekt, der die spätere Rekonstruktion erleichterte.

> Elke (5-F-501): Und das war auch wirklich, also das kam in dem Gottesdienst ganz deutlich hervor. Also ich wüsste jetzt nicht mehr genau irgendwelche Sachen zu zitieren, was die Pastorin gesagt hatte dazu, aber ich weiß, dass sie das, weil uns das eben wichtig war und wir im Traugespräch das so auch besprochen hatten, auf jeden Fall so auch formuliert hatte. Also ich glaube Dankbarkeit, das hat sie so auch gesagt, dass wir das so empfinden.

Während Elke und Wilko also in ihren Rekonstruktionen die Predigt eng mit dem Traugespräch verbinden und sich davon ausgehend an die „persönlichen" Passagen bewusst erinnern, folgt die Rekonstruktion im Interview mit Meike und Olaf eher dem Kriterium der Vertrautheit mit der eigenen Lebensgeschichte:

---

zeitsbilder lässt sich auch an dieser Stelle wahrnehmen, dass und wie die Paare ihre eigenen Deutungen ihrer Hochzeit immer auch im Austausch mit anderen Personen entwickeln und je nach Situation und Konstellation anpassen; vgl. Kap. 5.2.4 „Überlegungen zur medialen Dokumentation der kirchlichen Trauung".

[490] Vgl. Kap. 5.4.2.2 „Rekonstruktionen der pastoralen Rolle im Traugottesdienst".

> Meike (7-F-646): Also, es wurde auch mal was über die Ehe an sich gesagt so, über die Bedeutung so, aber wenn's jetzt ums hängen bleiben geht, weil's ja jetzt schon eine Zeit her ist, dann wirklich diese persönlichen Sachen eben.
> Olaf: Ja.
> Meike: Weil das ja unsere persönliche Geschichte ist so, die man eben auch kennt.

Auch hier zeigt sich also die Spannbreite von Deutungen, die sich in den Interviewerzählungen mit dem Attribut „persönlich" verbinden:[491] Elke und Wilko verstehen in Bezug auf die Traupredigt darunter die Passagen, die sich in ihrer Wahrnehmung auf das Traugespräch und die darin entfalteten Deutungen der eigenen Beziehung bezogen; Meike und Olaf rekonstruieren dagegen mit den Worten „unsere persönliche Geschichte, die man eben auch kennt" vor allem die Nacherzählung lebensgeschichtlicher Details („unsere Kennenlerngeschichte, 7-F-498) als zu den „persönlichen Sachen" gehörig, die „hängen bleiben".

Eine dritte Gruppe von Paaren (Victoria und Riaz, Rita und Heinrich, Sandra und Markus) ist schließlich in der Lage, auch über die als „persönlich" wahrgenommenen Details der eigenen Lebensgeschichte hinaus gehende Aussagen der Traupredigt zu rekonstruieren. So wurde in Riaz' Wahrnehmung die Beziehungsgeschichte des Paares nicht nur in der Predigt aufgenommen, sondern auch mit allgemeinen Aussagen über die zukünftige Ehe verbunden:

> Riaz (1-M-511): [...] was ich sehr toll fand, das hatte ich dann bei unserer Hochzeit auch fast schon wieder vergessen, war einfach, dass wir relativ schnell auch relativ persönliche Details aus der Vergangenheit erzählt haben und dass dann das mit in die Predigt eingeflossen ist bei der Hochzeit. Also ein wirklicher Bezug zu uns geschaffen wurde, ein Bezug zu unserer Geschichte geschaffen wurde. Und ähm das haben auch meine Eltern gesagt, das fanden sie ja sehr bewegend, sehr gut, sehr emotional, dass eben das unser Pastor hinbekommen hat, ähm nicht nur, sage ich mal, Gottes Segen zu verteilen, sondern auch einfach den Bezug herzustellen, einfach mal darauf hinzuweisen ein Stück weit, ähm Menschen heiraten nicht aus Spaß an der Freud und Menschen heiraten nicht deswegen, weil immer alles eitel Sonnenschein ist, sondern es gibt auch manchmal Wolken zwischendurch. Und wenn Menschen es schaffen, diese Wolkenphase zu überstehen, dann ist es eben auch sinnvoll oder dann ist eben so eine Heirat, sag ich mal, so ein logischer Schritt. Weil dann kriegt man alles zusammen gestemmt.

In der Wahrnehmung des Paares wurde die Erfahrung von bereits durchlebten Beziehungskrisen („Wolkenphasen"), die das Paar im Traugespräch

---

[491] Vgl. auch Kap. 5.4.2.1 „Rekonstruktionen der pastoralen Rolle im Traugespräch".

mit dem Pfarrer teilte, in der Predigt auf die zukünftige Ehe (als eine gemeinsam zu überstehende Mischung aus guten und schlechten Zeiten) übertragen. Auf diese Weise wird das Ritual der kirchlichen Trauung in der Wahrnehmung des Paares gerade durch die Predigt individualisiert und personalisiert:

> Riaz (1-M-586): Also ganz klar die Pre- also die Ansprache des Pastors eben mit dem Bezug zu uns. Also sozusagen herzustellen so ein bisschen, warum wir heute da sind. Das war offensichtlich in Anführungszeichen, aber dass es eben eine Geschichte gibt, die uns verbindet, ähm dass wir nicht zwei namenlose Menschen sind in Anführungszeichen, die heute sich das Ja-Wort geben ähm, das war sehr schön.

Hätte ein Traugottesdienst ohne Predigt also die Funktion „zwei namenlose Menschen geben sich das Ja-Wort", wird nach Riaz' Wahrnehmung in der Predigt deutlich, wer diese beiden Menschen sind (Individualisierung) und warum sie kirchlich heiraten (Personalisierung). Auch wenn die Erzählungen zur Predigt gegenüber anderen liturgischen Orten wie dem Trauversprechen nur einen geringen Raum in der Interviewerzählung einnehmen, kann der Predigt also eine wichtige Bedeutung für das Gesamtverständnis des eigenen Traugottesdienstes zugeschrieben werden.

Eine vergleichbare Struktur der retrospektiven Wahrnehmung der Predigt als individualisierendes und personalisierendes Element zeigt sich auch bei Sandra und Markus. Wurde die Predigt in den Erzählungen von der Vorbereitung der Trauung im Kontext von Markus' Konfessionslosigkeit und den daraus resultierenden Verhandlungen noch als eher verzichtbarer Bestandteil des Gottesdienstes (im Gegensatz zum Ringwechsel und Segen) rekonstruiert,[492] so verbindet das Paar in der rückblickenden Deutung des Traugottesdienstes gerade mit der als individuell gestaltet wahrgenommenen Predigt eine hohe Relevanz:

> Markus (6-M-941): Das ist nicht irgendwo aus der Trauung raus gezogen oder aus der Trauung raus gezogen und da hat der jetzt ein schönes Paket draus gemacht, sondern es war wirklich nur für uns zugeschnitten. Schon alleine deswegen hört man schon, so, was kommt denn jetzt als nächstes, was meint er denn jetzt, von was spricht er denn jetzt. Weil man sich da drinnen widerspiegelt.
> Interviewer: Ja, ja.
> Markus: Und das ist, deswegen hat einen das so [...].
> Sandra: [...] mitgezogen.

---

[492] Vgl. die Einzelfalldarstellung „Sandra und Markus", bes. Kap. 4.3.2.4 „Vorbereitung der kirchlichen Trauung".

> Markus: [...] genau. Ich glaube, das war auch dieser Glockeneffekt, wo man sagte „nee, ich höre da jetzt überhaupt nicht hin, ich konzentriere mich jetzt nur auf den Pfarrer."
> Interviewer: Ja, ja.
> Markus: Ja, also hätte ich nicht gedacht, dass das, also wenn mich mal vor fünf, sechs Jahren jemand fragt, „also kirchliche Trauung ist schon was Besonderes?" „Ja, ja klar, schön feierlich." Nee, es ist ein bisschen mehr.

Ähnlich wie bei Victoria und Riaz wird auch hier mit der Predigt die Wahrnehmung einer Personalisierung („weil man sich da drinnen widerspiegelt") eines Rituals verbunden, dessen Potential sich nicht in der Produktion einer „schön feierlichen" Kulisse erschöpft, sondern das „ein bisschen mehr" bedeutet.[493] Darüber hinaus sind Sandra und Markus in der Lage, inhaltliche Details der Predigt zu rekonstruieren, die sich unter anderem mit der Lebensgeschichte des Pfarrers verbinden:

> Markus (6-M-936): Also, dass er auch Höhen und Tiefen mit seiner Frau durchgemacht hat und dass es sich das komplette Leben eigentlich so widerspiegelt äh, dass es Höhen und Tiefen gibt und dass man die gemeinsam meistern kann und dass man wirklich manchmal so an Punkte rantritt, wo man sagt „ach Mensch, warum hat mich jetzt der liebe Herrgott allein gelassen, äh wo ist er denn, wenn man ihn jetzt mal wirklich braucht?" Aber dass man im gleichen Moment sagt „Mensch, er ist ja da", so das.
> Sandra: Ja, auch so, wie das so mit seiner, ich meine, die Frau hat ja auch schon dadurch, dass er in der Kirche ist, ja auch viel, viel erlebt mit ihm quasi, also ich meine, er ist ja auch viel unterwegs diesbezüglich, ne, und solche Sachen halt, dass man hinter, hinter seinem Partner stehen sollte, dass man, ja, dass man das zusammen durchsteht, also quasi dass man in der Ehe nie alleine ist, sondern halt immer zu zweit. Und dass man sich aber auch daran erinnern muss, dass es nicht immer nur um einen selber geht, sondern dass man halt immer auch noch einen Partner hat, den man mit berücksichtigen muss, so das.

In der Wahrnehmung des Paares deutete der Pfarrer sein eigenes Eheleben als einen Wechsel aus „Höhen und Tiefen", die er mit seiner Frau gemeinsam durchlebte[494] und verband damit einerseits die Aufforderung, „dass

---

[493] Zu der Art und Weise, wie Sandra und Markus dieses „ein bisschen mehr" an Bedeutung inhaltlich verstehen, vgl. die Entfaltung des Einzelfalls in Kap. 4.3.3 „Schwerpunkte und Interpretationsmöglichkeiten". Zu der wechselseitigen Durchdringung der Pole „schön feierlich" und „ein bisschen mehr" vgl. Kap. 4.3.3.5 „Event und transzendent - Strategien außeralltäglicher Inszenierungen".

[494] Zur Sichtbarkeit des Pfarrers als Person und zu den daraus resultierenden Konsequenzen für die Inszenierung pastoraler Authentizität vgl. Kap. 5.4 „Inszenierte Authentizität - Die pastorale Rolle im Kontext der Trauung".

man hinter seinem Partner stehen sollte", andererseits aber auch die auf Gott bezogene Zusage „Mensch, er ist ja da".

Anders als die meisten der interviewten Paare rekonstruieren Rita und Heinrich die Predigt nicht primär nach dem Kriterium der Aufnahme lebensgeschichtlicher Details, sondern anhand des Leitmotivs „Liebe im Alter", das eine zentrale Rolle für die Eigentheorien des Paares spielt.[495]

> Rita (4-F-939): Also, was ich nicht erwartet habe und was ich wirklich toll fand, habe ich schon erwähnt, dass er gesagt hatte: „Dass Paare in unserem Alter sich nach wie vor füreinander hübsch machen sollten, [...].
> Interviewer: Ja, stimmt.
> Rita: [...] dass man sich zusammenlegt, dass man kuschelt, dass man dem Anderen zeigt, dass man ihn gern hat, das sind so viele Dinge, die im Laufe der Jahre bei eher auch bei jungen Leuten ja schon, sage ich mal, wegbleiben, wenn man das so sieht, und dass man einfach nicht aufgeben sollte und nicht vergessen sollte, dass man sich jeden Tag für den Partner eben neu vorbereiten sollte. [...]
> Rita (4-F-946): [...] dass er sagt: „Also legt euch nebeneinander, streichelt euch," wer sagt so was schon mal? Also das fand ich – ich hab erstmal gestutzt, denk ich ja, aber irgendwie, das waren so Sachen, die ja eigentlich das Leben betreffen, aber eigentlich nicht ausgesprochen wird.

Neben der konventionellen Tabuisierung der Thematik erklärt sich ihre Dominanz bei der Rekonstruktion der Predigt auch aus der Anschlussfähigkeit an die lebensgeschichtliche Situation des Brautpaares, die von dem Bedürfnis geprägt ist, nach den Jahren der Pflege der jeweils ersten Ehepartner noch einmal eine neue Beziehung einzugehen.[496]

Das dargestellte Spektrum der Rekonstruktionen von Traupredigten lässt sich verbinden mit den von dem jeweiligen theologischen Deutungshorizont abhängigen Funktionsbestimmungen des Traugottesdienstes,[497] die sich nicht zuletzt auf die Gestaltung der Traupredigten auswirken: Während Deutungsangebote, die von der individuellen Lebensgeschichte der Brautpaare abstrahieren und die Traupredigt als Ort erscheinen lassen, an dem das Evangelium „als persönliche Zeugnisrede"[498] verkündigt wird,

---

[495] Vgl. die Einzelfalldarstellung „Rita und Heinrich" in Kap. 4.2, bes. Kap. 4.2.3.2 „Liebe im Alter".

[496] Vgl. Kap. 4.2.3.2 „Liebe im Alter".

[497] Vgl. Kap. 2.2.1 „Die Frage des theologischen Deutungshorizonts".

[498] SEITZ, M (1975): Die Predigt bei der Trauung, in: Breit, H./Seitz, M. (Hg.): Trauung. Calwer Predigthilfen, Stuttgart 1975, 11. Die Formulierung „persönlich" bezieht sich bei Seitz auf die Person der Pfarrerin bzw. des Pfarrers und ist nicht zu verwechseln mit der Qualifizierung des Traugottesdienstes in der Wahrnehmung der Paare, die in

den wenigsten Paaren in bewusster Erinnerung blieben,[499] verbinden sich die in den Interviewerzählungen wahrnehmbaren Rekonstruktionen der Traupredigten ohne Ausnahme mit solchen rhetorischen Modellen, die die Predigt als einen Ort der lebensgeschichtlichen Deutung erscheinen lassen.[500]

Wird nun ausgehend von dem dargestellten Spektrum retrospektiver Wahrnehmungen der Traupredigt nach Faktoren gefragt, die für die individuell akzentuierten Rezeptionsprozesse relevant sein könnten, drängt sich die zunächst banal erscheinende Vermutung auf, dass Inhalt und Vollzug der Predigt den Brautpaaren umso bewusster in Erinnerung bleiben, je stärker die Anschlussfähigkeit der Predigt im Erleben des jeweiligen Paares ausgeprägt war. M. a. W.: Je ausgeprägter sich die Predigt an Sprachformen, Deutungen und Erwartungen der Adressaten anschließt, desto differenzierter wird sie für die Brautpaare im Rückblick rekonstruierbar. Zu konkretisieren ist an dieser Stelle der Begriff der Anschlussfähigkeit, der – wie sich zeigen wird – unterschiedliche Dimensionen der dargestellten Rezeptionsprozesse mit ihren individuellen Akzentuierungen integriert.

Hinsichtlich des bereits analysierten Zusammenhangs zwischen Traugespräch und Traugottesdienst[501] erweisen sich unter den Deutungsangeboten der Predigt vor allem diejenigen als anschlussfähig (und dadurch im Rahmen der Interviewerzählung rekonstruierbar), die sich in der Wahrnehmung der Adressaten auf das Traugespräch zurückbeziehen lassen. Aussagen, die bereits in dem vorbereitenden Gespräch kommuniziert und plausibilisiert wurden, finden – so lassen es die durchgeführten Interviews vermuten – mit höherer Wahrscheinlichkeit Eingang in die bewusste Erinnerung der Brautpaare als solche, die den Paaren in der Traupredigt gänzlich neu sind (abgesehen von zufälligen weltanschaulichen Übereinstim-

---

Kap. 5.4 „Inszenierte Authentizität – Die pastorale Rolle im Kontext der Trauung" entfaltet wird.

[499] Die Frage, ob es entsprechende Deutungsangebote in der jeweiligen Predigt überhaupt gab, ist insofern irrelevant, als der Fokus der vorliegenden Untersuchung auf den Wahrnehmungen der Paare und bezüglich der Predigt also allein auf den von ihnen rekonstruierten Predigtinhalten liegt.

[500] Die Relevanz und Funktion biographischer Passagen in der Beerdigungspredigt untersuchten bereits Grözinger, A. (1992b): „Religion und Biographie" in der Beerdigungspredigt. Kultur des Todes und Bestattungsritual, in: ders., Es bröckelt an den Rändern. Kirche und Theologie in einer multikulturellen Gesellschaft, München, 108–123. sowie Friedrichs, L. (2004): „Gott freiphantasieren" – Ästhetische Impulse für biografische Bestattungspredigten, in: ZThK 101, 358–378.

[501] Vgl. Kap. 5.4.2.2 „Rekonstruktionen der pastoralen Rolle im Traugottesdienst".

mungen, deren Vermittlung in der Predigt keiner Vorbereitung bedarf). Dieser Umstand dürfte sich schon allein aus der anlassbedingt stark limitierten Aufnahmefähigkeit der Brautpaare während der kirchlichen Trauung erklären.

Eine nächste Dimension der Anschlussfähigkeit bezieht sich auf die im Traugespräch thematisierte Lebensgeschichte des Paares, deren Aufnahme in die Predigt von den interviewten Paare überwiegend positiv gewertet rekonstruiert wird. Anschlussfähig sind die betreffenden Passagen der Predigt zum einen, da die inhaltlichen Details dem Paar in der Regel gut bekannt sind. Vielen Paaren ist hinsichtlich der Dynamik der Interviewerzählung anzumerken, dass sie es gewohnt sind, eine Kurzerzählung ihrer Beziehungsgeschichte zu produzieren, und dass sie ihre gemeinsame Lebensgeschichte im Laufe sich wiederholender Erzählaufforderungen zu einer Art ‚offizieller Version' verdichtet haben. Dass diese Version im Traugespräch von der Pastorin bzw. dem Pastor abgefragt wird, entspricht wiederum den Erwartungen der meisten Paare hinsichtlich der „persönlichen" Gestaltung des Traugottesdienstes.[502] In der Erfüllung von Vorerwartungen liegt denn auch hinsichtlich der Predigt die andere Seite dieser Dimension von Anschlussfähigkeit: Nicht nur sind die lebensgeschichtlichen Details dem Paar bereits vertraut, sondern die Verbalisierung der gemeinsamen Geschichte schließt sich in der Regel gut an die grundsätzlichen Erwartungen der Paare hinsichtlich einer „persönlich" gestalteten Traupredigt an.

Die Vorerwartungen der Paare spielen zudem für eine andere Dimension der Anschlussfähigkeit eine Rolle, die sich als partielle Abweichung bei gleichzeitig grundsätzlicher Bestätigung beschreiben lässt. Als anschlussfähig erweisen sich in dieser Hinsicht insbesondere solche Gestaltungselemente der Predigt, die einerseits die grundsätzlichen Erwartungen des jeweiligen Paares in Bezug auf Inhalt, Sprachform und Vortragsweise aufnehmen, die aber andererseits punktuell von eben diesen Vorerwartungen abweichen und so partiell für Irritationen oder Überraschungen sorgen, die – so zeigen es die Ergebnisse der Interviewanalysen – den Paaren (ähnlich wie improvisierte Elemente[503]) intensiv in bewusster Erinnerung bleiben. So betonen Rita und Heinrich im Kontext ihrer Predigtrekonstruktionen unter dem Leitmotiv „Liebe im Alter" wiederholt den überraschenden Effekt, den die Verbalisierung dieser Thematik im Rahmen eines Traugottesdienstes in ihrer Wahrnehmung hervorrief:

---

[502] Vgl. Kap. 5.4.2.1 „Rekonstruktionen der pastoralen Rolle im Traugespräch".

[503] Vgl. Kap. 5.1.5 „Kirchliche Trauung als performative Inszenierung".

> Rita (4-F-939): Also, *was ich nicht erwartet habe* und was ich wirklich toll fand, habe ich schon erwähnt, dass er gesagt hatte: „Dass Paare in unserem Alter sich nach wie vor füreinander hübsch machen sollten, [...].
> Rita (4-F-946): [...] wer sagt so was schon mal? Also das fand ich - *ich hab erstmal gestutzt*, denk ich ja, aber irgendwie, das waren so Sachen, die ja eigentlich das Leben betreffen, aber eigentlich nicht ausgesprochen wird.

Meike und Olaf rekonstruieren die Vortragsweise der Pastorin als „sehr locker" (7-F-597) und humorvoll und dadurch von den eigenen Erwartungen an das pastorale Auftreten im Kontext einer Traupredigt graduell abweichend:

> Meike (7-F-607): Und das habe ich so auch noch nicht erlebt eigentlich, wie man das so, dass die Pastorin das so macht, dass so locker erzählt wird. Sonst in den kirchlichen Trauungen war das eher so'n bisschen ernsthafter so.
> Meike (7-F-615): Das war jetzt nicht, dass man da brüllend lachte, das war einfach so, das war genau richtig so, richtig dosiert, das hat dem nicht die Feierlichkeit genommen oder so.

In der Formulierung „richtig dosiert" wird deutlich, dass es sich bei der Irritation der Brautpaare um ein sensibles Spiel mit den jeweiligen Vorerwartungen handelt, die (aus pastoraler Perspektive bewusst geplant oder unbemerkt) in einer spezifischen Mischung bestätigt und zugleich überschritten werden. Diese Struktur von Bestätigung und Überschreitung der Vorerwartungen zeigt sich auch in den Rekonstruktionen von Elke und Wilko bezüglich der Aufnahme lebensgeschichtlicher Details in der Predigt: Während die Thematisierung der eigenen Lebensgeschichte den Erwartungen des Paares grundsätzlich entspricht, hält die konkrete Gestaltung der entsprechenden Passagen in der Predigt doch auch Überraschungen bereit:

> Wilko (5-M-393): Toll fand ich sehr viele Aussagen, nachher auch, einige *überraschende*, dann, äh, ja im Gottesdienst dann wieder kamen. [...] und man erkannte sich dann auf einmal wieder und hatte wirklich einige Äußerungen, ähm, *mit denen man jetzt gar nicht so gerechnet hatte* und tja das war sehr nett, sehr, ja.

Grundsätzlich ist zwar zu vermuten, dass die Anschlussfähigkeit der Predigt sich auch in lebensstilspezifischer Hinsicht niederschlägt, dass also die Verwendung bestimmter Sprachformen und Metaphern ebenso wie die Vortragsart oder die schlichte Länge der Predigt von den Paaren dem eigenen Lebensstil entsprechend wahrgenommen werden. Nur ist diese Vermutung aus den durchgeführten Interviews nicht näher zu belegen. Im Gegenteil: Wäre in lebensstilspezifischer Hinsicht beispielsweise zu vermuten, dass die Paare mit einem akademischen Bildungshintergrund den Inhalt eines längeren Monologs im Rückblick eher rekonstruieren können als andere Paare, so lässt sich ein solcher Zusammenhang in den durchgeführten Interviews nicht erkennen. Relevante Faktoren für den empirisch wahrnehmbaren Rezeptionsprozess scheinen demnach vor allem die lebensweltlich bedingte sprachliche Anschlussfähigkeit der Predigt, die Interpretation individueller Details der Paarbiographie sowie ein sensibles Spiel mit den Erwartungen der Adressaten zu sein.

Die dargestellten empirischen Rekonstruktionen von Wahrnehmungen der Traupredigten lassen sich auf Gerald Kretzschmars Überlegungen beziehen, der sich bislang als Einziger dem Phänomen der Kasualansprache aus der Perspektive der Beteiligten zuwandte.[504] Im Rahmen einer empirischen Studie zur Kirchenbindung[505] entstanden acht biographisch-narrative Interviews, in denen die gesamte bisherige Lebensgeschichte der Befragten in den Blick genommen wurde. Die Auswertung der Interviews erfolgte ausgehend von der Fragestellung, „wie die Befragten Erfahrungen und Erlebnisse, die sie im Laufe ihres bisherigen Lebens mit der Kirche gemacht haben, in die biografische Schilderung ihrer Lebensgeschichte integrieren“[506]. Bezogen auf die Erfahrungen mit Kasualien wird dementsprechend gefragt, „auf welche Weise sie [...] thematisiert werden und welche Funktion die erzählten Kasualien innerhalb der Biografie erfüllen.“[507] Hinsichtlich der Wahrnehmung von Kasualansprachen kommt Kretzschmar dabei zu dem Ergebnis, dass „die Deutungsangebote, die bei Kasualgottesdiensten mit Ansprachen, Predigten und Gebeten gemacht werden, [...] so gut wie überhaupt nicht erinnert (werden).“[508] Kasualien – so folgert Kretzschmar – „bleiben damit aus der Perspektive der Menschen ein Un-Bewusstseinsphänomen.“[509]

Während diese Feststellung durch die Interviewerzählungen einiger Paare zumindest bezüglich der Traupredigt klar bestätigt wird („das nimmt man auf, aber es bleibt irgendwie nicht hängen“, 8-M-765), kommt die fallübergreifende Auswertung aller durchgeführten Interviews, wie bereits ausgehend von der Heterogenität der retrospektiven Wahrnehmungen dargestellt, zu einem komplexeren Ergebnis. Bedenkenswert erscheint in diesem Zusammenhang jedoch die Frage, ob sich anhand des Kriteriums

---

[504] Vgl. KRETZSCHMAR (2005); vgl. dazu auch Kap. 2.3.3 „Traupredigt“.

[505] Vgl. KRETZSCHMAR (2007).

[506] KRETZSCHMAR (2005) 274.

[507] KRETZSCHMAR (2005) 274.

[508] KRETZSCHMAR (2005) 279.

[509] KRETZSCHMAR (2005) 281.

der bewussten Erinnerbarkeit die Qualität einer Predigt ausreichend beurteilen lässt. Denn neben diesem Kriterium sind auch andere Gütemerkmale denkbar, schließlich ist die Wirkung einer Predigt nicht zwangsläufig daran gebunden, dass die Hörerinnen und Hörer rückblickend inhaltliche Strukturen der Rede reproduzieren können. Insofern erscheinen die in den Interviewerzählungen wiederholt rekonstruierten positiven Höreindrücke bei gleichzeitig fehlender Erinnerung an Inhalte nicht als widersprüchlich, sondern als Reflex der vielfältigen und nicht allein auf bewusste Erinnerung zielenden Wirkungsweisen der Predigt.

Die Differenzen zwischen Kretzschmars Ergebnissen und denen der vorliegenden Untersuchung erklären sich vermutlich überwiegend aus dem unterschiedlichen methodischen Vorgehen bei der Konzeption und Durchführung der Interviews und den verschiedenen Fragestellungen bei der Auswertung der Daten: Kretzschmars Ergebnisse basieren auf Interviews, die im Abstand vieler Jahre häufig auf die Teilnahme an einer Reihe von Kasualien zurückblicken. Zudem beschränkten sich die Impulse des Interviewers (wie bei biografisch-narrativen Interviews üblich) auf eine knappe Erzählaufforderung zu Beginn des Interviews sowie kurze Nachfragen am Ende des Gesprächs, so dass eine stärkere Fokussierung auf die Wahrnehmung einzelner Kasualien unterblieb. Schließlich verfolgt Kretzschmars Studie im Gegensatz zu der vorliegenden Untersuchung nicht das Ziel, die Wahrnehmungen speziell der kirchlichen Trauung empirisch zu rekonstruieren, sondern versucht zu analysieren, in welchen Zusammenhängen Erfahrungen mit der Kirche (zu denen neben der Teilnahme an Kasualgottesdiensten eine Vielzahl weiterer Erlebnisse treten kann) im Rahmen der Erzählung von Lebensgeschichten thematisiert werden.

Anders als Kretzschmar untersuchte Rosemarie Nave-Herz mittels Leitfadeninterviews speziell die Wahrnehmungen der standesamtlichen und kirchlichen Trauung[510] und kam bezüglich der Rekonstruktionen der Traupredigt zu dem Ergebnis, dass positive Bewertungen der Traupredigt vor allem dann zu konstatieren seien, „wenn der Pfarrer bzw. die Pfarrerin es verstanden hatte, eine Verbindung zwischen dem Trauspruch, den sich die Eheleute ausgesucht hatten, und dem Ereignis der Hochzeit dieses Paares und ihrer persönlichen Biographie herzustellen."[511] Im Gegensatz zu anderen Beobachtungen, die ausführlich entfaltet und mit zahlreichen

---

[510] Vgl. NAVE-HERZ (1997) sowie die Skizzierung der Untersuchung in Kap. 2.1 „Gegenwärtiger Forschungsstand - Empirische Studien zur kirchlichen Trauung".

[511] NAVE-HERZ (1997) 93.

Interviewzitaten illustriert werden, beschränkt sich Nave-Herz bezüglich der Wahrnehmung der Traupredigt aus der Sicht der Brautpaare jedoch auf die oben zitierte Feststellung sowie einen einzigen knappen Interviewausschnitt, der zudem gerade nicht die behauptete Wertschätzung einer Verknüpfung von Trauspruch und persönlichen Lebensgeschichte expliziert, sondern mit den Worten „die Predigt war sehr auf uns zugeschnitten"[512] denkbar vage bleibt. So erhält das Ergebnis der Interviewanalysen bezüglich der Traupredigt eher den Charakter einer nicht überprüfbaren Behauptung, die durch die vorliegende Untersuchung nur bedingt bestätigt werden kann: Insbesondere die Relevanz des ausgewählten Trauspruchs für die Rekonstruktionen der Traupredigt lässt sich in den durchgeführten Interviews nicht nachweisen, ist der Spruch doch den meisten Paaren (darunter auch diejenigen, die zu einer detaillierten Rekonstruktion der Predigt in der Lage waren) nicht mehr bewusst erinnerlich.[513]

V. 6. 3 Einzug und Auszug

In den verschiedenen Interviewerzählungen werden Einzug und Auszug häufig als Scharnierstellen rekonstruiert, die hinsichtlich der äußeren Vollzüge eine Verbindung herstellen zwischen dem verbreiteten Fototermin des Brautpaares, der Fahrt in einem eigens für diesen Anlass bereit stehenden Auto sowie anderen Vorbereitungen auf der einen Seite und dem Traugottesdienst auf der anderen Seite. Auch hinsichtlich ihrer inneren Befindlichkeit schildern viele der interviewten Paare den Einzug als Übergang zwischen Vorbereitungshektik (Umziehen, Friseurbesuch, Verspätungen und andere Pannen) und der Konzentration auf das kirchliche Ritual. Im Gegenzug erscheint der Auszug eher als Übergang von der anlassbedingten inneren Anspannung hin zu gelöster Feierstimmung.

Expliziert werden in den Interviewerzählungen vornehmlich die Rekonstruktionen des Einzugs in den Kirchenraum, der Auszug spielt dagegen in der Regel nur implizit eine Rolle als Verbindung zu den nachfolgenden Ereignissen (Spalier der Freunde, Empfang vor der Kirche, Fahrt zum Ort der Feier). Einzig Meike nennt auf die Frage, was ihr am Traugottesdienst besonders gut gefallen habe, spontan den Auszug aus der Kirche:

---

[512] NAVE-HERZ (1997) 93.

[513] Eine Ausnahme stellt in dieser Hinsicht die Interviewerzählung von Elke und Wilko dar, die den Trauspruch und seine Deutungen im Zusammenhang mit der Rekonstruktion der Predigt thematisiert (5-I-482 - 5-F-501). Bei näherem Hinsehen spielt jedoch auch hier der bereits dargestellte Zusammenhang zwischen Traugespräch und Traugottesdienst die entscheidende Rolle für die Anschlussfähigkeit der entsprechenden Passagen der Predigt.

> Meike (7-F-682): Weil man dann verheiratet war, weil dann irgendwie - man hat es dann, na ja, man hat es hinter sich doch, es war dann so jetzt ist es gewesen irgendwie so und man war dann so, mir ging es so, du warst ja noch ein bisschen aufgeregt wegen der anderen Sache auch.
> Interviewer: Ja
> Meike: Bei mir war das dann so irgendwie - die Fotos, die dann kamen, da war ich nur am Strahlen irgendwie so, also das war dann irgendwie - weiß nicht - das war mein Traum *(kurzes Auflachen).*

Ähnlich wie bei den Rekonstruktionen des Zusammenhangs zwischen Versprechen und des Segen im Rahmen des Traugottesdienstes[514] zeigt sich also auch hier eine Strukturierung der Trauung im Sinne einer Aufgabe oder Herausforderung, auf deren erfolgreiche Absolvierung eine Belohnung folgt.

Im Gegensatz zum Auszug wird der Einzug des Brautpaares in den durchgeführten Interviews durchgängig explizit thematisiert, was vermutlich mit der hervorgehobenen Rolle zusammenhängt, die der Einzug in der Wahrnehmung der meisten Paare spielt. So verbinden sich mit dem Einzug im Gegensatz zum Auszug regelmäßig konkrete Vorstellungen der Paare bezüglich seiner Gestaltung.[515] Im Gegensatz zur Traupredigt sind alle interviewten Paare auch Monate nach ihrer Trauung noch in der Lage, den Einzug in den Kirchenraum detailliert zu rekonstruieren. Das Motiv der sich steigernden Aufgeregtheit findet sich dabei in unterschiedlichen Variationen in nahezu allen Erzählungen:

> Christine (2-F-543): Ja. Schon sehr ergreifend, man war aufgeregt. Vorher auch in dem Moment, in dem wir in die Kirche rein kamen und dort im äh Foyer gewartet haben bis wir mit dem Pastor dann einziehen. Also da war schon die Aufregung ganz groß. Dass es dann auch losgeht.
> Rita (4-F-888): Ich sag ihnen: Gerade in dem Moment als man die Kirche betrat, früher war das eigentlich gar nicht so, ja die Verwandten waren jetzt hier und es war noch so als ob wir eine Feier machten einfach so, aber in dem Moment, als man die Kirche betrat, denn war das was anderes, es war irgendwie - ja.
> Heinrich: Es passiert jetzt was außergewöhnliches, das Gefühl hatte man.

Deutlich grenzen die Paare die Anspannung kurz vor und während des Einzugs ab von der den gesamten Hochzeitstag und vor allem die Zeit der letzten Vorbereitungen beherrschenden grundsätzlichen Nervosität. Vielfach verbinden sich in den Interviewerzählungen mit den geschilderten

---

[514] Vgl. Kap. 5.5. „Deutungen der kirchlichen Trauung - Versprechen und Segen".

[515] Vgl. Kap. 2.3.2 „Einzug und Eröffnung".

Selbstwahrnehmungen der Anspannung und Ergriffenheit auch Raumwahrnehmungen, die das Geschehen als in hohem Maß Außeralltägliches erscheinen lassen:[516]

> Wilko (5-M-419): [...] Ich kann mich noch daran erinnern, dass die Kirche sehr hell war, sehr von Licht durchflutet.
> Interviewer: Ja.
> Wilko: Und es war eine sehr, für mich sehr überwältigende Situation da.
> Anna (3-F-786): Man – in G. geht man ja von vorn – in den Turm rein, von der Seite, muss man so ne viertel Drehung rechts machen und dann sieht man ja schon von weitem paar Stufen, kann man ja schon den Altar sehen und das war schon da so sehr – leere Kirche, ehrfurchtsvoll hätte ich beinahe gesagt.

Unabhängig von der konkreten Gestaltung des Einzugs und der im Vorfeld gewählten Variante wird dieser Part des Traugottesdienstes also in der retrospektiven Wahrnehmung als ein mit hoher Erlebnisintensität verbundener Übertritt in eine dem Alltag und den unmittelbar vorhergehenden letzten Vorbereitungen enthobene Sphäre gedeutet. Die subjektive Wahrnehmung („es passiert jetzt was Außergewöhnliches") wird dabei unterstützt und gelenkt von spezifischen Raumwahrnehmungen („von Licht durchflutete Kirche", „von weitem sieht man schon den Altar"), die sich zu einer der Inszenierung entsprechenden Atmosphäre („ehrfurchtsvoll hätte ich beinahe gesagt") verdichten.

Unter den möglichen Einzugsvarianten (Brautpaar, Brautpaar mit Pfarrer, Braut mit Brautvater, Brautpaar mit Gemeinde) wird in neueren praktisch-theologischen Arbeiten vor allem die sog. Brautübergabe (Einzug der Braut gemeinsam mit ihrem Vater, der sie dem am Altar wartenden Bräutigam übergibt) als aus theologischer Perspektive problematische oder zumindest als interpretationsbedürftige Gestaltungsform erwähnt.[517] Ausgangspunkt der Überlegungen ist stets die sich als Tatsache gerierende Vermutung, dass erstens die Variante der Brautübergabe gegenwärtig zunehmend häufig von Brautpaaren gewünscht werde und dass dieser Wunsch zweitens „für Pfarrerinnen und Pfarrer in aller Regel ein irritierendes Ansinnen"[518] darstelle. Eine statistisch repräsentative Untersuchung über die gewählten Einzugsvarianten liegt bislang nicht vor, so dass die Tendenz einer Favorisierung der Variante der Brautübergabe empirisch

---

[516] Vgl. Kap. 2.3.7 „Raumwahrnehmungen".

[517] Vgl. z. B. Friedrichs (2008) 148, Hermelink (2007) 717, Albrecht (2006) 250, Lämmlin (2004) 55, Grethlein (2003) 468, Ziebritzki (2006) 40.

[518] Fischer (2004) 334.

weder zu belegen noch zu negieren ist.[519] Die Vermutung einer quantitativen Zunahme spiegelt möglicherweise weniger die Realität der Brautpaare als die binnenkirchliche Wahrnehmung des Phänomens wider, das aus pastoraler Perspektive häufig abwertend als Rückfall in voremanzipatorische Strukturen gedeutet wird.[520] Diese Abwertung schildern auch einige der von Nave-Herz interviewten Paare nachdrücklich: „Er hat es 'n bisschen ins Lächerliche gezogen: ‚Mensch Leute, die wohnen schon fast zwei Jahre zusammen; und trotzdem soll Papa Dich noch in die Kirche – reinführen! Das kann ja wohl nicht (wahr) sein! ‚Aber', sagte er, ‚ich mach' allen Scheiß mit, warum den nicht?'"[521]

Angesichts der Wertschätzung, die der Brautübergabe von manchen Paaren entgegengebracht wird, unternahm Konrad Fischer den Versuch, mögliche Funktionen dieser vermeintlich trivialen Praxis liturgiehermeneutisch zu analysieren.[522] Ausgehend von van Genneps Konstruktion des Übergangsrituals[523] und dessen konstitutiver Grundstruktur von Ablösung, Umwandlung und Integration deutet Fischer das Anlegen des konventionellen Brautkleids als Umwandlungsphase, das öffentliche Traueversprechen samt Ringwechsel dagegen als Angliederungsritual. Die vormals üblichen rituellen Elemente der Ablösungsphase (Zustimmungserklärung der Brauteltern, öffentliche Bekanntmachung der Verlobung, Verlobungszeit) seien dagegen im Zuge gesellschaftlicher Veränderungen der letzten Jahrzehnte abhanden gekommen, so dass die entstandene Leerstelle durch eine Neukonstruktion gefüllt werde. „Es ist präzise dies der Sach-

[519] Von den zehn im Rahmen der vorliegenden Studie interviewten Paaren wählten zwei die Brautübergabe, sieben zogen als Paar mit oder ohne pastorale Begleitung ein und ein Paar betrat den Kirchenraum an der Spitze der draußen versammelten Gemeinde.

[520] Die Ablehnung geht so weit, dass einige Gemeinden dazu übergehen, die Einzugsvariante der Brautübergabe bereits im Kontext der ersten Informationen für heiratswillige Paare mehr oder weniger deutlich zu verbieten: „Bei einigen Bräuchen sollten Sie sich fragen, ob diese wirklich noch zeitgemäß und Ihrer Situation angemessen sind. Vollverschleierte Bräute, die sich vom Vater in die Kirche zum dort wartenden Bräutigam führen lassen – und beide Partner leben schon seit Jahren mit ihren Kindern zusammen: Das ist irgendwie völlig seltsam. Zumal der Brauch aus dem mittelalterlichen Handelsrecht stammt, als die Frauen noch Handelsware waren und von den Eltern „vermittelt" wurden. Haben Sie so Ihren Partner kennen gelernt?" (www.st-georgsberg.de/faq/faq.htm#Trauung (Abfrage am 20.8.09)).

[521] Nave-Herz (1997) 62.

[522] Vgl. Fischer (2004); vgl. dazu auch Kap. 2.3.2 „Einzug und Eröffnung".

[523] Vgl. die ausführliche Darstellung in Kap. 2.2.3 „Ritualtheoretische Fragen im Kontext der Trauung".

verhalt, welchem das Formelement „Brautübergabe" seine Neuentdeckung verdankt."[524] So verstanden stelle die Brautübergabe gerade keine Wiederbelebung patriarchalischer Strukturen dar, sondern gestatte der Braut, jederzeit selbst das Subjekt des von ihr ausgewählten Rituals zu sein. „Genau in der Wahl dieses Ritus weiß sich die Frau als Herrin des Verfahrens. In bruchloser personaler Identität als Frau wählt sie den Mann, der sie führt, und sie wählt den Mann, dem sie sich übergeben lässt."[525]

Strukturell ähnlich (nämlich im Sinne eines durch gesellschaftliche Veränderungen entstandenen rituellen Vakuums, das durch Wiederentdeckung oder Neukonstruktion spezieller Gestaltungselemente gefüllt werde), jedoch ohne expliziten Rückbezug auf das Konstrukt des Übergangsrituals, deutet auch Fechtner die von ihm als „Co-Inszenierungen" bezeichneten Elemente (Brautkleid, Ringwechsel und andere Traditionalismen) als „Reaktion auf den kulturellen Verlust von Anfangs-Ritualen"[526]. Je mehr lebensgeschichtlich relevante Übergänge rituell verschliffen würden, desto stärker zielten die gegenwärtig gewählten Formen und Handlungen in teilweise anachronistischer Anmutung darauf ab, „das Ereignis zu einem spürbaren Erlebnis werden zu lassen"[527].

Beide Interpretationsansätze lassen sich gut mit den Erzählungen der interviewten Paare verbinden, die sich für die Einzugsvariante der Brautübergabe entschieden, deuten sie doch selbst das Geschehen als symbolische Darstellung einer bereits vollzogenen Ablösung und als Reinszenierung von Anfänglichkeit:

> Sandra (6-F-864): Ja auch vom Ablauf haben die uns gefragt, wie wir das haben wollen. Also wir hatten natürlich auch sehr genaue Vorstellungen. Ja, also wir wussten, dass äh mich mein Vater, also dass ich mit meinem Papa einziehe und dass der Pfarrer und Markus quasi vorgehen, das war uns äh [...].
> Markus: Wichtig.
> Interviewer: Warum so, also es hätte ja verschiedene Möglichkeiten gegeben, warum die?
> Sandra: Weil ich das wichtig fand, nochmal so als Symbol, dass mich quasi mein Papa, obwohl ich ja schon verheiratet war, nochmal so quasi als Symbol, dass er äh jetzt so seine Tochter loslässt und mich jetzt quasi in die Arme eines anderen Mannes gibt. Also dieses Symbol fand ich wichtig, ja. So für das, was wir auch alles schon geschafft haben irgendwie.

---

[524] FISCHER (2004) 350.

[525] FISCHER (2004) 350.

[526] FECHTNER (2003) 140.

[527] FECHTNER (2003) 140.

> Markus: Die Symbolik „so, ich übergebe dir jetzt meine Tochter."
> Sandra: Genau, mit Gottes Hilfe so dieses, das fand ich, das war mir schon wichtig. Ja.

Hier wird die Brautübergabe also als symbolischer Akt der Ablösung gedeutet und mit den Worten „für das, was wir auch alles schon geschafft haben" auf die Beziehungsgeschichte des Paares bezogen, die Sandra und Markus als wechselvolle und auch durch intensive Krisen geprägte schildern.[528] Mehrdeutig bleibt das Motiv „mit Gottes Hilfe", das Sandra mit dem Akt der Übergabe verbindet. Vor dem Hintergrund von Sandras religiöser Sozialisation[529] und der Relevanz, die Sandra den Systemen beider Herkunftsfamilien im Rahmen der Hochzeit zuschreibt,[530] ist zu vermuten, dass dieser im Kontext der kirchlichen Trauung konventionelle Ausdruck nicht allein als Hinweis auf die Traditionsgebundenheit des kirchlichen Rituals in der Wahrnehmung des Paares zu verstehen ist, sondern sich auch mit dem durch den Einzug reinszenierten Ablösungsprozess des Paares von den Herkunftsfamilien verbindet. Anzunehmen ist, dass gerade aus dem plötzlichen und lebensgeschichtlich frühen Beginn des Ablösungsprozesses bei Sandra das Bedürfnis nach einer konzentrierten Bestätigung des Erreichten erwächst, nach einer Zeremonie, in der die eigene Individuation rituell als von Gott begleitet nacherlebt werden kann.

Ebenfalls im Sinne der Symbolisierung einer faktisch bereits vollzogenen Ablösung interpretieren auch Dorothea und Jan die von ihnen gewählte Brautübergabe. Anders als Sandra deutet Dorothea jedoch das Geschehen primär aus der Perspektive ihres Vaters:

> Dorothea (8-F-665): Also ich bin, ich bin das letzte Kind, ne, ich bin die Kleinste und hm ähm also er hat mich, er hat mich, äh also wir kennen uns ja nun wirklich schon seit zehn Jahren und ich bin ja auch relativ zeitig dann ausgezogen und auch wirklich weg gezogen, so dass er, man jetzt nicht sagen kann „du saßt da gestern noch irgendwie mit am Kaffeetisch" oder so. Und seine, seine Worte waren, als ich äh, als ich zu Ralf hoch gegangen bin, waren: „Jetzt habe ich dich für immer verloren." Und äh dann kamen ihm auch wirklich die Tränen und da war, hatte ich auch gleich wieder [...]. Also für ihn war es ein ganz, ganz bedeutender Moment. Also ich glaube, weil ich auch überlegt habe, obwohl ich nie überlegt, ob ich jetzt mit Ralf rein laufe, aber ich hab dann gedacht oder ich gehe alleine oder vielleicht mit den Kindern oder irgendwie so habe ich dann hin und her überlegt und habe dann eigentlich schon gesagt,

---

[528] Vgl. die Einzelfalldarstellung in Kap. 4.3 „Sandra und Markus", bes. Kap. 4.3.2.2 „Beziehungsgeschichte und Entscheidung zur Heirat".

[529] Vgl. Kap. 4.3.2.1 „Herkunft, religiöse Sozialisation und Lebensstil".

[530] Vgl. Kap. 4.3.3.2 „Spannungsfeld Familiensysteme".

„nee, ich möchte ihm den Gefallen tun". Weil ich wusste, glaube ich auch, dass ihm das was bedeutet. Und ähm habe das dann gemacht und ja und ich glaube, er war genau so aufgeregt und war schrecklich gerührt.

Die symbolisierte Ablösung wird auch hier wieder auf die individuelle Lebensgeschichte und die biographisch relevanten Individuationsprozesse („ich bin das letzte Kind", „ich bin ja auch relativ zeitig ausgezogen und auch wirklich weit weg gezogen") bezogen und als symbolisch verdichtete Wiederholung der zehn Jahre zurückliegenden Ereignisse gedeutet. Im Gegensatz zu Sandra rekonstruiert Dorothea die Entscheidung für die Brautübergabe eher als „Gefallen" für ihren Vater, dem sie unterstellt, „dass ihm das was bedeutet", was er wiederum mit den Worten „jetzt habe ich dich für immer verloren" in ihrer Wahrnehmung auch bestätigte.

Die Sinnzuschreibungen, mit denen Sandra und Dorothea die Brautübergabe deuten, lassen sich gut anschließen an Fischers Vermutung, es handele sich bei dieser Einzugsvariante mitnichten um eine Repristination patriarchalischer Beziehungsmuster, sondern die Braut handele durchaus als Subjekt des Geschehens.[531] Sowohl Dorothea als auch Sandra können jeweils individuell akzentuierte Gründe für die eigenständig gewählte Einzugsvariante der Brautübergabe anführen und wurden in ihrer Wahrnehmung keinesfalls von außen dazu gedrängt. Auch hinsichtlich der Dynamik der Interviewkommunikation legt sich diese Deutung nahe, denn zur Brautübergabe äußerten sich vornehmlich die beiden Frauen, während die beiden (sonst durchaus eloquenten) Partner jeweils auffallend schweigsam waren.

Dass der Einzug nicht nur fallübergreifend, sondern auch paarintern unterschiedlich gedeutet werden kann, zeigt die Interviewerzählung von Sandra und Markus. Während Sandras Deutung sich primär auf die rituelle Reinszenierung bereits vollzogener Ablösungsprozesse bezieht, rekonstruiert Markus die Einzugsvariante eher als visuellen Effekt, der den Auftritt der Braut am wirkungsvollsten zu inszenieren vermag, und verweist dabei auf medial vermittelte Vorbilder als Experten der Inszenierung.[532] Im Anschluss an die Überlegungen zum Phänomen der Medialisierung im Kontext der kirchlichen Trauung[533] und als Ergänzung zu dem Interpretationsansatz Fischers legen Markus´ Äußerungen die Vermutung nahe, dass die Einzugsvariante der Brautübergabe als rituelle Darstellung der Ablösung

---

[531] Vgl. FISCHER (2004) 350 f.

[532] Vgl. Kap. 4.3.2.5 „Die kirchliche Trauung und Taufe".

[533] Vgl. Kap. 5.2. „Medialität und Konventionalität als Gestaltungsrahmen der kirchlichen Trauung".

im Rahmen eines Übergangsrituals zu verstehen ist, die von den betreffenden Paaren gerade auch im Zuge der Imitation massenmedial vermittelter Inszenierungen gewählt wird. M. a. W.: Die Fischers Verständnis der Brautübergabe inhärente Dichotomie zwischen „bloßem Nachahmungsdrang auf Feierlichkeit“ auf der einen Seite und „tiefer reichenden Wurzeln“[534] auf der anderen Seite ist möglicherweise eine Scheinalternative. Denn bei der Wiederentdeckung oder Neukonstruktion ritueller Elemente spielen massenmedial vermittelte Inszenierungen – wie bereits in Kap. 5.2 gezeigt – eine relevante Rolle, stellen sie doch im Rahmen fortschreitender Medialisierungsprozesse den Paaren gerade auch im Kontext der kirchlichen Trauung ein Reservoir an Bildern und Gestaltungselementen wie einen Baukasten zur Verfügung. Zugleich wählten die interviewten Paare nur solche Elemente zur Imitation aus, die sich als anschlussfähig für eigene Sinnzuschreibungen erwiesen, so dass die ästhetische Orientierung an massenmedial vermittelten Vorbildern sich immer auch mit individuellen Deutungen verbindet. Nachgeahmt werden also m. a. W. primär die Elemente, die sich in der Wahrnehmung der Paare mit „tiefer reichenden Wurzeln“[535] verbinden. Wenn Fischer also versucht, die Variante der Brautübergabe gegen den Verdacht, es handele sich um bloße Nachahmung massenmedialer Inszenierungen, zu verteidigen mit der These, es gehe den Paaren um „weit mehr als [...] Selbstinszenierung“[536], lässt sich dagegen einwenden, dass eine massenmediale Vorbilder imitierende Selbstinszenierung keineswegs als Gegensatz zu individuellen Sinnzuschreibungen und lebensgeschichtlichen Deutungen (in Fischers Worten: „tiefer reichenden Wurzeln“) zu verstehen ist, sondern als interdependentes Geflecht.

Anders als die Traupredigt, die zu der Qualifizierung des Traugottesdienstes als „persönlich“[537] in der Wahrnehmung der Brautpaare vor allem durch die Verbalisierung von im Traugespräch kommunizierten biographi-

---

[534] Fischer (2004) 350.

[535] Fischer (2004) 350.

[536] Fischer (2004) 350. Nebenbei lässt sich auch hier die bereits in Kap. 5.1.5 „Kirchliche Trauung als performative Inszenierung“ analysierte alltagssprachliche Verwendung des Inszenierungsbegriffs konstatieren, die mit „Selbstinszenierung“ einen negativ konnotierten Modus des Auftretens als Gegenüber zum authentischen Sein beschreibt und dabei die Möglichkeit unterstellt, das eigene Handeln nicht selbst zu inszenieren.

[537] Vgl. Kap, 5.4 „Inszenierte Authentizität – Die pastorale Rolle im Kontext der Trauung“.

schen Details beiträgt,[538] dient der Einzug also vornehmlich als ritualisierte Projektionsfläche für lebensgeschichtliche Zusammenhänge, ohne dass dafür eine Explikation der Deutungen im Traugottesdienst für die Wahrnehmung des Geschehens als „persönlich" notwendig wäre.

V. 6. 4 Musikalische Gestaltung

Ähnlich wie die Brautübergabe wird die musikalische Gestaltung von Traugottesdiensten in der praktisch-theologischen Debatte als prominentes Beispiel für mögliche Konflikte zwischen Pfarrerinnen, Kirchenmusikern und Brautpaaren rekonstruiert. Während die einschlägigen Beiträge zur Debatte um die Frage der Brautübergabe (s. o. Kap. 5.6.3) das Konfliktpotential eher anhand der Frontstellung Pfarramt - Brautpaare rekonstruieren, werden Konflikte im Kontext der musikalischen Gestaltung von Kasualgottesdiensten in den letzten Jahren vornehmlich auf milieu- oder lebensstilspezifische Präferenzen zurückgeführt.[539] „Es geht nicht nur um Inhalte oder Form, es geht um ästhetische Gesamtstilrichtungen, die sich in unserer Gesellschaft auseinander entwickelt haben. Hier stoßen ästhetische Konflikte aufeinander - und dies produziert die Konflikte heute noch einmal mehr und anders."[540]

Den verschiedenen Beiträgen ist gemeinsam, dass sie (implizit oder explizit) von zwei Vermutungen ausgehen, deren empirische Überprüfung bislang noch aussteht: Zum einen wird angenommen, dass die musikalische Gestaltung von Kasualgottesdiensten gegenwärtig nur noch in seltenen Ausnahmefällen konfliktfrei geplant werden könne. „Das festliche Geläut bei Taufe, Konfirmation und Trauung und die Klage der Totenglocke sind als Klangraum, in dem die Gottesdienste situiert sind, unumstritten und unproblematisch. Sonst aber gibt es *Konflikte und Schwierigkeiten.*"[541] Zum anderen wird behauptet, dass der musikalischen Gestaltung der Kasualgottesdienste eine zentrale Rolle in der Wahrnehmung der Beteiligten zukomme, was das auf lebensstilspezifischen Präferenzen beruhende Kon-

---

[538] Vgl. Kap. 5.6.2 „Predigt".

[539] Vgl. die Beiträge von BUBMANN; P. (2008): Pluralität der Lebenstile und Unvereinbarkeit des Musikgeschmacks? Praktisch-theologische und kirchentheoretische Erwägungen, in: PT 43, 91-98.; SCHROETER-WITTKE, H. (2001): Kasualgottesdienste und Kasualmusik. Gemeindekulturpädagogisches Thema mit 6 Variationen, in: fermor, G./Ruddat, G./ders. (Hg.): Gemeindekulturpädagogik, Rheinbach, 193-212. sowie EULENBERGER (2008), WAGNER-RAU (2006), HAUSCHILDT (2006), Schroeter-Wittke (2004), HAUSCHILDT (1999b), HEYMEL (1999).

[540] HAUSCHILDT (1999b) 6.

[541] WAGNER-RAU (2006) 148; Hervorhebung im Original.

fliktpotential noch erheblich erhöhe. „Was den Konflikt so anstrengend macht, ist die Tatsache, dass es auf beiden Seiten nicht um Nebensächliches, sondern um als zentral Empfundenes geht. Wenn die von der Kirche nicht bereit sind, ‚unser Lied zu spielen', so zeigt das, dass es ihnen auch nicht wirklich um uns geht."[542]

Die These, dass sich Konflikte im Kontext der musikalischen Gestaltung von Kasualgottesdiensten vornehmlich auf milieu- oder lebensstilspezifische Präferenzen zurückführen ließen, konkretisiert Hauschildt[543] anhand der Milieukonstruktionen von Gerhard Schulze[544] folgendermaßen: Während die Angehörigen des Niveaumilieus bei der Kasualmusik primär auf „kulturelle Höchstleistung" und „feinste musikalische Qualität"[545] Wert legten, solle die Musik nach dem Willen des Harmoniemilieus eine Stimmung „wie in der guten alten Zeit"[546] erzeugen, zu der beispielsweise vertraute Stücke wie das ‚Ave Maria' oder der ‚Hochzeitsmarsch' konstitutiv beitrügen. In einer Mittelposition zwischen Niveau- und Harmoniemilieu seien die Angehörigen des Integrationsmilieus darum bemüht, die ästhetischen Schemata sowohl der extremen Hochkultur als auch des Kitsches zu meiden und statt dessen möglichst unprätentiöse klassische Musik zu wählen: „Händel, aber eben das Largo, das man kennt. Bach, aber eben die Air. Ein Choral, gut das darf es auch sein, aber die anerkannten wie ‚Lobe den Herren' oder ‚Wenn ich einmal soll scheiden'."[547] Gerade gegen diese Haltung grenze sich wiederum das Selbstverwirklichungsmilieu ab in seinem Bestreben, den Kasualgottesdienst in einem Höchstmaß an Individualität musikalisch differenziert zu inszenieren. „Nicht der übliche Kasualmusikstandard soll ablaufen - wie schrecklich, - in: eine Musik aus dem eigenen Leben muss das sein."[548] Angehörige des Unterhaltungsmilieus griffen schließlich bei der Musikauswahl mit Vorliebe auf Zitate der gegenwärtigen Pop- und Schlagercharts zurück.

---

[542] EULENBERGER (2008) 100.

[543] Vgl. HAUSCHILDT (1999b) 4-6; vgl. auch die daran angelehnte Skizze bei SCHROETER-WITTKE (2004) 15. Eine vergleichbare Adaption von Schulzes Milieuklassifikation versucht BECKS (1999) im Blick auf das Erleben des Gottesdienstes insgesamt; vgl. Kap. 3.2.4 „Lebensstilspezifische Zugänge zur kirchlichen Trauung".

[544] Vgl. Kap. 3.2.1 „Lebensstilforschung als soziologisches Konzept".

[545] HAUSCHILDT (1999b) 4.

[546] HAUSCHILDT (1999b) 4.

[547] HAUSCHILDT (1999b) 5.

[548] HAUSCHILDT (1999b) 5.

Angesichts der potentiellen Konflikte um die musikalische Gestaltung von Kasualgottesdiensten zwischen Pfarrerinnen bzw. Pfarrern (in der Regel Angehörige des Niveau- oder Integrationsmilieus) und den Taufeltern, Brautpaaren oder Angehörigen eines Verstorbenen empfehlen die bereits genannten Beiträge zur Debatte als Strategie für die pastorale Praxis „Interpretation durch auslegende Worte“ statt „Aktionen verschärfter Kontrolle“[549]. Statt also die musikalischen Wünsche als trivial oder nicht zum Anlass passend zu diffamieren (und dementsprechend entweder offen abzulehnen oder sich in eine resignative Konfliktvermeidung zu flüchten), sollen die Pfarrpersonen sie als Ausdruck einer milieuspezifischen Ästhetik respektieren und sich gerade auch in den Vorgesprächen des Kasualgottesdienstes darum bemühen zu verstehen, welche lebensgeschichtliche Relevanz und welche religiösen Gehalte die Paare dem Musikwunsch zuschreiben. Diese Zuschreibungen wiederum sollen im Rahmen des Gottesdienstes pastoral gedeutet und expliziert werden,[550] so dass eventuelle Spannungen zwischen christlichem Ritual und den musikalischen Wünschen der Beteiligten explizit angesprochen, inhaltlich bearbeitet und somit in den Gottesdienst integriert werden können.

Nicht selten wird jedoch mit dieser sich zunächst betont liberal gerierenden Empfehlung[551] mehr oder weniger explizit das Postulat einer unhinterfragbaren pastoralen Deutungshoheit verbunden: „Die einen wissen, *was* sie wollen, die anderen wissen, *warum* sie es wollen. [...] Erst die pastorale Deutung macht den Wunsch verstehbar, erschließt seine Motive, bringt etwas von seinen möglichen Gründen und Facetten ans Licht.“[552]

Die beiden den genannten Beiträgen inhärenten Ausgangsvermutungen (Kasualmusik ist in der Regel mit Konflikten verbunden; Kasualmusik spielt eine zentrale Rolle in der Wahrnehmung der Beteiligten) sind nun

---

[549] HAUSCHILDT (1999b) 7.

[550] Vgl. dazu das konkrete Formular eines Traugottesdienstes bei HEYMEL (1999) 35-36.

[551] HAUSCHILDT (1999b) 7: „Ich kann mir fast keinen musikalischen Inhalt vorstellen, der nicht auch mit Gewinn interpretiert werden könnte.“

[552] EULENBERGER (2008) 98; Hervorhebung im Original. Die (hier besonders pointiert formulierte) Aufgabenverteilung zwischen Brautpaaren (zuständig für unreflektierte Gestaltungswünsche) auf der einen Seite und Pfarrerinnen bzw. Pfarrern (zuständig für Reflexion und Verbalisierung der den Gestaltungswünschen zugrunde liegenden unbewussten Motive) auf der anderen Seite ist schon allein angesichts der in sämtlichen durchgeführten Interviews wahrnehmbaren religiösen Inszenierungskompetenz der Paare zu kritisieren; vgl. dazu Kap. 6.3.2 „Kompetenz der Co-Regisseure - Die Wahrnehmung der Brautpaare in der praktisch-theologischen Debatte“.

dem Fokus der vorliegenden Untersuchung entsprechend auf die empirisch wahrnehmbare Perspektive der interviewten Paare zu beziehen.[553] Dabei ergibt sich das folgende Bild: Die angenommene Konfliktträchtigkeit der musikalischen Gestaltung lässt sich in den Interviewerzählungen durchgängig nicht nachweisen. Im Gegenteil: Wie bereits in den Rekonstruktionen der Traugespräche dargestellt[554] verliefen die den Traugottesdienst vorbereitenden Absprachen in der retrospektiven Wahrnehmung der Paare ausgesprochen harmonisch. Über die Ursachen kann im Zusammenhang mit der musikalischen Gestaltung nur spekuliert werden: Ließen sich die Wünsche der Brautpaare zufällig ohne weiteres mit den Vorstellungen der Pfarrpersonen in Einklang bringen? Waren die beteiligten Pfarrerinnen und Pfarrer kompetent hinsichtlich der zu leistenden Interpretations- und Integrationsarbeit? Möglicherweise stellt sich die Musik im Kontext der kirchlichen Trauung als weniger konfliktträchtig dar als in der praktisch-theologischen Debatte weithin vermutet wird.

Diese Vermutung wird umso wahrscheinlicher, als sich auch die Annahme, die musikalische Gestaltung des Traugottesdienstes nehme in der Wahrnehmung der Brautpaare eine zentrale Stellung ein (und sei auch deshalb von besonderer Konfliktträchtigkeit), durch die Interviewerzählungen nur eingeschränkt belegen lässt. Die in den Interviews wahrnehmbaren Rekonstruktionen des Traugottesdienstes kreisen in der Regel vor allem um andere liturgische Haftpunkte (Versprechen, Segen, Einzug, Predigt) als die musikalische Gestaltung. Möglicherweise verschiebt sich der Fokus der Wahrnehmung in Bezug auf die Musik dergestalt, dass in der Zeit der Vorbereitungen und des Traugesprächs der musikalischen Gestaltung aus der Perspektive der Brautpaare eine höhere Relevanz zugeschrieben wird als in der retrospektiven Wahrnehmung des bereits Monate zurückliegenden Traugottesdienstes. So dient die Planung der musikalischen Gestaltung in der Wahrnehmung der Paare vermutlich auch der Imagination des Traugottesdienstes und stellt in dieser Hinsicht eine Projektionsfläche für (unbewusste oder nur schwer verbalisierbare) Wünsche und Vorstellungen dar, die eher die Gesamtatmosphäre des kirchlichen Rituals betreffen.

Grundsätzlich ist jedoch zu konstatieren, dass die Musik in den Rekonstruktionen des Traugottesdienstes in der Regel keine prominente Rolle spielt und von den interviewten Paaren meist auch nicht bewusst als integraler Bestandteil der kirchlichen Trauung reflektiert wird. Abwei-

---

[553] Vgl. Kap. 2.3.5 „Musikalische Gestaltung".

[554] Vgl. Kap. 5.4.2.1 „Rekonstruktionen der pastoralen Rolle im Traugespräch".

chungen von dieser Regel ergeben sich in den Fällen, in denen das Brautpaar mit den im Traugottesdienst Musizierenden in enger persönlicher Verbindung stand. Darbietungen von Verwandten oder Freunden werden fast immer als relevant und mit gesteigerter Erlebnisintensität verbunden rekonstruiert:

> Riaz (1-M-586): [...] Und dann haben mich sehr bewegt halt die musikalischen Beiträge von unseren Familienmitgliedern.
> Victoria: Ja und es wäre auch was anderes gewesen, wenn das jemand gewesen wäre, den wir nicht persönlich kennen. Sondern nach dem Ja-Wort war halt der Gesang von meiner Schwester und das hatte schon irgendwie, also ich selbst hatte jetzt nicht als wir „Ja" sagten irgendwie Tränen in den Augen, aber als wir dann saßen und meine Schwester sang, dachte ich so „oh zwinker, zwinker" da musste ich doch so ein bisschen. Das war schon irgendwie ergreifend ja, das war sehr, besonders schön, ja.

Ebenfalls verbunden mit dem Aspekt der emotionalen Rührung rekonstruiert auch Meike den Gesang ihrer Schwester:

> Meike (7-F-580): Meine Schwester die – ich weiß einfach wie sie sich anhört so und dass das sehr schön ist, so, wenn sie singt und äh, sie hat es eben auch angeboten und äh, das war eben für uns das Geschenk von ihr auch so und das haben wir eigentlich gerne angenommen, so.
> Interviewer: Ja, ja.
> Meike: Das hat uns gefreut und es hörte sich auch – war ganz klasse so. Also wir haben es vorher nicht gehört, wie sie es singt die Lieder so.
> Interviewer: Ja.
> Meike: Deswegen war die Umsetzung umso interessanter, so und das war ganz – also ich hab's sehr, fast mit am rührendsten empfunden eben.

Dem zu ihrem hochkulturell-modernen Lebensstil passenden Hochkulturschema entsprechend rekonstruieren Christine und Udo die musikalische Darbietung eines Freundes primär über das Motiv der künstlerischen Qualität:

> Udo (2-M-519): Ja, ja genau, ein alter Freund von mir hat noch eine Musikeinlage äh gegeben. [...]
> Interviewer: Wie haben Sie das erlebt im Gottesdienst?
> Udo: Ja, das war doch schön?
> Christine: Ja, schön.
> Udo: Der spielt auch gut, also nicht nur einer, der jetzt nicht, der meint, er könne gut spielen. Das nein, nein, der kann wirklich gut spielen. Und das ja.
> Christine: Ja, er ist ein Orchesterleiter.
> Udo: Das war schon, das war nett, ja.

Die Legitimation des Beitrags zum Traugottesdienst verdankt sich hier also (anders als in den oben genannten Fällen) nicht der persönlichen Beziehung zum Brautpaar, sondern primär der musikalischen Kompetenz des

Akteurs, der immerhin „Orchesterleiter" ist und „wirklich gut spielen" kann.

Auch die Regel, dass die persönliche Beziehung zu den Musizierenden der musikalischen Gestaltung in den Rekonstruktionen der Paare eine höhere Relevanz zukommen lässt, gilt nicht ohne Ausnahme. So kann sich Wilko zunächst schlicht nicht an die musikalischen Beiträge seiner Freunde erinnern (5-M-413) und wird erst durch eine Bemerkung von Elke zu den Absprachen mit der Pastorin darauf hingewiesen:

> Elke (5-F-430): Klar, alles haben wir besprochen bis dahin, dass wir Freunde hatten, die selber Musik machen wollten.
> Wilko: Das hatte ich jetzt total verdrängt, Tilman hat da ja gespielt.

Neben der persönlichen Beziehung zu den Musizierenden stellen Abweichungen von den Erwartungen der Paare eine weitere Bedingung dar, die zu einer erhöhten Relevanz der musikalischen Gestaltung des Traugottesdienstes in den Rekonstruktionen beitragen kann. So konnte in der Zeit der kirchlichen Trauung von Rita und Heinrich die Orgel wegen Restaurierungsarbeiten nicht benutzt werden und wurde durch eine im Altarraum provisorisch platzierte Truhenorgel ersetzt. Diese Tatsache war dem Paar vor der Trauung bereits bekannt (4-M-837), stellte insofern keine überraschende Panne dar und wurde von Rita und Heinrich auch nicht als Beeinträchtigung des liturgischen Geschehens erlebt.[555]

Während also Konflikte zwischen Pfarramt und Brautpaaren in den Interviewerzählungen keine erkennbare Rolle spielen, reflektieren viele Paare den Prozess der Liedauswahl anhand eines anderen Motivs, nämlich der Suche nach Liedern, die von möglichst vielen der im Traugottesdienst Anwesenden mitgesungen werden können:

> Meike (7-F-515): Gerade auch die Vorstellung, eben mit den Liedern, weil das doch einige waren, also wir durften uns auch, auch Lieder, jetzt nicht nur das, was meine Schwester gesungen hat, sondern wir durften uns eben auch die Kirchlieder aussuchen,
> Interviewer: Ja.
> Meike: was wir sehr schön fanden,
> Olaf: Hemhem.
> Meike: Weil wir uns dann wirklich die Mal ausgesucht haben, die man – die wir auch singen können.

Neben der schlichten Bekanntheit der ausgewählten Lieder reflektieren einige Paare noch weitere Aspekte, die ihrer Wahrnehmung nach für das

[555] Vgl. die Einzelfalldarstellung „Rita und Heinrich" in Kap. 4.2, bes. Kap. 4.2.2.5 „Kirchliche Trauung: Traugespräch und Gottesdienst".

gemeinsame Singen relevant sein könnten. In diesem Zusammenhang nennt Anna die Frage der zum Anlass passenden Stimmung, die durch die Lieder transportiert wird („nicht was so ganz träge ist“, 3-F-814). Auch die Entscheidung, die ausgewählten Lieder auf kopierten Liedblättern an die Anwesenden zu verteilen, rekonstruiert das Paar als Unterstützung des gemeinsamen Gesangs.[556] Auf diese Weise hofften Anna und Karl, nicht nur Textunsicherheiten zu minimieren („dass jeder gleich Text hat, sonst singt keiner“, 3-F-814), sondern auch die als kompliziert empfundene Handhabung des Gesangbuchs zu umgehen („nicht lange blättern oder so was“, 3-M-816). Auch sich selbst vergaßen sie in dieser Hinsicht nicht:

> Anna (3-F-820): Weil wir das halt auch sehr, sehr bestimmt haben, sage ich mal so, bestimmt haben, was wir da singen möchten, weil wir auch nicht wussten, ob alle so stimmmächtig mitsingen und dann habe ich noch zitiert, auf den äh Stühlen vorne für Braut und Bräutigam hat auch so was zu liegen, sonst kann ich auch nicht singen den Text.

Heinrich rekonstruiert die Auswahl der Lieder unter anderem im Blick auf die ökumenische Zusammensetzung der erwarteten Traugemeinde.[557]

> Heinrich (4-M-909): Das waren drei Lieder, die gesungen wurden, davon haben wir ausgesucht, äh das habe ich noch gemacht, weil ich mich auch heute immer noch etwas schwer tue mit den Liedern aus dem evangelischen Gesangbuch und meine Familie ja sowieso [...].
> Interviewer: Ja, ehem.
> Heinrich: [...] und dann habe ich mal überlegt, das sind ja nun äh beide Konfessionen eigentlich dann: „Großer Gott wir loben dich“, das war das dritte Lied, das zwote war, dieses wirklich lustige Lied:
> Rita: „Geh aus mein Herz“.
> Heinrich: Wie heißt das?
> Rita: „Geh aus mein Herz und suche Freud“.
> Heinrich: Ja. Das ist bei unserer Generation ja auch gut bekannt.

Mit den Worten „das ist bei unserer Generation ja auch gut bekannt“ nimmt er zusätzlich auch das Lebensalter der Gäste und die damit verbundene Bekanntheit der eher traditionellen Kirchenlieder in den Blick.

Das von den Paaren auf diese Weise mit Hilfe unterschiedlicher Aspekte rekonstruierte Kriterium der allgemeinen Singbarkeit reflektiert anscheinend ein Phänomen, auf das auch Wagner-Rau im Rahmen ihrer

---

[556] Vgl. die Einzelfalldarstellung „Anna und Karl“ in Kap. 4.1, bes. Kap. 4.1.2.5 „Die kirchliche Trauung“.

[557] Vgl. zu den lebensgeschichtlichen Hintergründen die Einzelfalldarstellung „Rita und Heinrich“ in Kap. 4.2.

Überlegungen zur Kasualmusik hinweist: „Eine weitere Schwierigkeit besteht darin, dass viele Kasualgemeinden – jedenfalls in den urbanen Ballungsgebieten – nicht in der Lage sind, gemeinsam zu singen.“[558] Während Wagner-Rau als Ursachen dieses Phänomens neben der Unkenntnis des Liedguts auch Hemmungen, im Kontext eines Gottesdienstes zu singen, oder eine bewusste Distanzierung vom liturgischen Geschehen in Erwägung zieht, führen die interviewten Paare die mangelnde Beteiligung am Gemeindegesang allein auf die Unbekanntheit der ausgewählten Lieder zurück. Näher wird der Zusammenhang in den Interviewerzählungen zwar nicht ausgeführt (War die „Lösung“ des Brautpaares erfolgreich? Wie wurde der Gemeindegesang während des Gottesdienstes erlebt?), deutlich wird aber, dass das Phänomen den Paaren aus eigener Erfahrung schon im Vorfeld der Trauung bekannt war und dass sie versuchten, sein Auftreten bei der eigenen Trauung zu vermeiden. Deutlich wird zudem, dass einige Paare in dieser Hinsicht ein hohes Maß an liturgischer Kompetenz an den Tag legen und die Liedauswahl sehr differenziert in ihrer Bedeutung für den Gemeindegesang reflektieren.

Anders als es die einschlägigen Beiträge zur Debatte über die musikalische Gestaltung von Kasualgottesdiensten nahe legen, lässt sich in den durchgeführten Interviews also weder eine herausgehobene Konfliktträchtigkeit der Thematik belegen, noch erscheint sie als spezifischer Haftpunkt lebensstilspezifischer Zugangsweisen. Dabei spielt wohl auch die Tatsache eine Rolle, dass sich die erwähnten Beiträge in keinem Fall speziell auf die kirchliche Trauung beziehen, sondern in der Regel auf sämtliche Kasualien. Es ist also durchaus möglich (im Rahmen dieser Untersuchung jedoch nicht überprüfbar), dass die empirisch wahrnehmbare Situation im Kontext der musikalischen Gestaltung beispielsweise von Trauerfeiern sich gänzlich anders darstellt. Eine entsprechende Differenzierung des Konfliktpotentials klingt auch bei Schroeter-Wittke an: „Bei der Taufe kommt es relativ selten zu Konflikten bei der Frage, welche Musik hier gespielt werden soll. [...] Bei der Trauung nehmen die konfliktträchtigen Szenen in der Kasualmusik dann zu. [...] Besonders schwierig wird dies jedoch bei der Bestattung, wo wir uns mit den Toten nicht mehr unterreden können.“[559] Möglicherweise lässt sich die Relevanz der musikalischen Gestal-

---

[558] Wagner-Rau (2006) 150.

[559] Vgl. Schroeter-Wittke (2004) 16 f. Nicht umsonst hat sich die Debatte über die Kasualmusik auch vorwiegend im Kontext der Reflexion von Bestattungen entzündet. Nicht zufällig trägt einer der ersten Beiträge die Überschrift „Der Streit am Sarg um

tung von Trauerfeiern mit ihrem lebensstilspezifisch grundierten Konfliktpotential nicht ungebrochen auf die kirchliche Trauung übertragen.

Exkurs: Der Ertrag der lebensstilspezifischen Perspektive
„Es gibt nur noch Minderheitenkulturen, die miteinander konkurrieren und die sich aus allen Schichten rekrutieren. Die Konflikte um die Kasualien und deren Musik lassen sich zum allergrößten Teil auf diese Kultur- und Milieuunterschiede zurückführen."[560] Auf diese oder ähnliche Weise wird die These, die Konflikte um die Kasualmusik basierten primär auf milieu- und lebensstilspezifischen Differenzen, mitunter ausgeweitet auf die unterschiedlichen Zugangsweisen zu den verschiedenen Kasualien überhaupt.[561] Hinsichtlich der kirchlichen Trauung konstruiert Hauschildt lebensstilspezifische Zugänge folgendermaßen: „Viele kirchliche Trauungen neigen dazu, diejenige Magie aus der Trauung auszuschließen, die Bedürfnis von Menschen ist, welche ihre Erlebnisse einfacher strukturieren. Deren Wünsche erscheinen intellektuellen Pfarrerinnen und Pfarrern als Kitsch, als Klischee. Soll statt Einzug der Braut an der Hand des Vaters aber Rilke zitiert werden, soll statt Hochzeitsmarsch ein Beethoven-Streichquartett erklingen – dann sind wir Pfarrerinnen und Pfarrer natürlich begeistert. Das ist nichts anderes als Milieudünkel."[562] Die bereits angesprochene Frontstellung Brautpaar – Pfarramt wird hier also nicht nur hinsichtlich der musikalischen Gestaltung des Traugottesdienstes, sondern auch im Blick auf die gesamte Inszenierung der Trauung auf unterschiedliche Lebensstile zurückgeführt. Es liegt deshalb nahe, in dem folgenden Exkurs die Ergebnisse der lebensstilspezifischen Fragestellungen[563] im Rahmen der vorliegenden Untersuchung gebündelt darzustellen. Angesichts der breiten Entfaltung lebensstilanalytischer Beobachtungen in den Einzelfalldarstellungen[564] und fallübergreifenden Überlegungen[565] werden

---

die Musik", vgl. HAUSCHILDT, E. (1999c): Der Streit am Sarg um die Musik. Zur Ursache und Bewältigung von Konflikten zwischen den Beteiligten, in: MuK 69, 305-312.

560 SCHROETER-WITTKE (2004) 15.

561 Einen ähnlichen Versuch der Anwendung lebensstilanalytischer Fragestellungen auf andere kirchliche Arbeitsfelder unternehmen SCHULZ, G./HAUSCHILDT, E. U. A. (2008): Milieus praktisch. Analyse- und Planungshilfen für Kirche und Gemeinde, Göttingen.

562 HAUSCHILDT (1999) 32.

563 Vgl. Kap. 3.2 „Perspektiven der Lebensstilforschung".

564 Vgl. Kap. 4 „Exemplarische Ergebnisse der Einzelfallanalysen".

565 Vgl Kap. 5 „Ergebnisse der synthetisch-fallübergreifenden Analyse".

an dieser Stelle nur skizzenhaft einige Gesichtspunkte markiert, so dass der Exkurs keinesfalls die Lektüre der vorhergehenden Abschnitte ersetzt.

Welche Relevanz entfalten die unterschiedlichen Lebensstile der interviewten Paare hinsichtlich deren Deutung der kirchlichen Trauung? Was also leistet die Perspektive der Lebensstilforschung hinsichtlich der Frage nach den Eigentheorien der Brautpaare? Die Grenzen der lebensstilanalytischen Perspektive im Rahmen der vorliegenden Studie lassen sich in Angrenzung zu der oben zitierten These Hauschildts (je einfacher strukturiert das Brautpaar, desto mehr „magische" Gestaltungselemente wie Brautübergabe) markieren: Eine derart monofaktorieller Erklärungsansatz wird der Komplexität der in den Interviewerzählungen wahrnehmbaren Eigentheorien der Paare nicht ausreichend gerecht. Durchgängig spielen neben lebensstilspezifischen Präferenzen auch andere Parameter wie z. B. die gemeinsame Beziehungsgeschichte, individuelle lebensgeschichtliche Deutungsmuster oder die Dynamik der Familiensysteme eine wichtige Rolle für die jeweiligen Deutungen der kirchlichen Trauung.

Lebensstilspezifische Zugänge zur kirchlichen Trauung im Sinne einer schlichten Zuordnung spezifischer Gestaltungselemente oder Deutungsansätze zu einem bestimmten Lebensstil lassen sich in den durchgeführten Interviews also nicht rekonstruieren. Dazu erweist sich beispielsweise die lebensstilübergreifende Relevanz der Konventionalität im Kontext der kirchlichen Trauung als zu hoch (auch wenn die Strategien des konkreten Umgangs mit Konventionen natürlich wie bereits dargestellt durch den jeweiligen Lebensstil mit beeinflusst werden[566]), lässt sie doch die Erzählungen der interviewten Paare in manchen Fragen (z. B. hinsichtlich ihrer Wahrnehmungen der pastoralen Rolle) unabhängig von Bildungsgrad, Sozialisation und Lebensstil relativ homogen erscheinen. An anderen Orten der Erzählungen zeigen sich die Deutungen der Paare wiederum so stark durch den individuellen, lebensgeschichtlichen Hintergrund geprägt, dass eventuelle lebensstilinterne Gemeinsamkeiten dadurch überlagert werden.[567]

Ihre Relevanz entfaltet die lebensstilanalytische Perspektive vor allem in zahlreichen Beobachtungen bei der Einzelfallanalyse der Interviews. So werden die Erzählungen von Anna und Karl wiederholt durch das Argument „weil man das bei uns so macht" organisiert, was nicht nur als Ausdruck ihrer individuellen Weltsicht, sondern in lebensstilanalytischer

---

[566] Vgl. Kap. 5.2 „Medialität und Konventionalität als Gestaltungsrahmen der kirchlichen Trauung".

[567] Vgl. Kap. 5.1 „Bestätigung und Übergang - Die kirchliche Trauung als performative Inszenierung".

Perspektive auch als überindividuelle Traditions- und Konventionsorientierung zu verstehen ist.[568] Diese Orientierung beeinflusst nicht nur den Prozess der Auswahl bestimmter Gestaltungselemente (Polterabend, Einzug in die Kirche, Kleidung), sondern auch die mit dem Trauversprechen verbundenen Sinnzuschreibungen.[569] Denn die (im Vergleich mit anderen Paaren) geringe Relevanz, die Anna und Karl dem Versprechen im Rahmen der kirchlichen Trauung zuschreiben, lässt sich aus lebensstilanalytischer Perspektive dahingehend verstehen, dass die im Trauversprechen öffentlich inszenierte Selbstfestlegung weniger als Ausschluss zahlreicher alternativer Optionen, sondern eher als weiterer Schritt auf dem als vorgezeichnet empfundenen Lebensweg wahrgenommen wurde und deshalb in der rückblickenden Deutung der eigenen Trauung nicht im Vordergrund steht.

In der Interviewerzählung von Rita und Heinrich zeigt sich die Relevanz der lebensstilanalytischen Perspektive vor allem im Blick auf ihre Rekonstruktionen des Traugottesdienstes. Dem eigenen Lebensstil entsprechend legte das Paar weder Wert auf ein besonders hohes musikalisches Niveau des Gottesdienstes, noch diente die Auswahl der Musik vornehmlich der Inszenierung des außeralltäglichen Anlasses. Nach dem sehr konventionellen Orgelstück zur Begleitung des Einzugs wurden (dem gesellig-traditionsorientierten Lebensstil entsprechend) ausschließlich bekannte Lieder aus dem evangelischen Gesangbuch ausgewählt. Die Abwesenheit der professionellen Fotografin während des Gottesdienstes wird weniger finanziellen Erwägungen geschuldet sein (schließlich spielten materielle Einschränkungen im Rahmen der Hochzeitsfeier erklärtermaßen keine Rolle), sondern hängt vermutlich eher mit lebensstilspezifischen Vorbehalten gegenüber der medialen Dokumentation liturgischen Geschehens zusammen.[570]

Auch die in den Erzählungen von Sandra und Markus erkennbare Neigung zur Gestaltung von Feiern mit Eventcharakter, also zur verstärkten Betonung eines außeralltäglichen Anlasses durch auffallende Inszenierungselemente, wird aus lebensstilanalytischer Perspektive interpretierbar. So ist Markus auch im Rückblick auf die Trauung noch merklich begeistert von der Idee seiner Schwester, den Ford Mustang ihres Chefs für die Fahrt von der Kirche zum Saal auszuleihen und dem Brautpaar auf diese Weise zu einer dem eigenen Lebensstil angemessen erscheinenden

---

568 Vgl. Kap. 4.1.3.1 „Konvention und individuelle Gestaltung".

569 Vgl. Kap. 4.1.3.4 „Trauung als Teil eines Individuationsprozesses".

570 Vgl. 4.2.3.4 „Kritische Rezeption von Konventionen".

Interpretation der traditionellen Hochzeitskutsche zu verhelfen. Auch das Engagement einer professionellen Fotografin lässt sich in ähnlicher Weise verstehen. Neben pragmatischen Erwägungen (die Qualität der Bilder betreffend) und der Orientierung an konventionellen Vorgaben (die eine professionelle Fotografin mittlerweile zum Standard zählen) diente das Posieren unmittelbar vor dem Traugottesdienst als Inszenierungselement auch der Relevanzaufladung des Anlasses und der beteiligten Personen. Die besondere Qualität des Geschehens charakterisiert Sandra retrospektiv mit den von ihr (wiederum lebensstiltypisch) positiv konnotierten Attributen „kitschig" und „romantisch" und bezieht sich auf diese Weise zurück auf medial vermittelte Vorstellungen und Bilder einer idealen Hochzeit.[571]

Auch die Rekonstruktionen der Traugespräche zeigen gerade im Bereich der Phantasien im Vorfeld des Gesprächs zuweilen lebensstilspezifische Prägungen.[572] So lässt sich hinsichtlich der von Meike geäußerten „Angst, dass es so sehr kirchlich wird" (7-F-500), „dass wir eben auch gefragt werden, warum wir das wollen und solche Fragen und so" (7-F-502) vermuten, dass sich das jugendkulturell-modern geprägte Brautpaar im Vorfeld des Gesprächs (ohne die zuständige Pastorin zu kennen) einer Akademikerin gegenüber beispielsweise bezüglich der Sprachfähigkeit in der Defensive wähnte. Als Reflex dieser Konstellation lässt sich auch Meikes Äußerung in dem telefonischen Vorgespräch zu dem Interview verstehen, in dem sie ihren Mann und sich spontan als „eher einfache Leute" charakterisierte, „die vielleicht nicht so kluge Sachen sagen" könnten. Eine andere lebensstilspezifische Prägung erfährt die Deutung des Traugesprächs dagegen in den Erzählungen von Christine und Udo. Vor ihrem hochkulturell-modernen Hintergrund nehmen sie den Pfarrer tendenziell als angenehmen, theologisch gebildeten Gesprächspartner wahr, der ihnen partiell zu neuen intellektuellen Einsichten verhilft (beide arbeiten als Studienräte am Gymnasium), ohne dass sie sich ihm deshalb grundsätzlich unterlegen fühlen müssten.

So bleibt an dieser Stelle festzuhalten: Die Annahme einer dezidiert lebensstilspezifischen Prägung der Hochzeit und der in ihr situierten kirchlichen Trauung lässt sich durch die vorliegende Untersuchung nur bedingt bestätigen. Allerdings kann von einer Widerlegung der These schon wegen der geringen Anzahl der durchgeführten Interviews selbstverständlich keine Rede sein. Zu vermuten ist, dass lebensstilspezifische Einflüsse sich

---

[571] Vgl. Kap. 4.3.3.5 „Event und transzendent – Strategien außeralltäglicher Inszenierungen".

[572] Vgl. Kap. 5.4.2.1 „Rekonstruktionen der pastoralen Rolle im Traugespräch".

auf die retrospektiven Wahrnehmungen der kirchlichen Trauung weniger stark auswirken als gegenwärtig angenommen wird, während andere Gestaltungsprinzipien wie Konventionalität und Medialität[573] eine dominierende Rolle spielen und ihre Relevanz eher lebensstilübergreifend entfalten.

V. 6. 5 Zusammenfassung

Neben den Wahrnehmungen der pastoralen Rolle sowie des Zusammenhangs zwischen Versprechen und Segen orientieren sich die Rekonstruktionen des liturgischen Geschehens im Traugottesdienst in der Regel an wenigen Haftpunkten des Gottesdienstablaufs, nämlich an der Predigt, dem Einzug und Auszug sowie der musikalischen Gestaltung.

Hinsichtlich der retrospektiven Wahrnehmung der Traupredigt zeigt sich in den vorliegenden Interviews eine bemerkenswerte Spannbreite: Während einige Paare weder Inhalte noch äußere Vollzüge der Predigt in bewusster Erinnerung behielten, rekonstruieren andere die als „persönlich" empfundenen Teile in Abgrenzung zu den in Vergessenheit geratenen „allgemein-theologischen" Abschnitten. Wieder andere reproduzieren detailliert Kernaussagen der Traupredigt bis hin zur Zitierung einzelner Satzfragmente. Dabei spiegelt das Spektrum der Rekonstruktionen von Traupredigten die von dem jeweiligen theologischen Deutungshorizont abhängigen Funktionsbestimmungen des Traugottesdienstes wider, die sich nicht zuletzt auf die Gestaltung der Traupredigten auswirken: Während Deutungsangebote, die von der individuellen Lebensgeschichte der Brautpaare abstrahieren und die Traupredigt als Ort erscheinen lassen, an dem das Evangelium als persönliche Zeugnisrede verkündigt wird, den wenigsten Paaren in bewusster Erinnerung blieben, verbinden sich die in den Interviewerzählungen wahrnehmbaren Rekonstruktionen der Traupredigten ohne Ausnahme mit solchen rhetorischen Modellen, die die Predigt als einen Ort der lebensgeschichtlichen Deutung erscheinen lassen.

Unabhängig vom jeweiligen theologischen Deutungshorizont lässt sich feststellen, dass die Predigt umso differenzierter für die Brautpaare im Rückblick rekonstruierbar wird, je stärker sie sich an Sprachformen, Deutungen und Erwartungen der Adressaten anschließt. So erweisen sich unter den Deutungsangeboten der Predigt vor allem diejenigen als anschlussfähig (und dadurch im Rahmen der Interviewerzählung rekonstruierbar), die sich in der Wahrnehmung der Adressaten auf das Traugespräch zurückbeziehen lassen. Aussagen, die bereits in dem vorbereitenden Ge-

---

[573] Vgl. Kap. 5.2 „Medialität und Konventionalität als Gestaltungsrahmen der kirchlichen Trauung".

spräch kommuniziert und plausibilisiert wurden, finden – so lassen es die durchgeführten Interviews vermuten – mit höherer Wahrscheinlichkeit Eingang in die bewusste Erinnerung der Brautpaare als solche, die den Paaren in der Traupredigt gänzlich neu sind. Hinsichtlich der Thematisierung lebensgeschichtlicher Details im Rahmen der Predigt lässt sich vermuten, dass ihre Anschlussfähigkeit in der Wahrnehmung der Paare sich nicht allein der Bekanntheit der entsprechenden Details verdankt, sondern auch den grundsätzlichen Vorerwartungen der Adressaten an eine „persönlich" gestaltete Traupredigt in hohem Maß entspricht. Hinsichtlich der Vorerwartungen erweisen sich insbesondere solche Gestaltungselemente der Predigt als anschlussfähig, die einerseits die grundsätzlichen Erwartungen des jeweiligen Paares in Bezug auf Inhalt, Sprachform und Vortragsweise aufnehmen, die aber andererseits punktuell von eben diesen Vorerwartungen abweichen und so partiell für Irritationen oder Überraschungen sorgen und auf diese Weise den Paaren intensiv in bewusster Erinnerung bleiben.

Einzug und Auszug werden in den Interviewerzählungen häufig als Scharnierstellen rekonstruiert, die hinsichtlich der äußeren Vollzüge eine Verbindung herstellen zwischen dem verbreiteten Fototermin des Brautpaares, der Fahrt in einem eigens für diesen Anlass bereit stehenden Auto sowie anderen Vorbereitungen auf der einen Seite und dem Traugottesdienst auf der anderen Seite. Im Gegensatz zum Auszug wird der Einzug des Brautpaares in den durchgeführten Interviews durchgängig explizit thematisiert, was vermutlich mit der hervorgehobenen Rolle zusammenhängt, die der Einzug in der Wahrnehmung der meisten Paare spielt. So verbinden sich mit dem Einzug im Gegensatz zum Auszug regelmäßig konkrete Vorstellungen der Paare bezüglich seiner Gestaltung. Im Gegensatz zur Traupredigt sind alle interviewten Paare auch Monate nach ihrer Trauung noch in der Lage, den Einzug in den Kirchenraum detailliert zu rekonstruieren. Unabhängig von der konkreten Gestaltung des Einzugs und der im Vorfeld gewählten Variante wird dieser Part des Traugottesdienstes also in der retrospektiven Wahrnehmung als ein mit hoher Erlebnisintensität verbundener Übertritt in eine dem Alltag und den unmittelbar vorhergehenden letzten Vorbereitungen enthobene Sphäre gedeutet.

Unter den möglichen Einzugsvarianten wird vor allem die sog. Brautübergabe in der praktisch-theologischen Debatte gewürdigt, zumal diese Form des Einzugs aus pastoraler Perspektive häufig als Rückfall in voremanzipatorische Strukturen diffamiert wird, so dass Konflikte mit den diese Variante favorisierenden Brautpaare vorprogrammiert scheinen. In den Erzählungen der interviewten Paare, die sich für die Einzugsvariante der Brautübergabe entschieden, erscheint der Einzug als bewusst eingesetzte symbolische Darstellung einer bereits vollzogenen Ablösung und als Reinszenierung von Anfänglichkeit. Die Brautübergabe lässt sich in dieser Perspektive verstehen als rituelle Darstellung der Ablösung im Rahmen eines Übergangsrituals, die von den betreffenden Paaren gerade auch im Zuge der Imitation massenmedial vermittelter Inszenierungen gewählt wird. Denn bei der Wiederentdeckung oder Neukonstruktion ritueller Elemente spielen massenmedial vermittelte Inszenierungen eine relevante Rolle, stellen sie doch im Rahmen fortschreitender Medialisierungsprozesse den Paaren gerade auch im Kontext der kirchlichen Trauung ein Reservoir an Bildern und Gestaltungselementen wie einen Baukasten zur Verfügung. Zugleich wählten die interviewten Paare nur solche Elemente zur Imitation aus, die sich als anschlussfähig für eigene Sinnzuschreibungen erwiesen, so dass die ästhetische Orientierung an massenmedial vermittelten Vorbildern sich immer auch mit individuellen Deutungen verbindet.

Anders als die Traupredigt, die zu der Qualifizierung des Traugottesdienstes als „persönlich“ in der Wahrnehmung der Brautpaare vor allem durch die Verbalisierung von im Traugespräch kommunizierten biographischen Details beiträgt, dient der Einzug also vornehmlich als ritualisierte Projektionsfläche für lebensgeschichtliche Zusammenhänge, ohne dass dafür eine Explikation der Deutungen im Traugottesdienst für die Wahrnehmung des Geschehens als „persönlich“ notwendig wäre.

Ähnlich wie die Brautübergabe wird die musikalische Gestaltung von Traugottesdiensten in der praktisch-theologischen Debatte als prominentes Beispiel für mögliche Konflikte zwischen Pfarrerinnen, Kirchenmusikern und Brautpaaren rekonstruiert, wobei die wahrgenommenen Konflikte vornehmlich auf milieu- oder lebensstilspezifische Präferenzen zurückgeführt werden. In den durchgeführten Interviews lässt sich die angenommene Konfliktträchtigkeit der musikalischen Gestaltung von Traugottesdiensten jedoch ebenso wenig nachweisen wie die Vermutung, die musikalische Gestaltung nehme in der Wahrnehmung der Brautpaare überhaupt eine zentrale Stellung ein. Grundsätzlich ist zu konstatieren, dass die Musik in den Rekonstruktionen des Traugottesdienstes in der Regel keine prominente Rolle spielt und von den interviewten Paaren meist auch nicht bewusst als integraler Bestandteil der kirchlichen Trauung reflektiert wird. Abweichungen von dieser Regel ergeben sich in den Fällen, in denen das Brautpaar mit den im Traugottesdienst Musizierenden in enger persönlicher Verbindung stand oder in denen die musikalische Gestaltung des Traugottesdienstes von den vorgängigen Erwartungen eines Paares deutlich abwich.

Während also Konflikte zwischen Pfarramt und Brautpaaren bezüglich der musikalischen Gestaltung in den Interviewerzählungen keine erkennbare Rolle spielen, reflektieren viele Paare den Prozess der Liedauswahl anhand eines anderen Motivs, nämlich der Suche nach Liedern, die von möglichst vielen der im Traugottesdienst Anwesenden mitgesungen werden können. Das Phänomen mangelnden Gemeindegesangs war den betreffenden Paaren anscheinend schon im Vorfeld der eigenen Trauung bekannt und sollte durch die Auswahl möglichst bekannter und zum Anlass passender Lieder vermieden werden.

VI. Perspektiven für die theologische Theoriebildung und die kirchliche Praxis

VI. 1 Ertrag: Empirische Wahrnehmungen der kirchlichen Trauung

Nachdem drei exemplarische Ergebnisse der Einzelfallanalysen ausführlich vorgestellt und die verschiedenen Dimensionen der wahrnehmbaren Eigentheorien der interviewten Paare fallübergreifend dargestellt wurden, soll im Folgenden der Ertrag der geleisteten Forschungsarbeit noch einmal verdichtet werden. Dieser Abschnitt substituiert nicht die Lektüre der vorhergehenden Kapitel, sondern vernetzt die bereits formulierten Erkenntnisse in knapper Form und bezieht sie explizit zurück auf die forschungsleitenden Fokussierungen.[574] Dementsprechend wird an dieser Stelle nur in Ausnahmefällen explizit auf die einschlägigen praktisch-theologischen Debatten verwiesen, die sich jedoch mit Hilfe der Rückverweise auf die entsprechenden Kapitel leicht aufsuchen lassen.

Als Ausgangspunkt der Darstellung dient die eingangs[575] formulierte und im Verlauf der Untersuchung bereits in vielfacher Hinsicht reflektierte These, dass die kirchliche Trauung aus praktisch-theologischer Perspektive als öffentliche Inszenierung einer wechselseitigen Selbstfestlegung, die das feierliche Versprechen der Ehepartner im Modus inszenierter Authen-

---

[574] Vgl. Kap. 2.4 „Zusammenfassung: Forschungsleitende Fokussierungen".

[575] Vgl. Kap. 2.2.4.3 „Konsequenzen für die Funktionsbestimmung der kirchlichen Trauung".

tizität zur Darstellung bringt, zu rekonstruieren ist.[576] Von diesem Verständnis aus – so wird sich zeigen – lässt sich ein kohärentes Gesamtbild der empirisch wahrnehmbaren Eigentheorien der interviewten Paare zeichnen. Zu diesem Zweck werden die Begriffe ‚Inszenierung', ‚Selbstfestlegung', ‚Öffentlichkeit' und ‚Authentizität' noch einmal nacheinander in ihrer Relevanz für die Rekonstruktionen der kirchlichen Trauung seitens der interviewten Paare entfaltet.

Kirchliche Trauung als öffentliche Inszenierung einer wechselseitigen Selbstfestlegung

Ohne Ausnahme äußern die interviewten Paare, dass aus der Heirat und der damit verbundenen kirchlichen Trauung in ihrer Wahrnehmung einerseits keine relevanten Veränderungen resultieren; andererseits rekonstruieren alle Paare (individuell akzentuierte) lebensgeschichtliche Veränderungen auf unterschiedlichen Ebenen im Zusammenhang mit der kirchlichen Trauung und nehmen den Statuswechsel der Heirat als neuen Lebensabschnitt wahr.[577]

> Udo (2-M-721): [...] Ich meine, im Alltagsleben, finde ich, hat sich jetzt nichts geändert, insofern kann man natürlich sagen, ja gut am täglichen Zusammenleben hat sich da nichts geändert, aber [...].
> Interviewer: Hm?
> Udo: Aber es ist eine Entscheidung gewesen, jetzt einen neuen Lebensabschnitt zu beginnen, also das auf jeden Fall. Also das, insofern ist es schon eine Veränderung, ja. Die sich jetzt nicht im alltäglichen Verhalten direkt auswirkt, aber [...].
> Interviewer: Hmm.
> Udo: – aber insgesamt, wie man seine Ehe sieht, ist das natürlich schon eine Veränderung, also aus meiner Sicht jedenfalls.
> Christine: Ja, und mir ist dann auch danach irgendwie bewusst geworden, wie locker ja doch eigentlich die Bindung ohne Ehe vorher ist, dass man ja doch eigentlich auch einfach so auseinander gehen könnte, und dass eine Ehe eben doch etwas anderes ist, eine noch festere Bindung.

---

[576] Vgl. Kap. 4.3.3.4 „Versprechen und Segen – Deutungen zur Funktion der kirchlichen Trauung; Kap. 5.1.3 „Empirische Wahrnehmungen der Bestätigung"; Kap. 5.1.5 „Kirchliche Trauung als performative Inszenierung"; Kap. 5.2.4 „Überlegungen zur medialen Dokumentation der kirchlichen Trauung"; Kap. 5.5.3 „Das Trauversprechen"; Kap. 5.5.5 „Versprechen und Segen – eine wechselseitige Verbindung".

[577] Vgl. Kap. 5.1 „Bestätigung und Übergang – Die kirchliche Trauung als performative Inszenierung".

Die verbreitete Deutung der kirchlichen Trauung als Bestätigungsritual beschreibt also die in den Eigentheorien der Paare wahrnehmbare Pluralität und Komplexität nur unzureichend. Denn gerade diese auf den ersten Blick widersprüchlich erscheinende Spannung in den Interviewerzählungen zwischen der deutlichen Betonung einer ungebrochenen Kontinuität auf der einen Seite („durch die Heirat hat sich nichts bei uns verändert") und den Deutungen der Trauung als lebensgeschichtlichem Übergang auf der anderen Seite (gerade auch bei Paaren, deren äußere Lebenssituation eine solche Deutung nicht nahe zu legen scheint) ist entscheidend für eine Interpretation, die sich der komplexen Variabilität der rituellen Funktionen der kirchlichen Trauung im Kontext gegenwärtiger sozialstruktureller Bezüge anzunähern versucht.

Ausgehend von Turners ritualtheoretischer Differenzierung zwischen liminalen und liminoiden Phänomenen kann ein präziseres Verständnis der beschriebenen Ambivalenz zwischen konservativ-stabilisierenden und kreativ-erneuernden Funktionen der kirchlichen Trauung durch die Rezeption theaterwissenschaftlicher und soziologischer Überlegungen zum Begriff der Inszenierung als performativer Handlung erreicht werden. Denn in der retrospektiven Wahrnehmung der Brautpaare dient der Traugottesdienst nicht nur der Publizierung und Aufführung einer unabhängig davon bereits getroffenen Entscheidung im Sinne einer Bestätigung, sondern der gemeinsame, öffentliche Vollzug des Rituals produziert wiederum erst spezifische Sinnzuschreibungen, die Aspekte eines lebensgeschichtlichen Übergangs reflektieren.

Haftet dem Begriff ‚Inszenierung' im alltäglichen Sprachgebrauch oft eine negative Konnotation im Sinne der Vorspiegelung falscher Tatsachen an, verweist er im Bereich des Theaters hingegen auf die produktive Spannung zwischen Inhalt und Form, zwischen der Wirklichkeit des Stückes und der Darstellung dieser Wirklichkeit. Dabei setzte sich in der theaterwissenschaftlichen Reflexion die Erkenntnis durch, dass eine Inszenierung nicht den zeitlos gültigen Inhalt eines Stückes einfach wiederholt, sondern dass durch die Darstellung auf der Bühne eine neue, im Moment der Aufführung zur Geltung kommende Wirklichkeit gesetzt wird. Im Rahmen der vorliegenden Studie ermöglicht ein solches Verständnis der Inszenierung als performativer Handlung den Brückenschlag zwischen theaterwissenschaftlichen und ritualtheoretischen Überlegungen zur Deutung der kirchlichen Trauung.

Grundsätzlich ist die Trauung als Selbstfestlegung im Kontext gesellschaftlicher Pluralisierungs- und Individualisierungsprozesse für alle Paare ein lebensgeschichtlicher Übergang, nämlich in den Status hoher Verbindlichkeit und Verantwortlichkeit.[578] Aus dieser Perspektive lässt bindlichkeit und Verantwortlichkeit.[578] Aus dieser Perspektive lässt sich der Traugottesdienst verstehen als öffentliche Inszenierung einer wechselseitigen Selbstfestlegung, die das feierliche Versprechen beider Partner zur Darstellung bringt. Die öffentliche Inszenierung der Selbstfestlegung ist dabei Ausdruck (und dadurch Bestätigung) des Bestehenden und stellt darin zugleich auch eine Veränderung (Übergang) im Sinne der Konstituierung einer neuen Wirklichkeit dar.[579]

In einem solchen, der theatralen Performance nahe stehenden Verständnis bestimmen nicht Außenstehende, Dritte über Gestalt und Güte der Inszenierung, sondern die Handelnden selbst. Im Kontext der kirchlichen Trauung fungieren also (mindestens) alle im Traugottesdienst Anwesenden als „Co-Regisseure".[580] Für die Gestaltungsaktivitäten aller Beteiligten sind dabei die ineinander verschränkten Dimensionen der Konventionalität und der Improvisation maßgeblich. Dabei zeigt sich die Dimension der Konventionalität im Kontext der kirchlichen Trauung als in hohem Maß Medialisierungsprozessen unterworfen. Medialität und Konventionalität stellen sich aus diesem Grund gegenwärtig als prägende Gestaltungsprinzipien des kirchlichen Rituals dar.[581] Die hohe Relevanz gesellschaftlich vermittelter Konventionen im Kontext der kirchlichen Trauung zeigt sich in affirmativen, kreativen und distinktiven Auswahlprozessen aus dem gängigen Repertoire, mittels derer die Heiratenden eine adäquate Form zur Repräsentation der eigenen Individualität im Rahmen ihrer Hochzeit finden. Die konkrete Gestaltung des Gesamtgeschehens der Hochzeit erscheint als kreativer und individuell akzentuierter Deutungsprozess, dessen Komplexität durch den Bezug auf Konventionen reduziert werden kann.[582] Die im Rahmen dieses Deutungsprozesses gültigen Konventionen zeigen sich im Kontext der Hochzeit als durch massenmedial vermittelte Bilder von Hochzeiten beeinflusst und insofern einem Prozess fortschreitender Medialisierung unterworfen. So rekonstruiert beispielsweise Mar-

---

[578] Vgl. Kap. 2.4.1 „Übergang und Bestätigung".

[579] In dieser Verbindung von Bestätigung des status quo und Konstituierung einer neuen Wirklichkeit liegt die Pointe des Inszenierungsbegriffs, der in Kap. 5.1 „Bestätigung und Übergang - Die kirchliche Trauung als performative Inszenierung" ausführlich entfaltet und auf die kirchliche Trauung angewendet wird.

[580] Vgl. Kap. 6.3.2 „Kompetenz der Co-Regisseure - Die Wahrnehmung der Brautpaare in der praktisch-theologischen Debatte".

[581] Vgl. Kap. 5.2 „Medialität und Konventionalität als Gestaltungsrahmen der kirchlichen Trauung".

[582] Vgl. Kap. 4.1.3.1 „Konvention und individuelle Gestaltung".

kus die Brautübergabe als eine an massenmedial vermittelten Vorbildern orientierte Variante:[583]

> Markus (6-M-870): Und dass man als Braut nicht untergeht. Wenn man so zusammen rein kommt mit allen Leuten, dann, das ist so [...].
> Sandra: Ja nun, das wär ja sowieso nicht gewesen, wenn, dann wäre ich ja entweder mit dir eingezogen oder ähm mit dem Pfarrer.
> Interviewer: Ja, ja.
> Sandra: Weil ich wär ja nie mit der Dings mitgegangen, das ist ja auch so nicht Gang und Gebe.
> Markus: Aber man sieht es ja in jedem Film, die Braut kommt als letztes mit dem Schwiegervater, das ist so, das ist - man macht es ja nicht umsonst so, ne?

Dabei stellt der Begriff der Medialität zwei Extrempositionen in Frage, nämlich zum einen die Auffassung von Medien als Instrumenten, welche die unveränderte Distribution von Informationen leisten, und zum anderen die Gegenbehauptung, Medien generierten gewissermaßen selbsttätig ihre Gehalte und Adressaten. Beiden Positionen gegenüber ist der Eigenwert der medialen Vermittlungsinstanz zu betonen: Medien machen vor und jenseits aller Symbolisierung zunächst Wahrnehmungsangebote. Die von Medien geleistete Ästhetisierung ist nicht allein prozessual, sondern präziser performativ, denn sie transformiert zum einen Wahrnehmungsgegenstände in Ereignisse (verleiht ihnen also punktuelle Bedeutsamkeit) und kann sie zum anderen durch Iteration längerfristig stabilisieren und variieren.

Auf diese Weise verdichten sich die medial vermittelten Bilder von Hochzeiten in der Wahrnehmung der Paare zu dem Konstrukt einer Idealhochzeit „wie man sie aus dem Fernsehen kennt", das den in der Fernsehshow „Traumhochzeit" dargestellten Inszenierungen nahe steht. Dabei zeigt sich die kirchliche Trauung als ein in hohem Maß von Konventionen geprägtes Geschehen, dessen konventionelle Formen und Gestaltungselemente wiederum durch massenmedial vermittelte Bilder und Inszenierungsmechanismen geprägt und insofern den gesellschaftlich relevanten Medialisierungsprozessen unterworfen sind.

Eine spezifische Verdichtung dieser Prozesse lässt sich im Phänomen der medialen Dokumentation der Hochzeit und speziell des Traugottes-

---

[583] Vgl. die Einzelfalldarstellung in Kap. 4.3 „Sandra und Markus", bes. Kap. 4.3.3.5 „Event und transzendent - Strategien außeralltäglicher Inszenierungen".

dienstes beobachten.[584] Die diesen Zusammenhang betreffenden Erzählungen der meisten Paare sind geprägt von dem Bestreben, die Inszenierung der wechselseitigen Selbstfestlegung einerseits medialen Vorbildern gleich in Szene zu setzen und diesen Vorgang andererseits auf möglichst eindrucksvolle Weise zu dokumentieren.[585]

> Victoria (1-F-404): Ja, als wir aus der Kirche kamen, schien die Sonne.
> Riaz: Genau ja, schien dann die Sonne. Das war echt perfekt. Na ja, dann haben wir da Fotos gemacht mit der ganzen Mannschaft und na ja, die Fotos sind teilweise so gut geworden, dass uns Leute schon gefragt haben „ja wie habt ihr denn das reinretuschiert?" Ähm ja, weil es wirklich bilderbuchartig aussieht. [...].

Im Anschluss an die gegenwärtige praktisch-theologische Debatte zum Phänomen der Kasualfotografie legt die Analyse der Interviews eine Deutung der medialen Dokumentation als konstitutivem Bestandteil des Ritualvollzugs und als Realisierung der sozial-integrativen Funktion der Trauung nahe. Darüber hinaus sind der Akt des Fotografierens und die mit ihm verbundenen Aktivitäten auch als integraler Bestandteil der an massenmedialen Vorbildern orientierten Inszenierung zu verstehen.[586]

Die kirchliche Trauung als öffentliche Inszenierung einer wechselseitigen Selbstfestlegung

Der zentrale Gehalt der solchermaßen inszenierten Aufführung liegt in der Wahrnehmung der Brautpaare in der wechselseitigen Selbstfestlegung, die im liturgischen Spannungsfeld von Versprechen und Segen zur Darstellung kommt.[587] Dabei eignen sich die Paare das Trauversprechen in der Regel wesentlich stärker an als andere Teile des Traugottesdienstes. Während der Segen des Brautpaares als gleichsam magisches Geschehen in der Wahrnehmung der interviewten Paare vollständig in den Kompetenzbereich des Pfarrers (als Repräsentanten Gottes) fällt, wird das Versprechen eher als eine nach Möglichkeit harmonische und bis hin zu konkreten Formulierungen verhandelbare Kooperation zwischen Brautpaar und Pfarrer rekonstruiert.

---

[584] Vgl. Kap. 5.2.4 „Überlegungen zur medialen Dokumentation der kirchlichen Trauung".

[585] Vgl. Kap. 4.3.3.5 „Event und transzendent – Strategien außeralltäglicher Inszenierungen".

[586] Vgl. Kap. 2.4.6 „Mediale Dokumentation".

[587] Vgl. Kap. 5.5 „Deutungen der kirchlichen Trauung – Versprechen und Segen".

Diese verstärkte Aneignung des Versprechens korrespondiert (neben der relativ aktiven Beteiligung des Brautpaares am liturgischen Geschehen) mit der für viele Paare leitenden Deutung der kirchlichen Trauung als öffentlicher Inszenierung einer wechselseitigen Selbstfestlegung.

> Udo (2-M-329): Eine richtige Entscheidung getroffen zu haben und nicht irgendwie zu sagen, na ja, man wartet noch fünf Jahre und guckt dann mal, wie man zusammen lebt, und man kann ja immer noch oder so. Es ist doch einfach gut gesagt zu haben: „So wir haben uns entschieden und äh es war eine richtige Entscheidung" und äh ja. Viele machen das ja, also so Freunde von uns und Bekannte, ne. Die wollen sich nicht so festlegen, auch innerlich nicht, glaube ich.

Die fallübergreifende Analyse der Interviews zeigt, dass die durchgängig nachzuweisende Relevanz des Versprechens in der Wahrnehmung der Paare abhängig von der Dominanz dieser Eigentheorie ansteigt. Die Traufragen bzw. das Trauversprechen stellen für eine solche Deutung *den* prominenten Haftpunkt im Ablauf des Traugottesdienstes dar, weist doch in der Wahrnehmung der Brautpaare der liturgische Vollzug an dieser Stelle die relativ höchste Anschlussfähigkeit zu den eigenen Sinnzuschreibungen auf. Dabei wird die Deutung der Trauung als öffentliche Inszenierung der wechselseitigen Selbstfestlegung im Erleben der Paare umso relevanter, je stärker ihr soziales Umfeld die Entscheidung für eine lebenslange Bindung durch eine relativ geringe Bindungsbereitschaft kontrastiert.

Die regelmäßig nachweisbare Deutung des Segens als göttlicher Schutz der Ehe im Sinne einer Kontinuitätssicherung weist dem Segen des Brautpaares einen spezifischen Ort im Rahmen der Eigentheorien der Paare zur Trauung zu. Der Segen symbolisiert als liturgischer Haftpunkt der göttlichen Präsenz im Traugottesdienst die Ebene religiöser Tiefendimensionen des Daseins und wird auf dieser Ebene hinsichtlich der gemeinsamen Zukunft des Ehepaares gedeutet.

> Anna (3-F-622): [...] Bitte, lieber Gott, ich hatte da schon so ein paar Schicksalsschläge in der Vergangenheit. Das muss jetzt nicht gerade sein. Das muss jetzt nicht sein, dass er von mir genommen wird, das muss nicht sein, dass ich schwer krank bin. Wir möchten gerne deinen Segen, dass das gut geht und lange hält. [...] Ich hatte damals schon das Gefühl, so diesen, für mich diesen Beistand dazu zu erbitten und zu sagen: „Und bitte, du hilfst uns jetzt auch noch dabei, lieber Gott, dass das gut und lange hält."

Gerade angesichts statistisch belegbarer hoher Scheidungsraten und regelmäßig scheiternder Beziehungen im näheren sozialen Umfeld der Interviewten kommt diesem göttlichen Schutz der Ehe eine wichtige Bedeutung in der Wahrnehmung der Paare zu. Dabei gehen magische Vorstellungen, die Segen als eine Art Abwehrzauber interpretieren, eine eigentümliche

Mischung ein mit Vorstellungen, die Segen als ein sich vor allem in zwischenmenschlichen Interaktionen vermittelndes Geschehen deuten.[588]

Erst die Deutung des Segens als Präsenz Gottes verleiht wiederum dem Versprechen im Rahmen der kirchlichen Trauung seine spezifische Relevanz hinsichtlich der verstärkten Selbstfestlegung beider Partner. Denn erst im liturgischen Kontext des Segens erfährt das Trauversprechen in der Wahrnehmung der interviewten Paare die entscheidende Qualifizierung gegenüber der standesamtlichen Konsenserklärung.[589]

> Heinrich (4-M-277): [...] Äh, Standesamt, kann ich gar nicht sagen, war für mich ein Verwaltungsakt, mehr war es nicht und äh das Wichtigste war für uns, dass wir in der Kirche sagen „Ja" und dann der Segen, äh, die – der Ablauf der Trauung und so weiter äh davor, während der Trauung, danach, das war also etwas äh, was hängen bleibt, also so sehr bewegend war, muss man sagen.

Dennoch ist nicht zu übersehen, dass die Eigentheorien der Paare das Versprechen nicht grundsätzlich religiös aufladen, sondern primär auf der Ebene der partnerschaftlichen Verpflichtung reflektieren. In den Rekonstruktionen der interviewten Paare werden Versprechen und Segen wiederholt als dynamisches Geschehen von Aufgabe und Lohn, Herausforderung und Entspannung oder Arbeit und Geschenk geschildert und aufeinander bezogen. Meist wird dabei der erste Pol stärker als der zweite betont, ohne jedoch die Verbindung zwischen beiden aufzulösen. Einerseits erscheinen also beide Größen als aufeinander bezogen und inhaltlich miteinander verknüpft, andererseits zeigt die Analyse der Interviews, dass in der Regel einer der beiden Pole (in der Regel das Versprechen) in den Eigentheorien stärker betont wird als der andere.[590]

Kirchliche Trauung als öffentliche Inszenierung einer wechselseitigen Selbstfestlegung

Zwischen der überwiegend paarinternen Verpflichtung und der göttlichen Bezeugung des Versprechens nimmt die Inszenierung von Öffentlichkeit im Rahmen der kirchlichen Trauung eine vermittelnde Funktion ein. Die Anwesenheit von Familienangehörigen, Freunden und Bekannten wird von den interviewten Paaren im Blick auf die kirchliche Trauung durchgängig anders rekonstruiert als hinsichtlich der standesamtlichen Trauung. Wäh-

---

[588] Vgl. Kap. 4.1.3.2 „Unter Gottes Schutz – Deutungen der kirchlichen Trauung".

[589] Vgl. Kap. 5.3 „Deutungen des Verhältnisses von standesamtlicher und kirchlicher Trauung".

[590] Vgl. Kap. 2.4.5 „Versprechen und Segen".

rend das Geschehen im Standesamt unabhängig von der Zahl der anwesenden Personen eher als privater Akt inszeniert wird,[591] sind die zum Traugottesdienst geladenen Gäste (neben anderen Elementen wie etwa einem besonderen Fahrzeug, uniformer Kleidung oder dem Einzug des Brautpaares) Teil der Inszenierung einer Öffentlichkeit, die das Geschehen aus dem privaten Bereich heraushebt und die Wahrnehmungen der Paare mit prägt.[592] Anders als bei massenmedialen Selbstentblößungen bewegt sich das Brautpaar bei der kirchlichen Trauung in einem Spannungsfeld von Intimität und Öffentlichkeit. Intimität wird gewahrt zum einen durch die persönliche Beziehung des Paares zu den Zeugen (Familie, Freunde, Bekannte), zum anderen durch die ritualisierte Form der Darstellung, die Intimität in überindividuelle Formeln und Gesten zu kleiden vermag.[593]

> Elke (5-F-517): Und schließlich war ich dann doch auch so, wie du's jetzt beschrieben hast, so richtig weg von dem Ganzen. Also mehr wie in so 'ner Luftblase, wir da vorne am Altar mit der Pastorin und – obwohl die Pastorin war glaube ich in dem Moment mir nicht so, also ich war mit dir in so 'ner Blase.
> Interviewer: Ja, ja.
> Elke: Und das ist eigentlich ein großes Glück, mal so und wenn's nur Bruchteile von Minuten sind, sich da dann so wegzuschießen aus der trubeligen Hektik und also ich war da schon abgetaucht.
> Wilko: Das besondere ist ja eigentlich, dass man in dieser Situation so exponiert ist und da irgendwie vor den Anwesenden da sitzt und ähm, das ist einem dann auf einmal dann wieder egal oder man blendet das aus, es gelingt auf jeden Fall.

Inszenierung von Authentizität im Kontext der wechselseitigen Selbstfestlegung

In dem dargestellten Verständnis von Inszenierungen bestimmen nicht Außenstehende, Dritte über Inhalt und Gestalt der Inszenierung, sondern die Handelnden selbst. Dabei kommt der pastoralen Rolle in der Wahrnehmung der interviewten Paare eine besondere Relevanz zu, die sich mit der Qualifizierung des Geschehens als „persönlich" verbindet.[594] Gerade in den Erzählungen zu den Vorgesprächen mit dem jeweiligen Pfarrer zeigt

---

[591] Vgl. Kap. 5.3 „Deutungen des Verhältnisses von standesamtlicher und kirchlicher Trauung".

[592] Vgl. Kap. 2.4.2 „Standesamtliche und kirchliche Trauung".

[593] Vgl. Kap. 5.5.5 „Versprechen und Segen – eine wechselseitige Verbindung".

[594] Vgl. Kap. 5.4 „Inszenierte Authentizität – Die pastorale Rolle im Kontext der Trauung".

sich, dass mit dem Attribut „persönlich“ eine große Spannbreite an Deutungen der pastoralen Rolle im Kontext der Trauung verbunden wird: Die Pfarrperson kann beispielsweise als herzliche Freundin, als intellektueller Gesprächspartner oder als professioneller Dienstleister wahrgenommen werden. Für die durchgängig positive Bewertung dieser unterschiedlichen Wahrnehmungen spielen Vorerwartungen zur pastoralen Rolle, die sich überwiegend in negativ konnotierten Phantasien („abgehoben“, „inquisitorisch“) äußern, eine relevante Rolle, sorgen sie doch aus der Perspektive der Brautpaare für positive Überraschungen. Die Erzählungen zum Traugottesdienst zeigen sich wiederum durchgängig als eng auf die Rekonstruktionen des Traugesprächs bezogen und durch diese vorgeprägt, denn der Zusammenhang zwischen Traugespräch und Traugottesdienst wird von den interviewten Paaren ausschließlich im Sinne einer Bestätigung und liturgischen Konkretisierung des „persönlichen“ Kontakts mit der Pfarrperson rekonstruiert. Aus dieser Perspektive erscheint die positiv gedeutete Erfahrung eines „persönlichen“ Kontakts mit der Pfarrperson im Traugespräch als mindestens notwendige (und beinahe hinreichende) Voraussetzung für eine positive Deutung der Atmosphäre des sich anschließenden Traugottesdienstes.[595]

Die Qualifizierung der pastoralen Rolle als „persönlich“ deutet dabei auf ein Spezifikum pastoralen Wirkens hin: Wichtig für die pastorale Wirkung ist anscheinend weniger die Art und Weise, wie die einzelne Pfarrperson ihre Rolle individuell ausfüllt, sondern vor allem der Anschluss an die auf personale Präsenz abhebende allgemeine Rollenerwartung, die von der Mehrheit der Kirchenmitglieder an die Pfarrerin bzw. den Pfarrer herangetragen wird. Im Kontext der kirchlichen Trauung ist in der Wahrnehmung der Paare nicht allein das jeweilige liturgische Handeln der Pfarrperson bedeutsam für eine „persönliche“ Wirkung, sondern ebenso die Inszenierung persönlicher Glaubwürdigkeit im Traugespräch und im Traugottesdienst, die für die spezifische Qualität des Geschehens überhaupt erst konstitutiv ist.

Hierzu bedarf es auf der Ebene der pfarramtlichen Praxis einer Vermittlung zwischen der Darstellung einer Rolle und der Erwartung persönlicher Glaubwürdigkeit und also auf der Ebene praktisch-theologischer Reflexion einer Antwort auf die Frage, ob und wie sich pastorale Authentizität im Rahmen einer Inszenierung vermitteln lässt. Zur Auflösung der Scheinalternative zwischen der reinen Verkörperung einer professionellen Berufsrolle auf der einen Seite und dem Auftritt als vollkommen individu-

[595] Vgl. Kap. 2.4.3 „Traugespräch und Traugottesdienst“.

ell-authentische Privatperson auf der anderen Seite lässt sich der Begriff der „Präsenz" heranziehen, der als durch das Bewusstsein des Inszenatorischen gebrochene Authentizität zu verstehen ist und insofern gerade nicht als Gegenpol zum Charakter der kirchlichen Trauung als öffentlicher Inszenierung zu interpretieren ist, sondern als deren personale Dimension. Gerade der scheinbare Widerspruch zwischen der Darstellung einer Rolle im Bewusstsein der Inszenierung und der pastoralen Glaubwürdigkeit im Sinne persönlich zugewandter Authentizität ist demnach konstitutiv für eine Form der Präsenz, in der eben nicht die eigene Person dargestellt und in Szene gesetzt wird, sondern in der die mit der eigenen Rolle verbundene Aufgabe im Rahmen der Inszenierung als eine persönlich zu gestaltende verstanden und angenommen wird. Aus dieser Perspektive legt sich die Vermutung nahe, dass Momente einer in diesem Sinne gelungenen pastoralen Präsenz mit den Wahrnehmungen der interviewten Paare zum „persönlichen" Auftreten der Pfarrperson und zur „persönlichen Atmosphäre" des Traugesprächs und des Traugottesdienstes korrespondieren.[596]

Neben der pastoralen Rolle wird auch die Rolle der Brautpaare selbst wesentlich durch Inszenierungen von Authentizität geprägt. Abhängig nicht zuletzt von dem eigenen Lebensstil gestalten die Paare ihre kirchliche Trauung so, dass sie eine adäquate Form zur Repräsentation der eigenen Individualität im Rahmen ihrer Hochzeit darstellt. „Es soll zu uns passen", „es soll alles echt sein" - mit diesen und ähnlichen Formulierungen beschreiben die Paare das Ziel, sich in ihrer Rolle als Braut und Bräutigam in der Öffentlichkeit authentisch zu inszenieren. Das mit der Trauung verbundene Bedürfnis nach außeralltäglicher Feierlichkeit akzentuiert dabei die Dimension der Authentizität in der Wahrnehmung der Paare. Inszeniert wird weniger das authentische Leben im Alltag, sondern die dem Alltäglichen enthobene Sphäre des Festes. Wer beispielsweise im Alltag mit der S-Bahn zur Arbeit fährt, kann sich am Tag der kirchlichen Trauung dennoch (bzw. gerade deswegen) am Steuer eines geliehenen Ford Mustang authentisch inszenieren und das Bedürfnis nach außeralltäglicher Feierlichkeit auf die eigene Person bezogen artikulieren.

Im Zusammenhang mit der Inszenierung der kirchlichen Trauung als „persönliches" Geschehen stehen spezifische liturgische Haftpunkte (Predigt, Einzug, Musik) in einem interdependenten Verhältnis zu den Deutungen der pastoralen Rolle.[597] Während einerseits der als „persönlich" gedeutete Kontakt im Traugespräch auch den Traugottesdienst mit hoher

[596] Vgl. Kap. 2.4.4 „Die pastorale Rolle".

[597] Vgl. Kap. 5.6 „Rekonstruktionen des liturgischen Geschehens".

Wahrscheinlichkeit in ähnlicher Weise als „persönlich" erscheinen lässt, tragen andererseits Wahrnehmungen der Predigt, des Einzugs und der musikalischen Gestaltung zu der Qualifizierung des Traugottesdienstes als „persönlich" bei.

Hinsichtlich des Zusammenhangs zwischen Traugespräch und Traugottesdienst erweisen sich unter den in der Predigt entfalteten Deutungsangeboten vor allem diejenigen als anschlussfähig (und dadurch im Rahmen der Interviewerzählung rekonstruierbar), die sich in der Wahrnehmung der Adressaten auf das Traugespräch zurückbeziehen lassen. M. a. W.: Aussagen, die bereits in dem vorbereitenden Gespräch kommuniziert und plausibilisiert wurden, finden mit höherer Wahrscheinlichkeit Eingang in die bewusste Erinnerung der Brautpaare als solche, die den Paaren in der Traupredigt gänzlich neu sind.[598] Die Aufnahme und Interpretation der im Traugespräch thematisierten Lebensgeschichte des jeweiligen Paares trägt weiter zur Anschlussfähigkeit der Predigt bei. Nicht nur sind die lebensgeschichtlichen Details dem Paar bereits vertraut, sondern die Verbalisierung der gemeinsamen Geschichte schließt sich in der Regel gut an die grundsätzlichen Erwartungen der Paare hinsichtlich einer „persönlich" gestalteten Traupredigt an.[599]

Einzug und Auszug werden in den Interviewerzählungen häufig als Scharnierstellen rekonstruiert, die hinsichtlich der äußeren Vollzüge eine Verbindung herstellen zwischen dem verbreiteten Fototermin des Brautpaares, der Fahrt in einem eigens für diesen Anlass bereit stehenden Fahrzeug sowie anderen Vorbereitungen auf der einen Seite und dem Traugottesdienst auf der anderen Seite. Gerade mit dem Einzug verbinden sich regelmäßig konkrete Vorstellungen der Paare bezüglich seiner Gestaltung. Dementsprechend sind sämtliche interviewten Paare auch Monate nach ihrer Trauung noch in der Lage, den Einzug in den Kirchenraum detailliert zu rekonstruieren.[600] Unabhängig von der konkreten Gestaltung des Einzugs und der im Vorfeld gewählten Variante wird dieser Part des Traugottesdienstes in der retrospektiven Wahrnehmung als ein mit hoher Erlebnisintensität verbundener Übertritt in eine dem Alltag und den unmittelbar vorhergehenden letzten Vorbereitungen enthobene Sphäre gedeutet und stellt darin in der Wahrnehmung der Paare einen prominenten Haft-

---

[598] Vgl. Kap. 2.4.8 „Traupredigt".

[599] Vgl. Kap. 5.6.2 „Predigt".

[600] Vgl. Kap. 5.6.3 „Einzug und Auszug".

punkt für die Inszenierung der eigenen Authentizität in der Rolle als Brautpaar dar.[601]

> Rita (4-F-888): Ich sag ihnen: Gerade in dem Moment als man die Kirche betrat, früher war das eigentlich gar nicht so, ja die Verwandten waren jetzt hier und es war noch so als ob wir eine Feier machten einfach so, aber in dem Moment, als man die Kirche betrat, denn war das was anderes, es war irgendwie - ja.
> Heinrich: Es passiert jetzt was außergewöhnliches, das Gefühl hatte man.

Unter den möglichen Einzugsvarianten wird vor allem die sog. Brautübergabe in der praktisch-theologischen Forschung debattiert, erscheint diese Form des Einzugs doch aus pastoraler Perspektive häufig als Rückfall in voremanzipatorische Strukturen, so dass Konflikte mit den diese Variante favorisierenden Brautpaare vorprogrammiert scheinen. In den Erzählungen der interviewten Paare, die sich für die Einzugsvariante der Brautübergabe entschieden, erscheint der Einzug als symbolische Darstellung einer bereits vollzogenen Ablösung und als Reinszenierung von Anfänglichkeit.

> Sandra (6-F-864): Ja auch vom Ablauf haben die uns gefragt, wie wir das haben wollen. Also wir hatten natürlich auch sehr genaue Vorstellungen. Ja, also wir wussten, dass äh mich mein Vater, also dass ich mit meinem Papa einziehe und dass der Pfarrer und Markus quasi vorgehen, das war uns äh [...].
> Markus: Wichtig.
> Interviewer: Warum so, also es hätte ja verschiedene Möglichkeiten gegeben, warum die?
> Sandra: Weil ich das wichtig fand, nochmal so als Symbol, dass mich quasi mein Papa, obwohl ich ja schon verheiratet war, nochmal so quasi als Symbol, dass er äh jetzt so seine Tochter loslässt und mich jetzt quasi in die Arme eines anderen Mannes gibt. Also dieses Symbol fand ich wichtig, ja. So für das, was wir auch alles schon geschafft haben irgendwie.
> Markus: Die Symbolik „so, ich übergebe dir jetzt meine Tochter."
> Sandra: Genau, mit Gottes Hilfe so dieses, das fand ich, das war mir schon wichtig. Ja.

Die Brautübergabe lässt sich in dieser Perspektive verstehen als rituelle Darstellung der Ablösung im Rahmen eines Übergangsrituals, die von den betreffenden Paaren gerade auch im Zuge der Imitation massenmedial vermittelter Inszenierungen gewählt wird. Denn bei der Wiederentdeckung oder Neukonstruktion ritueller Elemente spielen massenmedial vermittelte

---

[601] Vgl. Kap. 2.4.7 „Raumwahrnehmungen".

Inszenierungen eine relevante Rolle, stellen sie doch im Rahmen fortschreitender Medialisierungsprozesse den Paaren gerade auch im Kontext der kirchlichen Trauung ein Reservoir an Bildern und Gestaltungselementen wie einen Baukasten zur Verfügung.[602]

> Markus (6-M-874): Aber man sieht es ja in jedem Film, die Braut kommt als letztes mit dem Schwiegervater, das ist so, das ist – man macht es ja nicht umsonst so, ne?

Zugleich wählten die interviewten Paare nur solche Elemente zur Imitation aus, die sich als anschlussfähig für eigene Sinnzuschreibungen erwiesen, so dass die ästhetische Orientierung an massenmedial vermittelten Vorbildern sich immer auch mit individuellen Deutungen verbindet. Anders als die Traupredigt, die zu der Qualifizierung des Traugottesdienstes als „persönlich" in der Wahrnehmung der Brautpaare vor allem durch die Verbalisierung von im Traugespräch kommunizierten biographischen Details beiträgt, dient der Einzug also vornehmlich als ritualisierte Projektionsfläche für lebensgeschichtliche Zusammenhänge, ohne dass dafür eine Explikation der Deutungen im Traugottesdienst für die Wahrnehmung des Geschehens als „persönlich" notwendig wäre.[603]

Hinsichtlich der Relevanz der musikalischen Gestaltung im Rahmen der Inszenierung der kirchlichen Trauung ist zu konstatieren, dass die Musik in den Rekonstruktionen des Traugottesdienstes in der Regel keine prominente Rolle spielt und von den interviewten Paaren meist auch nicht bewusst als integraler Bestandteil der kirchlichen Trauung reflektiert wird.[604] Abweichungen von dieser Regel ergeben sich in den Fällen, in denen das Brautpaar mit den im Traugottesdienst Musizierenden in enger persönlicher Verbindung stand oder in denen die musikalische Gestaltung des Traugottesdienstes von den vorgängigen Erwartungen eines Paares deutlich abwich.[605]

Anhand der durchgeführten Interviews lässt sich die kirchliche Trauung also in unterschiedlichen Akzentuierungen wesentlich als öffentliche Inszenierung einer wechselseitigen Selbstfestlegung rekonstruieren, die das

---

[602] Vgl. Kap. 5.2 „Medialität und Konventionalität als Gestaltungsrahmen der kirchlichen Trauung".

[603] Vgl. Kap. 2.4.9 „Einzug und Auszug".

[604] Vgl. Kap. 5.6.4 „Musikalische Gestaltung".

[605] Vgl. Kap. 2.4.10 „Musikalische Gestaltung".

feierliche Versprechen der Ehepartner im Modus inszenierter Authentizität zur Darstellung bringt.

Aus dieser Perspektive ergeben sich manche Abweichungen von Annahmen, die im praktisch-theologischen Diskurs zuweilen weitgehend unhinterfragt postuliert werden.

- Hinsichtlich der Musik im Kontext von Kasualgottesdiensten wird regelmäßig angenommen, dass die musikalische Gestaltung gegenwärtig nur noch in Ausnahmefällen konfliktfrei geplant werden könne. Außerdem wird häufig die zentrale Rolle der musikalischen Gestaltung in der Wahrnehmung der Beteiligten postuliert, die das auf lebensstilspezifischen Präferenzen beruhende Konfliktpotential noch erheblich erhöhe.[606] Demgegenüber ist festzuhalten: Die musikalische Gestaltung des Traugottesdienstes erscheint in der Wahrnehmung der interviewten Paare nicht als zentraler Bestandteil ihrer Rekonstruktionen und wird auch nicht als in besonderem Maße konfliktträchtig wahrgenommen. Im Gegenteil: Die den Traugottesdienst vorbereitenden Absprachen verliefen in der retrospektiven Wahrnehmung der interviewten Paare durchgängig ausgesprochen harmonisch. Zudem wird die musikalische Gestaltung in den durchgeführten Interviews meist nicht als integraler Bestandteil der kirchlichen Trauung reflektiert.
- Die unterschiedlichen Rekonstruktionen der Traupredigt lassen die Vermutung, theologische Deutungsangebote im Rahmen des Traugottesdienstes seien ausschließlich als Phänomene des Unbewussten zu rekonstruieren, zumindest als ergänzungsbedürftig erscheinen.[607] In den durchgeführten Interviews zeigt sich eine bemerkenswerte Spannbreite: Während einige Paare tatsächlich weder Inhalte noch äußere Vollzüge der Predigt in bewusster Erinnerung behielten, rekonstruieren andere die als „persönlich“ empfundenen Teile in Abgrenzung zu den in Vergessenheit geratenen „allgemeintheologischen“ Abschnitten. Wieder andere Paare sind (auf Nachfrage) in der Lage, Kernaussagen der Traupredigt bis hin zur Zitierung einzelner Satzfragmente zu reproduzieren.
- Im Umgang mit massenmedial vermittelten Vorbildern zeigen sich die interviewten Paare kritischer (bezüglich der Auswahl) und reflektierter (bezüglich der Realisierbarkeit im Rahmen der Inszenie-

---

[606] Vgl. Kap. 5.6.4 „Musikalische Gestaltung“.

[607] Vgl. Kap. 5.6.2 „Predigt“.

rung der eigenen Hochzeit) als gemeinhin angenommen.[608] Zwar zeigen sich die Interviewten durchgängig als durch massenmedial vermittelte Bilder von Hochzeiten beeinflusst und insofern einem Prozess fortschreitender Medialisierung unterworfen. Die Paare laufen aber keineswegs Gefahr, massenmediale Inszenierungen naiv imitieren zu wollen und deshalb die eigene Trauung als enttäuschendes Abbild der angestrebten Ideale zu erleben.

- Während die kirchliche Trauung aus theologischer Perspektive in der Regel als Segensgottesdienst konzipiert wird, steht in den retrospektiv produzierten Eigentheorien das Trauversprechen im Mittelpunkt.[609] Das wechselseitige Versprechen wird in den Deutungen der Paare nicht grundsätzlich theologisiert, sondern primär auf der Ebene der partnerschaftlichen Verpflichtung reflektiert. Der Segen des Brautpaares erhält dagegen erst von hier aus seine spezifische Relevanz und qualifiziert auf diese Weise das Versprechen im Rahmen der kirchlichen Trauung gegenüber der standesamtlichen Konsenserklärung.
- Anders als häufig angenommen stellen Übergang und Bestätigung als mögliche rituelle Funktionen der kirchlichen Trauung gerade keine Gegensätze dar, sondern bedingen sich als konstitutive Bestandteile der performativen Inszenierung gegenseitig.[610] In der Wahrnehmung der Paare dient der Traugottesdienst nicht nur der Publizierung und Aufführung einer bereits getroffenen Entscheidung im Sinne einer Bestätigung, sondern der gemeinsame, öffentliche Vollzug des Rituals produziert wiederum erst spezifische Sinnzuschreibungen, die Aspekte eines lebensgeschichtlichen Übergangs reflektieren. Die öffentliche Inszenierung der wechselseitigen Selbstfestlegung ist dabei Ausdruck (und dadurch Bestätigung) des Bestehenden und stellt darin zugleich auch eine Veränderung (einen Übergang) im Sinne der Konstituierung einer neuen Wirklichkeit dar.
- Lebensstilspezifische Zugänge zur kirchlichen Trauung im Sinne einer schlichten Zuordnung spezifischer Gestaltungselemente oder Deutungsansätze zu einem bestimmten Lebensstil lassen sich in

---

[608] Vgl. Kap. 5.2.3 „Empirische Wahrnehmungen - Konventionalität und Medialität als Gestaltungsprinzipien der kirchlichen Trauung".

[609] Vgl. Kap. 5.5 „Deutungen der kirchlichen Trauung - Versprechen und Segen".

[610] Vgl. Kap. 5.1 „Bestätigung und Übergang - Die kirchliche Trauung als performative Inszenierung".

den durchgeführten Interviews nicht rekonstruieren.[611] Ein solcherart monofaktorieller Erklärungsansatz wird der Komplexität der in den Interviewerzählungen wahrnehmbaren Eigentheorien der Paare nicht ausreichend gerecht. Durchgängig spielen neben lebensstilspezifischen Präferenzen auch andere Parameter wie z. B. die gemeinsame Beziehungsgeschichte, individuelle lebensgeschichtliche Deutungsmuster oder die Dynamik der Familiensysteme eine wichtige Rolle für die jeweiligen Deutungen der kirchlichen Trauung. Zudem erweist sich die lebensstilübergreifende Relevanz der Konventionalität im Kontext der kirchlichen Trauung als derart hoch, dass die Erzählungen der Paare in manchen Aspekten (z. B. hinsichtlich ihrer Wahrnehmungen der pastoralen Rolle) unabhängig von Bildungsgrad, Sozialisation und Lebensstil relativ homogen erscheinen. In anderen Aspekten zeigen sich die Deutungen der Paare wiederum so stark durch den individuellen, lebensgeschichtlichen Hintergrund geprägt, dass eventuelle lebenssstilinterne Gemeinsamkeiten dadurch überlagert werden. So veranlassen die durchgeführten Interviews zu der Vermutung, dass lebensstilspezifische Einflüsse sich auf die Wahrnehmung der kirchlichen Trauung weniger stark auswirken als gegenwärtig angenommen wird, während andere Gestaltungsprinzipien (Konventionalität, Medialität) eine dominierendere Rolle spielen und ihre Relevanz gerade lebensstilübergreifend entfalten.

Diese (und andere) Abweichungen von praktisch-theologischen Standarddeutungen der kirchlichen Trauung führen zu dem dargestellten praktisch-theologischen Verständnis der kirchlichen Trauung als öffentlicher Inszenierung einer wechselseitigen Selbstfestlegung, die das feierliche Versprechen der Ehepartner im Modus inszenierter Authentizität zur Darstellung bringt.

VI. 2 Desiderate der Forschung

Aus den im Rahmen der vorliegenden Untersuchung notwendigen methodischen Festlegungen resultieren klare Ergebnisse hinsichtlich der forschungsleitenden Fokussierungen, die in das dargestellte praktisch-

---

[611] Vgl. Kap. 3.2.4 „Lebensstilspezifische Zugänge zur kirchlichen Trauung“ sowie den Exkurs „Der Ertrag der lebensstilspezifischen Perspektive“ in Kap. 5.6.4 „Musikalische Gestaltung“.

theologische Verständnis der kirchlichen Trauung als öffentlicher Inszenierung einer wechselseitigen Selbstfestlegung, die das feierliche Versprechen der Ehepartner im Modus inszenierter Authentizität zur Darstellung bringt, münden. Zugleich entstehen aus den im Laufe des Forschungsprozesses erarbeiteten Erkenntnissen auch neue Fragestellungen, die an dieser Stelle als Perspektiven weiterer empirischer Forschung zur kirchlichen Trauung markiert werden sollen.

Genderspezifische Argumentations- und Aufmerksamkeitsmuster wurden in der vorliegenden Untersuchung allenfalls am Rande berücksichtigt und oft nur in Nebensätzen (beispielsweise die Dynamik der Interviewkommunikation betreffend) expliziert. Weitere empirische Arbeit mit einem explizit genderspezifisch ausgerichteten Fokus könnte hier sicher eine Vertiefung und Erweiterung darstellen.

Ausgehend von der wahrnehmbaren Dominanz der Gestaltungsprinzipien Medialität und Konventionalität könnte eine genauere Rekonstruktion der (massen-) medialen Prägebedingungen genauere Einsichten in die Sinnzuschreibungen die kirchliche Trauung betreffend liefern.

Genauer zu untersuchen wäre von hier aus auch die Bedeutung der kirchlichen Sozialisation der Interviewten für die Gestaltung und Wahrnehmung der je eigenen Trauung, auch für die Entscheidung zur Inanspruchnahme einer kirchlichen Ritualisierung.

Schließlich sind die verschiedenen Parameter der Interviewform zu bedenken: Denkbar (und beispielsweise von Nave-Herz[612] favorisiert) wäre eine Einzelbefragung der Ehepartner, durch die möglicherweise gegenseitige Harmonisierungen der Paare gezielter zu umgehen wären und mit deren Hilfe auch genderspezifische Aspekte der kirchlichen Trauung genauer analysiert werden könnten. Auch andere Zeitabstände zwischen der Hochzeit und der Durchführung des Interviews könnten interessante Ergänzungen der vorliegenden Untersuchung liefern. Auf der einen Seite ließen sich in einem Interview wenige Wochen nach der kirchlichen Trauung möglicherweise mehr Details beispielsweise hinsichtlich des liturgischen Geschehens im Traugottesdienst rekonstruieren. Auf der anderen Seite könnte eine Befragung im Abstand von zehn Jahren nach der kirchlichen Trauung stärker die Eheschließung in ihren biographischen Bezügen und im Blick auf das Zusammenleben der (möglicherweise bereits wieder geschiedenen) Ehepartner rekonstruieren.

Bei der Auswahl der zu interviewenden Paare ließen sich spezielle Konstellationen und ihre spezifischen Auswirkungen auf die Deutungen

---

[612] Vgl. NAVE-HERZ (1997) 32.

der kirchlichen Trauung stärker berücksichtigen, die sich angesichts der soziologisch wahrnehmbaren gesellschaftlichen Veränderungen nicht mehr als Abweichungen von der Norm, sondern als deren Repräsentanten darstellen. Derartige Konstellationen sind hier nur stichwortartig zu nennen: Interkonfessionelle Trauung, religionsverschiedene Trauung, Verbindung von Trauung und Kindstaufe, Trauung Geschiedener, Trauung Verwitweter, Trauung mit einem konfessionslosen Partner, ältere oder sehr junge Paare.

Die vorliegende Untersuchung legte den Fokus konsequent auf die Perspektive der Brautpaare. In dieser Hinsicht wären Ergänzungen im Sinne eines erneuten Perspektivenwechsels gut vorstellbar: Beispielsweise wäre im Blick auf die Wahrnehmung der pastoralen Rolle im Sinne inszenierter Authentizität die Selbstwahrnehmung von Pfarrerinnen und Pfarrern zu erheben. Denn unklar bleibt bislang, welche Rolle das Selbstbild der Pfarrpersonen bei der Inszenierung einer authentischen Persönlichkeit im Rahmen der kirchlichen Trauung (oder bei anderen Amtshandlungen) spielt. Daneben wäre auch eine stärkere Berücksichtigung der weiteren in einem Traugottesdienst anwesenden Personen (immerhin die Mehrzahl der Teilnehmenden) vorstellbar. Welche Sinnzuschreibungen produzieren entfernte Verwandte des Brautpaares im Rückblick? Wie nehmen sie beispielsweise die lebensgeschichtlichen Bezüge in der Traupredigt wahr, die von den Brautpaaren durchgängig positiv gewertet rekonstruiert werden?

An diese Fragen können weitere Untersuchungen anschließen, um die komplexe Dynamik, die sich im Kontext der kirchlichen Trauung ansiedelt, noch differenzierter und umfassender zu rekonstruieren.

VI. 3 Ausblick: Religiöse Inszenierungskompetenzen

Die folgenden Überlegungen blicken noch einmal auf die im Verlauf des Forschungsprozesses gewonnenen Beobachtungen und Erkenntnisse zurück und resümieren sie aus der Perspektive der in den Interviews sich manifestierenden biographisch-religiösen Inszenierungskompetenzen der Paare (6.3.1). Daraus erwachsen Konsequenzen für die praktisch-theologische Debatte (6.3.2) und Perspektiven für die pfarramtliche Praxis im Kontext kirchlicher Trauungen (6.3.3), verbinden sich doch in allen Interviews die Rekonstruktionen der Inszenierung und des Erlebens der kirchlichen Trauung nicht nur mit der Frage einer als gelungen empfundenen expressiven Darstellung der eigenen Paarbeziehung, sondern auch mit religiösen Bedürfnissen nach lebensgeschichtlichen Sinndeutungen.

Diese Beobachtung widerspricht der unter Pfarrerinnen und Pfarrern verbreiteten Ablehnung der kirchlichen Trauung als oberflächlicher Kulisse, bei der sie selbst sich zu Statisten verurteilt fühlen. Auch der praktisch-theologische Diskurs unterschätzt tendenziell die biographisch-religiöse Inszenierungskompetenz der Paare und gesteht ihnen in Bezug auf religiöse Fragen häufig nur die Rolle eines unreflektierten Stichwortgebers der pastoralen Interpretation zu. Die durchgeführten Interviews dagegen zeigen regelmäßig einen differenzierten Sinnzuschreibungsprozess, in dem die Paare komplexe Eigentheorien zu ihrer Heirat und der kirchlichen Trauung entwickeln.

VI. 3. 1 Religiöse Kompetenz im Kontext der Trauung

Lässt sich religiöse Kompetenz unter anderem verstehen als Fähigkeit, religiöse Formen nicht nur reflexiv zu identifizieren, sondern auch praktisch auf das eigene Leben zu beziehen und auf diese Weise die eigene Person angesichts des Verlangens nach grundlegender Daseinsorientierung und existentieller Sinnvergewisserung im Medium der authentischen Selbstpräsentation zu inszenieren,[613] so zeugen die Interviewerzählungen in unterschiedlichen Akzentuierungen und individuellen Prägungen durchgängig in hohem Maß von der religiösen Kompetenz der interviewten Paare. Ihre Eigentheorien zur kirchlichen Trauung verbinden sich (wie in den Einzelfalldarstellungen[614] und den fallübergreifenden Überlegungen[615] bereits in vielfacher Hinsicht expliziert) mit lebensgeschichtlichen Deutungen, mit deren Hilfe die eigene Beziehungs- und Familiengeschichte mit dem Entschluss zur Heirat vermittelt und in einen größeren Sinnzusammenhang gestellt wird. Diese Beobachtung schließt nicht zuletzt an die Analysen im Rahmen des Religionsmonitors[616] an, die unter anderem zu dem Ergebnis kommen: „In den qualitativen Interviews zum Religionsmonitor kommt eine erstaunliche religiöse Kompetenz von Sprechern zum Ausdruck. Diese Kompetenz spricht eindeutig dafür, dass Religiosität in der Gesellschaft der Bundesrepublik anschlussfähig ist. Das Material zeugt

---

[613] Vgl. NASSEHI, A. (2008): Erstaunliche religiöse Kompetenz. Qualitative Ergebnisse des Religionsmonitors, in: Bertelsmann Stiftung (Hg.) (2008): Religionsmonitor 2008, Gütersloh, 113.

[614] Vgl. Kap. 4 „Exemplarische Ergebnisse der Einzelfalldarstellungen".

[615] Vgl. Kap. 5 „Ergebnisse der synthetisch-fallübergreifenden Analyse".

[616] Vgl. Kap. 2.1 „Gegenwärtiger Forschungsstand: Empirische Studien zur kirchlichen Trauung".

weder von einer säkularisierten Gesellschaft, noch zeugt es davon, dass den Menschen die religiöse Formensprache abhanden gekommen ist."[617]

Hinsichtlich der Ausübung dieser Inszenierungskompetenz rekonstruieren die interviewten Paare unterschiedliche Erzählorte, an denen religiöse Sinnzuschreibungen im Medium authentischer Selbstpräsentation produziert werden können: In verschiedenen Variationen sind in den Interviewerzählungen vor allem der paarinterne Entschluss zur Heirat, die vorbereitenden Gespräche mit der Pfarrerin bzw. dem Pfarrer, das Geschehen im Traugottesdienst, die rückblickenden Gespräche über die Hochzeit mit Verwandten und Freunden (häufig im Zusammenhang mit der Rezeption von Hochzeitsfotos) und schließlich die Erzählungen im Rahmen des Interviews als derartige Erzählorte nachweisbar.

Die in den Interviewerzählungen empirisch wahrnehmbaren Rekonstruktionen der kirchlichen Trauung lassen sich aus dieser praktisch-theologischen Perspektive gut verbinden mit Gräbs Überlegungen bezüglich der kirchlichen Trauung als Gelegenheit zur lebensgeschichtlichen Sinnarbeit: „Wie in allen Kasualgottesdiensten geht es auch in einem Traugottesdienst darum, Deutungshorizonte für Lebensgeschichten zu entwickeln, aus denen ihnen die göttliche Rechtfertigung, ins Letzte gesteigerte Akzeptanzgewissheit zuwächst [...] Die kirchliche Trauung stellt die Ehe auf eine Basis, auf der die Ungewissheit des Zukünftigen, die Endlichkeit menschlichen Lebens, Krankheit und Sterben, Schuld und Versagen, auch Trennung und Abschied gerade nicht verschwiegen werden müssen, sondern so in die Feier des Lebens und der Liebe integriert werden können, dass man sich zu all dem faktisch Unverfügbaren und Ungeheurem, zu den Ambivalenzen des Lebens, verhalten kann."[618] Auf diese Weise – so machen es die Rekonstruktionen der kirchlichen Trauung in den Interviewerzählungen deutlich – wird der Entschluss zur Heirat nicht nur als paarinterne Entscheidung, sondern auch als Ausdruck göttlicher Führung gedeutet und in eine Art höhere Notwendigkeit integriert, in der nicht schicksalhafter Zufall, sondern der Wille Gottes Regie führt.

Die solchermaßen als Fähigkeit zur lebensgeschichtlichen Sinnarbeit verstandene religiöse Inszenierungskompetenz der Paare wird in den durchgeführten Interviews vermutlich deutlicher expliziert als in den Traugesprächen im Vorfeld der Hochzeit. Zwar zeigen sich manche Teile der Interviewerzählungen zuweilen geradezu als Reinszenierungen des

---

[617] NASSEHI (2008) 131.

[618] GRÄB, W. (2006): Religion als Deutung des Lebens. Perspektiven einer Praktischen Theologie gelebter Religion, Gütersloh, 136.

Traugesprächs, dennoch sind grundsätzliche Differenzen hinsichtlich der Komplexität der vorgetragenen Eigentheorien der Paare anzunehmen und zwar aus zwei Gründen: Zum einen ist die Rollenkonstellation der am Traugespräch Beteiligten eine andere als die des Interviewgeschehens. Während die Paare im Interview sich vermutlich vergleichsweise unabhängig von dem Interviewer fühlen (sie sind ihm zuvor nicht begegnet und werden ihn auch nach dem Gespräch nicht wieder sehen), ist die Rollenkonstellation im Traugespräch diffiziler. Das Brautpaar blickt zu diesem Zeitpunkt (anders als im Interview) in der Regel noch nicht auf eine „erfolgreich" absolvierte Trauung zurück. In vielen Interviewerzählungen werden retrospektiv neben den Wünschen und Hoffnungen auch Befürchtungen und Anspannungen im Blick auf die zu planende Trauung geschildert. Anzunehmen ist deshalb, dass die Traugespräche unter anderem von dem (unbewussten) Versuch der Paare geprägt sind, sich der Pfarrperson möglichst vorteilhaft zu präsentieren und zugleich die eigenen Vorstellungen hinsichtlich der Gestaltung des Traugottesdienstes möglichst weitgehend durchzusetzen.

Neben der beschriebenen Rollenkonstellation dürfte noch ein weiterer Umstand relevant für Quantität und Qualität der Explikation religiöser Inszenierungskompetenzen der Paare sein: In vielen Interviewerzählungen zeigt sich, dass aus der Perspektive der Brautpaare eine mit persönlichen Details angereicherte Traupredigt (die z. B. die Geschichte der ersten Begegnung des Paares erzählt) selbstverständlich zur kirchlichen Trauung dazu gehört. Dementsprechend dient das Traugespräch in der Wahrnehmung der Paare auch dazu, die notwendigen lebensgeschichtlichen Details zu kommunizieren. Aus diesem Grund dürfte (wiederum möglicherweise unbewusst) eine Art Selbstkontrolle („Was von unseren Erzählungen wird wohl in der Predigt vorkommen und wollen wir das überhaupt an dieser Stelle vor allen Freunden und Verwandten hören?") eine gewisse Befangenheit auslösen. Auch in dieser Hinsicht unterscheidet sich die Konstellation in den Interviews also von den Traugesprächen, so dass verständlich wird, warum die religiöse Inszenierungskompetenz der Paare in retrospektiven Interviews anders expliziert wird als in einem den Traugottesdienst vorbereitenden Gespräch mit einer Pfarrerin bzw. einem Pfarrer.

VI. 3. 2 Kompetenz der Co-Regisseure – Die Wahrnehmung der Brautpaare in der praktisch-theologischen Debatte

Bei aller Pluralität und Differenziertheit der gegenwärtigen praktisch-theologischen Debatten über die kirchliche Trauung wird die religiöse Inszenierungskompetenz der Brautpaare übereinstimmend gering eingeschätzt. Dementsprechend wird ihnen in der Regel (mehr oder weniger deutlich) die Rolle von Stichwortgebern zugewiesen, die ihre Motive und

Wünsche weitgehend unreflektiert vortragen und auf pastorale Interpretationen derselben angewiesen sind.[619]

So gehen beispielsweise die einschlägigen Beiträge zu der Debatte über die musikalische Gestaltung von Kasualgottesdiensten[620] weitgehend unhinterfragt von der Vermutung aus, dass die Beteiligten selbst nicht in der Lage wären, ihre Musikwünsche näher zu reflektieren. Besonders zugespitzt formuliert Eulenberger: „Die einen wissen, *was* sie wollen, die anderen wissen, *warum* sie es wollen."[621] Die daraus abgeleitete Notwendigkeit einer Interpretation der Musikwünsche fällt dementsprechend ebenso selbstverständlich wie exklusiv in den pastoralen Arbeitsbereich: „Es ist die Aufgabe der beteiligten Professionellen, genau diese nicht selbstverständliche Interpretationsleistung zu bieten. Interpretation durch auslegende Worte, – das ist zunächst und zumeist die Aufgabe derer, die Kasualreden halten."[622]

Eine vergleichbare Inkompetenz die Inszenierung des eigenen Lebens betreffend schreibt Wagner-Rau den Brautpaaren im Kontext von Medialisierungsprozessen zu: „Die virtuelle Realität einer inszenierten Trauung oder Bestattung im Film oder im Fernsehen erzeugt in der Phantasie die Vorstellung eines perfekten Erlebnisses, die sich in realen und durchschnittlichen Ritualen nicht erfüllen kann, sondern fast zwangsläufig enttäuscht werden muss."[623] Die empirische Wahrnehmung derartiger Medialisierungsprozesse in den Interviewerzählungen zeugen gerade nicht von solcherart enttäuschten Erwartungen, die auf einer naiven Imitation massenmedial vermittelter Bilder basierten. Die interviewten Paare zeigen sich im Gegenteil durchgängig in der Lage, aus dem Reservoir medial vermittelter Inszenierungselemente eine kritisch reflektierte Auswahl zu treffen und verfolgen mitnichten das schlichte Ziel, die eigene Hochzeit in Gänze analog zur „Traumhochzeit" zu gestalten.[624] Diese Beobachtungen legen die

---

[619] Konkret zeigt sich diese Rollenzuweisung beispielsweise in den Überlegungen zur Einzugsvariante der Brautübergabe oder bezüglich der musikalischen Gestaltung des Traugottesdienstes; vgl. Kap. 5.6.3 „Einzug und Auszug" sowie Kap. 5.6.4 „Musikalische Gestaltung".

[620] Vgl. Kap. 5.6.4 „Musikalische Gestaltung".

[621] EULENBERGER (2008) 104.

[622] HAUSCHILDT (1999b) 7.

[623] WAGNER-RAU (2008) 126.

[624] Vgl. Kap. 5.2 „Medialität und Konventionalität als Gestaltungsrahmen der kirchlichen Trauung".

Vermutung nahe, dass Wagner-Rau an dieser Stelle die Deutungs- und Gestaltungskompetenz der Brautpaare zu gering einschätzt.

Eine ähnliche naive Rolle wird den Brautpaaren auch im Blick auf die grundsätzliche Gestaltung des Traugottesdienstes zugewiesen. Dabei wird die religiöse Inszenierungskompetenz der Paare auch in den Beiträgen, die für eine möglichst große Offenheit gegenüber den Gestaltungswünschen (beispielsweise die Einzugsvariante der Brautübergabe) der Beteiligten plädieren, nicht höher eingeschätzt als in den Stellungnahmen, die eine rigidere Selektion zwischen „erbetenen magischen Praktiken“[625] und theologisch verantwortbaren Gestaltungselementen empfehlen, um zu verhindern, dass „die Grenze vom Glauben zum Aberglauben überschritten“[626] wird. So entlarvt Hauschildt zwar die letztgenannte Position überzeugend als Milieudünkel: „Hier liegt kein theologischer Konflikt vor; hier geht es nicht um Abwehr von ‚Aberglauben‘, sondern es sind bildungsschichtspezifische Erlebnisvorlieben, die ausschlaggebend wurden. Es geht um Ästhetik statt um Theologie.“[627] Dennoch sieht auch Hauschildt „das Magiebedürfnis auch weniger gebildeter Menschen“[628] als der pastoralen Interpretation bedürftig an, denn erst dadurch kämen „der magiebedürftige und möglicherweise klischeebehaftete Glaube von Kirchenmitgliedern und die professionelle Deutungskompetenz des Pfarrers, der Pfarrerin wirklich in Kontakt – und das ergibt die produktive Mischung.“[629] Unter der Hand setzt sich also auch hier die Frontstellung zwischen unreflektierten Gestaltungswünschen der Paare („magiebedürftig“, „klischeebehaftet“) und der Deutungskompetenz des Pfarrers („professionell“) fort.

Wie ließe sich die Rolle der Brautpaare nun stattdessen den Ergebnissen der Interviewanalysen angemessener bestimmen? In dieser Frage bietet sich der Rückgriff auf Fechtners Formulierung „Co-Inszenierungen“ an, durch die „inszenatorische Anteile, die von Seiten der Brautpaare und Hochzeitsgesellschaften eingetragen werden“ [630] in ihrer Relevanz aufgewertet werden. In Anlehnung an diese Formulierung ließe sich die Rolle der Brautpaare als die von Co-Regisseuren beschreiben, die als kompetente Experten der eigenen Lebensgeschichte zusammen mit der Pfarrerin bzw.

---

[625] Dutzmann (1999) 28.

[626] Dutzmann (1999) 28.

[627] Hauschildt (1999) 32.

[628] Hauschildt (1999) 33.

[629] Hauschildt (1999) 33.

[630] Fechtner (2003) 135.

dem Pfarrer an der Inszenierung ihrer kirchlichen Trauung arbeiten.[631] Auf diese Weise müsste den Paaren nicht per se mangelnde religiöse Inszenierungskompetenz unterstellt oder ein unreflektiertes Bedürfnis nach oberflächlicher Feierlichkeit zugeschrieben werden. Zudem wäre die Rolle der Co-Regisseure nicht exklusiv auf die Pfarrerin und das Brautpaar beschränkt, sondern käme (in graduellen Abstufungen) auch den anderen im Traugottesdienst Anwesenden zu, tragen doch nach dem in Kap. 5.1 dargestellten Verständnis der kirchlichen Trauung als performativer Inszenierung alle Anwesenden zu Gestalt und Gehalt der Aufführung bei.[632]

Das Zusammenwirken der verschiedenen Co-Regisseure wäre aus dieser Perspektive nur unzureichend durch die Empfehlung „Interpretation statt Kontrolle“[633] beschrieben. Zwar ist die Forderung nach vermehrter Interpretationsarbeit verständlich in ihrer Frontstellung gegen pastorale Verweigerungshaltungen den Gestaltungswünschen der Brautpaare gegenüber; doch auf diese Weise wird die Notwendigkeit (und möglicherweise auch das liturgische Potential) einer Interpretation im Sinne verbaler Explikationen übermäßig stark gewichtet. Demgegenüber zeugen die Interviewerzählungen indirekt von einer hohen Integrationsfähigkeit der Inszenierung eines Traugottesdienstes, so dass möglicherweise nicht alle Gestaltungsdetails, die aus binnenkirchlicher Perspektive die Grenzen der Normalität überschreiten, mit Hilfe pastoraler Interpretationsarbeit in ihrer Bedeutung eindeutig festgelegt und auf diese Weise aktiv in den gottesdienstlichen Rahmen eingepasst werden müssen. Hier wäre also mehr Vertrauen in das Integrationspotential gottesdienstlicher Inszenierungen angebracht, in denen liturgisch adäquate Freiräume für die unterschiedlichen Gestaltungswünsche der Co-Regisseure gesucht und gefunden werden können, ohne diese jeweils durch explizite Verbalisierungen interpretieren zu müssen.

VI. 3. 3 Perspektiven für die kirchliche Praxis

Die Formulierung von Ratschlägen und Empfehlungen für die pfarramtliche Praxis der kirchlichen Trauung kann nicht zu dem zentralen Ziel einer Untersuchung gehören, die sich primär der Perspektive der Brautpaare anzunähern versucht. Auch methodisch lassen sich aus einer geringen

---

[631] Vgl. Kap. 2.3.8 „Die pastorale Rolle“.

[632] Zahlreiche Möglichkeiten zur praktischen Gestaltung von Traugottesdiensten, die dem dargestellten Verständnis der kirchlichen Trauung nahe stehen, stellen beispielsweise MAIBAUM/SCHMIDT (2009) vor.

[633] HAUSCHILDT (1999) 33.

Anzahl qualitativer Interviews keine begründeten Forderungen nach großflächigen praktischen Konsequenzen ableiten. Darüber hinaus ist die Zahl der praxisnahen Gestaltungshilfen so groß, dass kein Vorschlag wirklich neu erscheint.[634] Deshalb werden an dieser Stelle nur schlaglichtartig Perspektiven aufgezeigt, die aufgrund der dargestellten Rekonstruktionen der unterschiedlichen Sinnzuschreibungen für die Gestaltung von Traugottesdiensten hilfreich erscheinen.

Aus pastoraler Perspektive legt sich zunächst die eingehende Reflexion der eigenen Rolle als Ritualleiter nahe, einerseits aufgrund der hohen Relevanz der pastoralen Rolle in der Wahrnehmung der Paare,[635] andererseits aufgrund der im Kontext der kirchlichen Trauung verbreiteten pastoralen Selbstwahrnehmung als „Zeremonienmeister" oder „sprechender Lorbeerbaum". Angesichts dieser konfliktträchtigen Konstellation von Innen- und Außenwahrnehmungen der pastoralen Rolle erscheint der Vorschlag Ziebritzkis hilfreich, die pastorale Rolle im Traugottesdienst als die eines Moderators zu bestimmen: „Denn der Traugottesdienst ist aus der Sicht des Brautpaares pluriform und kann deshalb neben dem Pfarrer von einer Vielzahl von Akteuren mitgestaltet werden. [...] Der Pfarrer ist an dieser Stelle nicht als Regisseur gefragt, der Vorgaben dekretiert, sondern als der Moderator, der plausible Kompromisse anbietet, die die vitale Komplexität der Feier der Eheschließung zu dem Maßstab des gottesdienstlichen Charakters in Beziehung setzen."[636]

Darüber hinaus legen die Rekonstruktionen der Zusammenhänge zwischen dem Erleben des Traugesprächs und dem des Traugottesdienstes nahe, der Gestaltung des Traugesprächs erhöhte Aufmerksamkeit zuzuwenden und seine Funktion nicht allein auf organisatorische Aspekte der Vorbereitung des Rituals zu beschränken (zu denen auch die Abfrage einiger persönlicher Details für die Verwendung in der Traupredigt gehören kann). Schließlich lassen die Interviewerzählungen durchgängig erkennen, dass positive Wahrnehmungen dieses (häufig ersten ausgiebigen) Kontak-

---

[634] Allein die einschlägigen Veröffentlichungen der letzten Jahre bieten eine Fülle an Empfehlungen, Vorschlägen und Gestaltungshilfen; vgl. MAIBAUM, F./SCHMIDT V. (2009): Das Traubuch. Der praktische Ratgeber für die kirchliche Hochzeit, Kiel.; LANDESKIRCHENAMT DER EVANGELISCH-LUTHERISCHEN LANDESKIRCHE HANNOVER (Hg.) (2008): Mut zur Ehe. Eine Handreichung zur Praxis der Trauung für Pfarrämter und Kirchenvorstände, Hannover. sowie ZIEBRITZKI (2006).

[635] Vgl. Kap. 5.4 „Inszenierte Authentizität - Die pastorale Rolle im Kontext der Trauung".

[636] ZIEBRITZKI (2006) 34-36.

tes entscheidend zur Wahrnehmung der gesamten kirchlichen Trauung beitragen.[637]

Angesichts der hohen Relevanz des Trauversprechens in der Wahrnehmung der interviewten Paare und seiner wechselseitigen Bezogenheit auf den Segen als religiöser Qualifizierung des Versprechens auf der einen Seite[638] und der regelmäßig geringen Anschlussfähigkeit theologischer Deutungselemente in der Traupredigt auf der anderen Seite[639] bietet sich eine Deutung dieser liturgischen Haftpunkte in der Traupredigt an. Auf diese Weise könnte die Predigt gut an die bei den Paaren verbreitete Wahrnehmung der Trauung als wechselseitiger Selbstfestlegung anschließen und sie mit einer theologischen Deutung des Trausegens verbinden. Im Idealfall wären die hier vorgetragenen Deutungen bereits im Traugespräch zusammen mit dem Paar entwickelt worden, so dass das Brautpaar während der Predigt daran anschließen könnte. Relevante Aspekte der Lebensgeschichten beider Ehepartner könnten (nicht nur am Anfang der Predigt) zusätzlich die Rezeption erleichtern, gleiches gilt auch für die Verwendung eines einprägsamen Symbols, das sich auf den Trauspruch beziehen lässt.[640]

In der Regel enden die Gestaltungsvorschläge der einschlägigen Ratgeber zur kirchlichen Trauung mit dem Auszug des Brautpaares aus der Kirche.[641] Die Zeit nach der Trauung spielt dagegen fast keine Rolle. Demgegenüber betonen viele der interviewten Paare, wie positiv sie die Möglichkeit erleben, die eigene Trauung in einem konzentrierten Gespräch noch einmal zu rekonstruieren und auf diese Weise ein Pendant zu den intensiven Organisations- und Reflexionsgängen im Vorfeld des Traugottesdienstes zu schaffen. Denn während in der Zeit der Vorbereitung der Trauung häufig ein mehrfacher Austausch (mit der Pfarrerin bzw. dem Pfarrer, aber auch mit der Sekretärin, dem Küster und der Kirchenmusikerin) über die unterschiedlichsten Details des Traugottesdienstes stattfindet, bleibt die Frage der Nachbereitung und der kritischen Reflexion des gemeinsam Erlebten in der Regel offen.

---

637 Vgl. Kap. 5.4.2.2 „Rekonstruktionen der pastoralen Rolle im Traugottesdienst“.

638 Vgl. Kap. 5.5 „Deutungen der kirchlichen Trauung - Versprechen und Segen“.

639 Vgl. Kap. 5.6.2 „Predigt“.

640 Detaillierte Vorschläge zur Gestaltung von Traupredigten bietet PRÖBDORF (1999) 239-250.

641 Eine Ausnahme stellt die Handreichung der Landeskirche Hannovers dar, in der sich eine Reihe von Vorschlägen zur Kontaktaufnahme mit Ehepaaren in der Zeit nach der kirchlichen Trauung finden; vgl. LANDESKIRCHENAMT (2008) 19.

> Jan (8-M-863): Ja, nee, also ich fand das, find das sehr schön, dass man einfach noch mal die Gelegenheit hat, wirklich auch noch mal äh, äh wirklich mal darüber nachzudenken [...].
> Dorothea: Stimmt.
> Interviewer: Ja, ja.
> Jan: [...] das mal zu reflektieren. Also das ist tatsächlich so, dass äh äh, ich denke schon äh, dass es einen großen Mehrwert hat, wenn man das macht äh, weil irgendwie es ist schon so, man trifft sich vorher, man stellt einen Kontakt her, also mit dem Pastor, man äh beschreitet dann diesen Weg, man plant also vorher schon, stimmt ab, äh stimmt Termine ab und man macht dann diese Trauung. Und im Grunde genommen danach so ein Cut, sag ich mal, danach macht man wieder so sein normales Leben und hier, ja vom Empfinden klar, man hat ein engeres äh, man hat jetzt dieses Empfinden „jawohl, wir sind jetzt von Gott gesegnet, sind wir jetzt äh ja ein Paar." Äh aber man macht sich irgendwie nicht wirklich danach noch mal groß Gedanken. Außer dass man vielleicht das Video mal anmacht, dann in so einem Moment denkt man noch mal wieder dran, man denkt gerne zurück, aber man denkt nicht an die Details, sag ich mal, und doch irgendwie so, um sich mal Gedanken zu machen, welche Hintergründe eigentlich, mit welchen Hintergründen hat man eigentlich was gemacht und warum hat man was eigentlich wie gemacht, das ist schon doch noch mal schön, das noch mal zu reflektieren. Ja.

Aus dieser Perspektive erschiene also das Angebot eines Nachgesprächs einige Monate nach der kirchlichen Trauung zumindest bedenkenswert, böte sich auf diese Weise doch aus kirchlicher Sicht die Möglichkeit einer weiteren Kontaktpflege.

VII. Anhang

VII. 1 Übersicht Interviewpartner

Name	Alter	Beruf	Familienstand vor der Heirat	Lebensstil
Interviewpaar 1				
Victoria Riaz	27 29	Stellvertretende Empfangschefin Vermögensberater	ledig ledig	Jugend-kulturell-modern
Interviewpaar 2				
Christine Udo	31 41	Studienrätin Oberstudienrat	ledig geschieden	Hochkultu-rell.modern
Interviewpaar 3				
Anna Karl	35 42	Augenoptikerin Büromaschinen-mechaniker	ledig ledig	„do.it-yourself“ - modern
Interviewpaar 4				
Rita Heinrich	57 70	Versicherungs-fachangestellte Berufsoffizier a. D.	verwitwet verwitwet	Gesellig-traditions-orientiert
Interviewpaar 5				
Elke Wilko	37 37	Sprecherzieherin Studienrat	geschieden, ein Kind ledig	Hochkultu-rell.modern
Interviewpaar 6				
Sandra Markus	25 29	Krankenschwester Bestatter	ledig, ein Kind ledig	„do.it-yourself“ - modern

Interviewpaar 7				
Meike Olaf	30 31	Bankkauffrau Industrie- elektroniker	ledig ledig	Jugend- kulturell. modern
Interviewpaar 8				
Dorothea Jan	33 37	Erzieherin Bankkaufmann	ledig, zwei Kinder ledig	„do.it. yourself"- modern

VII. 2 Interviewleitfaden

- Vor dem Gespräch: Drei Fotos auswählen, die im Rückblick besonders wichtig sind.

- Persönliche Daten
  - Schul- und Berufsbildung
  - Heutige Berufstätigkeit
  - Berufe der Eltern
  - Haben die Eltern und Schwiegereltern sich kirchlich trauen
  - lassen?
  - Fragen zum Lebensstil:
    Freizeitbeschäftigungen (Schulnoten 1-6)
    - Computer/Internet
    - Sport
    - Theater, klassische Konzerte, Ausstellungen
    - Kino
    - Heimwerken
    - Cafe/Restaurant/Kneipe
    - Bücher lesen
    - Besuch von Familie/Verwandtschaft
    - Besuch von Nachbarn, Freunden, Bekannten
    - Spaziergänge
    - Musizieren, Malen, Gestalten

    Musikgeschmack (Schulnoten 1-6)
    - Volksmusik
    - Pop
    - Rock
    - Klassik
    - Jazz
    - Oper

- Techno, House

Werte/Motive der Lebensführung (Schulnoten 1–6)

- naturverbundenes Leben
- das Leben genießen
- für andere da sein
- Familie/Kinder haben
- hohes gesellschaftliches Ansehen haben
- gehobenen Lebensstandard pflegen
- sich politisch und gesellschaftlich einsetzen
- ein Leben in gleichmäßigen Bahnen führen

- Einstellung zu Religion und Kirche
  - Sind Sie Kirchenmitglied?
  - Gehen Sie regelmäßig in den Gottesdienst?
  - Nehmen Sie andere kirchliche Angebote wahr?
  - Glauben Sie an Gott?
  - Wie verbunden fühlen Sie sich der Kirche?
  - Gab es Erlebnisse mit der Kirche in Ihrer Kindheit, die Sie besonders beeindruckt haben?

- Hochzeit allgemein: Wertungen und Schwerpunkte des Paares
  - Gibt es Momente, die Sie besonders stark in Erinnerung haben? *(Fotos zeigen)*
  - Was war für Sie im Rückblick das Wichtigste an der ganzen Hochzeit?
  - Gab es auch schwierige Momente?

- Geschichte der Beziehung
  - Wann und wie haben Sie sich kennengelernt?
  - Haben Sie schon vor der Heirat zusammen gewohnt? Wie lange?
  - Können Sie Gründe für die Heirat benennen?

- Hochzeit allgemein
  - Wie lief Ihre Hochzeit genau ab?
  - Zeitlicher Abstand Standesamt – Kirche: Aus welchen Gründen?
  - Konkrete Gestaltung der Hochzeit?
  - Standesamtliche und kirchliche Trauung: War eine von beiden für Sie die ‚eigentliche' Trauung? Warum?
  - Was war der dichteste Moment des Hochzeitstages?

- Hat sich durch die Hochzeit etwas für Sie verändert? Wie ordnen Sie die Heirat in Ihr Leben ein?
- Welche Konflikte gab es im Vorfeld, bei den Vorbereitungen, während der Feier, im Nachgang?
- Änderung des Nachnamens: Welche Variante gewählt? Gründe? Empfindungen?

• Kirchliche Trauung

- Zur Auswahl der Kirche
- Warum überhaupt kirchliche Trauung?
- Traugespräch:
  - Ort des Gesprächs? Beurteilung des Ortes?
  - Kannten Sie den Pastor/die Pastorin bereits?
  - Wie haben Sie das Gespräch empfunden?
  - Welche Themen wurden angesprochen?
  - Wurde über den Sinn der kirchlichen Trauung gesprochen?
    Woran erinnern Sie sich dabei?
  - Gab es eine Überraschungen im Gespräch für Sie oder etwas Besonderes?
- Gestaltung des Gottesdienstes:
  - Konnten Sie Ihre Vorstellungen bei der Gestaltung einbringen? Welche?
  - Was haben Sie mit diesen Elementen verbunden?
  - Waren andere Personen aktiv am Gottesdienst beteiligt?
  - In welcher Beziehung standen die zu Ihnen?
  - Was verbinden Sie mit der Beteiligung?
  - Wie haben Sie den Gottesdienst insgesamt erlebt?
- Stimmung während der Trauung beschreiben
  - Was hat Ihnen im Nachhinein besonders gut gefallen? Warum?
  - Welcher Moment war für Sie der dichteste bei der kirchlichen Trauung?
  - Welche Form des Trauversprechens? Selbst formuliert?
    Wie war das im Vorfeld? Unterschied zum standes amtlichen Versprechen?
  - Erinnern Sie sich an die Predigt? Woran genau?
  - Wie haben Sie den Ringwechsel erlebt?
  - Wie haben Sie die musikalische Gestaltung des Gottesdienstes erlebt?

- Wurde während der Trauung fotografiert/gefilmt? Wie war das für Sie?
- Haben Sie einen religiösen Sinn mit der Trauung verbunden? Welchen?
- Welche Aspekte kamen in Ihrem Traugottesdienst vor?
- An welcher Stelle? Wie haben Sie die Situation erlebt?

• Im Rückblick:

  - Welche Bedeutung hat Ihre kirchliche Trauung für Sie?
  - Hat sich Ihre Einstellung zur Kirche durch die Trauung verändert? Inwiefern ist das der Fall?

VII. 3 GESPRÄCHSÜBERBLICKE

VII. 3. 1 Victoria und Riaz

1-141		Persönliche Daten
	1-19	Alter, Beruf, Eltern
	20-100	Lebensstil
	101-141	Einstellung zu Religion und Kirche, Kindheitserinnerung
142-217		Besondere Momente bei der Hochzeit
	143-152	Imaginierte Fotos
	143-149	Auszug aus der Kirche (Victoria)
	150-152	Segnung des Paares (Riaz)
	153-171	Exkurs: Fotografieren während der Trauung
	172-188	Das Wichtigste bei der Hochzeit: Familie und Freunde sind anwesend (Verbundenheit und Selbstdarstellung)
	189-217	Negative Momente
190-206		Familiärer Konflikt bei der Vorbereitung
	207-217	Vorschnelles Ende der Feier (Riaz)
218-307		Geschichte der Beziehung
	218-265	Kennen lernen: Job im Theater
	266-290	Zusammenziehen
	291-307	Gründe für die Heirat
	292-298	Familienplanung
	299-300	Ablehnung alternativer Lebensformen

	301-307	Verbindlichkeit der Beziehung
308-417		Ablauf der Hochzeit
	308-340	Standesamtliche Trauung: „formaler Akt, aber bewegend“
	341-356	Der Morgen der kirchlichen Trauung: „ganz lässig“
	357-360	Junggesellenabschied
	361-375	Auswahl der Kleidung
	376-417	Gestaltungselemente der Feier
	376-400	Spiele und Bräuche
	401-409	Fotosession nach der kirchlichen Trauung
	410-417	Reden während der Feier
	418-434	Vergleich standesamtliche und kirchliche Trauung
	418-426	Grundsätzliche Bewertung: „Zusammenschluss vor Gott wesentlich wichtiger“
	427-434	Der intensivste Moment: „das Ja-Sagen“
435-487		Veränderungen durch die Heirat
	435-441	Sprachgebrauch: „jetzt kann ich endlich sagen ‚meine Frau‘“
	442-445	Beziehung zu den Herkunftsfamilien
	446-453	Hohe Verbindlichkeit bereits vor der Heirat
	454-475	Namensänderung: „gewürfelt, aber letzten Endes konventionell“
	476-487	Innere Verbundenheit: „schon vorher so hoch“, Heirat wie Umzug von Wohnung in eigenes Haus
488-709		Zur konkreten Gestaltung der kirchlichen Trauung
	488-497	Auswahl der Kirche: Wohnort
	498-503	Kirchlichen Trauung: selbstverständlicher Bestandteil der Hochzeit
	504-538	Traugespräch
	504-515	persönliche Geschichte des Paares im Vordergrund (Zusammenhang mit späterer Traupredigt)
	516-527	Gestaltungsfragen des Gottesdienstes
	528-538	Der Sinn der kirchlichen Trauung
	539-559	Beteiligung anderer Personen: Schmuck, Musik, Fürbitten („es war individueller dadurch“)

560-561		Stimmung während des Gottesdienstes: „ging rasend schnell“
	561-575	Einzug: „fröhliche Atmosphäre“
	576-584	Eingeschränkte Wahrnehmungsfähigkeit – mediale Dokumentation
	585-587	Predigt und Musik der Verwandten
	588-602	Intensivster Moment: Segnung
	603-643	Trauversprechen
	603-620	Gründe für die gewählte Variante
	621-643	Vergleich zur standesamtlichen Trauung
	644-670	Ringwechsel
	671-703	Irritation (Riaz): fehlender Kuss nach der Segnung
	704-709	Auszug: Kinder streuen Blumen
710-735		Religiöser Sinn der Trauung
	714-714	Gottes Segen für den gemeinsamen Weg
	714-720	Weitergabe christlicher Werte (Familienplanung)
	721-725	Segen „in guten wie in schlechten Tagen“
	726-732	Deutung des Trauspruchs
	733-735	Zusammenhang Versprechen und Segen („nicht nur ‚Ja‘ zueinander, sondern auch ‚Ja‘ zu Gott“)
736-744		Biographische Bedeutung der kirchlichen Trauung im Rückblick („mit Gott im Reinen zu sein“)
745-760		Veränderungen in der Einstellung zu Religion und Kirche Intensivierung als Vorgriff auf die Zeit als junge Familie

VII. 3. 2 Christine und Udo

1-143		Persönliche Daten
	1-25	Alter, Beruf, Eltern
	26-110	Lebensstil
	111-143	Einstellung zu Religion und Kirche, Kindheitserinnerungen
144-176		Besondere Momente der Hochzeit
	146-157	Imaginiertes Foto: das Ja-Wort
	158-166	Vergleich Standesamt – Kirche

		(„Verwaltungsakt – Segen“)
	167-168	Zusammenhang Versprechen – Segen: Ja zueinander ist zugleich Bitte um Gottes Segen für die Verbindung
	169-176	Ambivalente Momente bei der Hochzeit („alle haben sich gefreut“)
177-222		Geschichte der Beziehung
	177-181	Begegnung in der Schule
	182-203	Der Weg zur gemeinsamen Wohnung
	204-222	Gründe für die Heirat, Antrag, Terminplanung
223-303		Ablauf der Hochzeit
	225-250	Vorbereitungen (Restaurant, Standesamt, Kirche)
	251-255	Bewertung der Vorbereitungszeit: „positiver Stress und Lebensfreude“
	256-271	Abstand Standesamt – Kirche (ein Tag später): Betonung der Einheit beider Anlässe
	272-278	Ablauf der standesamtlichen Trauung und der Feier
	279-292	Gestaltungselemente bei der Hochzeitsfeier (Reden, Bräuche)
	282-283	Rede des Brautvaters, Lied der Verwandten, Gedicht der Brautmutter
	284-292	Bewertung: lieber Unterhaltung und Tanz als zu viele Einlagen
	293-303	Zusammensetzung der Gesellschaft: Familie und Freunde zu gleichen Teilen
304-327		Vergleich standesamtliche und kirchliche Trauung
	305-310	Standesamt: zwar rechtlich bindend, persönlich jedoch irrelevant
	311-319	Kirche: Ausdruck gegenseitiger Verbundenheit und Bitte um übergeordneten Schutz, Entscheidung für das ganze Leben
	320-321	Kirche: Versprechen von Herzen und aus Glauben (Standesamt: Versprechen auf der Basis von Paragraphen)
	321-323	Äußerer Rahmen: Kirche (feierliche Atmosphäre) – Standesamt (Verwaltungsgebäude)
	324-327	Der intensivste Moment: „Das Ja-Wort vor dem Altar“

328-362		Veränderungen durch die Heirat
	328-332	Freude über „die richtige Entscheidung“ (betrifft Partnerwahl und Zeitpunkt der Heirat)
	333-337	Gemeinsames Haus im Anschluss an die Hochzeit
	338-362	Wahl des Nachnamens (sie wählt Doppelnamen): individuelle Identität und Einheit als Paar/Familie
363-390		Udos erste Ehe (geschieden)
	363-374	Geschichte der Ehe und Scheidung
	375-390	Auswirkungen auf die zweite Ehe/die Hochzeit („das Kapitel war schon vorher abgeschlossen“)
391-627		Zur konkreten Gestaltung der kirchlichen Trauung
	391-398	Auswahl der Kirche: Wohnort des Paares
	399-406	Auswahl des Pfarrers (persönliche Vorliebe)
	407-415	Gründe für die Auswahl der Kirche: Ablehnung von „Hochzeitstourismus“, aber auch ästhetische Gründe
	416-515	Traugespräch
	416-426	allgemein: „nicht inquisitorisch, sondern ganz entspannt“
	427-450	Eheverständnis des Pfarrers (die Partner verheiraten sich selbst miteinander, Gott spendet seinen Segen für die Entscheidung)
	451-469	Trauspruch: eigene Deutung
	470-488	Gestaltung des Ablaufs, Integration eigener Vorstellungen (Ringwechsel, Blumenschmuck, Lieder)
	489-515	Absprachen über Fotos (nicht während des Gottesdienstes)
	516-538	Beteiligung anderer Personen: Musikalischer Beitrag („Zeichen einer besonderen Verbundenheit“)
	539-545	Stimmung während der Trauung: „Anspannung“, „ergreifend“, „aufgeregt“
	546-559	Einzug („da war die Aufregung ganz groß“)
	560-599	Trauversprechen
	561-566	Auswahl der Variante (Traufragen)
	567-590	Deutung der Formulierung „bis dass der Tod Euch scheidet“ (Pfarrer ist selbst geschieden)

	591-599	Stimmung während des Versprechens: „der ergreifendste Moment der ganzen Hochzeit“
	600-611	Predigt: „persönlich gemeint“, „sehr bewusst aufgenommen“, Raumwahrnehmungen
	612-621	Ringwechsel („nicht spektakulär“/„es klappte alles“)
	622-627	Musikalische Gestaltung
628-713		Deutungen der kirchlichen Trauung
	628-631	Christine: Konfessorische Bedeutung
	632-634	Udo: Frage der erneuten Heirat angesichts der bereits gescheiterten ersten Ehe
	635-639	Freude über den Konsens, die kirchliche Trauung in Anspruch zu nehmen
	640-645	Kirchliche Trauung im sozialen Umfeld: volkskirchliche Normalität
	646-664	Zur Relevanz äußerer Gestaltungselemente (Kleid, Blumen, Auto)
	665-682	Die Rolle der Verwandten, Beziehung zu den Eltern
	683-685	Ablehnung der „perfekten Inszenierung“ zugunsten inhaltlicher Aspekte
	686-713	Zeitlicher Ablauf des Hochzeitstages
714-737		Zur Bedeutung der Trauung im Zusammenleben
	715-716	„Das Ganze in einen größeren Rahmen gestellt“
	717-737	neuer Lebensabschnitt: hohe Verbindlichkeit, Statusveränderung, Familienplanung
738-753		Änderung der Einstellung zu Religion und Kirche
	744-752	Gemeindewechsel durch Umzug

VII. 3. 3 Anna und Karl

1-120		Persönliche Daten
	1-19	Alter, Beruf, Eltern
	20-101	Lebensstil
	102-120	Einstellung zu Religion und Kirche, Kindheitserinnerungen
121-315		Besondere Momente – ausgewählte Fotos
	125-171	*1. Foto*: Brautpaar vor dem Altar, „mit dem Rücken zur Gemeinde“, Einzug, Video

	172-180	Karl: Hochzeit war insgesamt etwas sehr Besonderes: „ich hatte nicht gedacht, dass das bei mir noch mal was wird mit einer Hochzeit“
	181-192	eigene Hochzeit ist wegen der inneren Beteiligung intensiver als die Hochzeiten von Freunden
	193-207	Ablauf der Hochzeit: Standesamt, Polterabend, kirchliche Trauung, Familienfeier
	208-233	*2. Foto*: Auszug, Motorräder stehen Spalier, Hobby der beiden Motorradfahren.
	234-294	*3. Foto*: Brautpaar mit Motorradgespann. Gemeinsame Fahrt im Konvoi mit den Motorrädern zum Restaurant. Fleck am Brautkleid, Wert des Brautkleides.
	295-308	Nach der Hochzeit Kurzreise mit Motorrädern („Flitter-Tage“)
	309-315	Fotoalben werden oft angesehen nach der Hochzeit
316-389		Das Wichtigste bei der Hochzeit
	319-340	Datum des Hochzeitstages (korrespondiert mit Datum des Heiratsantrags). Motorradfahrt zum Nordkap, Sommersonnenwende, dort Heiratsantrag von Karl.
	341-389	Unterstützung von Freunden bei den Vorbereitungen und der Durchführung der Feier („die haben sich fast wöchentlich getroffen“). Selbst gestaltete Weinflaschen. Vergleich Polterabend – Feier nach der kirchlichen Trauung.
390-425		Negative Momente im Verlauf der Hochzeit
	390-396	Vorbereitungen teilweise sehr anstrengend und aufwendig
	397-404	Einzelne Freunde reagieren nicht auf die Einladung
	405-425	Brautpaar verhindert erfolgreich heimliches Eindringen von Verwandten in die Wohnung („die wollten uns ja ein paar nette Sachen hinterlassen“).
426-496		Geschichte der Beziehung
	426-437	Kennen lernen, Zusammenziehen

	438-496	Gründe für die Heirat. Zusammenziehen in Karls Elternhaus als Zeichen hoher Verbindlichkeit. „Die richtige Reihenfolge“. Wahl des Wohnortes.
497-613		Ablauf der Hochzeit
	497-509	zeitlicher Abstand Standesamt – Kirche
	510-567	Bräuche, Spiele und Gestaltungselemente
	568-602	Schleier, Kleidung und Brautstrauß
	603-613	Bewertung: „es wurde viel gemacht, aber keine unschönen Sachen dabei
614-684		Vergleich standesamtliche und kirchliche Trauung
	614-622	Karl: „es gehört beides dazu für mich“
	623-624	Anna: Relevanz der kirchlichen Trauung: Gottes Schutz für die Zukunft der Ehe (= Gottes Segen)
	625-642	Gemeinsame Entscheidung für die kirchliche Trauung
	643-684	Wahl des gemeinsamen Nachnamens: „Münze geworfen“
	685-700	Der intensivste Moment im Rahmen der ganzen Hochzeit: „Der Hochzeitsantrag“
701-844		Zur konkreten Gestaltung der kirchlichen Trauung
	701-706	Auswahl der Kirche: Heimatort der Frau
	707-729	Traugespräch allgemein
	730-750	Traugespräch: Zusammenhang Glaube – Gottesdienst
	751-764	eigene Vorstellungen bei der Gestaltung der Trauung
	765-785	Stimmung während der Trauung: „aufgeregt“/„gelassen“, „persönlich gemeint“
	786-792	Einzug: „leere Kirche – ehrfurchtsvoll“
	793-813	Trauversprechen:
	794-796	Gründe für die Auswahl der Variante
	797-809	Stimmung: „leise und krächzend“
	810-813	Vergleich standesamtliches Versprechen: Segen als entscheidendes Element
	814-823	Musikalische Gestaltung: Auswahl der Lieder und Anfertigung von Liedblättern. Motiv: alle sollen mitsingen können.

	824-843	Predigt: Persönliche Geschichte („ich weiß noch, dass es ergreifend war“)
		Bedeutung der kirchlichen Trauung im Rückblick:
	847-854	„Ehekrise jetzt im letzten halben Jahr“ – „Gott hat doch auf unsere Ehe aufgepasst“, Gottes Beistand
	855-859	Taufe des Sohnes
860-878		Veränderungen in der Einstellung zur Kirche Karl: Intensivierung, Anna: Festigung
879-900		Veränderungen im Zusammenleben nach der Hochzeit
	880-881	Name und Steuern
	882-899	Ringe als alltägliches Erinnerungszeichen der Zusammengehörigkeit („seit der Hochzeit immer getragen“)
	900-903	geplanter Umzug in eigenes Haus

VII. 3. 4 Rita und Heinrich

1-171		Persönliche Daten
	1-20	Alter, Beruf, Eltern
	21-125	Lebensstil
	126-171	Einstellung zu Religion und Kirche, Kindheitserinnerungen
172-266		Besondere Momente der Hochzeit, ausgewählte Fotos
	173-176	Einzug (Rita)
	177-186	Geburtstagslied (Heinrich)
	187-202	*1. Foto*: Gruppenbild der Familie
	203-218	*2. Foto*: Brautpaar („Zufriedenheit“/„besitzergreifend“)
	219-239	*3. Foto*: Hände, Ringe („das Versprechen“/„Zusammenhalten“)
	240-254	Allg. zur Dokumentation der Hochzeit
	255-266	Predigt: „füreinander hübsch machen auch im Alter“
267-315		Das Wichtigste bei der Hochzeit

	267-279	Kirchliche Trauung („Segen“) im Vergleich zum Standesamt („Verwaltungsakt“)
	280-297	Problemlose Vorbereitung, gelungene Feier
	298-306	Vertrauen als notwendige Voraussetzung der Eheschließung
	307-315	Juristische Absicherung und kirchlicher Segen
316-428		Geschichte der Beziehung
	316-350	Kennen lernen: Bekanntschaftsanzeige
	351-380	Gemeinsame Wohnung
	381-428	Entschluss zur Heirat
	381-413	Witwenrente, juristische Sicherheit
	414-428	Biographischer Hintergrund: Pflegebedürftige erste Ehepartner
429-557		Ablauf der Hochzeit
	429-436	Terminwahl
	437-439	Standesamtliche Trauung
	440-474	Hochzeitsfeier: Perspektive des eigenen Lebensalters („das wollen wir noch einmal richtig schön begehen“)
	475-501	Kostümierter Neffe beim Empfang
	502-557	Weitere Gestaltungselemente: Auto, Kleidung, Blumen streuende Kollegin (Konflikt mit Küsterin)
558-631		Vergleich standesamtliche und kirchliche Trauung
	558-567	Standesamtliche Trauung
	568-588	Äußerung eines Freundes: hohes Alter passt nicht zur kirchlichen Trauung
	589-602	Intensivster Moment der Hochzeit: „‚Ja‘ zueinander sagen“ und Ringwechsel
	603-631	Vergleich Versprechen im Standesamt/Versprechen in Kirche
632-712		Veränderungen durch die Heirat
	632-656	Nachname, Zusammengehörigkeit
	657-665	Reaktionen des Umfelds auf die Heirat
	666-687	Heiratsantrag („solange mein Sohn Geld brauchte, wollte ich nicht“)

	688-712	Exkurs: „wenn die Kinder groß werden, haben die heutzutage alle Schwierigkeiten“
713-1053		Zur konkreten Gestaltung der kirchlichen Trauung
	713-739	Auswahl der Kirche
	740-830	Traugespräch, Beziehung zum Pfarrer
	753-771	Biographische und politische Themen
	772-798	Sinn der Trauung – Pfarrer ist geschieden (Konsequenz für Formulierung des Trauversprechens)
	799-830	Trauspruch (eigene Deutung Rita)
	831-854	Gestaltung des Gottesdienstablaufs, Trauzeugen
	855-864	Die Rolle des Alters (von Brautpaar und Pfarrer)
	865-882	Tag der kirchlichen Trauung = Heinrichs 70. Geburtstag
	883-902	Stimmung während des Gottesdienstes: „aufgeregt“ (Einzug), „rührend“, „persönlich gemeint“ (Predigt)
	903-937	Musik: Liedauswahl, Orgelreparatur
	938-955	Predigt: Besonders gut gefallen: Zuneigung zeigen auch im hohen Alter
	956-981	Trauversprechen (Rührung überspielen)
	982-1030	Predigt: keine weitere Erinnerung an Inhalte
	1031-1053	Ringwechsel
1054-1119		Bedeutung der kirchlichen Trauung
	1054-1072	Verbindlichkeit der Entscheidung („Gewissen vor Gott“)
	1073-1076	Überzeugung, „dass der liebe Gott das geschlossen hat“
	1077-1104	Sinndeutung biographischer Wendungen: Gottes Führung durch Höhen und Tiefen
	1105-1119	Auswirkungen auf die Beziehung: Zusammengehörigkeit, Treue
1120-1149		Veränderungen in der Einstellung zu Kirche und Religion
	1120-1123	Rita: unverändert
	1124-1149	Heinrich: gefestigter (Ortskirche)

VII. 3. 5 Elke und Wilko

1-93		Persönliche Daten
	1-9	Alter, Beruf, Eltern
	10-92	Lebensstil
	93-155	Einstellung zu Religion und Kirche, Kindheitserinnerungen
156-206		Geschichte der Beziehung
	156-172	Kennen lernen in der Disko
	173-187	Zusammenwohnen
	188-197	Geburt Tochter
	198-206	Entschluss zur Heirat
207-309		Ablauf der Hochzeit allgemein
	207-216	Standesamt
	217-268	Kirchliche Trauung
	217-254	Feier in bewusst kleinem Kreis
	255-268	Bräuche und Kleidung
	269-288	Vergleich Standesamt – Kirche: Gravur der Ringe (Termin), Verbundenheit im Glauben
	289-309	Im Freundeskreis wird selten kirchlich geheiratet
310-356		Hochzeit als Veränderung
	310-328	neue Qualität der Verbundenheit
	329-342	Bestätigung und Veränderung
	343-356	Änderung des Nachnamens (Elke)
357-537		Kirchliche Trauung
	357-364	Auswahl der Kirche
	365-370	Gründe für kirchliche Trauung
	371-413	Traugespräch, Persönlichkeit der Pastorin
	414-421	Wilkos Stimmung während des Gottesdienstes allgemein
	422-428	Einzug
	429-439	Mitgestaltung des Gottesdienstes: Freunde
	440-448	Elkes Stimmung während des Gottesdienstes allgemein
	449-458	Trauversprechen: „da war Gott ganz doll da“
	459-481	Sinn der Trauung
	459-475	„schwierig auszudrücken“
	476-478	Versprechen vor Gott als Fundament
	479-481	Dank für bisherige Geschichte, Segen

	482-501	Trauspruch als Deutung der eigenen Ehe
	502-537	Akt der Trauung: „wie in einer Luftblase“
	502-511	Exponierte Stellung beim Trauversprechen
	512-524	„Sich wegschießen aus der Hektik“
	525-537	Ringwechsel
538-585		Ausgewählte Fotos
	544-558	*1. Foto*: Tochter mit Seifenblasen: keine Außenwahrnehmung
	559-565	*2. Foto*: Thermometer 30°C: Wetter, Feier im Garten
	566-578	*3. Foto*: Fackeln: zu zweit im Strandkorb, Sternschnuppen am Ende der Feier
	579-585	*4. Foto*: Elke und Wilko als letzte Gäst ihrer Party
586-628		Bedeutung der kirchlichen Trauung im Rückblick
	586-588	behütetes Gefühl nach innen+ Selbstbewusstsein nach außen
	589-597	Trauung als Bestätigung bereits erlebter Übergänge
	598-615	Elkes erste Ehe: Erleichterung „Gott nimmt mich da noch mal“
	616-628	Trauung als Anlass über Glauben zu sprechen
629-639		Reflexion des Interviews: „ich hab die Vokabeln gar nicht so“

VII. 3. 6 Sandra und Markus

1-215		Persönliche Daten
	1-33	Alter, Beruf, Eltern
	34-145	Lebensstil
	146-215	Einstellung zu Religion und Kirche, Kindheitserinnerungen
216-452		Besondere Momente bei der Hochzeit
	217-230	Persönliche Beziehung zum pensionierten Pfarrer (Sandra)
	231-271	Kirchenmitgliedschaft als Bedingung der Trauung (Markus)
	272-406	Ausgewählte Fotos

	283-325	*1. Foto*: Segnung des knienden Paares (Ausführungen zu Segensverständnis, Trauspruch)
	326-360	*2. Foto*: Brautpaar mit getaufter Tochter (Ausführungen zur medialen Dokumentation)
	361-394	*3. Foto*: Innenraum Kirche (Sitzordnung), Gruppenfoto
	395-406	*4. Foto*: Hochzeitsauto
	407-452	Negative Momente: Familiäre Spannungen während der Feier
453-549		Geschichte der Beziehung
	453-465	Kennen lernen über gemeinsame Freunde
	466-488	Gemeinsame Wohnung in Sandras Elternhaus
	489-531	Auszug und gemeinsamer Umzug in den Westen
	532-549	Entschluss zur Heirat: Trennung, Schwangerschaft, Entscheidung
550-708		Ablauf der Hochzeit
	550-601	standesamtliche Trauung (Zusammengehörigkeit, gemeinsamer Familienname)
	602-634	Termin der kirchlichen Hochzeit (Pfingsten)
	635-645	Tagesablauf am Tag der kirchlichen Trauung (Fotos, Gottesdienst, Feier)
	646-708	Ablauf und Gestaltung der Feier (Reden, Spiele, Saaldekoration)
709-760		Vergleich standesamtliche und kirchliche Trauung
	709-723	Grundsätzliche Bewertung: Kirchliche Trauung als exklusive Inszenierung des Paares („die ganze Kirche nur für uns da")
	724-760	Intensivster Moment der gesamten Hochzeit
	725-727	Segnung (Markus)
	728-739	Einzug (Sandra)
	740-760	Taufe der Tochter als eigenständiger Bestandteil des Gottesdienstes
	761-772	Änderung des Nachnamens (Sandra)
773-1037		Zur konkreten Gestaltung der kirchlichen Trauung
	773-791	Auswahl der Kirche: Heimatort des Paares
	792-843	Traugespräche

	809-812	1. Gespräch: Lebensgeschichte des Paares, Formulare, Trauspruch
	812-818	2. Gespräch: Ablauf der Trauung, Erläuterung der Bibeltexte
	819-826	Zum Sinn der kirchlichen Trauung (Segen, Glaube)
	827-843	Bewertung der Gespräche: Überfordert durch monologische Informationsfülle (Markus)
	844-857	Trauspruch, Taufspruch
	858-863	eigene Wünsche bei der Gottesdienstgestaltung (Lieder, Kirchenschmuck)
	864-884	Einzug: Brautübergabe (symbolische Inszenierung und Showeffekt)
	885-909	Musikalische Gestaltung des Taugottesdienstes
	910-934	Stimmung während des Gottesdienstes („wie in so einer Glocke“, konzentrierte Aufmerksamkeit)
	935-952	Individuelle Gestaltung des Gottesdienstes durch den Pfarrer
	953-964	Intensivierung der Kirchenbindung durch Taufe und Trauung (Markus)
	965-1001	Trauversprechen (Vergleich mit standesamtlicher Trauung)
	1002-1037	Ringwechsel (Gravur als Überraschung)
1038-1048		Religiöser Sinn der kirchlichen Trauung
	1038-1043	Verstärkung der Selbstverpflichtung, Gott als Zeuge (Sandra)
	1044-1048	Kirchliche Trauung als Traditionsgut (Markus)
1049-1054		Biographische Bedeutung der Trauung im Rückblick: Basis und Grundlage des Zusammenlebens
1055-1078		Veränderung der Einstellung zu Religion und Kirche
	1055-1061	Markus: Beginn einer intensiveren Auseinandersetzung
	1062-1071	Sandra: Veränderungen nur indirekt durch Markus
	1072-1078	Markus: Trauung als Impuls zur Auseinandersetzung mit Religion und Kirche

VII. 3. 7 Meike und Olaf

1-145		Persönliche Daten
	1-18	Schulbildung, Beruf, Eltern
	19-109	Lebensstil
	110-134	Einstellung zu Religion und Kirche
	135-141	Kirchenmitgliedschaft: Austritt und Wiedereintritt Olaf
	142-145	Kindheitserinnerungen
146-184		Geschichte der Beziehung
	146-156	Kennen lernen in der Disko
	157-165	Zusammenwohnen vor der Hochzeit
	166-184	Entschluss zur Heirat
185-264		Ablauf der Hochzeit allgemein
	185-192	Zeitlicher Ablauf: Standesamt, Polterabend, kirchliche Trauung
	193-206	Begründung für konkreten Zeitablauf: keine Hektik + Zahlenspiele
	207-244	Gestaltung der Feier: Kleidung, Bräuche und Spiele
	213-218	Auto
	219-223	Kleidung
	223-237	Aufregung wegen der eigenen Rede (Olaf)
	238-244	weitere Reden und Spiele
	245-264	Fotosession bei schlechtem Wetter
265-306		Standesamtliche Trauung: „hat uns ganz doll enttäuscht“
	265-279	Vergleich Standesamt - Kirche
	280-300	Ärger über die Standesbeamtin
	301-306	Feier im Familienkreis
307-398		Besondere Momente der Hochzeit
	307-315	Gesang der Schwester in der Kirche
	316-398	ausgewählte Fotos
	324-340	1. Foto: Vor dem Einzug in die Kirche
	341-366	2. Foto: Ringwechsel
	367-398	3. Foto: Glückwünsche nach der Kirche
399-424		Heirat als Veränderung Erwachsenwerden, Änderung des Nachnamens (Meike)

425-708		Kirchliche Trauung
	425-439	Auswahl der Kirche
	440-444	Gründe für kirchliche Trauung
	445-461	Kirchliche Trauung im näheren Umfeld
	462-510	Traugespräch
	511-541	Eigene Vorstellungen zur Gottesdienstgestaltung
	511-521	Liedauswahl
	522-524	Gesang von Meikes Schwester
	525-541	Blumenschmuck in der Kirche
	542-572	Terminproblem wg. Pfarrsekretärin
	573-586	Gesang von Meikes Schwester
	587-622	Stimmung während der Trauung allgemein „sehr locker"
	623-640	Einzug
	641-648	Predigt
	649-673	Akt der Trauung: Versprechen, Ringe
	674-688	Besonders gut:
	674-677	Allg.: „Persönlichkeit von dem, was vorgetragen wurde" (Olaf)
	678-688	Auszug (Meike): „weil man dann verheiratet war"
	689-703	Höhepunkte der kirchlichen Trauung
	689-696	Predigt und Gesang (Meike)
	697-703	„der ganze Ablauf", „jetzt ist man verheiratet"
	704-708	Vergleich Standesamt (negativ) – Kirche (positiv)
709-773		Bedeutung der kirchlichen Trauung im Rückblick
	709-719	Beziehung „absegnen lassen"
	720-749	Trauspruch: Liebe als Fundament der Ehe
	750-757	prägendes Ereignis, schöne Atmosphäre
	758-763	kein Übergang in neue Rolle
	764-773	Festlegung (Ringe) + öffentliche Bestätigung
774-796		Änderung der Einstellung zu Religion und Kirche
	774-789	Bestätigung von Olafs Entscheidung zum Wiedereintritt
	790-796	„es hat einen der Kirche näher gebracht" (Taufe des Sohnes)

VII. 3. 8 Dorothea und Jan

1-173		Persönliche Daten
	1-21	Alter, Beruf, Eltern

	22-122	Lebensstil
	123-173	Einstellung zu Religion und Kirche, Kindheitserinnerungen
174-346		Besondere Momente der Hochzeit
	174-191	Fürbitten der Familie am Taufbecken (Dorothea)
	192-205	Einzug und Brautübergabe (Jan)
	206-295	Ausgewählte Fotos
	218-234	*1. Foto*: Brautpaar vor der Mühle
	235-249	Gestaltung der Feier („unkonventionell")
	247-268	*2. Foto*: Paar mit Kindern auf VW-Käfer
	269-282	Gestaltung der Hochzeit: individuell und authentisch („es soll alles echt sein")
	283-295	*3. Foto*: Außenansicht Kirche (Ästhetik und Nähe zum Wohnort)
	296-320	Mediale Dokumentation des Gottesdienstes
	321-328	Besondere Momente der kirchlichen Trauung (Taufe, Ringwechsel)
	329-346	Schwierigkeiten / Ambivalenzen
	329-337	Sohn während der Feier wickeln (Jan)
	338-346	Schwester brüskiert wegen fehlender Einladung (Dorothea)
347-422		Geschichte der Beziehung
	355-364	Kennen lernen in der Disko
	365-376	Entscheidung für gemeinsame Wohnung, Umzug nach München
	377-402	Geburt der Tochter, Heiratsantrag, standesamtliche Trauung
	403-422	Motive für die Heirat: Familiengründung
423-519		Ablauf der Hochzeit
	435-471	Vorbereitungen (Friseur, umziehen, Abfahrt zur Kirche)
	472-490	Auszug: Spalier des Kindergartens
	491-504	Familienfeier im Restaurant
	505-511	Party mit Nachbarn auf der Terrasse
	512-519	Gestaltungselemente (Auto, Tischdekoration, Blumenstreuen)
520-552		Vergleich standesamtliche und kirchliche Trauung

	520-532	Zeitlicher Abstand Standesamt – Kirche
	533-552	Standesamt: „das papiertechnische“ – Kirche: „das unsichtbare Band zwischen uns“/„Liebe vor Gott bezeugen und Gottes Segen bekommen“
553-577		Veränderungen durch die Heirat
	553-568	Verstärktes Zusammengehörigkeitsgefühl („dass wir durch dick und dünn gehen“)
	569-577	Änderung des Nachnamens
578-794		Zur konkreten Gestaltung der kirchlichen Trauung
	578-590	Auswahl der Kirche
	590-653	Traugespräch
	590-606	eigene Vorstellungen einbringen können
	607-626	Auswahl Trauversprechen
	627-653	persönliche Atmosphäre des Gesprächs
	654-686	Stimmung während des Gottesdienstes
	654-659	allgemein: aufgeregt (Vergleich Standesamt)
	660-675	Einzug Brautübergabe: eigene Deutung
	676-686	Genuss: „manchmal geht es viel zu schnell“ (Jan)
687-695		Besondere Momente
	687-693	Gospel-Chor (Überraschung der Brautmutter)
	694	Taufe im Familienkreis
	695	Beziehung zum Pfarrer
	696-741	Trauversprechen
	696-720	Textschwierigkeiten der Braut („fühlte mich aber sehr getragen“)
	721-741	Vergleich zum standesamtlichen Versprechen
	742-760	Zusammenhang Trauung und Taufe (Abbild der familiären Zusammengehörigkeit)
	761-767	Predigt: „bleibt irgendwie nicht hängen“
	768-794	Ringwechsel
	768-772	Tochter reicht die Ringe
	773-794	Vergleich Standesamt
795-849		Deutungen der kirchlichen Trauung
	795-802	Gottes Segen konstituiert Verwandtschaftsverhältnis (Jan)
	803-807	Gottes Segen als Schutz der Familie (Dorothea)

	808-849	Sitzordnung als Ausdruck der Zusammengehörigkeit
850-860		Änderung der Einstellung zu Religion und Kirche
	850-856	Persönlicher Bezug zur Kirche des Wohnorts
	857-860	Unverändert: Kirchliche Räume als Orte der Ruhe
861-870		Interview als Möglichkeit der Reflexion (Jan)

Literaturverzeichnis

Die Abkürzungen richten sich nach S. M. Schwertner 1994, Theologische Realenzyklopädie, Abkürzungsverzeichnis. 2. überarbeitete und erweiterte Auflage Berlin/New York.
Zitiert wird der Nachname des Verfassers sowie das Erscheinungsjahr.

Adolphsen, H. (1996): Zur Feier der Hochzeit. Handreichung für Paare, Angehörige und Gemeinde, Freiburg/Basel/Wien.

Albrecht, C. (2006): Kasualtheorie: Geschichte, Bedeutung und Gestaltung kirchlicher Amtshandlungen, Tübingen.

Albrecht, H. (1989): Krisenlegende und Textsymbol. Überlegungen zur Begründung und Gestaltung der Kasualpredigt, in: PTh 78, 329-345.

Ahuis, F (1988): Wie sind Kasualgottesdienste für prinzipielle Nichtkirchengänger zu verantworten? Welche Konsequenzen für das Kirchenverständnis hat das? in: PT 23, 138-147.

Ahuis, F. (1985): Der Kasualgottesdienst. Zwischen Übergangsritus und Amtshandlung, Stuttgart.

Ammicht-Quinn, R. (1991): Art. Ehe, Wörterbuch der feministischen Theologie, Gütersloh, 67-73.

Austin, J. (^{2}1979): Zur Theorie der Sprechakte (engl. 1962), Stuttgart.

Bahr, P. (1998) : Ritual und Ritualisation. Elemente zu einer Theorie des Rituals im Anschluß an Victor Turner, in: PT 33, 143-158.

Barba, E. (1996): „Was ist Theateranthropologie?“, in: Flamboyant. Schriften zum Theater. Heft 3: Das Lernen lernen. ISTA Internationale Schule für Theateranthropologie, 15-16.

Barié, H. (1993): Freunde, nicht diese Töne. Eine Traureden-Kritik, in: ZGP 11, 15-17.

Barth, K. (1947): Kirchliche Dogmatik III/1, Zürich.

Barthes, R. (1989): Die helle Kammer. Bemerkung zur Photographie, Frankfurt a. M.

Beck, U. (1986): Risikogesellschaft. Auf dem Weg in eine andere Moderne, Frankfurt a. M.

Beck, U. (1983): Jenseits von Klasse und Stand? Soziale Ungleichheit, gesellschaftliche Individualisierungsprozesse und die Entstehung neuer sozialer Formationen und Identitäten, in: Kreckel, R. (Hg.), Zur Theorie sozialer Ungleichheiten, Sonderband 2 der Sozialen Welt, Göttingen, 35-74.

Beck, U./Gernsheim-Beck, E. (1990): Das ganz normale Chaos der Liebe, Frankfurt a. M.

Becks, H. (1999): Der Gottesdienst in der Erlebnisgesellschaft: Zur Bedeutung der kultursoziologischen Untersuchung Gerhard Schulzes für Theorie und Praxis des Gottesdienstes, Waltrop.

Belliger, A./Krieger, D. (Hg.) (²2003): Ritualtheorien. Ein einführendes Handbuch, Wiesbaden.

Benthaus-Apel, F. (2006): Lebensstilspezifische Zugänge zur Kirchenmitgliedschaft, in: Huber, W./Friedrich, J. u. a. (Hg.) (2006), Kirche in der Vielfalt der Lebensbezüge. Die vierte EKD-Erhebung über Kirchenmitgliedschaft, Gütersloh, 205-236.

Benthaus-Apel, F. (2003): Lebensstile und Kirchenmitgliedschaft. Zur Differenzierung der „treuen Kirchenfernen“, in: Kirchenamt der EKD (Hg.), Kirche – Horizont und Lebensrahmen. Weltsichten, Lebensstile, Kirchenbindung. Vierte EKD-Erhebung über Kirchenmitgliedschaft, Hannover, 55-70.

Benthaus-Apel, F. (1998): Religion und Lebensstil. Zur Analyse pluraler Religionsformen aus soziologischer Sicht, in: Fechtner, K. u. a. (Hg.), Religion in der Lebenswelt der Moderne, Stuttgart, 102-122.

Berg, K. (1995): Das Jawort geben. Schöne und phantasievolle Hochzeitsrituale, Reinbeck.

Berger, P./Keller, H. (1965): Die Ehe und die Konstruktion der Wirklichkeit. Eine Abhandlung zur Mikrosoziologie des Wissens, in: Soziale Welt 16, 221-235.

Bertelsmann Stiftung (Hg.) (²2008): Religionsmonitor 2008, Gütersloh.

Bieritz, K.-H. (1998): Kennwort: Ritual, in: GlLern 13, 11-23.

Bieritz, K.-H. (1995): Gegengifte. Kirchliche Kasualpraxis in der Risikogesellschaft, in: ders.. Zeichen setzen. Beiträge zu Gottesdienst und Predigt, Stuttgart, 203-217.

Bieritz, K.-H. (1985): Gottesdienst als „offenes Kunstwerk“? Zur Dramaturgie des Gottesdienstes, in: PTh 75, 358-373.

Blanke, E. (2005): Kasualien - Offene Fragen zu den kirchlichen Fällen, in: DtPfrBl 105/6, 295-297.

Böhm, A. (2007): Theoretisches Codieren: Textanalyse in der Grounded Theory, in: Flick, U./von Kardorff, E. u. a. (Hg.) (⁵2007), Qualitative Forschung. Ein Handbuch, Hamburg, 475-485.

Böhm, R. (1995): Biographie und Ritual, in: Wohlrab-Sahr, M. (Hg.), Biographie und Religion, Frankfurt/New York, 180-197.

Bohren, R. (1960): Unsere Kasualpraxis - Eine missionarische Gelegenheit?, ThExNF 147.

Bonfadelli, H. (2001): Medienwirkungsforschung, in: ders./Jarren, O. (Hg.), Einführung in die Publizistikwissenschaften, Bern/Stuttgart/Wien, 337-379.

Bonfadelli, H. (²2001b): Medienwirkungsforschung I. Grundlagen und theoretische Perspektiven, Konstanz.

Bourdieu, P. (1982): Die feinen Unterschiede. Kritik der gesellschaftlichen Urteilskraft, Frankfurt a.M.

Bronner, B. (Hg.) (1997): Es ist nicht gut, daß der Mensch allein bleibt. Predigten und Bausteine für Traugottesdienste, Stuttgart.

Brooks, P. (1994): Das offene Geheimnis. Gedanken über Schauspielerei und Theater, Frankfurt a. M.

Browning, D. (1999): Art. Ehe. VIII. Praktisch-theologisch, RGG^4, Bd.2, Tübingen, 1085-1087.

Bubmann, P. (2008): Pluralität der Lebensstile und Unvereinbarkeit des Musikgeschmacks? Praktisch-theologische und kirchentheoretische Erwägungen, in: PT 43, 91-98.

Buchner-Fuhs, J. (1997): Die Fotobefragung. Eine kulturwissenschaftliche Interviewmethode? in: Zeitschrift für Volkskunde 93, 189-216.

Bundschuh-Schramm, C. (Hg.) (2005): Wo die Liebe wohnt: Gottesdienste und Segensfeiern für Paare, Ostfildern.

Burckhardt-Seebass, C. (1991): Ritual und Biographie, in: Reformatio. Zeitschrift für Kultur, Politik und Kirche, 381-387.

Carl, H.-U. (2003): Herausforderungen an eine Trauagende heute, in: Gemeinsame Arbeitsstelle für gottesdienstliche Fragen der EKD (Hg.), Partnerschaften, 17. Jahrgang, Heft 1, Hannover, 74-77.

Charlton, M. (1999): Grundlagen der empirischen Rezeptionsforschung in den Medienwissenschaften, in : Leonhard, J. u.a. (Hg.), Medienwissenschaft (1. Teilband), Handbücher zur Sprach- und Kommunikationswissenschaft Bd.15, Berlin, 81-110.

Cornehl, P. (2005): „Die Welt ist voll von Liturgie“: Studien zu einer integrativen Gottesdienstpraxis, (Hg.: U. Wagner-Rau), Stuttgart.

Cornehl, P. (1997): Gottesdienstliche Aspekte gegenwärtiger Kasualpraxis - „Denkzettel“, Problemanzeigen, Vorschläge, Statement, Evangelische Akademie Hofgeismar, 29.10.1996, in: epd-Dokumentation 10/97, 19-23.

Cornehl, P. (1985): Art. Gottesdienst VIII. Evangelischer Gottesdienst von der Reformation bis zur Gegenwart, TRE 14, 54-85.

Cornelius-Bundschuh, J. (2000): Art. Segen / Segen und Fluch VI. Praktisch-theologisch, TRE 31, 93-96.

Daiber, K.-F. (1995): Theologen sind auch nur Menschen. Pastoralsoziologische Erwägungen zur Trauung, in: Domay, E. (Hg.), Trauung. Gottesdienst Praxis Serie B, Gütersloh, 9-14.

Daiber, K.-F. (1973): Die Trauung als Ritual, in: EvTheol 33, 578-597.

Dehn, G. (1950): Die Amtshandlungen der Kirche, Stuttgart.

Diekmann, A. (^{4}1998): Empirische Sozialforschung. Grundlagen, Methoden, Anwendungen, Hamburg.

Dierken, J. (1991): Amtshandlungen in der Volkskirche, Zürich.

Dilk, A. (2008): Sehnsüchte nach Gemeinschaft. Über die Lebensformen der Deutschen - Pluralität gewünscht, in: zeitzeichen 4/2008, 24-26.

Dinter, A. u. a. (Hg.) (2007): Einführung in die empirische Theologie: gelebte Religion erforschen, Göttingen.

Dombois, H. (1974): Zur Geschichte des weltlichen und kirchlichen Eheschließungsrechts, in: ders., Kirche und Eherecht. Studien und Abhandlungen 1953-1972, Stuttgart, 19-71.

Dombois, H./Schumann, F. (Hg.) (1953): Weltliche und kirchliche Eheschließung, Gladbeck.

Donges, P. (2005): Medialisierung der Politik - Vorschlag einer Differenzierung, in : Rössler, P./Krotz, F. (Hg.), Mythen der Mediengesellschaft - The Media Society and its Myths, Konstanz, 321-339.

Drehsen, V. (1994): Die Heiligung von Lebensgeschichten. Zur gesellschaftlichen Bedeutung volkskirchlicher Amtshandlungen, in: ders., Wie religionsfähig ist die Volkskirche?, Gütersloh, 174-198.

Duby, G. (1993): Die Frau ohne Stimme. Liebe und Ehe im Mittelalter, Frankfurt.

Dutzmann, M. (1999): Das Fernsehen ist nicht die Kirche, in: PTh 88, 24-28.

Ebertz, M. (1993): Riten - Des Übergangs und der Initiation: Anthropologisch und soziologisch gesehen, in: Diakonia, 252-259.

Egger, W. (^{2}1990): Methodenlehre zum Neuen Testament. Einführung in linguistische und historisch-kritische Methoden, Freiburg.

Emeis, D. (1996): Wenn die Kirche von den Menschen lernt. Beispiel: Ehe, Freiburg/Basel/Wien.

Engelhardt, K. u. a. (Hg.) (1997): Fremde Heimat Kirche. Die dritte EKD-Erhebung über Kirchenmitgliedschaft, Gütersloh.

Engemann, W. (1996): „Unser Text sagt ...". Hermeneutischer Versuch zur Interpretation und Überwindung des ‚Texttods' der Predigt, in: ZThK 93, 450-480.

Engstler, H./Menning, S. (2003): Die Familie im Spiegel der amtlichen Statistik. Lebensformen, Familienstrukturen, wirtschaftliche Situation der Familien und familiendemographische Entwicklung in Deutschland, o. O.

Eulenberger, K. (2008): Musik bei Kasualien im Spannungsfeld zwischen lebensgeschichtlicher Bedeutung und ästhetischen Ansprüchen, in: PT 43, 98-105.

Failing, W.-E. (1998): Die kleine Lebenswelt und der umfassende Sinn. Weisheit des Alltags und kasuelles Handeln der Kirche, in: ders. / Heimbrock, H.-G. (Hg.), Gelebte Religion wahrnehmen. Lebenswelt - Alltagskultur - Religionspraxis, Stuttgart, 200-232.

Fechtner, K. (2003): Kirche von Fall zu Fall. Kasualpraxis in der Gegenwart - eine Orientierung, Gütersloh.

Fechtner, K./Haspel, M. (Hg.) (1998): Religion in der Lebenswelt der Moderne, Stuttgart/Berlin/Köln.

Feige, A. (1994): Vom Schicksal zur Wahl. Postmoderne Individualisierungsprozesse als Problem für eine institutionalisierte Religionspraxis, in: PTh 83, 93-109.

Feige, A./Lukatis, I. (2004): Empirie hat Konjunktur. Ausweitung und Differenzierung der empirischen Forschung in der deutschsprachigen Religions- und Kirchensoziologie seit den 90er Jahren - ein Forschungsbericht, in: PT 39, 12-32.

Fellechner, E./Votava, H. (Hg.) (1995): Praxishilfe Hochzeit, München.

Fischer, J. (2004): Hat die Ehe einen Primat gegenüber der nichtehelichen Lebensgemeinschaft?, ZThK 101, 346-357.

Fischer, K. (2004): Brautübergabe. Ein Deutungsversuch, PTh 93, 334-351.

Fischer, W./Kohli, M. (1987): Biographieforschung, in: Voges, W. (Hg.), Methoden der Biographie- und Lebenslaufforschung, Opladen, 25-49.

Fischer-Lichte, E./Roselt, J. (2001): Attraktion des Augenblicks – Aufführung, Performance, performativ und Performativität als theaterwissenschaftliche Begriffe, in: Paragrana 10/1, 237-253.

Flick, U. ([5]2000): Qualitative Forschung. Theorie, Methoden, Anwendung in Psychologie und Sozialwissenschaften, Hamburg.

Flick, U./von Kardorff, E. u. a. (Hg.) ([5]2007): Qualitative Forschung. Ein Handbuch, Hamburg.

Fludernik, M. (2006): Einführung in die Erzähltheorie, Darmstadt.

Fopp, S. (2007): Trauung – Spannungsfelder und Segensräume. Empirisch-theologischer Entwurf eines Rituals im Übergang, Stuttgart.

Frank, J. (1999): Zwischen Gottesdienst und Ritus light. Zumutungen und Herausforderungen für die Theorie und Praxis der kirchlichen Trauung, in: Traumhochzeit. Die Trauung zwischen Anspruch, Wunsch und Wirklichkeit, Hofgeismarer Vorträge Bd. 17, Hofgeismar.

Frettlöh, M. (1998): Theologie des Segens. Biblische und dogmatische Wahrnehmungen, Gütersloh.

Freund, A. (1999): Zur Kasualpraxis in den neuen Bundesländern. Ein Lagebericht, in: PT 34, 254-267.

Friedrich, M. (2001): Liturgische Körper. Der Beitrag der Schauspieltheorien und -techniken für die Pastoralästhetik, Stuttgart.

Friedrichs, L. (2008): Kasualpraxis in der Spätmoderne: Studien zu einer Theologie der Übergänge, Leipzig.

Friedrichs, L. (2006): „Schön" und „tröstlich". Aufgabe und Form evangelischer Traupredigt heute, in: PTh 95, 298-313.

Friedrichs, L. (2004): „Gott freiphantasieren" – Ästhetische Impulse für biographische Bestattungspredigten, in: ZThK 101, 358-378.

Friedrichs, L. (2003): Kirchlich-rituelle Begleitung gleichgeschlechtlicher Paare – Überblick über den Stand in der EKD und ihrer Gliedkirchen, in: Gemeinsame Arbeitsstelle für gottesdienstliche Fragen der EKD (Hg.), Partnerschaften, 17. Jahrgang, Heft 1, Hannover, 17-27.

Frisch, H. (1990): „Wilde Ehe" mit kirchlichem Segen?, Gütersloh.

Froschauer, U./Lueger, M. (2003): Das qualitative Interview. Zur Praxis interpretativer Analyse sozialer Systeme, Wien.

Früchtl, J./Zimmermann, J. (Hg.) (2001): Ästhetik der Inszenierung. Dimensionen eines künstlerischen, kulturellen und gesellschaftlichen Phänomens, Frankfurt a. M.

Garhammer, E./Schöttler, H.-G. u. a. (Hg.) (2002): Zwischen Schwellenangst und Schwellenzauber. Kasualpredigt als Schwellenkunde, München.

van Gennep, A. (1999): Übergangsriten (Les rites de passage) (1909), dt. Frankfurt a. M./New York.

Georg, W. (1998): Soziale Lage und Lebensstil, Opladen.

Gerhard, F. (1999): Die überforderte Partnerschaft. Beobachtungen eines Paarberaters, in: Ev. Akademie Hofgeismar (Hg.): Traumhochzeit. Trauung zwischen Anspruch, Wunsch und Wirklichkeit, Hofgeismar, 3-16.

Gerstenkorn, U. (2004): Hospizarbeit in Deutschland. Lebenswissen im Angesicht des Todes, Stuttgart u. a.

Goffman, E. (1969): Wir alle spielen Theater. Die Selbstdarstellung im Alltag, München.

Gräb, W. (2006): Religion als Deutung des Lebens. Perspektiven einer Praktischen Theologie gelebter Religion, Gütersloh.

Gräb, W. (2003): Der Gottesdienst in der Kultur der Gegenwart, in: Gemeinsame Arbeitsstelle für gottesdienstliche Fragen der EKD (Hg.): Partnerschaften, 17. Jahrgang, Heft 1, Hannover, 5-16.

Gräb, W. (1998): Lebensgeschichten – Lebensentwürfe – Sinndeutungen. Eine Praktische Theologie gelebter Religion, Gütersloh.

Gräb, W. (1997): Lebensgeschichtliche Sinnarbeit. Die Kasualpraxis als Indikator für die Öffentlichkeit der kirchlichen Religionskultur, in: Drehsen, V. u. a. (Hg.): Der ‚ganze Mensch', FS D. Rössler, Berlin/New York, 219-240.

Gräb, W. (1987): Rechtfertigung von Lebensgeschichten. Erwägungen zu einer theologischen Theorie der kirchlichen Amtshandlungen, in: PTh 76, 21-38.

Greiner, D. (1998): Segen und Segnen. Eine systematisch-theologische Grundlegung, Stuttgart.

Grethlein, C. (2007): Grundinformation Kasualien: Kommunikation des Evangeliums an Übergängen des Lebens, Göttingen.

Grethlein, C. (2007b): Praktische Theologie und Empirie, in: ders./Schwier, H. (Hg.): Praktische Theologie. Eine Theorie- und Problemgeschichte, Leipzig, 289-352.

Grethlein, C. (2005): Taufpraxis zwischen Kontinuität und Wandel. Herausforderungen und Chancen, in: ZThK 102, 371-396.

Grethlein, C. (³2003): Die Kasualien. Empirische Aspekte, in: Schmidt-Lauber, H.-C./Meyer-Blanck, M. u. a. (Hg.): Handbuch der Liturgik, Göttingen, 463-470.

Grethlein, C. (2003b): Segnung Eingetragener Partnerschaften – Überlegungen aus liturgischer Perspektive, in: Gemeinsame Arbeitsstelle für gottesdienstliche Fragen der EKD (Hg.): Partnerschaften, 17. Jahrgang, Heft 1, Hannover, 28-42.

Grethlein, C. (2001): Grundfragen der Liturgik. Ein Studienbuch zur zeitgemäßen Gottesdienstgestaltung, Gütersloh.

Grevel, J./Kretzschmar, G. (2004): Die Kasualfotografie. Praktisch-theologische Erkundungen eines konfliktreichen Phänomens, in: PTh 93, 280-298.

Grözinger, A. (1992): Der Gottesdienst als Kunstwerk, in: PTh 81, 443-453.

Grözinger, A. (1992b): „Religion und Biographie" in der Beerdigungspredigt. Kultur des Todes und Bestattungsritual, in: ders., Es bröckelt an den Rändern. Kirche und Theologie in einer multikulturellen Gesellschaft, München, 108-123.

Grosse, H. (1996): Soziologische und praktisch-theologische Überlegungen zur Kasualpraxis, in: Einsichten und Wegbeschreibungen. 25 Jahre Pastoralsoziologische Arbeitsstelle, Hannover.

Grosse, H. (1994): „Distanzierte Kirchlichkeit" - wie können wir damit umgehen?, in: Pastoralsoziologische Arbeitsstelle der Landeskirche Hannovers (Hg.): Volkskirche in soziologischer Perspektive, Hannover, 35-53.

Hager, H. (1999): Hochzeitskleidung - Biographie, Körper und Geschlecht. Eine kulturwissenschaftliche Studie in drei württembergischen Dörfern, Tübingen.

Härle, W./Preul, R. (Hg.) (1995): Sexualität, Lebensformen, Liebe (MJTh 7), Marburg.

Haizmann, M. (Hg.) (1993): Treue - Trauung - Trauma?, Marburg.

Hanselmann, J./Hild, H. u. a. (Hg.) (1984): Was wird aus der Kirche? Ergebnisse der zweiten EKD-Umfrage über Kirchenmitgliedschaft, Gütersloh.

Harth, D./Schenk, G. (Hg.) (2004): Ritualdynamik. Kulturübergreifende Studien zur Theorie und Geschichte rituellen Handelns.

Hartmann, K./Pollack, D. (1997): Motive zum Kircheneintritt in einer ostdeutschen Großstadt. Eine kirchensoziologische Studie. Abschlußbericht, Texte und Materialien der Forschungsstätte der Evangelischen Studiengemeinschaft, Reihe B, Nr. 26, Heidelberg.

Hauke, R. (2003): Partnerschaft unter dem Segen Gottes, in: Gemeinsame Arbeitsstelle für gottesdienstliche Fragen der EKD (Hg.): Partnerschaften, 17. Jahrgang, Heft 1, Hannover, 69-73.

Hauschildt, E. (2008): Kirchenbindung und Gemeinschaft. Neuere praktisch-theologische Forschung über zwei zu selbstverständlich gebrauchte Begriffe, in: EvTheol 68, 130-143.

Hauschildt, E. (^{2}2006): Kirchenmusik in der Erlebnisgesellschaft, in: Fermor, G./Schroeter-Wittke, H. (Hg.), Kirchenmusik als religiöse Praxis. Praktisch-theologisches Handbuch zur Kirchenmusik, Leipzig, 83-89.

Hauschildt, E. (1999): Kirchliche Trauungen zwischen Magiebedürfnis und Interpretationschance, in: PTh 88, 29-33.

Hauschildt, E. (1999b): Unterhaltungsmusik in der Kirche. Der Streit um die Musik bei Kasualien, Vortrag vom 17.2.1999, 1-8.

Hauschildt, E. (1999c): Der Streit am Sarg um die Musik. Zur Ursache und Bewältigung von Konflikten zwischen den Beteiligten, in: MuK 69, 305-312.

Hauschildt, E. (1998): Milieus in der Kirche. Erste Ansätze zu einer neuen Perspektive und ein Plädoyer für vertiefte Studien, in: PTh 87, 392-404.

Hauschildt, E. (1996): Alltagsseelsorge. Eine sozio-linguistische Analyse des pastoralen Geburtstagsbesuches, Göttingen.

Hauschildt, E. (1993): Was ist ein Ritual? Versuch einer Definition und Typologie in konstruktivem Anschluß an die Theorie des Alltags, WzM 45, 24-35.

Heckmann, F. (1992): Interpretationsregeln zur Auswertung qualitativer Interviews und sozialwissenschaftlich relevanter „Texte". Anwendungen der Hermeneutik für die empirische Sozialforschung, in: Hoffmeyer-Zlotnik, J. (Hg.): Analysen verbaler Daten - Über den Umgang mit qualitativen Daten, Opladen.

Heekerens, H.-P. (1988): Die zweite Ehe. Wiederheirat nach Scheidung und Verwitwung, Weinheim.

Hefft, G. (1993): Ehelos oder Alleinlebend? Vom Ehezentrismus zur Eigenständigkeit einer Lebensform, in: PTh 82, 223-238.

Heimbrock, H.-G. (1998): Welches Interesse hat Theologie an der Wirklichkeit? Von der Handlungstheorie zur Wahrnehmungswissenschaft, in: Failing, W.-E./ders., Gelebte Religion wahrnehmen. Lebenswelt – Alltagskultur – Religionspraxis, Stuttgart.

Heine, S./Müller, T. (1991): Rituale zwischen Kritik und Neuschöpfung, in: Reformatio. Zeitschrift für Kultur, Politik und Kirche, 373-380.

Henau, E. (1992): Warum heiratet man kirchlich? Theologische Überlegungen zu einer empirischen Untersuchung, in: ThPQ 140, 68-74.

Herrmann, J. (2007): Medienerfahrung und Religion. Eine empirisch-qualitative Studie zur Medienreligion, Göttingen.

Hermanns, H. (2007): Interviewen als Tätigkeit, in: Flick, U./von Kardorff, E. u. a. (Hg.) ([5]2007): Qualitative Forschung. Ein Handbuch, Hamburg, 360-368.

Hermelink, J. (2008b): Pastorales Wirken im Spannungsfeld von Organisation, Person und ‚geistlicher' Darstellung, in: PTh 97, 384-403.

Hermelink, J. (2008): Kirchenmitgliedschaft in praktisch-theologischer Perspektive, in: Zimmermann, J. u. a. (Hg.), Kirchenmitgliedschaft. Zugehörigkeit(en) zur Kirche im Wandel, Neukirchen-Vluyn, 45-61.

Hermelink, J. (2007): Trauung, in: Gräb, W./Weyel, B. (Hg.), Handbuch Praktische Theologie, Gütersloh, 711-723.

Hermelink, J. (2001): Das kirchliche Recht des Segens. Gewissheit und Verbindlichkeit im liturgischen Vollzug, PTh 90, 235-251.

Hermelink, J. (2000): Praktische Theologie der Kirchenmitgliedschaft, Göttingen.

Hermelink, J. (2000b): Der Gang zum Altar: eine Dienstleistung? Eine neue Sicht auf die kirchliche Trauung, in: „scientia halensis". Wissenschaftsjournal der Martin-Luther-Universität Halle-Wittenberg, 1/2000, 18-19.

Hermelink, J. (1999): Kameraden, Klienten oder Kunden? Die Adressaten kirchlichen Handelns im Spiegel aktueller Leitvorstellungen, in: Fetzer, J./Grabenstein, A. u. a. (Hg.): Kirche in der Marktgesellschaft, Gütersloh, 81-99.

Herms, E. (1999): Liebe, Ehe, Sexualität. Unerledigte Themen der Theologie und der christlichen Kultur, in: ZThK 96, 94-135.

Hertzsch, E. (1962): Art. Trauung I. liturgisch, RGG[3] VI.

Heymel, M. (1999): „You gotta love someone". Über Musik bei Kasualien, PTh 88, 34-41.

Hild, H. (Hg.) (1974): Wie stabil ist die Kirche? Bestand und Erneuerung. Ergebnisse einer Umfrage, Gelnhausen.

Hoburg, R. (2000): Nur Unterhaltung mit Glockengeläut? Kasualien als Möglichkeit zum Kirchen-Marketing, in: Lernort Gemeinde 18, 10-16.

Höcker, B. (2003): Segnung gleichgeschlechtlicher Paare. Erfahrungen in der Nordelbischen Kirche, in: Gemeinsame Arbeitsstelle für gottesdienstliche Fragen der EKD (Hg.): Partnerschaften, 17. Jahrgang, Heft 1, Hannover, 43-56.

Höhns (Hg.) (2000): Chancen und Risiken der Mediengesellschaft, München.

Hofer, T. (1992): Hochzeitsboom in der Kirche, in: Dialog 2, 11.

Homiletische Arbeitsgruppe Stuttgart/Frankfurt (1973): Die Predigt bei Taufe, Trauung und Begräbnis. Inhalt, Wirkung und Funktion. Eine Contentanalyse, München/Mainz.

Hopf, C. (2007): Qualitative Interviews - ein Überblick, in: Flick, U./von Kardorff, E. u. a. (Hg.): Qualitative Forschung. Ein Handbuch, 5. Aufl., Hamburg, 349-360.

Hradil, S. (1987): Sozialstrukturanalyse in einer fortgeschrittenen Gesellschaft. Von Klassen und Schichten zu Lagen und Milieus, Opladen.

Huber, W./Friedrich, J. u. a. (Hg.) (2006): Kirche in der Vielfalt der Lebensbezüge. Die vierte EKD-Erhebung über Kirchenmitgliedschaft, Gütersloh.

Jäger, L. (2004): Wieviel Sprache braucht der Geist? Mediale Konstitutionsbedingungen des Mentalen, in: Linz, E./Jäger, L. (Hg.): Medialität und Mentalität. Theoretische und empirische Studien zum Verhältnis von Sprache, Subjektivität und Kognition. München, 15-42.

Japanische Gesellschaft für Germanistik (Hg.): Kolloquium: „Schwellen der Medialisierung". Vorbereitende Überlegungen und Fragestellungen zum Kolloquium, http://www.jgg.jp/modules/neues/index.php?page=article&storyid=318, Abfrage am 19.3.2010.

Jarren, O./Donges, P. (2002): Politische Kommunikation in der Mediengesellschaft, Wiesbaden.

Jeggle-Merz, B. (2002): „Und sie lebten glücklich und zufrieden ..." Die Feier der Trauung als Erfahrung heilender Gegenwart Gottes, in: ThPQ 150, 143-154.

Jenssen, H.-H. ([3]2003): Die kirchliche Trauung. I. Geschichte und Theologie, in: Schmidt-Lauber, H.-C./Meyer-Blanck, M. u. a. (Hg.): Handbuch der Liturgik, Göttingen, 509-519.

Jetter, W. (1976): Der Kasus und das Ritual. Amtshandlungen in der Volkskirche, in: WPKG (PTh) 65, 208-223.

Joerns, K.-P. (2003): Kirchliche Segenshandlungen für gleichgeschlechtliche Lebenspartner und -partnerinnen?, in: PTh 92, 161-178.

Josuttis, M. (2000): Segenskräfte. Potenziale einer energetischen Seelsorge, Gütersloh.

Josuttis, M. ([5]1997): Der Gottesdienst als Ritual, in: Wintzer, F. u. a.: Praktische Theologie, Neukirchen-Vluyn, 43-57.

Josuttis, M. (1996): Einführung in das Leben. Pastoraltheologie zwischen Phänomenologie und Spiritualität, Gütersloh.

Josuttis, M. ([2]1985): Der Traugottesdienst, in: Wintzer, F.: Praktische Theologie, Neukirchen-Vluyn, 57-69.

Josuttis, U. (2000): Der Vielfalt gerecht werden. Von neu entwickelten und wiederentdeckten religiösen Ritualen, in: Lernort Gemeinde 18, 36-39.

Kabel, T. (2007): Handbuch Liturgische Präsenz. Zur praktischen Inszenierung der Kasualien, Bd.2, Gütersloh.

Kabel, T. (2002): Handbuch Liturgische Präsenz. Zur praktischen Inszenierung des Gottesdienstes, Bd.1, Gütersloh.

Kässler-Aurisch, H. (1985): Hochzeitsmode als Spiegel der sozialen Wirklichkeit, in: Völger, G./Welck, K. v. (Hg.): Geliebt - Verkauft - Getauscht - Geraubt. Zur Rolle der Frau im Kulturvergleich, Köln, 316-329.

Kammer, O. u. a. (2004): Fotografieren am Traualtar? Schlüsselerlebnisse, Wertungen und Regelungen in der Praxis, in: PTh 93, 300-311.

Keil, S. (1997): Theologische Überlegungen zur Vielfalt der Geschlechterverhältnisse, in: Gestrich, C. (Hg.): Geschlechterverhältnis und Sexualität, Berlin, 14-29.

Keil, S./Haspel, M. (Hg.) (2000): Gleichgeschlechtliche Lebensgemeinschaften in sozialethischer Perspektive, Neukirchen-Vluyn.

Kelle, U./Erzberger, C. (2007): Qualitative und quantitative Methoden: kein Gegensatz, in: Flick, U./von Kardorff, E. u. a. (Hg.) ([5]2007): Qualitative Forschung. Ein Handbuch, Hamburg, 299-309.

Kelle, U. (1996): Die Bedeutung theoretischen Vorwissens in der Methodologie der Grounded Theory, in: Strobl, R./Böttger, A. (Hg.): Wahre Geschichten? Zu Theorie und Praxis qualitativer Interviews, Baden-Baden, 23-47.

Kirchenamt der EKD (Hg.) (2009): Soll es künftig kirchlich geschlossene Ehen geben, die nicht zugleich Ehen im bürgerlich-rechtlichen Sinne sind? Zum evangelischen Verständnis von Ehe und Eheschließung. Eine gutachtliche Äußerung, EKD Texte 101, Hannover.

Kirchenamt der EKD (Hg.) (2009b): Statistik über die Äußerungen des kirchlichen Lebens in den Gliedkirchen der EKD im Jahr 2007, www.ekd.de/download/kirch_leben_2007.pdf (Abfrage am 8.10.09).

Kirchenamt der EKD (Hg.) (2003): Kirche – Horizont und Lebensrahmen. Weltsichten, Lebensstile, Kirchenbindung. Vierte EKD-Erhebung über Kirchenmitgliedschaft, Hannover.

Kirchenamt der EKD (Hg.) (1998): Gottes Gabe und persönliche Verantwortung. Zur ethischen Orientierung für das Zusammenleben in Ehe und Familie. Eine Stellungnahme der Kammer der EKD für Ehe und Familie, Gütersloh.

Kirchschläger, W. (1987): Ehe und Ehescheidung im Neuen Testament. Überlegungen und Anfragen zur Praxis der Kirche, Wien.

Klein, S. (2005): Erkenntnis und Methode in der Praktischen Theologie, Stuttgart.

Klein, S. (1994): Theologie und empirische Biographieforschung. Methodische Zugänge zur Lebens- und Glaubensgeschichte und ihre Bedeutung für eine erfahrungsbezogene Theologie, Stuttgart/Berlin/Köln.

Klein, T. (Hg.) (2001): Partnerwahl und Heiratsmuster. Soziokulturelle Voraussetzungen der Liebe, Opladen.

Kleinschmidt, F. (1998): Ehefragen im Neuen Testament. Ehe, Ehelosigkeit, Scheidung, Verheiratung Verwitweter und Geschiedener im Neuen Testament, Frankfurt a. M.

Knaak, T. (2008): Wir schlängeln uns so durch. Die Ehe – wenig attraktiv, zu konservativ?, in: zeitzeichen 4/2008, 27-28.

Knoblauch, H. (2003): Qualitative Religionsforschung. Religionsethnographie in der eigenen Gesellschaft, Paderborn.

Koch, K. (1995): Liturgie und Theater. Theologische Fragmente zu einem vernachlässigten Thema, in: StZ 213, 3-16.

Köhle-Hezinger, C. (1996): Willkommen und Abschied. Zur Kultur der Übergänge in der Gegenwart, ZfV 92, 1-19.

Könemann, J. (2002): „Ich wünschte, ich wäre gläubig, glaub' ich". Zugänge zu Religion und Religiosität in der Lebensführung der späten Moderne, Opladen.

Kombüchen, S. (1999): Von der Erlebnisgesellschaft zur Mediengesellschaft, Münster.

Koslowski, P. (1998): Wieviel Transzendenz brauchen Verträge und Versprechen? Über kleine, mittlere und große Transzendenzen im sozialen Tausch, in: Schenk, R. (Hg.): Kontinuität der Person. Zum Versprechen und Vertrauen, Stuttgart, 9-34.

Kotte, A. (1998): Theatralität: Ein Begriff sucht einen Gegenstand, in: Forum Modernes Theater, Heft 2, Bd. 13, Tübingen, 117-135.

Kramer Abebe, M. (2000): Aufbruch zu neuen Ritualen, JLH 29, 35-64.

Krämer, S. (2004): Was haben ‚Performativität' und ‚Medialität' miteinander zu tun? Plädoyer für eine in der ‚Ästhetisierung' gründende Konzeption des Performativen, in: dies. (Hg.): Performativität und Medialität. München, 13-32.

Kranemann, B./Hake, J. (Hg.) (2006): Hochzeit - Rituale der Intimität, Stuttgart.

Kretzschmar, G. (2007): Kirchenbindung. Praktische Theologie der mediatisierten Kommunikation, Göttingen.

Kretzschmar, G. (2005): „Und er hat auch sehr schön geredet...". Kasualien als Bewusstseinsphänomen, in: WzM 57, 271-282.

Kroeger, M. (1997): Die Notwendigkeit der unakzeptablen Kirche. Eine Ermutigung zu distanzierter Christlichkeit, München.

Kubach-Reutter, U. (1997): Rituale zur Offenkundigmachung der Ehe, in: Völger, G./von Welck, K. (Hg.): Die Braut. Geliebt - verkauft - getauscht - geraubt. Zur Rolle der Frau im Kulturvergleich, Köln, 294-298.

Lämmermann, G. (2000): Ohne himmlischen Segen. Die kirchliche Trauung im Spiegel der Geschichte, in: Lernort Gemeinde 2, 24-28.

Lämmermann, G. (1999): Hochzeitsnacht und Traualtar. Die Ehe im Wandel ihrer Geschichte, in: PTh 88, 59-76.

Lämmlin, G. (2004): „Traumhochzeit", oder: „gemeinsam vor Gott treten"? in: IJPT 8, 53-71.

Landeskirchenamt der Evangelisch-lutherischen Landeskirche Hannovers (Hg.) (2008): Mut zur Ehe. Eine Handreichung zur Praxis der Trauung für Pfarrämter und Kirchenvorstände, Hannover.

Lange, E. (^{2}1982): Die Schwierigkeit, Pfarrer zu sein (1973), in: ders., Predigen als Beruf, München, 142-166.

Lindemann, F.-W. (1993): Der alte Wunsch nach Bedeutung - Pastoralpsychologische Überlegungen zum Trauritual, in: PTh 82, 212-222.

Lotz, T. (2000): Hochzeit feiern. Die kirchliche Trauung und das Heilige, in: Hauschildt, E. u. a. (Hg.): Praktische Theologie als Topographie des Christentums. Eine phänomenologische Wissenschaft und ihre hermeneutische Dimension, 131-151.

Luckmann, T. (1985): Riten als Bewältigung lebensweltlicher Grenzen, in: Schweizerische Zeitschrift für Soziologie, 535-550.

Ludwig, R. (1998): Ich hasse Wangenküsse. Über Alltagsrituale, in: PT 33, 83-85.

Lüders, C. (2007): Beobachten im Feld und Ethnographie, in: Flick, U./von Kardorff, E. u. a. (Hg.) ([5]2007): Qualitative Forschung. Ein Handbuch, Hamburg, 384-401.

Lüdtke, H. (1995): Zeitverwendung und Lebensstile. Empirische Analysen zu Freizeitverhalten, expressiver Ungleichheit und Lebensqualität in Westdeutschland, Marburger Beiträge zur sozialwissenschaftlichen Forschung 5, Marburg.

Lütcke, K.-H. (1988): Die Traupredigt und die Krise der Ehe, ZGP 6, 27-30.

Lütcke, K.-H. (1978): Die Trauung, in: Bastian, H.-D./Emeis, D. u. a./ders.: Taufe, Trauung und Begräbnis. Didaktischer Leitfaden zum kirchlichen Handeln, München/Mainz, 67-129.

Luhmann, N. (1984): Liebe als Passion. Zur Codierung von Intimität, Frankfurt a.M.

Luther, H. (1992): Schwellen und Passage. Alltägliche Transzendenzen, in: ders., Religion und Alltag, Stuttgart, 212-223.

Luther, H. (1983): Predigt als Handlung, in: ZThK 80, 223-243.

Luther, M. (1532): Der Segen, so man nach der Messe spricht über das Volk, aus dem vierten Buche Mosi, am 6. Capitel, WA 30 III, 572-582.

Luther, M. (1529): Ein Traubüchlein für den einfältigen Pfarrherrn, in: Rat der Evangelischen Kirche in Deutschland (Hg.) ([4]1959): Die Bekenntnisschriften der evangelisch-lutherischen Kirche, Göttingen, 528-534.

Mädler, I. (2007): Ein Weg zur gegenstandsbegründeten Theoriebildung: Grounded Theory, in: Dinter, A. u. a. (Hg.): Einführung in die empirische Theologie: gelebte Religion erforschen, Göttingen, 242-254.

Mahne, N. (2007): Transmediale Erzähltheorie. Eine Einführung, Göttingen.

Maibaum, F./Schmidt, V. ([5]2009): Das Traubuch. Der praktische Ratgeber für die kirchliche Hochzeit, Kiel.

Martin, G. M. (1990): Ausverkauf oder Armes Theater. Unser Kultus im Kontext gegenwärtiger Kultur, in: ZGDP 8, 31-35.

Martin, G. M. (1984): Predigt als ‚offenes Kunstwerk'? Zum Dialog zwischen Homiletik und Rezeptionsästhetik, in: EvTh 44, 46-58.

Martin, J. (2007): Mensch – Alltag – Gottesdienst. Bedürfnisse, Rituale und Bedeutungszuschreibungen evangelisch Getaufter in Bayern, Berlin.

Martinez, M./Scheffel, M. (1999): Einführung in die Erzähltheorie, München.

Matthes, J. (1975): Volkskirchliche Amtshandlungen, Lebenszyklus und Lebensgeschichte. Überlegungen zur Struktur volkskirchlichen Teilnahmeverhaltens, in: ders., Erneuerung der Kirche - Stabilität als Chance? Folgerungen aus einer Umfrage, Gelnhausen/Berlin, 83-112.

Matthias-Bleck, H. (1997): Warum noch Ehe - Erklärungsversuche der kindorientierten Eheschließung, Bielefeld.

Mayring, P. ([10]2008): Qualitative Inhaltsanalyse. Grundlagen und Techniken, Weinheim/Basel.

Meulemann, H. (1995): Ehe und Lebensgemeinschaft - alte und neue Normalitäten. Heiraten mit und ohne vorausgehendes Zusammenleben in einer Kohorte ehemaliger Gymnasiasten zwischen 15 und 30, in: Zeitschrift für Sozialisationsforschung und Erziehungssoziologie 1, 2-24.

Meyer-Blanck, M. (2003): Der Segen und das Schnabeltier, in: WzM 55, 321-331.

Meyer-Blanck, M. (1998): Zeichen und Worte im Ernstfall, in: WzM 50, 408-421.

Meyer-Blanck, M. (1997): Inszenierung und Präsenz. Zwei Kategorien des Studiums Praktischer Theologie, in: WzM 49, 2-16.

Meyer-Blanck, M. (1997b): Inszenierung des Evangeliums. Ein kurzer Gang durch den Sonntagsgottesdienst nach der Erneuerten Agende, Göttingen.

Mezger, M. (1959): Art. Kasualien, RGG[3] III, 1164-1166.

Mezger, M. (1957): Die Amtshandlungen der Kirche als Verkündigung, Ordnung und Seelsorge, Bd.1, München.

Mischke, R. (2000): Nie waren sie so wertvoll wie heute: die Kasualien. Nicht der Haupt-Gottesdienst, die Kasualien sind heutzutage das wichtigste Angebot der Kirche, in: Lernort Gemeinde 18, 55-59.

de Mol, L. (Hg.) (1992): Traumhochzeit. Heiraten mit Phantasie, Düsseldorf.

Mosbach, D. (2005): „Married in blue, love ever true...": Kleidungscodes traditioneller, modischer und alternativer Hochzeitsausstattungen, in: Zeitschrift für Semiotik 27, 195-221.

Müller, H.-P. (1992): Sozialstruktur und Lebensstile, Frankfurt a. M.

Müller, T. (1988): Konfirmation - Hochzeit - Taufe - Bestattung. Sinn und Aufgabe der Kasualgottesdienste, Stuttgart.

Müller-Tamm, J. (2005): Abstraktion als Einfühlung. Zur Denkfigur der Projektion in der Psychophysiologie, Kulturtheorie, Ästhetik und Literatur der frühen Moderne. Freiburg i.Br.

Mybes, F. (Hg.) (1991): Die Trauung, Göttingen.

Nassehi, A. (2008): Erstaunliche religiöse Kompetenz. Qualitative Ergebnisse des Religionsmonitors, in: Bertelsmann Stiftung (Hg.) ([2]2008): Religionsmonitor 2008, Gütersloh, 113-132.

Nassehi, A. (1995): Die Deportation als biografisches Ereignis. Eine biografieanalytische Untersuchung, in: Weber, G. u. a. (Hg.): Die Deportation der Siebenbürger Sachsen in die Sowjetunion 1945-1949, II. Die Deportation als biografisches Ereignis und literarisches Thema, Köln u. a., 5-412.

Nauck, B. (1989): Individualistische Erklärungsansätze in der Familienforschung: Die rational-choice Basis von Familienökonomie, Ressourcen- und Austauschtheorien, in: Nave-Herz, R./Markefka, M. (Hg.): Handbuch der Familien- und Jugendforschung Bd. 1: Familienforschung, Neuwied, 45-62.

Nave-Herz, R. (2002): Kontinuität und Wandel der Familie in Deutschland, Stuttgart 2002, 45-70.

Nave-Herz, R. (1999): Art. Ehe. V. Soziologisch, RGG[4], Bd.2, Tübingen, 1077-1078.

Nave-Herz, R. (1997): Die Hochzeit. Ihre heutige Sinnzuschreibung seitens der Eheschließenden: eine empirisch-soziologische Studie, Würzburg 1997.

Nave-Herz, R. (1990): Scheidungsursachen im Wandel. Eine zeitgeschichtliche Analyse des Anstiegs der Ehescheidungen in der Bundesrepublik Deutschland, Bielefeld.

Nave-Herz, R. (1988): Kinderlose Ehen. Eine empirische Studie über die Lebenssituation kinderloser Ehen und die Gründe für ihre Kinderlosigkeit, Weinheim/München.

Nave-Herz, R.,/Matthias-Bleck, H. u. a. (1996): Ehe - Triumph der Tradition?, in: Familie und Recht 1, 1-13.

Nave-Herz, R./Matthias-Bleck, H. u. a. (1996b): Zeitgeschichtliche Veränderungen im Phasenablaufprozess bis zur Eheschließung. Die heutige Bedeutung der Verlobung, in: Buba, H./Schneider, N. (Hg.): Familie zwischen gesellschaftlicher Prägung und individuellem Design, Opladen, 231-244.

Neidhart, W. (1997): „... bis dass der Richter euch scheidet". Kirchliche Trauung im Blick auf die Zunahme der Ehescheidungen, in: Barben, C. (Hg.): Aporien aushalten - dennoch handeln, Stuttgart, 220-224.

Neysters, P. (2001): Weshalb kirchlich heiraten? in: LS 52, 28-30.

Niebergall, A. (1985): Ehe und Eheschließung, Marburg.

Niebergall, F. (^{3}1917): Die Kasualrede, Göttingen.

Nitschke, H. (Hg.) (1985): Trauung Bd. 3: Predigten, Gottesdienstentwürfe, Praxisberichte, Gütersloh.

Nitschke, H. (Hg.) (1979): Trauung Bd. 2: Predigten, Gebete, Voten, Besinnungen, neue Formen, Gütersloh.

Nitschke, H. (Hg.) (1975): Trauung Bd. 1: Gottesdienstmodelle, Gebete, Voten, Predigten, Besinnungen, Anleitungen, Gütersloh.

Nüchtern, M. (2005): Vom Schwellen- zum Vergewisserungsritual. Eine Standortbestimmung zum Traugottesdienst anlässlich des neuen Trauagendenentwurfs der UEK, PTh 94, 160-174.

Nüchtern, M. (1991): Kirche bei Gelegenheit, Stuttgart.

Nüchtern, M./Strack, H. (2004): Komplexität als Gestaltungsherausforderung. Thesen zur vierten EKD-Erhebung über Kirchenmitgliedschaft, in: Materialdienst der EZW 01/67, 25-27.

Obermann, A. (1998): An Gottes Segen ist alles gelegen. Eine Untersuchung zum Segen im Neuen Testament, Neukirchen-Vluyn.

Oevermann, U./Allert, T. u. a. (1979): Die Methodologie einer „objektiven Hermeneutik" und ihre allgemeine forschungslogische Bedeutung in den Sozialwissenschaften, in: Soeffner, H.-G. (Hg.): Interpretative Verfahren in den Sozialwissenschaften, Stuttgart, 352-434.

Ohst, M. (1996): Zur Geschichte der christlichen Eheauffassung von den Anfängen bis zur Reformation, in: Theologische Rundschau, 372-387.

Omiya, K. (2005): Das Psychische als Medium der Institution. Kosawa Heisakus Umbildung des Ödipuskomplexes, in: Fürnkäs, J. u. a. (Hg.): Medienanthropologie und Medienavantgarde. Ortsbestimmungen und Grenzüberschreitungen, Bielefeld, 47-60.

Ostner, I./Kupka, P. u. a. (1995): Wege in die Ehe – Bilanzierung bei Spätheiratenden, in: Nauck, B./Onnen-Isemann, C.: Familie im Brennpunkt von Wissenschaft und Forschung, Neuwied, 419-436.

Paul, I. (1990): Rituelle Kommunikation. Sprachliche Verfahren zur Konstitution ritueller Bedeutung und zur Organisation des Rituals, Tübingen.

Peuckert, R. ([5]2005): Familienformen im sozialen Wandel, Wiesbaden.

Pfeiffer, K. (2004): Phänomenalisierung und Sinnsuggestion: Performative Intermedialität und die Oper, in: Krämer, S. (Hg.): Performativität und Medialität, München, 325-346.

Pfeiffer, K./Schnell, R. (Hg.) (2008): Schwellen der Medialisierung. Medienanthropologische Perspektiven. Deutschland und Japan, Bielefeld.

Pieper, J. u. a. (1988): Religiöse und soziale Motivation für die kirchliche Trauung. Ergebnisse einer landesweiten Untersuchung unter Neuvermählten in den Niederlanden, Archiv für Religionspsychologie Bd. 18, Göttingen, 243-257.

Pieper, J. (1986): Marrying in Church: a Rite of Passage?, in: Current Issues in the Psychology of Religion, Amsterdam, 183-192.

Plüss, D. (2007): Gottesdienst als Textinszenierung. Perspektiven einer performativen Ästhetik des Gottesdienstes, Zürich.

Pöhlmann, H. (1988): Ehe und Sexualität im Strukturwandel unserer Zeit, in: Bayer, O. (Hg.): Ehe. Zeit zur Antwort, Neukirchen-Vluyn, 29-59.

Pollack, D. (2008): Kirchenmitgliedschaft aus soziologischer Sicht, in: Zimmermann, J. u. a. (Hg.): Kirchenmitgliedschaft. Zugehörigkeit(en) zur Kirche im Wandel, Neukirchen-Vluyn, 68-90.

Pollack, D. (1996): zur religös-kirchlichen Lage in Deutschland nach der Wiedervereinigung: eine religionssoziologische Analyse, in: ZThK 93, 586–615.

Probst, M./Richter, K. (1994): Die kirchliche Trauung. Neues Werkbuch für den Gottesdienst, Freiburg/Basel/Wien.

Prößdorf, D. (2002): Art. Trauung, in: TRE 34, Berlin/New York, 50-56.

Prößdorf, D. (1999): Die gottesdienstliche Trauansprache. Inhalte und Entwicklung in Theorie und Praxis, Göttingen.

Reich, W. (2003): Hinführung der Braut zum Bräutigam. Eine häufige Anfrage, in: Für den Gottesdienst 59, 40.

Reichertz, J. ([5]2007): Objektive Hermeneutik und hermeneutische Wissenssoziologie, in: Flick, U./von Kardorff, E. u. a. (Hg.): Qualitative Forschung. Ein Handbuch, Hamburg, 514-524.

Reichertz, J. (1999): „Traumhochzeit“ - Magie und Religion im Fernsehen, PTh 88, 2-15.

Reichertz, J. (1998): Neue Formate für performative Auftritte. Erst zählt nur die Liebe, dann gibt’s die Traumhochzeit, in: Fernsehforschung in Deutschland, 417-439.

Reichertz, J. (1996): Trauung, Trost und Wunder. Formen, Praktiken und Funktion des Religiösen im Fernsehen, in: medien praktisch 4, 4-10.

Reichertz, J. (1995): „... da war ich verheiratet“. Magische Elemente in der Sendung „Traumhochzeit“, in: Schweizerische Zeitschrift für Soziologie 21, 705-740.

Reichertz, J. (1994): „Ich liebe, liebe, liebe Dich". Zum Gebrauch der Fernsehsendung „Traumhochzeit" durch die Kandidaten, in: Soziale Welt 45, 98-117.

Reifenberg, H. (1983): Gottesdienst und das Dramatische. Perspektiven zum Verhältnis Liturgie - Darstellkunst - Theater, in: Becker, H./Kaczynski, R. (Hg.): Religionen, Bonn.

Remberg, A. (1995): Wandel des Hochzeitsbrauchtums im 20. Jahrhundert. Dargestellt am Beispiel einer Mittelstadt. Eine volkskundlich-soziologische Untersuchung, Münster/New York.

Riess, R. (1987): Die Krisen des Lebens und die Kasualien der Kirche. Zur pastoralpsychologischen Konzeption der kirchlichen Amtshandlungen, in: ders., Sehnsucht nach Leben. Spannungsfelder, Sinnbilder und Spiritualität der Seelsorge, Göttingen, 115-127.

Ringeling, H. (2000): Ehe und Familie 2000. Die neuen Selbstverständlichkeiten, in: ZEE 44, 197-202.

Ritzer, K. ([2]1981): Formen, Riten und religiöses Brauchtum der Eheschließung in den christlichen Kirchen des ersten Jahrtausends, Münster.

Röhr, T. (1999): ‚Optimale Verkündigung' auf dem religiösen Markt? Kirchen-Marketing für die Zukunft, in: Fetzer, J. (Hg.): Kirche in der Marktgesellschaft, Gütersloh, 168-184.

Roser, T. (2002): Vom Treueschwur zum Offenbarungseid. Die Inszenierung kirchlicher Trauungen in Film und Fernsehen, in: JK 63, 14-19.

Roth, U. (2006): Die Theatralität des Gottesdienstes, Gütersloh.

Roth, U. (2002): Die Beerdigungsansprache. Argumente gegen den Tod im Kontext der modernen Gesellschaft, Gütersloh.

Roth, U. (2000): Reden, wenn etwas der Fall ist. Deutungsoptionen der Kasualansprache, in: Lernort Gemeinde 2, 44-47.

Ryan, M.-L. (2004): Will new media produce new narratives? in: dies. (Hg.): Narrative across Media. The Languages of Storytelling, Nebraska, 337-359.

Schanze, H. (2002): Art. Medialisierung, Metzler Lexikon Medientheorie Medienwissenschaft. Ansätze - Personen - Grundbegriffe, Stuttgart/Weimar, 199.

Schäfer, R. (1991): „Die Lehre von der Ehe im Lichte des Gottesgedankens", in: ders., Gotteslehre und kirchliche Praxis, Tübingen, 95-131.

Schäfer, R. (1973): Zur kirchlichen Trauung, in: ZThK 70, 474-488.

Schär, H. (1991): Mehr Rituale? in: Reformatio. Zeitschrift für Kultur, Politik und Kirche, 367-372.

Schechner, R. (1990): Theater-Anthropologie. Spiel und Ritual im Kulturvergleich, Reinbek.

Schibilsky, M. (1999): Kasualien in der Mediengesellschaft. Anmerkungen zu den Beobachtungen von Jo Reichertz zur „Traumhochzeit", in: PTh 88, 16-23.

Schibilsky, M. (1998): Rituale in der Volkskirche. Zur pastoralen Kernkompetenz, in: PT 33, 94-109.

Schleiermacher, F. (1850): Von Casualreden, in: ders., Die praktische Theologie nach den Grundsätzen der evangelischen Kirche im Zusammenhange dargestellt. hrsg. von Jacob Frerichs, Berlin, 321-326.

Schmidt, C. (52007): Analyse von Leitfadeninterviews, in: Flick, U./von Kardorff, E. u. a. (Hg.): Qualitative Forschung. Ein Handbuch, Hamburg, 447-456.

Schmidt, C. (1997): „Am Material": Auswertungstechniken für Leitfadeninterviews, in: Friebertshäuser, B./Prengel, A. (Hg.): Handbuch qualitativer Methoden in der Erziehungswissenschaft, Weinheim/München, 544-568.

Schmidt-Lauber, H.-C./Meyer-Blanck, M. u. a. (Hg.) (32003): Handbuch der Liturgik. Liturgiewissenschaft in Theologie und Praxis der Kirche, Göttingen.

Schmidtpott, H. (Hg.) (1987): Amtshandlungen in einer einladenden Kirche, Kiel.

Schmidt-Wiegand, R. (1997): Hochzeit, Vertragsehe und Ehevertrag im Mittelalter, in: Völger, G./von Welck, K. (Hg.): Die Braut. Geliebt - verkauft - getauscht - geraubt. Zur Rolle der Frau im Kulturvergleich, Köln, 264-273.

Schneider, B. (2008): Gefühl der Nähe. Zusammenleben ohne Trauschein - „Die Ehe ist für mich völlig belanglos.", in: zeitzeichen 4/2008, 34-35.

Schneider, N. (1998): Die Tagesschau als eine Art Abendläuten. Fernsehrituale, in: PT 33, 118-124.

Schneider, N. (1991): Warum noch Ehe? Betrachtungen aus austauschtheoretischer Perspektive, in: Zeitschrift für Familienforschung 3, 49-72.

Schneider, N./Rüger, H. (2007): Value of Marriage. Der subjektive Sinn der Ehe und die Entscheidung zur Heirat, in: Zeitschrift für Soziologie Jg. 36, Heft 2, 131-152.

von Schönfeldt, S. (2001): Die schönsten Hochzeitsbräuche. 1000 Ideen für Ihren großen Tag, Berlin.

Schott, C. (1992): Trauung und Jawort. Von der Brautübergabe zur Ziviltrauung, Frankfurt a. M.

Schreiber, M. (1998): Kirchlich heiraten - aber wie? Kevelaer.

Schröter, M. (1985): „Wo zwei zusammenkommen in rechter Ehe ...". Sozio- und psychogenetische Studien über Eheschließungsvorgänge vom 12. bis 15. Jahrhundert, Frankfurt a. M.

Schroeter-Wittke, H. (2004): Wer gibt hier den Ton an? Musik bei Kasualien, in: Lernort Gemeinde 22, 14-17.

Schroeter-Wittke, H. (2003): Übergang statt Untergang. Victor Turners Bedeutung für eine kulturtheologische Praxistheorie, ThLZ 128, 575-588.

Schroeter-Wittke, H. (2001): Kasualgottesdienste und Kasualmusik. Gemeindekulturpädagogisches Thema mit 6 Variationen, in: Fermor, G./Ruddat, G./ders. (Hg.): Gemeindekulturpädagogik, Rheinbach, 193-212.

Schütze, F. (1983): Biographieforschung und narratives Interview, in: Neue Praxis 13, 283-293.

Schütze, S. (2005): Die Kasualie Trauung im Wandelungsprozess. „Alternative Trauungen" und „Lebensfeiern" durch „Freie Theologen" als Herausforderung für kirchliches Handeln, in: Evangelische Zeitschrift für Weltanschauungsfragen 68, 102-111.

Schulz, C./Hauschildt, E. u. a. (2008): Milieus praktisch. Analyse- und Planungshilfen für Kirche und Gemeinde, Göttingen.

Schulz, C. (2006): Lebensstile in der Kirche: Erwartung, Beheimatung, Beteiligung, in: Hermelink, J. u. a. (Hg.): Kirche in der Vielfalt der Lebensbezüge. Die vierte EKD-Erhebung über Kirchenmitgliedschaft. Bd. 2: Analysen zu Gruppendiskussionen und Erzählinterviews, Gütersloh, 41-57.

Schulz, F. (2003): Trauung und Partnersegnung. Probleme der liturgischen Gestaltung, in: Gemeinsame Arbeitsstelle für gottesdienstliche Fragen der EKD (Hg.): Partnerschaften, 17. Jahrgang, Heft 1, Hannover, 57-68.

Schulz, R. (1997): Die kirchliche Trauung aus evangelischer Sicht, in: Völger, G., von Welck, K. (Hg.): Die Braut. Geliebt – verkauft – getauscht – geraubt. Zur Rolle der Frau im Kulturvergleich, Köln, 150-155.

Schulze, G. (1992): Die Erlebnisgesellschaft. Kultursoziologie der Gegenwart, Frankfurt a. M./New York.

Schwab, U. (1995): Familienreligiosität. Religiöse Traditionen im Prozess der Generationen, Stuttgart.

Schweitzer, F. (1994): Lebensgeschichte als Thema von Religionspädagogik und Praktischer Theologie, in: PTh 83, 402-414.

Seitz, M. (1978): Unsere Kasualpraxis – eine gottesdienstliche Gelegenheit! in: ders., Praxis des Glaubens. Gottesdienst, Seelsorge und Spiritualität, Göttingen, 42-50.

Seitz, M. (1975): Die Predigt bei der Trauung, in: Breit, H./Seitz, M. (Hg.): Trauung. Calwer Predigthilfen, Stuttgart 1975, 11-31.

Sennet, R. (1983): Verfall und Ende des öffentlichen Lebens. Die Tyrannei der Intimität, Frankfurt a. M.

Sinus Sociovision GmbH, www.sinus-sociovision.de (Abfrage am 8.10.09).

Soeffner, H.-G. (1992): Die Ordnung der Rituale. Die Auslegung des Alltags 2, Frankfurt a. M.

Soeffner, H.-G. (1989): Handlung – Szene – Inszenierung, in: ders., Die Auslegung des Alltags – der Alltag der Auslegung. Zur wissenssoziologischen Konzeption einer sozialwissenschaftlichen Hermeneutik, Frankfurt a. M., 140-157.

Söderblom, K. (2007): Leitfadeninterviews, in: Dinter, A. u. a. (Hg.) (2007): Einführung in die empirische Theologie: gelebte Religion erforschen, Göttingen, 254-269.

Sommer, R. (2009): Kindertaufe – Elternverständnis und theologische Deutung, Stuttgart.

Spellerberg, A. (1996): Soziale Differenzierung durch Lebensstile. Eine empirische Untersuchung zur Lebensqualität in West- und Ostdeutschland, Berlin.

Spiegel, Y. (1971): Gesellschaftliche Bedürfnisse und theologische Normen. Versuch einer Theorie der Amtshandlungen, in: ThPr 6, 212-231.

Stahlberg, T. (2000): Professionelle Seelsorger und volkskirchliche Religionsbeamte. Narrative Perspektiven auf einen Berufsstand, in: Matthes, J. (Hg.): Fremde Heimat Kirche – Erkundungsgänge. Beiträge und Kommentare zur dritten EKD-Erhebung über Kirchenmitgliedschaft, Gütersloh, 233-260.

Stanislawski, K. (1996): Die Arbeit des Schauspielers an sich selbst. Tagebuch eines Schülers, Berlin/Frankfurt a. M.

Stanislawski, K. (1993): Die Arbeit des Schauspielers an der Rolle. Materialien für ein Buch. Hg. von Dieter Hoffmeier, Berlin.

Stanislawski, K. (1987): Mein Leben in der Kunst (russ. 1954), Westberlin.

Steck, W. (1999): „Sanft wie im Kino surrt die Liturgie". Die kirchliche Trauung zwischen bürgerlicher Konvention und festlichem Ereignis, in: Traumhochzeit. Trauung zwischen Anspruch, Wunsch und Wirklichkeit (Hofgeismarer Vorträge 17), Hofgeismar, 17-23.

Steck, W. (1991): Die Privatisierung der Religion und die Professionalisierung der Pfarrberufs, PTh 80, 306-322.

Steck, W. (1988): Art. Kasualien, in: TRE 17, Berlin/New York, 673-686.

Steck, W. (1974): Die soziale Funktion der kirchlichen Trauung, in: WPKG 63, 27-46.

Steffensky, F. (2000): Was ist liturgische Authentizität? in: PTh 89, 105-116.

Steffensky, F. (1998): Erinnerung braucht Rituale, in: PT 33, 86-93.

Steffensky, F. (1996): Öffentlichkeit und Intimität, in: Stolt, P./Grünberg, W. u. a. (Hg.): Kulte, Kulturen, Gottesdienste, FS P. Cornehl, Göttingen, 212-219.

Stegemann, B. (Hg.) (2007): Stanislawski-Reader. Die Arbeit des Schauspielers an sich selbst und an der Rolle, Berlin.

Stollberg, D. (2003): Ehe, Familie, Partnerschaft - unser pastorales Handeln, in: PTh 92, 146-160.

Stolt, P./Grünberg, W. u. a. (Hg.) (1996): Kulte – Kulturen – Gottesdienste: öffentliche Inszenierung des Lebens, Göttingen.

Stoodt, H. (1991): Formen kirchlicher Arbeit an der Schwelle von der Industrie- zur Risikogesellschaft, in: PTh 80, 116-132.

Strasberg, L. (1987): A dream of passion. The development of the method, Boston/ Toronto.

Strauss, A. (21998): Grundlagen qualitativer Sozialforschung. Datenanalyse und Theoriebildung in der empirischen soziologischen Forschung, München.

Strauss, A./Corbin, J. (1996): Grounded Theory: Grundlagen Qualitativer Sozialforschung, Weinheim.

Strübing, J. (^{2}2008): Grounded Theory: Zur sozialtheoretischen und epistemologischen Fundierung des Verfahrens der empirisch begründeten Theoriebildung, Wiesbaden.

Studien- und Planungsgruppe der EKD (1998): Quellen religiöser Selbst- und Weltdeutung. Die themenorientierten Erzählinterviews der dritten EKD-Erhebung über Kirchenmitgliedschaft, Bd.1+2, Hannover.

Studien- und Planungsgruppe der EKD (Hg.) (1993): Fremde – Heimat – Kirche. Erste Ergebnisse der 3. EKD-Umfrage über Kirchenmitgliedschaft, Hannover.

Stuhlmann, R. (1995): Trauung und Segnung. Biblisch-theologische Gesichtspunkte für die Diskussion aktueller Fragen, PTh 84, 487-503.

Sutter-Rehmann, L. (2002): Konflikte zwischen ihm und ihr. Sozialgeschichtliche und exegetische Untersuchungen zur Nachfolgeproblematik von Ehepaaren, Gütersloh.

Thilo, H.-J. (1980): Theologische und pastoral-psychologische Erwägungen zur kirchlichen Trauung, in: WPKG 69, 381-394.

Thilo, H.-J. (1973): Nichttheologische Faktoren bei der kirchlichen Trauung, in: WPKG 62, 233-241.

Thilo, H.-J. (1971): Beratende Seelsorge. Tiefenpsychologische Methodik dargestellt am Kasualgespräch, Göttingen.

Trauagende (2003): Entwurf, hrsg. im Auftrag des Präsidiums der UEK von der Kirchenkanzlei der UEK, Berlin.

Trillhaas, W. ([3]1970): Ethik, Berlin.

Trost, J. (1995): Ehen und andere dyadische Lebensformen, in: Nauck, B./Onnen-Isemann, C. (Hg.): Familie im Brennpunkt von Wissenschaft und Forschung, Neuwied, 343-356.

Turner, V. ([2]2003): Liminalität und Communitas, in: Belliger, A./Krieger, D. (Hg.): Ritualtheorien. Ein einführendes Handbuch, Wiesbaden, 251-262.

Turner, V. (2000): Das Ritual. Struktur und Antistruktur, Frankfurt a. M.

Turner, V. (1995): Vom Ritual zum Theater. Der Ernst des menschlichen Spiels, Frankfurt a. M.

Turner, V. (1987): The Anthropology of Performance, New York.

Vaskovics, L./Rupp, M. (1995): Partnerschaftskarrieren. Entwicklungspfade nichtehelicher Lebensgemeinschaften, Opladen.

van der Ven, J. (2004): An Empirical or a Normative Approach to Practical-theological Research? A false Dilemma, in: ders./Scherer-Rath, M. (Hg.), Normativity and Empirical Research in Theology, Leiden/Boston, 101-135.

van der Ven, J. (1993): Die qualitative Inhaltsanalyse, in: ders./Ziebertz, H.-G. (Hg.): Paradigmenentwicklung in der Praktischen Theologie, Weinheim, 113-164.

van der Ven, J. (1988): Practical Theology: from Applied to Empirical Theology, in: Journal of Empirical Theology 1, 7-27.

Vester, M. u. a. (2001): Soziale Milieus im gesellschaftlichen Strukturwandel. Zwischen Integration und Ausgrenzung, Frankfurt a. M.

Vögele, W. u. a. (Hg.) (2002): Soziale Milieus und Kirche, Würzburg.

Völger, G./von Welck, K. (Hg.) (1997): Die Braut. Geliebt - verkauft - getauscht - geraubt. Zur Rolle der Frau im Kulturvergleich, Köln.

Vogel, H. (1933): Die Traupredigt, in: ders., Gottes Wort in Menschenmund. Um die Predigt, Dresden/Leipzig, 51-74.

Volp, R. (1974): Riten und Spontaneität in Theater und Gottesdienst, in: KuKi 37, 6-9.

Wagner-Rau, U. ([2]2008): Segensraum. Kasualpraxis in der modernen Gesellschaft, Stuttgart.

Wagner-Rau, U. ([2]2006): Kirchenmusik und Kasualien, in: Fermor, G./Schroeter-Wittke, H. (Hg.): Kirchenmusik als religiöse Praxis. Praktisch-theologisches Handbuch zur Kirchenmusik, Leipzig, 147-152.

Wagner-Rau, U. (2003): Segnen in komplexen Verhältnissen. Eine pastoral-theologische Perspektive zum Thema, in: Gemeinsame Arbeitsstelle für gottesdienstliche Fragen der EKD (Hg.): Partnerschaften, 17. Jahrgang, Heft 1, Hannover, 78-82.

Wagner-Rau, U. (2002): Praktische Theologie als „Schwellenkunde". Fortschreibung einer Anregung von Henning Luther, in: Hauschildt, E./Schwab, U. (Hg.): Praktische Theologie für das 21. Jahrhundert, Stuttgart, 177-191.

Wagner-Rau, U. (2002b): Segen und Magie in der Trauung, in: Garhammer, E./Schöttler, H.-G. u. a. (Hg.): Zwischen Schwellenangst und Schwellenzauber, München, 155-159.

Wagner-Rau, U. (2000): Lebensgeschichten im Raum des Segens, in: Lernort Gemeinde 18, 5-10.

Wegenast, K. (1968): Die empirische Wendung in der Religionspädagogik, in: EvErz 20, 111-125.

Werlen, I. (1984): Ritual und Sprache. Zum Verhältnis von Sprechen und Handeln in Ritualen, Tübingen.

Weyel, B. (2008): „Kenntnis des wirklichen Lebens". Von der Empirie in der Praktischen Theologie, in: PTh 97, 328-341.

Wiedemann, P. (1986): Erzählte Wirklichkeit. Zur Theorie und Auswertung narrativer Interviews, Weinheim/München.

Wiefel-Jenner, K. (2000): „... Sie werden mir gleich sagen, worüber wir sprechen müssen ..." Das Kasualgespräch – Funktion, Möglichkeiten, Grenzen, in: Lernort Gemeinde 2, 40-43.

Will, K. (1983): Sinngebung und Lebenshilfe. Zur theologischen Theorie der Amtshandlungen, Frankfurt a. M.

Winkler, E. (1996): ‚Kirche bei Gelegenheit' oder Gemeindeaufbau?, in: PTh 85, 157-168.

Winkler, E. (1995): Tore zum Leben, Neukirchen-Vluyn.

Winter, J. (2002): Die Trauung als kirchliche Amtshandlung. Zur Frage „gottesdienstlicher Begleitung" gleichgeschlechtlicher Lebensgemeinschaften, in: Zeitschrift für evangelisches Kirchenrecht 47, 697-706.

Wintzer, F. (1996): Hochzeit und kirchliche Trauung - Kult oder Fest?, in: Stolt, P./Grünberg, W./Suhr, U. (Hg.): Kulte, Kulturen, Gottesdienste, FS P. Cornehl, Göttingen, 234-242.

Witzel, A. (1987): Das problemzentrierte Interview, in: Jüttemann, G., Qualitative Forschung in der Psychologie. Grundfragen, Verfahrensweisen, Anwendungsfelder, Heidelberg, 227-256.

Wöllenstein, H. (Hg.) (2002): Werkbuch Liturgische Präsenz nach Thomas Kabel, Gütersloh.

Wohlrab-Sahr, M. (Hg.) (1995): Biographie und Religion. Zwischen Ritual und Selbstsuche, Frankfurt a. M.

Wolf, C. (1995): Religiöse Sozialisation, konfessionelle Milieus und Generation, in: Zeitschrift für Soziologie 5, 345-357.

Wonneberger, R./Hecht, H. (1986): Verheißung und Versprechen: eine theologische und sprachanalytische Klärung, Göttingen.

Wright, G. (1962): On Promises, in: Theoria 28, 277-297.

Wuggenik, U. (1988): Die Fotobefragung, in: Kreutz, H. (Hg.): Pragmatische Soziologie. Beiträge zur wissenschaftlichen Diagnose und praktischen Lösung gesellschaftlicher Gegenwartsprobleme, Opladen, 333-354.

Zegowitz-Vock, E. (2001): Das Abenteuer des Neuanfangs oder ich heirate eine Familie, in: LS 52, 39-42.

Ziebritzki, H. (Hg.) (2006): Traugottesdienste gestalten, Göttingen.

Ziemer, J. (1997): Trauung als „Konfirmation". Ein praktisch-theologisches Nachwort, in: Nave-Herz, R.: Die Hochzeit. Ihre heutige Sinnzuschreibung seitens der Eheschließenden: eine empirisch-soziologische Studie, Würzburg, 129-141.

Zils, D. (1992): Umgang mit Symbolen: zum Beispiel Trauung, in: WuA 33, 41.

ISBN 978-3-374-02791-0

Tobias Kaspari
Das Eigene und das Fremde
Phänomenologische Grundlegung evangelischer Religionsdidaktik
Arbeiten zur Praktischen Theologie